Inhalt

Vorwort
Prof. Dr. Hans Eberwein 11

Einleitung 14

Teil I
Behindertsein und moralische Verpflichtung

1. Vorüberlegungen zum Begriff »Anerkennung« 33
   - 1.1 Ethik versus Moraltheorie 33
   - 1.2 Die Grenzen rechtlicher Anerkennung 36
   - 1.3 Ethisch-existentielle Anerkennung 39
   - 1.4 Dekonstruierende Kritik 42
   - 1.5 Anerkennung als sittlicher Bildungsprozess 44
   - 1.6 Anerkennung als Aufruf zur Verantwortung 47

2. Das Dispositiv sozialstaatlicher Anerkennung 51
   - 2.1 Der juridisch-philosophische Diskurs 51
   - 2.2 Recht auf Wohltätigkeit 54
   - 2.3 Recht ist nicht Gerechtigkeit 58
   - 2.4 Der Staat als Dispositiv der Sicherheit 62
   - 2.5 Die sozialstaatliche Konstitution des behinderten Subjekts   65

3. Der Kampf um Anerkennung als Rechtsperson 72
   - 3.1 »Behinderte« als Rechtsgemeinschaft 72
   - 3.2 Die virtuelle Gemeinschaft der »Behinderten« 77
   - 3.3 Der Kampf gegen Demütigung 81

4. Die Entsorgung des Anderen
   (*Norbert Hoerster*) 86
   - 4.1 »Minimalmoral« und Lebensschutz 86
   - 4.2 Die Vertreibung aus der menschlichen Gemeinschaft 90
   - 4.3 Der verleugnete Anthropozentrismus 94

5. Versuchungen in der Heilpädagogik
   (*Riccardo Bonfranchi*) 99
   - 5.1 Krisenbewältigung durch Kollaboration 99
   - 5.2 Lebensschutz und Begründungsfragen 102
   - 5.3 Sinn für Angemessenheit? 106
   - 5.4 Motivation zum Lebensschutz 108
   - 5.5 Institutionalisierung von Lebensschutz 111
   - 5.6 Lebensschutz als Technologieblindheit? 113

6. Der Gehalt moderner Anerkennungstheorien 118
   - 6.1 Anerkennung von Nichtidentität 118
   - 6.2 Anerkennung als soziale Wertschätzung von Leistung
     (*Axel Honneth*) 120
   - 6.3 Ist jeder Andere einer von uns? (*Ernst Tugendhat*) 125
   - 6.4 Achtung gegenüber Personen und Nicht-Personen
     (*Martin Seel*) 128
   - 6.5 Der Andere als moralisches Gegenüber 132

7. Wege einer anderen Gerechtigkeit 135
   7.1 Der moraltheoretische Diskurs der Moderne 135
   7.2 Das Unbehagen gegenüber liberalen Moraltheorien 141
   7.3 Gerechtigkeit ist nicht alles 145
   7.4 Das Andere der Gerechtigkeit 150
   7.5 Humanismus des anderen Menschen 153

8. Die Aneignung des Anderen in der Heilpädagogik
   (*Michael Schwager*) 157
   8.1 Enthüllungsstrategien 157
   8.2 Die Wut des Verstehens 160
   8.3 Körperlose Sprache – sprachlose Körper 164

9. Fremderfahrung und Intersubjektivität 174
   9.1 Die Verdrängung des Nichtsinns 174
   9.2 Einverstehen in den Anderen (*Edmund Husserl*) 176
   9.3 Die Perspektive des »verallgemeinerten Anderen«
      (*George H. Mead*) 179
   9.4 Fremderfahrung durch leibliche Betroffenheit
      (*Maurice Merleau-Ponty*) 186
   9.5 »Der-Eine-für-den-Anderen« (*Emmanuel Levinas*) 188

10. Die Nähe des Anderen als Aufruf zur Verantwortung
    (*Karlheinz Kleinbach*) 196
    10.1 Die List der Heilpädagogik 196
    10.2 Heilpädagogik als ver-antwortliches Geschehen 199
    10.3 Stop making sense! 202
    10.4 Ästhesiologie der Nähe 205

Teil II
Behindertsein und Normalisierung

1. Vorüberlegungen zum Begriff »Normalisierung« 215
   - 1.1 Behindertsein durch Normalität 215
   - 1.2 Dialektik von Normalität und Normalisierung 219
   - 1.3 Das Normale und das Pathologische 222
   - 1.4 Das Normalisierungsprinzip 225
   - 1.5 Kritik am Normalismus 230

2. Die medizinisch-pädagogische Konstruktion von Behindertsein 233
   - 2.1 Die Verselbigung des Anderen 233
   - 2.2 Disziplinierende Technologien des Körpers 235
   - 2.3 Regulatorische Technologien des Lebens 239
   - 2.4 Das Dispositiv der Heilpädagogik 242

3. Der Ursprungsmythos der Heilpädagogik 252
   - 3.1 Genealogischer Sinn von Geschichte 252
   - 3.2 Heilpädagogik als Element der Gouvernementalität 255

4. Der infame Körper des Behinderten 261
   - 4.1 Der ewige Krüppel 261
   - 4.2 Psychoanalyse als Ethik des Ressentiments (*Susanne Ehrlich*) 265
   - 4.3 Systemtheorie als Ethik der Exklusion (*Peter Fuchs*) 270

5. Die arme Seele des Behinderten 277
   - 5.1 Geschädigter Körper – gefangenes Selbst 277

5.2	Behindertsein und Geständniszwang	282
6.	**Die Zwangsordnung des Behindertseins**	**285**
6.1	Gefangene des biologischen Schicksals	285
6.2	»Behinderung« als Aneignung unter isolierten Bedingungen (*Wolfgang Jantzen*)	291
6.3	»Behinderung« als besonderer Erziehungsbedarf (*Otto Speck*)	295
7.	**Die Beseelung des Anderen**	**301**
7.1	Körperlose Seele – seelenverschmutzender Körper	301
7.2	Anthropologischer Minimalkonsens	304
7.3	Die Wiederkehr der Seele (*Pierre Bourdieu*)	307
8.	**Zwischen Erregung und Auflösung**	**310**
8.1	Die körperpolitische Gewalt »Behindernder«	310
8.2	Körperaristokratie und Scham	313
8.3	Der überreizte Körper des postmodernen Individuums	316
8.4	Cyber-Eremiten und virtueller Sex	323
9.	**Zur Kritik der politischen Medizin**	**327**
9.1	Sex und Rassismus	327
9.2	Das Ende der Natürlichkeit	333
9.3	Verlockungen der Anthropotechnik	339
9.4	Medizinische Politik der vollendeten Tatsachen	348
10.	**Strategien des Selbstmanagements**	**353**
10.1	Selbstbestimmung als Mimesis ans Tote (*Max Horkheimer/Theodor W. Adorno*)	353

  10.2 Selbstbestimmung und genetisches Risikos............ 361

  10.3 Normalisierung, Integration, Selbstbestimmung......... 369

  10.4 Empowerment – zwischen Gerechtigkeit und gutem Leben 373

11. Selbstgestaltung als Freiheitspraxis
  (*Michel Foucault*)............................... 380

  11.1 Im Labyrinth der Macht......................... 380

  11.2 Technologien des Selbst......................... 385

  11.3 Kritische Analytik des Selbst..................... 388

  11.4 Selbstsein als Sein durch Andere.................. 392

Schluss: Aussicht auf Anerkennung...................... 398

Literatur.. 412

Vorwort

Prof. Dr. Hans Eberwein

In der vorliegenden Arbeit von Hans-Uwe Rösner wird der Leser zu einer grundlegenden Neubesinnung auf die moderne Erfahrung mit Andersheit aufgefordert. Im Mittelpunkt der Untersuchung stehen Fragen des Behindertseins, der moralischen Verpflichtung, der sozialen Normierung, der Normalisierung und der Anerkennung des Anderen. Der Autor spannt einen weiten Bogen von der Phänomenologie, Moralphilosophie, Sonder- und Integrationspädagogik bis zur Sozialpolitik. Die Anwendung so unterschiedlicher Autoren wie Michel Foucault und Emmanuel Levinas erzeugt eine spannungsreiche Melange, aus der je nach Sachlage die eine oder andere Stimme stärker zur Geltung kommt. Auf der Grundlage ihrer Werke wird die Frage entfaltet: Lässt sich eine neue Verantwortung gegenüber dem anderen Menschen benennen, in dem dieser nicht nur einer jeweiligen Idee vom wahren Menschsein unterworfen wird, sondern als Nächster immer auch unvordenklich Anderer bleibt?

Herr Rösner legt überzeugend dar, dass die Anerkennung der Andersheit des Anderen ethische Konzepte verlangt, die die »normale« Perspektive überwinden und nicht mehr von einer unversehrten Leiblichkeit ausgehen. Eine ethisch-existentielle Anerkennung begnügt sich nicht mit der Überwindung rechtlicher Ungleichheit; denn trotz gleicher Rechte ist eine mangelnde Anerkennung aufgrund inkorporierter sozialer Normen wie Leistungsfähigkeit, Attraktivität, Unversehrtheit usw. zu konstatieren. Die Überhöhung dieser Ideale führt nach Auffassung des Autors zu Behinderungszuschreibung, Diskriminierung und Ausgrenzung. Insofern beschreibt der Begriff »behindert« keine natürliche Gegebenheit, keine vorgängige ontologische Realität, sondern Behindertsein bedeutet immer auch Behindertwerden, weil die Gesellschaft, und insbesondere auch die Pädagogik, durch Kontrollen,

Zensuren, Interventionen und Sanktionen Normabweichungen produziert und so »Behinderung« konstituiert.

Mit Recht wird darauf hingewiesen, dass sich im Zuge der Entwicklung medizinischer Wissenschaften Ende des 18. Jahrhunderts die Begriffspaare »normal« und »anormal« (pathologisch) herausgebildet haben. Sie bestimmen bis heute das sonderpädagogische Denken und Handeln und verhindern so die unverkürzte Anerkennung von Menschen mit Behinderung. Im Zuge einer medizinischen Erfassung der Bevölkerung wird der »Behinderte« als behandlungsbedürftiges Individuum entdeckt und therapeutischen Interventionstechniken unterworfen. Er wird fortan als Element eines gefahrvollen biologischen Prozesses verstanden, der mit Hilfe von Medizin und Pädagogik vor Entartung bewahrt werden kann. In diesem Zusammenhang entsteht Mitte des 19. Jahrhunderts das Dispositiv der Heilpädagogik. Ich teile die Auffassung des Verfassers, dass die auf Defizite und biologische Defekte (Schädigungen) ausgerichtete anthropologische Sichtweise der Sonderpädagogik nur durch ihre Selbstaufgabe überwunden werden kann. Dies schließt die materialistische Behindertenpädagogik ebenso ein wie die systemökologische Heilpädagogik.

Herr Rösner rekonstruiert kritisch die entscheidenden Positionen zur neueren Moralphilosophie im Hinblick auf die Thematik der Behinderung. Er macht u.a. deutlich, dass die Diskursethik keine ausreichende normative Grundlage zur Begründung sonderpädagogischen Handelns darstellt. Sie verengt den pädagogischen Bezug auf lautsprachliche Verständigung als Praxis argumentativer Rede. Der unbedingte Anspruch des anderen Menschen auf Hilfe und Pflege wird jedoch gerade dort erfahren, wo sich vor aller Verständigung die ethische Dimension der Nähe eröffnet. Die Argumente des Autors verbleiben dabei nicht im Kontext berufsethischer Überlegungen der Heil- und Sonderpädagogik. In Anlehnung an die Ethik von Levinas und Foucaults Genealogie der Macht entwickelt er eine neue Ethik über die Anerkennung von Menschen mit Behinderung hinaus. Aus der Nähe zum irreduzibel Anderen, vor aller Diagnose und Verständigung, erwächst eine asymmetrische Verantwortung für dessen Wohl.

Damit rückt die individuelle und soziale Problematik von Menschen mit Behinderung stärker ins Licht moralphilosophischer und allgemeiner erziehungswissenschaftlicher Überlegungen. Trotz aller Gemeinsamkeiten der Menschen sind Politik und Pädagogik dazu aufgerufen, dem Anspruch des anthropologisch nicht festlegbaren Anderen Gehör zu verschaffen. Herr Rösner fordert vor diesem kritisch-ethischen Hintergrund die Praktiker in der Sonderpädagogik auf, sich von den vermeintlichen Sicherheiten methodisch geleiteter Förderkonzepte und vorstrukturierter Entwicklungspläne zu lösen, um sich so empathisch auf individuelle Verläufe und menschliche Nähe einzulassen, die in ihrer Dynamik und ihren Ergebnissen nicht planbar und vorhersehbar sind.

Ein solches Konzept ist unvereinbar mit Zielen und Methoden traditioneller Sonderpädagogik. Es überwindet die pädagogische Pathologie, Stigmatisierung, Ausgrenzung und Diskriminierung. Die vom Autor entworfene Ethik hat ihre pädagogische Entsprechung in der Integration von Menschen mit Behinderung, im *gemeinsamen* Lernen. Nach der Lektüre dieses Buches kann es keine Legitimation mehr geben für eine Pädagogik der Aussonderung, der Isolierung und Asylierung.

Einleitung

Auf welcher moralischen Grundlage lässt sich heute die mangelnde gesellschaftliche Anerkennung von Menschen mit Behinderung kritisieren? Weil sie als Rechtspersonen nicht respektiert werden? Weil ihnen die Gesellschaft heute immer noch individuelle Freiheitsrechte, politische Teilnahmerechte und soziale Wohlfahrtsrechte verweigert? Weil sie noch zu wenig als Gleichberechtigte in einer rechtlich-politischen Gemeinschaft angesehen werden? Können sie daher keine Selbstachtung als Mitglieder mit gleichen Bürgerrechten in unserem Gemeinwesen genießen? Eine staatliche Praxis, die dazu führt, dass bestimmten Personen oder Gruppen einige verfassungsmäßig garantierte Bürgerrechte verweigert werden, würde in der Tat eine entwürdigende Missachtung darstellen. Der legitime moralische Standpunkt lautet dann, dass kein Mensch aufgrund von Umständen, für die er nichts kann – Rasse, Geschlecht, Behinderung – rechtlich schlechter dastehen soll als andere. Die Fragen wären darüber hinaus, welche Leistungen wie und in welchem Umfang an wen vergeben werden. Das normative Ziel bestünde in der Beseitigung von sozialen und ökonomischen Ungleichheiten durch eine gerechte Güterverteilung. Mit dem verfassungsrechtlichen Gebot des Benachteiligungsverbotes in Art. 3 Abs. 3 des Grundgesetzes und dem Gesetz zur Rehabilitation und Teilhabe behinderter Menschen im Sozialgesetzbuch IX sind in der Bundesrepublik Deutschland erste Voraussetzungen geschaffen worden, die Entwicklung der Bürgerrechte von Menschen mit Behinderung auf einen guten Weg zu bringen. Eine Ergänzung des Verfassungsgrundsatzes durch Gleichstellungsgesetze in Bund und Ländern wird erfolgen. Auf dieser Grundlage werden sich nunmehr zahlreiche Anlässe feststellen lassen, die nach wie vor mangelnde rechtliche Gleichstellung von Menschen mit Behinderung in allen Lebensbereichen einzuklagen.[1]

In der vorliegenden Arbeit beziehe ich mich jedoch auf einen anderen Aspekt. Es sollen Argumente gefunden werden, die gesellschaftlichen Ansprüche für behinderte Menschen nicht allein oder vorrangig in rechts- und sozialstaatlichen Verpflichtungen verankern zu wollen. Die Grundlage meiner Überlegungen bildet dagegen die Frage, welche sozio-moralischen Verhältnisse zwischenmenschlicher Anerkennung für ein Wohlergehen verwirklicht sein müssen, unter denen so genannte behinderte Menschen ein gutes Leben führen können. Es sind nicht immer nur ökonomische Interessen und mangelnde Verteilungsgerechtigkeit, die Anerkennung und Wertschätzung von Menschen mit Behinderungen verhindern, sondern ebenso hartnäckige Gegebenheiten in der symbolischen Sphäre menschlicher Gewohnheiten, Einstellungen, Wahrnehmungen und Bewertungsmuster. Anders gesagt, die moderne Erfahrung des Behindertseins ist untrennbar mit der Normierung und Normalisierung des Anderen verbunden. Insofern ist meine Orientierung am Begriff der Anerkennung nicht als das Ergebnis einer resignierenden Haltung gegenüber den drängenden Fragen ökonomischer Umverteilung und sozialer Gerechtigkeit zu verstehen. Vielmehr betrachte ich meine Überlegungen als Folge einer gesteigerten Erfahrung, dass die Idee einer sozialen oder kulturellen Achtung und Wertschätzung des Anderen einen erweiterten Begriff von Gerechtigkeit erforderlich macht. Im Blick auf Menschen, die gemeinhin als behindert gelten, können ethische Konzepte nur überzeugen, wenn sie die »normale« Perspektive überwinden und nicht mehr nur von einer unversehrten Leiblichkeit in einer fraglos geltenden sozialen Welt ausgehen.

Der Leser darf bei der Lektüre dieser Arbeit eine einheitliche und vollständige Themenentfaltung nicht erwarten, sondern eher theoretische Versuche innerhalb eines zusammenhängenden thematischen Feldes. Es handelt sich hier um ein *work in progress*, in dem normative Einsichten und gesellschaftskritische Analysen zu einer sinnvollen Synthese gebracht werden

---

1 *Schule*: Anspruch auf Besuch von Regelschulen. *Arbeit*: Einstellung und Beschäftigung mit Lohn und Arbeitnehmerstatus. *Wohnen*: Assistenz und Pflege in behindertengerechten Wohnungen. *Freizeit*: Ungehinderte Inanspruchnahme von Freizeiteinrichtungen und öffentlichen Gebäuden. *Verkehr*: Barrierefreiheit bei der Benutzung von öffentlichen Verkehrsmitteln. *Öffentlichkeit*: Volle Teilnahme am politischen und kulturellen Leben.

sollen. Die verschiedenen Untersuchungsbereiche sind teilweise noch programmatisch verfasst und eröffnen weitergehende Forschungsfelder. Manches ist nur dadurch entstanden, dass ich andere für meine Absichten verwendet habe; vieles aber auch durch die kritische Auseinandersetzung mit Positionen, von denen ich mich distanziere. Während mich die einen beflügelt haben, ermöglichten mir die anderen eine genauere Orientierung. Immer wieder beschlich mich beim Schreiben ein Gefühl des Unbehagens. Der unnachgiebige Charakter meiner Kritik verbirgt nämlich die Tatsache, dass ich allen verhandelten Autoren mehr verdanke als in der Auseinandersetzung deutlich wird. Manche meiner Einwände lassen sich möglicherweise von einer freundlicher geneigten Betrachtung aus widerlegen. In diesem Fall möchte ich mich bereits an dieser Stelle entschuldigen.

Meine zentrale These lautet, dass sich eine zivilisierte Gesellschaft[2] nicht allein auf Rechts- und Sozialstaatlichkeit gründen kann. Denn dieses Modell der Gerechtigkeit ist nicht wirklich dazu geeignet, alle Kennzeichen der Ungerechtigkeit zu untersuchen. Bestenfalls ist damit eine durch gleichgültige Toleranz geprägte Gesellschaft garantiert, deren Kultur eine Vielfalt konkurrierender Lebensweisen duldet. Wahrscheinlicher ist jedoch, dass Menschen innerhalb der liberalen Grenzen negativ gesicherter rechtlicher Freiheit und sozialstaatlich organisierter Wohltätigkeit in ihrem persönlichen Leben Kränkungen und Herabwürdigungen ausgesetzt bleiben.[3] Im ungünstigsten Fall lässt sich auf dieser Grundlage sogar die Beseitigung von Menschen in besonderen Lebenslagen rechtfertigen. Am Beispiel behinderter Menschen in unserer Gesellschaft möchte ich den blinden Fleck innerhalb eines normativen Standpunktes sichtbar machen, von dem aus jeder Mensch als eine moralische Person mit den gleichen Rechten angesehen wird. Er erweist sich nicht

---

2 Unter »zivilisierter Gesellschaft« verstehe ich nicht nur eine Gesellschaft, deren Mitglieder einander nicht demütigen (Margalit 1997, 15), sondern darüber hinaus zu Uneigennützigkeit bereit sind (Rorty 1997).

3 Nach Ch. Taylor (1988, 118ff.) lässt sich in Anlehnung an I. Berlin »negative Freiheit« im Sinne individueller Unabhängigkeit von anderen definieren, während »positive Freiheit« die Möglichkeit zur Verwirklichung des guten Lebens für sich und andere mit einschließt. Der negativen Freiheitskonzeption ist es darum zu tun, die rechtlichen Bedingungen zu formulieren, die es dem einzelnen Subjekt ermöglichen, sein Leben selbst zu bestimmen; der positiven Freiheitskonzeption darum, die individuell-psychologischen und sozialen Bedingungen anzugeben, die dem einzelnen Subjekt erst die Verwirklichung seiner Freiheit erlauben.

nur als wenig sensibel, den Lebenskontext des Anderen zu berücksichtigen, sondern verschleiert eine durch Technologien der Disziplinierung und Normalisierung geprägte soziale Wirklichkeit, die bis in die Alltagskommunikation von »Nichtbehinderten« und »Behinderten« verfolgt werden kann. Darüber hinaus kann von einem ausschließlich an abstrakten Normen orientierten Gerechtigkeitsstandpunkt aus unmöglich eine Gesellschaft gedacht werden, in der behinderte und nichtbehinderte Personen in einem offenen solidarischen Anerkennungsverhältnis zueinander stehen.

Im Laufe der letzten Jahre wuchsen bei mir die Zweifel, ob man mit den gegenwärtigen gerechtigkeitstheoretischen Paradigmen das Phänomen sozialer Benachteiligung von Minderheiten angemessen erklären kann. Mein Unbehagen gegenüber den einflussreichsten Moraltheorien – Utilitarismus, Vertragstheorie, Diskursethik – entstand aus der Tatsache, dass sie sich darin erschöpfen, lediglich sprach- und handlungsfähigen Subjekten die gleichen Chancen zur Artikulation ihrer Interessen und Ansprüche zu gewährleisten. Ihre modernen Umgangsweisen mit moralischen Problemen – Suche nach zwanghaften normativen Regeln, nach Universalien und theoretischen Letztbegründungen – werden daher zurückgewiesen. Auf der Suche nach Alternativen gegenüber diesen Gerechtigkeitsauffassungen lasse ich mich vielmehr von der Überzeugung leiten, dass nur ein erweiterter Begriff zwischenmenschlicher Wertschätzung die Voraussetzung dafür ist, Selbstachtung bei und verantwortungsvolle Solidarität mit behinderten Menschen zu gewährleisten. Er besteht darin, das unhintergehbare Anderssein sowohl des Selbst als auch des Anderen zum zentralen Bestimmungsgrund moralischen Denkens zu erklären. Von diesem moralischen Gesichtspunkt aus zeichnet sich eine neue Verantwortung und Achtung im Denken des Anderen ab, indem der andere Mensch nicht einer jeweiligen Idee vom wahren Menschsein unterworfen wird, sondern als Nächster immer auch unvordenklicher Anderer bleibt.

Die Auseinandersetzung mit der gegenwärtigen Debatte über die moralischen Grundlagen moderner Gesellschaften erwuchs aus der theoretischen Beschäftigung mit den Arbeiten von Michel Foucault und Emmanuel Levinas. Mit ihren »Werkzeugkisten« soll untermauert werden, dass das Ziel der Behindertenbewegung nicht nur darin bestehen kann, in der Rechtspolitik angemessen vertreten zu werden. Rechtlich garantierte Anerkennungsverhältnisse bilden keine hinreichende Schutzhülle für ethische Möglichkeiten der Wahl zwischen verschiedenen Lebensformen und Identitätsbildungen. So können Menschen andere zwar als Rechtspersonen in ihrer Würde achten; das heißt jedoch noch nicht, sie auch in ihren ethischen Differenzen anzuerkennen. Es muss auch darum gehen, sich einer Politik zu verweigern, die durch Naturalisierung und Verdinglichung die Identität »Behinderter« erzeugt. Insofern möchte ich den Nachweis erbringen, dass das moralische Bemühen um Anerkennung des Anderen weit mehr eine Auseinandersetzung um seine persönliche Integrität und seine je individuelle Lebensform sein muss.

Der sorgende Umgang mit sich und anderen steht heute in Gefahr. Gerade die aktuellen ethischen Diskussionen – vornehmlich in der Bioethik – veranschaulichen in erschreckender Weise, wie die praktische Philosophie in ihrer Suche nach Qualitätsbestimmungen für menschliches Dasein mehr und mehr zum Servicebetrieb für die Folgen einer hybriden Bio-Politik verkommt.[4] Die Euthanasiedebatte der letzten zehn Jahre hat allzu deutlich gemacht, dass Anerkennung für *alle* Menschen nur in einer Gesellschaft erfolgreich sein kann, in der mehr als nur rechtlich garantierte Selbstbestimmung und Wohltätigkeit ein gelebtes Ethos bildet. Er muss daher über die rechtliche Absicherung selbstbestimmungsfähiger und fürsorgeabhängiger Individuen hinaus, eine am guten und geglückten Leben orientierte *Selbstsorge,* vor allem auch *Sorge für den Anderen* umfassen, der an seinem eigenen Wohlergehen nicht selbst zu schmieden vermag. Die Freiheit zur Selbstsorge und die Verantwortung zur Sorge für den Anderen bilden für mich den Resonanzboden für eine Politik der Differenz, in der sich der gestalterische Umgang mit sich selbst und das solidarische Eintreten für den Anderen verbinden können.[5]

---

4 Ihre Vertreter mögen damit argumentieren, dass sich das Problem einer angewandten Ethik heute dringlicher stellt als je zuvor. Ihr Argument an die Philosophie, sie könnte nicht länger im Elfenbeinturm verharren (so H.-M. Sass, in DIE ZEIT Nr. 26/1994), klingt jedoch angesichts betriebsamer Experten-Fürsorge und Betroffenen-Entsorge zynisch. Auf den Einwand, dass Philosophie vor der Realität resigniert, hat bereits Th. W. Adorno (vgl. 1980, 15) geantwortet, dass es Zeiten gibt, in denen er zum Defätismus gegenüber der Vernunft werden kann.

5 Vgl. dazu auch P. Ricoeurs (1996, 358) Versuch, anders als E. Levinas, »Anerkennung« als eine »Struktur des Selbst« zu begreifen, »das die Bewegung reflektiert, welche die Selbstschätzung zur Fürsorge und diese zur Gerechtigkeit führt« Wie wir sehen werden, erschüttert Levinas im Namen des Anderen das Selbstbewusstsein des Cogito. Dagegen be-

Mit Foucault (1987a, 246f.) lässt sich zeigen, dass mit dem Begriff »behindert« bestimmte Personen weniger repräsentiert, sondern als Subjekte auf eine gesellschaftlich vorgegebene Identität festgelegt werden. Dem Wort »Subjekt« kommt dabei der doppelte Sinn zu, »vermittels Kontrolle und Abhängigkeit jemandem unterworfen sein und durch Bewusstsein und Selbsterkenntnis seiner eigenen Identität verhaftet sein.« Will man diesen Begriff erfassen, dann genügt es nicht, ihn als das Erste vorauszusetzen. Man muss ihn auf konstitutive diskursive Entscheidungen und nichtdiskursive Praktiken hin befragen. Insofern meint auch »Identität« nicht nur die »symbolische Struktur, die es einem Persönlichkeitssystem erlaubt, im Wechsel der biografischen Zustände und über die verschiedenen Positionen im sozialen Raum hinweg Kontinuität und Konsistenz zu sichern« (Döbert u.a. 1980, 9). Es gilt diesen Begriff selbst zu problematisieren, indem man der Frage nachgeht, in welchem Maße Identitäten durch Normalisierungsverfahren erzeugt werden. Mit »behindert« und »Subjekt« wird keine vorgängige ontologische Realität bezeichnet, die sich durch die Grammatik der Sprache abbilden lässt. Das behinderte Subjekt ist performativer Effekt diskursiver und institutioneller Praktiken, die als dichtes Netz von Zuschreibungen die Selbst- und Fremdwahrnehmung einer Gruppe von Individuen hervorbringen. Es erweist sich somit als in den gleichen Macht/Diskurs-Regimen produziert, die seine Emanzipation ermöglichen sollen. »Die Genealogie erforscht den Boden, aus dem wir stammen, die Sprache, die wir sprechen, und die Gesetze, die uns beherrschen, um die heterogenen Systeme ans Licht zu bringen, welche uns unter der Maske des Ich jede Identität untersagen« (Foucault 1978b, 107).

Dementsprechend ist der Begriff »Behindertsein« nicht essentialistisch als natürliche Gegebenheit und unhinterfragbare soziale Tatsache zu verstehen, sondern wird im alltäglichen wie im humanwissenschaftlichen Handeln immer wieder neu erzeugt. Er liegt nicht als prädiskursive Wesenheit der Kultur voraus, sondern bildet ein gesellschaftlich erzeugtes und veränderbares Medium, in dem sich Wissen und Macht in unterschiedlicher Weise vereinen können. Insofern handelt es sich nicht so sehr um einen objektivierbaren Sachverhalt, sondern um eine Lebensform, die das Sein bestimmter Men-

---

steht Ricoeur darauf, dass nur ein Selbst einen Anruf des Anderen vernehmen und ihm in einer Bewegung der Verantwortung entsprechen kann (ebd., 228, 407).

schen festlegt. Behindertsein ist also kein reines Trugbild, das frei erfunden ist und mit dem die Gesellschaft etwas benennt, das eigentlich nicht existiert. Andererseits lässt sich aber auch kein »Wesen« des Behindertseins feststellen, dessen äußerliche Zuschreibungen sich mit Zeit und Umständen verändern. Es geht in meinen Untersuchungen um die Frage nach den Bedingungen, die es den Regeln des wahren oder falschen Sprechens gemäß erlauben, ein Subjekt als behindert zu betrachten, oder ein Subjekt dazu zu bringen, seine Versehrtheit zum ethischen Problem seiner selbst zu machen.

Mit Levinas (1983, 186) lässt sich das ethische Problem verdeutlichen, das sich im Umgang mit dem Anderen heute noch stellt: »Die Eroberung des Seins durch den Menschen im Laufe der Geschichte – das ist die Formel, in der sich die Freiheit, die Autonomie, die *Reduktion des Anderen auf das Selbe* zusammenfassen lassen.« Levinas geht es um den ethischen Anspruch einer Erfahrung der Nähe über die Distanz zu einem in seiner Andersheit anerkannten Anderen. Nach Foucault haben sich die Wirkungsweisen unseres historischen Realitätsverständnisses als identifizierende Normalisierungsstrategien gegenüber dem Anderen erwiesen: Die »rechtlichen Systeme (qualifizieren) nach allgemeinen Normen Rechtssubjekte (...), während die Disziplinen charakterisieren, klassifizieren, spezialisieren; sie verteilen die Individuen entlang einer Skala, ordnen sie um eine Norm herum an, hierarchisieren sie untereinander und am Ende disqualifizieren sie sie zu *Invaliden*« (Foucault 1977, 286; Herv., H.-U. R.). Foucault veranschaulicht in stets neuen Variationen, dass eine am Recht orientierte Anerkennungspolitik andere Ungerechtigkeiten – Missachtung, Gleichgültigkeit, Disziplinierung, Demütigung, Ausgrenzung u.a. – nicht in das Blickfeld bekommt.

Eine kritische Theorie, die sich damit auseinandersetzt, Mechanismen politischer und sozialer Gewalt zu demaskieren, hat sich ebenso der moraltheoretischen Aufgabe zu stellen, den »moral point of view« zu klären und zu rechtfertigen, vor dessen Hintergrund Kritik überhaupt erfolgen kann. Dieser Überzeugung entsprechend, hat die Arbeit zwei Teile, die im Verhältnis von moralischer *Begründung* einer Kritik der Anerkennungsverhältnisse und gesellschaftstheoretischer *Darstellung* demütigender symbolischer und institutioneller Praktiken stehen.

Im ersten Teil *Behindertsein und moralische Verpflichtung* begebe ich mich auf die Suche nach einem unverzerrten Begriff der »Anerkennung«. Dabei vertrete ich die Überzeugung, dass sich »ein Moment der immanenten innerweltlichen Transzendenz« (Honneth 1994b, 79) benennen lässt, um der Kritik an der mangelnden gesellschaftlichen Anerkennung behinderter Menschen im auslaufenden Sozialstaat einen sozialen Halt zu verschaffen. Es geht um moralische Fragen wie: Was heißt Gerechtigkeit für behinderte Menschen? An welchen normativen Grundlagen kann sie sich orientieren? Wie kann eine Gerechtigkeitskonzeption aussehen, die die behinderte Person nicht nur als einen »verallgemeinerten Anderen« mit Anspruch auf gleiche Rechte betrachtet, sondern einen moralischen Standpunkt gewinnt, in dem der Kontext des »konkreten Anderen« (Benhabib 1989) und dessen Anspruch auf Wohltätigkeit und Verantwortung berücksichtigt wird? Dabei komme ich an den Punkt, an dem ich den universalen moralischen Gesichtspunkt moderner Gerechtigkeitstheorien in Frage stelle. Das Problematische an diesen Versuchen ist meines Erachtens das Bestreben, Dimensionen von Moralität und Normativität in Absehung von sozialstrukturell bedingten Unterschieden in den Lebenskonstruktionen von Individuen und sozialen Gruppen freizulegen. Die universalistischen Gerechtigkeitstheorien der Moderne beruhen auf dem moralischen Anspruch, dass eine Gesellschaft rechtliche Bedingungen schaffen soll, die das Wohlergehen aller auf der Grundlage von Selbstachtung nicht beeinträchtigen. Sie sehen sich jedoch mit einem Dilemma konfrontiert: Wie sehr sie auch versuchen, die legitimen Interessen aller Bürger, ungeachtet ihrer besonderen Eigenschaften, Leistungen und Weltanschauungen zu schützen; sie sind schließlich dazu gezwungen, normative Regelungen zu formulieren, die für behinderte Menschen moralisch unakzeptabel sind. Ein Gerechtigkeitsstandpunkt, der sich an universellen Rechtsnormen orientiert, bedarf daher der unentwegten Aufklärung durch eine ethisch-existentielle Kritik, die sich gerade nicht an einem allgemeinen Gesichtspunkt und der Frage »Was ist gleichermaßen gut für alle?« orientiert.

Was ich im ersten Teil vorlege, ist keine systematische Aufarbeitung, Abwägung und Kritik ethischer Grundüberzeugungen. Eher geht es um ein gezieltes Befragen dieser Ethiken im Hinblick auf die Gerechtigkeitsansprüche behinderter Menschen. Meine Auseinandersetzung mit dem Begriff »Anerkennung« (1. Kapitel) soll erkennen lassen: In der Hauptsache findet er Verwendung, um über die Achtung einer moralischen Autonomie durch Recht hinaus, die Verantwortung zur Sorge um sich und der Fürsorge und

Wertschätzung des konkreten Anderen zu umschreiben. Dabei ist für mich Anerkennung weder nur ein »Ausdruck von Höflichkeit« noch allein »ein menschliches Grundbedürfnis« (Taylor 1992, 15), sondern eine existentielle Nötigung, auf den Anspruch des Anderen zu antworten (vgl. Levinas 1987, 266). Die Anerkennungsverhältnisse im auslaufenden Sozialstaat (2. Kapitel) offenbaren eine »Tragödie im Sittlichen«: Georg Wilhelm Friedrich Hegel (1978 II, 495) beschrieb damit die moderne Erfahrung einer Gewalt durch die Herrschaft des Rechts. Im Sozialstaat wird diese Gewalt dadurch sichtbar, dass *alle* Individuen durch Normalisierungsstrategien in ihren Möglichkeiten eines nichtverfehlten Lebens eingeschränkt und begrenzt werden. Der Kampf um die rechtliche Anerkennung von Menschen mit Behinderung führt einerseits zur Realisierung von Selbstbestimmung und Fürsorge; andererseits wurden dadurch Menschen in besonderen Individuallagen zu einer virtuellen Gemeinschaft kontrollierbarer »Behinderter«. Die neoliberale Regierungstechnik stellt das Verhalten der Individuen nunmehr unter einen neuen ethischen Imperativ: Individuelle Wahl, eigenverantwortliches Handeln und Herrschaft über das eigene Schicksal gefährden rechtlich garantierte Pflichten zur Wohltätigkeit (3. Kapitel).

Auf der Suche nach einer anderen Gerechtigkeit setze ich mich kritisch mit Norbert Hoersters interessentheoretischem Begriff personaler Anerkennung und dem damit verbundenen Lebensrechtsstatus behinderter Menschen auseinander (4. Kapitel). Seine Anwendung in der Heilpädagogik[6] (Riccardo Bonfranchi) führt zu der Gefahr, ihre einstige Feigenblattrolle gegenüber eugenischen Tendenzen zu erneuern (5. Kapitel). Weiterhin werde ich zeigen, dass die normativen Ansprüche von Menschen mit Behinderung auch in den anspruchsvollen begründungstheoretischen Versuchen von Axel Honneth (1992), Ernst Tugendhat (1993) und Martin Seel (1995) nicht aufgehoben sind (6. Kapitel). Stattdessen dienen mir die gegenwärtigen Einwände der feministischen, kommunitaristischen und postmodernen Ethiken gegenüber einem universellen Gerechtigkeitsstandpunkt als theoretischer Hintergrund, um schließlich meine Sympathie für die *Ethik der Sorge* von Emmanuel Levinas plausibel zu machen (7. Kapitel).

---

6 Den Begriff »Heilpädagogik« verwende ich mit M. Dederich (2000, 7) stellvertretend »für alle diejenigen Disziplinen, die sich mit dem komplexen Phänomen ›Behinderung‹ und der Rehabilitation, Förderung, Erziehung und Bildung von Menschen mit Behinderungen befassen.«

Die Heilpädagogik muss sich damit auseinandersetzen, dass sie mit einer bestimmten Art und Weise der Enthüllung des Anderen zusammenfällt. Von ihrem Beginn an ist sie von einer unüberwundenen Allergie vor dem Anderen ergriffen. Sie will sich nicht eingestehen, dass diejenigen, denen man helfen möchte, nicht nur befreit, sondern durch den eigenen Diskurs stets auf eine Identität festgelegt werden. Insofern sollte die doppelte und paradoxe Aufgabe der Heilpädagogik darin bestehen, sich kritischer als bisher in der Funktion als machtvolles Medium zur Konstruktion von Behindertsein zu reflektieren *und* zugleich behinderte Menschen im Kampf gegen festlegende Identitätszuschreibungen zu unterstützen. »Man muss sich auf die andere Seite, die ›richtige Seite‹ stellen – aber um zu versuchen, sich von den Mechanismen freizumachen, die stets zwei Seiten erscheinen lassen, um die falsche Einheit, die illusorische ›Natur‹ jener anderen Seite, deren Partei man ergriffen hat, aufzulösen« (Foucault 1978a, 192). Damit möchte ich die Verdienste der Heilpädagogik nicht in Abrede stellen. Vielmehr geht es mir um die Aufweisung ethischer Leerstellen und um Anregungen zum Weiterdenken.

Mit Blick auf die Heilpädagogik werde ich begründen, warum mich auch der diskursethische Begriff der verständigungsorientierten Anerkennung und seine Anwendung in der Arbeit mit schwerstbehinderten Menschen nicht zu überzeugen vermag (8. Kapitel). Im Anschluss daran werde ich Edmund Husserls und George H. Meads Konzepten über Fremderfahrung nachzeichnen und deren Gehalt von intersubjektiver Anerkennung verdeutlichen. Mit Maurice Merleau-Ponty und Emmanuel Levinas werde ich schließlich den vollen Bedeutungsgehalt von intersubjektiver Anerkennung freilegen (9. Kapitel). Den Abschluss dieses Teils bildet eine Auseinandersetzung mit den ersten Versuchen in der Heilpädagogik, auf der Grundlage von Levinas eine Ethik der Nähe zu entwerfen (10. Kapitel). Insgesamt sollen damit die normativen Voraussetzungen freigelegt sein, in deren Licht sich im weiteren Gang gesellschaftliche Praktiken als demütigend beschreiben lassen.

Im zweiten Teil *Behindertsein und Normalisierung* findet eine Auseinandersetzung mit der Frage statt, wie sich die moralische Idee einer Berücksichtigung irreduzibler Andersheit kritisch anwenden lässt. Dabei leitet mich nicht nur »die Sorge, dass eine formalistische Ethik den Eigenwert kultureller Lebensformen und individueller Lebensweisen zugunsten moralischer Abstraktionen vernachlässigt« (Habermas 1991, 47). Vielmehr will ich die sozialstrukturellen Ursachen für die mangelnde soziale Anerkennung von Menschen mit Behinderung offen legen. Mein weitergehendes Argument lautet daher, dass Normalisierungsverfahren zur Konstruktion des (behinderten) Subjekts bzw. sozialer Gruppen solange unsichtbar bleiben, wie sich die Theorien der Gerechtigkeit ausschließlich damit beschäftigen, diese nach universalistischen Maßstäben angemessen zu repräsentieren.

Die moderne Erfahrung des Behindertseins steht in einem strukturellen Zusammenhang mit der Normalisierung der Menschen seit der Aufklärung. Unter Normalisierung verstehe ich eine Form der Demütigung, weil sie damit einhergeht, dem Anderen die Kontrolle über das eigene Leben zu nehmen. Mit diesem Begriff lässt sich zeigen, dass die Macht seit zweihundert Jahren nicht nur durch das Recht und seine Anwendung ausgeübt wird. Sie wird auch in Diskursen wirksam, die aus den sozialen Wissenschaften hervorgehen. Von dort aus kolonisieren sie nicht nur die Gesetzesverfahren; sie dringen auch in das Alltagsverständnis dessen ein, was wir für wahr und richtig halten. Insofern ist meine Kritik weniger an der rechtlichen Implementierung universalistischer Moralprinzipien interessiert, sondern möchte die »Härten« offen legen, die eine nur gerechte Lösung für den ethisch-existentiellen Anspruch auf soziale Anerkennung bedeutet. Normalität[7] ist eine Folge der Normalisierung. Sie bildet in modernen Gesellschaften ein Dispositiv der Sicherheit, durch das sich eine veränderbare Grenzziehung zwischen dem gesellschaftlich Risikohaften und dem Tolerablen vornehmen lässt.

Statt eines summarischen Überblicks über demütigende Ansichten und Umgangsweisen, die sich als moralische Missachtung bestimmen lassen, wähle ich den Weg genealogischer Untersuchungen. In Anlehnung an Foucault verstehe ich darunter »eine Verbindung von gelehrten Kenntnissen und lokalen Erinnerungen« (Foucault 1999, 17), die es ermöglicht, die Machtwirkungen wissenschaftlicher und alltagsweltlicher Diskurse hervorzuheben. Das Erkennen von »Mechanismen der effektiven Machtausübung« (1996,

---

7 In diesem genauen Sinn verstehe ich meine Arbeit als Einwand gegenüber der diskursethischen Überzeugung von J. Habermas (1991, 47), dass die Frage moralisch nicht zu beantworten sei, ob »die Lebensform eines Kollektivs oder die Lebensgeschichte eines Individuums insgesamt mehr oder weniger ›versöhnt‹, mehr oder weniger ›geglückt‹, ob eine Lebensweise insgesamt ›entfremdet‹ sei.«

117) geschieht in der kritischen Absicht, Wege des Widerstandes und der Veränderung von Machtbeziehungen zu finden. Solange die heilpädagogischen Vertreter des Normalisierungsprinzips die gesellschaftliche Normalität einzig mit »durchschnittlichen Lebensbedingungen« gleichsetzen, fehlt es ihnen noch an einer anspruchsvollen Theorie gesellschaftlicher Macht. Die Polarität von Normalem und Pathologischem hat im 19. Jahrhundert von der Medizin aus den Bereich der Humanwissenschaften durchwandert. Seither bildet sie die Voraussetzung für die moderne lebensweltliche Erfahrung des Behindertseins (1. Kapitel).

Ein Blick auf die pädagogischen und medizinischen Interventionstechniken seit Ende des 18. Jahrhunderts macht deutlich, dass in der Heilpädagogik zwei unterschiedliche Technologien zusammenwirken: eine individualisierende »disziplinäre Technologie des Körpers« und eine bevölkerungskonstituierende »regulatorische Technologie des Lebens« (1999, 287). Mit dem Auftauchen des Problems der Bevölkerungsregulation im 19. Jahrhundert fällt der Medizin die Rolle einer präventiv-politisch wirkenden Interventionstechnik zu. Im Zusammenhang mit einer medizinisch ausgerichteten Regierungskunst der Bevölkerung wird der »Behinderte« als behandlungsbedürftiges Individuum entdeckt und medizinisch-pädagogischen Heiltechniken unterworfen (2. Kapitel). Die heilpädagogische Historiographie leitet den Ursprung ihrer Disziplin noch vorrangig aus dem Engagement besonderer Persönlichkeiten und der Einsicht in die Erziehungsnotwendigkeit marginalisierter Bevölkerungsgruppen ab. Ein genauer Blick auf die sozialdarwinistischen Aussagen der heilpädagogischen Gründergestalten Jan Daniel Georgens und Heinrich Marianus Deinhardt (1861/1863) belehrt uns jedoch eines Besseren. Im Kontext einer neuen politischen Rationalität wird der Körper des Individuums als Element innerhalb eines gefahrvollen biologischen Ganzen betrachtet, das mit Hilfe von Medizin und Pädagogik vor Tendenzen der Entartung bewahrt werden kann (3. Kapitel).

Wissenschaftliche Diskurse bewegen sich innerhalb eines Machtkomplexes, der im Rahmen der Binarität behindert/behindernd funktioniert und stets neu das Subjekt des Behindertseins hervorbringt und kontrolliert. Die Auseinandersetzung mit zwei unterschiedlicher Studien von Peter Fuchs (1995) und Susanne Ehrlich (1993) soll diese These belegen. Sie wollen in moralkritischer Absicht über die Grenzen der Integrationsmöglichkeiten »Behinderter« informieren. Allzu eifrigen Integrationsbefürwortern will man mit psychoanalytischen und systemtheoretischen Stoppregeln begegnen. Im vorliegenden Kontext dienen mir die Studien freilich als Beispiel, um zu verdeutlichen, dass auch sie die soziale Welt nicht unschuldig abbilden, sondern mit theoretischem Anspruch neue Geschichten über die bedrohliche und widerständige Fremdheit des »Behinderten« erfinden. Ihre wissenschaftlichen Wahrheiten wirken gleichsam wie realitätsmächtige Ethiken, die in scheinbar absichtsloser Weise die Machtverhältnisse zwischen »Behinderten« und »Behindernden« zementieren (4. Kapitel).

Auf der Grundlage von Foucaults historischen Untersuchungen über die Wirksamkeit moderner Machttechnologien lässt sich die These begründen, dass der Kampf behinderter Menschen um Anerkennung ihrer persönlichen Integrität auf der Ebene symbolisch verankerter kultureller Normen geführt werden muss; dort wo herabwürdigende Distinktionspraktiken zwischen Behinderten und Nichtbehinderten wirksam sind. Foucault hat sich immer wieder mit den Machtwirkungen der Psychoanalyse beschäftigt und ihre repressiven moralischen Wirkungen einer unnachgiebigen Kritik unterzogen. Auf dieser Grundlage setze ich mich mit den Ergebnissen einer psychoanalytischen Untersuchung über die Selbstwerdung des körperbehinderten Kindes der Universität Würzburg (1984-1987) auseinander. Dabei komme ich zu dem Ergebnis, dass die Teilnehmer mit ihren Techniken der Untersuchung und Befragung jenen Gegenstand erst hervorbringen, dessen Wahrheit sie zu erforschen glauben: Eine Hermeneutik des versehrten Körpers soll die Wahrheit einer zerstörten Seele produzieren. Ein Mensch mit Behinderung soll sein Behindertsein als problematische Existenzform erkennen und seine Identität darüber definieren (5. Kapitel).

»Lässt sich Behinderung nicht als anthropologisches Apriori, sondern als eine an einen sozialen Kontext gebundene Konstruktion und Interpretation verstehen (...); so bedeutet dies, die Relativität und Relationalität des Behinderungsbegriffs in Rechnung zu stellen und das anthropologische Paradigma der Behinderung durch ein ethisches der Integration zu ersetzen, das auf eine Ethik der Anerkennung in Bezug auf Selbstachtung und Gerechtigkeit abhebt« (Zirfas 1999, 209). Dieser Forderung will man mit dem aktuellen Entwurf der Weltgesundheitsorganisation (WHO) zur Bestimmung von »Behinderung« (1997) Rechnung tragen. In meiner Auseinandersetzung mit dem Behinderungsbegriff zweier bedeutender Vertreter der Heilpädagogik – Wolfgang Jantzen und Otto Speck – wird jedoch deutlich, wie schwer es dieser Disziplin fällt, anthropologisch-medizinischer Prämissen zu entraten. Die Heilpädagogik kann sich nach wie vor nicht völlig davon frei machen, »Behinderung« symbolisch auf normabweichende Merkmale hin festzuschreiben (6. Kapitel).

Alle Wesensaussagen über den Menschen haben sich als machtvolle performative Effekte und Verleugnung seiner Andersheit erwiesen. Die Rede über ihn kann nur noch in einem doppelten Bezug – auf die Geschichtlichkeit der begrifflichen Instrumentarien und auf die Geschichtlichkeit ihres Gegenstandes – erfolgen. Das Habituskonzept von Pierre Bourdieu ermöglicht einen Ausweg aus dieser unübersichtlichen Lage. Danach erfolgt die Herstellung eines sozialen Sinns über körperlich eingeschriebene Wahrnehmungs-, Denk- und Handlungsschemata, die immer auch kulturelle Distinktionen und soziale Hierarchien festschreiben (7. Kapitel). In der Folge beschäftige ich mich mit körperlich eingelagerten Alltagsordnungen und der Frage, wie sie das Verhältnis von »Behinderten« und »Behindernden« bestimmen. Es geht um mögliche körperpolitische Wirkungen des unsichtbar normierenden Blickes der Behindernden. Weitere Untersuchungen zum Alltagskörper führen zu dem Ergebnis, dass er in hohem Maße durch den Körper in der Medizin codiert ist und Lebensglück zunehmend in medizinischen Kategorien gemessen wird. Das individuelle Bedürfnis nach gesundheitsorientierter Selbstvervollkommnung steht dabei in einem strukturellen Zusammenhang mit einer großangelegten prothetischen Transformation des Körpers. Der Körper des »Behinderten« ist zum Testfall technischer Invasionen und zum Vorbild für den überreizten »Gesunden« geworden. Der Cyber-Eremit nähert sich ihm an, indem er die künstliche Stimulation dem Bereich zwischenmenschlicher Beziehungen vorzieht (8. Kapitel).

Ein weiteres kritisches Argument lautet, dass die Handhabung von gesellschaftlichen und politischen Lösungen für behinderte Menschen auf einer problematischen modernen Wahrnehmung der biologischen Ausstattung des Menschen als sozialem Problem beruht. Die Entwicklungen neuer Biotechnologien in der Humangenetik und ihre Anwendung in der modernen Medizin zielen auf eine Lösung der »sozialen Frage« mit eugenischen Mitteln. Wir müssen damit rechnen, dass sich Maßnahmen zur »Eugenik von unten« heute auf elegante Weise mit der Berufung auf das individuelle Recht zur Autonomie verbinden lassen (9. Kapitel). Der Begriff »Selbstbestimmung« ist inzwischen zum unumstrittenen Prüfstein sozialer Anerkennung geworden. Einerseits wird darin die Rechtmäßigkeit individueller Ansprüche gesehen; andererseits dient er der neoliberalen Gesellschaft zur Implementierung individuellen Risikomanagements. Selbstbestimmung ist immer auch mit der Unterdrückung des Anderen im Selbst und im Nächsten verbunden. Für Menschen, die auf Wohltätigkeit angewiesen sind, kann sie mit Aussonderung, prothetischer Hochrüstung oder auch Vernichtung einhergehen. Der Weg von der Selbstbestimmung zum Empowerment kann Möglichkeiten zu autonomer Lebensgestaltung in sozialer Eingebundenheit eröffnen (10. Kapitel).

Die doppelte und paradoxe Aufgabe behinderter Menschen besteht darin, in Selbstverständigungsprozessen Möglichkeiten einer veränderten Haltung zu sich selbst zu erproben. Foucaults Konzept einer »Sorge um sich« gibt Mittel an die Hand, Widerstand gegen Formen der Fremdbestimmung zu leisten und der kritiklosen Verinnerlichung geforderter Verhaltensnormen entgegenzutreten. Allerdings sind nicht alle Menschen mit Behinderung zu diesem Akt des ästhetischen Empowerments in der Lage. Insofern muss eine überzeugende Ethik zugleich auch die Verantwortung für den Anderen einschließen. Die ethisch-soziale Dimension der Begegnung mit dem Anderen bleibt bei Foucault unterbelichtet. Levinas macht dagegen deutlich: Jenseits normalisierender Anerkennung erwächst aus der Nähe zum Anderen eine vor aller Selbstsorge liegende einseitige und unabweisbare Verantwortung für dessen Wohl (11. Kapitel).

Die vorliegende Arbeit wurde im Frühjahr 2001 vom Fachbereich Erziehungswissenschaft und Psychologie der Freien Universität Berlin als Dissertation angenommen. Ihre Edition erfolgt im Gedenken an Prof. Dr. Dietmar Kamper, dem ich mehr verdanke als sich durch Zitate ausdrücken lässt. Meine Verbundenheit möchte ich all denen bekunden, die mir vor und während meines Promotionsstudiums Ermunterung und Anregung zuteil werden ließen: Dr. Bernhard Boschert, Dr. Ulrich Bröckling, Martin Häfner, Prof. Klaus Meyer-Dettum, Thomas Murer, Prof. Dr. Hans-Ulrich Pfeifer-Schaupp und Rolf Sick. Anerkennung gilt auch den Kollegen an der Zivildienstschule Trier für ihre aufmunternden Worte zur rechten Zeit. Für ihre freundliche Unterstützung danke ich herzlich den beiden Gutachtern Prof. Dr. Christoph Wulf und PD Dr. Jörg Zirfas. Bei ihnen fand ich zu Beginn jene Bestätigung und positive Resonanz, die man zum Verfassen einer solch groß angelegten

Arbeit braucht. Vor allem schulde ich Prof. Dr. Hans Eberwein Dank, der als Mitglied der Promotionskommission auf meine Bitte hin sofort dazu bereit war, das Vorwort für diese Arbeit zu schreiben. Dank gebührt auch Frau Gudrun Kalicki für ihre souveräne Hilfe bei der Herstellung eines druckfertigen Manuskripts. Meiner Frau Bettina Rösner und meinen beiden Kindern Nora und David danke ich dafür, dass sie mir die notwendige Atmosphäre schufen, um dies schreiben zu können. Ihnen und meiner Mutter widme ich diese Arbeit aus vollem Herzen.

Teil I

Behindertsein und moralische Verpflichtung

1. Vorüberlegungen zum Begriff »Anerkennung«

1.1 Ethik versus Moraltheorie

Kann die moderne Idee der Anerkennung mehr sein als nur das Produkt »beredte(r) und schreibfingrige(r) Sklaven des demokratischen Geschmacks?« Friedrich Nietzsches (V, 1980, 61) Vorwurf richtet sich gegen die moraltheoretische Anstrengung »das allgemeine grüne Weide-Glück der Heerde, mit Sicherheit, Ungefährlichkeit, Behagen, Erleichterung des Lebens für Jedermann« herzustellen. Dabei heißen die »beiden am reichlichsten abgesungen Lieder und Lehren (...) ›Gleichheit der Rechte‹ und ›Mitgefühl für alles Leidende‹, – und das Leiden selbst wird von ihnen als Etwas genommen, das man *abschaffen* muss« (ebd.). Nietzsche stellt hier offensichtlich die altehrwürdigen Traditionen der kantischen und utilitaristischen Moraltheorien und ihre abstrakte Arbeitsteilung in Frage: Während die eine für die Einrichtung universaler gleicher Rechte eintritt, arbeitet die andere am Glück der großen Zahl. In beiden Fällen, so Nietzsche, geht es um die Abschaffung des Leidens. Die damit einhergehende Gewalt gegenüber denjenigen, die mit dem Begriff »Leiden« belegt werden, ist dabei nicht so sehr sein Thema. Seine Provokation gegen die vermeintlich freien Geister in der Philosophie kann dennoch für die gegenwärtigen Debatten über Euthanasie und die Einführung biotechnologischer Verfahren zur Optimierung des Lebens fruchtbar gemacht werden. Darüber hinaus lässt sich auf der Grundlage seiner Kritik erneut eine Auseinandersetzung mit normativen Überzeugungen von gerechter Anerkennung als auch mit eudämonistischen Vorstellungen eines geglückten Lebens führen.

Die auf Immanuel Kant zurückgehende praktische Philosophie sah die Lösung der Frage nach Anerkennung bis vor kurzem noch darin, einen Alleinvertretungsanspruch gegenüber eudämonistischen Ansätzen durchzusetzen. Das Argument lautete, dass nur universale Gerechtigkeitsurteile Gegenstand von Untersuchungen sein können, weil sie eine klar erkennbare formale Struktur besäßen; Urteile über das gute Leben hingegen seien beliebig und entzögen sich daher einer dekontextualisierenden rationalen Untersuchung. Man ging davon aus, dass sich moralische Fragen unabhängig von Annahmen über das Gute entscheiden ließen (Kuhlmann 1986). Inzwischen wird jedoch nicht mehr einfach ausgeschlossen, dass auch Fragen des guten Lebens zum Gegenstand praktischer Diskurse gemacht werden können (Habermas 1991, Brumlik 1992, Rawls 1994, Benhabib 1995, Seel 1995). Es wird nunmehr zwischen »Ethik« und ihren Fragen nach Gründen und Möglichkeiten eines geglückten Lebens und »Moraltheorie«, in der es um die Problematik und die Begründung einer gerechten Gesellschaft gehen soll, unterschieden.[8] Mit anderen Worten: Ethische Fragen sollen gute Handlungsweisen betreffen, die das individuelle Wohlergehen ermöglichen; moralische Fragen sollen sich auf richtige Handlungsweisen beziehen, die allgemeingültigen Normen entsprechen. Hier geht es um die Bewältigung der zunehmenden Konflikte um Verteilung und soziale Gerechtigkeit durch Zuteilung von Gütern; dort um Fragen, wie wir als menschliche Wesen überhaupt in der Welt miteinander leben sollten und was es bedeutet, wahrhaft menschlich miteinander umzugehen. Das Problem der Vermittlung zwischen beiden Gerechtigkeitssphären steht heute noch weitgehend ungeklärt im Zentrum der Auseinandersetzungen innerhalb der praktischen Philosophie.

Der kantischen »moralischen« Frage »Was soll ich tun?« wird heute zunehmend die klassische »prudentielle« Frage »Wie soll man leben?« vorgeordnet.[9] Man reagiert damit auf die »Krise der aufgeklärt-liberalen Moral« (Steinfath1998, 11) und ihrer Überzeugung, das menschliche Wohlergehen von einem ethisch neutralen Standpunkt aus klären zu können. Die »aristotelisch« genannten Ansätze eint das gemeinsame Anliegen, den Formalismus einer auf universelle Prinzipien und unbedingte Pflichten festgelegten Ethiken kantischer Provenienz zu überwinden. Autonomie wird danach nicht länger im kantischen Sinne als Fähigkeit zur vernünftigen moralischen

---

8 Im Gegensatz dazu wird »Ethik« auch noch als gleichbedeutend mit »Moralphilosophie« verstanden und ihre Aufgabe darin gesehen, »die letzten Begründungsprinzipien des moralisch Richtigen und Guten zu ermitteln« (Birnbacher u. a. 1993, 10).
9 Vgl. u. a. den von H. Steinfath (1998) herausgegebenen Sammelband. Einen guten Überblick geben A. Pollmann (1999) und Ch. Horn (2000).

Selbstgesetzgebung verstanden, sondern als Bereitschaft zur reflektierten Lebensführung. Dabei lassen sich grob zwei grundsätzliche Überzeugungen unterscheiden: Zum einen wird davon ausgegangen, dass die Philosophie auf eine Festlegung inhaltlicher Kriterien zur Beschreibung eines gelingenden Lebens verzichten müsse. – Allenfalls könne sie sich noch auf die Suche nach einem formalen Begriff des guten Lebens begeben, um deren Sinn und Struktur zu erhellen. (Krämer 1992, Marten 1993, Schmid 1998, Wolf 1999).

– Zum anderen lassen sich moraltheoretische Versuche finden, die davon ausgehen, wir könnten heute etwas für alle Verbindliches über das Gelingen menschlicher Existenz aussagen. Danach lässt sich eine »Ethik des guten Lebens« festlegen, indem man die Überlegenheit einer inhaltlich bestimmten Lebensweise hervorhebt (MacIntyre 1987, O'Neill 1996, Foot 1997, Nussbaum 1999).

Es gibt freilich plausible Gründe, die Angelegenheiten des »guten Lebens« nicht direkt zum Gegenstand philosophischer Betrachtung zu machen. Mit Blick auf die Moderne und ihren Pluralismus menschlicher Lebenskonzeptionen, haftet allen Vorhaben, die elementaren Bedingungen und Inhalte eines gelingenden Lebens zu kennzeichnen, das stets partikulare Verständnis einer Kultur der Mehrheit mustergültiger Menschen an. Man meint transkulturelle Grundlagen für intersubjektive Anerkennung festlegen zu können, indem Eigenschaften aufgelistet werden, die angeblich an jedem beliebigen Ort ein menschliches Leben zu einem guten menschlichen Leben machen.[10] So hat beispielsweise Martha C. Nussbaum (1999, 197) unter Rückgriff auf Aristoteles eine »Basiskonzeption des Guten« entwickelt: »Man fange mit dem Menschen an – mit den Fähigkeiten und Bedürfnissen, die allen Menschen jenseits der Schranken von Geschlecht und Klasse, von Rasse und Nation gemeinsam sind« (ebd., 177).

Anhand einer Auflistung existentieller Grunderfahrungen versucht Nussbaum die Frage zu klären, ab wann »wir ein gegebenes Leben als ein menschliches anerkennen« (ebd., 188). Dazu zählen für sie die Erfahrungen einer intakten geistigen oder körperlichen Verfassung, die Gefühle der Erfülltheit, der Lust und der Abwesenheit von unnötigem Schmerz, Momente

---

10 Vgl. dazu Th. W. Adornos (1997, 248f.) skeptischen Einwand: »Das Einzige, was man vielleicht sagen kann, ist, dass das richtige Leben heute in der Gestalt des Widerstandes gegen die von dem fortgeschrittensten Bewusstsein durchschauten, kritisch aufgelösten Formen eines falschen Lebens bestünde.«

des Humors, des Spiels und der Erholung, die Bewahrung eines gelingenden Verhältnisses zur Außenwelt, vor allem aber der Besitz von Autonomie. Nach dieser ethischen Festlegung wird schwerstbehinderten Menschen zu Beginn und am Ende des Lebens die Fähigkeit abgesprochen, ein wahrhaft menschliches Leben zu führen.[11] Sie verbleiben jenseits einer »Schwelle der Fähigkeit zur Ausübung von Tätigkeiten, unterhalb deren ein Leben so verarmt wäre, dass es überhaupt nicht mehr als menschliches Leben gelten könnte« (ebd., 197).[12]

1.2 Die Grenzen rechtlicher Anerkennung

Gegenwärtig verwenden immer mehr Autoren unterschiedlichster Provenienz den Begriff der »Anerkennung« als ein Postulat, mit dem sich die Aussicht vergrößern soll, dass die lokalen oder kommunikativ begrenzten Lebensfor-

---

[11] Vgl. M. C. Nussbaums (1999, 198f.) problematische Bewertungen am Ende und Anfang eines Menschenlebens: »Welches Leben ist so verarmt, dass es nicht zu Recht ein menschliches Leben genannt werden kann? Hierzu sollten wir meiner Ansicht nach viele Lebensformen zählen, die am Ende eines menschlichen Lebens eintreten – all jene, in denen das überlebende Wesen sein Empfindungsvermögen und sein Bewusstsein unwiederbringlich verloren hat, sozusagen in einem »permanenten Dämmerzustand« lebt; ich würde auch einige Formen dazu zählen, wo dieser Zustand zwar noch nicht ganz erreicht ist, wo aber die Fähigkeit, geliebte Menschen zu erkennen, zu denken und zu urteilen, unwiderruflich über einen bestimmten Punkt hinaus verfallen ist. (...) Und ich würde ebenfalls das Fehlen von Mobilität dazurechnen – vor allem wenn sowohl das Sprechen als auch die Fortbewegung von einem Ort zu einem anderen unmöglich sind. Daraus folgt, dass bestimmte schwerstbehinderte Kinder keine menschlichen Wesen sind, auch wenn sie von menschlichen Eltern abstammen – also diejenigen mit einem umfassenden und totalen Ausfall sensorischer Fähigkeiten und/oder dem völligen Fehlen von Bewusstsein oder Denkvermögen; und diejenigen, die absolut unfähig sind andere Menschen zu erkennen oder mit ihnen in Kontakt zu treten.«

[12] D. Gröschke (2000, 138) sieht hier mit Recht eine Nähe zum »Utilitarismus à la Singer«. Gleichwohl unterstützt er Nussbaums Programm einer Ethik des guten Lebens, um es »auf die Analyse der Lebenssituation behinderter Menschen in modernen Gesellschaften« zu übertragen. Meines Erachtens handelt es sich in diesem Fall nicht nur um das entschuldbare Fehlurteil einer fachfremden Philosophin; vielmehr ist das Problem in Nussbaums anthropologisch-essentialistischem Ansatz einer Bestimmung von Lebensqualität zu suchen. Entgegen ihrer eigenen Beteuerungen (Nussbaum 1997, 199), enthält er substantielle Aussagen darüber, was wir dem Menschen moralisch schuldig sind.

men in einer wertepluralen Gesellschaft universale Geltung erhalten.[13] Denn wir alle werden in unserer Identität von der Anerkennung oder Nichtanerkennung, vielleicht auch von der Verkennung durch die anderen geprägt und können Schaden nehmen, wenn die Umwelt ein einschränkendes, herabwürdigendes oder verächtliches Bild unserer selbst zurückspiegelt. »Nichtanerkennung oder Verkennung kann Leiden verursachen, kann eine Form von Unterdrückung sein, kann den anderen in ein falsches, deformiertes Dasein einschließen« (Taylor 1993, 14). Auf der einen Seite folgt man der Einsicht, dass sich Anerkennung nicht darin erschöpfen kann, Menschen rechtlich garantierte Autonomie und Wohltätigkeit zu ermöglichen (Taylor 1988, Honneth 1992); auf der anderen Seite will man aber daran festhalten, dass es einen Vorrang des Gerechten vor dem Guten gibt (Forst 1994, Habermas 1996). Insgesamt bleibt damit aber das Problem ungelöst, wie die gegenwärtige Philosophie nach dem vorschnell ausgerufenen Ende der Metaphysik mit ethisch-existentiellen Fragen verfahren soll. Über den Wegfall traditioneller Legitimationsmuster und das Faktum einer pluralistischen Gesellschaft kann sich heute niemand mehr hinwegtäuschen. Gleichwohl drängt sich gerade deshalb das Anliegen auf, unterhalb einer normativ kodifizierbaren Gerechtigkeitssphäre, in den Bereichen des guten Lebens, ethische Ansprüche auf Anerkennung moralisch zu begründen.

Die Frage nach der Struktur und der Reichweite der Anerkennung im Blick auf Menschen mit Behinderung ist dabei von zentraler Bedeutung. Eine zufriedenstellende Antwort wird davon abhängen, ob es gelingt zu zeigen, nach welchen Kriterien eine unverkürzte Anerkennung erfolgen kann. Um Missverständnisse zu vermeiden, sei klar gesagt: Es soll im Folgenden nicht darum gehen, Forderungen nach sozialer Gleichheit und Umverteilung zu verdrängen, sondern die politische Vorstellung der Gerechtigkeit zu erweitern.[14] Das Recht bezieht sich lediglich auf gleiche Freiheiten unvertret-

---

13 Dem Begriff der »Anerkennung« widmet sich inzwischen auch ein Sammelband (Hofmann-Riedinger u. a. 2001). Vgl. ebenso M. Verweyst (2000), der sich dem Anerkennungsgeschehen in einer subjekttheoretischen Auseinandersetzung mit Heidegger, Sartre, Freud und Lacan widmet.

14 Insoweit ist N. Fraser (2001, 14) zuzustimmen: Es sollte ein unumstößlicher Grundsatz sein, »dass kein ernsthaftes Nachfolgeprojekt für den Sozialismus die Verpflichtung auf soziale Gleichheit einfach zugunsten kultureller (bzw. existentieller, H.-U. R.) Differenz über Bord werfen kann. (...) Nein, kritische Theoretikerinnen und Theoretiker sollten ganz

barer und sich selbst bestimmender Individuen bzw. auf staatlich garantierte Fürsorge-Interventionen gegenüber Hilfsbedürftigen. Unterhalb dieser Sphäre kann sich jedoch das Schlechte ausbreiten – Egoismus, Machtstreben, Ausgrenzung, Verachtung. Mit wirklicher Gerechtigkeit wäre jedoch eine gesellschaftlich verankerte zwischenmenschliche Verantwortung um die Erhaltung der Integrität des Einzelnen und seiner je eigenen Lebensform gemeint. »Die Gewährung von formalen Rechten (Bürgerrechten, Schutz- und Teilhaberechten) ist eine (wichtige) Form, unter der sich gesellschaftliche Solidarität zeigen kann. Sie darf sich jedoch in einer bloßen Verrechtlichung des Verhältnisses zu behinderten Menschen nicht erschöpfen. Ohne eine sozio-moralische und sozio-emotionale Komponente der wechselseitigen Wertschätzung der Rechtssubjekte bliebe sie leblos und formalistisch« (Gröschke 1998, 368).

In meinen Überlegungen zur Anerkennung von Menschen mit Behinderung werde ich zwischen dem Menschen als *ethischem Subjekt* und als *Subjekt von Rechten* unterscheiden: Als Rechtssubjekt findet er Anerkennung auf der Grundlage eines allgemeinen Rechts und steht als Staatsbürger in potentieller Autorschaft zu diesem Recht. Als ethisches Subjekt ist er Mitglied einer partikularen Gemeinschaft, mit der die eigene Lebensgeschichte untrennbar verwoben ist. Mit diesen begrifflichen Bestimmungen lässt sich die gesellschaftliche Inklusion der menschlichen Individuen in unterschiedlichen Bereichen erfassen; einer juridisch-politischen Sphäre der Gerechtigkeit und einer ethisch-existentiellen Sphäre des individuellen Lebens. Diese Bereiche entsprechen zugleich gegenseitig bedingenden aber nicht aufeinander reduzierbaren Kontexten der Anerkennung: In moralisch-politischen Gemeinschaften sind Personen auf der Basis gemeinsamer Normen allgemein als Rechtssubjekte und Staatsbürger anerkannt; in ethisch-existentiellen Gemeinschaften sind sie einzigartig als ethische Subjekte in Bezug auf ihr Leben anerkannt. Politische Gerechtigkeit ist eine Solidarität auf der Basis gemeinsamer politischer Verantwortung. Existentielles Wohlbefinden wird durch die Solidarität auf der Basis identitätsstiftender Werte garantiert: Das Ziel eines politisch-solidarischen Handelns beruht darauf, eine Gemeinschaft vollberechtigt anerkannter Bürger zu schaffen. Darüber hinaus hat die ethi-

---

im Gegenteil die Behauptung widerlegen, wir hätten uns bei der Umverteilungspolitik und der Anerkennungspolitik für ein Entweder-Oder zu entscheiden.«

sche Solidarität das Ziel, ein gemeinsames gutes Leben herbeizuführen oder zu erhalten und damit die eigene Identität zu verteidigen bzw. vor erniedrigenden Identitätszuschreibungen zu schützen.

1.3 Ethisch-existentielle Anerkennung

Die grundlegende Differenzierung zwischen juridischem und ethischem Subjekt ermöglicht es, den Begriff der Anerkennung am Leitfaden zweier unterschiedlicher und dennoch untrennbar verwobener Fragestellungen zu entwickeln. (1) Welches sind die angemessenen Kriterien, nach welchen politisches Handeln in der Praxis gesellschaftlicher Institutionen gegenüber behinderten Personen als moralisch gerechtfertigt zu bewerten sind? (2) Welches sind die angemessenen Kriterien, nach denen existentielles Handeln in der zwischenmenschlichen Praxis als ethisch gut zu bewerten ist? Dabei ist das Ziel dieses ersten Teils der Arbeit, deutlich zu machen, dass eine rechtlich-politische Anerkennung behinderter Menschen ohne die Basis einer ethisch-existentiellen Wertschätzung keinen ausreichenden Schutz vor Demütigungen und Kränkungen gewährleisten kann. »Es gibt keinen anderen Rechtsgrund der conditio humana als Anerkennung. Menschliche ›Substanz‹ ist ein sozialer Vorrat, der verzehrt werden kann und vermehrt werden muss. Darüber hinaus käme menschliche Identität überhaupt nicht zustande bzw. würde sich auflösen, wenn die anerkennende Sozietät ausbleibt« (Kamper 1973, 176).

Ich möchte den Nachweis erbringen, dass die Anerkennung des Anderen nicht nur ein Ringen um seine rechtliche Gleichbehandlung sein kann, sondern weit mehr um seine persönliche Integrität und seine je individuelle Lebensform. So können Menschen andere zwar als Rechtspersonen in ihrer Würde achten; das heißt jedoch noch nicht, sie in ihren ethischen Differenzen anzuerkennen.[15] Mangelnde Anerkennung beruht heute nicht nur auf der Tatsache ungleicher Rechte, sondern bei zunehmend gleichen Rechten auf inkorporierten sozialen Normen wie Unversehrtheit, Leistungsfähigkeit,

---

15 Vgl. P. Ricoeur (1996, 328): »Wenn man die Idee der Würde allein mit vollentwickelten Vermögen wie etwa Autonomie des Willens verknüpft, dann sind nur Erwachsene, gebildete und ›aufgeklärte‹ Individuen Personen.«

Attraktivität usw. Ungleichheiten zwischen »Behinderten« und »Nichtbehinderten« sind heute weniger rechtlich verbürgt als symbolisch verankert, nämlich unterhalb einer normativ kodifizierbaren Gerechtigkeitssphäre, in Bereichen, in denen Menschen nicht so sehr als Personen formaler Rechte in Erscheinung treten, sondern als ethische Personen mit Anspruch auf ein nicht verfehltes Leben und gelungener Identitätsbildung.

»Neu ist (...) nicht das Bedürfnis nach Anerkennung, neu ist vielmehr, dass wir in Verhältnissen leben, in denen das Streben nach Anerkennung scheitern kann« (Taylor 1993, 24).[16] Die Gestaltung seiner Identität kann dem Einzelnen nur durch eine Wertschätzung auf der ethisch-existentiellen Ebene gelingen. Insofern bedarf es einer Ethik der Anerkennung, die »der Existenz eine sehr starke Struktur geben kann, ohne sich auf ein Rechtswesen, ein Autoritätssystem oder eine Disziplinstruktur beziehen zu müssen« (Foucault 1987, 272). Der Einzelne muss einen Lebensentwurf schaffen können, in dem er sich aus seiner strukturellen Gebundenheit zu lösen und als Subjekt seiner eigenen Erfahrungen zu erkennen vermag. In diesem Fall bliebe sein Selbst nicht mehr nur ein »Ich«, das sich als solches vorfindet, sondern würde zu einem »Sich« bewusster Gestaltung werden. Bei der Beantwortung der Fragen: »Wer bin ich?« und »Woher komme ich?« kann das Recht bestenfalls einen institutionellen Rahmen vorschreiben. Rechtlich garantierte Anerkennungsverhältnisse bilden jedoch keine hinreichende Schutzhülle für ethische Möglichkeiten der Gestaltung eines guten und geglückten Lebens.[17]

---

16 Die Anerkennung der besonderen Identität des Anderen (Authentizität) basiert für Ch. Taylor (1993, 32) auf der Grundlage einer universalen Achtung menschlicher Würde. »Was hier als wertvoll hervorgehoben wird, ist ein *universelles menschliches Potential*, eine Fähigkeit, die allen Menschen gemeinsam ist. Dieses Potential und nicht das, was der einzelne aus ihm macht oder gemacht hat, sichert jedermann Achtung. Und wir dehnen unseren Schutz auch auf solche Menschen aus, die infolge irgendwelcher Umstände nicht in der Lage sind, ihr Potential in der üblichen Weise zu verwirklichen – auf Behinderte zum Beispiel oder auf Menschen, die im Koma liegen.«

17 Diesen Grundsatz teile ich mit der kommunitarischen Bewegung. Er basiert auf der Annahme, dass eine bloß auf die Garantie liberaler, demokratischer und sozialer Grundrechte festgelegte Gesellschaft kein Äquivalent für den Verlust sozialer Bindungskräfte hervorbringen kann. Gleichwohl soll im Fortgang meiner Überlegungen deutlich werden, dass deren weitere politische Zielsetzung einer Wiederbelebung von Gemeinschaftsdenken unter den Bedingungen liberaldemokratischer Dienstleistungsgesellschaften problematisch ist.

In Anlehnung an Nancy Fraser (2001) lassen sich zwei Möglichkeiten ethisch-existentieller Anerkennung unterscheiden, wobei ich mich für die zweite der beiden einsetze: Mit »affirmativen Maßnahmen« der Anerkennung wird darauf abgestellt, »ungerechte Folgewirkungen gesellschaftlicher Verhältnisse auszugleichen, ohne den zugrunde liegenden Rahmen anzutasten, der diese Verhältnisse hervorbringt.« Der Mensch mit Behinderung wird in der Folge als ein tatsächlich Gegebenes mit einem essentialen Gehalt vorgestellt, das vor aller Beschreibung besteht und in der Hauptsache einer wertschätzenden Bejahung bedarf. Mit »transformativen Maßnahmen« der Anerkennung wird der Versuch unternommen, »ungerechte Folgewirkungen zu beheben, indem man gerade die zugrunde liegenden Voraussetzungen dieser Verhältnisse neu strukturiert« (ebd., 47). Hierbei geht es nicht nur darum, abgewertete Formen des Behindertseins neu zu konnotieren, sondern die Konstitutionsprozesse dieser Identitätszuschreibungen zu erfassen. Das angestrebte Ziel ist nicht die Festigung einer Behindertenidentität, sondern die Dekonstruktion der Dichotomie von behindert und nichtbehindert. »Während affirmative Annerkennungsstrategien dahin tendieren, die vorhandenen Differenzierungen von Gruppen zu bestärken, wirken transformative Maßnahmen der Anerkennung langfristig so, dass diese Differenzierungen untergraben werden und Raum für zukünftige Neugruppierungen entsteht« (ebd., 50).[18]

---

18 N. Fraser (2001, 56) vertritt die Hypothese, wonach sich die »affirmative Umverteilungspolitik des liberalen Wohlfahrtsstaates« nicht mit »der transformativen Anerkennungspolitik der Dekonstruktion« vertrage und das »Umverteilungs-Anerkennungsdilemma« vertiefe: Indem eine *identitätsstiftende* Politik der sozialen Umverteilung eine stigmatisierende Anerkennungsdynamik in Gang setze, konterkariere sie geradezu eine Politik *identitätsverflüssigender* kultureller Anerkennung. »Ein Ansatz mit dem Ziel, Ungerechtigkeiten im Bereich der Verteilung auszuräumen, kann am Ende reaktiven Ungerechtigkeiten in den Anerkennungsbeziehungen Nahrung geben« (ebd., 59). Insofern tritt Fraser für eine doppelt transformative »Strategie Sozialismus plus Dekonstruktion« (ebd., 65) ein und plädiert dafür, die »dekonstruktive Version des Antiessentialismus« (ebd., 266) mit der Frage zu verbinden, »welche Art von politischer Ökonomie nötig wäre, um ausschlussfreie Identitäten und antiessentialistische Auffassungen von Differenz zu unterstützen« (ebd., 267). Allerdings beurteilt Fraser die Sphäre der Gerechtigkeit sozialer Regelungen vorrangig unter dem Gesichtspunkt, »wie ökonomische Vor- und Nachteile durch sie verteilt werden« (ebd., 277).

1.4 Dekonstruierende Kritik

Mit »dekonstruierende Kritik« ist nicht nur ein Verfahren gemeint, durch das die gesellschaftlichen Verhältnisse rekonstruktiv an gegebenen normativen Ansprüchen gemessen werden können; darüber hinaus lassen sich damit diese normativen Ansprüche und Ideale selbst kritisieren, indem gezeigt werden kann, in welcher Weise sie zur Legitimierung demütigender sozialer Praktiken gegenüber dem konkreten Anderen beizutragen vermögen:[19] Was für alle gerecht ist, muss nicht unbedingt jedem gerecht werden. Mit der Perspektive des Rechten kommt ein prinzipiell universalisierbarer Standpunkt der Moral ins Spiel, der nicht von der Frage ausgeht, was gut für mich oder für uns ist. Es bedarf daher eines erweiterten Gerechtigkeitsstandpunktes, einer unentwegten Aufklärung durch eine dekonstruierende Kritik, die sich gerade nicht an einem allgemeinen Gesichtspunkt und der Frage »Was ist gleichermaßen richtig für alle?« orientiert. »Das Recht ist nicht die Gerechtigkeit. Das Recht ist das Element der Berechnung; es ist nur (ge)recht, dass es ein Recht gibt, die Gerechtigkeit indes ist unberechenbar; sie erfordert, dass man mit dem Unberechenbaren rechnet« (Derrida 1991, 33f.). Die »Erfahrungen der Gerechtigkeit« sind die »jener Augenblicke, da die Entscheidung zwischen dem Gerechten und dem Ungerechten von keiner Regel verbürgt und abgesichert wird« (ebd., 34).

Dieses Unberechenbare und Regellose kann in einer Kritik bestehen, welche die Gesellschaft und ihren moralischen Selbstanspruch unentwegt in Frage stellt und die sich vom ethisch-existentiellen Standpunkt der um ihr gutes Leben betrogenen Individuen/Gruppen aus entzündet. Die eigentliche Leistung einer durch die ethisch-existentielle Anerkennung des Anderen geprägten Moral würde dann darin bestehen, auch dort zu schützen und zu helfen, wo wir ihn in keine Selbstverständlichkeit unseres Alltags hineinholen können. Der Andere – Freund, Nachbar, Behinderter, Asylant – wäre weder Fremder noch Gleicher. Jenseits von Vereinnahmung und Ausgrenzung, Faszination und Bedrohung, Vertrautheit und Feindschaft wäre er jemand, den wir durch unsere Sprache weder einschließen noch ausgrenzen.

---

19 Gegenüber A. Honneth (2000, 733) soll in dieser Arbeit u.a. der Nachweis erbracht werden, dass die »dekonstruierende Kritik« bzw. die »Genealogie« mehr ist als nur ein »parasitäres Kritikverfahren« und von mehr als nur »von der Voraussetzung einer normativen Begründung lebt, die sie nicht selber zu geben versucht oder zu leisten vermag.«

»Die Gerechtigkeit beruht hier nicht auf Gleichheit, auf einem berechneten Gleichmaß, auf einer angemessenen Verteilung, auf der austeilenden Gerechtigkeit, sonder auf einer absoluten Asymmetrie« (ebd., 45f.).

Was chronisch kranken, behinderten oder alten Personen unter die Haut geht und ihren Alltag bedrückend werden lässt, sind nicht allein die Sorge aufgrund mangelnder rechtlicher Anerkennung oder sozialer Sicherung. Es sind ebenso subjektive Probleme in Form mangelnden Selbstwertgefühls, weil ihnen auf der ethisch-existentiellen Ebene durch abwertende identitätsbildende Zuschreibungen die Achtung durch ihre Mitwelt versagt wird. Allein in dieser Hinsicht kann eine »Berufsethik des Heilpädagogen« (Gröschke 1993) wirksam werden, in der eine skeptische Haltung das Kernelement bildet (Häußler 2000). Ein gewandeltes Verständnis von Behindertsein hat in der Heilpädagogik bereits zur Einsicht geführt, dass sich ihr »Gegenstand« – die Behinderten – nur um den Preis identifizierender Objektivierung und Normalisierung untersuchen lässt. Der Wechsel zum Paradigma einer Integrationspädagogik (Eberwein 1990) und zu Empowermentkonzepten (Theunissen 1997) deutet jedenfalls einen radikaleren Zweifel an bisherigen Selbstverständlichkeiten an. Gerade weil sich »die Sonderpädagogik im Wesentlichen durch pädagogische Hilfen für sogenannte Behinderte legitimiert, hat sie selbstkritisch zu fragen, ob die durch sie verliehene Etikettierung und die damit verbundene Aussonderung ›Behinderung‹ nicht eigentlich erst konstituiert« (Eberwein 1996, 17).

Der behinderte Mensch ist eine ethische Person, die in ihrer Identität des Selbst auf vielfältige Weise mit der Erfahrung des Behindertseins verbunden ist. Gleichzeitig ist er als Mitglied einer politischen Gemeinschaft als Rechtsperson normativ integriert. Diese Doppelstruktur aus ethischer und rechtlich-politischer Identität muss analytisch berücksichtigt werden. Das Kennzeichen der Postmoderne gründet auf der bewusster werdenden Erfahrung von ethisch-existentieller Nicht-Identität oder Anderssein, die eine Fremdheit anerkennt, dessen identifizierende Bewältigung auf Gewalt beruhen würde. Diese unaufhebbare Fremdheit macht Kommunikation überhaupt erst sinnvoll und notwendig. »Die Herstellung von Identität stiftet keinen kommunikativen Bezug, weil das identifizierende-Ich im Anderen nur die entfremdete Gestalt seiner selbst und die abstrakte Äquivalenz mit Anderen, nicht aber dessen eigene Jeweiligkeit und Andersheit gelten lassen kann« (Guzzoni 1981, 21).

Die Anerkennung der Andersheit ist kein positives Thema einer erweiterten Intersubjektivitätstheorie, sondern Ethik in Form radikaler Kritik am Identitätsdenken. Sie will dessen Zwang aufheben und das sichtbar machen, was ausgegrenzt wird: »Das Subjekt-Objekt-Verhältnis als Struktur der Sphäre Mensch/Natur (bzw. Welt) und die monologische Subjektivität als Struktur der menschlich-zwischenmenschlichen Sphäre sind die durch Identität bestimmten Grundmuster des menschlichen Verhaltens in unserer Geschichte, die als solche wesensmäßig unerkannt der Wirklichkeit dieser Geschichte zugrunde liegen und gegen die das kritische Denken im Gegenentwurf der Nicht-Identität anzudenken hat, um so die Möglichkeit dafür zu schaffen, dass der Mensch zu einer *nichtidentifizierenden Anerkennung* des ihm Anderen und Fremden und damit auch zur Anerkennung seiner eigenen Freiheit gelangt« (ebd., 248f., Herv., H.-U. R.).

1.5 Anerkennung als sittlicher Bildungsprozess

Mit der Einsicht in die Struktur der Anerkennungsbewegung hatte der junge Hegel in seinen Jenaer Schriften einen ersten Schritt über das verdinglichende Subjekt-Objekt-Verhältnis zwischenmenschlicher Beziehungen hinaus getan.[20] In *Über die wissenschaftlichen Behandlungsarten des Naturrechts* (1802) wirft er den empiristischen Theoretikern eines vertragstheoretischen Naturrechts – Thomas Hobbes, John Locke u. a. – vor, dass sie ein bereits völlig entwickeltes und vollkommen erscheinendes Individuum außerhalb von sittlichen Bindungen voraussetzen würden (vgl. II, 1970, 445ff.). Im Rückgriff auf Aristoteles, bei dem der Mensch als ein Wesen aufgefasst wurde, das sich als ein Zoon politikon nur in der Gemeinschaft verwirklichen kann, wendet sich Hegel ebenso gegen das vernunfttheoretische Naturrecht

---

20 J. Habermas (1969) hat schon früh auf die Jenaer Schriften (1802-1806) aufmerksam gemacht, um auf die von K. Marx vernachlässigte Differenz zwischen Arbeit und Interaktion bei Hegel hinzuweisen. Vgl. ebenso L. Sieps (1974) Hinweis zur Bedeutung des Hegelschen Anerkennungsbegriffs für die Praktische Philosophie. Vgl. weiterhin A. Honneth (1997, 25ff.) zur Geschichte und der Vielzahl von Verwendungsweisen des Begriffs der »Anerkennung«. Honneths (1992, 11-105) Rekonstruktion der Hegelschen Stufenleiter moralischer Anerkennung werde ich in kritischer Absicht folgen.

Fichtes und Kants. Bei ihnen werde »das Sein des Einzelnen als das Erste und Höchste« (ebd., 454) vorausgesetzt, was dazu führt, dass das Verhältnis des Einzelnen zu seinem Gewissen (Moralität) und der Bereich des Rechts (Legalität) getrennt bleiben und sich in keiner höheren sittlichen Stufe vermitteln lassen. Dieser Trennung entspringt nach Hegel die bürgerliche Gesellschaft mit ihrem System der politischen Ökonomie, in dem zu allererst der seine privaten Zwecke verfolgende Bürger anerkannt und beschützt ist (ebd, 469ff.).[21]

Hegels Anerkennungslehre führt zu einer theoretischen Wende in der Betrachtungsweise des Hobbesschen Modells eines auf Selbstbehauptung beruhenden Kampfes aller gegen alle.[22] Mittels einer Uminterpretation der Fichteschen Theorie der »Anerkennung« im *System der Sittlichkeit* (1802/1803) betrachtet er den sozialen Konflikt als ein moralisches Bestreben nach sittlicher Höherentwicklung (Hegel 1967).[23] Der Kampf der Subjekte um wechselseitige Anerkennung ihrer unterschiedlichen Identitätsansprüche soll auf immer höherer sittlicher Stufenleiter zur praktisch-politischen Durchsetzung von freiheitsverbürgenden Institutionen führen. In der *Jenaer Realphilosophie* (1805/1806) ist mit »Sittlichkeit« eine höherstufige Form sozialer Gemeinschaft gemeint, die entsteht, wenn sich die in Nahverhältnissen entwickelte Liebe unter der Allgemeinheit des Rechts zu einer universellen Solidarität unter den Mitgliedern eines Gemeinwesens gewandelt hat (vgl. Hegel 1969, 201ff.).

---

21 Vgl. G. W. F. Hegel (II, 1970, 505): »Das Positive ist der Natur nach eher als das Negative, oder, wie Aristoteles es sagt, das Volk ist eher der Natur nach als der Einzelne; denn wenn der Einzelne abgesondert nichts Selbständiges ist, so muss er gleich allen Teilen in *einer* Einheit mit dem Ganzen sein; wer aber nicht gemeinschaftlich sein kann oder aus Selbständigkeit nichts bedarf, ist kein Teil des Volks und darum weder Tier noch Gott.« Das bürgerliche Recht wurde eingesetzt, um sich gegenüber der Gewalt durch feudale Vorrechte, absolutistische Willkür und Einschränkungen des freien Tauschverkehrs zu emanzipieren.

22 Möglicherweise ist das Anerkennungsmodell des jungen Hegel durch J.-J. Rousseaus *Abhandlung über den Ursprung und die Grundlagen der Ungleichheit unter den Menschen* (1754) beeinflusst. Rousseaus (1998, 81f.) zivilisationskritischer Hinweis, dass sich mit einer zunehmenden sozialen Achtung und Wertschätzung auch zerstörerische Gefühle wie Eitelkeit, Verachtung, Scham und Neid in die Beziehungen der Menschen einschleichen, wird von Hegel freilich nicht berücksichtigt.

23 Vgl. A. Wildt (1982) zur Bedeutung Fichtes für die Anerkennungstheorie Hegels.

Im Unterschied zu Levinas ist es bei Hegel nicht die transzendierende ethische Kraft eines in leiblichen Nahverhältnissen existierenden *Guten*, die eine unendliche Bewegung zu mehr Gerechtigkeit auslöst, sondern die negierende Bewegung eines praktisch-moralischen Anerkennungs*kampfes*. Unter sittlicher Vergemeinschaftung versteht Hegel die Versöhnung von Besonderem und Allgemeinem, so dass die mit einem Bewusstsein ihrer selbst als »Totalität« sich begreifenden Subjekte schließlich dazu gezwungen sind, sich wechselseitig in dem Andern zu erkennen (vgl. Hegel 1986, 217). Das Selbst bildet sich gleichsam aus dem Heimischwerden im Anderen und der Rückkehr zu sich selbst aus dem Anderssein. Bei Hegel beschränkt sich das Verhältnis der Liebe auf den Raum des Verhältnisses von Eltern und Kindern in der Familie. Er garantiert die Anerkennung als ethische Person mit ihren existentiellen Ansprüchen auf emotionale Zuwendung und Versorgung mit lebensnotwendigen Gütern. Dagegen übersteigt der Kampf um rechtliche Anerkennung den durch Liebe geprägten partikularen Bereich sozialer Nahbeziehungen. Die um ihren rechtlichen Anspruch auf Eigentum kämpfenden Gruppen werden zur Aufgabe ihrer egoistischen Sichtweisen und zur Reziprozität eines Sich-im-Anderen-Erkennens gezwungen und erkennen sich schließlich in einer vertraglichen Regelung als Träger legitimer Besitzansprüche an.[24]

Mit Hegels Modell des sittlichen Bildungsprozesses als intersubjektives Geschehen lassen sich Sozialverhältnisse normativ begründen, in denen allen Menschen als gleichberechtigten Trägern von freiheitlichen, demokratischen und sozialen Rechten Achtung, öffentliche Autonomie und Sicherheit zuteil werden können. Der Kampf um rechtliche Anerkennung kann auch für Personen advokatorisch geführt werden, die aufgrund ihrer Lebenslage nicht dazu in der Lage sind. Die *Grundlinien der Philosophie des Rechts* (1821) rechtfertigen insofern den Sozialstaat als eine »allgemeine Macht«, die vor sozialer Not schützt, selbst wenn diese Not nicht Folge eines erlittenen Unrechts ist, sondern Folge natürlicher Ursache (vgl. Hegel VII, 1970, §241). »Gegen die Natur kann kein Mensch ein Recht behaupten, aber im Zustand

---

24 Vgl. G. W. F. Hegel (1969, 206): »Recht ist die *Beziehung* der Person in ihrem Verhalten zum anderen, das allgemeine Element ihres freien Seins oder die Bestimmung, Beschränkung ihrer leeren Freiheit. Diese Beziehung oder Beschränkung habe ich nicht für mich auszuhecken oder hereinzubringen, sondern der Gegenstand ist selbst dieses Erzeugen des Rechts überhaupt, d.h. der *anerkennenden* Beziehung.«

der Gesellschaft gewinnt der Mangel sogleich die Form eines Unrechts, was dieser oder jener Klasse angetan wird« (ebd., §244 Zus.).

Hegels Kritik an den empiristischen Theoretikern des Naturrechts enthält wichtige Argumente für die gegenwärtige Euthanasiedebatte. Sie lassen sich gegenüber modernen Rechtstheorien (vgl. I/4.) ins Feld führen, die mit Locke einen menschlichen Naturzustand durch »Aufzählung der im Menschen vorgefundenen Vermögen durch empirische Psychologie« (Hegel II, 1970, 444) voraussetzen. Hegel macht deutlich, dass die Grundlage für die universale rechtliche Achtung des Menschen nicht darin vermutet werden kann, über bestimmte empirische Eigenschaften wie (Selbst-)Bewusstsein, Sprache oder Interessen zu verfügen. – Wer so argumentiert, macht sich nach Hegel einer schlechten *petitio principii* schuldig. Er setzt unvermittelt eine menschliche Natur voraus, die ihrerseits das Resultat bestimmter sittlicher Voraussetzungen ist (vgl. ebd., 445). Der Empirismus vermag bestenfalls die Anerkennung von Neugeborenen und Kleinkindern zu rechtfertigen, insofern es sich bei ihnen um potentielle Inhaber dieser Eigenschaften handeln kann. Die Diskussion über Euthanasie lässt jedoch deutlich werden, dass wir mit einem naturalistisch-empirischen Personbegriff[25] jede moralische Grundlage verlieren, den (Lebens-)Rechtsstatus schwerstgeistig behinderter, dementer oder komatöser Menschen anzuerkennen.

1.6 Anerkennung als Aufruf zur Verantwortung

Hegel sieht in seinen Jenenser Schriften in der wechselseitigen Anerkennung ein praktisches Muster der Vergesellschaftung. Nach A. Honneth (1989, 1992) lassen sich mit seiner Stufentheorie sozialer Anerkennung weitergehende Ansprüche auf Achtung individueller Besonderheiten verwirklichen: »Hegel hat dadurch, dass er in den von Machiavelli und Hobbes zugrundege-

---

25 Der von mir verwendete Begriff »Person« hat nichts gemeinsam mit den problematischen Versuchen in der »angewandten Ethik«, mit seiner Hilfe die moralische Rücksicht auf einige Tiere auszudehnen und umgekehrt im Bereich des menschlichen Lebens einzuschränken. (Tooley, 1990/Hoerster 1991/Singer 1994/Harris 1995/Strasser u. a., 1997). Vgl. dazu auch den kritischen Literaturbericht von Th. Rehbock (1998). Vgl. ebenso den interdisziplinären Versuch zur Klärung des Begriffs der Person in R. Schenk (1998).

legten Zustand eines Krieges unter den Menschen das Motiv der Anerkennung hineinprojiziert hat, die Möglichkeit einer geradezu epochalen Neufassung des Begriffs des ›sozialen Kampfes‹ eingeleitet; denn die Handlungsdimension des Konflikts, die soziale Entgegensetzung zwischen den Subjekten, erhält zugleich mit der moralischen Antriebsbasis auch das Potential eines Bildungsprozesses zugesprochen, der Schrittweise zu immer weitergehenden Einsichten in die strukturellen Voraussetzungen der wechselseitigen Anerkennung führt« (1989, 570). Mein Einwand wird an dieser Stelle lauten (vgl. I/6.), dass sich die sittliche Sphäre der solidarischen Anerkennung lebensgeschichtlicher Andersheit auf der Grundlage eines intersubjektiven sich Erkennens durch »wechselseitige Anschauung« (Hegel 1967, 54) nicht ohne Gewalt am Anderen herstellen lässt. In der Konsequenz kann auf dieser Grundlage die solidarische Integration fremder Lebensformen zu gewaltsamen Aneignungs- oder Enteignungsstrategien führen.[26] »Hegel erinnert uns immer wieder daran, dass die eigentliche Idee des Gesetzes als *nomos* einer Gemeinschaft die Geschichte eines guten Lebens beinhaltet.« Doch seine »Versöhnung, die den Anderen zurückführt auf eine Beziehung mit mir, ist, selbst wenn diese Beziehung in der Stellung reziproker Symmetrie ihre Wurzeln hat, noch Gewalt. Es gibt immer eine Spur von Andersheit, deren ich mich nicht dadurch bemächtigen kann, dass ich mich mit dem Anderen in Beziehungen wechselseitiger Anerkennung identifiziere« (Cornell 1994, 61, 70).[27]

---

26 Vgl. K. Meyer-Drawe/B. Waldenfels (1988, 273) zum Problem intersubjektiver Aneignung und Enteignung: »Der Erwachsene hat recht gegenüber dem Kind, der Zivilisierte gegenüber dem sogenannten Primitiven, der Gesunde gegenüber dem Kranken, von rechtlosen Tieren oder gar Pflanzen ganz zu schweigen. Im Falle von Kindern und Primitiven handelt es sich um bloße *Vorformen* der Vernunft, im Falle des Kranken um *Fehlformen* der Vernunft.«

27 G. W. F. Hegel (VII, 1970, 403) hat für das ethische Problem der sittlichen Anerkennung keine anerkennungstheoretische Lösung verfolgt. Er glaubt die Antwort auf die Frage nach der Versöhnung von Besonderem und Allgemeinen in der konkreten Sittlichkeit des absolutistischen preußischen Staates gefunden zu haben. Vgl. dazu den berühmten § 258 (Zus.): »Bei der Freiheit muss man nicht von der Einzelheit, vom einzelnen Selbstbewusstsein ausgehen, sondern nur vom Wesen des Selbstbewusstseins, denn der Mensch mag es wissen oder nicht, dies Wesen realisiert sich als selbständige Gewalt, in der die einzelnen Individuen nur Momente sind: es ist der Gang Gottes in der Welt, dass der Staat ist, sein Grund ist die Gewalt der sich als Wille verwirklichenden Vernunft.«

»Die Politik tendiert zur gegenseitigen Anerkennung, d.h. zur Gleichheit; sie gewährleistet das Glück. Und das politische Gesetz vollendet und rechtfertigt den Kampf um Anerkennung« (Levinas 1987, 84). Levinas teilt mit Hegel die Überzeugung, dass eine Gerechtigkeit nicht genügt, die lediglich auf der Vorstellung einer die Massen regierenden Legalität beruht. Auch für ihn kann das Gute in der Praxis rechtlicher Entscheidungsfindung nie voll gegenwärtig gemacht werden. Im Gegensatz zu Hegel geht es ihm jedoch nicht um eine *Versöhnung von* Besonderem und Allgemeinem. Vielmehr achtet er die singuläre *Differenz* des Anderen *gegenüber* dem Allgemeinen. Der Andere geht nicht auf in ein Wissen; er ist der unendliche Andere, der sich jeder Vermittlung in eine Totalität entzieht.[28] Ich stehe in einer ethischen Beziehung zu ihm, bevor ich von ihm weiß. Jenseits von erzwungener Anerkennung und diktatorischer Absonderung gibt es vor allen Interessen und moralischen Forderungen eine ethische Nötigung, den Anderen als Fremden in der Nähe anzuerkennen. Das schließt alle nur auf wechselseitiger Anerkennung beruhende Beziehung aus. Der Begriff »Anerkennung« wird darin zu einem »mittleren und neutralen Terminus«, der dazu führt, »das Andere auf das Selbe« zu reduzieren (ebd., 51).

»Den Anderen anerkennen heißt geben. (...) In der Großmut sehe ich die von mir besessene Welt – Welt, die sich dem Genuss bietet – von einem Standpunkt aus, der von meiner egoistischen Position unabhängig ist« (ebd., 103). »Anerkennung« heißt für Levinas folglich: Überschreiten des Selben, das nicht darin besteht, »vom Anderen die Anerkennung zu erhalten, sondern ihm das eigene Sein anzubieten« (ebd., 266). Die Erfahrung des Anderen ist Aufruf zur Verantwortung vor aller bewussten Entscheidung: »Der Nächste ist auf meine Verantwortung hingeordnet: schon entwurzelt und heimatlos, wenn er nur auf der Erde auftaucht. Nicht autochthon zu sein; herausgerissen zu sein aus der Kultur, aus dem Gesetz, aus dem Horizont, aus dem Zusam-

---

28 Die Differenz zwischen einer »Andersheit« im Sinne phänomenal konstituierter Abweichungen von sozialen Normen und einer unhintergehbaren Andersheit ist von entscheidender Bedeutung. Der Begriff »Altérité« (Levinas 1995b, 69) wird daher nicht nur mit »Andersheit«, sondern ebenso mit »Anderheit« übersetzt. Man will darauf aufmerksam machen, dass es nicht um ein bloßes Anders-sein geht, sondern um das »ein Anderer sein«. Der Andere mit Majuskel geschrieben soll ebenso auf die spezifische Verwendung bei E. Levinas verweisen. Er bedeutet den anderen Menschen, der das Ich in Verantwortung einsetzt.

menhang; durch eine Abwesenheit, die die eigentliche Anwesenheit des Unendlichen ist, sich in dem Nicht-Ort der Spur zu finden – alles dies ist nicht der Besitz einer Anzahl von Attributen, die in einem Pass stehen könnten, es ist dies das direkte *Auf-dich-Zukommen, das Erscheinen kraft der Auflösung der Erscheinung*« (1983, 285).

In der Nähe zum Anderen gibt es kein »Wir« einer zeitlich geteilten Gegenwart. Im Von-Angesicht-zu-Angesicht der ethischen Beziehung erfahren wir eine diachronische Transzendenz, welche die Totalität unterbricht. Mit der Anwesenheit des Dritten in der Beziehung der Nähe zum Anderen entsteht zugleich die durch das Gesetz geregelte Gerechtigkeit. »Das außerordentliche Engagement des Anderen gegenüber dem Dritten appelliert an die Kontrolle, an die Suche nach der Gerechtigkeit, an die Gesellschaft und den Staat (...), an die Suche nach einem ersten Grund« (1992a, 351). Diese Gerechtigkeit ist dann falsch verstanden, wenn sie von dieser Nähe abgelöst wird. Die Beziehung mit dem Dritten ist vielmehr eine unaufhörliche Korrektur der Asymmetrie der Nähe, die dazu führt, dass sich das System distributiver Gerechtigkeit nicht über die Singularität des Anderen hinwegsetzen kann: »Die Gerechtigkeit bleibt Gerechtigkeit nur in einer Gesellschaft, in der zwischen Nahen und Fernen nicht unterschieden wird, in der es aber auch unmöglich bleibt, am Nächsten vorbeizugehen; in der die Gleichheit aller getragen ist von meiner Ungleichheit, durch den Mehrwert meiner Pflichten über meine Rechte« (ebd., 347).

2. Das Dispositiv sozialstaatlicher Anerkennung

2.1 Der juridisch-philsosophische Diskurs

Der moralisch-praktische Diskurs der modernen Philosophie orientiert sich seit Thomas Hobbes, Immanuel Kant und John Stuart Mill am Vorbild der Rechtsordnung. Der demokratische und soziale Rechtsstaat wird als Sicherungsmedium verstanden, um den moralischen Prinzipien Geltung zu verleihen. Die rechtliche Sanktionsgewalt des Staates soll dem Bürger eine gewisse Garantie dafür geben, dass sich alle an die Rechtsnormen halten und als Rechtspersonen gegenseitig achten. Innerhalb einer Rechtsgemeinschaft herrscht eine Form allgemeiner und gleicher Anerkennung als Rechtsperson, die von der konkreten Identität der Person absieht. Das Verhältnis von Moral und Politik beruht aus juridisch-philosophischer Sicht auf dem egalitären Prinzip, dass Personen von einem unparteilichen Standpunkt aus als Gleiche zu behandeln sind. Danach darf die staatliche Rechtsgemeinschaft nicht mit einer ethischen Gemeinschaft gleichgesetzt werden, innerhalb derer sich die Identität einer Person konstituiert. Vielmehr sollen die Rechtsnormen eine Pluralität ethischer Gemeinschaften und unterschiedlicher Identitätsbildungen innerhalb eines Staates ermöglichen.

In diesem Sinne bilden die rechtlich-»negative« Handlungsfreiheit und die ethisch-»positive« Freiheit der Selbstverwirklichung keinen Gegensatz, sondern bedingen sich gegenseitig. Kurz: »Das Recht ist die *Schutzhülle* ethischer Identität« (Forst 1994, 351). Weiterhin erfüllt das geltende Recht nach juridisch-philosophischen Grundsätzen eine Entlastungsfunktion, weil es die Adressaten von einer ständigen und unwägbaren moralischen Auseinandersetzung über das jeweils richtige Handeln entbindet. Als die besondere Leistung von Rechtsnormen gilt, dass sie Verhaltenserwartungen erleichtern und vor konfliktreichen moralischen Auseinandersetzungen bewahren. Insofern scheint es tatsächlich so zu sein, als könnten sich die Mitglieder einer Gesellschaft durch die Anwendung von Rechtsnormen vor einer bestimmten Art illegitimer Machtausübung schützen (vgl. Habermas 1992, 147).

Freilich beschränkt man im juridisch-philosophischen Diskurs die Aufgabe der Moraltheorie darauf, die Vermeidung oder Regelung von Interessenskonflikten zwischen Individuen zu rechtfertigen und das »gute Leben« zu ihrer Privatsache zu erklären. Im Rahmen der für alle gleichen Rechte soll jedem Individuum seine private Lebensplanung selbst überlassen bleiben. Man erwartet vom Individuum insbesondere ein Rechtsbewusstsein, mittels dessen es dem Anderen als Rechtsperson Autonomie gestattet und dem Rechtssystem einen obersten Orientierungswert für das gesellschaftliche Handeln zuweist. Die Solidarität für den Anderen braucht sich lediglich auf ein rechtliches Gebot zur Unterstützung sozialstaatlicher Fürsorgeleistungen zu beschränken (vgl. Lampe 1997, 11). Dagegen lassen sich jedoch zwei zentrale Einwände erheben, die ich in diesem Kapitel näher erläutern werde: (1) Solidarische Beziehungen können sich nicht allein mit der Idee einer rechtlich-politischen Ordnung verwirklichen, die unabhängig von privaten Neigungen funktioniert, indem sie selbst ein »Volk von Teufeln« zum öffentlichen Vernunftgebrauch verpflichtet (Kant 1968, XI, 224).[29] Vielmehr wer-

---

[29] Nach I. Kant (XI, 1977, 45) bedarf der moderne Staat auf Dauer auch einer auf Moralität gegründeten Handlungsweise des Bürgers. Die allgemeinen Gesetze, denen er gehorcht, müssen ihre Anerkennung durch eine entsprechende »moralisch gute Gesinnung« finden. Ansonsten bewege sich die menschliche Gesellschaft im Zustand des Scheins und Elends. Die moralische »Verbindlichkeit zum Wohltun« ist für Kant freilich von nachrangiger Bedeutung. So heißt es in seiner Schrift *Über Pädagogik* (1803): »Man muss nicht sowohl das Herz der Kinder weich machen, dass es von dem Schicksale des andern affiziert werde, als vielmehr wacker. Es sei nicht voll Gefühl, sondern voll von der Idee der Pflicht« (XII, 1977, 751). Einen Vorrang der Pflicht gegenüber wohltätigen Neigungen behauptet Kant (VIII, 1977, 637ff.) insbesondere in *Über ein vermeintes Recht, aus Menschenliebe zu lügen* (1797). Danach ist es moralisch falsch, einen Verfolger meines unschuldigen Freundes, den ich in meinem Haus beherberge und nach dessen Leben er trachtet, auf dessen Frage, ob sich dieser Freund bei mir aufhalte, zu belügen. Nicht zu lügen, ist nach Kant eine »vollkommene« (negative) Pflicht, die ich jederzeit und allen gegenüber habe und von der keinerlei Ausnahme geduldet werden kann; jemandem zu helfen dagegen ist eine, wie Kant sagt, »unvollkommene« (positive) Pflicht, die ich in bestimmten Situationen (und in einem bestimmten Grad) gegenüber bestimmten Personen, keineswegs aber gegenüber allen habe. In diesem Fall muss ich dem potentiellen Mörder im Beispiel (meiner negativen Pflicht entsprechend) die Wahrheit sagen, in der sehr vagen Hoffnung, der Zufall möge ihm sein Recht verschaffen.

den mit der Lockerung und Deregulierung sozialer Bindungen die motivationalen Ressourcen für altruistisches Verhalten erschöpft. (2) Der Alltag der Menschen wird immer tiefer durch sozialstaatliche Regelungen bestimmt, die eine Reihe der Funktionen übernehmen, für die früher die vorpolitische Gemeinschaft der Familie zuständig war. Der Sozialstaat hat neue Sozialfiguren entstehen lassen – den Frührentner, den Sozialhilfeempfänger, den Schwerbehinderten usw. – und damit eine neue identitätsbildende Macht ausgebildet.

In der »Justitia«, dem alten römischen Rechtssymbol, finden die Rechtsprinzipien ihren ambivalenten Ausdruck: Sie steht mit verbundenen Augen da. In der einen Hand hält sie eine Waage, in der anderen ein Schwert. Sie verkörpert die Mahnung, dass ein vernünftiges Zusammenleben nach unparteilichen, ausgewogenen und stabilen Rechtsverhältnissen verlangt, weil im menschlichen Miteinander ständig mit Konflikten gerechnet werden muss (vgl. Forst 1994, 9). Bei näherer Betrachtung verrät sie uns jedoch viel mehr, als der juridisch-philosophische Diskurs über Gerechtigkeit offenbaren kann. Die Augenbinde soll nicht nur heißen, dass die wahre Gerechtigkeit sich nur ohne Ansehen der konkreten Person – Frau, Ausländer, Behinderter usw. – verwirklichen lässt. Sie zeugt auch von einer Blindheit gegenüber der normalisierenden Gewalt an dem konkreten Anderen in seiner jeweils besonderen Lebenslage.[30] Die Waage versinnbildlicht nicht nur die ausgewogene und

---

30 Die mangelnde Kontextsensibilität von Recht und Gesetz wird bereits in Platons *Politikos* (V, 1988, 294b-297a) angesprochen. Durch den Mund des Fremden hören wir, dass »das Gesetz nicht imstande ist, das für alle Zuträglichste und Gerechteste genau zu umfassen und so das wirklich Beste zu befehlen. Denn die Unähnlichkeit der Menschen und der Handlungen, und dass niemals irgendetwas sozusagen Ruhe hält in den menschlichen Dingen, dies gestattet nicht, dass irgendeine Kunst in irgend etwas für alle und zu aller Zeit Einartiges hinstelle.« Platon zieht daraus den wirkungsmächtigen dezisionistischen Schluss, dass nur die Autorität eines weisen und guten Herrschers das Gesetz zum »Besten« und »Gerechtesten« führen könne. In J.-J. Rousseaus *Abhandlung über den Ursprung und die Grundlagen der Ungleichheit unter den Menschen* (1998, 65f.) finden wir darüber hinaus den Vorschlag, zu untersuchen, ob die durch Leidenschaften verursachten Wirren und Verbrechen »nicht überhaupt mit den Gesetzen selbst entstanden sind; denn dann – auch wenn letztere imstande wären, jene niederzuhalten – wäre es wohl das mindeste, was man von ihnen verlangen müsste, dass sie einem Übel Einhalt gebieten, das ohne sie gar nicht bestünde.« Berühmt ist G. W. F. Hegels Hinweis im §37 der *Rechtsphilosophie* (VII, 1970, 96), dass die alleinige Berufung auf das formale Recht zum Verlust sozialer Handlungsfähigkeit führt: »Hat jemand kein Interesse als sein formales Recht, so kann dieses

maßvolle Anwendung des Gesetzes und den Verzicht auf eine partikulare ethische Sprache. Sie verharmlost ebenso die Tatsache, dass die Anwendung des Gesetzes zugleich den Ansprüchen und Bedürfnissen von Minderheiten kein ausreichendes Gewicht verleiht. Das Schwert demonstriert nicht nur die staatliche Autorität der Gesetzesanwendung und die Verpflichtung, das demokratisch legitimierte Recht zu beachten. Es hält auch die Erinnerung wach, dass mit dem Recht die Gewalt nicht aus der Welt geschaffen ist. Mit dem rechtlich-politischen Frieden und der Ordnung sind die sozialen Konflikte nicht tatsächlich beendet. Insofern gilt es, denkbar zu machen, dass trotz einer auf Legitimation beruhenden Gesetzgebung die Unterdrückung oder Benachteiligung (behinderter) Menschen in veränderter Weise weiterbesteht.[31]

2.2 Recht auf Wohltätigkeit

Heute unterscheidet man zwischen den negativen Freiheitsrechten, die im Wesentlichen Abwehrrechte gegen Gewalteinwirkungen durch den Staat und durch andere umfassen, den positiven Teilnahmerechten, die die politische und gesellschaftliche Meinungs- und Willensbildung betreffen und den sozialen Teilhaberechten, die die Gewährung angemessener Lebensbedingungen sichern.[32] Es wird allgemein davon ausgegangen, dass die frei-

---

reiner Eigensinn sein, wie es einem beschränkten Herzen und Gemüte oft zukommt; denn der rohe Mensch (ver)steift sich am meisten auf sein Recht, indes der großartige Sinn darauf sieht, was die Sache sonst noch für Seiten hat. Das abstrakte Recht ist also nur erst bloße Möglichkeit und insofern gegen den ganzen Umfang des Verhältnisses etwas Formelles. Deshalb gibt die rechtliche Bestimmung eine Befugnis, aber es ist nicht absolut notwendig, dass ich mein Recht verfolge, weil es nur eine Seite des ganzen Verhältnisses ist.«

31 Th. Degener (2001, 45f.) veranschaulicht eindrucksvoll, inwieweit der unter dem Stichwort »wrongful birth« geführte Rechtsstreit um Schadensersatzansprüche als »Folge der Anwendung der entwickelten Fortpflanzungstechnologien und des damit einhergehenden veränderten Familienplanungsverhaltens in unserer Gesellschaft« zu betrachten ist. Mit dem Beschluss des Bundesverfassungsgerichts (BVerfG) vom 12.11.97 kann die Unterhaltsbelastung für ein behindertes Kind juristisch nunmehr als »Schaden« verhandelt werden.

32 Diese Dreiteilung der Rechtsansprüche geht auf Th. H. Marshall (1992) zurück. Seines Erachtens bildeten sich die liberalen Freiheitsrechte und der Gedanke der Gleichheit aller vor dem Gesetz im 18. Jahrhundert heraus. Die politischen Staatsbürgerrechte entwickelten

heitlichen und politischen Bürgerrechte allein keine vollwertige Zugehörigkeit zu einer Gesellschaft garantieren. Erst die Teilhaberechte ermöglichen faktisch die Chance zur Wahrnehmung individueller Freiheit und politischer Partizipation (Margalit 1997, 188f.). Sie kommen freilich nicht allen Menschen in gleichem Maße zu, sondern erfüllen verschiedenartige Ansprüche von Personen in besonderen Lebenslagen. Nur die Zugehörigkeit zu einem bestimmten Personenkreis – Arme, Kranke, Behinderte, Alte – wird als legitime Basis für Sicherungsansprüche anerkannt. Mit der Verwirklichung dieser sozialen Rechte hat der liberaldemokratische Staat im 20. Jahrhundert dem Unterschied Rechnung getragen, ob man nur auf private Wohltätigkeit angewiesen ist, oder ob man einen Rechtsanspruch auf Hilfe geltend machen kann.[33] Seine Grundidee ist die Erfüllung einer staatlichen Wohlfahrtsfunktion, die sich auf die materiellen und immateriellen Aspekte dessen erstreckt, was man als »das gute Leben« bezeichnen kann. Er erweitert das Netz sozialer Gleichheit über eine bloße Einkommensverteilung hinaus, um in den wichtigen Bereichen der Gesellschaft – Gesundheit, Ausbildung, Wohnung – Chancengleichheit zu erreichen. Bei der Wohlfahrt geht es um die Daseinssicherung in Form von Schutz- und Mitwirkungsrechte des Bürgers im Arbeitsleben, um seine Rechte auf Gesundheit, Wohnen und Bildung.

Der Sozialstaat ist das Ergebnis von Anstrengungen »Solidarität unter den Bedingungen einer modernen Industriegesellschaft zu organisieren« (Prisching 1993, 107). Er vermochte es, in einer Gesellschaft, in der sich die alten familiären, christlichen und traditionellen Netze der Solidarität auflösten, eine stabile Balance zwischen der Macht der Wenigen und der existentiellen Sicherheit für viele zu schaffen. Die Verrechtlichung des Verhältnisses zwischen Bürger und Staat hat bis heute weitgehend zu einer Gestaltung der Leistungserbringung nach bürokratischen Strukturen geführt. Es mag gute Gründe geben, wenn der Sozialstaat üblicherweise seinen Bürgern keine moralischen Pflichten zur direkten Solidarität gegenüber bedürftigen Mitbürgern auferlegt. Durch die bloße Abhängigkeit vom Wohlwollen und der

---

sich im Zusammenhang mit Wahlrechtsforderungen im 19. Jahrhundert. Die Einrichtung einklagbarer sozialer Rechte fand dagegen erst im 20. Jahrhundert statt.

33 Das Bundesverwaltungsgericht (BVerwG) hat in seinem Urteil vom 24. Juni 1954 festgestellt, dass der Pflicht der öffentlichen Hand zur Fürsorge für Bedürftige ein entsprechender einklagbarer Rechtsanspruch der Betroffenen auf Hilfe gegenüber stehe (Lachwitz 1998, 7).

Hilfsbereitschaft anderer würde man Bürger zu Almosenempfängern machen. Sie blieben auf die zufällige und partikulare Solidarität innerhalb einer durch plurale Lebenslagen und Lebensstile geprägten Gesellschaft angewiesen. »Die Behinderten besäßen kein *Recht,* (abgeleitet von Gerechtigkeit) auf Hilfe, sondern wären nur Gegenstand von Sorge, die ja unterschiedlich weit gehen kann« (Leist 1997, 36). Tatsächlich hat das vom Sozialstaat getragene System der »Behindertenhilfe« die Rehabilitation und Eingliederung behinderter Menschen von den Zufälligkeiten karitativer Maßnahmen durch Kirchen Städte und Angehöriger unabhängig gemacht. Dementsprechend werden in unserer Gesellschaft sozialstaatliche Leistungen nicht als Dankbarkeit fordernde Hilfeleistungen begriffen, sondern als selbstverständliche Rechtsansprüche gleicher Bürger.[34] So gesehen ermöglicht der Sozialstaat erstmals eine gut funktionierende abstrakte Solidarität untereinander vollkommen fremder Menschen, die ganz ohne Liebe und Freundschaft auskommt. Die Solidarität unter Fremden wird damit zur Ermöglichungsbedingung legitimer Fürsorge im Nahbereich. Doch das ist nur die eine Seite der Medaille.

Fanden die modernen Gesellschaften in der sozialrechtlichen Absicherung der Lebensrisiken eine Lösung, um ihren sozialen Zusammenhalt zu sichern, so hatten sie sich zugleich mit der modernen Erfahrung einer Gewalt durch die Herrschaft des Rechts (Hegel 1978 II, 495) auseinander zu setzen. Diese Gewalt wird nicht so sehr durch eine politische Entmündigung der Bürger ausgeübt, sondern dadurch, dass die Individuen durch Normalisierung in ihren Möglichkeiten eines nichtverfehlten Lebens eingeschränkt und begrenzt werden. Die sozialen Rechte wurden weitgehend von politischen Teilhaberechten abgetrennt und sind einem bürokratischen Verwaltungshandeln zugeführt worden, durch das Individuen und Gruppen zunehmend kontrolliert werden. Die offizielle Verlautbarung lautete dabei, dass Rechtsnormen ihre Legitimation im Wesentlichen aus ihrer Funktion beziehen, Möglichkeiten zur Verwirklichung von Lebensinteressen zu schützen. Diese Interessen sollten alsdann eine symbolische Verfestigung in den Rechtsgütern wie dem Leben des Menschen, seiner körperlichen Unversehrtheit, Gesundheit, Freiheit, Würde, Eigentum finden. Mag sein, dass sich dadurch einst die

---

34 Vgl. M. Walzer (1998, 146): »Private Wohltätigkeit erzeugt persönliche Abhängigkeit und in ihrem Gefolge deren allseits bekannte Untugenden und Nachteile in Gestalt von Fügsamkeit, Passivität und Unterwürfigkeit auf der einen sowie Dünkel und Anmaßung auf der anderen Seite.«

Autonomie des Bürgers als Rechtssubjekt vor den Gewaltformen einer Standesgesellschaft und einer moralischen Bevormundung durch die Kirche retten ließ. Doch Zweifel seien erlaubt, dass damit dem modernen Individuum ausreichend Schutz vor (post)sozialstaatlichem Paternalismus und herabwürdigenden Zuschreibungen im kommunikativen Alltagshandeln gewährt werden kann.

Nach Jürgen Habermas (1985, 150) war die sozialstaatliche Universalisierung der Bürgerrechte ein emanzipatorisches Projekt, um die »naturwüchsige ökonomische Macht zu disziplinieren und die zerstörerischen Auswirkungen eines krisenhaften ökonomischen Wachstums von der Lebenswelt der abhängig Arbeitenden abzuwenden«. Den Arbeitern wurden diese Rechte ergänzend zu ihrem Status abhängiger Lohnempfänger zugesprochen und »auf diesem Wege ein höheres Maß an sozialer Gerechtigkeit errungen« (ebd., 151). Doch auch Habermas räumt ein, dass dies nur eine einäugige Sichtweise ist, mit der »jede Skepsis gegenüber dem vielleicht unerlässlichen, aber vermeintlich unschuldigen Medium der Macht« ausgeblendet wird (ebd.). Die »rechtlich administrativen Mittel der Umsetzung sozialstaatlicher Programme stellen kein passives, gleichsam eigenschaftsloses Medium dar. Vielmehr ist mit ihnen eine Praxis der Tatbestandsvereinzelung, der Normalisierung und der Überwachung verknüpft, deren verdinglichende und subjektivierende Gewalt Foucault bis in die feinsten kapillarischen Verästelungen der Alltagskommunikation hinein verfolgt hat« (ebd.). In seinen neueren Veröffentlichungen kommt Habermas immer wieder darauf zurück, dass die »Materialisierung des Rechts (...) ihrerseits die nichtintendierten Nebenfolgen eines sozialstaatlichen Paternalismus hervorgerufen« (1996, 302f.) habe. Somit sei eine Angleichung faktischer Lebenslagen um den Preis normalisierender Eingriffe in den Spielraum autonomer Lebensgestaltung vollzogen worden.

Obwohl Habermas deutlich macht, dass trotz universaler Gerechtigkeitsnormen die Glücksansprüche von Individuen und Minderheiten zerstört werden können, schließt er gleichwohl evaluative Fragen, d.h. Fragen des »guten Lebens«, aus dem diskursethischen Verfahren aus. Stattdessen fordert er weiterhin die Erweiterung der Blickperspektive: von der partikularen Sichtweise einer Subkultur, zu dem universalen moralischen Gesichtspunkt, welche Regelung im Hinblick auf den vorrangigen Anspruch einer gleichberechtigten Koexistenz gleichermaßen gut für alle ist. Max Horkheimer und Theodor W. Adorno (1980, 107) befürchteten einst, die moralische Berufung auf eine formale Vernunft und der Verzicht auf jede inhaltliche Substanz von Moral, Glück und gutem Leben, bedeute zugleich die »Unmöglichkeit, ein grundsätzliches Argument gegen den Mord vorzubringen.« Ebenso sieht Habermas (1996, 322) das Problem, dass eine »ungleiche Verteilung der ›Härten‹, die eine gerechte Lösung für das ethische Selbstverständnis der einen oder anderen Seite bedeutet, nicht auszuschließen, eher wahrscheinlich« ist. Doch im Fall der aktiven Euthanasie würde eine allgemeine normative Regelung von Wertkonflikten für Menschen mit einer Behinderung zu mehr als nur »Härten« im Sinne von gegenseitigen »Toleranzzumutungen« (ebd., 328) führen. Eine Legalisierung würde sie in ihrer Existenz bedrohen: »Im allgemeinen arbeitet nämlich die Abstraktion zugunsten einer vergleichsweise ›liberalen‹ Regelung (die mir persönlich beispielsweise im Falle der Euthanasie ziemlich unerträglich erscheinen würde)« (ebd. 322).[35]

2.3 Recht ist nicht Gerechtigkeit

»Die Sphäre des Rechts, auch da, wo sie formaliter unter der Idee steht, Freiheit zu schützen, zu garantieren, hat in sich die Tendenz, Freiheit abzuschaffen« (Adorno 1997, 181). In diesem Sinn plädiert Foucault (1978, 79) dafür, dass wir das Recht nicht nur »von einer zu determinierenden Legitimität aus« betrachten dürfen, sondern von den »Unterwerfungspraktiken ausgehen«

---

[35] Es klingt fast wie eine Befürchtung vor den möglichen Folgen des eigenen Unternehmens, wenn man sich an dieser Stelle eine frühe Aussage von J. Habermas (1972) vergegenwärtigt. Dort heißt es: »Könnte eines Tages ein emanzipiertes Menschengeschlecht in den erweiterten Spielräumen diskursiver Willensbildung sich gegenübertreten und doch des Lichts beraubt sein, in dem es sein Leben als ein gutes zu interpretieren fähig ist« (Habermas 1984, 375)? Dementsprechend lautet P. Ricoeurs (1996, 346) verständlicher Einwand: »Was ich an der Argumentationsethik kritisiere, ist nicht die Einladung, unter allen Umständen und in allen Diskussionen das beste Argument zu suchen, sondern die Rekonstruktion im Rahmen einer von Kant übernommenen *Säuberungs*strategie, die kontextuelle Vermittlung, ohne die die Diskursethik ohne realen Zugriff auf die Wirklichkeit bleibt, undenkbar macht.« Richtete sich I. Kants »Säuberungsstrategie« gegen alles was er mit dem Begriff *Neigung* verband, so fällt bei Habermas »alles, was sich unter den Begriff *Konvention* bringen lässt« unter eine permanente Entwertung.

müssen, »die es ins Werk setzt.«[36] Nach Foucault (1977, 249f.) haben wir in den modernen Gesellschaften neben dem System des Rechts eine Fülle von symbolischen und institutionellen Machtpraktiken, die es mit ihren Wahrheitswirkungen teilweise (unter-)stützen und beeinflussen. »Man sagt oft, das Modell einer Gesellschaft, die wesentlich aus Individuen bestehe, sei den abstrakten Rechtsformen des Vertrags und des Tausches entlehnt. Die Warengesellschaft habe sich als eine vertragliche Vereinigung von isolierten Rechtssubjekten verstanden. Mag sein. Die politische Theorie des 17. und 18. Jahrhunderts scheint diesem Schema tatsächlich häufig zu entsprechen. Doch darf man nicht vergessen, dass es in derselben Epoche eine Technik gab, mit deren Hilfe die Individuen als Macht- und Wissenselemente wirklich hergestellt worden sind. (...) Man muss aufhören, die Wirkungen der Macht immer negativ zu beschreiben, als ob sie nur ›ausschließen‹, ›unterdrücken‹, ›verdrängen‹, ›zensieren‹, ›abstrahieren‹, ›maskieren‹, ›verschleiern‹ würde. In Wirklichkeit ist die Macht produktiv; und sie produziert Wirkliches. Sie produziert Gegenstandsbereiche und Wahrheitsrituale: das Individuum und seine Erkenntnis sind Ergebnisse dieser Produktion.«

In gewisser Weise schließt Foucault hier an die Marxsche Rechtskritik an. Nach Karl Marx (1974) vollzieht sich die Lebensplanung für das moderne Individuum innerhalb des ökonomischen Systems der Produktion und Konsumtion. Er wollte deutlich machen, inwiefern die bestehenden bürgerlichen Rechtsnormen im Kontext einer amoralischen Welt konkurrierender Nutzenmaximierer entstehen und ihren besonderen Sinn erhalten.[37] In der Haupt-

---

36 Vgl. R. Castel (1983, 22) im Anschluss an M. Foucault: »Eine auf technischer Kompetenz beruhende Beurteilung erlegt bestimmten ›Randgruppen‹ einen Status auf, der rechtlichen Wert besitzt, obwohl er auf technisch-wissenschaftlichen Kriterien und nicht auf juristischen, gesetzlich fixierten Vorschriften beruht. Seit der Heraufkunft der bürgerlichen Gesellschaft bildet der Prozess der Rechtszersetzung durch ein Wissen (oder Pseudo-Wissen, darauf kommt es hier nicht so an), die fortschreitende Aushöhlung des Gesetzeswesens durch Gutachtertätigkeiten eine der großen Strömungen, die die Entscheidungsprozesse steuern, in denen es um das gesellschaftliche Los der Menschen geht. Vom Vertrag zur Vormundschaft.«

37 Vgl. dazu B. Boschert/U. Schramm (1986). Mit der Marxschen Kritik an der Ideologie des Äquivalententausches als Einheit von Schein und Realität wurde die Legitimationsfunktion des im Naturrecht behaupteten Zusammenhangs zwischen Freiheit, Gleichheit und Eigentum in Frage gestellt. In den *Grundrissen zur Kritik der politischen Ökonomie* (1974, 152-156) hat K. Marx die Grenzen der individuellen Autonomie des Bürgers am Beispiel des Verhältnisses der Warenbesitzer deutlich gemacht: Da die Tauschenden nur als Besitzer

sache ging es Marx (1979, 445) jedoch nicht darum, den strukturellen Zusammenhang von individuellen Rechtsnormen und zweckrationalen Handlungsbezügen von Warenbesitzern kenntlich zu machen. Seine Rechtskritik richtete sich vielmehr auf die verborgene Sphäre der Produktion. In ihr verwandeln sich die formalrechtlich freien und gleichen Bürger und Besitzer bereits produzierter Waren in besitzlose und verdinglichte Arbeiter, die »als Glieder eines lebendigen Mechanismus« lediglich ihre Körper »zu Markte tragen« können. Den Schein liberaldemokratischer Gerechtigkeit glaubte Marx dadurch zu zerstören, dass er nachzuweisen versuchte, wie unter der Oberfläche der am Äquivalententausch orientierten Rechtsnormen der »stumme Zwang der ökonomischen Verhältnisse« (ebd., 765) herrscht. Dieser vermag »nicht nur einen Gegenstand für das Subjekt, sondern auch ein Subjekt für den Gegenstand« hervorzubringen (1974, 14).[38] Vor Foucault hat auch Max Weber (1988) mit seiner Kritik an der disziplinierend-normierenden Vergesellschaftung auf Machtverhältnisse aufmerksam gemacht, die weniger das Recht betreffen, als den Körper und das Leben der Individuen.

Marx und Weber verdankt Foucault wohl seine entscheidende theoretische Einsicht, dass sich im Zuge eines grenzenlosen Kampfes um Verrechtli-

---

von Äquivalenten und nicht als besondere Subjekte füreinander sind, sind sie als rechtlich Gleichgeltende zugleich ethisch Gleichgültige gegeneinander. Indem sie sich der Ware des anderen nicht mit Gewalt bemächtigen, erkennen sie sich wechselseitig als Eigentümer ihrer Waren an. Ihr Verhältnis ist eines von Mittel und Zweck. Jeder erreicht seinen Zweck dadurch, dass er sich für den anderen zum Mittel macht. Die Freiheit und Gleichheit des anderen gilt nur, weil es ein gemeinsames Interesse am Tausch der Waren gibt.

38 Anders als K. Marx hat J. Habermas (1969, 9ff.) die Ideen der Freiheit und Gleichheit als wechselseitig miteinander verknüpfte Fundamentalnormen sprachlicher Verständigung betrachtet. Auf dieser Grundlage wird davon ausgegangen, dass die normative Grundlage der Marxschen Kritik am marktorientierten System bürgerlicher-rechtlicher Legitimation bereits auf ein uneingelöstes demokratischen Diskursmodell freier und öffentlich diskutierender Bürger hinweist (Benhabib 1986; Honneth 1992; Wellmer 1993). Politische Gerechtigkeit soll sich in einer *deliberativen Demokratie* verwirklichen. Deren Ausgangspunkt liege in einer Öffentlichkeit bzw. Zivilgesellschaft, die unabhängig gegenüber dem ökonomischen System wie der staatlichen Verwaltung funktioniert. In freiwilligen Assoziationen, Massenmedien, sozialen Bewegungen usw. werde ein vernünftiger Meinungs- und Willensbildungsprozess in Gang gesetzt, mit dem man auf die politisch-administrative Macht einwirke. Die Legitimität von Rechtsnormen wird folglich an deren Billigung im Ergebnis einer rationalen öffentlichen Beratung gebunden, in welcher die Interessen eines jeden gleichermaßen berücksichtigt werden (vgl. Benhabib 1995; Habermas 1992).

chung und im Namen von »wirklicher« Freiheit und Gleichheit in Form »sozialer Sicherheit« und »Gesundheit« eine subjektkonstituierende Macht entfalten konnte, die das Individuum durch den Grad der Abweichung von sozialen Normen bestimmt.[39] Allerdings trennt sich Foucault (1983, 169) von der geschichtsphilosophischen Annahme, dass die modernen Gesellschaften aus der eigenen Dynamik heraus ihren Untergang betreiben und einen Fortschritt zum Sozialismus zeitigen: »Was sich (...) im 18. Jahrhundert im Zusammenhang mit der Entwicklung des Kapitalismus in einigen Ländern des Okzidents abgespielt hat, ist (...) der Eintritt des Lebens in die Geschichte – der Eintritt der Phänomene, die dem Leben der menschlichen Gattung eigen sind, in die Ordnung des Wissens und der Macht, in das Feld der politischen Techniken.« Die Sorge um das eigene Leben wurde aus der Kompetenz des Menschen herausgenommen und in die Hände eines Stabs wegweisender Fürsorger und Berater überführt. Diesen Vorgang veranschaulicht uns bereits 1925 ein Pädagoge im Stil heutiger Systemtheorie: »Theoretisch gesprochen steht am Ende einer solchen Entwicklung (zur) Berufsmäßigkeit sozialer Hilfsarbeit (...) ein Zustand, in dem jedem einzelnen Menschen für alle vorkommenden Notfälle: Krankheit, Erwerbslosigkeit, Trunksucht, Gefangenschaft, und für alle Lebensalter: Säuglingszeit, Schulzeit, Jugendjahre, Alter, ein Stab wegweisender Fürsorger und Berater zur Verfügung steht und schließlich das System der Fürsorge Selbstzweck wird« (Fischer, zit. n. Brunkhorst 1988, 291).

---

39 Auf die ethische Bedeutung M. Webers (1988), der den Kapitalismus ähnlich wie K. Marx als »schicksalsvollste Macht« hinsichtlich Art, Form und Ausrichtung unserer Lebensführung betrachtet, hat in jüngster Zeit H. Rosa (1999, 757) aufmerksam gemacht. Er stellt fest, dass die kapitalistische Modernisierung dazu geführt hat, alle Bereiche der Gesellschaft unter die Logik des Marktes zu zwingen. Aus Individuen wurden Marktteilnehmer und lohnabhängige Produzenten. Wer für den Verwertungsprozess des Kapitals nicht in Frage kommt, gerät als überflüssige Existenz in die Klientenrolle: »Traditionelle Kulturen beruhen darauf, dass sie ihren Mitgliedern eine mehr oder minder klare Definition des Guten vor Augen stellen und das Streben danach als das *gute Leben* definieren. Der Erfolg des Kapitalismus und der mit ihm verknüpften Proto-Definition des guten Lebens beruht dagegen gerade darauf, dass die entsprechenden Güter *nicht* artikuliert werden, sondern hinter den liberalen Ideen von Freiheit und Pluralismus und der Neutralität des Staates gegenüber Konzeptionen des Guten verborgen, ja gerade versteckt bleiben.«

2.4 Der Staat als Dispositiv der Sicherheit

Auf der Grundlage der Foucaultschen Machttheorie beschreibt François Ewald (1993), wie mit der Industrialisierung das Leben der Menschen unter der heute allgegenwärtigen Kategorie des »Risikos« zum sozialen Problem gemacht wurde.[40] »Das Risiko wird (...) allmählich zum allgemeinen Objektivierungsprinzip sozialer Probleme, die nur dann gelöst werden können, wenn sie als Risiken aufgefasst werden. Das Leben, der Tod, die Krankheit, die Gesundheit sind Risiken; aber ebenso auch der schulische Erfolg oder Misserfolg, jede Form von Handicap, Gefahrensituationen, Kriminalität usw.« (ebd., 22).[41] Der Vorsorgestaat bildet laut Ewald kein Produkt deliberativer Politik, sondern das Resultat einer neuen politischen Technologie, innerhalb dessen sich der Streit zwischen Liberalen und Sozialisten um eine gerechte Ordnung in der Folge bewegt: Mit den sozialen Sicherungen erfand der Vorsorgestaat ein rechtliches System gegen die Risiken existentieller Übel, die er durch seine eigene Entwicklung auf stets neuer Stufenleiter hervorbringt. Er bildet nicht nur eine juristische Lösung für neue Herausforderungen, sondern ein gefahrvolles Spielfeld, innerhalb dessen das Problem eines nichttotalitären politischen Zusammenschlusses immer virulent bleibt. Denn ist das Leben der Menschen selbst zum Risiko geworden, so bleibt jede gefundene Lösung prekär, provisorisch und instabil.

In einer Art Spiralbewegung löst die Produktion von Sicherheit ihre eigene Verstärkung, Ausweitung und Verfeinerung heraus. »Das Bedürfnis nach Sicherheit scheint aus seiner Befriedigung zu erwachsen« (ebd., 15). Die juristische Lösung des Schadensausgleichs innerhalb eines Systems indivi-

---

40 U. Bröckling u. a. (2000, 21f.) kennzeichnen den Unterschied zwischen den Risikobegriffen von Foucault und U. Beck (1986). Gegenüber der Vorstellung, dass gesellschaftliche Risiken »durch die Ausbreitung technologischer Großgefahren sprunghaft angestiegen sind«, gehe Foucault davon aus, »dass Risiken weniger gefunden als ›erfunden‹ werden.«

41 Nach J. Habermas (1998, 68) führt die Globalisierung zu einer Wiederkehr des Problems, wie Kapitalismus mit Demokratie und damit wirtschaftliche Effizienz mit sozialer Sicherheit zu vereinen sind. Die Nationalstaaten können derzeit ihre wirtschaftlichen Standorte allein mit Hilfe einer »Aufkündigung des sozialstaatlichen Kompromisses« bewältigen. Dadurch entstehen erneut »Risikogruppen«, die sich nach »Geschlecht, Alter, Kinderzahl, Bildungsgrad, ethnischer Herkunft, gesundheitlicher Behinderung usw.« bestimmen lassen; »also nach Merkmalen, die deutlich machen, dass das kollektive Schicksal, ›überflüssig‹ zu werden, weniger denn je individuell zugerechnet werden kann.«

dueller Freiheiten erfordert immer zugleich die Sozialisierung individueller Existenzen. Die Gesellschaft musste sich von Beginn an innerhalb ihres liberalen Staatsverständnisses selbst zum Adressaten einer unendlichen Gerechtigkeitsforderung gegenüber dem Leben der Individuen machen. Der soziale Rechtsstaat gewährt damit nicht nur Rechte auf Lebenssicherung, sondern bildet ein *politisches Dispositiv*, um umgekehrt auch in die intimsten Lebensbereiche der Individuen vorzudringen und sozial erwünschte Identitäten herzustellen.

Die Verfügbarkeit zunehmend privatisierter Hilfesysteme hat die Bereitschaft zu individuellem Altruismus in noch nicht gekanntem Ausmaß verringert (Bayertz 1998). Das immer schon vorhandene Spannungsverhältnis zwischen Sozialstaat und Eigennutz hat sich insofern verstärkt. Längst schon bildet die Politik der Wohlfahrtsverbände eine Arena zwischen Staat und Markt, in der zwischen Gewinn- und Gemeinwohlprinzipien nicht mehr scharf getrennt werden kann. Außerhalb nationaler Sozialversicherungen und staatlich-bürokratischer Wohlfahrtspflege hat Solidarität scheinbar keine Chance mehr (Frankenberg 1994). Solidarische Anerkennung entwickelt sich gemeinhin in sozialen Nahräumen – Familie, Freundschaftsverhältnisse – und resultiert aus der Bereitschaft, weit über das hinaus zu geben – Wohltätigkeit, Anteilnahme, Fürsorge – was zwischen Menschen ansonsten üblich ist. Sie ermöglicht den Empfängern von Hilfen das Gefühl der Zugehörigkeit und der Wertschätzung. Angesichts von Massenarbeitslosigkeit, demographischen Veränderungen der Altersstruktur und Globalisierung von Wirtschaftsverhältnissen droht freilich die Gefahr, dass sie zur bloßen Beschwörungsformel verkommt, um damit ungenierter den Sozialstaat zum Auslaufmodell erklären zu können. Das Verhältnis von Kapitalismus und sozialstaatlicher Demokratie gerät zunehmend in ein prekäres Spannungsverhältnis. Man setzt vermehrt auf einen schlanken Staat, die Selbstheilungskräfte des Marktes und das Primat der Geldpolitik. Im Rahmen neoliberaler politischer Rationalität läuft heute der Prozess der Rückbildung des Sozialstaats ungebremst an und führt zu einer fortschreitenden Ökonomisierung der Sozialpolitik (Bourdieu 1998; Castel 2000).

Die Entwicklung des Sozialstaates ist eng mit dem Gedanken liberaler Regierung und der Autonomie des Individuums verbunden. Dabei hat die liberale Selbstbestimmung niemals unbeschränkt gegolten. Vielmehr wird sie seit dem Ende des 18. Jahrhunderts zunehmend zur technischen Bedingung eines modernen Regierungsdenkens. Nach Foucault vollzieht sich die rechtliche Garantie von Freiheit innerhalb unterschiedlicher Sicherheitsfelder, in denen das fragile Verhältnis von Freiheit und Gefährdung (Armut, Obdachlosigkeit, Krankheit, Seuchen und Tod) problematisiert wird. Der Sozialstaat entwuchs nicht zuallererst aus einer sozialen Bewegung um chancengleiche Anerkennung, sondern aus einer Politik der Bevölkerungshygiene, mit der man seit Mitte des 19. Jahrhunderts mit den Mitteln der Statistik Seuchenbekämpfung und öffentliche Gesundheitssicherung betrieb.»Indem er alle der gleichen Kontrolle unterwarf, schuf er neue Regelmäßigkeiten und Gewohnheiten, die der industriegesellschaftlichen Disziplinierung zugute kamen. Es war der – immer auch an Wehr- und Finanzkraft interessierte – Staat, der dafür sorgte, dass Krankheit aus der individuellen Schicksalhaftigkeit herausgenommen und unter soziale Kontrolle gebracht wurde« (Koch 1995, 81). Vor kurzem noch hat der Sozialstaat in seiner modernen Form als Wohlfahrtsstaat mit seinen allumfassenden Sicherheitssystemen eine rechtlich-administrative Auflösung aller solidarischen Bezüge und die Zurichtung der isolierten Anspruchsteller zu Klienten vollzogen. Daseinsvorsorge schien nur noch in organisierter Form möglich. Auch dies scheint bereits schon Vergangenheit.

Dem Sozialstaat kommt immer weniger die Rolle eines Sicherheitsdispositivs im Sinne umfassender sozialer Fürsorge zu. An seine Stelle tritt ein neues Regierungsdenken, in dem suprastaatliche ökonomische Interessen mittels individueller Strategien des Risikomanagements verwirklicht werden: »Schutz vor Risiken durch die Investition in Sicherheit gehört zu den Obliegenheiten eines jeden aktiven Bürgers, wenn er nicht in sich das Schuldgefühl aufkommen lassen will, sich und die Seinen nicht ausreichend gegen drohende Schicksalsschläge geschützt zu haben« (Rose 2000, 98). Es wird nach Qualitäten der Fitness verlangt.[42] Wer es an Initiative, Anpassungsfähigkeit, Dynamik, Mobilität und Flexibilität fehlen lässt, zeigt objektiv seine

---

42 Z. Baumann (1995a) entwickelt die These, dass uns heute nicht mehr die »Angst vor der Abweichung« von Normen als eine »Angst vor Unangemessenheit« gegenüber unseren körperlichen Grenzen beherrscht: »Nicht mehr das Streben nach Normerfüllung und Konformität macht (...) die Anstrengung unseres Lebens aus; vielmehr handelt es sich um eine Art Meta-Anstrengung, die Anstrengung, fit – gut in Form – zu bleiben, um sich anzustrengen. Die Anstrengung, nicht alt und rostig und verbraucht zu werden; an keinem Ort lange zu bleiben; sich die Zukunft nicht zu verbauen.«

Unfähigkeit, zu freien und selbstbestimmten Entscheidungen in der Lage zu sein. Wenn nicht mehr soziale Normen Identitäten konstituieren, rückt die Sorge um das körperliche Unvermögen zunehmend ins Zentrum der Auseinandersetzung mit sich selbst. Das verinnerlichte Ideal des »survival of the fittest« verträgt sich nicht nur gut mit einer Politik des schlanken Staates und der konsequenten Ausweitung ökonomischer Formen auf das Soziale (Fach 2000). – Ist der eigene Körper einmal zum Gegenstand eigenen Risikomanagements geworden, dann verschieben sich die Differenzen zwischen Fitness und Unzulänglichkeit ins Grenzenlose. Es bedarf keiner staatlich verordneter eugenischer Maßnahmen mehr, um sich der schwächsten Mitglieder der Gesellschaft zu entledigen. Es genügt nun im Namen von »Autonomie« und »Selbstbestimmung« die Menschen dazu zu bringen, sich mittels medizinischer Eingriffe zu optimieren oder zu entsorgen (Lemke 2000). Wir werden darauf zurückkommen (vgl. II/10.).

2.5 Die sozialstaatliche Konstitution des behinderten Subjekts

Solange sich die Kritik in den sozialen Bewegungen ausschließlich an den negativen Mechanismen einer die Identität unterdrückenden Macht orientiert, beruft sie sich gerade auf das, »was durch diese Macht in Amt und Würden eingesetzt wird«. Jene, die das *Recht* »auf die Wiedergewinnung all dessen, was man ist oder sein kann – jenseits aller Unterdrückungen und ›Entfremdungen‹« (Foucault 1983, 172f.) fordern, bleiben Teil jenes Machtzusammenhangs, in der sich die moderne Gesellschaft reproduziert. Verbote, Verweigerungen, Zensuren und Verneinungen bilden lediglich beschränkte Taktiken innerhalb einer umfassenderen Strategie, in der u.a. das Subjekt eines Behindertseins als Wissensgegenstand hervorgebracht wird. Die identitätsbezogenen sozialen Bewegungen müssen sich daher dieser Kontingenz ihrer eigenen geschichtlichen Genese stellen. Nur so können sie das paradoxe Spiel beenden, das sie stets von neuem dazu zwingt, für den essentiellen Charakter einer willkürlich zugeschriebenen Identität einzutreten.

Die Industrialisierung zerstörte nicht nur traditionelle Lebensweisen und Milieus. Mit ihrer Entstehung sind auch neue Wahrheitsspiele verbunden, die Menschen mit neuen Identitäten hervorbrachten, indem sie ihre Verhaltensweisen modifizierten und ihnen vorgaben, ihr Leben als Schicksal zu gestalten. Die Entwicklung geht nunmehr mit dem Versprechen einher, mit Hilfe neuer Biotechnologien die Befreiung aus den stets neuen Risiken kontingenter Lebenssituationen zu ermöglichen. Mit anderen Worten, die heutigen sozialstaatlichen Rechtsnormen verdanken sich keinesfalls ausschließlich einem erfolgreichen zweihundertjährigen Kampf um soziale Anerkennung des Menschen als Subjekt universaler Rechte. Vor diesem Hintergrund ist aufmerksam zu verfolgen, inwieweit der vermeintlich nur auf Gerechtigkeit und Verteilungspolitik fußende Sozialstaatsgedanke heute dabei ist, seine Rechtfertigung zu verlieren und die Desintegration der Gesellschaft durch eine vermehrte Kontroll- und Überwachungspolitik abzufangen, an der die Menschen zunehmend bereit sind, freiwillig mitzuwirken (Heitmeyer 2000).

Die Kritik kann sich daher nicht länger nur mit der Suche nach formalen Strukturen mit universaler Geltung begnügen, sondern muss sich auf eine genealogische »Untersuchung der Ereignisse« einlassen, »die uns dazu geführt haben, uns als Subjekte dessen, was wir tun, denken und sagen zu konstituieren und *anzuerkennen*« (Foucault 1990a, 49; Herv., H.-U. R.).

Habermas' Idee vom zwanglosen Zwang des besseren Arguments beruht für Foucault auf einer Utopie, in der die faktische Verschränkung von Diskursen und Machtpraktiken, Wissen und institutionellem Handeln verdrängt wird. Er wendet sich gegen dessen Versuch, mittels einer Analyse der allgemeinen Strukturen verständigungsorientierten Handelns zu den normativen Grundlagen moralisch-kritischen Denkens vorzustoßen. Seine genealogische Kritik orientiert sich dagegen an der Frage, welche Formen von Rationalität die Identität der (behinderten) Menschen konstituiert und sichert und sie dadurch in ihren Möglichkeiten festlegt. Die moderne Erfahrung des Behindertseins steht in einem gleichursprünglichen Zusammenhang mit der historisch kontingenten Erfahrung des Normierens und Normalisierens seit zweihundert Jahren. Insofern stellt das konsenstheoretische Modell einer deliberativen Öffentlichkeit kein hinreichendes Erklärungsmodell dar, um z.B. die Entwicklung des Wohlfahrtsstaates und die damit einhergehenden Wandlungsprozesse von der Krüppelfürsorge bis zur heutigen Rehabilitation behinderter Menschen plausibel zu machen.

Demgegenüber belegt Foucault mit seinen eigenen Schriften eindrucksvoll, warum sich mit dem Projekt der Moderne ein System der Sichtbarmachung und Rehabilitation von behinderten Individuen entfalten konnte. Darüber hinaus bietet er theoretische Instrumentarien zur Erklärung unterschiedlicher nicht rechtlich kodifizierbarer herabwürdigender Praktiken an Personen mit Behinderung an. Ebenso kann mit seiner Hilfe der komplizierte Zusammenhang zwischen individuellen Bedürfnissen behinderter Menschen und institutionellen Erfordernissen des Staates erhellt werden. Seine genealogische Kritik bewegt sich an den Grenzen gegenwärtiger Gerechtigkeit. Sie hat in dem Spiel dessen, was man die »Politik der Wahrheit« nennen könnte, (1992, 15) im Wesentlichen die Funktion, die Begriffe zu prüfen, mit denen diese Gesellschaft sich öffentlich legitimiert.

Mit seiner Hilfe lässt sich gerade für Parteigänger und Betroffene in der Behindertenbewegung zeigen, dass es nach wie vor gute Gründe gibt, dem öffentlichen Vernunftgebrauch zu misstrauen und theoretische Vorbehalte gegen den moralischen *common sense* und seine Missionare zu entwickeln. Der öffentliche Diskurs über soziale Probleme und die konsensuelle Handhabung politischer Entscheidungen funktionieren keineswegs auf der Grundlage eines herrschaftsfreien und zwanglosen politischen Willensbildungsprozesses. Sie sichern eher nachträglich ab, was im Rahmen des technologisch Machbaren, des wissenschaftlich Geforderten und des ökonomisch Aussichtsreichen getan werden muss: Die Einheit des Systems ist bereits im Zirkel (bio-)politisch vollendeter Tatsachen und rückwirkender Intuitionen über das moralisch Gute zusammengeschossen.

Das Ancien Régime behandelte behinderte Personen mit äußerster Ignoranz und überließ die Art und Weise des Umgangs weitgehend den Angehörigen und mildtätigen Organisationen. Der Liberalismus hat ab der Mitte des 18. Jahrhunderts den Menschen als ein Rechtssubjekt auf der Grundlage einer Natur des freien Willens entdeckt. Der anschließende juridisch-politische Akt, den Anderen als gleiches Rechtssubjekt anzuerkennen, mag dazu geführt haben, reale Interessenkonflikte vereinzelter Einzelner in demokratisch-rechtsstaatlichen Gesellschaften zu befrieden. Doch zu einer positiven Dialektik von rechtlicher Anerkennung und sozialer Achtung des Anderen hat er nicht geführt. Die Idee der individuellen Freiheit kontrastierte von Beginn an mit dem Ideal der Brüderlichkeit, insoweit nach liberalem Verständnis dem Individuum gegen seine Interessen eine direkte Pflicht zu Wohltätigkeit nicht zugemutet werden darf. Weitergehende Ansprüche, dass es auch unter Menschen, die einander nicht persönlich bekannt sind, ein brüderliches Mitgefühl geben kann, blieben bisher geschichtlich uneingelöst.

Auch der sozialistische Gedanke, eine durch gemeinsame Klasseninteressen zusammengeführte Gemeinschaft freier Lohnabhängiger könnte eine Gesellschaft der Brüderlichkeit hervorrufen, hat sich bisher als historisch voreiliges Unternehmen erwiesen. Mit der Herausbildung des Sozialrechts wurde das Individuum nur unter der Voraussetzung einer auf das Leben und seine Risiken zielenden Normalisierung zum Rechtssubjekt. »Behinderte« bekommen das mehr als alle anderen Minderheiten zu spüren. Sie befinden sich im Vergleich zu anderen Gruppen, die z.B. wegen ihrer Hautfarbe und Herkunft, ihrer Geschlechtszugehörigkeit oder ihrer besonderen kulturellen Identität benachteiligt werden, in einer prekären Lage. Die Gesellschaft gibt zwar vor, dass sie ihnen das Recht zugesteht, anders zu sein; zeigt jedoch zugleich mit all ihren Bestrebungen – von der wohlgemeinten Therapie bis zu den Angeboten pränataler Diagnostik –, dass ihre Eigenschaften und Fähigkeiten korrekturbedürftig oder unerwünscht sind, soweit sie auf eine geistige, körperliche oder seelische Schädigung hinweisen.[43]

Mit Foucaults Analyse moderner Macht lässt sich Kritik an jenen politischen Theorien üben, die weiterhin einer Dichotomie von rechtsförmig geregelter Öffentlichkeit und individuell gestaltbarer Privatheit folgen. Sie neigen dazu, ihren Geltungsbereich auf die gesellschaftlich-politische Ebene zu beschränken. Das Moralsubjekt konstituiert sich bei ihnen im Verhältnis zwischen seiner individuellen Lebensform und einem rechtlich kodifizierbaren Allgemeinen. Individuelle Unterschiede erscheinen nicht in ihrem gesellschaftlichen Konstitutionsprozess. Sie kommen aus dieser Sicht nur noch als biologische oder subkulturelle Kontingenzen vor. Die ethische Dimension der Subjektgenese wird zugunsten eines auf rechtlicher Gleichheit basierenden Subjektbegriffs ausgeblendet. Die Benachteiligung von »Behinderten«,

---

43 R. von Weizsäcker (1993) sprach in einer allgemein gelobten Grundsatzrede davon, dass es unser Ziel sein muss, Behinderung lediglich als Verschiedenheit aufzufassen. Er nannte mit Recht die Maßstäbe, mit denen wir Behinderung wahrnehmen, zufällig und fragwürdig. Freilich mit dem weiteren Hinweis: »Wenn die Gentechnik irgendwann vererbbaren Krankheiten entgegenzutreten vermag, Menschen die Sehkraft erhalten, ist das ein Fortschritt, den wir den Betroffenen nicht vorenthalten dürfen.« Mit solchen Beispielen darf man sich der vorbehaltlosen Zustimmung aller erfreuen. Die humanistische Forderung nach Anerkennung von Verschiedenheit kann aufrecht erhalten bleiben, ohne dass man sich mit der politischen Rationalität einer fortschreitenden Biomedizin befassen muss, die dabei ist, nicht nur feststellbare Mängel zu verhindern, sondern die »Behinderten« als verhinderbare Ausnahmeexistenzen zu betrachten.

ihre faktische Ungleichheit, wird lediglich im Kontrast zu ihrer verfassungsrechtlich festgeschriebenen Gleichheit wahrgenommen.

Damit bleibt jedoch jener Prozess der Normalisierung und Disziplinierung im Dunkeln, den Foucaults Machtanalytik als durchdringendes Element der Moderne dechiffriert. – »Machtverfahren (...), die nicht mit dem Recht sondern mit der Technik arbeiten, nicht mit dem Gesetz sondern mit der Normalisierung, nicht mit der Strafe sondern mit der Kontrolle, und die sich auf Ebenen und in Formen vollziehen, die über den Staat und seine Apparate hinausgehen« (1983, 110). Die Macht kann niemals durch ein Rechtssystem in eine legitime Form gebracht werden. Im Gegenteil: Die Rechtsnormen, mit denen das »Volk« in den staatlich organisierten liberaldemokratischen Gesellschaften auf sich selbst einwirkt, bilden eine Sphäre der Gerechtigkeit, die gerade deshalb funktioniert, weil unterhalb dieser Ebene eine Technik der sorgfältigen Verwaltung der Körper und der rechnerischen Planung des Lebens wirksam ist (vgl. ebd., 166f.). Die Aufklärung, welche die formellen individuellen Freiheitsrechte entdeckt hat, hat zugleich auch eine Macht erfunden, mit der sie den Körper und das Leben der Menschen in eigene Regie nimmt.

Für Foucault (1999, 280) ist die Macht nicht mehr an eine Instanz – Souverän, Volk, Klasse – gebunden, sondern sie bildet eine Struktureigentümlichkeit sozialer Beziehungen. Im Laufe des 17. und 18. Jahrhunderts entwickelten sich zunächst institutionell verankerte disziplinierende Machttechniken, die wesentlich auf die Körper der Individuen gerichtet waren. Im 19. Jahrhundert kommt es darüber hinaus zur staatlichen Regulierung der Phänomene menschlichen Lebens. »Die neue Technologie (...) richtet sich an die Vielfalt der Menschen, nicht insofern sie sich zu Körpern zusammenfassen lassen, sondern insofern diese im Gegenteil eine globale Masse bilden, die von dem Leben eigenen Gesamtprozessen geprägt sind wie Prozessen der Geburt, des Todes, der Produktion, Krankheit usw.« Foucault (1983, 166) spricht in diesem Zusammenhang von einer »Biopolitik der Bevölkerung« als einer besonderen Art, wie man im 19. Jahrhundert versucht die Probleme wie Hygiene, Geburten- und Sterblichkeitsrate, Lebensdauer, Gesundheitsniveau usw. zu lösen. Eine »Bio-Macht« unterhöhlt das Rechtssystem der souveränen Macht, das sich darauf beschränkte, »sterben zu machen und leben zu lassen« (ebd., 162). Dagegen arbeitet die Bio-Macht im Feld des politischen Denkens nach dem Prinzip »leben zu machen und sterben zu lassen« (1999, 278).

Bereits seit dem 17. Jahrhundert wurde der moralphilosophische Einwand lauter, dass lediglich der Schutz vor Risiken und Gefahren des Lebens als Voraussetzung für die Anerkennung der souveränen Macht zu gelten hat. In der Folge bildete sich der moderne Staat als ein heterogenes Ensemble biopolitischer Eingriffe heraus, das Diskurse, Institutionen, Apparate, Gesetze, wissenschaftliche Aussagen usw. miteinander verbindet, um in die Art des Lebens, in das »Wie« des Lebens einzugreifen. Eine »Normalisierungsgesellschaft« (1983, 172) ist der historische Effekt dieser Bio-Regulierung des Staates. Foucault meint damit keineswegs, dass sich das Gesetz auflöst oder dass die Institutionen der Justiz verschwinden, sondern dass das Gesetz immer mehr als Norm funktioniert, und die Justiz sich immer mehr in ein Kontinuum von Gesundheits- und Verwaltungsapparaten integriert, die hauptsächlich bevölkerungspolitisch regulierend wirken. Der Nationalsozialismus hat in drastischer Weise deutlich werden lassen, dass sich die moderne Bio-Macht nicht auf die binäre Logik »leben machen/sterben lassen« beschränken muss, sondern an ihren Grenzen auch Paradoxa gemäß der Logik »leben machen/in den Tod stoßen« zu erzeugen vermag (1983, 165).

Im Nationalsozialismus verbündete sich die Bio-Politik mit dem souveränen Recht zur massenhaften Tötung. Auf der anderen Seite der Grenze bestünde heute die Möglichkeit einer lebenserweckenden »Genokratie«, die zur massenhaften Fabrikation neuer menschlicher Spezies verhilft. In beiden Fällen würde der gleiche politische Imperativ wirksam werden: »›je mehr niedere Gattungen im Verschwinden begriffen sind, je mehr anormale Individuen vernichtet werden, desto weniger Degenerierte gibt es in der Gattung, desto besser werde ich – nicht als Individuum, sondern als Gattung – leben, stark sein und gedeihen‹« (1999, 296). Foucault warnt mit seinem Unternehmen die sozialen Bewegungen davor, sich einseitig im Namen des einklagbaren Rechts an einem Machttypus zu orientierten, der auf den negativen Mechanismen der Repression, die »einschließen, verhindern, ausschließen, unterdrücken« (1977, 35) beruht. In der Vergangenheit haben sie sich damit »gerade auf das berufen, was durch diese Macht in Amt und Würden eingesetzt wird: auf das Leben und den Menschen als Lebewesen« (1983, 172). All jene, die das Recht »auf das Leben, auf den Körper, auf die Gesundheit, auf das Glück, auf die Befriedigung der Bedürfnisse, (...) auf die Wiedergewinnung all dessen, was man ist oder sein kann – jenseits aller Unterdrückungen und ›Entfremdungen‹« (ebd., 173) fordern, bleiben Teil jenes Machtzusammenhangs, in der sich die modernen Gesellschaften reproduzieren. Verbote, Verweigerungen, Zensuren und Verneinungen bilden lediglich beschränkte Taktiken innerhalb einer globaleren Strategie, in der das Leben als Wissensgegenstand ständig neu hervorgebracht wird.[44]

---

44 Vgl. J. Donzelot (1994), Th. Lemke (1997) und Bröckling u.a. (2000), die zeigen, wie verfehlt es wäre, M. Foucaults Kritik des Sozialstaats mit jenen neoliberalen Argumentationsmustern gleichzusetzen, die heute zur Ablehnung klassischer wohlfahrtsstaatlicher Politik dienen und die Streichung sozialstaatlicher Leistungen legitimieren sollen.

3. Der Kampf um Anerkennung als Rechtsperson

3.1 »Behinderte« als Rechtsgemeinschaft

In der Beantwortung der Frage, ob und wieweit die Angehörigen einer als »Behinderte« bezeichneten Gruppe nach ihren Ansprüchen und Forderungen leben dürfen, gibt es inzwischen klarere Maßstäbe. So hat die US-amerikanische Behindertenbewegung mit der Verabschiedung des *American with Disabilities Act* am 26. Juli 1990 einen Erfolg im Kampf gegen Diskriminierungen errungen. Auch in der Bundesrepublik wurde in den Jahren danach der Ruf lauter, die deutsche Gesetzgebung dahingehend zu verändern, dass Menschen mit Behinderungen mehr Schutz vor Benachteiligungen erhalten. Die nach der Wiedervereinigung vom Deutschen Bundestag und vom Bundesrat eingesetzte Verfassungskommission hatte zunächst eine Erweiterung des Art. 3 des Grundgesetzes mit dem Argument abgelehnt, die Verantwortung der staatlichen Gemeinschaft gegenüber Menschen mit körperlicher oder geistiger Behinderung gehöre zum Kern moderner Sozialstaatlichkeit, die verfassungsrechtlich über das in Art. 20 Abs. 1 des Grundgesetzes verankerte Sozialstaatsprinzip abgesichert sei. Insofern erscheine eine Konkretisierung verfassungspolitisch wenig sinnvoll und könne zu einem Präjudiz für entsprechende verfassungspolitische Forderungen anderer Gruppen der Gesellschaft werden (Abschlussbericht – BT-Drs. 12/6000 vom 5.11.1993).[45] Dennoch kam es dazu, dass der Deutsche Bundestag am 30. Juni 1994 eine Verfassungsreform verabschiedet hat, die den Art. 3 Abs. 3 des Grundgesetzes durch den Satz »Niemand darf wegen seiner Behinderung

---

45 Der stellvertretende Vorsitzende der Verfassungskommission lehnte noch am 12. April 1994 eine Verfassungsreform ab, mit der Begründung: »In die Verfassung gehören Normen, die praktisch umgesetzt werden können. Diese Vorschrift kann nicht verwirklicht werden und bedeutet eine Verfassungslyrik« (zit. n. Dahesch 2000, 9).

benachteiligt werden« ergänzte. Damit hat man eine allgemeine Norm von Verfassungsrang geschaffen, die Bindungswirkung für die weitere Rechtssprechung besitzt.[46] Nunmehr geht es nicht mehr nur um den im allgemeinen Gleichheitssatz des Art. 3 Abs. 1 des Grundgesetzes garantierten Schutz einer individuellen Rechtsperson, sondern um die versehrbare Integrität von etwa acht Millionen behinderter Menschen. Mit der Verabschiedung eines

---

46 In der Rechtssprechung drückt sich bei der Anwendung dieser Verfassungsnorm freilich noch einige Unsicherheit aus. So hat das Bundesverfassungsgericht (BVerfG) am 8.10.1997 die Wirksamkeit des Gleichstellungsgrundsatzes insoweit geschwächt, als es einen verfassungsrechtlich einklagbaren Anspruch auf die gemeinsame Unterrichtung von schulpflichtigen behinderten und nichtbehinderten Kindern und Jugendlichen an allgemeinen Schulen versagte. Das BVerfG (1997, 3f.) argumentiert zwar, dass derzeit ein Ausschluss der Möglichkeit einer gemeinsamen Erziehung und Unterrichtung verfassungsrechtlich nicht zu rechtfertigen sei. Allerdings sei »von Verfassungs wegen nicht zu beanstanden, dass nach diesem Konzept die zielgleiche wie die zieldifferente integrative Erziehung und Unterrichtung unter den Vorbehalt des organisatorisch, personell und von den sächlichen Voraussetzungen her Möglichen gestellt ist.«
In einem anderen Fall entschied der 7. Zivilsenat des Oberlandesgerichts Köln Ende 1997 (Az: 7U 83/96), dass das beklagte unartikulierte »›Schreien, Rufen, Gurgeln, Stöhnen, Lachen‹ und ›Lallen‹« einer Gruppe geistig behinderter Menschen für deren Nachbarn »unzumutbar« sei. Er verordnete ihnen »festgelegte Ruhezeiten«, in denen sie ihren Garten nicht betreten dürfen. In der Begründung war für den Richter »weniger die Dauer und die Lautstärke« maßgebend »als vielmehr die Art der Geräusche.«. »Bei den Lauten, die die geistig schwerbehinderten Heimbewohner von sich geben, ist der ›Lästigkeitsfaktor‹ besonders hoch. So empfindet nach Auffassung des Senats nicht nur der ›normale‹ Durchschnittsmensch, der sich leicht von Vorurteilen leiten lässt, sondern auch der ›verständige‹ Bürger (und Nachbar), dessen Haltung gegenüber Behinderten nicht von falschem Wertigkeitsdenken, sondern von Mitmenschlichkeit und Toleranz geprägt ist. Es ist eine Eigenart des menschlichen Gehörs, dass es auf ungewohnte, auffällige Geräusche mit besonderer Aufmerksamkeit und Empfindlichkeit reagiert« (FR 19.12.97).
Weitere Zweifel an der bisherigen Wirksamkeit dieser Verfassungsnorm kommen auf, wenn man sich z.B. die durch den Vermittlungsausschuss von Bundestag und Bundesrat vollzogene Änderung des § 3a Bundessozialhilfegesetz vom 23. Juli 1996 ansieht. Nach der bisherigen Fassung dieser Vorschrift war jeder Sozialhilfeträger verpflichtet, darauf hinzuwirken, dass die erforderliche Hilfe soweit wie möglich außerhalb von Anstalten, Heimen oder gleichartigen Einrichtungen gewährt werden kann. Nunmehr kann eine stationäre Hilfe möglich sein, wenn sie zumutbar und eine ambulante Hilfe mit unvertretbaren Mehrkosten verbunden ist. Hier will man auf Kosten der Würde und Autonomie von Menschen sparen – unter Hinnahme ihrer körperlichen und seelischen Verelendung oder ihres vorzeitigen Todes. Das oftmals rasche Ableben von Patienten mit Morbus Alzheimer nach ihrer Einweisung in ein Pflegeheim ist eine der eindrücklichsten Erinnerungen an meine mehrjährige Tätigkeit als Altenpfleger geblieben.

Gesetzesentwurfs zur Gleichstellung behinderter Menschen durch das Bundeskabinett am 7.11.2001 werden dem bisher »liberalen« Selbstverständnis des demokratischen Rechtsstaates »kommunitaristische« Elemente hinzugefügt.

Unser auf subjektive Rechte zugeschnittenes und in diesem Sinn »liberales« Verständnis des demokratischen Rechtsstaates soll die Achtung vor der unverwechselbaren Identität jedes Individuums unabhängig von Geschlecht, Rasse, ethnischer Zugehörigkeit oder Behindertsein garantieren. Diese Achtung sollte sich eigentlich auch auf dessen besondere Lebensweise als Angehöriger einer partikularen Gruppe erstrecken. In dem besonderen Fall behinderter Menschen ist unser individualistisch angelegtes Rechtsverständnis jedoch erweitert worden. Der Gleichheitsgrundsatz, so wird implizit bekundet, führe nicht automatisch zur Gleichbehandlung der Belange behinderter Menschen. Das Benachteiligungsverbot in der Verfassung dokumentiere, dass Menschen mit Behinderungen Angehörige einer nach wie vor diskriminierten Gruppe sind. Es wird eingestanden, dass sich die formelle Gleichberechtigung als unzureichend erweist. Für behinderte Menschen führt sie dazu, dass zu wenig getan wird, damit sie die Möglichkeiten, die ihnen de jure zustehen, etwa im Hinblick auf Ausbildung sowie berufliche und politische Tätigkeit, auch de facto ergreifen können.

Man kann in diesem Zusammenhang vielleicht von einer Wende in der Gesetzgebung sprechen, die dahin führen wird, was manche Vertreter der kommunitaristischen Bewegung in den USA seit längerem fordern: einem »Konzept des differenzierten Staatsbürgerstatus« (Young 1993, S. 268), um die Integration und Teilhabe von Mitgliedern benachteiligter Gruppen zu ermöglichen. In diesem Sinn lautet Iris Marion Youngs Kritik am liberalen Rechtsverständnis, dass ihm ein allgemeiner Begriff von Öffentlichkeit zugrunde liege, durch den Partikularität zugunsten unparteilicher, universaler Standpunkte, die alle besonderen Interessen, Perspektiven und Erfahrungen transzendieren, aufgehoben werde. Dies habe zu Ausschlusspraktiken geführt und zum Zwang marginalisierter Gruppen, sich an Normen messen zu lassen, die von den privilegierten Gruppen stammen und von ihnen definiert werden. Eine Gerechtigkeit, die darauf beruht, »ohne Ansehen der Person« einzelnen Personen »gerecht« zu werden, bleibe blind gegenüber den Bedürfnissen der Gruppe »Behinderter«.

Nach Young (ebd., 282) sind behinderte Personen Mitglieder einer diskriminierten Gruppe, weil sie von der Partizipation an wichtigen sozialen Tätigkeiten ausgeschlossen werden; weil sie wenig Gelegenheit erhalten, ihrer Erfahrung und ihrer Sichtweise von sozialen Geschehnissen Ausdruck zu verleihen; weil sie oft unter der Autorität anderer leben müssen, die ihre Autonomie einschränken; weil sie stereotypisiert, etikettiert werden und willkürlicher Gewalt und Schikane ausgesetzt sind. All dies spricht ihres Erachtens dafür, das Recht gegenüber gruppenspezifischen Unterschieden zu öffnen und zu überprüfen, wo ein formales Prinzip der Gleichbehandlung unfair macht, weil es zu einer Benachteiligung der Betroffenen führt. Die Gesellschaft solle sich dahingehend ändern, dass »Behinderte« als weitgehend ausgeschlossene Gruppe ihre Interessen und Bedürfnisse in der Sprache von Rechtsansprüchen artikulieren können. Indem das Recht ihre besonderen Ansprüche berücksichtige, werde die Gruppe der »Behinderten« in ihrer Verschiedenheit und Gleichheit zugleich anerkannt. Zur Artikulation ihrer Bedürfnisse, müsse ihnen die Möglichkeit einer Teilnahme am politischen Prozess gegeben sein, damit aus Adressaten staatlicher Fürsorgeleistungen Autoren politischer Forderungen werden.

Die kommunitaristische Kritik richtet ihr Augenmerk darauf, dass Rechte einem »positiven Geltendmachen des Spezifischen in den verschiedenen Formen des Lebens« (ebd., 296) Ausdruck verleihen. Die »liberalen« Bedenken sind freilich nicht von der Hand zu weisen, dass besondere Gruppenrechte Gefahren mit sich bringen. Statt einer demokratischen Gesellschaft der Gleichheit, kann es zu einer standesrechtlichen Privilegiengesellschaft kommen, wenn besondere Gruppenrechte Hierarchien aufbauen und sie verstärken. Darüber hinaus lautet mein Einwand, dass Differenzen, die zum Maßstab für besondere Bedürfnisse und Forderungen gemacht werden, zu essentialistisch-naturalistischen Deutungen verleiten. Es darf nicht übersehen werden, dass behinderte Menschen aufgrund gesellschaftlicher Zuschreibungsformen als Gruppe unterschieden werden.[47] Obwohl sie mit den Ungerech-

---

47 S. Benhabib (1995a, 294 Anm. 5) hält die postmoderne Kritik an der identitätserzeugenden Zuschreibung von Gruppen »für ebenso imperialistisch in ihrer kognitiven Haltung wie die instrumentelle Vernunft, die damit kritisiert werden soll, denn jede Definition der Identität, die nicht von den Erfahrungen ausgeht, durch die sich die jeweilige Gruppe konstituiert, sondern von der Tatsache, dass ihre Mitglieder von den anderen zu Opfern gemacht werden, reduziert die Eigenheit dieser Gruppe auf die Begrifflichkeit des gerade herrschenden

tigkeiten der Missachtung und mangelnden Wertschätzung konfrontiert sind, kann es nicht nur darum gehen, sie in ihrer Eigenschaft als Gruppe aufzuwerten, indem man ihre »Eigenschaft als Gruppe« aufwertet und »ihre Besonderheit anerkennt« (Fraser 2001, 39).

Rechtliche Kodifizierungen dürfen daher nicht dazu führen, dass das, was augenscheinlich hohe alltagsweltliche Plausibilität besitzt, nicht mehr als Resultat gesellschaftlich wirkender Distinktionsmechanismen erkennbar bleibt. Sie dürfen nicht die Kraft lähmen, immer wieder darauf zu reflektieren, dass das, was sich eventuell eingeübter Sichtweisen verdankt, weniger auf tatsächlichen Unterschieden beruht als auf »Mythen des Alltags« (R. Barthes). Es ist daher unabdingbar, die Analysen über symbolische Konstruktionen des Behindertseins weiterzuführen. Allerdings müssen auf der rechtlichen Ebene weitere Bedingungen geschaffen werden, dass kulturell vorherrschende Diskriminierungsformen keine Auswirkungen auf verschiedene individuelle Freiheitsrechte und politische Teilhaberechte besitzen. Es darf jedoch keinen rechtlich garantierten »Artenschutz« (Habermas) für partikulare Gruppen geben. Besonders dann nicht, wenn es sich um keine starke Gemeinschaft mit gemeinsamen Handlungsformen, Praktiken, Weltauffassungen und Werten handelt.

Diskurses; dadurch gerät aus dem Blick, dass beziehungsweise wie die jeweilige Gruppe möglicherweise ebendiesen Diskurs in Frage stellt.« Benhabib übersieht dabei jedoch die doppelte Pointe der postmodernen Kritik: Wie wir sehen werden, dekonstruiert diese Kritik einerseits die kommunitaristische Idealisierung der historisch-empirischen Faktizität von Gruppen; andererseits eröffnet sie den Mitgliedern einer unterdrückten Gruppe verändernde Selbsterfahrungen: Indem diese auf der Grundlage ihres jeweiligen Selbstverständnisses nun auch nach den möglichen askriptiven Gründen ihres So-Seins fragen, ermöglichen sie sich neue Chancen zu einer verändernden Lebenspraxis.

3.2 Die virtuelle Gemeinschaft der »Behinderten«

Drei Vorstellungen von Gemeinschaft lassen sich grob unterscheiden: (1) Zweckgemeinschaft unabhängiger Einzelner mit unterschiedlichen Interessen. »Gemeinschaft« hat hier den Sinn des instrumentell Vorteilhaften für ihre Mitglieder. (2) Kooperationsgemeinschaft von Einzelnen, die gewisse Ziele miteinander teilen und über diese gefühlsmäßig miteinander verbunden sind. (3) Wertegemeinschaft, die ihre Mitglieder stark in ihrem Selbstverständnis prägt. Die solidarische Einheit zwischen dem Einzelnen und der Gruppe führt dazu, dass man die Gemeinschaft nur um den Preis der Identitätsaufgabe verlassen kann.

»Behinderte« haben gemessen an dieser Typologie zumindest ein Minimum an Einigkeit und Solidarität. Doch erfüllen sie damit noch nicht das Kriterium einer sozialen Gruppe. Von einer sozialen Gruppe lässt sich sprechen, wenn die Gruppenmitglieder eine soziale Identität verbindet, die aus fraglos geteilten Wissensvorräten, Handlungsmustern, Situationsdefinitionen, typisierten Eigenschaften usw. besteht.[48] Diese unhinterfragten Habitusformen machen eine soziale Gruppe zugleich immer auch »anfällig für den Sog der Macht. Als Machtphänomen übt der Vorrang des gemeinschaftlichen Werte- und Normengeflechts einen Zwang zum Konformismus aus, der die widerspenstige Individualität den disziplinierenden Prozeduren wertekonformer ›Normalisierung‹ aussetzt« (Fink-Eitel 1993, 312).

Auch nach Avishai Margalit (1997) kann von einer »identitätsstiftende(n) Gruppe« (ebd., 169) erst dann die Rede sein, wenn sie sich durch folgende gemeinsam auftretende Merkmale kennzeichnen lässt: Sie muss aus einer erkennbaren Eigenkultur bestehen, die das Wohlbefinden der einzelnen Mitglieder entscheidend fördert und die prägend auf die Lebensstile und Handlungsweisen bzw. die Ziele und Beziehungen ihrer Mitglieder wirkt. In der Folge verinnerlichen die Mitglieder der Gruppe in ihren Geschmacksurteilen und Entscheidungen die charakteristischen Züge der Eigenkultur. Deren

---

48 Vgl. I. M. Young (1996, 104f.): »Eine soziale Gruppe ist ein Personenkollektiv, das mindestens einer anderen Gruppe durch die kulturelle Form, ihre Praktiken oder Lebensweise unterschieden ist. Die Mitglieder einer Gruppe haben eine besondere Affinität zueinander aufgrund ihrer ähnlichen Erfahrungen und ihrer ähnlichen Lebensweise. (...) Sie sind eine spezifische Art von Gemeinschaft, aus der die Beteiligten spezifische Konsequenzen für ihr Selbstverständnis und ihr Verständnis voneinander ziehen.«

Einfluss erstreckt sich auf existentielle Bereiche wie »Berufswünsche«, »Freizeitverhalten«, »Umgangsformen« und »Intimitätserwartungen« (ebd., 170). Die Zugehörigkeit zur Gruppe erfolgt durch »informelle Prozesse der wechselseitigen Anerkennung« (ebd.) und nicht auf formellen Akten und eindeutigen und expliziten Regeln für die Mitgliedschaft. So gesehen ist die Mitgliedschaft in einer identitätsstiftenden Gruppe eine grundlegende Bedingung für die Herausbildung des eigenen Selbstverständnisses und die Anerkenntnis nach außen. Dabei ist sie nicht unbedingt an besondere Fähigkeiten oder Leistungen gebunden. Weiterhin resultiert sie in der Regel nicht auf freien Entscheidungen, sondern wird sichergestellt, »weil man ist, was man ist« (ebd., 171). Die Mitglieder erkennen sich untereinander durch gemeinsame Symbole, Zeremonien und Rituale und grenzen sich dadurch nach außen ab. Macht funktioniert innerhalb dieser »normativ-konsensuellen Ordnung« durch stillschweigende Zustimmung der ihr Unterworfenen und führt zur »Verinnerlichung sozialintegrativer Werte und Normen, die die Identität der Individuen bestimmen« (Fink Eitel 1993, 313).

Gemessen an diesen Kriterien, sind »Behinderte« eine höchst differenzierte, ja teilweise auch zerrissene Gruppe. Hinter der Rede von »dem Behinderten« und seinen »Bedürfnissen und Interessen« verbirgt sich kein homogenes Ensemble mit identischem sozialen Habitus, sondern eine Vielzahl verschiedener Erfahrungen, Sichtweisen und Interessen, die sich diesseits und jenseits der Grenze zu den Nichtbehinderten entfalten. Insofern bilden sie keinesfalls eine Wertegemeinschaft im starken Sinne. Die Gemeinschaft dient einer behinderten Person nicht als quasi-transzendentale Bedingung für die Konstitution ihrer Subjektivität, wie es in ethnischen Gemeinschaften der Fall ist, sondern eher als Medium für zielorientierte Selbstverständigungsprozesse. Sie bildet keinen Kosmos für vertraute, subkulturelle Wertzusammenhänge, in dem sich »SchicksalsgenossInnen« zusammenfinden; vielmehr stellt sie einen Verbund dar, in dem sich soziale Wesen ungeachtet ihrer besonderen Eigenschaften und Fähigkeiten als Personen schätzen. Die Anerkennung untereinander erfolgt in der Hauptsache nicht durch feste Mitgliedschaft und gegenseitige Instrumentalisierung für gemeinsame Werte und Ziele, sondern durch Sympathie gegenüber dem *als* Anderen anerkannten Anderen. Die »Behindertenszenen« haben »den Charakter einer Diaspora: Sie bestehen nur in dem Maße, wie ihre Mitglieder untereinander über Identifikationsleistungen verknüpft sind, die in den nichtgeografischen Räumen von Aktivisten-Diskursen, von kulturellen Codes und Bildern der Medien konstruiert werden« (Rose 2000, 82).

Gleichwohl haben behinderte Menschen ein Interesse an der Verständigung darüber, wie die Gemeinschaft aussehen soll, innerhalb derer sie sich zusammenfinden. Benachteiligungen hinsichtlich des Arbeitsmarktes, der Ausbildung, der Wohnsituation, der medizinischen Versorgung usw. haben zu einem Bewusstsein über soziale Ungerechtigkeiten und der Herausbildung einer »korporativen Gruppenidentität« geführt.[49] Die Schwierigkeit, dass sie sich als Gruppe nicht kulturell autonom im starken Sinne betrachten können, stellt zugleich eine größere Chance zur Selbstveränderung dar. Hier gilt es strikt zwischen *inter*subjektiver Identitäts*stiftung in* einer Gruppe und *trans*subjektiver Identitäts*zuschreibung als* Gruppe zu unterscheiden. Kulturell autonom wäre nur diejenige Gruppe zu nennen, die die Fragen nach einem geglückten Leben *auf der Basis* einer Reflexion ihrer gemeinschaftlich und werthaft konstituierten Identität sinnvoll und begründend zu beantworten vermag. Wenn dagegen »eine Gemeinschaft angesichts ihrer Genese, ihrer Endlichkeit und ihrer Zerfallsmöglichkeiten nie etwas ist, was sich von selbst versteht, so bleibt sie ein Gegenstand kritischer Prüfung. Der Einzelne ist dann veranlasst, nicht nur *in* einer Gruppe oder Sozietät Stellung zu nehmen, sondern auch *zu* ihr« (Waldenfels 1980, 202f.).

Die Kluft zwischen den unterschiedlichen Standpunkten von beobachtender Aufgeklärtheit und teilnehmender Engagiertheit lässt sich nicht schließen.[50] Die »Behinderten« sind Stereotypen und Klischees ausgesetzt und

---

49 S. Benhabib (1999, 35ff.) versteht unter »korporativer Gruppenidentität« eine Form von Gemeinschaftsgefühl, das sich als Folge der spezifisch wohlfahrtsstaatlichen Umverteilungspolitik herausgebildet hat.

50 S. Benhabib (1999, 24) weist darauf hin, dass die Mitglieder einer sozialen Bewegung in ihrem Kampf um rechtliche Anerkennung immer auch von der Annahme ausgehen müssen, dass es essentielle Unterschiede gibt, die für das eigene Leben von Bedeutung sind: »Aus dieser Überzeugung entsteht die Bereitschaft, dafür auf die Barrikaden zu gehen. Um von einer identitätspolitischen Bewegung motiviert zu sein, müssen Individuen von dem Gedanken und dem Gefühl erfüllt sein, dass gewisse Aspekte ihrer Identität und die Art, in der diese sich von anderen unterscheidet, so bedeutsam sind, dass sie als solche erkannt, anerkannt und legitimiert werden müssen. Ohne den grundlegenden Glauben an die entscheidende Bedeutung dieser identitätsbedingten Unterschiede wären soziale Bewegungen nicht imstande, Individuen zu motivieren und sich ihre Beteiligung und Opferbereitschaft langfristig zu sichern.« J. Butler (1995, 39) sieht darin »ein ursprüngliches Komplizentum

haben als schwache Identifikationsgemeinschaft Mechanismen – Selbstorganisation, Öffentlichmachung, Widerstandsformen – entwickelt. Insofern finden sie sich als soziale Bewegung in einem rechtlichen »Kampf um Anerkennung« zusammen. Indem sie in Selbsthilfegruppen auf diskriminierende Tatbestände aufmerksam machen, erweitern sie für das Recht die Tagesordnung zu regelnder Konfliktfälle. »Die Erweiterung von Kompetenzen im Umgang mit dem professionellen Versorgungssystem, Rechtsaufklärung und persönlicher Ratschlag, Unterstützung in der Bewältigung von Alltagsproblemen und der Ausgleich konkret erfahrener Versorgungsmängel – dies sind die Motive, die zur Teilnahme an Selbsthilfegruppen führen (...). Selbsthilfegruppen vermitteln durch das solidarische Handeln Gleichbetroffener Emotionalität, Vertrauen und soziale Nähe; sie helfen Ohnmacht-, Stigmatisierungs- und Isolationserfahrungen zu vermindern (Selbstveränderung)« (Herriger 1984, 440).

Das ethische Fragen in Selbsthilfegruppen richtet sich danach aus, Antworten darauf zu finden, wer und was man sein möchte in Differenz zu dem, wer und was einem vorgegeben wird zu sein. Behinderte Personen können ethische Autonomie im Sinne einer Verantwortung für ihr eigenes Leben, für ihre Ziele und Werte nur übernehmen, wenn sie sich von dem befreien, was ihnen die Gesellschaft als (Behindert-)Sein auferlegt. Ihre ungeheuer schwierige Aufgabe besteht darin, einer Gemeinschaft verbunden zu bleiben und sich von der auferlegten Identität zu lösen, die sie erst zur Gemeinschaft hat werden lassen. Das kann nur ein allmählicher und reflektierter Prozess sein, denn niemand kann ohne leidvolle Erfahrungen von heute auf morgen seinen identitätsverbürgenden Lebenskontext verlassen und ein völlig neues Narrativ des Selbst hervorbringen. Identitätskonversionen gelingen nur in Form interner Verschiebungen oder partieller Entgrenzungen. Im Falle einer totalen Revision des Selbst droht die Gefahr eines Sturzes ins Bodenlose. Daher benötigen behinderte Menschen weiterhin das lockere Zugehörigkeitsgefühl zu einer Gemeinschaft, in der man gemeinsame Antworten auf Lebensfragen findet.

Ausgangspunkt für die Teilnahme an Selbsthilfegruppen ist in der Regel das Erleben bedrückender Probleme und das Gefühl, sie ohne die Hilfe einer

---

mit der Macht«: Das Subjekt des Widerstands existiert niemals unabhängig von den regulierenden Normen, die es bekämpft.

Gemeinschaft nicht lösen zu können. Aus dem Erleben eines belastenden Gefühls der Ohnmacht folgt dann die Suche nach Kontakt mit Menschen, die sich in ähnlichen Problemlagen befinden. Gelingt dieser Schritt, so führen das Entdecken von Gemeinsamkeit und das Erleben gleichartiger Betroffenheiten zu Impulsen der Solidarisierung. Dabei entsteht ein klareres Bild von der gemeinsamen Situation und ein geschärfter Blick für die eigenen Wünsche und Ziele. In der Folge werden mit der Unterstützung wirkungsmächtiger Persönlichkeiten Wege engagierter Partizipation und sozialpolitischer Einflussnahme beschritten. Die Gruppe erlangt Fähigkeit zu politischer Einflussnahme. »Politikfähigkeit umfasst nach sozialwissenschaftlicher Definition zwei Komponenten: *Organisationsfähigkeit* und *Konfliktfähigkeit*. Organisationsfähigkeit meint in diesem Zusammenhang die Kompetenz der Gruppe, ein begründetes Eigeninteresse kollektiv zu artikulieren und zur Durchsetzung dieses Interesses Bündnispartner zu mobilisieren, bürokratische Kompetenz im Umgang mit den Verfahren, Regelungen und Begründungsnotwendigkeiten des politisch-administrativen Systems zu dokumentieren und sich des Zugangs zu Kanälen der politischen Einflussnahme zu versichern. Konfliktfähigkeit bedeutet zugleich die Fähigkeit, die Legitimation kommunalpolitischer (Nicht-)Entscheidungen öffentlich zu problematisieren, die Verweigerung von Entgegenkommen und Konsensbereitschaft zu thematisieren und so Widerstandskraft geltend zu machen« (1992, 233).

3.3 Der Kampf gegen Demütigung

Nach Young (1996) existieren in den demokratischen Gesellschaften nach wie vor verschiedene Formen der Unterdrückung – Ausbeutung, Marginalisierung, Machtlosigkeit, Kulturimperialismus und Gewalt. Als sozial konstituierte Gruppe sind »Behinderte« marginalisiert, weil sie das Arbeitssystem nicht benötigt. Damit werden sie von der nützlichen Partizipation am sozialen Leben ausgeschlossen und potentiell gravierender materieller Depravation oder sogar der psychischen Vernichtung ausgesetzt. Diese Form der Unterdrückung erstreckt sich insgesamt auf die Möglichkeiten, seine Chancen und Fähigkeiten in sozial anerkannten Formen zu entwickeln und zu gestalten. In den westlichen Demokratien ist man dieser Form von Unterdrückung durch die Einführung wohlfahrtsstaatlicher Regelungen begegnet. Doch damit hat man die Betroffenen von der Autorität der Träger sozialer Einrichtungen und öffentlicher und privater Administrationen abhängig gemacht. Sie haben sich ihren Vorschriften zu fügen und müssen zulassen, dass Macht über ihre Lebensbedingungen ausgeübt wird. Sie müssen in der Regel Anordnungen befolgen und sind selten selbst berechtigt, Anordnungen zu treffen. In der Regel wissen medizinische und soziale Helfer, was gut für sie ist.

Ebenso leiden »Behinderte« unter Kulturimperialismus, weil sie erleben müssen, wie durch die in einer Gesellschaft herrschenden Werte ihre besondere Sicht der Dinge unsichtbar oder lächerlich gemacht werden. Sie werden als Gruppe stereotypisiert und als das fremdartig anmutende »Andere« gekennzeichnet. Die herrschende Gruppe der »Nichtbehinderten« stärkt ihre Position, indem sie die »Behinderten« an ihren herrschenden Normen misst. So erfahren sich die Betroffenen selbst als von außen definiert, d.h. in einem Netz vorgegebener Meinungen verortet. Das von außen gespiegelte Fremdbild wird immer bis zu einem gewissen Grad verinnerlicht, da die »Behinderten« gezwungen sind, auf negative Bewertungen und Verhaltensweisen anderer zu reagieren. Young spricht von einem »doppelten Bewusstsein«, das dadurch entsteht, dass man dem Zwang widersteht, den »erniedrigenden, objektivierenden und stereotypen Sichtweisen« (ebd., 129) der anderen zu entsprechen und die Psyche mit den Maßstäben einer Welt zu messen, die mit Ablehnung, Gleichgültigkeit oder Mitleid herabschaut. Neuerdings müssen behinderte Personen wieder vermehrt unter gewaltsamen Übergriffen und der Angst vor Gewalt leiden. – In der Form willkürlicher, unprovozierter Angriffe auf ihre Person, die kein anderes Motiv haben, als Schaden zuzufügen, zu erniedrigen oder zu zerstören.[51] Doch Gewalt beginnt nicht erst da, wo Belästigung, Einschüchterung, Verspottung mit dem Ziel der Erniedrigung, Demütigung und Stigmatisierung stattfindet (vgl. II/8.).

Mit der Minderheitenschutzklausel im Grundgesetz werden diese Formen der Unterdrückung nicht aufgehoben. Er stellt lediglich einen nachdrücklichen Hinweis dar, das Prinzip der gleichen Achtung für jedermann nicht vor behinderten Personen enden zu lassen, insoweit sie rechtliche Ansprüche chancengleich realisieren können sollen. Tatsächlich muss es darum gehen,

---

51 Vgl. R. Forster (2000) zu den Zusammenhängen von »Neuer Behindertenfeindlichkeit« und rechtsradikaler Gewalt.

den Statuserwerb von der gesellschaftlich konstituierten Identität des Behindertseins zu entkoppeln und behinderten Personen eine tatsächliche Gleichheit der Chancen in der Ermöglichung von Arbeit, sozialem Ansehen, Bildungsabschlüssen, politischer Partizipation zu gewährleisten. Dazu gehört auch, sozialrechtlich normalisierende Eingriffe in die Lebensführung Behinderter zu kontrollieren und ausreichend Schutz gegen einen sozialstaatlichen Paternalismus zu gewähren. Im Kampf um Anerkennung kann es nicht mehr nur um die objektiv zu gewährleistenden Leistungsansprüche für »Behinderte« als Klienten wohlfahrtsstaatlicher Bürokratien gehen. Differenzen zwischen Erfahrungen und Lebenslagen behinderter und nichtbehinderter Menschen müssen sichtbar und für die chancengleiche Nutzung subjektiver Handlungsfreiheiten dienstbar gemacht werden.

Habermas (1993, 157) hat in jüngster Zeit vermehrt darauf aufmerksam gemacht, dass die Differenz zwischen bloßer Rechts- und Sozialstaatlichkeit und wirklicher Demokratie darin bestehe, dass diskursive Prozesse zugelassen werden, mittels derer Betroffene oder ihre Fürsprecher in öffentlichen Diskussionen Erfahrungen von tatsächlicher Ungleichbehandlung artikulieren und begründen können. »Die private Autonomie gleichberechtigter Bürger kann nur im Gleichschritt mit der Aktivierung ihrer staatsbürgerlichen Autonomie gesichert werden.« Nichtbenachteiligung hieße in seinem Sinne zuallererst, dass mit Bürgerrechten nicht vor behinderten Personen haltgemacht wird, denn sie schaffen die rechtlichen Voraussetzung, dass sie als Bürger *selbst* ihre eigenen identitätssichernden Lebenskontexte herstellen können. Mit diesem Vorschlag soll nach Habermas der Verschiedenheit der Lebensbedingungen Rechnung getragen werden, damit die Betroffenen ihre Besonderheit nicht nur als ausgleichsbedürftigen defizitären Zustand empfinden, sondern in ihrer Besonderheit von anderen anerkannt werden.

Der Stimme eines Menschen, der behauptet, dass man ihn ungerecht behandelt hat, muss also nach diesem Demokratieverständnis öffentliches Gehör verschafft werden. Eine solche Zivilgesellschaft würde jedoch voraussetzen, dass es von einem universellen Gesichtspunkt aus betrachtet, einen einheitlichen praktischen Sinn für alle Art und Weisen der Ungerechtigkeit gibt. »Demütigung geht aber über die Verletzung von Rechten weit hinaus; sie ist beispielsweise auch das Ergebnis erniedrigender Gesten, welche nicht zwangsläufig mit Rechten verbunden sind« (Margalit 1997, 73). In einer pluralistischen Gesellschaft kann es in Fragen persönlicher Verletzbarkeit immer nur einen Widerstreit an Stelle normativer Übereinkunft geben. Justiziabel werden Ungerechtigkeiten erst, wenn sie allgemein als Handlungsweisen betrachtet werden, die gegen öffentlich wirksame und einklagbare rechtliche Regeln verstoßen. Eine Ungerechtigkeit tritt immer nur dann zum Vorschein, wenn die Klage eines Opfers auf irgendwelchen durch Gesetze kenntlich gemachten Verboten oder Ansprüchen beruht. Andernfalls wird sie öffentlich nur als Angelegenheit subjektiv empfundenen Unglücks bewertet und nicht als kritikwürdiger Tatbestand allgemein erfahrbar zu machender Demütigungen (vgl. Shklar 1997, 16). Auf der normativen Ebene der Gerechtigkeit hat das vermeintliche Opfer von nichtjustiziablen Demütigungen seine Erfahrungen folglich überempfindlich oder fehlerhaft interpretiert. Im Falle von symbolischen Formen der Missachtung gegenüber behinderten Menschen versagt das universelle Prinzip, das dann vorläge, wenn man eine Handlung von einem allgemeinen Standpunkt aus betrachtet als Entwürdigung der eigenen Person empfinden würde. Insofern sollten wir bezüglich der Wahrnehmung von Gesten, die bei den Betroffenen als entwürdigend empfunden werden, zuallererst die Wahrhaftigkeitsvermutung gelten lassen: Ihrer Interpretation, was als Demütigung oder Kränkung ihrer Person zu bewerten ist, hat man trotz eigener Überzeugung vom Gegenteil Glauben zu schenken (vgl. Margalit 1997, 215).

Fredi Saal (1992, 113) stellt als Betroffener die Frage, welche Bedeutung die Einstellung des Nichtbehinderten zur Tatsache eines körperlichen Ausfalls für die Selbsteinschätzung des Behinderten hat. Er findet folgende Antwort: »Sie entscheiden darüber, ob im Behinderten ein gleichwertiger und psycho-sozial normaler Partner gesehen wird, dem man die gleichen Daseinserwartungen zubilligen muss wie jedem anderen auch. Weshalb das Urteil des Unbehinderten über den Behinderten für dessen Selbsteinschätzung solch schwerwiegendes Gewicht hat, ist leicht einzusehen. Denn in der Welt des Nichtbehinderten gilt das Ideal des schönen und unversehrten Körpers.« Er macht deutlich, dass eine Gerechtigkeitstheorie nicht einfach nur den Menschen als Subjekt rechtlicher Gleichbehandlung in den Blickpunkt nehmen kann. Recht garantiert noch keine Anerkennung als ethisches Subjekt. In der Debatte um die rechtliche Anerkennung behinderter Personen bleibt dieser Tatbestand unberücksichtigt. So richtet man das Augenmerk zu sehr darauf, dass das Ziel einer gerechten Gesellschaft in der rechtlichen Sicherung individueller oder gruppenbezogener Entscheidungsfreiheit liegt.

Doch die Frage muss auch sein, welche weiteren sozialen Voraussetzungen gegeben sein müssen, damit alle Individuen von der ihnen rechtlich gewährten Freiheit zum guten Leben auch tatsächlich Gebrauch machen können. Die Möglichkeiten eines guten Lebens können im Rahmen eines Rechtssystems allein nicht garantiert werden; denn um Wege der Selbstverwirklichung beschreiten zu können, bedarf es eines neuen »Ethos«, einer neuen Einstellung unterhalb des Rechtscodes.

4. Die Entsorgung des Anderen
(Norbert Hoerster)

4.1 »Minimalmoral« und Lebensschutz

Der Rechtsphilosoph Norbert Hoerster hat in der Vergangenheit in zahlreichen Fachartikeln die Ideen des australischen Bioethikers Peter Singer (1994) in die rechtsphilosophische Debatte über die Tötung lebensunwerten Lebens eingeführt. In seinen Büchern *Abtreibung im säkularen Staat* (1991) und *Neugeborene und das Recht auf Leben* (1995), das er Singer gewidmet hat, vertritt er trotz aller kritischen Distanz ähnliche Positionen.[52] Während der australische Bioethiker von der Monash University Melbourne jedoch seit 1989 in den Schlagzeilen ist, weil Behinderten-Initiativen gegen seine geplanten Auftritte erfolgreich protestiert hatten, konnten Hoerster und weitere deutsche Befürworter einer begrenzten Euthanasie ihre Ansichten bis vor kurzem noch öffentlich vertreten. Die neuerlichen Aktionen gegen Hoerster werden mit Recht als Gesinnungsterror verurteilt. (Kessler 1999). Die Fragwürdigkeit von Boykottstrategien wird seit längerem auch unter den Vertretern der Behinderten-Bewegung diskutiert. Bereits im Januar 1994 rief Franz Christoph, Mitbegründer der »Krüppelbewegung«, in der Berliner *taz* dazu auf, doch in die Diskussion einzutreten, da mit Boykott alleine die Euthanasiephilosophie nicht mehr zurückzudrängen sei. Selbst *die randschau*, eine

---

52 N. Hoerster (1995, 44) wehrt sich energisch gegen das Etikett »Utilitarist«. So hält er es für ein Merkmal jedes Utilitarismus, dass »prinzipiell die Interessen sämtlicher – ob mittelbar oder unmittelbar – von der Norm Betroffenen« berücksichtigt werden und somit eine »umfassend verstandene Maximierung der Befriedigung aller berührten Interessen« als normlegitimierend vorausgesetzt wird. Dagegen verlaufe sein ethischer Begründungsansatz »über die Konzeption gewisser fundamentaler, in Sozialmoral und Rechtsordnung aufzunehmender, individueller Grundrechte, die der Sicherung von elementaren Interessen dienen« (1999, 138).

kritische Zeitschrift von Behinderten, in der man jahrelang vehement eine Gesprächsverweigerung mit Singer forderte, war nachdenklich geworden. Über den damaligen Erfolg, dessen Auftritt auf dem Heidelberger Kongress *Science Fiktion* im Mai 1996 verhindert zu haben, konnte man sich nicht mehr so recht freuen. Sicherlich erfüllten die Aktionen gegen Singers Auftreten eine wichtige Funktion in Bezug auf die Mobilisierung vieler Behinderter und nichtbehinderter Menschen. Mittlerweile sind ihre Grenzen jedoch deutlich geworden. Der Durchsetzung bioethischer Praxis gebieten sie keinen Einhalt mehr. Singer war auf dem besagten Kongress zwar ausgeladen worden. An seiner Stelle referierte jedoch Hoerster über das Thema *Sterbehilfe und das Recht auf Leben*. In seinem Beitrag sprach er sich für eine Reform des § 216 StGB in dem Sinne aus, dass Töten auf Verlangen durch einen Arzt unter bestimmten Voraussetzungen möglich sein soll.[53] Die pränatalen

---

53 Nach unserer Rechtsordnung (StGB) und der ärztlichen Standesmoral (Bundesärztekammer 1998) lässt sich »Sterbehilfe« ganz allgemein als Einwirken auf andere zum Zwecke der Leidminderung umschreiben. Dabei wird zwischen legaler passiver und illegaler aktiver Sterbehilfe unterschieden: Passive Sterbehilfe meint die Unterlassung bestimmter lebensverlängernder Behandlungsmaßnahmen bzw. die indirekte Lebensverkürzung durch die Gabe von notwendigen Schmerzmitteln bei sterbenden Patienten: Ärzte sind nicht verpflichtet, alles zu tun, um das Leben von Patienten bei infauster Prognose zu verlängern. Vielmehr dürfen sie Behandlungen abbrechen, wenn sie lediglich den Todeseintritt verzögern und keine Heilung mehr möglich ist. Das Ziel der Leidensminderung, etwa durch Schmerzmittel, kann auch Vorrang besitzen, wenn damit möglicherweise eine Lebensverkürzung verbunden ist. Ebenso bleibt die Veranlassung, die Beihilfe und die Förderung einer eigenverantwortlichen Selbsttötung straflos Der Arzt, der dem selbstbestimmungsfähigen Patienten zur Leidminderung ein todbringendes Mittel überlässt, setzt sich einer Bestrafung wegen Beihilfe zur Tötung nicht aus. Unser Recht stellt hier auf die Selbstbestimmung des Patienten ab, der sein Ende frei setzen darf.

Dagegen meint aktive Sterbehilfe eine direkte Tötungshandlung bzw. eine gezielte Lebensverkürzung durch Eingriffe, die den Tod herbeiführen oder beschleunigen sollen. – Das Strafgesetzbuch (StGB) verbietet sowohl die Tötung einwilligungsunfähiger Menschen (§ 212) als auch die Tötung auf Verlangen unter Bedingungen der Sterbehilfe (§ 216). Dabei liegt das Strafmaß bei einer Tötung, die auf das ausdrückliche und ernstliche Verlangen des Getöteten vorgenommen wird, zwischen sechs Monaten und fünf Jahren. Die Strafe bei vorsätzlicher Tötung eines einwilligungsunfähigen Patienten liegt in der Regel über fünf Jahre. Für die Bewertung der Tat ist dabei unerheblich, ob der Patient kurze Zeit später gestorben wäre oder nicht. Eine Tötungshandlung im Sinne aktiver Sterbehilfe liegt auch vor, wenn vom Arzt eine gebotene Handlung unterlassen wird und dies den Tod zur Folge hat.

Diagnosetechniken hielt er für eine wünschenswerte Möglichkeit, eine eugenisch motivierte Selektion im Interesse der Nachgeborenen durchzuführen: »Wer statt einem kranken oder behinderten einem gesunden Kind das Leben schenkt, verdient in Wahrheit Lob statt Tadel« (Hoerster 1996, 447).

Im Unterschied zu Singer (1984, 168ff.), der in der ursprünglichen Fassung seines Buches »*Praktische Ethik*« die Freigabe der Euthanasie für schwerstbehinderte Neugeborene in einzelnen Fällen forderte,[54] betont Hoerster (1996, 446) jedoch ausdrücklich, dass das Lebensrecht eines Menschen nicht von seiner Behinderung abhängig gemacht werden darf: »Eine eventuelle Behinderung des betreffenden Menschen, der geboren ist, darf für die Frage nach seinem Lebensrecht keine Rolle spielen. Dies gilt nach meiner Auffassung nicht nur für jene behinderten Menschen, die ohne Zweifel ein Überlebensinteresse (...) besitzen. Es gilt vielmehr im Ergebnis ebenfalls für jene – relativ gesehen wenigen – extrem Behinderten, denen jedes Überlebensinteresse fehlen mag.« Gleichwohl spricht er »Leidenszustände (etwa infolge einer Behinderung)« an, »die zwar nicht lebensgefährdend, aber trotzdem unerträglich und auf Dauer unzumutbar sind« (1995, 110). In diesen Fällen hält er es für zwingend notwendig, »den Tod des Betroffenen in seinem eigenen Interesse herbeizuführen« (ebd.). Gibt es Meinungsverschiedenheiten zwischen Sorgeberechtigten und Ärzten, so soll ein Vormundschaftsgericht die Einwilligung der Eltern zur Tötung des Kindes ersetzen dürfen. In einer weiteren Abgrenzung zu Singer hält es Hoerster für ein problematisches Merkmal des Utilitarismus, dass »prinzipiell die Interessen *sämtlicher* – ob mittelbar oder unmittelbar – von der Norm Betroffenen« (ebd.,

---

In den Niederlanden sind die Verhältnisse völlig anders. Dort erlaubt inzwischen ein Gesetz die Lebensbeendigung auf Verlangen und die Hilfe bei Selbsttötung (vgl. Katholische Nachrichten-Agentur 19.04.2001, 7). So können Ärzte unter der Einhaltung verschiedener Sorgfaltskriterien und mit Einverständnis der Sorgeberechtigten aktive Euthanasie an Patienten zwischen zwölf und sechzehn Jahren durchführen. Bei minderjährigen Patienten zwischen sechzehn und achtzehn Jahren kann die aktive Euthanasie – selbst ohne die Zustimmung der »einbezogenen« Sorgeberechtigten – vorgenommen werden. Wenn ein Patient das sechzehnte Lebensjahr vollendet hat, sind Ärzte dazu ermächtigt, einwilligungsunfähige Patienten zu töten. Dazu bedarf es allerdings einer vor Eintritt eines aussichtslosen und unerträglichen Zustandes abgegebene schriftliche Erklärung, die ein Ersuchen um Lebensbeendigung beinhaltet. Eine Kontrolle erfolgt in der Regel nur durch regionale Kommissionen und nicht mehr durch die Staatsanwaltschaft.

54 Vgl. auch P. Singers neues Buch *Leben und Tod. Der Zusammenbruch der traditionellen Ethik* (1999), das hierzulande bisher keine größere Resonanz ausgelöst hat.

44) berücksichtigt und somit eine »umfassend verstandene Maximierung der Befriedigung aller berührten Interessen« (ebd.) als normlegitimierend vorausgesetzt wird. Er möchte seinen Begründungsansatz von Singers präferenzutilitaristischer Position insoweit unterschieden wissen, als es in einer Art »Minimalmoral« darum gehen soll, nur das Eigeninteresse des Individuums zur normativen Grundlage einer Sozialmoral und Rechtsordnung zu machen.

Gleichwohl teilen Hoerster und Singer folgende grundlegenden philosophischen Annahmen miteinander: Sie verstehen den Lebensschutz ausschließlich als einen Interessenschutz. Eine Ethik hat sich daher auf die sozialverträgliche Sicherung und Förderung von Interessen zu verpflichten. Das Lebensrecht eines Individuums wird an das Vorliegen empirisch feststellbarer, bedeutsamer Eigenschaften und Fähigkeiten geknüpft. Es hängt davon ab, ob es Personeneigenschaften – Ich-Bewusstsein und zukunftsorientierte Wunschfähigkeit – besitzt: »Unter einem personalen Wesen oder einer Person verstehe ich (...) ein Wesen, das Ichbewusstsein und Rationalität besitzt. Ein solches Wesen lebt nicht nur im Augenblick, sondern hat das Bewusstsein seiner Identität im Zeitlauf. (...) Ein in diesem Sinne personales Wesen kann offensichtlich Bedürfnisse und Interessen haben, die über sein momentanes Dasein weit hinausgehen« (1989b, 175). Ein Lebewesen wird durch seine Tötung in seinen Interessen nur dann verletzt, wenn es über ein Interesse am Überleben verfügt. Doch nur derjenige hat ein Interesse am Überleben, der über Bewusstsein verfügt und zukunftsorientierte Wünsche hat. Insofern hängt das Lebensrecht eines Individuums davon ab, ob es diese Personeneigenschaften besitzt. Hoersters (1995, 20) Fazit lautet: »Ein Recht auf Leben lässt sich auf eine metaphysikfreie und säkulare Weise allein auf dem Weg über ein schutzwürdiges Interesse am Überleben begründen. Das Neugeborene aber habe noch kein Interesse am Überleben. Um seiner selbst willen stehe ihm deshalb ebensowenig wie dem Fötus oder der unbefruchteten Eizelle ein Recht auf Leben zu.«

Lediglich weil der Durchschnittsbürger kaum Verständnis für die Tötung eines bereits geborenen Kindes aufbrächte, ist Hoerster (vgl. 1995, 23ff.) aus pragmatischen Erwägungen dafür, den Lebensschutz nicht erst Tage nach der Schwangerschaft festzusetzen, sondern auf die Geburt des menschlichen Individuums zurückzudatieren. Diese Regelung soll jedoch nicht für so genannte Frühgeborene vor der 28. Schwangerschaftswoche gelten, da bei ihnen das potentielle Risiko einer Behinderung bestehe.⁵⁵ Hoersters Unterscheidung zwischen einem Lebensrecht aus prinzipiellen Gründen und einem Lebensrecht aus pragmatischen Gründen ist problematisch. Wenn er Neugeborenen oder Schwerstbehinderten ein Lebensrecht zugesteht, dann nicht, weil wir es begründen könnten, sondern weil man es ihnen aus gegenwärtig sittlichen Gegebenheiten einräumen sollte. Während prinzipielle Gründe eine von Zeitgeiststrômungen unabhängige Geltungskraft besitzen können, ist das bei so genannten pragmatischen Gründen nicht der Fall. Eine Gesellschaft ist jederzeit wieder vorstellbar, in der aus pragmatischen Gründen eine Übereinkunft als sinnvoll gilt, Menschen ohne vermeintlichen Personeneigenschaften zu töten.

4.2 Die Vertreibung aus der menschlichen Gemeinschaft

Hoerster und Singer sind sich weiterhin einig, dass die Zugehörigkeit zur Spezies »Mensch« keinen hinreichenden Grund für ein Lebensrecht darstellt. Das biologische Faktum, Mensch zu sein, ist für sie moralisch irrelevant. Wer einem Menschen ein Lebensrecht zuspricht, nur weil er unserer Gattung angehört, macht sich für sie sogar einer erweiterten Form des Sexismus bzw. Rassismus schuldig. Er hängt dem speziesistischen Glauben an, es sei moralisch richtig, menschliches und tierisches Leben verschieden zu behandeln. Daher sind sie der Überzeugung, dass wir es für illegitim halten sollten, »die Gattungszugehörigkeit als solche zum Anknüpfungspunkt der Einräumung irgendwelcher Rechte, also auch des Lebensrechtes zu machen« (1989b, 174). Auch die Tatsache, dass Neugeborene Entfaltungsmöglichkeiten besitzen, ist für sie ohne Bedeutung. Selbst wenn diese zu einem späteren Überlebensinteresse führen würden, wäre das kein Grund, ihnen heute ein Recht auf Leben zuzugestehen. Denn die Eigenschaft des Fötus zu einem Neugeborenen und dann zu einem bewusstseinsfähigen Menschen heranzureifen, spiele

---

55 J. Hénard und A. Wüsthoff (2000, 42) machen darauf aufmerksam, dass die Medizin mit der künstlichen Befruchtung, bei der mehrere Embryonen eingepflanzt werden, das Problem häufigerer Frühgeburten erzeugt. »Allein zwischen 1995 und 1998 ist die Zahl der Mehrlingsgeburten in Frankreich um ein Drittel gestiegen. Jede vierte Frühgeburt wird durch solche Mehrlingsschwangerschaften verursacht.«

bei den moralischen Erwägungen über ein Lebensrecht keine Rolle. Selbst wenn die Entfaltungsmöglichkeiten zu einem späteren Überlebensinteresse führen würden, wäre das kein Grund, ihm heute ein Recht auf Leben zuzugestehen. Denn durch »die Tötung des Neugeborenen kann (...) nicht nur kein relevantes gegenwärtiges, sondern auch keinerlei künftiges Überlebensinteresse in irgendeiner Weise verletzt werden« (1995, 18).

Hat ein einwilligungsfähiger Patient aufgrund seines Leidens den Wunsch zu sterben, dann fehlt ihm ein Interesse an seinem Weiterleben. »Der Wunsch eines Menschen, sein Leben zu beenden, und die damit verbundene Einwilligung in seine Tötung ist jedenfalls dann mit einem Interesse dieses Menschen an seiner Tötung identisch, wenn er den Wunsch in einem (...) urteilsfähigen und aufgeklärten Zustand gebildet hat« (1998, 29). Da nach Hoerster prinzipiell keine Differenz zwischen einem Abbruch lebensverlängernder Maßnahmen und aktiver Sterbehilfe besteht (vgl. 1995, 56), ist im Falle einer Verkürzung des Leidens, die aktive der passiven Sterbehilfe vorzuziehen. Auch bei nicht einwilligungsfähigen Patienten (z.B. Kleinkindern) ist Hoerster (ebd., 107) davon überzeugt, dass sich deren mutmaßlicher Wille erfahrbar machen lässt. So ist es »prinzipiell die Aufgabe des behandelnden Arztes, zu prüfen, ob die vom Sorgeberechtigten des Kindes gewünschte Sterbehilfe auch wirklich (...) im wohlverstandenen Interesse des Kindes liegt.« Die Beweislast für die Entscheidung wird freilich dem Betroffenen selbst zugemutet, der, wenn er »urteilsfähig und über seinen Zustand aufgeklärt wäre, aufgrund reiflicher Überlegung die Sterbehilfe selbst wünschen würde« (ebd., 106f.).[56]

Hoersters Denken beruht auf einem naturwissenschaftlichen Seinsbegriff (Pöltner 1993). Menschliches Leben ist zunächst nur biologisch-menschliches Leben ohne moralischen Eigenwert. Als reine Faktizität – Seiendes unter Seiendem – bildet es keine Quelle eines Sollens. Sein außermoralischer Wert besteht lediglich darin, eine instrumentelle Voraussetzung für die Realisierung von moralisch relevanten Eigenschaften zu sein. Er kennt neben biologisch menschlichem Leben und bewusstem menschlichen Leben

---

56 R. Merkel (2001, 531) spricht in diesem Zusammenhang von einer erschlichenen »Legitimationsverschiebung« auf den Betroffenen. »Hoerster verkennt, dass (wirkliche) Präferenzen hinsichtlich des eigenen Lebens nicht nur eine Funktion von hinreichender Information und Rationalität sind, sondern ein irreduzibles Moment der subjektiven Entscheidung haben, das an keinem objektiven Rationalitätsstandart zu messen ist.«

nur ein elendes menschliches Leben mit Leiden und Schmerzen. Sensumotorischen Kommunikationsfähigkeiten schenkt er nur insoweit Beachtung, als damit negative Gefühlszustände ausgedrückt werden können, die aktive Sterbehilfe rechtfertigen. Das »bloß empfindungsfähige Wesen« ist lediglich zu gegenwartsbezogenen Wünschen in der Lage. Ein damit verbundenes »geringfügiges Überlebensinteresse« reicht für Hoerster nicht aus, um daraus ein absolutes Lebensrecht abzuleiten. Nur wer über die im Sozialisationsprozess erworbene Fähigkeit zu zukunftsorientierten Wünschen verfügt, hat ein prinzipielles Lebensrecht.[57]

Der Verdacht drängt sich auf, dass hier zwar vorgegeben wird, die Vorrangstellung des Menschen gegenüber dem Tier mit einem Gleichheitsprinzip zu überwinden; um durch die Hintertür jedoch das Ideal des autonomiefähigen Verstandessubjekts einzuführen, mit dessen Hilfe man eine »Klasse« lebenswerter Selbstbewusstseinsbesitzer von einer »Rasse« lebensunwerter Vegetierender zu trennen vermag. Hoerster vertritt den Standpunkt: Wer lebt, muss sein Lebensrecht erst unter Beweis stellen. Erst ein Interesse am Überleben berechtigt zum Leben. Wer kein Überlebensinteresse in Form zukunftsorientierter Wünsche zu artikulieren vermag, ist kein Träger von Eigenschaften, die ein Lebensrecht rechtfertigen würden. Doch warum muss man in seinem Leben erst die Fähigkeit zum Überleben qua Person erwerben, bevor man ein Recht hat zu leben? Hoersters Problematisierungen des Lebensrechtes beruhen auf unerklärten und unhaltbaren Voraussetzungen, die aus nichts anderem zu begründen sind, als dem Zweck, Euthanasie auf bundesdeutsche Rechtsverhältnisse anwendbar zu machen. Bioethiker seiner Couleur lassen Philosophie zum Servicebetrieb für die Anwendung neuer biomedizinischer Technologien verkommen. Er liefert sorglos Argumente für die Entscheidung, wer leben darf und wer nicht. Welche Kinder ausgetragen und welche abgetrieben werden. Wer Anspruch auf welche Eingriffe hat und wer sich Forschungen an sich ungefragt gefallen lassen muss. Indem er den

---

57 N. Hoerster (1991, 73ff.) unterscheidet »zukunftsbezogene« von »gegenwartsbezogenen« Wünschen, wobei nur die ersteren ein taugliches Kriterium für hinreichend starke Lebensinteressen abgäben. Auch hier erhebt R. Merkel (2001, 456) mit Recht den Einwand, dass damit bestimmte kognitive Fähigkeiten wie »Zeit- und das zugeordnete Ich-Bewusstsein« für die Einräumung eines Lebensrechts vorausgesetzt werden. Merkel (ebd., 460ff.) hielte es für ebenso plausibel, Lebensinteressen nicht mit dem Wunsch-, sondern mit dem Empfindungsfähigkeitskriterium zu begründen.

ärztlichen und juristischen Beruf unter staatliche Approbation zum Töten stellt, verkehrt sich sein angeblich liberales und individualistisches Verständnis von Demokratie und ethischer Neutralität des Staates ins Gegenteil.

Hoerster (1995, 112) plädiert sogar dafür, dass im »Fall eines unmündigen Menschen, der seine Interessen nicht selbst wahren kann, (...) eine Sterbehilfe nicht ohne weiteres am Widerspruch des Sorgeberechtigten scheitern« darf. Dem Neugeborenen soll unter Umständen sogar ein prinzipielles Recht auf aktive Sterbehilfe zugesprochen werden, das den Arzt dazu verpflichtet, gegen den Willen der Eltern zu handeln (ebd., 98). Hoerster sieht keinen Unterschied darin, ob man sich gegen den Willen der Eltern für das Leben eines Kindes entscheidet, oder ob man sich über ihn hinwegsetzt, um das Kind zu töten. So heißt es: »Wie im Fall einer medizinisch indizierten Operation, die der Erwachsene kraft seiner Autonomie zwar für sich selbst, nicht aber für sein Kind endgültig ablehnen darf, muss auch im Fall der indizierten Sterbehilfe das Vormundschaftsgericht die Einwilligung der Eltern ersetzen können« (ebd.). Zweifellos würde es sich um eine fragwürdige fürsorgerische Handlung handeln, wenn sich Eltern weigerten, einer lebensnotwendigen Operation ihres Kindes zuzustimmen. Daher ist es sinnvoll, das Elternrecht einzuschränken, wenn ein offensichtliches Behandlungsgebot vorliegt. Gerade die Eltern-Kind-Beziehung ist jedoch ein Ort wo augenscheinlicher als anderswo gilt: »Du wirst keinen Mord begehen, du wirst mich nicht töten« (Levinas 1987, 285f.). Hier herrscht ein Prinzip unbedingter Verantwortung und Fürsorge, das asymmetrische Züge trägt, weil ich mich der vorgängigen Bitte des Kindes ohne Erwägung wechselseitiger Pflichten schuldig weiß. Die Existenz des Kindes selbst – nicht seine moralisch bedeutsamen Eigenschaften – rufen mich zur Fürsorge auf.

Wenn Hoerster Ärzten und Juristen als Vertreter einer diagnostizierenden Expertenkultur die Macht verleihen möchte, gegen den Willen der Eltern den Tod eines Kindes herbeizuführen, so ist das nicht nur als ein Vorgang der gewaltsamen Abstraktion von jenen primären Erfahrungen zu bewerten, die die ethische Grundlage einer Gesellschaft bilden. Der ärztliche und juristische Beruf wird unter staatliche Approbation zum Töten gestellt und damit das eigene liberale und individualistische Verständnis von Demokratie und ethischer Neutralität des Staates entlarvend ad absurdum geführt. Ein Arzt, der mit juridischen Mitteln den Tod eines Menschen herbeiführen darf, hat nichts mehr mit jenem Angehörigen eines Heilberufes zu tun, den Karl Jaspers (1986, 18) einmal mit folgenden Worten umschrieben hat: »Die Gegenwart einer Persönlichkeit, in ihrem Willen zum Helfen einen Augenblick ganz für den Kranken da, ist nicht nur unendlich wohltuend. Das Dasein eines vernünftigen Menschen mit der Kraft des Geistes und der überzeugenden Wirkung eines unbedingt gütigen Wesens weckt im anderen, und so auch im Kranken, unberechenbare Mächte des Vertrauens, des Lebenwollens, der Wahrhaftigkeit, ohne dass darüber ein Wort fällt. Was der Mensch dem Menschen sein kann, erschöpft sich nicht in Begreiflichkeiten.«

4.3 Der verleugnete Anthropozentrismus

Hoersters Gedanken über Lebensrecht beweisen, dass ein analytisch schlüssiges Argumentationsgebäude falsch sein kann, wenn es auf verleugneten und unhaltbaren Voraussetzungen beruht. Er hat sich in den logischen Zwängen seines interessentheoretischen Ansatzes derart verrannt, dass er die skandalösen gesellschaftlichen Konsequenzen seiner Ethik nicht mehr ermessen kann. Er folgt dem Motto: Wenn die Humanität sich nicht seiner rational-individualistisch orientierten Logik fügt, umso schlimmer für die Humanität. Seine schwer zu ertragende Ignoranz gegenüber gesellschaftlichen Fragestellungen wird deutlich, wenn er davon ausgeht, dass wir das Interesse einer Gesellschaft am Tötungsverbot nicht zu berücksichtigen brauchen und uns ausschließlich dem Interesse des einzelnen Mitglieds einer Gesellschaft am eigenen Überleben moraltheoretisch widmen müssen. Hoerster fehlen die soziologischen und kulturtheoretischen Grundbegriffe, um ermessen zu können, inwieweit eine rechtliche Normierung der aktiven Herbeiführung des Todes, dem eigenen wie dem des anderen, die Solidarität ermöglichenden Werte einer Gesellschaft aushöhlen kann. Eine am Überlebensinteresse orientierte Moral allein kann nicht ausreichen, um ein allgemeines Tötungsverbot grundsätzlich zu garantieren. Aus dem normalerweise starken Interesse des menschlichen Individuums an seinem Überleben oder dem Überleben persönlich Nahestehender, lässt sich keinesfalls schließen, dass dieses Eigeninteresse ihn mit unsichtbarer Hand an die goldene Regel bindet, das Lebensrecht anderer ebenso zu achten.

Hoerster sieht sich selbst immer wieder in der Rolle eines einsamen, weltanschaulich neutralen Nachmetaphysikers in einer überwältigenden religiösen Kultur. Allerorts wittert er eine Gesellschaft, die moralische Grundfragen den Kirchen und ihren Theologen überlässt. Die religiöse Glaubensannahmen von der Unzulässigkeit in Gottes Schöpfung einzugreifen, von den unbedingten Autorität göttlicher Gebote und von der Fügung in ein göttliches Heilsgeschehen (vgl. Hoerster 1989, 288) stilisiert er zum eigentlichen Dogma hoch, mit dessen Sturz zugleich jedes Argument gegen Euthanasie zum Verschwinden gebracht werden soll. Doch man muss weder Robert Spaemann[58] noch den offiziellen Verlautbarungen der katholischen Kirche folgen, um gewichtige Argumente gegen seine Ansichten vorbringen zu können.

Mit seinem Vorwurf der speziesistischen Hervorhebung des Menschen begeht Hoerster einen weiteren entscheidenden Irrtum. Er geht nämlich von der unzutreffenden Annahme aus, dass diejenigen, die vom prinzipiellen Lebensrecht des Menschen sprechen, den Mensch immer schon als ein zur Spezies Homo sapiens gehöriges Wesen auf der Grundlage biologischer Kategorien interpretieren. Soweit ich sehe, trifft diese Behauptung in der Tat auf Spaemann (2001, 38) zu, bei dem wir u.a. lesen: »Und auch wenn dieses Wesen aufgrund einer Behinderung niemals ›ich‹ sagen lernt, gehört es als Sohn oder Tochter, als Bruder oder Schwester zu einer menschlichen Familie und so zur Menschheitsfamilie, die eine Personengemeinschaft ist. Es gibt nur ein zulässiges Kriterium für menschliche Personalität: die biologische Zugehörigkeit zur Menschheitsfamilie.« Auf der Grundlage der trügerischen Vorannahme, es gäbe zu dieser Begründung des Lebensschutzes keine ernstzunehmende Alternative, behauptet Hoerster weiter, dass die Verknüpfung eines Lebensrechtes mit der Zugehörigkeit zu irgendeiner biologischen Kategorie auf Willkür und der Abwertung anderer Spezies beruhe. »Es ist also ganz generell so, dass unsere moralische und rechtliche Behandlung irgend-

---

58 R. Spaemann (1989) stützt sich z.B. auf eine christliche Ethik neuscholastischer Prägung und stellt mit Bedauern fest, dass in der Neuzeit der Gedanke des geglückten Lebens nicht mehr mit der Religion verbunden ist. Er sieht im Christentum eine notwendige moralische Ergänzung zur menschlichen Sorge um Selbsterhaltung, indem es Glück und Wohl des Anderen in eine Vermittelung zu bringen vermag. Spaemann (1996, 216) kritisiert den interessentheoretischen Ansatz Hoersters u.a. mit folgendem Argument: »Wäre der eigentliche Grund für die Achtung vor dem Leben eines anderen nur mein eigenes Interesse am Überleben, dann wären Verbrechen nur ›Fehler‹ und die einzige Schuld des Mörders wäre die, dass er sich erwischen lässt.«

welcher Individuen stets an sachlich relevanten *Eigenschaften* orientiert sein muss und *in keinem einzigen Fall* an das *bloße* Vorliegen *irgendeines* biologischen Merkmals anknüpfen darf« (Hoerster 1991, 61).[59]

Hoerster nimmt nicht zur Kenntnis, das die traditionellen wie auch gegenwärtigen Versuche, die Stellung des Menschen – seine Besonderheit, seine Merkmale, sein »Wesen« – *biologisch* in Relation zum Tier zu bestimmen, von verschiedenen Seiten längst schon angezweifelt werden. Auch die Vorstellung des Christentums, zwischen Mensch und Tier ließe sich eine Wesensdifferenz festlegen, weil nur der Mensch eine Seele habe, gehören der Vergangenheit an. Der Glaube an eine Gottähnlichkeit des Menschen ist in der Tat mit Darwins Theorie der Artenentwicklung als eine narzisstische Illusion enttarnt worden. Hoerster ist jedoch davon überzeugt, seine Gegner auf theologische bzw. biologische Vorannahmen hin festlegen zu können. Auf der anderen Seite muss er sich mit seiner prinzipiellen Gleichsetzung von Mensch und Tier selbst neodarwinistischer Erklärungsmuster bedienen:[60] Den Tier-Mensch-Dualismus überwindet er damit, dass er einen verleugneten biologisch-anthropozentrischen Blick auf das Tier wirft. Die Gemeinsamkeiten von Mensch und Tier, an Hand derer sich nach Hoerster ein Lebensrecht prinzipiell festlegen lässt, sagen nämlich mehr über den Menschen als »Animal rationale« aus, als über das Tier, wie es wohl sein mag.[61]

---

59 Mit diesem Gedanken knüpft N. Hoerster wohl an D. Humes *Eine Untersuchung über die Prinzipien der Moral* (1751/1972) an. Hume unternimmt hier den Versuch einer strikten Loslösung der Ethik von der Anthropologie. Nicht ein zum Wesen des Menschen gehörender »moral sense«, sondern die »utility« einer dem eigenen Wohl und dem der anderen dienenden Eigenschaft wird zum eigentlichen Kriterium für die Beurteilung moralischer Prinzipien gemacht.

60 Unter »Neodarwinismus« verstehe ich die Vorstellung, dass alle geistigen Leistungen eines Lebewesens in die Funktionsweise eines seiner Umweltbedingungen angepassten Organismus integriert werden können. Der sein Leben in einer Umwelt aktiv sichernde Organismus folgt danach einem übergeordneten Interesse an Selbstbehauptung und keinen moralischen Einsichten.

61 In *Totalität und Unendlichkeit* (1987, 213) bedient sich E. Levinas ebenfalls einer Bewertung, die sich auf der Logik einer auf einem Mangel des Tieres gegründeten Hierarchie von Niederem und Höheren gründen. Was für Levinas eine Sonderstellung des Menschen gegenüber dem Tier rechtfertigt, ist jedoch nicht zuerst die Sprache und der Verstand, sondern diesen voraus seine Sozialität, die Offenheit für den Appell des Anderen, der seiner Hilfe bedarf, die spontane Bereitschaft bis zur Selbstaufgabe, das Seinige mit ihm zu teilen

Schon Friedrich Nietzsche hat den Vergleich des Menschen mit dem Tier aufgegeben. Auch wenn Nietzsche häufig vom Tierischen des Menschen spricht, so meint er lediglich eine verleugnete Tiernatur, die selbst von Anfang an menschlichen Charakter hat. Das Tier ist für ihn nicht mehr das dem Menschen gegenüber mangelhafte Wesen, sondern nur ein Wesen anderer Art, so dass es zwischen beiden auch keine auf einen Mangel gründende Hierarchie von Niederem und Höherem gibt, sondern nur eine Andersheit. Statt um einen Gegensatz zwischen Mensch und Tier geht es Nietzsche um eine Andersheit des Menschen in Bezug auf die Tiere und vor allem in Bezug auf sich selbst. Statt eines beschränkten, hat das Tier einen anderen Zugang zur Welt; statt eines nur geistigen hat der Mensch einen leibgebundenen Zugang zur Welt (vgl. Wimmer u. a. 1996, 23ff.).

Nietzsche warnt also in erster Linie vor einer Verabsolutierung des Geistes und erinnert daran, sich als ein leibgebundenes Wesen zu verstehen.[62] Gegen dessen Neigung zu einer Metaphysik des Körpers lassen sich mit Fug und Recht ebenso Einwände erheben. Denn auch sie leistet letztlich einer naturalistischen Erklärung der Rationalität Vorschub – jedoch in umgekehrtem Sinne wie bei Hoerster, indem der Geist nunmehr als Widersacher von Leib und Seele denunziert werden kann. Um aus der naturalistischen und anthropozentrischen Überwindung des Tier-Mensch-Dualismus von Hoerster herauszukommen, ist es zunächst notwendig, auf einen Begriff vom Menschen zu verzichten.[63] Theodor W. Adorno (1980, 130) meinte 1966 noch

---

und ihm zu opfern. Während das Tier in seiner »animalischen Selbstgefälligkeit« immer bei sich ist, ist der Mensch dagegen außer sich, in der Beziehung zum Anderen an die »Idee des Unendlichen« gebunden.

62 Vgl. F. Nietzsche (V, 1980, 167): »Die Kraft des Geistes, Fremdes sich anzueignen, offenbart sich in einem starken Hange das Neue dem Alten anzuähnlen, das Mannigfaltige zu vereinfachen, das gänzlich Widersprechende zu übersehen oder wegzustoßen: ebenso wie er bestimmte Züge und Linien am Fremden, an jedem Stück ›Außenwelt‹ willkürlich stärker unterstreicht, heraushebt, sich zurecht fälscht.«

63 R. Rortys (1994, 976) Neopragmatismus weiß sich ebenso mit Darwin einig, »menschliche Fähigkeiten in Kontinuität mit den Fähigkeiten niedrigerer Tiere zu begreifen.« Rorty (2000a, 242) vermag uns freilich am Beispiel der verachtenden serbischen Einstellung gegenüber ihren muslimischen Mitbewohnern zu veranschaulichen, dass die dualistische Vorstellung von Mensch und Tier ebenfalls zu der Behauptung verleiten kann, »die Grenze zwischen Menschen und Tieren sei nicht einfach identisch mit der Grenze zwischen ungefiederten Zweifüßlern und einer anderen Gruppe; denn es gebe Tiere, die in menschenähnlicher Gestalt herumlaufen.«

pessimistisch: »Was der Mensch sei, lässt sich nicht angeben. Der heute ist Funktion, unfrei, regrediert hinter alles, was als invariant ihm zugeschlagen ist.«

Nach der Einsicht in die Unmöglichkeit, den Menschen auf den Begriff zu bringen, ist man in der Philosophie seit längerem bemüht, ihn von seinem Verhältnis zum Anderen her in den Blick zu nehmen. Hoersters interessentheoretischer Ansatz lässt dagegen nur einen Blick auf egozentrische Einzelwesen zu, die Sozialität durch die Verwirklichung ihrer selbstsüchtigen Eigeninteressen erzeugen. Er nimmt nicht zur Kenntnis, dass der Mensch sein Selbstverständnis als Mensch aller erst durch die irreduzible Differenz in der Beziehung zum Anderen gewinnt. Diese Erfahrung einer Andersheit des Anderen vor aller Selbsterfahrung bestimmt sein Verhältnis zu sich, zu anderen und zu der Welt von Grund auf. Das ist die entscheidende Botschaft von Levinas: »Nicht deshalb betrifft mich der Nächste, weil er als einer erkannt wäre, der zur selben Gattung gehört wie ich. Er ist gerade Anderer. Die Gemeinschaft mit ihm beginnt in meiner Verpflichtung ihm gegenüber« (Levinas 1992, 195). Ein Alternativvorschlag zu Hoersters rational-individualistischem Moralverständnis, wie auch zu christlichen Ethiken lautet daher: Weder die Stellung des Menschen als gottähnliches Wesen, noch seine biologische Sonderrolle als interessegesteuertes »Animal rationale« bilden die normative Grundlage für medizinische Anwendungsfragen. Für Levinas ist es die besondere kommunikative Erfahrung einer irreduziblen Andersheit in der Begegnung mit dem anderen Menschen, die jeden Versuch, ihn als empfindungsfähigen Anderen zu töten, moralisch diskreditiert.

5. Versuchungen in der Heilpädagogik
(*Riccardo Bonfranchi*)

5.1 Krisenbewältigung durch Kollaboration

In der jüngsten Vergangenheit gab es mit Christoph Anstötz (1990) nur einen Vertreter in der Heilpädagogik, der sich offen zum Präferenz-Utilitarismus Singers bekannte und dazu aufrief, in die Diskussion mit den Ansichten der Bioethiker einzutreten. Neuerdings glaubt nun Riccardo Bonfranchi (1996, 1998) im Interesse der eigenen Disziplin und der durch sie vertretenen behinderten Menschen zu sprechen, wenn er Hoersters Ansichten als wertvollen Beitrag für die Sonderpädagogik empfiehlt und ihr ein Versagen in der Singer-Debatte vorwirft. In der Pränatalen Diagnostik, Gentechnologie, in der Zunahme von Kosten-Nutzenberechnungen, in der *Independent-Living-Bewegung*, im Integrationsgedanken usw. sieht Bonfranchi Vorzeichen eines allmählichen Niedergangs seiner Disziplin. Darüber hinaus stellt er die Heilpädagogik unter den Generalverdacht, gerade für die externen Faktoren ihrer Selbstauflösung mitverantwortlich zu sein. Ihr wird vorgeworfen, sie habe die Entstehung der Pränatalen Diagnostik schlichtweg verschlafen. Außerdem weiche sie der Verantwortung aus, erträgliche Antworten auf Fragen zur Sterbehilfe zu finden. Weiterhin setze sich die Heilpädagogik nicht mit dem Ausmaß unbewusster und bewusster Tötungswünsche gegenüber behinderten Menschen in unserer Gesellschaft auseinander. Schließlich hätten es ihre professionellen Vertreter versäumt, beizeiten den Dialog mit lebenslang von Behinderung Betroffenen zu suchen. Bonfranchis kritische Haltung hat seiner Reputation nicht geschadet. Inzwischen ist er auch Herausgeber eines Sammelbandes *Zwischen allen Stühlen. Die Kontroverse zu Ethik und Behinderung* (1997b), in dem Autoren wie Anton Leist, Norbert Hoerster und Reinhard Merkel zu Wort kommen.

Es soll hier nicht darum gehen, Bonfranchis zentrale These zu widerlegen. Was heute als Krise der Heilpädagogik erscheint und die Angst vor ihrer fachlichen Selbstauflösung hervorruft, kann ebenso als Chance gedeutet werden, sich im Interesse behinderter Menschen soweit wie möglich überflüssig zu machen. Solange die Heilpädagogik als eigenständige Fachdisziplin besteht, übernimmt sie in ihrer Theorie und Praxis immer schon die Rolle einer sozial- und bildungspolitischen Identifikations- und Verwaltungsinstanz derjenigen Menschen, die durch gesellschaftliche Aussonderungspraktiken als Menschen mit Behinderung in Erscheinung treten.[64] Freilich werde ich Bonfranchis Behauptung widersprechen, die Heilpädagogik verdränge anstehende Probleme in der Sterbehilfe und in der prädiktiven Medizin.

Bonfranchi (1997b, 6f.) möchte, »die Frage der Ethik, wie sie in der analytischen Philosophie thematisiert wird, im Zusammenhang mit der Wissenschaft ›Heilpädagogik‹ weiter vorantreiben.« Doch macht er sich damit allzu unkritisch zum Sympathisanten seiner einstigen Gegner und beschleunigt entgegen seiner Intention jene Zerfallsprozesse in der Heilpädagogik, die er so eindringlich beschreibt. Seine Überlegungen und Vorschläge zur Sterbehilfe und zur Pränatalen Diagnostik sind dazu geeignet, ihre einstige Feigenblattrolle gegenüber der Medizin zu erneuern.

Bonfranchi (ebd., 9) wirft seiner Disziplin vor, sie verweigere sich einer wissenschaftlichen Auseinandersetzung mit den von Singer und Anstötz aufgezeigten Problemkreisen: »Die Sonderpädagogik tabuisiert und verdrängt Themen, die eigentlich in ihr eigenes Feld gehören, und schiebt die Verantwortung der ohne Zweifel brisanten Beantwortung dieser Fragen anderen Wissenschaften zu.« So seien »rational vorgetragene Argumente auf einen Wall von Ablehnung gestoßen, deren Motive eindeutig und nahezu

---

64 Vgl. dazu den richtungsweisenden Beitrag von H. Eberwein (1994, 427): »Die Sonderpädagogik hat sich aufgrund ihres Erkenntnisstandes der Verpflichtung zu stellen, eine historische Fehlentscheidung und -entwicklung zu korrigieren, die darin bestand, ein eigenständiges Sonderschulwesen und eine sonderpädagogische Anthropologie begründet zu haben.« Allein die Auflösung der Heil- und Sonderpädagogik bietet allerdings noch keine Gewähr für eine emanzipatorische integrative Praxis. G. Theunissen (1997, 374) weist ergänzend darauf hin: »In jedem Fall muss gewährleistet sein, dass es nicht zu einer mangelnden Reflexion der Stellung behinderter Menschen in der Gesellschaft sowie zu einer unzureichenden Parteinahme für die Interessen und Situation derjenigen kommt, die nicht für sich selbst sprechen können und dass unter Berücksichtigung konkreter Lebenswelten behindertenspezifische Hilfen auf Dauer zu kurz kommen bzw. vernachlässigt werden.«

ausschließlich auf einer emotionalen Basis standen« (ebd., 95). Weiterhin kritisiert er Vertreter der Heilpädagogik, weil sie sich immer des gleichen Reaktionsmusters bedient hätten: »Sie griffen nach einer in der Philosophie weitgehend anerkannten Theorie (von Kant oder Portmann oder Maturana/Varela oder Spinoza oder Levinas, und so weiter), referierten diese ausführlich und erklärten dann lapidar zum Schluss der Ausführungen dieser jeweiligen Theorie, dass die Theorie von Singer eben ›deshalb‹ falsch sei« (1998, 682). Nach Bonfranchi (1997b, 8) muss die Sonderpädagogik Antworten auf die Probleme der Euthanasie und der Humangenetik finden. Ansonsten sei zu befürchten, dass sie »gegenüber der Medizin, Justiz und Philosophie an Reputation« verlieren werde.

Mit einem Rückblick auf die Anfänge der Heilpädagogik werde ich an anderer Stelle deutlich machen, dass die Heilpädagogik gut daran tut, ihre Autonomie als parteinehmende Pädagogik zu bewahren (vgl. II/3). In diesem Kapitel möchte ich Bonfranchis Aussagen zur Euthanasie-Problematik anhand verschiedener Kriterien innerhalb einer Moralkonzeption – Begründung, Anwendung, Motivation, Institutionalisierung – überprüfen.[65] Anschließend werde ich seine ambivalente Haltung zur Pränatalen Diagnostik kritisch bewerten. Insgesamt soll sichtbar werden, dass Bonfranchi seinen Diskussionspartnern allzu weit entgegenkommt. Andererseits würden sich die Vertreter der Heilpädagogik selbst ein Armutszeugnis ausstellen, wenn sie sich weiterhin seiner Aufforderung entzögen, im direkten Gespräch mit Vertretern der Philosophie und Medizin über problematische Themen einen konsequenten und überzeugenden Standpunkt zu vertreten (vgl. ebd., 12).

Es ist in der Tat eine beklagenswerte Tatsache, dass die ethischen Probleme in der medizinischen Praxis von den Befürwortern der aktiven Sterbehilfe bereits anwendungsbezogen erörtert werden, während ihre Gegner noch damit beschäftigt sind, über normativ-ethische Fragen eines menschlichen Rechts auf Leben Einigkeit herzustellen. Dieser leidige Umstand darf die Heilpädagogik jedoch nicht dazu verführen, auf die weitere Klärung moralphilosophischer Grundlagen der Sterbehilfe zu verzichten. Ansonsten liefe

---

65 Diese Spezifizierung von Fragestellungen innerhalb der praktischen Philosophie übernehme ich von W. Reese-Schäfer (1997 26ff.)

sie nämlich Gefahr, den Nutzeffekt von Moral zum Kriterium ihrer Berechtigung zu machen und sie allzu rasch auf eine schlechte Praxis zu vereidigen.[66]

5.2 Lebensschutz und Begründungsfragen

Moraltheorien müssen sich stets nach dem *Gehalt ihrer Begründung* fragen lassen. Die Angabe von Gründen für moralisches Handeln wird damit einem intersubjektiven Widerstreit ausgesetzt. Die Begründung von Normen kann zunächst unabhängig von ihrer Anwendung in Problemsituationen erfolgen. Dabei hat sich eine überzeugende Ethik hinsichtlich der Begründbarkeit ihrer moralischer Aussagen jedoch in Bescheidenheit zu üben. Sie muss die Vorstellung fallen lassen, absolute Gewissheiten zu besitzen und kann nicht mehr mit dem Anspruch auf Letztbegründungen auftreten.[67]

In diesem Sinn haben die meisten Fachvertreter in der Heilpädagogik versucht, sich auf der Begründungsebene ernsthaft mit Singer und Anstötz auseinander zu setzen. Die Zuhilfenahme ethischer Traditionen der großen Religionen, der abendländischen Philosophie und des Humanismus mag sie dazu verführt haben, die eigene Position zu überhöhen und veraltete Terminologien zu benutzen. – Allerdings hat Bonfranchi (1992a, 41) im Vergleich zu ihnen in seiner ersten Reaktion noch geglaubt, auf überzeugende Begründungsversuche völlig verzichten zu können und stattdessen mit polemischen Äußerungen zu begnügen. Ohne weitere Einlassungen nannte er Singers *Praktische Ethik* »ein Ärgernis«, weil »seicht bzw. leicht zu widerlegen« und attestierte ihm vollmundig fehlende wissenschaftliche Qualität: »Mit Begriffen wie Rationalität und Selbstbewusstsein geht er schlampig um; er definiert sie nicht, kann es wohl auch nicht und benutzt sie trotzdem dazu, um mit ihnen Grenzziehungen zwischen Leben und Tod zu markieren.«

---

66 Vgl. Th. W. Adorno (1997, 13): »Und (...) diese Hast, sofort zur Praxis zu schreiten, die die Theorie abschneidet, die hat in sich selber, teleologisch, wie wenn das in ihr bereits mitgesetzt wäre, eine Beziehung zur falschen, nämlich zur unterdrückenden, zur blinden und zur gewaltsamen Praxis.«

67 Vgl. Z. Baumanns (1995c, 53) wichtigen Hinweis: »Wir wissen nun, dass wir für immer moralischen Dilemmata gegenüberstehen werden, ohne eindeutig gute (d.h. unstrittige, universell anerkannte) Lösungen, und dass wir niemals Gewissheit haben werden, wo solche Lösungen zu finden sind – noch nicht einmal, ob es gut wäre, sie zu finden.«

Insofern lässt sich zunächst feststellen, dass sein Vorwurf gegenüber Autoren wie Bleidick, Thalhammer, Theunissen, Feuser, Jantzen u.a., sie hätten sich mit Singer nicht wirklich auseinandergesetzt, auf ihn selbst in der Vergangenheit wohl am meisten zutreffen dürfte.[68] Bonfranchi vernimmt in der Hauptsache Gesinnungsdusselei, fundamentalistische Abwehr und Zitatengestöber, wo es den meisten Autoren im Gegenteil um eine alternative *Begründung* zu Singers utilitaristischer Festlegung eines Lebensrechtes geht.

Die Beschäftigung mit moralischen Standpunkten ist deshalb so wichtig, weil sich nur so diskutieren lässt, welcher unter den verschiedenen heute vertretenen der plausibelste oder beste ist. Was so entsteht, ist freilich kein »Jenseits der Macht«, sondern eine Reflexion, die die Bedingungen ihrer Gewalt in sich aufnimmt. Bonfranchi behauptet kühn, ein Peter Singer habe es nicht nötig auf begründungstheoretische Kritiken in der Tradition großer Denker zu reagieren, »weil Kant oder Spinoza sich gar nicht mit der Pränatalen Diagnostik oder dem Unterschied von aktiver und passiver Euthanasie beschäftigt haben« (1998, 682). Dagegen sieht er die Stärke der Singerschen Argumentation darin, »dass er, auf der Basis einer sich als analytisch verstehenden Philosophie, nur Schlüsse zulässt, die rational begründbar sind oder sich stringent ableiten lassen. Hier kann man ihm wohl keinerlei Fehler nachweisen« (ebd., 687). Bonfranchi geht hier anscheinend von der naiven Annahme aus, dass Singer oder Hoerster nur analytische Sätze formulieren und in moraltheoretischen Begründungsfragen ohne implizite Bezugnahmen auf Bentham, Mill, Hume und Locke auskommen können.

Eine Lösung des moralischen Konfliktes zwischen Singer und der Heilpädagogik kann nicht darin bestehen, die Begründungsebene für Moral preiszugeben. Bonfranchi hat sich jedoch mit der Behauptung, dass die logischen Ableitungen Peter Singers, Norbert Hoersters, Reinhard Merkels, Dieter Birnbachers u.a. in Bezug auf die passive und aktive Euthanasie logisch unwiderlegbar und widerspruchsfrei seien, den eigenen Begründungsspielraum unnötig verkleinert. Ihm bleibt nur noch der problematische Ausweg, den Gefühlen, vorzüglich dem des Mitleides, in der Moralbegründung eine zent-

---

68 Andere haben sich dagegen früh um eine nüchternere Einschätzung bemüht. So stellt E. E. Kobi (1991, 53) schon früh fest, dass Singer nicht zum Kindermord anstifte und seine Argumentation weder rassentheoretisch noch sozialdarwinistisch zu nennen sei. Im Wesentlichen ziele er darauf ab »personales Leid zu vermindern, das durch das Leiden von Wesen bedingt ist, die außerhalb personaler Existenzwahrnehmung stehen.«

rale Rolle zuzuweisen. Dabei stützt sich Bonfranchi zunächst auf die Psychologie und ihre attributionale Theorie der Emotionen. Nach ihrer Vorstellung wird ein Ereignis attribuiert, indem physiologische Erregungen wahrgenommen und kognitiv mit einer Situationseinschätzung in Zusammenhang gebracht werden. Daraus entstehen emotionale Reaktionsbildungen. Emotionen hängen folglich von Kausalkognitionen ab und sind durch Änderungen dieser Kognitionen auch beeinflussbar. Die gefühlsmäßigen Reaktionen, um die es sich im Zusammenhang mit der aktiven Euthanasie handelt, sollen in erster Linie Schuld, Angst, Bedrohung, Ärger und Mitleid sein. Singer wird vorgeworfen, er hätte sich mit diesen starken Emotionen nicht wirklich auseinandergesetzt: »Es ist meiner Meinung nach eine Unterlassungssünde von Peter Singer, Emotion und Intuition, diese für unser Handeln mitentscheidenden (je nach Psychologie sogar: entscheidenden) Faktoren nicht berücksichtigt zu haben« (ebd., 689f.).

Bonfranchi (vgl. 1997b, 113ff.) beruft sich in diesem Zusammenhang auf Schopenhauers Mitleidsethik und betreibt damit genau jene Stellvertreter-Begründung, die er an anderer Stelle seinen heilpädagogischen Kollegen so sehr als Mangel anlastet.[69] Immerhin erhalten wir dadurch einen Einblick, warum er sich gegenüber der utilitaristischen bzw. interessentheoretischen Moralbegründung von Singer und Hoerster allzu aufgeschlossen zeigt. Nach Bonfranchis Lesart entspringen für Schopenhauer die intentionalen Handlungsweisen des Menschen aus interessengesteuerten egoistischen Motiven: Jeder ist sich unmittelbar gegeben, während die Anderen nur mittelbar durch die Vorstellung von ihnen existieren. Lediglich im Mitleid sieht Schopenhauer eine Triebfeder, die all jenen tief in seiner Natur wurzelnden Neigungen widerspricht. Über das Mitleid kann die egozentrische Leiblichkeit gesprengt werden und durch die Erfahrung des Leidens anderer eine Quasiidentifikation mit ihnen erfolgen. Insofern kommt nach Schopenhauer nur einer Handlung moralischer Wert zu, die aus dem Mitleid entsprungen ist (Schopenhauer 1988). Freilich kann Schopenhauers Mitleidsethik »überhaupt nicht erklären, warum man dem anderen wohlwollend gegenübertritt und sein Leiden minimieren soll« (Zirfas 1999, 273). Insofern stellt Tugendhat (1993, 183) mit Recht die Frage: »Kann denn aber ein solches natürlich vorgegebe-

---

69 Vgl. dazu auch W. Thimm (1985), der das Mitleid als eine subjektive Voraussetzung für die Anerkennung einer gemeinsamen Leidensfähigkeit betrachtet.

nes und in verschiedenen Graden vorhandenes Gefühl überhaupt Grundlage für ein Verpflichtetsein sein?«

Natürlich weiß Bonfranchi um die Ambivalenz des Mitleidbegriffs, die darin besteht, stillschweigend den negativen Zustand der Ohnmacht aufrechtzuerhalten, in dem der Bemitleidete sich befindet. An einer Stelle verweist er kritisch auf die Tatsache, dass nach deutschem Recht aktive Euthanasie, die durch so genanntes Mitleid motiviert ist, allenfalls als Todschlag gewertet wird (vgl. 1997a, 50f.). Wahrscheinlich ist ihm auch der Mitleidsfilm »*Ich klage an*« bekannt, den Joseph Goebbels drehen ließ, um das Euthanasieprogramm des Dritten Reiches populär zu machen. Sicher hat er auch schon Klaus Dörners Buch *Tödliches Mitleid* (1989) zur Kenntnis genommen, wo eindrücklich beschrieben wird, wie sich in einer leistungsethischen Gesellschaft die entsolidarisierende Mentalität von früheren Kosten-Argumenten zum Argument des Mitleids hin verschiebt. Bonfranchi ist auch bewusst, dass sich die Euthanasiebefürworter allzu gern auf das Mitleid berufen, um den Tötungsakt als humanere Alternative gegenüber der Basisversorgung eines schwerstgeschädigten Neugeborenen hervorzuheben. So lautet eines von vielen Beispielen: »Stellt man die Behandlung einfach ein, dann kann sich das Sterben des Patienten noch hinauszögern, so dass er also mehr leiden müsste, als wenn sich der Arzt sofort zu direktem Handeln entschlösse und ihm eine tödliche Spritze gäbe. Diese Tatsache legt den Schluss nahe, dass aufgrund der einmal getroffenen Entscheidung, das Leben nicht zu verlängern, die aktive Sterbehilfe in der Tat der passiven vorzuziehen ist, nicht aber umgekehrt« (Rachels 1989, 255).

Trotz allem hat Bonfranchi anscheinend keine Zweifel an der Eignung dieses Gefühls für die Rechtfertigung eines Tötungsverbotes. Gleichwohl kann die inhaltliche Norm »Du sollst nicht töten!« auf der Grundlage einer Mitleidsethik jederzeit gegenüber der Norm »Niemand soll leiden!« in den Hintergrund treten und zur Rechtfertigung einer aktiven Sterbehilfe dienen. Mitleid ist sicher ein mögliches Motiv, aus dem heraus moralisch gehandelt wird. In der Moral benötigen wir jedoch auch Urteile, die durch selbstbezogenes Mitleid aber, das zeigt die Euthanasiedebatte nur zu gut, unterschiedlich ausfallen können. Bonfranchi müsste eigentlich auch die eindringliche Botschaft von Menschen mit Behinderungen kennen, dass Mitleid von ihnen als Nötigung empfunden wird. Dennoch instrumentalisiert er in paternalistischer Weise sein Gegenüber in der Heilpädagogik zum »Sozius patiens«, zum leidenden Menschen, der *durch seine Schädigung* unserer besonderen Zuwendung bedarf (Konviktion), um seinem trügerischen Mitleidbegriff die Weihe einer inneren Sollensvorschrift zu verleihen (Bonfranchi 1997b, 118). Damit soll nicht gesagt sein, dass man den Gefühlen und Intuitionen keine Rolle bei der Beurteilung von moralischen Handlungsweisen einräumen kann. Die aktive Euthanasie lässt sich langfristig jedoch nicht dadurch verhindern, dass man sich vage darauf beruft, sie würde uns derzeit »in emotionale Zwangslagen« führen (ebd., 104).

5.3 Sinn für Angemessenheit?

Neben der Begründungsfrage muss in einem weiteren Schritt auch die *Frage nach der Anwendungsfähigkeit* des moralischen Standpunktes geklärt werden. Anwendungsdiskurse ohne normatives Selbstverständnis sind blind; Begründungsdiskurse ohne Bezug zur Praxis sind leer. Tatsächlich hat man sich in der Heilpädagogik bisher zu wenig mit der weiteren Frage nach der praktischen Anwendbarkeit eigener ethischer Begründungen auseinandergesetzt. Eine Moralkonzeption muss sich aber der Schwierigkeit stellen, dass möglicherweise die Moralprinzipien mit den Anwendungsregeln in Konflikt geraten. Das darf nicht dazu führen, auf feste Handlungsregeln in der medizinischen Praxis ganz zu verzichten. Ansonsten öffnet man Tür und Tor für Willkürhandlungen. Wer nur eine aus den faktischen Problemsituationen gewonnene Güterabwägung möchte, in der nicht zuvor durch ein Begründungverfahren das Ergebnis Pro und Contra aktive Sterbehilfe festlegt ist, begibt sich auf schlüpfrigen Boden. Er müsste nachweisen, wie es auf dieser Grundlage möglich wird, Handeln vor Beliebigkeit zu schützen. Wer davon spricht, dass sich Menschen im Wachkoma in einem »grauenhaften Zustand« befinden, bräuchte keine weiteren Argumente, um ihnen den Tod zu wünschen. Ist diese Entscheidung einmal getroffen, so bedarf es anschließend keiner weiteren Begründungen, um den raschen Tod durch eine Spritze gegenüber dem Schreckgespenst eines langsamen Todes durch Nahrungs- und Flüssigkeitsentzug vorzuziehen.

Die geringsten Plausibilitätsprobleme hat anscheinend derjenige, der seine Moral in Anwendungsfragen entweder auf eine metaphysisch-religiöse

Begründungsbasis stellt oder die vermeintlich weltanschauungsfreie rationale Grundlage der analytischen Philosophie wählt. So sieht es Bonfranchi und teilt den Standpunkt der analytischen Philosophie, dass es in Anwendungsfragen bei der Sterbehilfe keinen moralisch relevanten Unterschied zwischen Tun und Unterlassen gibt. Die Befürworter einer aktiven Sterbehilfe sehen keinen logisch zwingenden Grund, die Tötung einwilligungsunfähiger Personen zu verbieten, die Beendigung von ärztlichen Maßnahmen im gleichen Fall aber zu rechtfertigen. Wer folglich passive Sterbehilfe in besonderen Fällen befürwortet, kann keine prinzipiell stichhaltigen Gründe nennen, die aktive Sterbehilfe völlig abzulehnen und erntet den Vorwurf, er sei widersprüchlich und damit wissenschaftlich unredlich (Hegselmann/Merkel 1991, 7ff.).

Diese Einschätzung beruht auf einer konsequentialistischen ethischen Grundhaltung. Danach sind Handlungen nicht nach den ihnen zugrunde liegenden Maximen zu beurteilen, wie es die deontologischen Ethiken behaupten, sondern nach den durch sie eintretenden Folgen. Bonfranchi orientiert sich insbesondere an einer Studie von Dieter Birnbacher (1995, 371), die ebenso zu dem Schluss kommt, dass »eine prinzipielle moralische Differenzierung zwischen aktiv und passiv, handelndem und unterlassendem Bewirken, Töten und Sterbenlassen nicht zu rechtfertigen ist.« Da folgengleiche Fälle unabhängig von Tun oder Unterlassen angeblich auch gleich zu bewerten sind, lasse sich die Schranke zur aktiven Euthanasie allenfalls aus externen Gründen rechtfertigen. Die pragmatisch zulässigen Hilfsargumente lauten: Missbrauchs-, Dammbruchgefahr, Schwächung des generellen Lebensschutzes usw. In diesem Sinne bestreiten auch Hoerster und andere Befürworter einer aktiven Sterbehilfe, dass es einen moralisch relevanten Gegensatz zwischen passiver und aktiver Euthanasie gibt.

Demgegenüber kann Thomas Fuchs (1997) mit einer Phänomenologie der Sinnstruktur ärztlichen Handelns bei der Sterbehilfe überzeugende Gründe für einen ethisch bedeutsamen Unterschied zwischen z.B. Behandlungsabbruch und Tötung nennen. Er macht deutlich: Während unsere Rechtsprechung mit guten Gründen bei *verwerflich* motivierten Handlungen keine prinzipielle Differenz zwischen unterschiedlichen Kausalitäten, Intentionalitäten und Motivationen zur Herbeiführung des Todes macht, erweist sich diese konsequentialistische Haltung in der Sterbehilfe als haltlos: Auf der *Ebene der Kausalität* bedeutet ein Handeln durch Töten (z.B. tödliche Injektion) eine vom Krankheitsprozess losgelöste, den Organismus unmittelbar schädigende Einwirkung. Ein Handeln durch Unterlassen (z.B. Extubation bei einem Todkranken) ist dagegen *Sterbe*hilfe im eigentlichen Sinn, weil jede weitere Behandlungsmaßnahme den Sterbeprozess nicht aufhält. »Die tödliche Injektion beendet das Leben des Kranken ebenso wie das des Gesunden; der Behandlungsabbruch dagegen führt nur beim Sterbenskranken zum Tod, bei einem Gesunden hätte er gar keine Auswirkung« (ebd., 84). Auf der *Ebene der Intentionalität* liegt das Ziel des Tötens im Tod des Patienten. Dagegen liegt das Ziel des Behandlungsabbruchs im sterben können. Auch wenn das Motiv des Arztes der Tod des Patienten sein mag, so bestehen Sinn und Zweck der Handlung in einem Verzicht auf Weiterbehandlung, der das Sterben möglich macht. »Bei der passiven Euthanasie will der Arzt nicht *zusätzliche*, d.h. menschlich herbeigeführte und unnötige Leiden verursachen; bei der Tötung will er *bestehende*, in der Natur des Lebens liegende Leiden dadurch nehmen, dass er dem Patienten das Leben nimmt« (ebd., 85). Auf der *Ebene der Motivation* dient die Sterbehilfe einer der Humanität verpflichteten Leidminderung. Doch die Sinnrichtung des Tötens verursacht ganz offensichtlich einen ethischen Widerspruch zwischen innerer Einstellung und tatsächlichem Handeln. »Ob er sich darüber Rechenschaft ablegt oder nicht: der Arzt, der einen Menschen auch auf dessen Wunsch hin tötet, gerät durch sein Tun in eine Handlungsorientierung und Gesinnung, die in letzter Konsequenz die Achtung vor der Person aufheben muss« (ebd., 86). Insofern ist und bleibt aktive Sterbehilfe trotz menschlicher Absicht des Arztes »eine Fortsetzung des technischen Handelns mit anderen Mitteln« (ebd., 87). Dagegen verzichtet der Arzt bei der passiven Sterbehilfe auf ein instrumentelles Zweck-Mittel-Handeln und lässt das Sterben geschehen. Diese veränderte Situation eröffnet dem Arzt, den Pflegenden und den Angehörigen ein kommunikatives Handeln in Form von Sterbe*begleitung*.

5.4 Motivation zum Lebensschutz

Eine Moraltheorie muss sich über die Begründungs- und Anwendungsfragen hinaus auch mit dem *Problem der motivationalen Bereitschaft* zur Einhaltung von Regeln im Menschen auseinandersetzen: Hier geht es um die Frage, inwieweit sich die Verpflichtungen zum Handeln mit der Neigung in den Individuen vereinbaren lassen. Bonfranchi betreibt in dieser Frage mit seinen Lesern ein Verwirrspiel. Einerseits sieht er für die Einführung der aktiven Sterbehilfe trotz unwiderlegbarer rationaler Begründung keine ausreichende motivationale Basis in der Bevölkerung: »Ein Argument, das (...) gegen die aktive Euthanasie spricht, ist die Tatsache, dass in unserer Kultur (und nur darauf möchte ich mich beschränken) die Tötung eines anderen Menschen mit gewissen Hemmungen verbunden ist, die sich ›nur‹ emotional begründen lassen« (Bonfranchi 1997b, 103). Insofern ist er dafür, die aktive Euthanasie zu verweigern, weil sie uns in emotionale Zwangslagen führe. Singer missachte die starken und festverwurzelten moralischen Gefühle eines großen Teils der Bevölkerung (1998, 687). Andererseits konterkariert Bonfranchi (1992b, 627f.) diese Einschätzung mit der Behauptung, es gäbe »ein nicht zu unterschätzendes Potential an unbewussten und bewussten Tötungswünschen gegenüber Behinderten von Seiten Nichtbehinderter (...). Es ist das Bestreben Nichtbehinderter, vermeintlichen Behinderungen und ihre Träger verdrängen, d.h. töten zu wollen. Diese Tatsache ist für unser eigenes emotionales Empfinden, das auf der Basis christlich abendländischer Kultur geprägt ist, ungeheuerlich und im eigenen Bewusstsein nicht auszuhalten. Wir müssen uns deshalb gewisser Mechanismen bedienen, um diesen Tötungswunsch gesellschaftlich legitimieren zu können.«

In einer früheren Veröffentlichungen setzte Bonfranchi (1992a, 42f.) diese Behauptung noch als Argument gegen Peter Singer ein. Er vermutete, dass viele Singer aus »falschem Mitleid« zustimmen würden: »Es geht, so vermute ich, um unsere unbewussten Todeswünsche, die wir gegenüber einem behinderten Menschen hegen. Diese unbewussten Strömungen sind vermutlich der Nährboden, auf dem die Singerschen Thesen wachsen und weitertransportiert werden können. Er rührt an einer Stelle in uns, die wir normalerweise verdrängt haben und die in ihrer verbalen Ausprägung zu ungeheuerlich für uns wäre. (...) Es kann unterstellt werden, dass viele Menschen diesen Thesen insgeheim zustimmen. Das heißt, es wird ihnen ein Gewicht zugemessen, das mit dem Buch *Praktische Ethik* von Singer (oder Tooley) allein nicht zu erklären ist, denn dessen Aussagekraft ist nach hermeneutischen, aber auch empirischen Kriterien gemessen zu gering« (ebd., 43).

Inzwischen sind es freilich nicht mehr die möglichen Anhänger Singers, sondern dessen vermeintlich irrationalen Gegner in der Heilpädagogik, denen kritisch unterstellt wird, sie neigten durch unbewusste Abwehr des Tötungs- bzw. Ablehnungswunsches gegenüber behinderten Menschen zur Suche nach einem Stellverteter-Konflikt: »Eine Folge davon ist, dass diejenigen, die es wagen, zum Beispiel über die passive Euthanasie – also die Tötung eines Patienten durch Entzug von medizinischer Behandlung, von Pflege oder Nahrung – auch nur zu reden, mit dem *Phantasma* des Tötungs- beziehungsweise Ablehnungswunsches von Behinderung belegt werden« (1998, 684f., Herv., H.-U. R.).[70]

Nach Bonfranchi (1997a, 39) müssen sich die »Nichtbehinderten« fragen, inwieweit sie den Thesen von Singer stillschweigend zustimmen: »Es gilt der Frage nachzugehen, wie stark die zweifellos latent vorhandenen Tötungswünsche gegenüber Menschen mit einer Behinderung manifest werden können, da uns Behinderte ständig daran erinnern, dass wir jederzeit auch selbst behindert werden können und damit gegen das von uns selbst propagierte Leitbild eines ästhetisch vollkommenen Menschen verstoßen würden.« Insofern fordert er das Eingeständnis: »Seien wir doch ehrlich, wer kann sich von dem Gedanken freimachen, dass es doch eigentlich gut wäre, wenn es keine Behinderten (mehr) gäbe. Sie ermahnen uns an Unvollständiges, Immer-Leidendes, an Kot, Schleim und an seelisch für uns kaum zu verkraftende Pflegearbeit, die wir aber leisten wollen, und die uns doch mit viel Ambivalenzen erfüllt« (1992a, 45).

Diese waghalsige Einschätzung lässt sich hinsichtlich der Einstellung von Ärzten nicht bestätigen. Eine 1995/1996 durchgeführte Befragung von 101 deutschen Kinderkliniken zur Behandlungspraxis bei schwerstgeschädigten

---

[70] R. Bonfranchi bemüht hier ein psychoanalytisches Erklärungsmuster, das er an keiner Stelle erklärt. Er begnügt sich lediglich mit dem Verweis auf andere Quellen (Niedecken 1989; Ehrlich 1993). An späterer Stelle (II/4.) werde ich darauf zurückkommen und zeigen, wie man mit der psychoanalytischen Verdrängungstheorie andere auf scheinbar unwiderlegbare Weise zu diskreditieren vermag. Aus den Entrüstungsäußerungen gegenüber P. Singer und Ch. Anstötz will Bonfranchi (1998, 684) heftige Abwehrreaktionen herauslesen. Sie sollen ein vermeintliches Ablehnungsgefühl gegenüber »Behinderung« nur um so deutlicher zum Ausdruck bringen. Singer und Anstötz sprächen nur das aus, was in der Bevölkerung und bei Sonderpädagogen als verdrängter Wunsch schlummere. Ein »Denk- oder Sprechverbot, das man über einzelne Personen wie Anstötz oder Singer verhänge, ändere an den Problemen selbst nichts. (...) Es lenke von diesen Problemen sogar ab und verzögere für die Betroffenen tragfähige Lösungen, die sowohl emotional wie rational akzeptiert werden könnten.«

Neugeborenen und Frühgeborenen (Zimmermann, u. a. 1997) hat zu folgenden Ergebnissen geführt: Danach lehnen 88% der Ärzte die Möglichkeit eines Infantizides ab. Zwei Drittel der Ärzte halten an einem generellen Unterschied zwischen Abtreibung und Kindstötung mit dem Hinweis auf verschiedene Entwicklungsstadien fest. Die Grundsätze der Bundesärztekammer zur Sterbebegleitung vom 11.09.98 tragen dieser Praxis Rechnung. In der Präambel erklären sie die aktive Sterbehilfe für unzulässig und fordern in jedem Falle eine Basisbetreuung (menschenwürdige Unterbringung, Zuwendung, Körperpflege, Lindern von Schmerzen, Atemnot und Übelkeit sowie Stillen von Hunger und Durst). Für Zündstoff sorgt jedoch weiterhin, dass bei »Neugeborenen mit schwersten Fehlbildungen oder schweren Stoffwechselstörungen, bei denen keine Aussicht auf Heilung oder Besserung besteht«, unter bestimmten Bedingungen »eine lebenserhaltende Behandlung, die ausgefallene oder ungenügende Vitalfunktion ersetzt, unterlassen oder nicht weitergeführt werden« kann. »Gleiches gilt für extrem unreife Kinder, deren unausweichliches Sterben abzusehen ist und für Neugeborene, die schwerste Zerstörungen des Gehirns erlitten haben« (Bundesärztekammer 1998, 4).[71]

5.5 Institutionalisierung von Lebensschutz

Wir müssen auf der Suche nach der richtigen Moral auch *Wege zur Institutionalisierung von anwendungsbezogenen Regeln* aufzeigen. Diese Diskussion kann begründungstheoretische Überlegungen freilich nicht ersetzen und sollte möglichst erst am Ende erfolgen. Denn normative Fragestellungen dürfen nicht durch die Darstellung schlechter medizinischer Praktiken einseitig dirigiert werden. Ansonsten droht die Gefahr, die gegebenen institutionellen Bedingungen zum Maßstab eigener Lösungsvorschläge zu machen. Im medizinischen Alltag herrscht nach Singer (1994) noch die Praxis vor, bei schwerstgeschädigten Neugeborenen auf eine lebensnotwendige Grundversorgung – Nahrung und Flüssigkeit – zu verzichten. Damit hätte man in unserem Land den untragbaren Zustand geduldet, die vorherrschende Instituti-

---

71 Für E. Schumann (2000, 311) sind diese Richtlinien Ausdruck zunehmender »Widersprüche zwischen einer stärker integrativ orientierten Behindertenpolitik bei gleichzeitig zunehmender gesellschaftlicher Ausgrenzungsbereitschaft (...)«

on der Klinik zur Legitimationsinstanz für Handeln in Grenzsituationen des Lebens zu erklären. Singer kommt hier möglicherweise das Verdienst zu, auf die skandalöse Praxis des bloßen »Liegenlassens« von schwerstgeschädigten Neugeborenen in deutschen Kliniken hingewiesen zu haben.

In diesem Sinne erhält er von Bonfranchi (1998, 684f.) Lob: »Mir geht es im Moment nicht um eine Aufzählung der von Singer vorgeschlagenen Lösungen, sondern darum, dass er insofern Recht hat, als dass sich hier Probleme auftun, die mit Niederschreien, Gesprächsverweigerung, Androhung von Amtsenthebung und dergleichen nicht zu lösen sind und nie zu lösen sein werden.« – Es würde sich in der Tat um eine groteske moralische Urteilskraft handeln, wenn man Nahrungsentzug oder Flüssigkeitsverlust, die das Leiden eines Menschen über Tage hinweg unerträglich sein lassen, nicht anprangerte. Insofern kann man dem Überbringer einer solchen Nachricht dafür danken. Freilich lassen sich damit Singers ähnlich grausam klingende Empfehlungen nicht entschuldigen. Bonfranchi will nicht erkennen: Die Gemüter haben sich in der Sonderpädagogik nicht wegen der schlechten Neuigkeiten Singers erhitzt, sondern angesichts seiner skandalösen Folgerungen.[72]

Bonfranchi (1997b, 7) erweckt immer wieder den Eindruck, man müsse sich bei der Suche nach der richtigen Moral in erster Linie auf faktische institutionelle Regelungen beziehen: »Tatsache ist (...), dass es neugeborene Babys gibt, die schwerstbehindert sind und leiden und die durch selektive Nichtbehandlung in unseren Spitälern passiv dem Tod überlassen werden (müssen). Diese sogenannte passive Euthanasie erscheint mir nun in der Tat diskussionswürdig zu sein bzw. geworden zu sein.« Wer jedoch empirische

---

[72] Die besagte Befragung unter deutschen Kliniken (Zimmermann u. a. 1997) hat keine Anhaltspunkte über eine Praxis des so genannten Liegenlassens ergeben. Insofern kann man darüber nur spekulieren. Dagegen hat sich gezeigt, dass die Grenzen der Behandlungspflicht unterschiedlich festgelegt werden: In 36% der Kliniken findet z.B. eine Diskussion über Weiterbehandlung bei Spina bifida statt; in 12% der Kliniken sogar häufig. Nur in 53% der Kliniken wird bei Hydrocephalus ausnahmslos behandelt, bei 30% wird selten, dagegen bei 17% der Kliniken häufig über den Einsatz operativer Methoden diskutiert. Selbst bei ultra-kleinen Frühgeborenen wird nur in einem Drittel der Kliniken immer eine Maximaltherapie durchgeführt, bei zwei Drittel dagegen wird im Einzelfall abgewogen. 30% diskutieren häufig über den Einsatz einer Intensivtherapie. Besonders kontrovers werden jedoch Osteogenesis imperfecta letalis, Trisomie 18 und Potter Syndrom beurteilt, denn hier wird in fast ebenso vielen Kliniken generell nie behandelt, wie andere grundsätzlich ohne Diskussion behandeln.

Sachverhalte zur Grundlage moralischer Entscheidungen macht, fügt sich in die Faktizität vorherrschender zweckrationaler Erwägungen der modernen Medizin.

Ethik kann nicht nur mit Verweisen auf gelebte Praxisstrukturen und Einstellungsmuster begründet werden, sondern muss darüber hinaus mit faktizitätsenthobenen Begründungszusammenhängen operieren. Ansonsten ergibt sich ein Konzept ohne Grundlagen und Sicherheit. Allenfalls wäre der Hinweis Paul Ricoeurs (1996, 291) zu bedenken, dass eine Verpflichtungsmoral in konkreten Konfliktsituationen auch so etwas wie einer »praktischen Weisheit« bedarf, um »im Rahmen des moralischen Situationsurteils auf die ursprüngliche Intuition der Ethik zurückzugreifen, das heißt auf die Anschauung oder die Ausrichtung auf ein ›gutes Leben‹ mit Anderen und für sie im Rahmen gerechter Institutionen.«[73]

5.6 Lebensschutz als Technologieblindheit?

In seiner weiteren Kritik verdächtigt Bonfranchi (1992b, 625) die professionelle Sonderpädagogik, »die Entstehung der pränatalen Diagnostik sowie der Gentechnologie schlichtweg verschlafen« zu haben. »Sonderpädagogen sollten sich in Zukunft vermehrt an solchen Forschungsvorhaben wie eben z.B. Gentechnologie bzw. Pränataldiagnostik beteiligen bzw. sich darin einmischen. Es wäre ihre Pflicht und Schuldigkeit« (1997a, 15). Die Hoffnung trüge, durch eigene Professionalisierungsbestrebungen vorhandene Insuffi-

---

73 P. Ricoeur (1996, 325f.) unterscheidet zwischen »naiver« und »kritischer« Fürsorge. Die Letztere erst ist für ihn praktische Weisheit im eigentlichen Sinne, weil sie durch die doppelte Prüfung der moralischen Bedingungen der Achtung und der durch diese erzeugten Konflikte hindurchgegangen ist. »Praktische Weisheit besteht in der Erfindung von Verhaltensformen, die der von der Fürsorge verlangten Ausnahme weitestgehend entsprechen und zugleich die Regel so wenig wie möglich verletzen. (...) Niemals wird die praktische Weisheit darin einwilligen, die Ausnahme von der Regel zur Regel zu machen. Noch weniger darf man in einem Bereich gesetzgebend tätig werden, in dem die Verantwortung für dramatische Entscheidungen durch das Gesetz nicht erleichtert werden kann.« Gleichwohl würde ich nicht so weit gehen wie er und die Regel des Tötungsverbotes in der Sterbehilfe einer praktischen Weisheit des moralischen Situationsurteils überlassen (vgl. ebd., 326, Anm. 51).

zienzgefühle gegenüber einer übermächtigen Medizin abbauen zu können. Dagegen hält es Bonfranchi für angebracht, sich an »diesen Forschungen bzw. der Konzeptualisierung der betreffenden Forschungsdesigns« zu beteiligen (1992b, 626). Doch ist die Heilpädagogik meines Erachtens mit der ethischen Bewertung der Biotechnologien in dem Augenblick überfordert, wo sie den Widerstreit mit deren wissenschaftlichen Vertretern zugunsten einer Beteiligung an Anwendungsprogrammen aufgibt. Der Heilpädagoge würde ebenso rasch wie der Biowissenschaftler als Moralsubjekt hinter jenen Versuchsmodellen verschwinden, die ihm die Anwendungspraxis vorschreiben.

Die Heilpädagogik muss sich davor hüten, der bioethischen Bewertung dieser Technologien und ihrer Frage »Was können wir tun?« naiv anzuschließen. Sie würde dann die Techniken, auf die sie sich in pragmatischer Einstellung bezieht, wie einen Sortimentkatalog betrachten und damit dem Machbaren Sinn verleihen. Als Stellvertreter behinderter Menschen hat sie dagegen einen parteiischen Standpunkt zu beziehen. Im Gegensatz zur Bioethik muss sie sich zuallererst die Frage stellen, warum etwas zum lösungsbedürftigen Problem geworden ist, das die Aufmerksamkeit einer Öffentlichkeit auf sich zieht. Jeder neutrale Versuch bioethischer Bewertung der Entschlüsselung des menschlichen Genoms, der Regelung der Anwendung von Gentherapien, der Legitimität von Reproduktionstechniken in der Medizin, der sozialen Folgen der vorgeburtlichen Diagnosen usw. führt in ein Vexierspiel (Bayertz 1996). Ich werde darauf zurückkommen (vgl. II/9.2).

Bonfranchis ambivalente Aussagen zur pränatalen Diagnostik (PND) geben ein beredsames Zeugnis davon ab, wie man sich im Labyrinth dieser Technologie verlieren kann. Außerdem fällt dem sorgfältigen Leser seine widersprüchliche Haltung gegenüber dieser Technik auf: Im internen heilpädagogischen Fachdiskurs entwickelt Bonfranchi (1997a, 73) einen eindeutig kritischen Standpunkt gegenüber der Pränatalen Diagnostik. »Ich wage zu behaupten, dass durch die Existenz der Pränatalen Diagnostik das Lebensrecht behinderter Menschen in unserer Gesellschaft nachhaltiger gefährdet sein wird als durch die Diskussion um die sogenannte ›neue Euthanasie‹.« Bonfranchi fordert hier, dass die Heilpädagogik zum Boykott der PND aufrufen bzw. wenigstens eine Diskussion darüber in Gang zu setzen versuchen sollte: »Eine Frau bzw. ein Paar hat kein Recht auf ein normgerechtes Wunschkind, das sowieso – wie alle Menschen – ständig von möglichen

Schicksalsschlägen in seiner wunschgemäßen Form bedroht ist« (ebd.). Weiterhin entwickelt er mit der Aussage, es gäbe einen logischen Automatismus auf dem Weg von der PND zum *Infantizid* (ebd., 77), ein abwegiges Dammbruch-Argument.

In feierlicher Sprache formuliert Bonfranchi (ebd. 79) schließlich einen Aufruf: »Ich plädiere deshalb für einen Boykott der Pränatalen Diagnostik und für ein Zurückgewinnen der verlorenen Ehrfurcht vor dem Leben und der Natur.« Sonderbarerweise zeigt er sich aber im direkten Kontakt mit Vertretern der Bioethik anpassungsbereit und neigt zu nüchternem Pragmatismus: Zur Tatsache, dass die PND in der Bevölkerung auf immer größere Akzeptanz stößt, heißt es knapp: »Dies kann meines Erachtens nicht verurteilt werden, denn, um es offen auszusprechen, auch ich selbst würde mit großer Wahrscheinlichkeit das nichtbehinderte Kind wählen, wenn ich als Vater zwischen einem behinderten und einem nichtbehinderten Kind wählen könnte« (1997b, 9). Den allzu großen Kritikern wird ins Stammbuch geschrieben: »Wenn jemand als betroffener Elternteil oder als Sonderpädagoge Behinderung für einen unerwünschten Zustand hält, löst das bei ihm ein schlechtes Gewissen aus. Geht nun jemand hin und sagt, dass er sich kein behindertes Kind wünscht, so wird ihm quasi als Sündenbock, die eigene Ablehnung von Behinderung mitaufgebürdet und er wird gleichzeitig als Person diffamiert, am Reden gehindert und somit an den Pranger gestellt, bestraft« (ebd., 10).

Man vermisst bei Bonfranchi wichtige Problemhinweise gegenüber seinen neuen Gesprächspartnern. Wie ist z.B. die Tatsache zu beurteilen, dass es mit der PND in Verbindung mit dem neuen § 218a Abs. 2 Strafgesetzbuch (StGB) zum Fetozid an empfindungsfähigen Kindern mit Spina bifida, Mukoviszidose, Down-Syndrom, Mikrozephalie, Chorea Huntington, Muskeldytrophie, Bluterkrankheiten u.a. kommt? Was soll man davon halten, dass behinderten Menschen mit der PND unmissverständlich signalisiert wird: »Jemand wie dich wollen wir nicht, einen Menschen mit einer natürlichen ›Ausstattung‹ zur Welt zu bringen, wie du sie uns vor Augen führst, finden wir unerträglich« (Kuhlmann 1996, 161).[74] Wie lässt sich verhindern, dass

---

74 In der bioethischen Argumentation wird aus gutem Grund darauf verwiesen, dass es widersprüchlich sei, eine Präimplantationsdiagnostik (PID) außerhalb des Mutterleibes (IVF) unter den geltenden rechtlichen Bestimmungen des 218a Abs. 2 StGB allgemein zu verbieten. R. Merkel (2001) weist auf das Problem hin. Wir können Embryonen im frühen Stadium

Eltern auf der Grundlage einer Präimplantationsdiagnostik (PID) in Zukunft eine Wunschkindmentalität ausbilden, die mit der Berufung auf ihr Selbstbestimmungsrecht über die Forderung nach einem gesunden Kind weit hinausgeht? Bonfranchi weist zwar auf den Skandal hin, dass hierzulande um das Leben eines Frühgeborenen auch um den Preis iatrogener Schädigungen gerungen wird, während andererseits auf der Grundlage geltenden Rechtes die Möglichkeit des Fetozids offen steht: »Bei der Abtreibung – gleichgültig, ob man nun dafür oder dagegen ist – handelt es sich nach unserem allgemeinen Verständnis immer um einen Sachverhalt, der nur bis zum dritten Schwangerschaftsmonat diskutiert werden kann« (Bonfranchi 1998, 686). Freilich kann er diese Aussage in keiner Weise begründen, denn gleichzeitig sympathisiert er mit Tooleys und Singers analytischer Herleitung, dass einem Wesen, ohne Bewusstsein von sich selbst, das Lebensrecht aus prinzipiellen Gründen abzusprechen ist (1997b 86., 92). Auf der Grundlage von Levinas, gäbe es für die Heilpädagogik aber inzwischen argumentative Möglichkeiten, ethisch begründbare Argumente für ein Tötungsverbot aufzustellen.

In der Ethik von Levinas (vgl. I/9.5) gibt es keine Trennung zwischen einem Mensch-Sein als bloßer biologischer Faktizität und einem Wert-Sein als noch Hinzugefügtem.[75] Für ihn ist die Beziehung zum Anderen das Ethische, das jedem Interesse eines intentionalen Subjekts vorausgeht. Hier erschließt sich dem praktischen Subjekt ein Verantwortlichsein aus der Transzendenz des Anderen. Die Moralität entsteht nicht erst in der Gleichheit bewusstseinsfähiger Subjekte; sie entsteht vielmehr darin, dass man dem Menschen in seiner unbedingten Existenz dient. Dabei bildet die Furcht vor dem Tod des Anderen die Ausgangsbasis dieser Verantwortung. Wenn ich ihn töte, so habe ich die Unmöglichkeit versucht, ihn zum Seienden unter Seienden zu machen. Der Andere setzt mich in eine Beziehung mit einer ursprünglichen Differenz, die außerhalb des Systems objektivierenden Denkens bleibt. Vor aller Sorge um den eigenen Tod, bin ich beherrscht von der Sorge um den Tod des Anderen. Es besagt ursprünglich: »Du sollst nicht töten/Du wirst nicht töten!«, was nicht heißen soll, dass dieses Gebot den Mord ausschließt.

---

nicht einerseits als Rechtspersonen mit prinzipiellem Lebensschutz betrachten und andererseits (Spät-)Abtreibungen zulassen.
75 Ähnlich P. Ricoeur (1996, 330), der sich gegen eine Dichtotomisierung von »Person« und »Ding« ausspricht.

Doch, der »Mord übt Macht aus über das, was der Macht entkommt« (Levinas 1987, 284).

Jeder noch so erfolgreiche Versuch, den Anderen umzubringen, muss scheitern. Denn der Akt des Tötens macht den Anderen zu einem Ding und verfehlt ihn damit in seiner einzigartigen, unverwechselbaren und unvordenklichen Andersheit. »In dem Augenblick, in dem mein Töten-können sich realisiert, entkommt mir der Andere. Gewiss kann ich, indem ich töte, ein Ziel *erreichen*, ich kann töten, wie ich jage oder wie ich Bäume oder Tiere umlege. Aber dann habe ich den Anderen in der Offenheit des Seins überhaupt ergriffen als Element in der Welt, in der ich mich aufhalte, ich habe ihm nicht in die Augen gesehen, ich bin nicht seinem Antlitz begegnet. Die Versuchung der vollständigen Negation, die das Unendliche dieses Versuchs und seine Unmöglichkeit ermisst, das ist die Gegenwart des Antlitzes. Dem Anderen von Angesicht zu Angesicht gegenüberstehen – das bedeutet, nicht töten zu können. Dies ist zugleich die Situation der Rede« (1983, 116f.).

Der Einbruch des Anderen ist ein ethisches Geschehen in der Nähe, das Levinas mit dem Begriff »Gesicht« oder »Anlitz« umschreibt. Der Lebensschutz des Menschen ist für ihn an keine Eigenschaft, Fähigkeit oder Leistung gebunden, sondern im Menschsein als Sein für den Anderen gegründet. Im Antlitz symbolisiert sich die reine Kontingenz des Anderen, seine Schwäche und Sterblichkeit, seine schutzlose Ausgesetztheit, seine unverstellte Menschlichkeit. In meiner Selbstlosigkeit als einem Sein für den Anderen (désintéressement) vollzieht sich eine Abkehr vom Interessiertsein als Sorge um den eigenen Nutzen. Gäbe es nur jene interessensorientierten Einzelsubjekte, ohne diese ethische Nähe des »der-Eine-für-den-Anderen«, so hätten wir eine Welt von »miteinander im Kampf liegenden Egoismen, im Kampf aller gegen alle, in der Vielfalt der gegeneinander allergischen Egoismen, die miteinander Krieg führen und auf diese Weise zusammen sind« (1992, 26).

6. Der Gehalt moderner Anerkennungstheorien

6.1 Anerkennung von Nichtidentität

Die moraltheoretische Debatte um Peter Singers *Praktische Ethik* (1984) und die utilitaristische Begründung eines Lebensschutzes haben deutlich gemacht, dass der Utilitarismus wie auch der interessentheoretische Ansatz von Norbert Hoerster in anwendungsbezogenen Fragen einen gewissen Argumentationsvorsprung besitzen, und die Front der Kritiker einer aktiven Euthanasie bröckeln wird, wenn man sich nicht auch mit Begründungsfragen und dem weiteren Problem eines nachvollziehbaren, kohärenteren und konsistenteren Verhältnisses von Begründbarkeit *und* Anwendungsfähigkeit der eigenen moralischen Position auseinandersetzt. Es hilft nichts, sich dieser gewaltsamen Sprache der Notwendigkeit, Gewissheit und widerspruchsfreien Wahrheit durch Betroffenheitsgesten, Glaubensbekenntnisse oder Schweigen zu entziehen. Vielmehr gilt es mit ethischen Argumenten zu zeigen, inwieweit sie zur Demütigung und Vernichtung des Anderen führt.
In Anlehnung an Richard Rorty beschreibt Zygmunt Baumann (1995b, 287) den hypothetischen Imperativ einer Ethik der Anerkennung auf folgende Weise: »Man muss die Andersheit im anderen ehren, die Fremdheit im Fremden, indem man sich erinnert – mit Edmont Jabès -, dass wir uns ähneln, und dass ich meine eigene Differenz nur dadurch respektieren kann, dass ich die Differenz des anderen respektiere.« Die Ähnlichkeiten und Differenzen bestehen nicht so sehr in unseren Anlagen und Fähigkeiten. Vielmehr beruhen sie auf einer »Familienähnlichkeit der Leidensmöglichkeiten« (Gebauer 1999, 194). Gerade bei schwerstbehinderten Menschen erscheinen sie in »der Schutzlosigkeit ihrer Körper gegenüber Verletzungen aller Art« (ebd.). Mit »Differenz« meint Baumann eine bewusste Haltung der Offenheit

gegenüber dem Anderen und sich selbst. Sie drückt sich darin aus, den Anderen in seiner Nichtidentität anzuerkennen.

Der zentrale Gehalt meiner Auseinandersetzung mit Norbert Hoerster (vgl. I/4) bestand in der Kritik an dessen naturalistischer Konzeption der Person: Die Fähigkeit zu einem Überlebensinteresse wird darin als absolute Eigenschaft einer Person aufgefasst, die unabhängig von intersubjektiven Erfahrungen gegeben sein soll. Die menschliche Person erscheint als vorgesellschaftliches Wesen, das vor allen intersubjektiven Bindungen zur Wahrnehmung seiner Interessen gelangt. In meinen weiteren Überlegungen geht es um die Frage, welche überzeugenderen Möglichkeiten einer Erklärung für moralische Achtung und Verpflichtung es geben kann, wenn man sich weigert, außermoralische Präferenzen als nichthintergehbare Legitimationsinstanzen zu akzeptieren.[76]

In jüngster Zeit sind mit Axel Honneths *Kampf um Anerkennung* (1992) Ernst Tugendhats *Vorlesungen über Ethik* (1993) und Martin Seels *Versuch über die Form des Glücks* (1995) drei bemerkenswerte Abhandlungen erschienen, die den Umgang mit dem Anderen und die Geltung des Lebensschutzes auf eine intersubjektivitätstheoretische Basis stellen. Nach Ansicht dieser Autoren muss sich der normative Gehalt von Moral anhand bestimmter Formen reziproker Anerkennung zwischen moralfähigen Subjekten begründen lassen. Moral wird dadurch zum Inbegriff für Einstellungen und Verhaltensweisen, mit denen sich Menschen gegenseitig die Bedingungen ihres guten Lebens sichern. Doch wie zu zeigen sein wird, können auch diese anspruchsvollen Entwürfe praktischer Philosophie den Belangen behinderter Menschen nicht gerecht werden. Sie schränken die Reichweite der Moral logozentrisch auf diejenigen ein, die als mit Willen und Bewusstsein begabte

---

76 Dabei setze ich mich ebenso kritisch von einer kantischen Begründungsstrategie ab, wonach die Achtung vor dem Menschen an der Vernunft festgemacht wird oder der Fähigkeit, moralisch zu handeln. Die besonderen Eigenschaften und Fähigkeiten schwerstmehrfachbehinderter Menschen scheint mir ein schwerwiegendes Argument dafür zu sein, Verhalten auf andere Weise zu rechtfertigen. Nach A. Margalit (1997, 104) gewähren Begründungen dieser Art keinen ausreichenden Schutz vor so genannten »Eigenschaftsrassisten«. Sie beginnen mit ihren Vorstellungen vom Nichtmenschen bei »den geistig Behinderten (...), um dann zu Angehörigen anderer Rassen fortzuschreiten. Der so genannten ›Endlösung‹ für Juden sowie Sinti und Roma ging das ›Euthanasieprogramm‹ voraus. Die geistig Behinderten wurden als erste ins Gas geschickt, und die bei ihrer Tötung entwickelten Methoden kamen später in den Vernichtungslagern systematisch zur Anwendung.«

Wesen moralische Verpflichtungen eingehen können. »Der *Logozenismus* hat dazu geführt, vom Anderen wahrzunehmen und zu verarbeiten, was der Vernunft entspricht. Was nicht vernunftfähig und vernunftförmig ist, gerät nicht in den Blick, wird ausgeschlossen und abgewertet. Wer auf der Seite der Vernunft steht, ist im Recht« (Wulf 1999, 23).

6.2 Anerkennung als soziale Wertschätzung von Leistung (*Axel Honneth*)

Axel Honneth (1989, 1992) beschreibt unter Rückgriff auf Hegel und Mead die interne Verschränkung von Identitätsbildung und Anerkennung. So habe der frühe Hegel dem durch Machiavelli und Hobbes eingeführten Modell des »sozialen Kampfes« eine theoretische Wendung zu geben vermocht, indem er es »statt auf Selbsterhaltungsmotive auf moralische Antriebe« zurückführt (1989, 551). George H. Mead habe Hegels Gedanken auf der Basis einer Sozialpsychologie weiterentwickelt, indem er die motivationalen Grundlagen für den moralischen Lernprozess der Gattung sichtbar macht. Für Mead bilde das »Ich« als uneinsehbare Quelle kreativer Leistungen die psychische Kraft, die die Bewegung der Anerkennung erklärbar macht (1992, 114ff.). Laut Honneth haben beide jedoch nicht die sozialen Erfahrungen der Missachtung angemessen berücksichtigt, unter deren Druck sich der Kampf um Anerkennung im historischen Prozess vollzieht. Er glaubt nun diese theoretische Lücke dadurch schließen zu können, dass »verschiedene Arten der Erniedrigung und Beleidigung von Menschen systematisch voneinander abgehoben werden« (ebd., 150).

Honneth unterscheidet verschiedene Formen gesellschaftlicher Anerkennung – Liebe, Recht, Solidarität – und mit ihnen korrespondierend drei positive Einstellungen der menschlichen Subjekte zu sich selbst – Selbstvertrauen, Selbstachtung, Selbstschätzung. Zusammengenommen sollen sie die sozialen Bedingungen für eine anzustrebende gerechte Gesellschaft sein: Auf der ersten Stufe – Familie, Freundschaftsverhältnis – wird der Einzelne als ein Individuum anerkannt, dessen Bedürfnisse und Wünsche für eine andere Person von einzigartigem Wert sind. Indem sie auf ihn mit bedingungsloser Liebe und Fürsorge antwortet, ermöglicht sie in ihm den vertrauensvollen praktischen Bezug zu sich selbst. Auf der zweiten Stufe – im Bereich formaler Rechte – wird der Einzelne als ein Individuum anerkannt, das wie alle anderen moralischen Respekt in Form von Gleichbehandlung verdient. Dadurch entsteht eine Selbstbeziehung in dem Bewusstsein der Sicherheit über die eigene Achtungswürdigkeit. Auf der dritten Stufe – im Bereich einer sittlichen Gemeinschaft – wird der Einzelne als ein Individuum anerkannt, dessen Fähigkeiten eine besondere Wertschätzung genießen. Mit dem Bewusstsein guter und wertvoller Fähigkeiten kann sich eine Selbstbeziehung entwickeln, die von der Überzeugung des eigenen Wertes getragen ist (ebd., 45).

Auf der anderen Seite unterscheidet Honneth je nach dem Grad, in welchem die Anerkennung bestimmter Identitätsansprüche verweigert wird, drei Weisen der Missachtung – Vergewaltigung, Entrechtung, Entwürdigung: Auf der ersten Stufe der Missachtung wird dem Individuum die Sicherheit bezüglich seines eigenen Wohlergehens geraubt. Es verliert das Vertrauen in den Wert, den die eigene Verletzlichkeit in den Augen aller anderen genießt. Auf der zweiten Stufe wird das Individuum in seiner Integrität als zurechnungs- und vertragsfähiges Wesen missachtet. Es verliert das Vertrauen in die eigene Verlässlichkeit und Achtungsfähigkeit. Auf der dritten Stufe moralischer Verletzungen wird dem Individuum durch Demütigung und Respektlosigkeit veranschaulicht, dass seinen Fähigkeiten kein Wert beigemessen wird. Es verliert den Glauben an die Achtungswürdigkeit innerhalb einer sozialen Gemeinschaft.

Damit weicht Honneth von der auf Kant zurückgehenden Tradition insofern ab, als es ihm nicht nur um die moralische Autonomie des Menschen geht, sondern um die Bedingungen seiner Selbstverwirklichung innerhalb seiner je eigenen Lebensform. Sein Begriff des Guten, verstanden als universelle Wertschätzung, unterscheidet sich ebenso von Hegel, als er nicht Ausdruck substantieller Wertüberzeugungen innerhalb einer Gemeinschaft ist, sondern ein »formales Konzept der Sittlichkeit« in einer pluralistischen Gesellschaft umfasst, die Raum für individuelle Selbstverwirklichung ermöglicht. Seiner Ansicht nach gewähren die liberal-demokratischen Staaten ihren Mitgliedern zunehmend rechtliche Anerkennung in Form von individuellen Freiheitsrechten, politischen Teilnahmerechten und sozialen Wohlfahrtsrechten. Damit haben sie Unterprivilegierungen abgeschafft, die mit Achtungsverlust von Personen einhergingen. Heute können die Mitglieder unseres

Gemeinwesens daher weitgehend Selbstachtung genießen, insoweit sie zunehmend Anerkennung als Gleichberechtigte in einer rechtlich-politischen Gemeinschaft erfahren. Doch Menschen bedürfen darüber hinaus auch der Anerkennung in Form sozialer Wertschätzung, die es ihnen erlaubt, sich auf ihr Selbstsein positiv beziehen zu können. Aus der Selbstachtung wird ein Selbstwertgefühl, wenn eine Person weiß, dass die in ihr verkörperten Eigenschaften und Fähigkeiten von den übrigen als wertvoll anerkannt werden. Aus gleichgültiger Toleranz gegenüber einer Rechtsperson wird affektive Anteilnahme für eine ethische Person.

Der Mensch ist in seiner ethisch-existentiellen Dimension auf zustimmende Reaktionen seiner Mitmenschen angewiesen. Er wird in seiner Integrität verletzt, wenn Missachtung, Gleichgültigkeit, Mitleid oder Beleidigung die Reaktionsweisen der anderen bilden. Denn zwischen der Unversehrtheit des Einzelnen und der Zustimmung durch andere besteht ein unauflöslicher Zusammenhang. Die Missachtung der ethischen Person führt unter Umständen zu einem Verlust der persönlichen Wertschätzung. Der Betroffene wird jeder Möglichkeit beraubt, seinem Personenstatus einen sozialen Wert beizumessen. Das hat zur Folge, dass er sich nicht auf seinen Lebensvollzug als auf etwas beziehen kann, dem in der Gesellschaft eine positive Bedeutung zukommt. »Was also hier der Person durch Missachtung an Anerkennung entzogen wird, ist die soziale Zustimmung zu einer Form von Selbstverwirklichung, zu der sie selber erst mit Hilfe der Ermutigung durch Gruppensolidaritäten beschwerlich hat finden müssen« (ebd., 217).

Für Honneth lässt sich der Verwirklichungsgrad dieser verschiedenen Anerkennungsformen im Rahmen der Habermasschen Diskurstheorie erklärbar machen. Die Möglichkeit zum rationalen Diskurs betrachtet er als normativen Maßstab, jede Gesellschaft danach zu beurteilen, inwieweit sie soziokulturelle Bedingungen zur Durchführung zwangloser Verständigungen bereits verwirklicht hat. Der rationale Diskurs bleibt das entscheidende moralische Überprüfungsverfahren zur Verallgemeinerbarkeit von Handlungsnormen, mit der Kants solipsistische Vorstellung eines ursprünglich mit moralischem Selbstbewusstsein begabten Subjekts überwunden wird. Unter den Bedingungen einer zwanglosen und chancengleichen Teilnahme aller von einer strittigen Norm Betroffenen an einem praktischen Diskurs soll eine Norm dann Gültigkeit erhalten, wenn die Folgen und Nebenwirkungen; die sich jeweils aus ihrer allgemeinen Befolgung für die Befriedigung der Interessen eines jeden Einzelnen voraussichtlich ergeben, von allen Betroffenen akzeptiert werden können (vgl. Habermas 1983, 76). Je mehr nun eine Gesellschaft diese zwanglose und chancengleiche Teilnahme an praktischen Diskursen ermöglicht hat, desto weiter ist die soziale Anerkennung von Menschen in Form demokratischer Partizipationsmöglichkeiten und solidarischer Wertschätzung, d.h. ihre Emanzipation als Rechtsperson und ethische Person verwirklicht.

In Honneths Begriff der Solidarität gegenüber »dem individuell Besonderen der anderen Person« beschränkt sich »Anerkennung« freilich auf die aktive Sorge, dass die an sich fremden Eigenschaften dieser Person zum Zwecke gesellschaftlicher Ziele entfaltet werden (Honneth 1992, 110). In seiner Theorie lassen sich nur soziale Verhältnisse unterbringen, in denen es Gruppen »mit den Mitteln symbolischer Gewalt« gelingt, »unter Bezug auf die allgemeinen Zielsetzungen den Wert der mit ihrer Lebensweise verknüpften Fähigkeiten anzuheben« (ebd., 205). Lebensformen, denen eine uneingeschränkte Solidarität beigemessen werden kann, müssen folglich nicht nur mit den Bedingungen des Rechts strukturell vereinbar sein, sondern den vorherrschenden Normalitätskriterien einer jeweiligen Kultur in hohem Maße entsprechen. »Das kulturelle Selbstverständnis einer Gesellschaft gibt die Kriterien vor, an denen sich die soziale Wertschätzung von Personen orientiert, weil *deren Fähigkeiten und Leistungen intersubjektiv danach beurteilt werden, in welchem Maße sie an der Umsetzung der kulturell definierten Werte mitwirken können*« (ebd., 198; Herv. H.-U. R.). Letztlich kann Honneth nicht begründen, inwieweit Solidarität auch jenen Menschen zuteil werden kann, die nicht über kulturell anerkannte Eigenschaften und Fähigkeiten verfügen, sondern aufgrund ihrer besonderen Lebenssituation verantwortliche Fürsorge benötigen.[77]

Ähnlich wie bei Habermas sind die Ideen von Gerechtigkeit und Solidarität unverkürzt nur in der reziproken Anerkennung zurechnungsfähiger Sub-

---

77 A. Honneths formales Konzept sittlicher Anerkennung wirft das Problem auf, dass eine an den besonderen Eigenschaften und Fähigkeiten des Anderen orientierte Wertschätzung zugleich auch die internalisierten Wertmaßstäbe einer kapitalistisch orientierten Leistungsgesellschaft normativ auszeichnet. Die Individuen können die für die Ausbildung einer Identität unverzichtbare Anerkennung nur erfahren, wenn sie die Werte sozio-ökonomischer Systemimperative verkörpern. Vgl. dazu H. Rosas (1999, 748f.) Kritik an einer »Dialektik der Anerkennung«.

jekte aufgehoben, die ihr Handeln an Geltungsansprüchen orientieren (Habermas 1991, 71). Denn zur uneingeschränkten individuellen Freiheit der Menschen soll auch deren Fähigkeit zur solidarischen Einfühlung in die Lage aller anderen hinzukommen. Habermas lastet dabei dem rationalen Diskurs die moralische Bürde auf, zur allmählichen Erweiterung der solidarischen Einstellung wie »Sorge für das Wohl des Anderen, Mitleid, Liebe zum Nächsten, Hilfsbereitschaft im weitesten Sinne, aber auch Gemeinsinn« (ebd., 67) beizutragen. Bei Honneth soll dagegen der soziale Kampf zur Ausbildung von Tugenden führen, die ansonsten von sich aus nicht über die Grenzen einer konkreten Lebenswelt – Familie, Stamm, Stadt, Nation – hinausreichen.

Honneth erkennt, dass Habermas die Möglichkeiten der argumentativen Sprache überschätzt, wenn er davon ausgeht, dass durch bloßes Verstehen der sprachlich vermittelten Wünsche und Bedürfnisse der anderen zugleich auch die Tugend einer wertschätzenden Empathie hervorgerufen wird. Doch weder diskursive Verständigung noch der Kampf um Anerkennung führen zu einer Verantwortung *ohne* Sorge um Gegenseitigkeit. Solidarität beschränkt sich in der Folge darauf, dass sich die lebensgeschichtlich unterschiedlich individuierten Subjekte unter der gesellschaftlichen Zielvorgabe allgemeiner und reziprok gewürdigter Eigenschaften und Fähigkeiten anerkennen. Honneth wie Habermas nehmen nicht zur Kenntnis, dass im Verhältnis zu fürsorgeabhängigen behinderten Personen ein weitergehendes Prinzip der asymmetrischen Pflichtübernahme wirksam wird. Es weist über den diskursethischen Standpunkt solidarischer Anerkennung hinaus, weil sich der Helfende der vorgängigen Bitte des bedürftigen Anderen gegenüber auch ohne Hoffnung auf Gegenleistung schuldig weiß. Trotz fehlender besonderer Eigenschaften und Fähigkeiten können hier Menschen, die lebenslang auf die Hilfe anderer angewiesen sind, eine wertschätzende Zuwendung empfangen.

Inzwischen findet Honneth (1994) in Levinas' Werk und in den neueren ethischen Schriften Derridas Gesichtspunkte, die eine »wirkliche Herausforderung« für die Diskursethik darstellen. So ist es für ihn mittlerweile »kaum von der Hand zu weisen, dass sich unsere Vorstellung des Moralischen nicht im Begriff der Gleichbehandlung und der wechselseitigen Verantwortung erschöpft, sondern auch jene Verhaltensweisen mit einbezieht, die in asymmetrischen Akten der Wohltätigkeit, der Hilfsbereitschaft und der Nächstenliebe bestehen« (ebd., 217). Gleichwohl weist er dem Prinzip der nichtreziproken Verantwortung für den Anderen lediglich eine *ergänzende* Rolle in Kontexten zu, »wo sich eine Person in einem Zustand so extremer Not befindet, dass der moralische Grundsatz der Gleichbehandlung auf sie nicht mehr in einem ausgewogenen Maße anzuwenden ist« (ebd., 220). Damit wird jedoch der zentrale Aussagegehalt dieser Ethiken verfehlt. In ihnen bildet das mit Bewusstsein ausgestattete intentionale Subjekt im verständigungsorientierten Diskurs immer schon den Effekt einer vorgängigen Tiefenstruktur subjektiver Erfahrung, die in machtvolle vergegenständlichende Strukturen, eingelassen ist (Foucault). Gleichwohl konstituiert sich in der Nähe einer vorintentionalen Beziehung zum Anderen das Subjekt der Verantwortung (Levinas). Im Eingedenken an diese ursprüngliche Erfahrung entwickeln Diskursteilnehmer mehr als nur einen Sinn für die Geltung argumentativer Rede. Es ist eine Sorge, in der man sich um das bemüht, »was existiert *und* was existieren könnte (...); ein geschärfter Sinn fürs Wirkliche, der aber niemals vor ihm zur Ruhe kommt; eine Bereitschaft, das was uns umgibt, fremd und einzigartig zu finden; eine gewisse Versessenheit, (...) dieselben Dinge anders zu betrachten« (Foucault 1984, 17f.). Umgekehrt lässt sich die mangelnde Wertschätzung des Anderen aus der Vorherrschaft intersubjektivitätszerstörender Machtzusammenhänge erklären – einer der instrumentellen Vernunft innewohnenden Tendenz zum verselbigenden Verstehen des Anderen im strategischen Diskurs.

6.3 Ist jeder Andere einer von uns? (*Ernst Tugendhat*)

Ernst Tugendhat (1993) sieht die Reichweite moralischer Verpflichtung ebenso in dem wechselseitigen und symmetrischen Verhältnis überlegungs- und kooperationsfähiger Personen, die gemeinsam Regeln des Zusammenlebens festlegen. Dabei orientiert er sich an Kant und dessen Zweck-an-sich-Formel des kategorischen Imperativs, die jedoch restriktiv im Sinne von »Instrumentalisiere niemanden!« ausgelegt wird.[78] Gegenüber Habermas wird der Einwand erhoben, er beschäftige sich nicht ausreichend mit der

---

78 Denn selbst nach I. Kants (1974, VII, 62) eigener Deutung behandeln verwundbare, endliche Wesen einander auch als Zwecke, weil sie sich gegenseitig ermutigen, helfen oder unterstützen.

Frage, welche Motive Individuen zu moralischem Handeln veranlassen. Insofern erhebt Tugendhat die Forderung, dass zusätzlich zu regelethischen Überlegungen auch tugendethische Reflexionen erforderlich seien. Schopenhauers Vorschlag, das Mitleid zum moralischen Prinzip zu erklären, wird zurückgewiesen. Mitleid ist nach Tugendhat keine zuverlässige moralische Triebfeder, da dieser Affekt sowohl subjektiv als auch intersubjektiv veränderbar ist und somit »kein Maß in sich trägt« (ebd., 185). Dagegen habe Erich Fromm eine Glückslehre entwickelt, die deutlich mache, dass ein geglücktes Leben nur im Kontext wechselseitiger liebender Anerkennung zu erlangen sei. Die über das Liebesbedürfnis gesteuerte Motivation zu moralischem Handeln bleibe bei Fromm jedoch auf Nahverhältnisse beschränkt und lasse sich erst mit Adam Smiths Theorie universeller intersubjektiver Billigung auf die Grundlage des kategorischen Imperativs stellen.[79]

Für Tugendhat können es nur das Wollen und die Interessen aller Mitglieder der moralischen Gemeinschaft sein, die den Maßstab für das Gute abgeben sollen. Jedes Individuum möchte sich als Mitglied einer Gemeinschaft verstehen und wolle daher ihren normativen Standards genügen. Es sei in seinem positiven Selbstwertgefühl von der Anerkennung durch eine Gemeinschaft abhängig und reagiere bei Verletzung dieser Standards mit entsprechenden Schamgefühlen oder schlechtem Gewissen. Andererseits sei es in der Erfahrung mit dem Anderen zur Übernahme von Verantwortung bereit, sobald es die moralische Einsicht entwickelt, dass der Andere »einer von uns« ist: »Wenn (...) das Gute nicht mehr transzendent vorgegeben ist, scheint nur die Rücksicht auf die Mitglieder der Gemeinschaft, die dann ihrerseits nicht mehr begrenzt werden kann, also auf alle anderen – und das heißt auf ihr Wollen, auf ihre Interessen – das Prinzip des Gutseins abzugeben« (ebd., 87). Wird der andere Mensch gleichbedeutend mit »einer von uns« verstanden, laufen wir freilich Gefahr, Menschsein stets im Sinne »der Musterexemplare dieser Spezies« zu deuten – »im Gegensatz gesehen zu unfertigen, abartigen oder missgestalteten Exemplaren der Menschheit« (Rorty 2000, 258).

---

[79] Vgl. E. Tugendhat (1993, 314): »Wem es überhaupt darum geht, gebilligt zu werden, dem muss es, wenn er sich nicht missversteht wie der Eitle, für den sich das Gebilligtwerden auf das Gefallen reduziert, darum gehen, aus der Perspektive des unparteilichen Betrachters gelobt zu werden, weil diese Perspektive von vornherein zum Sinn des Billigens gehört.«

Insofern ist die Antinomie in Tugendhats Formulierung auch nicht zu übersehen. Einerseits ist von einer nicht begrenzbaren Zahl der Mitglieder einer moralischen Gemeinschaft die Rede; im gleichen Atemzug wird aber nur so genannten willens- und interessenfähigen Menschen der Status moralfähiger Subjekte zugebilligt. Das moralische »alle« bezieht sich bei Tugendhat nur auf mögliche kooperationsfähige Mitglieder der menschlichen Gemeinschaft. Da auch Tugendhat mit »allen« nur jene meint, die moralische Verpflichtungen übernehmen können, bilden Tiere, Föten, komatöse Patienten usw. für ihn kein moralisches Gegenüber sozialer Interaktionen, sondern lediglich Adressaten eines praktisch-moralischen Diskurses. Sie fallen aus der moralischen Gemeinschaft heraus: »Die Totalität derjenigen, die wechselseitige Forderungen aneinander stellen können – die ›Subjekte‹ der Moral –, ist identisch mit der Totalität derjenigen, denen gegenüber wir moralisch verpflichtet sind – die ›Objekte‹ der Moral. Nur gegenüber diesen Wesen ist Achtung möglich« (ebd., 187). Als moralischer Mensch ist man laut Tugendhat dann berechtigt, keine Rücksicht auf Lebewesen zu nehmen, wenn diese keine moralischen Ansprüche in Form von Wille und Interessen artikulieren können.

In einem weiteren Schritt bemüht sich Tugendhat darum, seinen Begriff des moralischen Subjekts zu verdeutlichen. So lassen sich Kinder als Subjekte der moralischen Gemeinschaft verstehen – doch nur, weil sie später kooperationsfähige und eigenverantwortliche Wesen werden: »Kinder sind von der Geburt an sich allmählich entwickelnde Subjekte der moralischen Gemeinschaft und daher von Anfang an als vollgültige Objekte der moralischen Verpflichtung anzusehen. Die übliche Auffassung, dass die Geburt die entscheidende Zäsur ist, ist so naheliegend, weil hier tatsächlich gleich der Kommunikationsprozess einsetzt (›gleich, nicht sofort‹, könnte man sagen, daher das den sofort nach der Geburt erfolgenden Infantizid noch offen ließe)« (ebd., 194). Tugendhat spricht Neugeborenen den Status eines moralischen Gegenübers ab, in dem man sich »sofort« als »einer von uns« zu erkennen vermag. Das Lebensrecht des Menschen beginnt in einer Art Grauzone zwischen pränatalem Wachstumsprozess ohne kommunikativen Charakter und postnataler einsozialisierender Kommunikation. Das Hoheitsrecht über Leben und Tod auf diesem Gebiet soll in erster Linie den Ärzten obliegen.

Es klingt wenig aufrichtig, wenn Tugendhat schreibt: »Diese Rede ›er ist einer von uns‹ ist entscheidend für die moralische Betrachtungsweise, wenn es richtig ist, dass Moral etwas wesentlich Gemeinschaftsbezogenes ist. Es ist falsch, diese Rede als prinzipiell parteilich anzusehen. Sie ist es, wenn die Gemeinschaft als eine partikulare vorausgesetzt ist, aber sie ist es nicht, wenn sie universalisiert wird und das heißt alle kooperationsfähigen Lebewesen umfasst, und das heißt dann auch die verschiedenen Randgruppen der werdenden und lädierten Mitglieder; auch sie sind Mitglieder« (ebd., 195f.). Denn mit dem Pejorativ »lädiert« rechnet Tugendhat lediglich jene Menschen zu Mitgliedern der moralischen Gemeinschaft, die trotz ihrer Versehrtheit in der Lage sind, eigene Interessen zu bekunden.

In der Diskussion um den australischen Bioethiker Peter Singer hat sich Tugendhat immer wieder zu Wort gemeldet und für dessen Redefreiheit eingesetzt. Allerdings ist dabei auch deutlich geworden, welchen marginalen Stellenwert er der Meinung »Behinderter« in der Debatte über Euthanasie einräumt: Die »Diskussion ist zwar – beim jetzigen Status quo – im negativen Interesse der Behinderten, sie ist aber zugleich im positiven Interesse aller« (1992, 97). Um seinen »universalistischen« Moralprinzipien Geltung zu verleihen, legt Tugendhat zwar Wert auf die symbolische Anwesenheit »Behinderter« als Diskursteilnehmer, doch der Wahrheitsfähigkeit ihrer Interessen wird dabei allzu wenig Bedeutung beigemessen.

6.4 Achtung gegenüber Personen und Nicht-Personen (*Martin Seel*)

Martin Seel (1995) kritisiert in seiner praktischen Philosophie mit Recht Tugendhats eingeschränkten Anerkennungsbegriff und wendet ein, dass jede Person in ihrer Existenz und in ihrem Wohlergehen auf ein zuwendendes Verhalten anderer angewiesen ist und damit den Status eines moralischen Gegenübers einnimmt. »In diesem Sinne der Anerkennung unter Personen liegt bereits die Anerkennung einer möglichen Asymmetrie unter ihnen; in der Asymmetrie von Anerkennungsverhältnissen liegt damit zugleich die Symmetrie, dass jeder von uns in seinem Wohlergehen auf asymmetrische Fürsorge angewiesen war und möglicherweise sein wird« (ebd., 317). Für bestimmte Menschen – Behinderte, Kinder, Alte – gilt insofern, dass sie – auch ohne Pflichten – die gleiche Wertschätzung genießen, wie alle anderen Menschen. Sie sind mehr als bloße Adressaten – Randgruppen oder Sonderfälle – und verdienen uneingeschränkte moralische Rücksicht. Seels Ethik basiert auf der eudämonistischen Grundannahme, dass zu einem guten Leben die Teilnahme an intersubjektiver Praxis und die Erfahrung gelingender dialogischer Interaktion gehört. Damit diese Voraussetzungen erfüllt werden können, ist die Einbindung des Einzelnen innerhalb moralischer Beziehungen und Bindungen notwendig. Nur in Kontexten moralischer Anerkennung sind Menschen zu einem gelingenden Leben in der Lage. Eine Moral kann daher nicht im Sinne wechselseitiger Anerkennung auf Gleichbehandlung aller gerichtet sein. Es bedarf vielmehr einer Anerkennung, die weit über die wechselseitige Achtung selbstbestimmungsfähiger Menschen hinausgeht. Sie muss auch jene Menschen umfassen, die kein gutes Leben im üblichen Sinne haben, weil sich bei ihnen Wohlbefinden nicht im aufgefächerten Zeithorizont eines erwarteten, erinnerten und in diesem Zusammenhang erlebten existentiellen Gelingens und Misslingens steht.

Nach Seel muss eine Ethik in der Lage sein, den Sinn und die Reichweite moralischer Verpflichtung gerade dort verständlich zu machen, wo die Anerkennung nicht auf Wechselseitigkeit beruht, weil das moralbedürftige Subjekt Eigenschaften und Fähigkeiten zur Pflichtübernahme nicht besitzt. Daher besteht für ihn moralische Anerkennung nicht nur da, wo moralfähige im Sinne überlegungsfähiger Personen einander Regeln des Zusammenlebens festlegen. Insofern lautet seine Entschränkung des kantischen Universalismus, dass alle empfindungsfähigen menschlichen Wesen – in welcher Weise sich auch Leiden und Nichtleiden, Bewusstsein und Interessefähigkeit äußert – in ihrer Möglichkeit zu einem guten Leben Anerkennung als moralische Gegenüber beanspruchen können. Er erweitert den kategorischen Imperativ Kants zu: »*Handle so, dass du jederzeit allen anderen gegenüber die Möglichkeit eines für sie guten Lebens respektierst*« (1995, 264).

Die Schwierigkeiten in Seels Moraltheorie zeigen sich jedoch, wenn er ebenso wie Tugendhat von einer prinzipiellen Symmetrie der Anerkennung unter selbstbestimmungsfähigen Personen ausgeht: »Ich meine, dass nur eine Ethik der Anerkennung, die Moral primär als eine Beziehung unter moralischen Subjekten versteht, ein plausibles Verständnis von Moral formulieren kann; nur sie kann überhaupt verständlich machen, was es heißt, anderen

›etwas schuldig zu sein‹. Der Sinn moralischer Verpflichtung lässt sich allein ausgehend von einem Verpflichtetsein unter moralfähigen Subjekten verstehen. Dennoch ist diese Verpflichtung – in ihrer Reichweite – keineswegs auf moralische Subjekte beschränkt« (ebd., 258f.). Seels auf Symmetrie angelegte Ethik personaler Anerkennung enthält die Forderung nach »Respekt *unter* Personen, *gegenüber* Personen und Nicht-Personen« (ebd., 261). Die Anerkennungsformen der Wertschätzung und Solidarität lassen sich für ihn daraus begründen, dass das moralfähige Subjekt ein Wissen darüber besitzt, dass es in seinem Wohlergehen auf mögliche asymmetrische Fürsorge angewiesen ist.

Doch warum sollen die Verpflichtungen unter moralfähigen Personen ebenso den Kreis aller empfindungsfähigen Lebewesen umfassen? Kann Seel seine Formel, dass moralische Rücksicht ebenso gegenüber »Nicht-Personen« geboten ist, tatsächlich begründen? Warum sollte man moralisches Versagen in Form von Scham und schlechtem Gewissen empfinden, wenn man Verfehlungen bei Menschen begeht, die sich gegen Verletzungen von Normen des richtigen Umgangs aufgrund ihrer Hilflosigkeit nicht wehren können?

Das Dilemma in Seels Ethik der Anerkennung liegt darin, das symmetrische Verhältnis wechselseitiger Achtung als Basis einer Explikation auch der nicht-symmetrischen und nicht-reziproken moralischen Verpflichtungen zu gebrauchen: »Moralische Rücksicht ist Rücksicht unter Personen, gegenüber Personen und allen anderen, die in ihrem Wohlergehen *gleichfalls* auf eine interaktive Teilnahme an personalem Leben angewiesen sind. Kurz: Moralische Rücksicht betrifft alle, die in ihrem Wohlergehen auf die Rolle eines sozialen Gegenübers in personalen Interaktionen angewiesen sind.« (ebd., 299) Während Tugendhat von einem selbstbestimmungsfähigen Subjekt ausgeht, das unter der moralischen Nötigung steht, sich kooperativ zu verhalten, weil es nur so Anerkennung erfährt, ist es bei Seel das moralische Gegenüber in seiner Angewiesenheit auf interaktive Zuwendung, welches für das moralfähige Subjekt eine Nötigung darstellt. Doch was soll mich dazu aufrufen, den Anderen auch in einer Situation als moralisches Gegenüber anzuerkennen, in der er auf meine Fürsorge angewiesen ist? Seel unterstellt hier eine Neigung zu moralischer Verpflichtung, die er motivationstheoretisch nicht ausreichend begründen kann. Seine Erklärung reicht nicht aus, dass zur »moralischen Anerkennung auch unter Personen (...) bereits gehört, dass diese Anerkennung in Fällen der Krankheit und Not (weit) über die volle Wechselseitigkeit hinausreichen kann« (ebd., 275).

Im Gegensatz zu Axel Honneth und Ernst Tugendhat vermag Martin Seel für empfindungsfähige Personen ohne Selbstbewusstsein den Begriff des »moralischen Gegenübers« einzuführen. Er entfaltet ausführlich den Gedanken, dass nicht nur der identitäts- bzw. kooperationsfähige Mensch ein moralisches Wesen darstellt. Die wechselseitige personale Anerkennung kann einseitig ausgedehnt werden, weil es nicht-personale menschliche Wesen gibt, für die personale Zuwendung ein wesentlicher und notwendiger Bestandteil ihres guten Lebens ist. Seine Argumente für diese asymmetrische moralische Berücksichtigung leitet er aus dem Begriff der Angewiesenheit ab. »Es ist, so meine ich, das Faktum der *Angewiesenheit* auf interaktive Ansprache und Zuwendung durch moralfähige Subjekte, die ein Individuum auf eine besondere Weise in den Kreis des moralischen Adressaten stellt: die Tatsache, dass es von uns die Rolle eines interaktiven Gegenübers verlangt, dass es in seiner Lebensfähigkeit und in seinem Wohlergehen auf ein entsprechendes Verhalten unsererseits angewiesen ist« (ebd., 273).

So lautet Seels Fazit: »Solange Menschen überhaupt – in irgendeinem Sinn, ganz gleich in welchem Maß – subjektiv wahrnehmungsfähig sind, haben sie nicht nur ein Recht auf Leben, sondern auf eine uneingeschränkte Wahrung dieses Rechts ihnen gegenüber. Ihnen kommt dasjenige Recht auf Leben zu, das innerhalb einer personalen Moral notwendigerweise allen zuerkannt werden muss, die in der Position eines sozialen Gegenübers sind« (ebd., 281). Freilich zeigt sich die Problematik seiner moraltheoretischen Überlegungen spätestens dort, wo er konkret über Fragen an den Grenzen von Leben und Tod nachdenkt. So soll es in Einzelfällen erlaubt sein, das Leben komatöser Patienten »aus der advokatorisch eingenommenen Perspektive *dieses* anderen, dessen Leib nun nicht mehr die Regungen eines sozialen Gegenübers zeigt und der gleichwohl ein moralisches Gegenüber bleibt«, durch die Einstellung unterstützender Maßnahmen zu beenden. Wo man wie Seel die Frage zulässt, »ob dieses bloße Leben *im Sinn derer ist*, die jetzt ohne Bewusstsein ihres Lebens fortleben« (ebd. 280) , spricht man Menschen mit apallischem Syndrom (›Wachkoma‹) potentiell das Lebensrecht

131

ab.[80] Für Seel besteht kein Zweifel, dass sein Verständnis von Moral auch »die Möglichkeit einer Berechtigung von Selbsttötung und Tötung auf Verlangen offen« lässt (ebd., 280).

6.5 Der Andere als moralisches Gegenüber

In den anerkennungsorientierten Theorien stellt man sich nicht hinreichend genug die Frage, ob die entwickelten Grundsätze, Thesen und Modelle tatsächlich *alle* Menschen ausreichend berücksichtigen. Bei aller Unterschiedlichkeit dieser anerkennungstheoretischen Moralkonzepte zu denen des Utilitarismus: hinsichtlich des empirischen Begriffs von »Person« lassen sich große Gemeinsamkeiten feststellen. Auch sie deuten den Begriff des moralischen Subjekts in Verbindung mit Personalitätseigenschaften wie Selbstbewusstsein, was zu einer gefährlichen Affinität mit den bioethischen Entwürfen von Singer u.a. führen kann.[81] Die personale Identität des Menschen wird

---

80 Vgl. Ch. Leyendecker (1998, 319). Beim »apallischen Syndrom« – synonym: Wachkoma, persistent vegetative state (PVS) – handelt es sich um einen komplexen Zustand infolge einer Hirnschädigung. Es kann nicht nur als vegetativer Zustand beschrieben werden, sondern »ist eine aktive, auf tiefste Bewusstseinsebenen zurückgenommene Lebenstätigkeit.« Vgl. ebenso A. Zieger (1998) zu den neuen Forschungsergebnissen und Überlegungen im Umgang mit Wachkoma-Patienten. Danach belegen empirische Beobachtungen und neurophysiologische Untersuchungen die Wirksamkeit sensorischer Anregung und die Möglichkeit körpernahen Dialogaufbaus. Gleichwohl befürwortet M. Klein (1999, 71f.) bei PVS die aktive Sterbehilfe für den Fall, dass eine Patientenverfügung vorliegt, in der ein entsprechender Wunsch formuliert wird. Vgl. auch N. Hoerster (1998, 83ff.), der in der künstlichen Ernährung solcher Patienten eine begründungspflichtige Behandlung sieht. Er hält sie daher nur für geboten, wenn nachweisbar in früheren Zeiten ein Wunsch in diesem Sinne geäußert wurde.
81 Bekanntlich bindet P. Singer (1994, 120f.) das Lebensrecht an die Bedingung des Selbstbewusstseins. Er knüpft in dieser Hinsicht an die klassische Bestimmung des Personbegriffs in J. Lockes *Essays Concerning Human Understanding* (1671-1689) an, der einen empiristischen Begriff von Person als Bewusstseinskontinuität entwickelt und vom Menschen als biologischem Gattungsbegriff abhebt. Das Person-Sein besteht danach in der fortlaufenden Selbstwahrnehmung im Medium von Raum und Zeit bzw. in der Identität des Selbstbewusstseins. Singer löst den Begriff Person vollständig von dem des Menschen, indem er behauptet, es könnte Personen geben, die nicht Mitglied unserer Spezies sind, wie auch umgekehrt die Möglichkeit besteht, dass Mitglieder unserer Spezies keine Personen

zwar nicht naturalistisch interpretiert; vielmehr wird berücksichtigt, dass sie durch die interpersonale Ansprache des Anderen als Gegenüber wesentlich hervorgebracht wird. Gleichwohl wird eine bereits erworbene Identität immer schon vorausgesetzt, um verletzbare Personalitätseigenschaften zuschreiben zu können. Dahinter verbirgt sich die anthropologische Vorstellung vom Menschen als eines zur Selbstinterpretation befähigten Tieres (vgl. Taylor 1988, 9ff.).[82] Personen sind in dieser Hinsicht nur jene »Lebewesen, die sich überlegend und Stellung nehmend zu der Art und Einheit ihres Lebens verhalten können – was zugleich bedeutet: alle *moralfähigen* Individuen« (Seel 1995, 260).

Axel Honneths Rekonstruktion eines sittlichen Bildungsprozesses zur solidarischen Anerkennung von unterschiedlich individuierten Subjekten auf der Grundlage eines wechselseitigen »Sich-im-Anderen-Erkennens« (Hegel) hat im Blick auf behinderte Menschen deutlich werden lassen, dass eine soziale Wertschätzung dann nur auf jene beschränkt bliebe, die über intersubjektiv (mit-)geteilte und (an-)erkannte Fähigkeiten und Leistungen verfügen. In Übereinstimmung mit Singer, Hoerster u. a. wird die moralische Verletzbarkeit an das faktische Vorliegen von psychisch-mentalen Bedingungen gebunden. Die Empfindungs*fähigkeit* eines Menschen gelte dagegen als bloßes Widerfahrnis, der man keinen moralischen Wert zubilligt. Erst das begleitende Bewusstsein, in der eigenen Identität bzw. der Angewiesenheit auf Kooperation nicht anerkannt zu werden, mache die Bedingung moralischer Verletzung aus. Denn: »Nur solche Lebewesen sind moralisch überhaupt verletzbar, die sich in dem Sinn reflexiv auf ihr eigenes Leben beziehen, dass es ihnen voluntativ um ihr eigenes Wohlsein geht; denn ohne die Bezugnahme auf qualitative Maßstäbe des eigenen Lebens ist gar nicht erklärbar, was an einer Person eigentlich beschädigt oder beeinträchtigt wird, wenn wir statt von bloßem Schaden, Unglück oder Zwang von moralischen Verletzungen reden« (Honneth 1997, 31)

Im Gegensatz dazu werde ich in den kommenden Kapiteln die Ansicht vertreten, dass erst die reflektierte Einsicht in ein erweitertes moralisch-

---

sind. Im Falle von hoch entwickelten Säugetieren sei daher die moralische Rücksicht über die Speziesgrenze hinaus auszudehnen, während sie umgekehrt bei Föten, Embryonen, Säuglingen und schwerst geistig Behinderten eingeschränkt werden muss.
82 Zum anthropologischen Konzept der Person bei Ch. Taylor (1988), siehe auch A. Honneths Nachwort im selben Band (ebd., 300ff.).

praktisches Handeln im Sinne eines »Der-Eine-für-den-Anderen« (Levinas) eine plausible Begründung für die Anerkennung derer ermöglicht, die man oft abschätzig als »Grenzfälle des Lebens« bezeichnet. Im Blick auf Menschen, die ihr Leben lang auf Hilfe angewiesen sind, kann eine ethische Verpflichtung gegenüber dem schutzbedürftigen konkreten Anderen nicht überzeugend in einer *möglichen,* sondern nur in der *konstitutionellen* Hilfsbedürftigkeit und Schutzlosigkeit des anderen Menschen begründet werden. Ansonsten lässt sich die Frage, warum sich aus der Tatsache der nicht nur vorübergehenden Angewiesenheit auf personelle Zuwendung eine Verantwortung gegenüber dem hilfsbedürftigen Anderen ergeben soll, nicht schlüssig beantworten.

Die Art und Reichweite der Rücksichtnahme gegenüber dem konkreten Anderen kann mit der Ethik von Levinas als asymmetrische Verpflichtung erklärbar gemacht werden. Auch im Angesicht eines noch oder wieder oder immer sprachlosen menschlichen Gegenübers werde ich aufgerufen zur Verantwortung. Ohne einen definitiven und bedeutsamen Akt der Abwendung bzw. der Indifferenz ist es mir nicht möglich, ihn gleichgültig wie ein Ding zu behandeln. Martin Seel (1995, 319) kommt diesem Gedanken bereits sehr nahe, wenn er davon ausgeht, dass wir »nicht lediglich auf die Eigenschaften oder das Bündel von Eigenschaften« beim Anderen sehen dürfen. Insofern wäre es angesichts seiner Position, das »moralische Gegenüber« durch sein Angewiesensein auf »interaktive Ansprache« und »personale Zuwendung« zu bestimmen, nur folgerichtig, daraus den Status eines »moralischen Subjektes« abzuleiten. In der Nähe zum unvertretbaren und konkreten Anderen findet sich eine Dimension der Beziehung auf den Anderen, die durch einseitige Verantwortung geprägt ist. Durch dessen vorgängige Bitte oder Anfrage weiß ich mich ohne Erwägung wechselseitiger Pflichten zur Verantwortung genötigt.

7. Wege einer anderen Gerechtigkeit

7.1 Der moraltheoretische Diskurs der Moderne

Der praktische Diskurs der Moderne ruht im Wesentlichen auf der Grundlage von drei Modellen: der Kantischen deontologischen Moraltheorie, die gutes und richtiges Handeln aus einer Pflicht zur Achtung des moralischen Gesetzes begründet; dem konsequentialistischen Utilitarismus, der das Gute und Richtige von den positiven und negativen Folgen des Handelns her zu bestimmen sucht und dem Kontraktualismus mit seinem Modell einer Vertragssituation, in der moralische Prinzipien aus der wohlerwogenen Übereinkunft auf der Grundlage eines eingelebten Gerechtigkeitsverständnisses gewonnen werden. Alle ihnen verpflichteten Gerechtigkeitstheorien – Karl-Otto Apel/Jürgen Habermas, Richard M. Hare, John Rawls – vereint das Interesse an moralisch-praktischen Fragen allgemeingültiger Gerechtigkeit. Sie enthalten die Forderung, sich als moralisch Handelnder einem Universalisierungstest zu unterziehen und auf den Standpunkt derer zu stellen, die von den Maximen bzw. Folgen des eigenen Handelns betroffen sind. Dabei verzichten die auf formale Verfahrensregeln festgelegten deontologischen Ansätzen auf eine ethische Rückbindung auf partikulare Besonderheiten von Lebenskontexten. Deren Vorstellung lautet grob gesagt, dass in wertepluralistischen Gesellschaften Gerechtigkeit nur über einen Minimalbestand von Grundsätzen des Rechten zu erzielen sind. Dagegen sollen Fragen der Entscheidungen über das Glück außerhalb jeglicher moraltheoretischer Überlegungen bleiben. Der Utilitarismus erhebt den Anspruch, sich um dieses Glück zu kümmern. Doch das menschliche Handeln besteht für seine Vertreter einzig in der Verfolgung des eigenen Nutzens, bewusster Interessen oder stabiler und weitgehend kontextunabhängiger Präferenzen. Er leistet insofern einen fragwürdigen Beitrag zu einer kontextsensiblen Ethik des guten Lebens, als er die Gefahr heraufbeschwört, Vorstellungen von Glück auf der Grundlage eines bestimmten Menschenbildes vorzuschreiben.

Wie ich bereits gezeigt habe, gibt es gute Gründe, sich moraltheoretisch um ethisch-existentielle Fragen nach dem verfehlten oder guten Leben der Menschen nur insoweit zu kümmern, als sie zu Rechtsnormen verallgemeinerbar sind. Denn in allgemeinen moralischen Standards, anhand derer eine Lebensform als mehr oder weniger verfehlt, entstellt, unglücklich oder entfremdet bewertet werden könnte, läge in der Tat die Gefahr unweigerlicher gesellschaftlicher Bevormundung. So bleibt auf der Grundlage eines universalistischen Standpunkts moralischer Unparteilichkeit zunächst nur eine Anerkennung der Menschen als Personen mit gleichen Rechtsansprüchen möglich. Inwieweit mit der rechtlichen Achtung als *allgemeiner Anderer* auch eine Wertschätzung als *konkreter Anderer* mit dem Anspruch auf ein nicht verfehltes Leben verbunden ist, ist von diesem moralischen Standpunkt aus betrachtet nicht bedeutsam.[83] Diese ethische Indifferenz bei der Suche nach universalen Gerechtigkeitsmaßstäben, führt letztlich zu einer Blindheit gegenüber jenen Zuschreibungs- und Normalisierungsprozessen konkreter Lebensformen partikularer Gemeinschaften.

In meinen folgenden Überlegungen werde ich mich daher kritisch von diesen Moraltheorien absetzen und den Stellenwert bewerten, den die Moralkonzeptionen von Vertretern der kommunitaristischen und feministischen Bewegung für die Belange von Minderheiten besitzen. Anschließend werde ich begründen, warum ich lediglich in den »postmodernen«[84] Ethikkonzepten

---

83 J. N. Shklar (1997, 18) verbindet mit diesen Gerechtigkeitsmodellen das Problem, dass sie nicht wirklich dazu geeignet sind, alle Kennzeichen der Ungerechtigkeit oder ihrer Opfer zu untersuchen. Sie zementieren einen »unveränderlichen und strengen Unterschied zwischen dem, was ungerecht, und dem, was ein Unglück ist (...). Zudem macht uns diese Überzeugung geneigt, die passive Ungerechtigkeit, den Sinn des Opfers für Ungerechtigkeit und letztlich den vollständigen, komplexen und anhaltenden Charakter der Ungerechtigkeit als ein soziales Phänomen außer acht zu lassen.«

84 Durch J.-F. Lyotards »Bericht« zum »Wissen in den informatisierten Gesellschaften«, der 1979 erschien und den er *La condition postmoderne*, dtsch.: *Das postmoderne Wissen* (1986) überschrieb, erfuhr »postmodern« sowohl bei Anhängern als auch bei Skeptikern einen inflationären Gebrauch und wird für differente Positionen beansprucht. K.-J. Bruder (1999, 51) meint mit Recht, dass die Argumente der postmodernen Denker nicht auf eine »Gegenmoderne« oder eine Revision der Moderne hinauslaufen, sondern auf der Analyse gründen, »dass die Denkmuster und Lösungsvorstellungen der Moderne der postmodernen Situation nicht mehr gewachsen sind.«

und ihrem Eingedenken eines Anderen der Gerechtigkeit einen unverkürzten Gehalt sozialer Anerkennung vermute.

Wir müssen nach wie vor davon ausgehen, dass Gerechtigkeit eine unverzichtbare Norm darstellt. Eine Gerechtigkeitstheorie hat sich daher auch um die Garantien rechtlicher Gleichbehandlung zu kümmern. Gleichwohl ist zu bezweifeln, ob sich Ethiken weiterhin in Begriffen der Gleichheit und wechselseitigen Verantwortlichkeit erschöpfen können und jene moralischen Vorstellungen vernachlässigen dürfen, mit denen wir uns ohne Berücksichtigung wechselseitiger Pflichten oder allgemeiner Glücksansprüche dem Nächsten zuwenden und ihm in der Einstellung asymmetrischer Verpflichtungen begegnen. Die kantischen und vertragstheoretischen Moralphilosophien müssen sich mit dem Vorwurf auseinandersetzen, dass sich eine Ethik nicht allein auf einer Interessengemeinschaft freier Bürger gründen kann, in der alle Dank ihrer Würde Anspruch auf faire Behandlung haben. Dem Utilitarismus kann nicht zugute gehalten werden, er würde sich darüber hinaus an den Glücksansprüchen konkreter Individuen orientieren. Solange er nämlich das Glück des Einzelnen nur am allgemeinen Glück »der größten Zahl« oder an den egoistischen Präferenzen des Individuums verrechnet, sind die Folgen für behinderte Menschen ebenso problematisch. In beiden Konzepten taucht Solidarität ohne die Kraft auf, positive Pflichten zur Beseitigung privater und sozialer Leiderfahrungen begründen zu können.

Welche moralischen Überlegungen sind erforderlich, um auch die Bedürfnisse jener Menschen zu berücksichtigen, die aufgrund ihrer besonderen Lebenslagen auf die Fürsorge anderer angewiesen sind. Eine wirkliche Emanzipation behinderter Menschen als Individuen oder als Gruppe wäre meines Erachtens erst gewährleistet, wenn über ihre formale Gleichstellung als *Rechtssubjekte* hinaus, auch eine soziale Wertschätzung als *ethische Subjekte* erfolgt. Während sich *Gerechtigkeit* also lediglich auf die gleichen Freiheiten unvertretbarer und autonomer Individuen bezieht, würde sich *Solidarität* auch auf das Wohlwollen von Menschen richten, deren partikulare Lebensformen und Glücksansprüche man selbst nicht teilt. Solange sich die großen Moraltheorien der Moderne gegenüber den besonderen Lebensverhältnissen von (behinderten) Menschen ethisch neutral verhalten, verschleiern sie die Tatsache, dass ein von den gegebenen Asymmetrien der Macht abstrahierendes ethisches Vokabular nicht ausreicht, um deren Glücksansprüchen tatsächlich gerecht zu werden. Bei dem Begriff »Mensch«

und seiner »Würde« denken sie zuallererst an das unversehrte, sprach- und handlungsfähige Subjekt. Es gilt daher, die universalistischen Moraltheorien beim Wort zu nehmen, nämlich für *alle* Menschen zu sprechen und in genaueren Untersuchungen zu prüfen, ob sie ihr Versprechen einlösen können. Eine über dem Behindertsein stehende und an Eigenschaften und Fähigkeiten unversehrter Menschen orientierte Gerechtigkeitskonzeption ist, wie zu zeigen sein wird, uneingestanden partikularistisch und kann in der Konsequenz zur Legitimation neuer eugenischer Maßnahmen führen. Menschenwürde besagt eigentlich, dass der Mensch den Menschen unendlich übersteigt und die wahre Definition des Menschen seine Undefinierbarkeit ist. Sie lässt sich nicht positiv bestimmen, doch gibt es einige Handlungen und Unterlassungen, die auf jeden Fall und unter allen Umständen die gebotene Achtung der Menschenwürde verletzen und darum unbedingt zu vermeiden sind.

Was eine ehrwürdige Tradition »Glück« nennt, wird heute zunehmend mit dem Begriff »Lebensqualität« umschrieben. Im Unterschied zur Menschenwürde, bei der es sich eigentlich verbietet, inhaltliche Merkmale für das Glück der Menschen zu benennen, ist Lebensqualität ein positiv bestimmbarer sozialer Indikator für die Bewertung von Bedarfslücken und Verteilung von Mitteln (OECD 1982). Darüber hinaus ist es auch ein operationalisierbares Selektionskriterium, um, wie in der Bioethik-Debatte, Zustände der körperlichen und geistigen Verfassung und des psychischen Empfindens zu beschreiben, mit der sich Menschen in Nicht-Personen, präpersonale Wesen und depersonale Wesen kategorisieren lassen. Zur Lebensqualität wird heute auch wie selbstverständlich die Fähigkeit und der Wille zur Selbstbestimmung gezählt. Die modernen Gesellschaften betrachten ihn als unhintergehbaren Bestandteil individuellen Wohlergehens und den Ethiken dient er als Rechtfertigungsgrund und Orientierungsziel moralischen Handelns. Allerdings ist es fraglich, ob er in der Allianz mit dem Gebot der Menschenwürde einen ausreichenden Schutz des behinderten, dementen oder seinem Ende entgegengehenden Leben bieten kann. Dieser Begriff ist zu sehr noch an Kants Vorstellung von einem Subjekt sittlicher Autonomie orientiert, dem Würde aus seinem selbstbewussten Verhalten und durch gelungene Identitätsbildung zukommt. Wer die Selbstbestimmung zum zentralen ethischen Maßstab macht, geht meines Erachtens mit einer allzu großen Selbstverständlichkeit noch davon aus, wir könnten gegenüber unseren geäußerten Wünschen, eingenommenen Rollen und verinnerlichten Normen auf Distanz gehen und frei unterscheiden was wir selbst wollen und was von uns verlangt wird, dass wir es tun. Wir werden ausführlicher darauf zurückkommen (vgl. II/10.).

In gewisser Weise mag es diese Fähigkeit des modernen Individuums geben, sich von seinen auferlegten Wünschen, Rollen und Normen freizumachen und ein Subjekt des Wählens, Zurückweisen und Integrierens äußerer und innerer Ansprüche zu bilden. Jedenfalls wird diese liberale Vorstellung im Alltag von uns geglaubt und wir leben danach. Sind wir doch in der Lage uns durch eigene Entscheidungen von den Zwängen der Natur und dem Diktat sozial auferlegter Rollen zu lösen. Möglicherweise ist sie jedoch philosophisch falsch und politisch gefährlich. Bereits Sigmund Freud hat diesem ungebundenen Selbst mit seiner Aufweisung von bewusstseinsentzogenen, unbewussten Triebkräften und Motiven individuellen Handelns eine psychologische Kränkung zugefügt. Indem er diesem Subjekt gleichwohl die Fähigkeit attestiert, sich seiner unbewussten Regungen zu vergewissern und sein Handeln dadurch zu korrigieren, lässt er der Vorstellung individueller Selbstbestimmung noch ihre Daseinsberechtigung. Mit der sprachtheoretischen Kritik Saussures und des späten Wittgenstein ist allerdings alles individuelle Sprechen und Handeln in Abhängigkeit zu einem vorgängig gegebenen System sprachlicher Bedeutung betrachtet worden. Seither stellen Philosophie und Soziologie die Fähigkeit des menschlichen Subjekts zu autonomer Sinnkonstitution und Bedeutungsschöpfung weitgehend in Frage. Sprache und Gesellschaft bezeichnen nunmehr mit ihren symbolischen Formen Mächte, die in jedem Vollzug individuellen Handelns wirksam sind und daher von dem Subjekt niemals vollständig kontrolliert und durchschaut werden können.

Seltsamerweise ist man gerade in der Moraltheorie bis heute nicht bereit, diese narzisstische Kränkung zu akzeptieren. Mit dem Begriff der Selbstbestimmung glaubt man im allgemein immer noch, moralische Grundsätze rechtfertigen zu können. Dabei wird jedoch übersehen, dass das menschliche Subjekt eben nicht als ein sich vollkommen transparentes und seines Willen mächtigen Wesens zu begreifen ist, Damit soll nicht der Preisgabe jeder Idee individueller Autonomie das Wort geredet werden. Dieser Begriff besitzt zweifellos eine emanzipatorische Funktion. Wer wollte nicht zustimmen, wenn sich gerade behinderte Menschen auf dieses festgeschriebene Recht berufen. Dennoch möchte ich dafür sprechen, dass die Möglichkeiten neu ausgelotet werden müssen, in welcher Weise das Subjekt zu existentieller Autonomie gelangen kann. Es gilt, die Konstitutionsbedingungen moderner Subjektivität kritisch zu rekonstruieren, um damit neue Dimensionen sozialer Kontrolle erkennbar werden zu lassen. Die Idee der Selbstbestimmung kann ansonsten eine gefährliche normative Leitvorstellung werden, mit der sich in Zukunft biopolitische Selektionspraktiken unter dem Schein öffentlich garantierter Zwanglosigkeit rechtfertigen lassen. Ein tragfähigerer Begriff von Selbstbestimmung erschließt sich vielleicht dadurch, dass im Wissen um die Konstituiertheit der Wünsche und Ansprüche des eigenen Selbst, ein erweiterter Blick für gesellschaftliche Zwänge gewonnen wird.[85]

Im Blick auf *den* Menschen bildet der kategorische Imperativ Kants in seiner »Zweck-an-sich-Fassung« nach wie vor ein vorzügliches Instrument, um an die uneingelösten Versprechen der Aufklärung zu erinnern.[86] Gegenüber der ersten Fassung zielt Kant hier weniger auf die Einhaltung einer allgemeinen Regel als auf die Achtung der Person in ihrer Andersheit. Gleichwohl sind für Kant mit dem Menschen als »Zweck an sich« nur jene gemeint, die zu moralischem Handeln in der Lage sind.[87] Insofern betrifft die

---

85 U. Sierck (1992, 12) macht als Betroffener auf die besonderen Schwierigkeiten fürsorgeabhängiger Personen aufmerksam, zwischen eigentlicher und uneigentlicher Selbstbestimmung unterscheiden zu können: »Rehabilitationspolitik hat eine doppelte Perspektive: Die volkswirtschaftlichen, die sozial- und gesundheitsplanerischen Vorgaben sind verwoben mit individuellen Vorstellungen. Entscheidend ist, dass sich die Rehabilitation von Beginn an als eine Institution konstituiert hat, deren Träger die Definitionsmacht darüber haben, welche physischen und psychischen Möglichkeiten eines Menschen »brauchbar« sind und welche nicht. Für kranke, behinderte oder erschöpfte Personen gilt seither als notwendige Voraussetzung für den Erfolg einer Rehabilitationsmaßnahme, dass sie sich der Verfügung über jeden Bereich ihrer psychischen Identität unterordnen und der Enteignung ihrer Körper zustimmen. Dabei decken sich manche Anforderungen mit Wünschen oder sozialen Bedürfnissen behinderter Menschen. Sie wollen »dazugehören« aus der Objektrolle herauskommen. Inwieweit der vorhandene Anpassungsdruck einzelne Menschen Dinge tun lässt, die von staatlichen Planungen instrumentalisiert werden, ist allgemeingültig nicht zu beantworten.«
86 Vgl. I. Kant (VII, 1974, 61): »Handle so, dass du die Menschheit, sowohl in deiner Person, als in der Person eines jeden anderen, jederzeit zugleich als Zweck, niemals bloß als Mittel brauchst.«
87 Vgl. P. Ricoeurs (1996, 269ff.) Auseinandersetzung mit der Ambiguität in Kants Zweck-an-sich-Formel. Sie besteht darin, dass die Idee der Menschheit und die Andersheit der Personen eineins gesetzt wird. Die Andersheit der Personen widersetzen sich jedoch der vereinheitlichenden Tendenz des Begriffs der Menschheit. »Unter diesen Bedingungen

Moral für ihn lediglich so genannte »Vernunftwesen« und reicht im Prinzip weniger weit als die Spezies Mensch. Ungeborene, Kleinkinder, Menschen mit schwerer geistiger Behinderung fallen somit aus der moralischen Gemeinschaft heraus.

Doch was spricht dagegen, dass dieser Imperativ auch für jene Menschen Geltung haben muss, die nach Kants Auffassung selbst nicht Subjekte moralischen Handelns sein können? Nach diesem Verständnis begründet er mehr als eine Moral der gegenseitigen universalen Achtung. Er enthält neben dem Verbot, die anderen zu instrumentalisieren auch die Forderung, ihr Wohlergehen zu befördern. Freilich kann die Verwirklichung dieses moralischen Imperativs erst dann gelingen, wenn eine überzeugende Begründung für seine normative Geltung entwickelt ist. Gleichzeitig müssen die Lebensbedingungen aller konkreten Individuen in Betracht gezogen werden. Eine überzeugende Ethik hat zu berücksichtigen, was es heißt, *wer* in *welcher* Gesellschaft zu sein. Ansonsten wird sie sich stets von neuem dem skeptischen Einwand Nietzsches (V, 1980, 106) aussetzen: »Was die Philosophen ›Begründung der Moral‹ nannten und von sich forderten, war, im rechten Lichte besehen, nur eine gelehrte Form des guten *Glaubens* an die herrschende Moral, ein neues Mittel ihres *Ausdrucks*, also ein Thatbestand selbst innerhalb einer bestimmten Moralität, ja sogar, im letzten Grunde, eine Art Leugnung, dass diese Moral als Problem gefasst werden dürfe.«

7.2 Das Unbehagen gegenüber liberalen Moraltheorien

In den vergangenen Jahren hat eine Gegenbewegung zu den einflussreichen auf Kant zurückgehenden bzw. utilitaristischen Gerechtigkeitstheorien stattgefunden, die unter den Etiketten Kommunitarismus, feministische und postmoderne Ethiken firmieren. Trotz aller Diversität der Ansätze, eint alle das Engagement, der Frage nachzugehen, welche Überlegungen notwendig sind, um Benachteiligung von Minderheiten als ein politisches und ethisches Problem zu erfassen und ein Handeln zu begründen, durch das ein »System

---

kann praktische Weisheit darin bestehen, der Achtung der Personen den Vorrang zu geben – im Namen der Fürsorge selbst, die sich Personen in ihrer unersetzlichen Singularität zuwendet« (ebd., 318).

begrenzter Unverantwortlichkeit plus fürsorglicher staatlicher Intervention« (Frankenberg 1994, 214) überwunden werden kann. Theodor W. Adorno (1983, 130f.) hat ihre gemeinsame Forderung bereits 1945 auf eine bündige Formel gebracht: »Eine emanzipierte Gesellschaft jedoch wäre kein Einheitsstaat, sondern die Verwirklichung des Allgemeinen in der Versöhnung der Differenzen. Politik, der es darum im Ernst noch ginge, sollte deswegen die abstrakte Gleichheit der Menschen nicht einmal als Idee propagieren. Sie sollte statt dessen auf die schlechte Gleichheit heute, (...) den besseren Zustand aber denken als den, in dem man ohne Angst verschieden sein kann.«

In diesen ethischen Oppositionsbewegungen, werden berechtigte Argumente gegen die Diskursethik geltend gemacht. Wie bereits angesprochen, erhebt Jürgen Habermas nach wie vor den Anspruch, einen tragfähigen Begriff moralisch begründeter politischer und sozialer Gerechtigkeit entwickelt zu haben. Darin sollen auch jene Menschen Berücksichtigung finden, die nicht über gesellschaftlich erwünschte Eigenschaften und Fähigkeiten verfügen, sondern aufgrund ihrer besonderen Lebenslage auf die Fürsorge anderer angewiesen sind. Habermas mutet das moralische Überprüfungsverfahren zur Verallgemeinerung von Handlungsnormen nicht mehr wie Kant einem einsamen Subjekt zu, sondern betrachtet es als ein kommunikatives Geschehen auf der Grundlage einer zwanglosen und chancengleichen Teilnahme aller von einer strittigen Norm Betroffenen. Indem die Diskursteilnehmer eine rationale Verständigung über moralisch-praktische Fragen erzielen, soll gewährleistet sein, dass nur Normen Gültigkeit erhalten, die folgenden Bedingungen genügen: Die Folgen und Nebenwirkungen, die sich jeweils voraussichtlich ergeben, müssen von allen Betroffenen akzeptiert werden können (vgl. Habermas 1983, 76).

Doch allein der advokatorischen Diskurs über das Lebensrecht schwerstbehinderter neugeborener Kinder oder von Patienten im Wachkoma ist ein Lehrbeispiel dafür, dass mit der Diskursethik nicht alle Konfliktpunkte begründungstheoretisch aufgehoben sind. Das Problem des Hiatus zwischen universalistischen Geltungsansprüchen und partikularer Geltungserzeugung – die unaufhebbare Asymmetrie zwischen denjenigen, die sprechen und denen über die gesprochen wird – kann nicht behoben werden.[88]

---

88 Eine gewisse Ironie in der Euthanasiedebatte besteht darin, dass sich gerade die Vertreter des Utilitarismus auf die Prinzipien der Diskursethik berufen müssen, um potentiell Betroffene in eine performative Falle zu locken. Diejenigen, die fordern, dass nicht über *ihr* Le-

In der schon über zehn Jahre währenden US-Debatte zwischen Kommunitaristen und Liberalen wird von kommunitaristischer Seite aus ein parteilicher Standpunkt für gesellschaftliche Minderheiten eingefordert (Zahlmann 1992, Honneth 1993, Brumlik/Brunkhorst 1993, Frankenberg 1994, van den Brink/ van Reijen 1995 u. a.). Mit »Kommunitarismus« ist keine einheitliche Bewegung gemeint, sondern er dient gemeinhin als Sammelbegriff, unter dem sich verschiedene Varianten einordnen lassen. Dahinter verbirgt sich ein neuer Anlauf unter Bezugnahme auf Aristoteles das vorherrschende liberale Menschenbild in Frage zu stellen. Die Kritik lautet, dass die radikale Durchsetzung des sozial entpflichteten Individualismus zum Tod der freiheitlichen Demokratie führt. Die markantesten Konzeptionen des Kommunitarismus lassen sich mit den Namen Alasdair MacIntyre (1987), Charles Taylor (1992), Robert N. Bellah (1987) und Michael Walzer (1992) verbinden.

Gemeinsam ist allen, dass sie sich in der Hauptsache von der liberalen Position John Rawls (1979) herausgefordert fühlen und gegenüber deren Ideal gleicher Rechte die Vision geglückter Gemeinschaften in die Waagschale werfen. In Rawls Vertragstheorie wird von einem Urzustand ausgegangen, in dem alle gleich sind und sämtliche Entscheidungen hinter einem »Schleier des Nichtwissens« über mögliche individuelle Besonderheiten oder zukünftige soziale Positionen treffen. Keiner weiß zum Beispiel, wenn es in dieser fiktiven Verhandlung um die Rechte von »Behinderten« geht, ob er nicht vielleicht selbst zu dieser Gruppe gehören wird. »Zu den wesentlichen Eigenschaften dieser Situation gehört, dass niemand seine Stellung in der Gesellschaft kennt, seine Klasse oder seinen Status, ebenso wenig sein Los bei der Verteilung natürlicher Gaben wie Intelligenz oder Körperkraft. Ich nehme sogar an, dass die Beteiligten ihre Vorstellung vom Guten und ihre besonderen psychologischen Neigungen nicht kennen« (ebd., 29).

Die Teilnehmer verfügen allein über ein unumstrittenes Basiswissen bezüglich anthropologischer Gemeinsamkeiten wie Verletzlichkeit, soziale Abhängigkeit und dem Interesse, nicht indirekt oder direkt geschädigt zu werden. Dabei erscheinen Rawls zwei Prinzipien als gerecht, die allen weiteren Überlegungen zugrunde liegen sollen: (1) Gleichheitsprinzip: Jeder soll gleiche Rechte auf das umfangreiche System gleicher Grundfreiheiten haben,

---

bensrecht diskutiert werden darf, erklärt P. Singer (1994, 425ff.) zu Gesprächsverweigerern, die nicht betroffen sind und sich unfähig zeigen, eine ethisch neutrale Gerechtigkeitsperspektive einzunehmen.

soweit es mit den Interessen aller anderen verträglich ist. (2) Differenzprinzip: Soziale und wirtschaftliche Ungleichheiten sind so zu gestalten, dass sie zum Vorteil jedes Einzelnen dienen und mit Positionen und Ämtern verbunden sind, die allen offen stehen (ebd., 81). Die vertragsregelnden Parteien sollen in einem übergreifenden Konsens Grundsätze über die Legitimität paternalistischer Fürsorge unter dem Gesichtspunkt entwickeln, inwieweit sie den bestmöglichen Schutz des Individuums bei Schwäche und Versagen von Wille und Vernunft ermöglichen (ebd., 281f.).

In Rawls Konzept einer »Gerechtigkeit als Fairness« (1994) sind die zusammenkommenden Parteien zunächst »artifizielle Größen oder Konstrukte« (Habermas 1992, 80), die unbeeinflusst von symbolischen Ordnungen der sozialen Welt Platons körperlosen Wesen gleichen, die der Höhle vorgängiger konstituierter Gemeinschaften entronnen sind. Ihr »Sinn für Gerechtigkeit mag den Wunsch begründen, gerecht zu handeln; aber dieser ist kein automatisch wirksames Motiv wie z.B. der Wunsch, Schmerzen zu vermeiden« (ebd.). Insofern beansprucht Rawls für seine Theorie eine weitere Überlegung, indem er von einem »Überlegungs-Gleichgewicht« zwischen der Theorie und unseren »wohlüberlegten Überzeugungen« ausgeht. Dabei handelt es sich um einen komplexen Prozess gegenseitiger Angleichung von Überzeugung und Theorie: »Wir gehen hin und her, einmal ändern wir die Bedingungen für die Vertragssituation, ein andermal geben wir unsere Urteile auf und passen sie den Grundsätzen an; so, glaube ich, gelangen wir schließlich zu einer Konkretisierung des Urzustandes, die sowohl vernünftigen Bedingungen genügt als auch zu Grundsätzen führt, die mit unseren – gebührend bereinigten – wohlüberlegten Urteilen übereinstimmen« (Rawls 1979, 38).[89]

Gleichwohl schützt der »Schleier des Nichtwissens« nicht vor fortschrittsgläubigen Tendenzen, alles zu unternehmen, um die Menschen zu optimieren. So lesen wir bei Rawls, dass die Menschen im Urzustand »ihren Nachkommen die besten Erbeigenschaften mitgeben (ihre eigenen betrachten sie als festgelegt). (...) Die Gesellschaft muss also mit der Zeit dafür sorgen, dass sich die natürlichen Eigenschaften wenigstens nicht verschlechtern und

---

89 P. Ricoeur (1996, 287) sieht hier einen schlechten Zirkel: »Es mag zu den unbequemen Belastungen einer jeden Vertragstheorie gehören, dass sie aus einer von allen akzeptierten Prozedur jene Gerechtigkeitsprinzipien herleiten muss, die paradoxerweise bereits die Suche nach einem unabhängigen Vernunftargument motivieren.«

sich keine schweren Mängel ausbreiten. Diese Maßnahmen haben sich nach Grundsätzen zu richten, denen die Beteiligten um ihrer Nachfahren willen zustimmen würden. (...) Falls es eine obere Schranke der Begabung gibt, könnte man vermuten, dass wir schließlich zu einer Gesellschaft kommen, deren Mitglieder sich der größtmöglichen gleichen Freiheit und der höchsten gleichen Begabung erfreuen« (ebd., 129). Mit Fragen der Eugenik will sich der Autor zwar nicht beschäftigen; sie werden jedoch automatisch zum Thema des Lesers. In Rawls Gedankenexperiment wird davon ausgegangen, dass die Teilnehmer ein gleichsam natürliches Interesse mitbringen, ihren Nachkommen bessere biologische Gaben mitzugeben. Die Anwendung der Möglichkeiten anthropotechnischer Optimierung ist die logische Folge.

7.3 Gerechtigkeit ist nicht alles

John Rawls (1994) spricht inzwischen der Philosophie die Fähigkeit ab, die Wahrheit in Bezug auf eine unabhängige metaphysische und sittliche Ordnung ausfindig zu machen. Er begreift seine »Gerechtigkeit als Fairness« als eine politische Gerechtigkeitskonzeption für eine demokratische Gesellschaft, die »von einer bestimmten politischen Überlieferung ausgeht« (ebd., 258).[90] Er reagiert damit auf den kontextualistischen Einwand, dass in einer Welt unterschiedlicher Kulturen »die Vorstellungen davon, was gut und richtig ist, differieren und miteinander konkurrieren« (Walzer 1998, 129). Nach Michael Walzer (ebd.) »kann es keine allseits anwendbare einzige Universalformel geben, keinen universell gebilligten Weg, der von einem Konzept wie z.B. dem des ›gerechten Anteils‹ zu einer umfassenden Liste der Güter führt, auf die dieses Konzept anwendbar ist.«

In seinem Hauptwerk, *Sphären der Gerechtigkeit* (1983), entwickelt Walzer ein Gegenkonzept zu Rawls, das die für Gleichheit und Gerechtigkeit maßgeblichen Besonderheiten partikularer Gesellschaften berücksichtigt. Danach müssen die Grundsätze der Gerechtigkeit in den geteilten Wertüberzeugungen von Gesellschaften enthalten sein und sie lediglich interpretieren.

---

90 Vgl. R. Rorty (1988, 91), der J. Rawls Einstellung als »durch und durch historisch und antiuniversalistisch« bezeichnet.

Die Verteilung von sozialen Gütern – Macht, Anerkennung, Freiheit und Liebe - gestalte sich in den verschiedenen Sphären der Gerechtigkeit – Familie, Wohlfahrt, Markt, öffentliche Ämter, Arbeit, Freizeit, Erziehung - nach unterschiedlichen Kriterien und Praktiken. Ob das Prinzip des freien Austausches, des Verdienstes oder des Bedürfnisses eine angemessene Grundlage für die Verteilung von Gütern sein soll, bedürfe daher gesonderter Analysen. Walzer wirbt für eine komplexe Gleichheit, deren fragiles Gewebe zerstört werde, wenn die relative Autonomie der gesonderten Sphären keine Geltung mehr habe und die in einer Sphäre erworbenen Güter, die in der anderen Sphäre vorherrschenden Güter dominierten.[91] Nach Walzer dürfe der Staat nicht neutral sein, sondern müsse sich selbst in die Pflicht nehmen, das Recht partikularer Solidaritätsgemeinschaften durch gesetzliche Maßnahmen und finanzielle Unterstützung zu fördern.

Während für Rawls wie auch für Habermas Moral nur durch und in diskursiven Verhandlungen auf der Grundlage eines Konsenses rechtfertigbar ist, der alle widerstreitenden gemeinschaftsorientierten Werthaltungen überwindet[92], hebt die kommunitaristische Position die Abhängigkeit jeder gelungenen Form des politischen Zusammenlebens von der Vielzahl der Existenz konkret situierter Werte hervor. Einer ihrer bedeutendsten Vertreter, Charles Taylor, entwickelt in *Negative Freiheit* (1988) eine überzeugende Kritik am »Atomismus« liberaler Positionen und ihrer falschen Vorstellung vom Vorrang des Individuums und seiner Rechte gegenüber der Gesellschaft. Nach Taylor vollziehen die menschlichen Subjekte ihre Lebensentwürfe nicht individuell, sondern innerhalb »einer bestimmten Art von Zivilisation« (ebd., 175): Während den Liberalen die Idee maximaler, gleich verteilter Freiheitsrechte als oberster Maßstab politischer Gerechtigkeit dient, soll nach Taylor die Idee sozial verbindlicher Wertorientierungen in Gemeinschaften den entscheidenden Maßstab für die normative Beurteilung von Gesellschaf-

---

91 Vgl. M. Walzer (2000, 272): »Ich betrachte den Markt als eine legitime Distributionssphäre, in der unternehmerische Tatkraft, Wettbewerbsfähigkeit und Produktivität legitimerweise zu ungleichen finanziellen Belohnungen führen. Gleichwohl möchte ich dem Markt Grenzen setzen, um die anderen Sphären vor dem alles durchdringenden Einfluss des Geldes zu schützen. Wenn also die durch den Markt hervorgerufenen Ungleichheiten die Verteilung in anderen Sphären verzerren und wenn diese Verzerrung nicht durch eine stärkere Abschottung der Sphären voneinander beendet werden kann, dann ist eine Regulierung des Marktgeschehens notwendig.«
92 Vgl. die Auseinandersetzung zwischen J. Habermas (1997) und J. Rawls (1997).

ten darstellen. Das kulturelle Selbstverständnis einer Gemeinschaft soll die Kriterien vorgeben, an denen sich gesellschaftliche Wertmaßstäbe herausbilden.

Während die Liberalen beweisen wollen, dass eine Ethik des gerechten Handelns zugleich auch eine Ethik des guten Lebens gewährleistet und eine Reziprozität der als Gleiche gesetzten Akteure voraussetzen, entgegnen die Kommunitaristen, dass nur eine Orientierung an den in partikularen Lebensformen gebildeten Werten von Einzelnen oder Gruppen gerechtes Handeln hervorruft. Der Kommunitarismus artikuliert damit das Grundproblem einer Blindheit der modernen Gesellschaften gegenüber Formen struktureller Gewalt und sozialen Unrechts. Recht und Politik allein vermag die Auszehrung der sittlichen Substanz nicht aufzuhalten. Vielmehr tragen sie selbst zur Verselbständigung und Verdinglichung des Sozialen bei. Gleichwohl, so meint Walzer (1993, 170) in kritischer Absicht gegenüber antimodernistischen Kommunitaristen, sei es keine besonders hilfreiche Form der Kritik, »wenn man einfach behauptet, der Liberalismus (...) könne durch irgendeine vorliberale oder antiliberale Gemeinschaft, die ganz knapp unter der Oberfläche oder gleich hinter dem Horizont auf ihren Einsatz warte, ersetzt werden.«[93]

In ihrer Auseinandersetzung mit der modernen Moraltheorie haben einige Vertreter feministischer Ethik eine ambivalente Haltung gegenüber dem Kommunitarismus entwickelt (List/Studer 1989, Nagl-Docekal/Pauer-Studer 1993, Baier 1994, Lindemann/Wobbe 1994, Nunner-Winkler 1995, Nagl-Docekal/Pauer-Studer 1996, Dölling/Krais 1997 u. a.). Die konservativen politischen Konsequenzen der kommunitaristischen Liberalismuskritik mit ihren Appellen an Gemeinschaftswerte werden weitgehend abgelehnt. Gleichwohl räumt man ein, dass sie auf die mangelnde Kontextsensitivität liberaler Theorien aufmerksam gemacht habe (Pauer-Studer 1996). So trifft sich die feministische Ethik mit dem Kommunitarismus in dem gemeinsamen Zweifel an der liberalen Vorstellung eines unsituierten, aus allen lebensweltlichen Bezügen herausgelösten Subjekts. Besonders jene Philoso-

---

93 Ein Verdienst der sozialwissenschaftlichen Arbeiten im Umkreis des Kommunitarismus mag sein, dass sie auf desintegrierende Formen des Gemeinschaftsverlustes hinweisen. Indem sie sich jedoch auf verlorenengegangene Tugenden partikularer Gemeinschaften berufen, erscheinen die politischen Folgerungen ihrer Kritik am liberalen Rechtsstaat rückwärtsorientiert und verstellen den Blick gegenüber neuen Möglichkeiten befreiender sozialer Praktiken.

phinnen, die sich an Carol Gilligans (1984) »Care-Ethik« orientieren und den Frauen eine größere Affinität zu Tugenden wie Anteilnahme, Empathie und Solidarität zusprechen, sympathisieren mit dem Kommunitarismus. Für Gilligan genügt es nicht, bei den Rechten und der Gerechtigkeit überein zu stimmen, auf der Ebene der Fürsorge und Verantwortung jedem jedoch die Wahlfreiheit gemäß seinem individuellen Lebensmuster zu überlassen. Frauen können eher als Männer die Fürsorgeperspektive einnehmen, weil sie gesellschaftlich die Rolle als primär Sorgetragende bei der Kindererziehung spielen.[94]

Gilligans These von der Unvereinbarkeit einer an Prinzipien orientierten männlichen Gerechtigkeitsmoral und einer an kontextuellen Zusammenhängen sensibilisierten weiblichen Fürsorgemoral wurde innerhalb der feministischen Ethik heftig diskutiert. Die Kritik äußert sich darin, dass Gilligan einer Identitätsfixierung verhaftet bleibe – in dem Sinne, dass eine kulturelle Bestimmung des Subjekts »Frau« vorgenommen wird, die wiederum zu Ausschlüssen anderer benachteiligter Gruppen führen kann (Pauer-Studer 1996, 44). Das Geschlechterverhältnis ist ebenso wenig wie das Verhältnis zwischen »Behinderten« und »Nichtbehinderten« eine ontologische Gegebenheit, sondern teilt mit ihr das Schicksal, gemeinhin als unhinterfragbar gegebenes natürliches und unpolitisches Phänomen zu gelten. Daher kann es eine feministische Ethik ebenso wenig geben wie eine Ethik des Behindertseins. Vielmehr muss es darum gehen, Charakter und Struktur dieses historisch-kontingenten Verhältnisses in seiner Eigengesetzlichkeit zu verstehen und herauszuarbeiten, welche ethischen Lehren daraus zu ziehen sind.

Diesen antiessentialistischen Blick für die Konstruiertheit des Geschlechtsidentität (gender) und für die im praktischen Handeln der unterworfenen Frauen vollzogene Reproduktion von Herrschaft hat vor allem Judith Butler (1991, 1997, 1998, 2001a) in die feministische Diskussion eingeführt. Sie kritisiert jene feministischen Positionen, die sexuelle Differenz für unhintergehbar halten und der spezifisch weiblichen Seite dieser binären Opposition zum Ausdruck verhelfen wollen. Insofern richtet sie sich gegen jeden

---

94 Vgl. C. Gilligan (1984, 209): »Weil die Realität zwischenmenschlicher Beziehungen von Frauen eher als gegeben, denn als frei gewählt erfahren wird, reflektieren sie in ihrem Leben die Grenzen von Autonomie und Kontrolle stärker. Die Entwicklung von Frauen lässt sich daher als der Weg zu einem weniger gewalttätigen Leben und zu einer Reife darstellen, entstanden durch Interdependenz und die Übernahme von Fürsorge.«

Versuch einer Positivierung der Differenz mit Hilfe eines biologischen Begriffs vom weiblichen Körper. Hinter den Äußerungen über die »Frau« liege keine durch ihr biologisches Geschlecht (sex) bestimmte Identität. Vielmehr werde die Identität performativ durch diese Äußerungen erzeugt. »Das Subjekt ist genötigt, nach Anerkennung seiner eigenen Existenz in Kategorien, Begriffen und Namen zu trachten, die es nicht selbst hervorgebracht hat, und damit sucht es das Zeichen seiner eigenen Existenz außerhalb seiner selbst – in einem Diskurs, der zugleich dominant und indifferent ist« (2001a, 25). In Anlehnung an die genealogische Kritik Foucaults lehnt es Butler (1991, 9f.) daher ab, »nach den Ursprüngen der Geschlechtsidentität, der inneren Wahrheit des weiblichen Geschlechts« zu suchen. Sie stellt sich die Frage nach einer neuen politischen Gerechtigkeit, »wenn der Diskurs über die feministische Politik nicht länger von der Identität als gemeinsamen Grund eingeschränkt wird.« »Geschlechterdifferenz« hat für sie nur noch als eine zu dekonstruierende Kategorie Bedeutung und soll für die Möglichkeit vielschichtiger neuer Identifizierungen geöffnet werden.

Butlers konstruktivistische Ablehnung der Annahme, dass Zweigeschlechtlichkeit ein natürliches, präkulturelles Faktum sei, ist für unser Thema interessant. Daraus eröffnen sich neue Fragestellungen: Durch welche gesellschaftlichen Strukturen wird eine Zweiteilung der Menschen in »Behinderte« oder »Nichtbehinderte« erzeugt? Wie vollzieht sich eine Wahrnehmung, die unentwegt damit beschäftigt ist, Menschen nach diesen kategorialen Einteilungen zu sortieren? Wie kann die Macht, die das Subjekt konstituiert und die dieses Subjekt zu wiederholen gezwungen ist, durch die Wiederholung verändert werden? Butler definiert einerseits den »Anruf der Anerkennung« (1998, 44) als performativen Akt innerhalb eines Geflechtes von »diskursiven Gesten der Macht« (1997, 309); andererseits sucht sie nach einem erweiterungsfähigen und mitfühlenden »Vokabular der Anerkennung« jenseits identifizierender Zuschreibungen, das die »partizipatorische Basis des demokratischen Lebens« (ebd., 10) verbreitern soll.[95] Eine zukünftige

---

95 J. Butler (2001b, 591) ist wie ich davon überzeugt, dass uns Levinas Hinweise gibt, inwieweit das Subjekt mehr als nur Konstrukt sozialer Einschreibungen sein kann. »Es geht nicht nur darum, wie der andere hergestellt wird oder nicht (...), sondern darum, wer der andere ist, wie wir ihn ansprechen oder wie er uns anspricht und was es bedeutet, von ihm angesprochen zu werden. Das, was der andere ist, ist nicht reduzierbar auf das, was sagbar ist. Und ich muss zugeben, an dieser Stelle stecke ich theoretisch fest.«

Gesellschaft solle darauf verzichten, den performativen Status von »hate speech« durch juristische Entscheidungen zu kontrollieren; stattdessen den teilhabenden Einspruch derjenigen ermöglichen, die den Fremdzuschreibungen ihrer Identität widersprechen. »Die Resignifizierung des Sprechens erfordert, dass wir neue Kontexte eröffnen, auf Weisen sprechen, die noch niemals legitimiert wurden, und damit neue und zukünftige Formen der Legitimation hervorbringen« (1998, 65).

7.4 Das Andere der Gerechtigkeit

Eine ebenso weitreichende Kritik an liberalen Gerechtigkeitsmodellen kommt von Philosophen wie Jean-François Lyotard, Michel Foucault, Emmanuel Levinas und Jacques Derrida. Der ethische Standpunkt dieser »postmodernen« Philosophie liegt in der Zurückweisung typisch moderner Umgangsweisen mit moralischen Problemen. Auf moralische Herausforderungen wird nicht mit dem Zwang zu normativen Regeln mit universalistischer Gültigkeit gesucht. Mit dem Kommunitarismus stimmen sie darüber ein, die Möglichkeit des Menschen als formal autonomes Subjekt zu bestreiten. Auch sie gehen von einem Subjekt aus, das in Kontexten gemeinschaftlich situiert ist. Ebenso folgern sie daraus, dass es Gemeinschaften von Benachteiligten gibt, die nach Maßgabe eines hegemonialen Diskurses, der in der Sprache allgemeiner Vernunft auftritt, unterdrückt werden. Gleichwohl gründet ihr Ansatz zur Ethik in einem radikaleren Zweifel an dem unhinterfragten Begriff der Gemeinschaft. Danach haben sich die Mitglieder einer benachteiligten Gruppe nicht für die jeweilige Gemeinschaftsform entschieden, sondern sie werden zuvor gesellschaftlich auf Identitäten mit gemeinsamen Merkmalen festgelegt. Insofern könne man nicht mehr von der naiven Grundannahme ausgehen, gruppenbezogene Lebensformen würden sich als gleichsam unschuldiger Bereich jenseits staatlicher Einflussnahme konstituieren.

Die normative Grundlage der »postmodernen« Kritik an den westlichen Demokratien resultiert auf der Vorstellung einer demokratiefördernden Politik der Differenz. In einer Politik auf der Basis von Differenz (anstatt von festgelegten Identitäten) verbietet sich der Rückgriff auf ein fundierendes Subjekt, denn ansonsten setzte man genau die Subjekte voraus, die man repräsentieren will und die man zu befreien vorgibt. Das liberale Konzept unabhängiger Subjekte, die mit fertigen Rechten und Identitäten ausgestattet sind, wird abgelehnt. Unterhalb der formalen Gleichstellung autonomer Rechtssubjekte verlaufe eine unterirdische Geschichte der sozialen Kontrolle, die jenseits von Gerechtigkeit eine auf Differenz aufbauende Subjektivierung hervorbringt und in einer Art wirksam ist, dass Appelle an Gemeinsinn und Bürgersinn zu kurz greifen. Das Prinzip der Gerechtigkeit als Basis der Moral und des Rechts wird daher um den normativen Gesichtspunkt der *absoluten Andersheit* der einzelnen Person zu einer *Ethik der Sorge* erweitert.

Den am Vertrag (Rawls) oder am konsensuellen Diskurs (Apel, Habermas) orientierten Gerechtigkeitstheorien wird vorgehalten, dass sie sich nur an rechtlich kodifizierbaren Normen orientieren, und dass sie daher den Bereich fortdauernder und faktischer Machtverhältnisse, innerhalb dessen sich konsensuelle Gerechtigkeitsvorstellungen vollzogen haben, nicht ins Blickfeld bekommen. Ebenso orientiere sich der Kommunitarismus an einem falschen Begriff der Andersheit, indem er damit immer schon die jeweils bereits gesellschaftlich markierten Individuen oder Gruppen bezeichnet. Er sei deshalb zu keinem angemessenen Umgang mit dem Besonderen oder Heterogenen in der Lage; dem also, was sich bei Theodor W. Adorno als Nicht-Identisches, bei Jacques Derrida als Differentes und bei Emmanuel Levinas als Anderer dem Wahrheitsspiel moralisch-praktischer Diskurse entziehe. Gerechtigkeit sei daher nicht »einfach ein juridischer oder ein politischer Begriff«, sondern »Erfahrung der Andersheit« (Derrida 1991, 56f.).

Die Vertreter der Postmoderne eint die Gemeinsamkeit, *Theoretiker der Andersheit* zu sein. Sie fordern dazu auf, das irreduzible Anderssein sowohl des Selbst als auch des Mitmenschen zum zentralen Bestimmungsgrund moralischen Denkens zu erklären. »Andersheit« des Selbst und des Anderen heißt bei ihnen, sich in einer moralischen Haltung – einem Ethos – zu üben, das die Nichtidentität zwischen einem Erkennen des Anderen und dessen Andersheit herausstellt. In ihrer gesellschaftlichen Kritik leiten sie den Mangel an individuellem Wohlergehen der Menschen aus dem Mangel an sozialer Berücksichtigung dieses Sachverhaltes ab. Sie orientieren sich nicht nur an einem Begriff der »Handlungsverantwortung«, also an der Suche einer Antwort auf die kantische Frage »Was soll ich tun?«, sondern stellen sich in ihrer Verantwortung für Andersheit dem vorausliegenden politischen und moralischen Problem, wie wir mit unserem Tun der Gewalt entkommen können, den/das Andere(n) zum Selben zu machen und dabei als Anderes zu vernichten. Solange sich die moderne Moraltheorie gegenüber ihren Fragestellungen verweigere, werde es keine wirkliche soziale Anerkennung der behinderten Menschen in unserer Gesellschaft geben.

Nach Jean-François Lyotard (1987) und Jacques Derrida (1991) hat unsere Logik der Identität im Begriff des Volkes von Anbeginn die Gewalt verschleiert, die im republikanischen Gründungsakt zur Herstellung einer Demokratie vor sich ging. Mit der französischen und amerikanischen Unabhängigkeitserklärung sei zwar zum ersten Mal eine Pflicht zur universalistischen Legitimation von Politik und Moral in die Geschichte eingeführt worden. Doch die Universalie »Volk« ist eine Figur nationaler und politischer Identität, die sich von Anbeginn nur unter der Bedingung von Ausgrenzung hat herstellen lassen. Mit seiner Einsetzung als neuer Souverän wurde eine wichtige politische Asymmetrie übersehen: die zwischen Gesetzgebern und denen, für die die Gesetze gelten. Gleichsam in einer Art Schöpfung aus dem Nichts soll der revolutionäre Wille des Volkes als Souverän die Legitimationsinstanz für die Verfassung sein; die ihrerseits Kraft ihrer Autorität den Willen des Volkes zum höchsten Gesetz erklärt.[96] Damit erfahre die vormalige Macht des Souveräns als Person nun eine auf Identität mit sich selbst festgelegte Symbolisierung im Volk.

Doch die zirkuläre Logik der Identität habe immer schon denen Gewalt angetan, die sich aufgrund ihres Andersseins jenseits des gleichmachenden »Wir« befinden: entweder durch Exklusionsmechanismen in Form von Internierung und Asylierung und/oder durch Inklusionsbestrebungen in ein Regime von Normen, die als Gradmesser für die Bestimmung abweichender Identitäten Geltung erlangen. Die republikanische Gerechtigkeit basiere somit auf einem Gründungsakt, der ein Moment ausschließender Gewalt in sich birgt, das den Anderen als »Anderen« konstituiert und in einem sekundären

---

96 P. Ricoeur (1996, 277f.) sieht in J.-J. Rousseaus *Du Contract social* (2. Buch, Kap. VII) wie auch in I. Kants *Metaphysik der Sitten* (Erster Teil. Rechtslehre §§ 46, 47) »das ungelöste Rätsel der Gründung der Republik durch die Formulierung des Vertrags« hindurchschimmern. »Bei ersterem muss auf einen Gesetzgeber zurückgegriffen werden, um dem Labyrinth des Politischen zu entrinnen. Der letztere setzt ohne weitere Begründung die Verbindung zwischen Autonomie oder Selbstgesetzgebung und Gesellschaftsvertrag voraus, durch den jedes Mitglied einer Menge auf seine wilde Freiheit verzichtet, um sie in Form der bürgerlichen Freiheit als Mitglied einer Republik wiederzuerlangen.«

voluntaristischen Akt integriert oder ausschließt. Die Fragen: »Wer ist das ›Wir‹?« »In wessen Namen sprichst Du?« werden seither zu fundamental politischen und moralischen Fragen.

7.5 Humanismus des anderen Menschen

Die Ethik der Sorge für den Anderen von Levinas lässt sich als eine mögliche Antwort auf diese Kritik lesen. Für ihn ist die Grundlage des Sozialpaktes nicht ein Vertrag, sondern eine Gerechtigkeitsforderung zugunsten des Anderen. Levinas ist überzeugt davon, dass sowohl die Konstitution des ethischen Subjekts als auch sein Scheitern im Mord oder Krieg erst verständlich wird aus der Beziehung des »der-Eine-für-den-Anderen«. Der Andere setzt das ethische Subjekt in eine Beziehung mit einer Transzendenz, besser mit Derrida »ursprüngliche Differenz« genannt, die außerhalb dieses Systems des objektivierten Denkens bleibt. Mit seinem Auftauchen durchbricht er dessen objektivierenden Horizont. »Das Gesicht des Nächsten bedeutet mir eine unabweisbare Verantwortung, die jeder freien Zustimmung, jedem Pakt, jedem Vertrag vorausgeht« (Levinas 1992a, 199). Es offenbart mir die Realität des Anderen in seiner unverstellten Menschlichkeit, jenseits aller sozialen Rollen, die zu spielen er gelernt haben mag. Es ist ein »Sagen vor aller Sprache« (ebd., 52), das sich als ethischer Widerstand des Anderen jeder Gewalt des Verstehens und Beherrschens entzieht.[97] In ihm symbolisiert sich reine Kontingenz des Anderen, seine Schwäche und Sterblichkeit, seine schutzlose Ausgesetztheit, d.h. seine stumme Bitte (und Frage und Forderung), die er durch seine bloße Präsenz an mich richtet.

Der Gedanke der Andersheit des Anderen im ethischen Verhältnis führt Levinas zu einem neuen kritischen Bewusstsein für die soziale Welt. Der ursprünglich verantwortungsvolle Bezug zum Anderen bildet die Conditio

---

97 Hier kommt E. Levinas einem Gedanken von M. Merleau-Ponty (1966, 198) sehr nahe. Dieser geht davon aus, dass in der Beziehung zum Anderen neben den »konventionellen Ausdrucksmittel(n)«, in denen Bezeichnendes und Bezeichnetes auseinanderfallen, »eine ursprüngliche Leistung des Bedeutens« angenommen werden muss, »in der das Ausgedrückte nicht neben dem Ausdruck existiert, vielmehr die Zeichen selbst ihren Sinn ins Außen hineintragen.«

sine qua non aller Gerechtigkeit. Eine Gesellschaft, die sich in ihren Gerechtigkeitsmaßstäben allein auf das Prinzip der Ausgewogenheit unterschiedlicher Interessen ihrer Mitglieder gründet, bleibt für ihn eine abstrakte und gefährliche Idee. Das Prinzip interessenorientierter formaler Gleichheit unter den Mitgliedern der Gesellschaft übersieht nämlich die konkrete Ungerechtigkeit gegenüber Ansprüchen von Menschen, die keine Interessen formulieren können. Eine elementare Fürsorge für den Anderen – selbst da, wo sie zu Lasten des eigenen Wohlbefindens ginge – kann es in ihr nicht geben. »Die Moralität entsteht nicht in der Gleichheit; sie entsteht vielmehr darin, dass die unendlichen Forderungen in einem Punkte des Universums konvergieren, darin, dass man den Armen, dem Fremden, der Witwe und dem Waisen dient« (1987, 361).

Gerechtigkeit lässt sich nicht auf einem System von Gesetzen und Institutionen verwirklichen, dessen Funktionsweise nicht von der Sorge um den Anderen getragen ist. Ebenso wenig lässt sie sich allein durch die ethische Nähe zweier Menschen bestimmen. Zur gesellschaftlichen Dimension erweitert sich die Gerechtigkeit erst durch die Anwesenheit des »Dritten«. »In der Nähe des Anderen bedrängen mich – bis zur Besessenheit – auch all die Anderen, die Andere sind für den Anderen, und schon schreit die Besessenheit nach Gerechtigkeit« (1992a, 344). Die Universalisierung moralischer Normen im Zeichen des Dritten ist ohne die Verstrickung in der vorintentionalen Beziehung zum Anderen nicht denkbar. »In den Augen des Anderen sieht mich der Dritte an« (1987, 307f.). Als Nächster des Anderen ist der Dritte für die Erste Person Singular ein »Ferner« oder die dritte Person, die im Feld des Ethischen die Dimension der Allgemeinheit eröffnet. »Die Gerechtigkeit, die Gesellschaft, der Staat und seine Institutionen – die verschiedenen Weisen des Sich-Austauschens und der Arbeit, von der Nähe her verstanden – bedeuten jeweils, dass nichts sich der Kontrolle der Verantwortung des Einen für den Anderen entziehen kann« (1992a, 347).

Unter dem Prinzip der normativen Gerechtigkeit, erscheint der Andere nicht mehr als unvertretbare Person, die sich meiner Verantwortung darbietet, sondern als Individuum, das Mitglied einer Gesellschaft, Bürger eines Staates ist, in dem gleiche Gesetze für alle gelten. Im Rahmen gesellschaftlicher Öffentlichkeit treten meine asymmetrischen ethischen Verpflichtungen gegenüber dem Anderen in einen politischen Kontext und verwandeln sich in die universale Symmetrie der Beziehung zwischen Gleichen.[98] Der ursprüngliche ethische Anspruch vervielfältigt sich nicht in einer Weise, dass der Dritte Teil einer Masse ist, sondern er bleibt immerfort der Nächste des Nächsten des Nächsten usw. Gegenüber dem Dritten steht somit die Verantwortung des ethischen Subjekts unter derselben Verpflichtung wie gegenüber jedem anderen Menschen.

Doch die Ambiguität zwischen dem Anderen und dem Fernen ist nicht übersehbar. Die Anwesenheit des Dritten an der Seite des Anderen bedingt unvermeidlich institutionelle Regelungen. Die Gerechtigkeitssphäre kann den Bereich der Güte absorbieren. Die interpersonale Beziehung steht immer in Gefahr, im System der universalen Gesetze unterzugehen. Für Levinas stellt somit der egalitäre liberal-demokratische Staat nicht das letzte Wort der Gerechtigkeit dar. Er steht immer noch in der Gefahr, das beständige Wohl um den Anderen zugunsten einer formellen rechtlichen Gleichheit aus den Augen zu verlieren. Gewalt gegen die Schwachen, gegen die Ausgeschlossenen und Opfer können sich darunter perpetuieren. Die politische Utopie zieht sich endlos im Subjekt als verantwortlichem Ich zusammen. Ist das Subjekt im direkten Bezug zum Anderen Untertan, so wird es im Bezug zur Allgemeinheit zum letzten Grund des Urteils. Dieses Urteil bemisst sich an keinem »Universalisierungsgrundsatz«, an keinem »Prinzip der Fairness« und an keiner »Goldenen Regel«, sondern an der verpflichtenden Nähe zum Nächsten des Nächsten, der Anderer im ursprünglichen Sinne ist.

Die normativen Ausgangsbedingungen des modernen Rechtsverhältnisses lauten lediglich, dass allen Rechtssubjekten die gleichen Chancen in der Ausübung ihrer individuellen Freiheitsrechte, sozialen Rechte auf Fürsorge und politischen Teilhaberechte garantiert werden sollen. Im Einzelfall wird bei konkreten Rechtsstreitigkeiten nach dem Grundsatz interessenorientierter Gleichbehandlung berechtigter Ansprüche geprüft. Levinas' Idee einer Ge-

---

98 J. Zirfas (1999, 262) geht davon aus, dass sich E. Levinas »in der Abkopplung der Verantwortung aus einer reziproken Struktur der Ethik (...) der Möglichkeit eines Begründungsversuchs der Ethik im Sinne eines sich wechselseitigen Verständigens über moralische Sachverhalte und Probleme« beraube. Dabei bleibt jedoch unberücksichtigt, dass für Levinas (1992a, 343) mit der immer schon vorhandenen Anwesenheit des »Dritten« die asymmetrische Beziehung zum Anderen bereits in ein Verhältnis wechselseitiger Anerkennung umgeschlagen ist. »Der Dritte führt einen Widerspruch in das Sagen ein, dessen Bedeutung angesichts des Anderen bis dahin nur in eine einzige Richtung ging. Von selbst findet nun die Verantwortung eine Grenze, entsteht die Frage: »Was habe ich gerechterweise zu tun?«

rechtigkeit gegenüber der »Unendlichkeit« des konkreten Anderen muss in der Rechtsanwendung unberücksichtigt bleiben. Das, was er mit der unendlichen und asymmetrischen Verantwortung für das Wohl des Einzelnen meint, wird zu einer wechselseitigen Pflicht zur Gleichbehandlung nivelliert. Doch in »Wirklichkeit schließt mich die Gerechtigkeit nicht in das Gleichgewicht ihrer Universalität ein – die Gerechtigkeit nötigt mich, über die gerade Linie der Gerechtigkeit hinauszugehen, und nichts kann danach das Ende dieses Ganges bestimmen; hinter der geraden Linie des Gesetzes erstreckt sich unendlich und unerforscht das Land der Güte, das alle Hilfsmittel einer singulären Präsenz benötigt« (1987, 360).[99]

---

99 Vgl. zum Begriff der Gerechtigkeit bei E. Levinas u.a. W. Lesch (1990), S. Mosès (1993), W. Lippitz (1994).

8. Die Aneignung des Anderen in der Heilpädagogik (*Michael Schwager*)

8.1 Enthüllungsstrategien

Die »Schwerstbehindertenpädagogik«[100] hat es mit Menschen zu tun, die aufgrund ihrer Andersheit dem Bild eines vertrauten Gegenübers nicht entsprechen. Sie lösen Irritation und Befremden aus, weil sie die herkömmlichen Erziehungs- und Bildungserwartungen in Frage stellen. Die Heilpädagogik hat sich daher in diesem Bereich einer besonderen ethischen Herausforderung zu stellen. Sie muss einen Betrachtungsgesichtspunkt ins Licht rücken, der versucht, der Alternative von bloß Defizitärem und schon Normalem zu entkommen. In der heilpädagogischen Forschung ist man trotz aller Neigung, die eigene Theoriebildung historisch zu relativieren, wenig bereit, sich als Teil jener normalisierenden Machtzusammenhänge zu verste-

---

[100] G. Theunissen (1992, 16f.) stellt fest, dass es bis heute keine allgemeingültige Definition gibt, was unter dem Etikett »Schwerstbehinderung« zu verstehen ist. »Daran wird sich auch zukünftig wohl kaum etwas ändern. Denn Schwerstbehinderung ist, wie der Terminus Behinderung überhaupt, in starkem Maß normabhängig und somit ein adskriptives Phänomen (Zuschreibungskriterium), das sich durch das Urteil anderer ergibt.« Gleichwohl nennt er »sechs Problemgruppen«, die gemeinhin dem Personenkreis der Schwerstbehinderten zugerechnet werden:
- »Menschen, bei denen die Schwere der Körperbehinderung oder Sinnesschädigung dominiert;
- Menschen bei denen die Schwere der geistigen Behinderung dominiert;
- Menschen, die neben einer (schweren) geistigen Behinderung massiv körperlich behindert oder sinnesgeschädigt sind;
- Menschen, bei denen neben einer geistigen Behinderung massive Verhaltensauffälligkeiten bzw. Hospitalisierungssymptome dominieren;
- Menschen, bei denen spezielle Krankheiten neben einer geistigen Behinderung oder Mehrfachbehinderung dominieren;
- Geistig behinderte Menschen mit dem Erscheinungsbild eines typischen Autismus.«

hen, von denen man den »Behinderten« befreien möchte.[101] Das euphemistische Credo lautet: »Heilpädagogisches Denken und Handeln ist unzertrennlich mit der Idee einer Überwindung gegebener Not und einer besseren Welt verbunden« (Speck 1996, 177). Die Heilpädagogik wird seit Ulrich Bleidicks Zweiteilung der Behindertenpädagogik (Heil- oder Sonderpädagogik) in wertfreie Erziehungswissenschaft und normative Erziehungsphilosophie (1984) häufig noch als eine zweipolige Wissenschaft betrachtet, in der säuberlich getrennt werden kann zwischen beschreibenden Aussagen und normativen Basisentscheidungen.[102] »Das bedeutet dann, dass in der Wissenschaftssprache Regeln eingehalten werden, die sicherstellen, dass wertende und beschreibende Aussagen unterschieden werden, und dass auch der Entscheidungsprozeß für bestimmte Werte und für die Ableitung von Normen offengelegt und als solcher kenntlich gemacht wird, damit dieser intersubjektiv nachvollzogen bzw. kritisiert werden kann« (Speck 1987, 204f.). Vor vermeintlich destruktivem wiederkehrenden Krisengerede wird gewarnt (Jantzen 1995; Möckel 1996) und eine »Heilpädagogik in der Wendezeit« (Opp u. a. 1996) ausgerufen. Stets möchte man mit neuen – phänomenologischen, existentialistischen, materialistischen, anthropologischen, psychoanalytischen, sprachpragmatischen, ökosystemischen usw. Legitimationsstrategien *verstehenden* Zugangs zum Anderen und seiner Lebenswelt das eigene System der Wahrheit dort ansiedeln, wo Machtbeziehungen überwunden sind.

Mit Dieter Gröschkes *Praktische Ethik der Heilpädagogik* (1993) und Urs Haeberlins *Heilpädagogik als wertgeleitete Wissenschaft* (1996) liegen in-

---

101 Während die Allgemeine Pädagogik (Giesecke 1985, Wünsche 1985, Wulf 1986, Lenzen 1987, Mollenhauer 1987, Bittner 1991) ihr normatives Selbstverständnis dekonstruiert, erschöpft sich die Selbstkritik der Heilpädagogik bestenfalls darin, den Anspruch auf Eigenständigkeit aufzugeben und ihre Kompetenzen in die Allgemeine Erziehungswissenschaft einzubringen.

102 H. Siegenthaler (1984, 165f.) spricht von »anthropologischen Grundentscheidungen« bzw. nicht mehr hinterfragbaren »Basisentscheidungen«. Seine normative Forderung eines offen zu gestaltenden Menschenbildes gerät freilich zum Glaubensbekenntnis: »Gesundheit *und* Krankheit, Behindertsein *und* Nichtbehindertsein werden somit zu je besonderen Ausprägungen des Menschseins. Keine hat vor einer anderen in irgendwelcher Weise einen Vorrang, keine besitzt besondere Würde, keine bedarf der besonderen Beteuerungen, dass es sich um ›volles‹ Menschsein handle. Ausprägungen welcher Art auch immer, gesund, verzerrt oder verkrüppelt, sind immer Ausprägungen des vollwertigen Menschseins!«

zwischen beachtenswerte Versuche einer moralischen Begründung wertorientierter Heilpädagogik vor. Bei beiden Autoren findet sich, trotz aller Unterschiede in der Begründung, dieselbe Art von grundsätzlichem Vorgehen: Sie verfolgen den Anspruch, eine spezielle heilpädagogische Ethik aus der interessegeleiteten engagierten Perspektive dieser Disziplin heraus zu entwickeln. Ihr Vorschlag lautet, dass die Heilpädagogik ihre normativen Fragen nicht an die praktische Philosophie delegieren kann, sondern ihre Wert-, Ziel- und Sinnfragen selbst beantworten muss. Das klingt verständlich, angesichts der bedrohlichen Tendenzen aus anderen Gebieten von Wissenschaft und Gesellschaft. Gleichwohl sprechen gewichtige Argumente gegen einen ethischen Alleingang der Heilpädagogik: Liefe sie dann nicht noch mehr Gefahr, mit ihren moralischen Forderungen ins Abseits zu geraten? Brauchen wir tatsächlich Sonder-Ethiken für Sonder-Menschen? Geht es nicht darum, einen gegenüber der Heilpädagogik unabhängigen normativen Standpunkt der Anerkennung *aller* Menschen zu gewinnen?[103] Die Heilpädagogik kann den Blick nicht weiterhin auf die Besonderheit behinderter Menschen, ihre besondere Lebenswelt und ihren besonderen Förderbedarf richten, sondern hat nach Gemeinsamkeiten in der Beziehung von Menschen jenseits von Behinderung zu fragen. Nach wie vor lautet die zentrale ethische Frage in der Heilpädagogik, wie eine gewaltfreie Anerkennung behinderter Menschen im pädagogischen Prozess möglich ist. Gerade im Umgang mit schwerstbehinderten Personen liegt eine Situation »doppelter Kontingenz« (Luhmann 1987, 148-190) vor, die unweigerlich zu Verunsicherungen in der Verständigung führt. Der Andere lässt sich nicht in die Sinnstruktur des Pädagogen einführen. Er ist fremd und als Fremder, gemessen an der Lebenswelt seines Gegenübers einmalig und unverfügbar. Wie lässt sich daher auf das Ausbleiben eines intersubjektiv geteilten Sinns reagieren?

---

103 Vgl. dazu V. Mosers (2000, 51-54) Kritik an den berufsständischen Begründungsverfahren in der Heilpädagogik. Sie schlägt vor, sich von der Vorstellung »einer normativen, praxisregulierenden Leitwissenschaft« zu verabschieden, um eine gesellschaftstheoretische Reflexion auf die professionelle «Doppelmandatschaft» aus Stellvertretung und Normalisierung freizugeben.

8.2 Die Wut des Verstehens

Meiner folgenden Kritik an Michael Schwagers *Verständigung mit geistigbehinderten Menschen* (1990) möchte ich eine bekannte Stelle aus Friedrich E. D. Schleiermachers *Über die Religion* (1799) voranstellen. Sie deutet ein Verstehen des Anderen an, in dem das Besondere nicht von einem bereits eingenommenen Platz des Allgemeinen aus wahrgenommen wird: »Mit Schmerzen sehe ich es täglich wie die Wut des Verstehens den Sinn gar nicht aufkommen lässt, und wie alles sich vereinigt den Menschen an das Endliche und an einen sehr kleinen Punkt desselben zu befestigen damit das Unendliche ihm so weit als möglich aus den Augen gerückt werde« (zit. n. Hörisch 1988, 51). Schleiermacher denkt hier vielleicht an die Möglichkeit einer Hermeneutik, mit der an die Stelle eines objektiven sprachlichen Sinns der Wahrheitsbezug unendlichen sprachlichen Verstehens gesetzt wird, das Sprecher und Hörer, Autor und Interpret miteinander verbindet. Avant la lettre wird hier zur Vorsicht gegenüber dem Alleinvertretungsanspruch technologischer Denkmodelle aufgerufen, wie sie z.B. in den behavioristischen und verhaltenstherapeutischen Denkansätzen der Heilpädagogik bis heute noch vorherrschen: Pädagogische Verantwortung wird darin auf Methodologie, d.h. die Auswahl und den Einsatz der richtigen Mittel zur weitest gehenden Herstellung von Normalität reduziert. Dabei betrachten die Pädagogen ihr Gegenüber häufig nicht als ein Subjekt mit eigener Geschichte und individuellen Möglichkeiten, sondern reduzieren es auf seine behinderungsspezifischen Defizite.

In kritischer Distanz dazu beruft sich Schwager auf eine Sprachphilosophie, die auf einer transzendentalpragmatischen Begründung unhintergehbarer rationaler Sinnverständigung gründet. Darin wird mit »Verstehen« eine als immer schon vorhanden unterstellte praktische Fähigkeit zum verantwortlichen Handeln explizit gemacht. Ich möchte zunächst anzweifeln, dass sich das Verstehen von Äußerungen und Handlungen mit dem allzu engen kognitivistischen Begründungsmodell der Sprachpragmatik hinreichend erfassen lässt. Darüber hinaus sollen die weiteren Kapitel den Nachweis erbringen, dass die Begegnung des Anderen nicht darin besteht, vollständig in der Erschlossenheit des Seins aufzugehen. Am Ende wird es mir um die Beantwortung der Frage gehen, »in welchem Maße (...) die Beziehung zum Anderen oder die Gemeinschaftlichkeit unsere auf das Verstehen nicht zurückführbare

Beziehung zum Unendlichen ist« (Levinas 1983, 118). »Er begegnet mir nicht vom Sein überhaupt her. Allerdings bietet sich alles, was mir an ihm vom Sein im allgemeinen her zugänglich wird, meinem Verstehen und meinem Besitz« (ebd., 117). Das soll nicht heißen, gegenüber jedem pädagogischen Anspruch zu verstehen, die Kapitulation einzuläuten. Vielmehr geht es darum, zwischen »dem bloß negativen Unverständnis gegenüber dem Anderen« aus Böswilligkeit heraus und »dem wesentlichen Nichtbegreifen des Unendlichen« zu unterscheiden (ebd., 206).[104]

Bekanntlich spielt bei Karl-Otto Apel (1984) und Jürgen Habermas (1981 I, 384ff.) der Unterschied zwischen erfolgsorientiertem instrumentellen bzw. strategischen Handeln und verständigungsorientiertem kommunikativen Handeln eine wesentliche Rolle. Im Modell des erfolgsorientierten Handelns orientieren sich die Handelnden in erster Linie an den egozentrischen Kalkülen von Mittel und Zweck, um ihre Interessen durchzusetzen. Hingegen spricht Habermas (ebd., 385) von »*kommunikativen* Handlungen, wenn die Handlungspläne der beteiligten Aktoren (...) über Akte der Verständigung koordiniert werden.« In diesem Sinne hat er schon sehr früh auf den Zusammenhang von verständigungsorientierter Sprachbenutzung und Mündigkeit hingewiesen. »Das, was uns aus Natur heraushebt, ist (...) der einzige Sachverhalt, den wir seiner Natur nach kennen können: *die Sprache*. Mit ihrer Struktur ist Mündigkeit *für uns* gesetzt« (1969, 163). Gemeinsam mit Apel hat Habermas zu begründen versucht, wie durch die Struktur der Sprache nicht nur Mündigkeit in Form kommunikativer Kompetenz für uns diktiert ist, sondern damit zugleich auch Versöhnung in Form »unversehrter Intersubjektivität« (1981 Bd. I, 523). Dabei knüpfen beide an der Sprechakttheo-

---

104 Vgl. die »deutsch-französische Debatte« zur Hermeneutik (Forget 1984, 58) und die Rückfrage J. Derridas auf H.-G. Gadamers Anliegen, die Überwindung der Fremdheit als eigentliche Aufgabe der Hermeneutik zu betrachten: »Ob man nun von der Verständigung oder vom Missverständnis (Schleiermacher) ausgeht, immer muss man sich doch fragen, ob die Bedingung des Verstehens, weit entfernt davon, ein sich kontinuierlich entfaltender Bezug zu sein (...), nicht doch eher der Bruch des Bezugs ist, der Bruch als Bezug gewissermaßen, eine Aufhebung aller Vermittlung?« Eine ähnlich lautende Kritik an Gadamers Hermeneutik findet sich bei B. Waldenfels (1999b, 81): »Eine neue Sichtweise bahnt sich an, wenn die Unverständlichkeit als *Grenze der Verständlichkeit* gefasst wird, und zwar nicht als vorläufige, sondern als unaufhebbare Grenze, die sich verschieben, aber nicht tilgen lässt, gleich dem Schatten, der mit uns wandert, wie immer wir uns wenden und drehen.«

rie von John L. Austin und John R. Searle an, um diese auf ihre logischen Geltungsbedingungen hin zu untersuchen.

Der Gedankengang lautet grob verkürzt: Als Sprechakte ist allen Sätzen eine performativ-propositionale Doppelstruktur eigen. Über sie eröffnen sich vier Geltungsdimensionen der Sprache – (1) Verständlichkeit (der Äußerung), (2) Wahrheit (ihres propositionalen Gehalts), (3) Richtigkeit (ihres performativen Bestandteils) und (4) Wahrhaftigkeit (des sprechenden Subjekts) (vgl. 1989, 354). Das hat zur Folge, dass die Diskursteilnehmer im sprachlichen Verständigungsprozess mit ihren Äußerungen universale Geltungsansprüche stellen müssen – in konstativen Sprechhandlungen in Form von Wahrheitsansprüchen, in normenregulierenden Sprechhandlungen in Form von Richtigkeitsansprüchen und in expressiven Sprechhandlungen in Form von Wahrhaftigkeitsansprüchen. Die Handelnden beziehen sich dabei je unterschiedlich auf etwas in der objektiven Welt (als der Gesamtheit existierender Sachverhalte), auf etwas in der gemeinsamen sozialen Welt (als der Gesamtheit legitim geregelter interpersonaler Beziehungen) oder auf etwas in der eigenen subjektiven Welt (als der Gesamtheit privilegiert zugänglicher Erlebnisse) (1983, 68).

Im Gegensatz zu Wittgensteins Theorie kontextueller Sprachspiele sprechen Apel und Habermas hier von unhintergehbaren Geltungsregeln in einem (quasi)transzendentalen Sprachspiel, die man nicht ohne einen »performativen Selbstwiderspruch« bestreiten kann und die daher nach Apels Überzeugung einem Letztbegründungsanspruch genügen.[105] Apels (1987, 116ff.) Gedankengang lautet: Wer argumentiert, muss immer schon voraussetzen, dass er im Diskurs zu wahren Ergebnissen gelangen kann, d.h. dass es Wahrheit gibt. Er setzt ferner voraus, dass der Gesprächspartner, mit dem er redet, im Prinzip aufrichtig und zur Erkenntnis der Wahrheit fähig ist. Schließlich darf er niemanden daran hindern, seine Argumente vorzubringen. Wer argumentierend die Gültigkeit dieser unvermeidlichen Vorannahmen der verstän-

---

105 J. Habermas (1983, 108) lehnt K.-O. Apels Forderung einer a priori gültigen Letztbegründung ab und geht davon aus, dass wir die kommunikative Rationalität innerhalb der sittlichen Struktur der Lebenswelt ansiedeln müssen. Apel (1989, 27f.) antwortet mit einer scharfen Kritik. Er wirft Habermas ein Denken vor, das »sich logisch als *circulus vitiosus* bzw. als *petitio principii*, deontologisch als *naturalistischer* oder auch *substantialistischer Fehlschluss* charakterisieren lässt.«

digungsorientierten Rede in Frage stellt, kann nicht mehr ernsthaft den Wahrheitsanspruch seiner Rede fordern.

Nach Apel und Habermas ist die Argumentationssituation für die Gesprächteilnehmer unhintergehbar. Es muss daher in jeder realen Verständigung darum gehen, diese idealen Geltungsbedingungen herrschaftsfreier Verständigung zu verwirklichen. Indem wir verständigungsorientiert kontrafaktisch die ideale Kommunikationsgemeinschaft antizipieren, realisieren wir in der Sprache schon eine Struktur der idealen Kommunikationsgemeinschaft. In der Terminologie von Habermas heißt das: Wir sind in einem verständigungsorientierten Diskurs immer schon genötigt, eine »ideale Sprechsituation« zu unterstellen. »Die ideale Sprechsituation schließt systematische Verzerrung der Kommunikation aus. Nur dann herrscht ausschließlich der eigentümlich zwanglose Zwang des besseren Argumentes, der die methodische Überprüfung von Behauptungen sachverständig zum Zuge kommen lässt und die Entscheidung praktischer Fragen rational motivieren kann« (Habermas/Luhmann 1985, 137). Die Begriffe »ideale Kommunikationsgemeinschaft« und »ideale Sprechsituation« bezeichnen also auf der Ebene des Diskurses kontrafaktische Unterstellungen, die den Status von Idealisierungen haben, die wir immer schon vornehmen, wenn wir in eine Redesituation eintreten.

Damit auch Bedingungen zur freien und chancengleichen Teilnahme an Diskursen vorliegen, müssen laut Habermas weitere Diskursregeln gelten, die allgemeine Symmetriebedingungen der Argumentation benennen. Sie lauten: (1) Jedes sprach- und handlungsfähige Subjekt darf an Diskursen teilnehmen. (2a) Jeder darf jede Behauptung problematisieren. (2b) Jeder darf jede Behauptung in den Diskurs einführen. (2c) Jeder darf seine Einstellungen, Wünsche und Bedürfnisse äußern. (3) Kein Sprecher darf durch innerhalb oder außerhalb des Diskurses herrschenden Zwang daran gehindert werden, seine in (1) oder (2) festgelegten Rechte wahrzunehmen (vgl. Habermas 1983, 99). In der Situation argumentativer Rede müssen sich die Gesprächsteilnehmer immer schon als *zurechnungsfähige Personen* anerkennen, die zu der Erkenntnis konsensueller Wahrheit fähig sind.

Auf dieser Grundlage besagt der diskursethische Grundsatz (D), dass nur Normen Gültigkeit beanspruchen können, die die Zustimmung aller Betroffenen in einem freien und gleichen Diskurs finden (vgl. ebd., 76). Daraus leitet Apel (1988, 123) wiederum ein moralisches Handlungsprinzip (Uh) ab, das an die Stelle des kategorischen Imperativs von Kant treten kann: »Handle nur nach einer Maxime, von der du, aufgrund realer Verständigung mit den Betroffenen bzw. ihren Anwälten oder – ersatzweise – aufgrund eines entsprechenden Gedankenexperiments, unterstellen kannst, dass die Folgen und Nebenwirkungen, die sich aus ihrer allgemeinen Befolgung für die Befriedigung der Interessen jedes einzelnen Betroffenen voraussichtlich ergeben, in einem realen Diskurs von allen Betroffenen zwanglos akzeptiert werden können.«

8.3 Körperlose Sprache – sprachloser Körper

Welche Bedeutung misst nun Schwager der Diskursethik im Rahmen heilpädagogischen Handelns zu? Wenn Verstehens- und Verständigungsprobleme bereits zwischen rational motivierten Diskursteilnehmern die Regel sind, so werden sie im Verhältnis zwischen Pädagogen und Kindern bzw. Menschen mit einer schweren geistigen Behinderung zumeist offensichtlich. Die übliche zukunfts- und entwicklungsorientierte Einstellung der Heilpädagogen werden im Umgang mit Menschen, die sich nicht mit den Mitteln der natürlichen Sprache äußern können, zuweilen dramatisch in Frage gestellt. Dennoch können nach Ansicht Schwagers auch sie nicht aus dem Regelzusammenhang der argumentativen Rede aussteigen. Der radikale Gesprächsverweigerer würde in der Logik der Diskursethik immer einen ernsten existentiell-pathologischen Fall darstellen, dem nur die Flucht in den Selbstmord oder die Geisteskrankheit hilft (Habermas 1983, 110) oder »bei dem vielleicht Therapie (auch therapeutischer Diskurs) noch helfen kann« (Apel 1988, 449, Anm. 92).

Für den besonderen Fall, dass es ein Gesprächspartner an Bereitschaft oder Fähigkeit zur Verständigung mangeln lässt, hat Apel insofern ein moralisch-strategisches Ergänzungsprinzip eingeführt. Er hält es »bei lebensweltlichen Interessenkonflikten« (ebd., 144) für nicht möglich, ja sogar ethisch unvertretbar, nach den Bedingungen einer idealen Kommunikationsgemeinschaft zu handeln, die ein kommunikatives, nicht strategisches Verhalten zum Mitmenschen fordern. Dennoch soll nach Apel die Vorsichtsregel gelten, dass sich ein strategisches Handeln immer nur daraus legitimieren darf, dass es als Ziel die Herstellung kommunikativen Handelns bezweckt.

In diesem Sinne beschreibt Schwager in Bezug auf Apel das heilpädagogische Handeln als einen besonderen Typ des rationalen Handelns. Im Unterschied zum bloß strategischen Handeln ist es auf eine Verständigung des Erziehenden mit dem Objekt seiner Handlung, dem Kind mit einer geistigen Behinderung als Co-Subjekt des kommunikativen Handelns ausgerichtet. Andererseits kann es im Unterschied zum kommunikativen Handeln die Verständigung nicht bereits in Anspruch nehmen, sondern benötigt dazu auch den strategischen Einsatz einsichtsvermittelnder pädagogischer Techniken: »Der methodische Ansatz des Pädagogen (...) besteht also, genau genommen, darin, Objektivation und Manipulation einerseits, provokative Verständigung andererseits so miteinander zu verknüpfen, dass im Falle des Gelingens der Prozedur der erste Bestandteil überflüssig wird, weil dem objektivierenden Ansatz der Gegenstand entzogen wird: Das unreife, von außen zu disziplinierende Verhalten des Kindes soll schließlich dank der richtigen Erziehung im autonomen Verhalten des Erwachsenen verschwinden« (1974, 332).

Schwager (1990, 5) möchte nachweisen, dass mit Hilfe dieser sprachpragmatischen Überlegungen »eine rationale Begründung speziell des pädagogischen Handelns mit Geistigbehinderten möglich ist und dass die aus den Bedingungen der sprachlichen Verständigung rekonstruierbaren und tranzendentalpragmatisch begründbaren Normen auch für das Handeln mit Geistigbehinderten Gültigkeit haben.« Nachdem er sorgfältig aufzeigt, wie Sprache und Handeln ineinander verwoben sind, kommt er zu folgendem Ergebnis: Jede sinnvolle lautsprachliche Äußerung lässt sich als performativer Sprechakt reformulieren und kann somit nach den unhintergehbaren Geltungskriterien der Wahrheit, der normativen Richtigkeit und der Authentizität überprüft werden. Die Heilpädagogik muss daher in ihrer Suche nach Verständigung auch mit Menschen, die absehbar nicht sprechen werden können, immer schon die Geltung dieser pragmatischen Grundregeln voraussetzen. Wenn die Realisierung der idealen Sprach- und Handlungsgemeinschaft als nicht hintergehbare Norm rationalen Handelns zu gelten hat, dann bezieht dies das Handeln mit geistigbehinderten Menschen zwangsläufig mit ein (vgl. ebd., 177).

Dementsprechend stellt sich für Schwager (ebd., 494) nicht das Problem, »ob dieses Ziel auch für das Handeln mit Geistigbehinderten gilt, sondern die Frage lautet nur, wie dieses Ziel im Handeln mit Geistigbehinderten zu realisieren ist. Jedes Handeln, welches dieses Ziele nicht verfolgt, kann infolgedessen begründet als schlechtes Handeln verurteilt werden.« Insofern erübrigt sich für ihn auch das Problem, die Erziehung geistig behinderter Menschen unter Berufung auf eine besondere ethische Verantwortung oder auf eine besondere Anthropologie gesondert zu begründen (vgl. ebd., 289). Er wirft der traditionellen Heilpädagogik vor, dass sie die geistigbehinderten Menschen »zu Objekten hochgradig spekulativer und metaphysischer Theoriebildung« macht, »die neben mehr oder weniger obskuren Absichten, nicht zuletzt dazu dienen sollen (...) eine außersprachliche Verständigung herbeizuführen« (ebd., 4).

Weiterhin unterstellt er den »normativen Positionen« (u.a. Haeberlin, Kobi, Feuser, Jantzen, Speck, Pfeffer), dass sie Verstehen und Verständigung in ihrem pädagogischen Handelns immer schon voraussetzen, dabei aber nicht ausreichend berücksichtigen, dass die Vermittlung kommunikativer Kompetenz Ziel und nicht Voraussetzung pädagogischen Handelns ist.[106] Für Schwager ergibt sich dagegen die Bedeutung empirisch-rationaler Positionen in der Sonderpädagogik (u.a. Bleidick, Anstötz, Kanter, Klauer) aus deren Grundannahme, dass das pädagogische Handeln immer auch eine Form strategischen Handelns sein muss. Der Pädagoge sollte dabei aber immer zugleich die Absicht verfolgen, sein Gegenüber zu einem handlungsfähigen Subjekt zu erziehen. »Zur Realisierung dieses Zweckes vermittelt der Erziehende Inhalte, Fähigkeiten und Normen, und er setzt zu diesem Zweck Techniken ein, von denen angenommen wird, dass sie geeignet sind, den Zweck der Erziehung zu realisieren« (ebd., 285). Denn angesichts einer notwendigen Unterlegenheitszumutung des Erziehers an den zu Erziehenden kommt nach Apels Auffassung »der zumindest ex professione überlegene Partner des Verhältnisses gar nicht darum herum, die kommunikative Verständigung mit dem anderen Partner partiell zu suspendieren und an ihrer Stelle ein Verhältnis der Verhaltens-Erklärung eintreten zu lassen« (Apel 1974, 331).

---

106 Vgl. in diesem Zusammenhang P. Rödlers (1993, 26ff.) kritische Auseinandersetzung mit M. Schwager, der ich einige wichtige Anregungen verdanke.

Gleichwohl gibt es für Schwager einen entscheidenden Unterschied zwischen der empirisch-analytischen (Heil-)Pädagogik und einer sprachpragmatisch begründeten (Heil-)Pädagogik: In der empirisch-analytischen Pädagogik ist das pädagogische Handeln strukturell identisch mit dem Handeln des Sozialtechnologen, der auf der Grundlage empirischer Theorien die geeigneten Vermittlungstechniken anwendet und diese lediglich vor der Gemeinschaft von Wissenschaftlern und Pädagogen zu rechtfertigen hat. Dadurch sind ihre Vertreter nicht in der Lage, ein untilgbares »ethisches Restproblem« – den verstehenden und nicht nur erklärenden Bezug zum Anderen – zu lösen. Wenn dagegen die transzendentalpragmatische Reflexion in Anspruch genommen wird, dann lässt sich die Ausrichtung des pädagogischen Handelns auf die Verständigung von Pädagogen und zu Erziehenden allein schon durch den ethischen Verweis auf nichthintergehbare und immer bereits kontrafaktisch in Anspruch genommene Normen einer idealen Kommunikationssituation begründen. »Sofern die Ethik universal gültige Handlungsnormen formuliert, ist das sonderpädagogische Handeln als eine mögliche Form des Handelns auf diese Normen verpflichtet« (Schwager 1990, 432).

Insofern ist nach Schwager das (heil-)pädagogische Handeln der Struktur nach auch als ein rekonstruktives Handeln zu verstehen. Der Einsatz kausaler Erklärungen und intervenierender Techniken erhält seine Legitimation nur dadurch, dass sie eine Verständigung ermöglichen und die bestehende Asymmetrie zwischen Erziehendem und zu Erziehendem vom Anspruch her aufheben. In diesem Sinn definiert Schwager (ebd., 282) für das pädagogische Handeln allgemein: »Lernen wird hier vom Lehren her verstanden, und es kann nicht Sinn des Lehrens sein, ein Lernen etwa im Sinne von Drill zu provozieren, sondern das Ziel des Lehrens kann, damit es von Indoktrination unterscheidbar ist, nur darin liegen, ein Lernen zu bewirken, welches die Voraussetzung dafür bietet, dass der Lernende auf der Basis seines Verstehens bzw. seiner Fähigkeit zur richtigen Einschätzung dazu in der Lage ist, die vermittelten Inhalte zu hinterfragen bzw. eine Handlungsfähigkeit zu entwickeln.«

Tatsächlich erweckt Schwager hier den falschen Eindruck, als befinde man sich mit dem sprachpragmatischen Ansatz auf sicherem Gelände. Er muss sich jedoch dem zwingenden Einwand stellen, mit seinem Modell menschlicher Kommunikation »die ganze Infrastruktur aus Empfindungen, Wahrnehmungen, leiblichen Bewegungen, Hantierungen, Eingewöhnungen, räumlichen Orientierungen und zeitlichen Rhythmen, sozialer Nähe und Ferne« (Waldenfels 1985, 114) zu negieren. Seine zwanghafte Fixierung auf Verständigung als Praxis argumentativer Rede verführt ihn dazu, alles so lange für sprachloses Nichtverstehen zu halten, wie es nicht vollständig diskursiv durch »gute Gründe« eingelöst ist. Erziehung wird damit zur Aneignung des geistigbehinderten Kindes durch einseitige Sozialisation in die sprachliche Ordnung der Erwachsenen.[107] Unter den normativen Erwartungen von Wahrheit, Richtigkeit und Wahrhaftigkeit und mit der Forderung nach Begründung werden leibgebundene Erfahrungen systematisch zensiert und ihres Eigenwertes beraubt.

Zugleich wird das Feld vermeintlich sprachfreier Verständigungslosigkeit in geradezu grotesker Weise ausgeweitet. Was nicht vollständig argumentativ oder diskursiv eingelöst werden kann, wird dem Feld des Irrationalen zugeschlagen. Dadurch erscheint das geistig behinderte Kind immer nur im Modus defizienter sprachlicher Verständigung.[108] Der Pädagoge ist nicht wirklicher Partner im Dialog, sondern wird dessen erwachsener Richter, indem er das Handeln des Kindes nach den engen Geltungsmaßstäben seiner kognitivistisch gereinigten Vernunft beurteilt. Pädagogik wird von Schwager einzig als ein weisendes und planvolles Verändern-Wollen verstanden. In der

---

107 K. Meyer-Drawes (1988, 249f.) kritische Fragen zielen hier ins Schwarze: »Welche Mitbeteiligung billigen wir Behinderten zu, die wir ausschließlich an unseren Möglichkeiten messen? Welche Selbsterfahrung und -konstitution verhindern wir, wenn wir intersubjektive Entwicklungsvollzüge vornehmlich nach dem Muster des Rennens von Hase und Igel organisieren?« Sie möchte damit »einen Betrachtungsgesichtspunkt ins Licht rücken, der versucht, der Alternative von bloß Defizitärem und bloß Normalem zu entkommen. Je mehr wir uns nämlich bewusst werden, dass Krankheit nicht den Einbruch eines bedrohlichen Äußeren in ein intaktes Inneres bedeutet, je mehr wir sehen, dass Normalität eine labile Balance von ratifizierten Verhaltensformen und den in ihnen keimenden Abweichungen bedeutet, umso klarer tritt die Auffassung in Erscheinung, dass die Zentrik unserer Wahrnehmungs-, Denk- und Handlungsweisen ihre Gewaltsamkeit in ihrer Ausschließlichkeit entfaltet.«

108 Die Unverständlichkeit des geistigbehinderten Kindes gerät in den Sog universalen Bestimmungsprozesses, der sich nach B. Waldenfels (1999b, 80f) durch die Logik von »Früher und Später« bzw. »Nieder und Höher« beschreiben lässt. »Wird das Frühere vom Späteren, das Niedere vom Höheren her verstanden, so reduziert das Unverständliche sich auf *Noch-nicht-Verständliches*. Was sich in diesen Prozess nicht integrieren lässt (...) gilt weiterhin als Defizit, als *Nicht-mehr-Verständliches* im Sinne einer puren Privation. (...) Was sich nicht verstehen lässt, lässt sich zumindest erklären; damit ist die grundlegende Sinnausrichtung gewahrt.«

pädagogischen Arbeit mit schwerstbehinderten Menschen kann sich diese Haltung jedoch als gewaltsame Anspruchshaltung erweisen.[109]

Die Alternative zwischen sprachfreier leibgebundener Verständigungslosigkeit und leibfreier sprachlicher Verständigung ist abstrakte Setzung. Jede symbolische Geste ist bereits Sprache, und sie reicht weiter als die Verständigung in einer natürlichen Sprache. »Löst man den rationalen Gehalt der Rede von deren Hintergrund ab, so wird die Rede auch von den Antriebskräften abgeschnitten, die ihre Dynamik entscheidend bestimmen. Die Zurückdrängung der Leiblichkeit in einen vorkommunikativen Bereich macht sich hier besonders empfindlich bemerkbar« (Waldenfels 1980, 246f.). Der Dialog schrumpft zu einem »Monolog mit verteilten Rollen, solange ein identischer Sinn regiert« (ebd., 246). Dabei wird der Andere zur »Dublette des eigenen Ich« (Meyer-Drawe 1987, 20), dessen Fremdheit in die Eigenheitssphäre überführt wird, um ihn seiner Andersheit zu berauben. Doch »weder in der normalen Alltagssituation noch in Grenzsituationen zwischenmenschlicher Praxis kann die letztliche Opazität des Anderen und meiner Selbst aufgehoben werden. Hierin gründet die negative Seite des Verstehenwollens: die Domestizierung der Andersheit des Anderen« (ebd., 32).

Nach Bernhard Waldenfels (1990, 61) setzt die Bewältigung der Fremdheit durch Aneignung eine vorgängige »*Trennung* zwischen Eigenem und Fremdem« und eine »*Zersplitterung* der physischen und sozialen Welt« voraus. Auf die erste Prämisse antworte eine Form der »*Egozentrik*« unter dem Primat von »*Selbstbewusstsein und Selbsterleben*«: »Fremdes wird bewältigt, indem es am Eigenen gemessen wird, als Dublette (*alter ego*), als Abwandlung, als Appräsenz, wie es bis zu Husserl hin heißt.« Auf die zweite Prämisse antworte eine Form der »*Logozentrik*« mit der »*Sammlung alles Verständlichen in einem Logos*«: »Dabei wird das Fremde vom Eigenen abgeschieden durch die Konstitution eines *formalen, vorgängigen Denkraumes*« (Kant) bzw. »alles Eigene und Fremde integriert (...) in einen *totalen, allumfassenden Denkraum*« (Hegel).[110] Auf der Grundlage dieses Schemas ließe sich die

---

109 Vgl. M. und M. Raupach (2000). Sie veranschaulichen, inwieweit bei Menschen mit neurodegenerativen Erkrankungen das Pädagogische bereits in einer bestimmten Weise der Begegnung liegt. Zum einen liegt die Begegnung vor aller verständigungsorientierten Kommunikation, zum anderen geht sie über sie hinaus.
110 Als gegenteilige Strategie erweist sich die Hochstilisierung des behinderten Kindes zum Prototypen nicht-entfremdeter Erfahrung. Erzieherisches Handeln hieße dann nicht mehr

Sprachpragmatik von Apel und Habermas als Modifikation der kantischen Logozentrik begreifen.

Schwager scheitert mit seinem Versuch, auf der Grundlage der Sprachpragmatik eine unbedingte moralische Pflicht zur erzieherischen Kommunikation geistig behinderter Personen zu gewinnen. Er scheint zu übersehen, dass die Diskursethik lediglich eine diskurs*interne rationale* Verpflichtung fordert. Die allgemeinen Argumentationsnormen sind keine universalistischen moralischen Normen. Die notwendigen allgemeinen Argumentationsnormen sind gegenüber denjenigen einzuhalten, die sich bereits als sprachfähige Teilnehmer eines Diskurses ausweisen können. Daraus lässt sich nicht bereits eine diskurs*übergreifende moralische* Verpflichtung zur Erziehung und Bildung geistig behinderter Personen ableiten (Wellmer 1986, Honneth, 1994b, Zirfas 1999).[111] Schwager sieht nicht den Unterschied, ob ich die notwendigen Vorannahmen der argumentativen Rede anerkenne, oder ob ich

---

Aneignung des Kindes in die sprachliche Ordnung, sondern *Enteignung* durch schweigende Verständigung. »Die Egozentrik wird beseitigt, indem das Fremde und Fremdartige *an die Stelle des Eigenen und Eigenartigen tritt*« (Waldenfels 1990, 63). Im Kind soll eine ursprüngliche Authentizität und Unverdorbenheit möglichst bewahrt werden. »Was dabei herauskommt, sind Exotik und Konventikelbildung« (ebd.). Aneignung und Enteignung treffen sich in dem Punkt, in dem das behinderte Kind für uns verschwindet. Einmal verschwindet es im Spiegelbild des Sonderpädagogen, das andere Mal vor seinen verschlossenen Augen: »Eine totale Aneignung, in der die Grenzen verfestigt und eine totale Enteignung, in der sie aufgelöst würden, wären dann nur extreme Versuche, dem beunruhigenden Grenzspiel von Eigenem und Fremden zu entkommen« (Meyer-Drawe/Waldenfels 1988, 277).

111 Vgl. u.a. die Kritik von J. Zirfas (1999, 48): »Woher aber wissen Apel und Habermas, dass die unhintergehbaren Kriterien des Argumentierens moralische Kriterien sind? Sie wissen es, so könnte man antworten, weil nur die Diskursethik den moralischen, von Kant zum Durchbruch verholfenen, Qualitäten von Autonomie und Universalität gerecht werden kann. (...) Das normative Problem der Diskursethik besteht mithin darin, dass sie immer schon ethische Kriterien braucht, um den Diskurs als moralischen verstehen zu können, während der Diskurs selbst die moralische Letztbegründung nicht tragen kann.« Habermas (1996, 62) hat inzwischen einlenkend auf Einwände dieser Art reagiert: »Die Gleichverteilung kommunikativer Freiheiten *im* und die Aufrichtigkeitsforderung *für* den Diskurs bedeuten *Argumentations*pflichten *und* -rechte, keineswegs *moralische* Pflichten und Rechte. Ebenso bezieht sich die Zwanglosigkeit auf den Argumentationsprozess selber, nicht auf interpersonale Beziehungen *außerhalb* dieser Praxis.« Damit hat Habermas den Weg freigegeben, um die Qualität der kommunikativen Praxis in der Erziehung neu bestimmen zu können und radikaler als z.B. Mollenhauer (1972) und Schaller (1978) auszuarbeiten.

den Anderen ethisch anerkenne. Die normativen Voraussetzungen kommunikativer Praxis lassen sich erst in ihrer ganzen Breite erfassen, wenn sie aus dem engen Schema sprachpragmatischer Präsuppositionen einer herrschaftsfreien Verständigung herausgelöst werden. Vielmehr ist es die Erwartung sozialer Anerkennung, mit der die Aufnahme kommunikativer Beziehungen verbunden ist.[112]

Die Theorie der Anerkennung, welche die Diskursethik implizit mit sich führt, dass nämlich Herrschaft, Unterdrückung, Redeverbot usw. keinen Platz haben sollen, bezieht sich nur indirekt auf so genannte virtuelle Diskursteilnehmer. Zwar sind die Mitglieder einer Kommunikationsgemeinschaft »auch verpflichtet, alle virtuellen Ansprüche aller virtuellen Mitglieder zu berücksichtigen« (Apel 1976 Bd. II, 424); damit verständigen sie sich aber lediglich darauf, die Ansprüche der virtuellen Diskursteilnehmer in ihren formulierbaren *Ergebnissen* zu berücksichtigen. Keineswegs kann jedoch plausibel gemacht werden, warum mit den Vorannahmen argumentativer Rede zugleich die Bedingungen als Zielvorgaben festgelegt sein sollen, unter denen sich der *Prozess* erzieherischen Handelns gegenüber geistig behinderten Personen zu vollziehen hat.

Nun kann Schwager einwenden, dass die moralische Verpflichtung zur erzieherischen Kommunikation deshalb mit den Rationalitätsforderungen der argumentativen Rede identisch sind, weil wir dem Gebot unterliegen, trotz kontrafaktischer Bedingungen, den Zustand der idealen Kommunikationsgemeinschaft anzustreben. Der Begriff »ideale Kommunikationsgemeinschaft« erweist sich bei näherem Hinsehen jedoch als eine problematische idealistische Fiktion. Er bezeichnet eine für Argumentationssituationen konstitutive notwendige Unterstellung und ein zukünftiges Ideal, in der ein »Wir« von reiner Durchlässigkeit und Durchsichtigkeit bestünde. Die faktischen Exklusionen und Selektionen differenter Diskursformen wären ver-

---

112 A. Honneth (1994b, 88) hält es mit Recht für notwendig, »an die Stelle der Habermasschen Universalpragmatik eine anthropologische Konzeption treten zu lassen, die die normativen Voraussetzungen der sozialen Interaktion im Ganzen erklären kann.« Die Untersuchungen von G. Gebauer und Ch. Wulf (1992, 1998) zum mimetischen Handeln in der sozialen Welt zeigen eindrucksvoll, dass sich die Reichweite moralischer Verpflichtungen nicht auf den Bereich rationaler sprachlicher Verständigung beschränkt. Sie beschreiben Phänomene mimetischer Interaktion, die von der Diskursethik systematisch übersehen wird.

schwunden und damit die endlichen Bedingungen menschlicher Kommunikation »dem Spiel und der Ordnung des Zeichens« (Derrida 1976, 441) entkommen. Alle Hindernisse der Verständigung – Irrtum, Dissens, Nichtverstehen, Konflikt – wären beseitigt, und die Menschen wären der Mühe einer stets neuen Aneignung von theoretischer wie praktischer Wahrheit entbunden. Zugleich wären damit aber auch jene Hindernisse der Verständigung ausgelöscht, die Sprechen überhaupt erst hervorrufen und eine Unterscheidung zwischen dem Selbst und dem Anderen voraussetzen. Wir hätten einen Zustand »idealen Verständigtseins« (Wellmer 1986, 102) jenseits der Sprache, in dem die sprachlichen Zeichen ein vollkommen transparentes Medium der Kommunikation von kontextlosen Bedeutungen bildeten.[113]

Mit der Idee der idealen Kommunikationsgemeinschaft ist noch das platonische Ideal einer Welt verbunden, in der Zeit und Raum in einem Ewigen und Unbedingten getilgt sind. Für Foucault beruht sie auf einer Utopie, in der die faktische Verschränkung von Diskursen und Machtpraktiken, Wissen und institutionellem Handeln aus dem Blick gerät. Die historische Vernunft zeigt sich dagegen in einer variablen Ordnung der Diskurse, die in machtdurchtränkte institutionelle Praktiken eingelassen sind. Während Apel und Habermas lediglich die sprachinternen Bedingungen der Sagbarkeit untersuchen, bleibt Foucault im Bereich der materialen Vernunft von Ordnungen der diskursiven Praktiken und Dispositiven der Macht. Das Feld möglicher Intentionalitäten und Sprechakte wird bewusst eingeklammert, um jene kontingenten historischen Techniken sichtbar zu machen, innerhalb derer Verständigung stattfindet. »Die Menschheit schreitet nicht langsam von Kampf zu Kampf bis zu einer universellen Gegenseitigkeit fort, worin die Regeln sich für immer dem Krieg substituieren; sie verankert alle ihre Gewaltsamkeiten

---

113 J. Habermas (1992, 392) sieht mit dem Begriff der »idealen Kommunikationsgemeinschaft« das Missverständnis einhergehen, als habe sie »den Status eines in allgemeinen Argumentationsvoraussetzungen verwurzelten *Ideals*, das annäherungsweise verwirklicht werden könnte.« Aus dem gleichen Grund verabschiedet er sich auch von dem Begriff der »idealen Sprechsituation«: »Die kontrafaktischen Voraussetzungen, von denen Argumentationsteilnehmer ausgehen müssen, eröffnen zwar eine Perspektive, aus der sie die im Handeln und Erleben unentrinnbare Provinzialität ihrer raumzeitlichen Kontexte und die vor Ort eingespielten Praktiken der Rechtfertigung übersteigen, also dem Sinn *transzendierender* Geltungsansprüche gerecht werden können. Aber mit den transzendierenden Geltungsansprüchen versetzen sie sich nicht selbst ins transzendente Jenseits eines idealen Reiches intelligibler Wesen.«

in Regelsystemen und bewegt sich so von Herrschaft zu Herrschaft« (Foucault 1978b, 95).

Die handelnden Personen – Heilpädagoge und geistigbehindertes Kind – sind durch Positionen und Funktionen in Kontexten – Sichtbarkeitsräumen und Aussagefeldern – definiert. Foucault geht in seinen kritischen Untersuchungen davon aus, dass, bevor ein Wort laut wird, der Sprechende bereits Unterworfener einer sinn-losen materialen Äußerlichkeit ist: »Die Analyse der Aussagen vollzieht sich also ohne Bezug auf ein Cogito. Sie stellt nicht die Frage dessen, der spricht, der sich manifestiert oder sich in dem, was er sagt, verbirgt, der, indem er spricht, seine souveräne Freiheit ausübt oder sich, ohne es zu wissen, den Zwängen unterwirft, die er schlecht wahrnimmt. Sie stellt sich tatsächlich auf der Ebene des ›man sagt‹ (...). ›Egal wer spricht‹, doch was er sagt, sagt er nicht von irgendwo aus. Er ist notwendig in das Spiel einer Äußerlichkeit eingefangen« (1981, 178).

Insofern ist auch das Vokabular des Pädagogen keine Belohnung für freie Geister, die sich asymptotisch einer Wahrheit annähern, sondern bleibt in perspektivischen und kontextgebundenen Wahrheitsspielen verstrickt. Darin ist Verstehen »eine Form der Aneignung, und zwar eine besonders sublime Form, weil sie den Anschein erweckt, das Fremde, oder wie es mit Vorliebe heißt, das Andere komme im wahren Verstehen als es selbst zum Ausdruck« (Waldenfels u. a. 1998b, 40). Der pädagogische Alltag ist voller Ereignisse und Kontroversen für die es keine zwingenden Erklärungen und rational einsehbare Argumente gibt. Erst wenn sich die Pädagogik nicht mehr länger auf eine ideale Struktur von Intersubjektivität beruft, öffnet sich für sie der Blick auf die eigenen kontingenten Bedingungen der Möglichkeit wahrheitsorientierter Verständigung. Der Pädagoge fände nicht nur gute Gründe, den zu Erziehenden von seinen Ansichten zu überzeugen, sondern noch mehr gute Gründe, ihn von seinen Ansichten nicht überzeugen zu können und eigene Überzeugungen zu revidieren.

9. Fremderfahrung und Intersubjektivität

9.1 Die Verdrängung des Nichtsinns

Wie lässt sich Kommunikationsförderung bei Menschen mit schwerster Behinderung ethisch begründen und pädagogisch rechtfertigen? In meiner Auseinandersetzung mit Schwagers diskursethischer Begründung habe ich deutlich zu machen versucht, dass die vermeintlich notwendigen Idealisierungen der argumentativen Rede keine tragfähige moralische Grundlage für pädagogisches Handeln darstellen. Kommunikationsförderung hieße nach diesem Konzept, die Vermittlung kommunikativer Kompetenz im Sinne der Befähigung, die nicht hintergehbaren Regeln der Verständigung anwenden zu können. Die Legitimität strategischer Vermittlung von Fähigkeiten und Fertigkeiten resultiert insofern aus dem Ziel der Befähigung zu kommunikativer Kompetenz. Der Begriff »kommunikative Kompetenz« wird somit zu einem für den Unterricht instrumentierbaren und als Ziel formulierbaren Element einer didaktischen Grundlegung der Kommunikationsförderung. Gleichwohl gilt die eigentlich produktive Stoßrichtung der diskursethischen Kritik am traditionellen Erziehungsverhältnis einer bis dahin unterstellten Zweck-Mittel-Relation von pädagogischem Handeln in den empirisch-analytischen Erziehungswissenschaften (Brezinka 1971; Bleidick 1984).

Die Diskursethik begreift das Ausdrucksgeschehen in der Kommunikation weiterhin als Botschaft, die in ihrer Bedeutung vollständig aufgehen soll und daher einem Sinn prinzipiell zugänglich ist. Kommunikation bleibt zwingend auf die Artikulation und Einlösung von Geltungsansprüchen und damit auf sprachlichen Zeichengebrauch und Kontextbewusstsein der Teilnehmer beschränkt. Auf dieser Grundlage würde man den Anderen in seiner Würde erst dann verletzen, wenn dessen Anspruch auf Wahrheit, Richtigkeit und Wahrhaftigkeit missachtet wird. Entsprechend kann die Begegnung mit schwerstbehinderten Menschen nur als Negativgeschehen begriffen werden. Damit jedoch »droht die Gefahr, dass das leibhafte Ereignis des Sagens dem Sinn des Gesagten geopfert und damit die Fremdheit des Anderen in der Aneignung des Sinnes und der Ausscheidung des Nichtsinnes zum Verschwinden gebracht wird« (Waldenfels 1998, 131). Wer heilpädagogisch arbeitet, wird sich aber ständig damit auseinandersetzen müssen, dass er nicht nur auf sozial übliche Kommunikationsmuster zurückgreifen kann, sondern dass er nach anderen Kommunikationsmodi suchen muss, um mit seinem Gegenüber kommunizieren zu können.

Um dem Anderen eine anteilnehmende Fürsorge an seinem Lebensweg entgegenbringen zu können, bedarf es vorweg eines ethisch motivierten Anstoßes, der mich dazu veranlasst, ihn als ein in einem existentiellen Sinn verletzliches Wesen zu erfahren, das bestimmten Bedrohungen ausgesetzt ist. Es genügt also nicht, ihn als Subjekt egoistischer Interessen oder universalisierbarer sprachlicher Kompetenz zu betrachten. Wenn es tatsächlich so wäre, wie lässt es sich dann erklären, dass Menschen immer wieder im Extremfall der Verantwortung bereit sind, ihr Leben für den Anderen aufs Spiel zu setzen? Erst eine ethische Bedeutung intersubjektiver Beziehung befreit den Blick in Richtung einer Realisierbarkeit asymmetrischer Verantwortung. Auf der Basis dieser immer neu angedachten Grundannahme werde ich zunächst die von Edmund Husserl und George H. Mead entworfenen Konzepte zur Erklärung von Fremderfahrung und Intersubjektivität in ihren Grundzügen darstellen und auf die Frage nach dem Gehalt von intersubjektiver Anerkennung beziehen. Dadurch sollen die Voraussetzungen geschaffen werden, um mit Maurice Merleau-Ponty und schließlich Emmanuel Levinas den vollen Bedeutungsgehalt von Anerkennung freilegen zu können; jenseits der Grenzziehungen einer nachmethaphysischen Ethik, die den »kognitive(n) Gehalt des moralischen Sprachspiels nur noch mit Bezugnahme auf Willen und Vernunft seiner Teilnehmer rekonstruiert« (Habermas 1996, 23).[114]

---

114 Nach J. Habermas (1991b, 144) »kann eine nachmetaphysisch denkende Philosophie die Frage, (...) – warum überhaupt moralisch sein? -, nicht beantworten.« Er weist jeden Versuch zurück, eine Antwort darauf zu finden: »In *dieser* Hinsicht ließe sich vielleicht sagen: einen unbedingten Sinn zu retten ohne Gott, ist eitel. Denn es gehört zur Würde der Philosophie, unnachgiebig darauf zu beharren, dass kein Geltungsbereich kognitiv Bestand haben kann, der nicht vor dem Forum der begründenden Rede gerechtfertigt ist« (ebd., 125f.). In einem eigens der Frage nach der Motivation zur Moral gewidmeten Auf-

9.2 Einverstehen in den Anderen (*Edmund Husserl*)

Die Frage nach der Möglichkeit von Intersubjektivität und Fremderfahrung bildet einen zentralen Topos in der Phänomenologie von Edmund Husserl. In der *V. Cartesianischen Meditation* (1992) hat er eine zusammenfassende Darstellung seiner »transzendentale(n) Theorie der Fremderfahrung« (ebd., 94) vorgelegt.[115] Die Nachlassmanuskripte *Zur Phänomenologie der Intersubjektivität* (1973) dokumentieren zugleich die Entwicklung dieser Zusammenfassung. Auf dem »Boden unseres transzendentalen Ego« und dessen Primordialsphäre (Eigenheitssphäre) versucht Husserl (1992, 92f.) das Moment zu bestimmen, das ein Subjekt motiviert, seine Eigenheit zu verlassen. Der Leib ist bei Husserl insofern Wahrnehmungsorgan, als ein transzendentales Ego ihn in der Bewegung einsetzt und damit seine Erfahrungen verändert. Das Bewusstsein vom Leib des Anderen soll nun die Voraussetzung für Intersubjektivität darstellen, denn primordial gegeben ist dem Subjekt nicht nur der eigene Körper, sondern auch die Wahrnehmung eines Körpers außerhalb des eigenen. Über das gegenwärtig Präsente dieses Körpers hinaus (Appräsentation) erfährt es in einigen Vermittlungsschritten den Leib des Anderen als horizontale Verweisung: Zuallererst gleicht er lediglich dem eigenen, was zu einer »paarenden Assoziation« im Sinne einer »Einheit der Ähnlichkeit« (ebd., 115) motiviert.

Indem ein Körper in der primordialen Sphäre des Subjekts durch dessen Ähnlichkeit »eine phänomenale Paarung« eingegangen ist, »so scheint nun ohne weiteres klar, dass er in der Sinnesüberschiebung alsbald den Sinn ›Leib‹ von dem meinen her übernehmen muss« (ebd., 116).[116] Die Beseelung

---

satz heißt es: »Die Moralphilosophie muss nicht selbst die Gründe und Interpretationen beibringen, die in säkularisierten Gesellschaften an die Stelle der – jedenfalls *öffentlich* – entwerteten religiösen Gründe und Interpretationen treten; aber sie müsste die Art der Gründe und Interpretationen bezeichnen, die dem moralischen Sprachspiel auch ohne religiöse Rückendeckung eine hinreichende Überzeugungskraft sichern können« (1996, 17).

115 E. Husserl (1992) stellt seine Theorie »transzendentale(r) Intersubjektivität« (ebd., 110) in den größeren Zusammenhang einer »transzendentale(n) Theorie der objektiven Welt« (ebd., 94). Die »Wahrnehmung einer objektiven Welt« stellt sich für ihn erst auf der Grundlage der »Fremdwahrnehmung« her (ebd., 128).

116 Vgl. die zahlreichen Kritiken an E. Husserls primordialer Konstitution meiner Körperlichkeit. U.a. M. Theunissen (1977, 65): In »»solipsistischer Einstellung‹« kann ich »mei-

des anderen Körpers ist für Husserl »nur denkbar als Analogon von Eigenheitlichem« (ebd, 118). Dem transzendentalen Ego bliebe das Verstehen des Anderen verborgen, wenn sich dessen Sinn der »Gebaren« nicht in einer »Art bewährbarer Zugänglichkeit des original Unzugänglichen« (ebd., 117) erschließen würde. Eine »verähnlichende Apperzeption« wird möglich, weil mein Körper als »synthetische Einheit dieser und seiner mannigfaltigen vertauten Erscheinungsweisen« (ebd., 121) im Anderen erinnert wird. Aufgrund einer Ähnlichkeitsbeziehung (der Bewegung und des Verhaltens) appräsentiert das Subjekt dem Körper des Gegenübers das Leibbewusstsein und unterschiebt ihm ein eigenes transzendentales Ego.[117]

Husserl beschreibt die Wahrnehmung des Anderen als beseeltem Körper als Vorgang der »›Einfühlung‹ von bestimmten Gehalten der ›höheren psychischen Sphäre‹« (ebd., 122f.). Wobei auch hier das außenweltliche »Gehaben der Leiblichkeit« zum Indikator für Verstehen wird. Das Zornige, Fröhliche usw. wird verständlich vom eigenen Gehaben unter ähnlichen Umständen her. Es kommt zum »Einverstehen in den Anderen«, das zur Basis für »neue Assoziationen und neue Verständnismöglichkeiten« (ebd., 123) wird. Gleichzeitig weiß sich das Subjekt durch die »paarende Assoziation« (ebd., 126) von dem Bewusstsein des Anderen apperzipiert und als anderes Ego appräsentiert. Husserl glaubt nun die »niedrigste Stufe der Vergemeinschaf-

---

nen Leib bloß *partiell* als visuell wahrnehmbaren Körper konstituieren.« Erst die »Wahrnehmung des Fremdkörpers (...) verwandelt meinen Leib in ein Außending.« M. Merleau-Ponty (1966, 87): »Der Sinn meines körperlichen Seins kann mir nicht durch mich selbst zukommen, sondern vom Anderen her, leiblich und sprachlich vermittelt. Der Leib des Anderen ist selbst der »erste aller Kulturgegenstände, derjenige, dem alle anderen ihr Dasein erst verdanken.« B. Waldenfels: (1971, 128): »Da die Dinge und das leibliche Ich dem fremden Zugriff ausgesetzt sind, lässt Husserls Annahme einer nur mir zugehörigen primordialen Natur und eines primordialen Leibes sich einfach nicht halten.« A. Schütz (1971, 116): Die primordiale Reduktion führt in einen fundamentalen Widerspruch, denn die »Möglichkeit der Reflexion auf das Selbst, die Entdeckung des Ich, die Fähigkeit vom Vollzug jeglicher Epoché, aber auch die Möglichkeit aller Kommunikation ist auf die Urerfahrung der Wirbeziehung fundiert.«

117 E. Husserl (1992, 122) verweist auf eine uneinholbare Andersheit des Anderen: »Das primordiale Unverträgliche in der Koexistenz wird verträglich dadurch, dass mein primordiales Ego das für es andere Ego durch eine appräsentative Apperzeption konstituiert, die ihrer Eigenart gemäß nie Erfüllung durch Präsentation fordert und zulässt.« Insofern bleibt ein Abgrund zum Anderen, der »körperlicher Leib einer prinzipiell für mich nicht originaliter zugänglichen Seele« (ebd., 127) ist.

tung zwischen mir, der für mich primordialen Monade, und der in mir als fremd uns somit als für sich seiend, aber mir nur appräsentativ ausweisbar konstituierten Monade aufgeklärt« (ebd., 131f.) zu haben. Auf der Stufe eines »Wechselseitig-für-einander-Seins« innerhalb einer »offene(n) Monadengemeinschaft« (ebd., 133) konstituiert sich der Andere als alter Ego, der wie ich zur Konstitution von Fremderfahrung in der Lage ist. »Desgleichen, dass die Mehreren auch füreinander als Andere erfahren sind; in weiterer Folge, dass ich den jeweilig Anderen erfahren kann nicht nur als Anderen, sondern als selbst wieder auf seine anderen bezogen, und eventuell in einer iterierbar zu denkenden Mittelbarkeit, zugleich auf mich selbst« (ebd.).

Die Bedeutung von Husserls Theorie der Fremderfahrung wird von Levinas an zahlreichen Stellen hervorgehoben. Husserl habe zwar die Beziehung zwischen dem Ich und dem Anderen noch in Termini der Erkenntnis gedacht (Levinas 1988, 61); auch verbleibe dessen Theorie der Fremderfahrung und der Subjektivität auf der Ebene eines bereits konstituierten Bewusstseins, das sich erst in einem sekundären Schritt dem Anderen zuwendet (1987, 19ff.). Gleichwohl habe seine Phänomenologie uns gelehrt, »auf ein ›subjektives Gebiet, das objektiver ist als alle Objektivität‹, zurückzugehen. Sie hat dieses neue Gebiet freigelegt. Das reine Ich ist eine ›Transzendenz in der Immanenz‹; es ist selbst gewissermaßen konstituiert in Abhängigkeit von diesem Gebiet, wo sich das wesentliche Spiel abspielt« (1983, 131). Damit habe Husserl die Voraussetzungen geschaffen, dass »das Ich sich von sich selbst befreit und aus dem dogmatischen Schlaf erwacht« (1988, 70). Die Identität erweise sich in der Folge als Resultat einer gewaltsamen »Abstraktion, auf die wie auf das Haupt der Meduse ein versteinertes Denken fixiert ist« (ebd., 158).[118]

Levinas (1983, 151) sieht aber auch, dass bei Husserl leibliches Ich und reines Ich auf eine seltsame Weise verschmolzen bleiben, insofern beide sich in Bezug auf den Körper wahrnehmen. Insofern stelle man »mit Recht die Frage, wie Husserl am Ende die Art und Weise versteht, wie das Ich *sich* für etwas hält. Ist dieses *Halten-für* (...) der rein theoretische Akt eines unleiblichen Wesens?« Wäre es tatsächlich so, dann hätte das Subjekt keinen Zugang zum Anderen. Seine Tätigkeit bestünde lediglich darin, sich das Andere

---

118 Vgl. M. Foucaults (1978b) Kritik des Identitätsbegriffs. Ebenso D. Kampers (1980) frühe programmatische Skizze.

anzueignen, sich unterzuordnen, es seinen Kategorien gefügig zu machen. Das eine und gleiche transzendentale Bewusstsein Husserls vermag den Anderen nicht *als* Anderen zu konstituieren. Der Andere bleibt immer *sein* Anderer. Dagegen *geschieht* für Levinas der Andere und meine bewusste Erfahrung dieses Geschehens kommt immer zu spät. Als Verstehender bleibe ich in einer zeitlichen Uneinholbarkeit verhaftet.

Der Skandal, dass ich vom Anderen immer schon begriffen bin, bevor ich ihn zu begreifen beginne, wird durch Husserls Annahme eines intentionalen Subjekts lediglich umgebogen. Dieses intentionale Subjekt ist mit seiner Fähigkeit zur »Normalapperzeption« gegenüber der »Apperzeption abnormaler Menschen« (Husserl 1973 II, 119) konstitutiv »die Urnorm (...) für alle Menschen« (ebd., 129). Ohne weitere Begründung geht Husserl davon aus, dass die Sinnesquellen »durch Unterscheidung zwischen Normalität und Anomalitäten« zu »einstimmiger Bewährung« führen (1992, 128): »Nun wissen wir wohl, dass es so etwas wie Anomalitäten gibt, Blinde, Taube und dgl., dass also keineswegs stets die Erscheinungssysteme absolut identische sind und ganze Schichten (obschon nicht alle Schichten) differieren können. Aber die Anomalität muss sich als solche selbst erst konstituieren, und kann es nur auf dem Grunde einer an sich vorangehenden Normalität« (ebd.).

9.3 Die Perspektive des »verallgemeinerten Anderen« (*George H. Mead*)

Im Gegensatz zu Husserl vollzieht sein Zeitgenosse George H. Mead (1998, 180) eine konsequent intersubjektivitätstheoretische Theorie der Grundstruktur menschlicher Fremderfahrung und Sozialität. »Der Einzelne (...) bringt die eigene Erfahrung als einer Identität oder Persönlichkeit nicht direkt oder unmittelbar ins Spiel, nicht indem er für sich selbst zu einem Subjekt wird, sondern nur insoweit, als er zuerst zu einem Objekt für sich selbst wird, genauso wie andere Individuen für ihn oder in seiner Erfahrung Objekte sind.« Meads grundsätzliche Vorstellung von sozialer Identitätsbildung ist davon geprägt, nicht mehr das vereinzelte Individuum als Voraussetzung der Gemeinschaftsbildung zu betrachten, sondern Individuierung als Folge der Struktur gesellschaftlicher Organisationsprozesse. »Das innere Bewusstsein ist sozial organisiert durch die Hereinnahme der sozialen Organisation der Außenwelt« (1987 Bd. 1, 240).

Anders als Husserl folgt Mead der Annahme, dass der Einzelne erst durch Sprache und Kommunikation Selbstbewusstsein, Rationalität und die Möglichkeit freien Handelns entwickelt. »Außer dem Sprachlichen kenne ich kein Verhalten, in dem der Einzelne sich selbst Objekt ist« (1998, 184).[119] Husserls Einwand darauf wäre wohl gewesen, dass Mead seinerseits realistisch Organismus und Umwelt voraussetzt und die Frage nach der Konstitution des Anderen außer Acht lässt.[120] Gleichwohl hätte er Meads Ideal unterstützt, nämlich »die Erreichung einer universalen menschlichen Gemeinschaft, in der alle Menschen eine vollkommene gesellschaftliche Intelligenz haben, so dass alle gesellschaftlichen Inhalte und Bedeutungen in ihrem jeweiligen Bewusstsein gleich gespiegelt werden – damit der Sinn jeder Handlung oder Geste des Einzelnen (so wie sie von ihm verwirklicht in der Struktur seiner Identität ausgedrückt wird durch seine Fähigkeit, die gesellschaftlichen Handlungen des anderen gegenüber sich selbst und gegenüber den gemeinsamen Zielen oder Zwecken einzunehmen) für jedes andere Individuum, das darauf reagiert, gleich ist« (ebd., 358f.).

Mead entwickelt einen vor aller Sprachlichkeit in der Kommunikation durch Gebärden angesetzten Begriff von Selbst- und Fremdverstehen. Der Einzelne kann durch die Gebärde ein Bewusstsein seiner selbst nur in dem Maße erwerben, wie er sein eigenes Handeln aus der symbolisch repräsentierten Perspektive einer zweiten Person wahrnehmen lernt. Ohne die Erfahrung eines auf ihn reagierenden Interaktionspartners wäre er nicht dazu in der Lage, auf sich selbst mit Hilfe selbstwahrnehmbarer Äußerungen einzuwirken. Erst durch den Anderen lernt er, seine Reaktionen als die Hervorbringungen der eigenen Person zu verstehen. Es gibt für Mead also eine Vorrangigkeit der Wahrnehmung des Anderen, ein präreflexives Bewusstsein, vor der Entwicklung des Selbstbewusstseins. Denn: »Geist entsteht aus der Kommunikation durch Übermittlung von Gesten innerhalb eines gesell-

---

119 G. H. Mead (1998, 44, Anm. 6) hätte wahrscheinlich E. Husserls Theorie der Fremderfahrung als Modell »des Gefangenen in der Zelle« zurückgewiesen. »Nach dieser Ansicht ist jeder von uns in seiner eigenen Bewusstseinszelle eingeschlossen. Und da man weiß, dass es auch andere auf diese Weise eingekapselte Menschen gibt, entwickelt man Möglichkeiten der Verständigung mit ihnen.«
120 Vgl. dazu den erhellenden Beitrag von W. Bergmann und G. Hoffmann (1985)

schaftlichen Prozesses oder Erfahrungszusammenhanges – nicht die Kommunikation durch den Geist« (ebd., 89).

Der Ursprung der Sprache lässt sich »in unseren eigenen Bewegungen, in den ersten Tätigkeiten von Kindern sowie in der Gebärdensprache der Primitiven oder Taubstummen wiederfinden« (1987 I, 177). Erst die *symbolisch vermittelte Lautgebärde* besitzt aber evolutionstheoretisch gesehen die Eigenschaft auf den Handelnden im selben Augenblick auf die gleiche Weise einzuwirken wie auf sein Gegenüber. »Während man nur unvollkommen den Wert des eigenen Gesichtsausdrucks oder der eigenen Körperhaltung für andere spürt, vernimmt man mit seinen eigenen Ohren die eigene Lautgebärde in derselben Form, die sie für einen Mitmenschen besitzt« (ebd., 235). Ein Individuum, das über eine Lautgebärde ein Antwortverhalten seines Interaktionspartners auslöst, vermag gleichzeitig dessen Reaktion in sich selbst zu erzeugen, weil es sich seine eigene Verhaltensäußerung als einen von außen kommenden Reiz bewusst machen kann. Beide interpretieren die Situation bedeutungsgleich. Unter den Erwartungshaltungen der Interaktionspartner formt sich ein »Mich« zum verfestigten Selbstbild, indem es sich in deren Perspektive hineinversetzt und deren moralische Ansichten im praktischen Selbstverhältnis verinnerlicht. Mit der Übernahme der sozialen Handlungsnormen einer Gemeinschaft, kristallisiert das Individuum die Erwartungen seiner Interaktionspartnern »zu einer einzigen Haltung oder einer einzigen Position (...), die als die des ›verallgemeinerten Anderen‹ bezeichnet werden kann« (1998, 130).[121]

Für Mead (ebd., 197) ist diese Entwicklung eine notwendige Voraussetzung zur Entwicklung einer »Identität im vollen Sinn des Wortes.« »Das ist jene Identität, die sich in der Gemeinschaft halten kann, die in der Gemeinschaft insoweit anerkannt wird, als sie die anderen anerkennt« (ebd., 240). Freilich kann Mead nicht zufriedenstellend beantworten, was das Individuum

---

[121] Der Andere, dessen Rolle wir in der Interaktion übernehmen, ist bei G. H. Mead (1998, 130) immer ein verallgemeinerter Anderer: »Gerade die Universalität und das unpersönliche Wesen des Denkens und der Vernunft, ist aus behavioristischer Sicht, das Ergebnis der Tatsache, dass das jeweilige Individuum die Haltung anderer sich selbst gegenüber übernimmt und dass es schließlich alle diese Haltungen zu einer einzigen Haltung oder einer einzigen Position kristallisiert, die als die des ›verallgemeinerten Anderen‹ bezeichnet werden kann.« B. Waldenfels (1980, 223) sieht mit Recht in Meads Theorie der Rollenübernahme eine »einseitige Generalisierungstendenz« vorliegen.

antreibt, den Anderen anzuerkennen. Im Resultat soll es das »Gefühl der einzelnen Identität von ihrer Abhängigkeit von der sie umgebenden organisierten Gesellschaft« sein. Es bildet »die Grundlage und der Ursprung ihres Pflichtgefühls (und ganz allgemein ihres ethischen Bewusstseins)« (ebd., 369). Um diese verinnerlichte Perspektive des »verallgemeinerten Anderen« erklärbar zu machen, versteht Mead den Begriff des »Mich« als »eine Übertragung aus dem Gebiet sozialer Objekte auf das amorphe, unorganisierte Gebiet dessen, was wir als innere Erfahrung bezeichnen. Durch die Organisation dieses Objektes, der Ich-Identität, wird dieses Material seinerseits organisiert und in Form des sogenannten Selbstbewusstseins unter die Kontrolle eines Individuums gebracht« (1987 I, 239).

Mead setzt in seiner Persönlichkeitstheorie bereits ein »Ich« voraus, das als biologische Quelle von kreativen Einfällen, Wünschen, Gefühlen und Stimmungen, immer auch schon als moralisch handelndes Zentrum agiert. »Das ›Ich‹ ist die Reaktion des Einzelnen auf die Haltung der Gemeinschaft, so wie diese in seiner Erfahrung aufscheint. Seine Reaktion auf diese organisierte Haltung ändert wiederum diese« (1998, 240). Während das »Mich« die sozialen Normen verinnerlicht haben soll, durch die ein Subjekt sein Verhalten gemäß der gesellschaftlichen Erwartungen kontrolliert, macht Mead das »Ich« zur moralisch energiereichen Stätte all der inneren Impulse, die in den unwillkürlichen Reaktionen auf soziale Herausforderungen zum Ausdruck gelangen. Die Differenz zwischen »Ich« und »Mich« dient Mead zur Erklärung, wie das Individuum unter dem Druck gesellschaftlicher Problemsituationen in der Lage ist, sich von gesellschaftlich erzwungenen Machtverhältnissen abzuwenden. »Neue Entwicklungen finden in den Aktionen des ›Ich‹ statt, die Struktur aber, die Form der Identität ist konventionell geprägt« (ebd., 253).

Hier stellt sich jedoch die Frage, warum es moralische Impulse sein sollen, die das Individuum dazu bewegen? Warum ist es nicht blanke Selbstbehauptung oder nacktes Eigeninteresse, die es dazu bringen, soziale Normen einzuklagen? Mead sieht freilich, dass die kreativ-moralischen Reaktionen des »Ich« einen Vorgang darstellen, der von konventionell erzeugten Werten einer Gemeinschaft abhängt und »sowohl eine Verschlechterung des gesellschaftlichen Zustandes als auch eine bessere Integration mit sich bringt« (ebd., 262). Doch letztlich mutet er einem »unsichtbare(n) ›Ich‹« (ebd., 423) unausgewiesene Idealisierungsleistungen zu, die das Individuum mit seinen jeweiligen moralischen Ansprüchen dazu treiben, sich im Interesse eines veränderten »Mich« für neue Formen sozialer Anerkennung einzusetzen. Dabei kämpft der Einzelne nicht so sehr um die ethisch-existentielle Anerkennung seiner individuellen Besonderheit, sondern nimmt im Kampf um moralisch-rechtliche Anerkennung immer schon den universalen Standpunkt des verallgemeinerten Anderen in einer »unbegrenzte(n) Kommunikationsgemeinschaft« ein. Er soll »sich aus der existierenden Gemeinschaftsordnung hinausversetzen können« und zugleich in der Lage sein »über veränderte Handlungsgewohnheiten und eine Neuformulierung von Wertvorstellungen eine Übereinstimmung zu erzielen« (1987 I, 413).[122] Die Ansprüche der Vernunft gehen dahin, »dass alle Bedingungen des Verhaltens und alle Werte, die an einem Konflikt beteiligt sind, unter Abstraktion von den fixierten Verhaltensformen und guten Eigenschaften, die aneinandergeraten sind, in Rechnung gestellt werden müssen« (ebd.). »Man wendet sich von starren Konventionen ab, die für eine Gemeinschaft, in der die Rechte durch die Öffentlichkeit anerkannt werden sollen, keinen Sinn mehr haben, und appelliert an andere unter der Annahme, dass es eine Gruppe organisierter anderer gibt, die auf den eigenen Appell reagieren – sogar wenn dieser an die Nachkommen gerichtet sein sollte. Hier haben wir die Haltung des ›Ich‹ im Gegensatz zu der des ›ICH‹[123]« (1998, 243).

Meads Schriften werden heute von Axel Honneth (1992) und Jürgen Habermas (1988) dazu benutzt, die Intersubjektivitätstheorie aus ihren naturalistischen Denkvoraussetzungen herauszulösen und innerhalb eines nachmetaphysischen Theorierahmens zu rekonstruieren. Habermas sieht in dessen Sozialpsychologie den aussichtsreichsten Versuch, den vollen Bedeutungsgehalt von gesellschaftlicher Individualisierung begrifflich einzuholen. Mead

---

122 Vgl. die Kritik von B. Waldenfels (1980, 254): »Das Ich, das den Dialog zwischen dialogischer Triebhaftigkeit und sozialer Regelhaftigkeit führen soll, ist einerseits ein biologisches *Reservoir*, andererseits *Moment* innerhalb eines rational geregelten sozialen Ganzen; einmal ist es untersozialisiert, das andere mal übersozialisiert. Wo es eigenständig auftritt, markiert es kaum mehr als einen weißen Fleck: es reagiert immer ›ein bisschen anders‹ als erwartet.« N. Luhmann und K. E. Schorr (1982, 231) bringen es auf den Punkt: »Das I des Mead ist nicht das Ei des Kolumbus. Man muss es nicht aufstellen, sondern muss genauer ermitteln, welche Theorieentscheidungen die Einsetzung des Begriffs der Identität tragen und was sie voraussetzen.«
123 In der deutschen Übersetzung von *Mind, Self and Society* (1934) wird ›Me‹ mit ›ICH‹ übersetzt.

käme das Verdienst zu, darauf hingewiesen zu haben, dass sich »Individualität (...) in Verhältnissen intersubjektiver Anerkennung und intersubjektiv vermittelter Selbstverständigung« bildet (Habermas 1988, 191).[124]

Tatsächlich eröffnet Mead mit dem Paradigma des symbolisch vermittelten Interaktionismus einen Ausweg aus dem Zirkel der Subjektphilosophie, in der das »Ich«, des selbstreflexiven Subjekts der Erkenntnis, sich immer schon zu einem »Mich« vergegenständlicht hat. Das Subjekt, das sich nunmehr auf sich selbst bezieht, leistet das nicht mehr wie bei Husserl als Beobachter seiner selbst, sondern als Teilnehmer in einem Interaktionsprozess, in dem das Selbst »der Identität anderer bewusst gegenübersteht« und dadurch »ein Objekt, ein Anderer für sich selbst, allein durch die Tatsache (wird), dass es sich sprechen und sich antworten hört« (Mead 1987 I, 245). Nach Honneth ist es Mead gelungen die Hegelsche Anerkennungstheorie auf der Stufe der Achtung des Individuums als Rechtsperson zu vertiefen (Honneth 1992, 114ff.). Die Erfahrung der einzelnen Subjekte, von den Mitgliedern eines Gemeinwesens als eine Rechtsperson anerkannt zu werden, bedeute, die normative Anerkennung des »verallgemeinerten Anderen« zu erfahren und sich selbst gegenüber eine positive Einstellung einnehmen zu können. Das Individuum beziehe sich dadurch auf jene Eigenschaften positiv, die es mit allen anderen teile.

Habermas und Honneth sind sich darüber einig, dass Mead nicht hinreichend in der Lage ist, jene sozialen Erfahrungen angemessen zu bestimmen, die dazu führen, sich gegenseitig als ethisches Subjekt anzuerkennen und Verantwortung füreinander zu übernehmen. Darüber hinaus bezweifelt Habermas aus guten Gründen, dass ein um Selbstachtung kämpfendes Subjekt die moralische Motivation aufbrächte, sich in eine größere gesellschaftliche Anerkennung zu entwerfen. Im Gegensatz zu Honneth führen für ihn nicht die sozialen Kämpfe zur Erweiterung der Verhältnisse wechselseitiger Anerkennung (Honneth 1992, 145ff.). Vielmehr wird der Prozess der Individuierung an die Voraussetzung einer Rationalisierung der Lebenswelt in einer

---

124 Vgl. J. Habermas (1988, 209): »Das Selbst des ethischen Selbstverständnisses ist auf die Anerkennung durch Adressaten angewiesen, weil es sich als Antwort auf die Zumutungen eines Gegenübers allererst herausbildet.« »Das Selbst, das mir vermittelt durch den Blick des Anderen auf mich gegeben ist, ist das ›Erinnerungsbild‹ meines Ego, wie es im Anblick eines Alter ego soeben von Angesicht zu Angesicht gehandelt hat« (ebd., 211f.).

funktional differenzierten Gesellschaft gebunden (Habermas 1988, 234ff.).[125] Habermas und Honneth reagieren damit je unterschiedlich auf die naturalistischen Schwächen in Meads Theorie der Anerkennung. Habermas, indem er einem zur Umwelt von Subsystemen depotenzierten Subjekt, gleichwohl die Weihe postkonventioneller moralischer Kompetenz zuspricht; Honneth, indem er, wie bereits gezeigt, die soziale Erfahrung von Missachtung zur Antriebsfeder für einen sozialen Kampf um Anerkennung macht.

Die bei Mead angeklungene Frage nach der motivationalen Kraft im Individuum, moralisch sein zu wollen, bleibt bei Habermas unbeantwortet. Dagegen übernimmt Honneth ohne weitere Erklärung dessen naturalistische Vorstellung eines kreativen Ichs, das die Bewegung der Anerkennung immer wieder neu anzustoßen vermag, um seinem agonalen Modell der gesellschaftlichen Solidarität eine motivationstheoretische Grundlage zu geben (Honneth 1992, 136).[126] Dabei übersieht Honneth nicht nur das Problem der Ausgrenzung, das sich Mead einhandelt, wenn er die rechtliche Anerkennung allein von der allgemeinen Eigenschaft abhängig macht, ein moralisch handlungsfähiges Wesen zu sein (vgl. ebd., 140). Er übernimmt darüber hinaus Meads Gedanke, dass das ethische Selbstverhältnis des Individuums von praktischen Anerkennungsverhältnissen abhängig ist, in denen seine besondere Fähigkeiten innerhalb kooperativer Handlungsvollzüge auf der Grundlage gesellschaftlicher Zielsetzungen bewertet wird.

---

125 Vgl. J. Habermas (1988, 241): »Die von der Systemdifferenzierung seit langem in Gang gebrachte gesellschaftliche Individualisierung ist objektiv ein zweideutiges Phänomen; um so wichtiger ist eine Beschreibung, die es nicht auf nur einen ihrer Aspekte einebnet. Erst im Maße einer *Rationalisierung* der Lebenswelt kann dieser Vorgang die *Individuierung* der vergesellschafteten Subjekte – also etwas anderes bedeuten als die singularisierende Freisetzung selbstreflexiv gesteuerter Persönlichkeitssysteme.

126 Ebenso H. Joas (1999), der einen entscheidenden Beitrag für die deutschsprachige Rezeption G. H. Meads geleistet hat. Neuerdings zeigt sich Joas dem Problem gegenüber aufgeschlossen, dass Mead »nur die dialogisch-diskursiven Strukturen der Identitätsbildung« erfasst hat »und nicht die identitätsstabilisierenden Wirkungen von Ausschluss und Ausgrenzung« (ebd., 244). Von M. Foucault aus betrachtet, stellt sich freilich umgekehrt die Frage: Inwieweit ist Identitätsbildungen nicht nur über Macht und Festschreibung möglich?

9.4 Fremderfahrung durch leibliche Betroffenheit (*Maurice Merleau-Ponty*)

Was Edmund Husserl und George H. Mead verbindet, ist deren »gemeinsame Frontstellung gegenüber den dualistischen Konzeptionen des Empirismus/Rationalismus bzw. Realismus und Idealismus« (Bergmann/Hoffmann 1985, 93). Bei ihnen wird weder das Sein auf Bewusstsein projiziert noch reduzieren sie objektive Strukturen auf Bewusstseinsstände. Die Differenzen zwischen ihren Anerkennungskonzeptionen treten freilich offen zutage: Mead rückt handlungstheoretisch die Frage nach der (An-)Erkennung des Selbst im Spiegel des Anderen ins Zentrum seiner Betrachtungen, Husserl setzt sich dagegen bewusstseinstheoretisch mit der Frage nach der (An-)Erkennung des Anderen als Modifikation des Ich auseinander. Dabei hypostasiert Mead den wahrnehmbaren Anderen als unhintergehbaren Ausgangspunkt innerhalb eines Interaktionsgeschehens, um die Frage nach dem Selbst und seiner Bildung zu einem sprach- und handlungsfähigen Teilnehmer zu beantworten; Husserl macht dagegen das erkennende Ich zum transzendentalen Bezugspunkt innerhalb eines Wahrnehmungsprozesses, um in der Folge die Erfahrung des handelnden Anderen konstitutionstheoretisch zu erschließen.

Gegen beide lässt sich der grundlegende Einwand erheben, dass sich weder die Entstehung des Selbst noch die des Anderen als Akte reflexiver Objektivation verstehen lassen. Der Weg vom Anderen zum Selbst oder vom Ich zum Anderen ist nur möglich, wenn wir auf irgendeine Weise schon vor aller Selbst- bzw. Fremderfahrung ein »Selbst-im-Anderen« oder ein »Anderer-im-Selbst« sind. Der Körper spielt zwar bei Husserl und Mead eine entscheidende Rolle, insofern bei Husserl die Erfahrung des eigenen Körpers den Weg zum Anderen weist bzw. bei Mead der Körper des Anderen das Subjekt auf sich zukommen lässt. Doch er tritt einzig als »Körperding« (Waldenfels 1980, 242) in den Bereich reflexiver objektivierender Erfahrung. Freilich, die »objektive Vergegenwärtigung der Andern und meiner selbst ist genauso sekundär wie die ausdrückliche Vergegenwärtigung einer vergangenen oder zukünftigen Gegenwart. (...) Die Sozialität muss tiefer verankert werden als in solchen bewussten Prozessen« (ebd., 258).

Maurice Merleau-Ponty (1966) spricht in diesem Zusammenhang von einer ursprünglichen leiblichen Koexistenz, einer Zwischenleiblichkeit (intercorporéité), wobei mit Leib nicht eine physisch oder biologisch bestimmbare Körperlichkeit gemeint ist, sondern ein uneinholbares Anderes, das die Aufspaltung in Subjekt und Objekt, Natur und Geist, Ich und Welt, Körper und Seele unterläuft. Weil ich niemals nur einen Körper habe, sondern zugleich auch dieser Leib bin, konstituiert sich das, was man Seele nennt durch den Leib hindurch. Die eigentümliche Doppelstruktur des Leibes – Wahrnehmungsfähigkeit und Gegenständlichkeit – verweist darauf, dass er als Träger der Sinnesorgane in einer präreflexiven Weise auf Welt bezogen ist. »Kurz, mein Leib ist nicht einfach ein Gegenstand unter all den anderen Gegenständen, ein Komplex von Sinnesqualitäten unter anderen, er ist ein für alle anderen Gegenstände *empfindlicher* Gegenstand, der allen Tönen ihre *Resonanz* gibt, mit allen Farben mitschwingt und allen Worten durch die Art und Weise, in der er sie aufnimmt, ihre ursprüngliche Bedeutung verleiht« (ebd., 276).

Weil ich niemals nur einen Körper habe, sondern zugleich auch dieser Leib bin, ist der Leib niemals nur Gegenstand. Er entzieht sich der völligen Vergegenständlichung. Das Bewusstsein und die Ich-Identität bilden sich aus einer vorreflexiven leiblichen affektiven Betroffenheit. Die Erfahrung der Lebenswelt ist keine primär begrifflich-reflexive, sondern eine leiblich-sinnliche unmittelbaren ursprünglichen Erlebens. Folglich sind Körper und Seele nicht als getrennte Entitäten zu betrachten, sondern in der Wahrnehmung ist der Mensch aus seinem leiblichen Verhalten heraus bereits sinnerschließend mit der Welt verwoben.[127] »Der Leib als objektiver Körper konstituiert sich (...) für das Bewusstsein aufgrund von ›Vermögen‹, die schon diesem Leib zu verdanken sind. Das Bewusstsein sieht sich auf das angewiesen, was es erst konstituieren soll. Eigenartiger Anachronismus« (Levinas 1986, 49)!

Merleau-Ponty (1966, 198) geht davon aus, dass in der Beziehung zum Anderen neben den »konventionellen Ausdrucksmittel(n)«, in denen Bezeichnendes und Bezeichnetes auseinanderfallen, »eine ursprüngliche Leistung des Bedeutens« angenommen werden muss, »in der das Ausgedrückte nicht neben dem Ausdruck existiert, vielmehr die Zeichen selbst ihren Sinn

---

127 Vgl. B. Waldenfels (1980, 242f.): Der Leib lässt sich weder verleugnen, noch ist er jemals überschaubar und verfügbar. Er ist immer schon zugleich »Sehender und Gesehenes, Tastender und Getastetes in eins (...), wobei das fungierende Organ zum Objekt und das Objekt zum wahrnehmenden Organ werden kann.«

ins Außen hineintragen.« Levinas (1992a, 29) schließt sich dieser Einsicht an, dass die »Bedeutsamkeit der Bedeutung«, d.h. die Tatsache, dass es für den Menschen überhaupt Bedeutung gibt, nicht durch die Aktivität eines Bewusstseins entsteht. Auf den letzten Seiten seiner *Phänomenologie der Wahrnehmung* formuliert Merleau-Ponty (1966, 509) programmatisch, dass sich alles »Für-sich-sein (...) von einem Untergrunde des Seins-für-Andere« abhebt, dass mein Leben »in strengem Sinne Intersubjektivität sein« muss. Insofern gibt es für ihn ein Bedeuten, das nicht nur der Erkenntnis vorausliegt, sondern sie bedingt. Der Gedanke, dass mir der Sinn meines Seins nicht durch mich selbst zukommt, sondern vom Anderen her, leiblich und sprachlich vermittelt, verweist auf eine notwendige Inkarnation des Subjekts. Für Merleau-Ponty äußert sie sich freilich auf der Grundlage einer ursprünglichen anonymen Zwischenleiblichkeit, während sie sich bei Levinas in der diachronen Verflechtung einer vor-urprünglichen ethischen Beziehung zum Anderen ausdrückt.[128]

9.5 »Der-Eine-für-den-Anderen« (*Emmanuel Levinas*)

Für Emmanuel Levinas (1983, 211) fällt die abendländische Philosophie »mit der Enthüllung des Anderen zusammen; dabei verliert das Andere, das sich als Sein manifestiert, seine Andersheit.« Dieser Vorgang ist für ihn, wie auch schon für Adorno und Horkheimer, versinnbildlicht im »Mythos von Odysseus, der nach Ithaka zurückkehrt« (ebd., 115). Ihm setzt Levinas »die Geschichte Abrahams« entgegen, »der für immer sein Vaterland verlässt, um nach einem noch unbekannten Land aufzubrechen, und der seinem Knecht gebietet, selbst seinen Sohn nicht zu diesem Ausgangspunkt zurückzuführen« (ebd., 215f.). – Aus der metaphorischen Sprache übersetzt heißt das: Dem Ursprung des Bewusstseins, der eine »wiedereinholbare Zeit« (1992a, 83) entstehen lässt, geht eine »irreduzible Diachronie« (ebd., 86) voraus. Von dieser Zeit einer anarchischen Geburt des intentionalen Subjekts her ist dem

---

[128] E. Levinas (1986, 51) spricht von einer »anti-humanistische(n) oder un-humanistische(n) Tendenz« bei M. Merleau-Ponty, »das Menschliche auf eine Ontologie des anonymen Seins zu beziehen.«

Bewusstsein bereits die *ethische Struktur* des »der-Eine-für-den-Anderen« (ebd., 189) eingeschrieben.

Mit »Verantwortung« meint Levinas (ebd., 223) folglich eine »auf das Bewusstsein irreduzible Beziehung« des Ich zum Anderen in Form einer ethisch zu verstehenden »Besessenheit«. Sie verfolgt mich wie ein vorauseilender Ruf, dem ich nachgehe, ohne ihn jemals zu erreichen. Levinas vergegenwärtigt uns mit einer motivationalen Tiefenstruktur menschlichen Daseins: Aus der Nähe zum Anderen erwächst eine vor aller Erfahrung liegende einseitige und unabweisbare Verantwortung für dessen Wohl. Jenseits von Respekt und Achtung zu einem Gegenüber, das man zu verstehen glaubt, ist es die intersubjektive Begegnung mit einer ursprünglichen Differenz – das, was den anderen Menschen unvordenklich Anderer sein lässt und jeden nur objektivierend-diagnostizierenden Blick auf ihn ausschließt. Die ethische Beziehung zum Anderen liegt jenseits universalisierbarer Geltungsansprüche. Der Andere ist kein alter Ego und ich verpflichte ihn nicht in der selben Weise, in der er mich verpflichtet. Die Einzigkeit des Subjekts und die Radikalität seiner Verantwortung, die es an niemanden delegieren kann, beruht auf dieser Asymmetrie. Der Andere *geschieht* und meine Erfahrung des Geschehens kommt immer zu spät. Als Verstehender bleibe ich in einer zeitlichen Uneinholbarkeit verhaftet. Der Andere *hat* keine Botschaft, er ist nicht Träger einer empirisch konstatierbaren Gegebenheit, er *ist* Botschaft. Als Fremder, als Witwe und als Waise bleibt der Andere ortlos, einzig und einmalig.

Für Levinas (1987, 67) ist die vorgängige Struktur jedes Interesses die Exteriorität des Seins, die in der Nähe zwischenmenschlicher Begegnung erfahren wird. Eine ursprüngliche Differenz offenbart sich durch die Unmöglichkeit, »sich von Außen zu sehen und von sich und den Anderen in derselben Weise zu reden.« Der irreduzibel Andere ist kein Gegenüber meiner intentionalen Aktivität des Erkennens, des Denkens, des Betrachtens. Der Andere ist in der Exteriorität der Unendlichkeit und keine Ontologie kann diesen Abgrund überbrücken. So wie ich mich nicht von Außen betrachten kann, kann der Andere nicht in mir sein. Es bleibt ein Abgrund der Trennung zwischen mir als Betrachter und ihm als Betrachtender, der ihn als Fremder respektive Anderer erfahren sein lässt. Sobald ich mich dem Anderen im Zuge einer objektivierenden Erkenntnis zuwende, verfehle ich ihn und wende mich von seiner Wirklichkeit ab. Auch alle Versuche, die Nichtübereinstimmung zwischen dem Einen und dem Anderen durch Ontologie oder Universalität zu schließen, bedeuten für Levinas eine Vergewaltigung der anderen Person. Meine Beziehung zum Anderen ist nicht durch Reziprozität und Symmetrie einzuholen, weil ich niemals den übergeordneten Standpunkt einnehmen kann, mit dem ich von einem neutralen Ort aus meine Vorstellungen von ihm verlassen kann. »Diese Differenz in der Nähe zwischen dem Einen und dem Anderen – zwischen mir und dem Nächsten – schlägt um in *Nicht-Indifferenz*, in gerade *meine Verantwortung*« (1992a, 361).

Die Nähe ist gleichzusetzen mit der Unmittelbarkeit des Antlitzes durch das sich eine Rede vollzieht, die jede Unterscheidung von Sein und Sollen unterläuft: »Das Antlitz spricht. Die Erscheinung des Antlitzes ist die erste Rede. Sprechen ist vor allem anderen diese Weise, hinter seiner Erscheinung, hinter seiner Form hervorzukommen, eine Eröffnung in der Eröffnung« (ebd., 221). Der Begriff des Antlitzes bezieht sich nicht auf ein bereits Erkennbares oder Beobachtbares in der sichtbaren Erscheinung des Anderen. Es ist keine Gegebenheit der Anschauung, sondern vor aller Erfahrung »die Weise des Anderen, sich darzustellen, indem er *die Idee des Anderen in mir* überschreitet«. (1987, 63). Es stört die vermeintliche Ruhe, die die Intentionalität durch die Rückführung des Anderen auf das Selbe garantieren sollte. Insofern ist in »einem bestimmten Sinne nichts störender als der Nächste. Dieser Begehrte, ist er nicht der Nichtbegehrenswerte schlechthin? Der Nächste, der mich nicht gleichgültig lassen kann« (1992a, 197).

Dieses Nicht-gleichgültig-sein-können vollzieht sich als unbewusster Vorgang der Sozialität. Während die Intentionalität des Bewusstseins stets eine Weise des Subjekts ist, sich besitzend, identifizierend und genießend einen »Aufenthalt« in der Welt zu verschaffen, mutet die Begegnung mit dem Antlitz dem Ich eine Beunruhigung zu. Seine Anwesenheit spaltet das Subjekt als herrscherliches Ich, indem es eine soziale Schuld offenbart, die an die Existenz und die Selbstbehauptung als solche gebunden ist. Dieser Bruch mit der Totalität der Selbstheit erst schafft die Voraussetzung für eine ethische Praxis. Levinas beansprucht etwas von der Tiefenstruktur der Subjektivität freizulegen, die auf der Ebene der natürlichen und der empirischen Einstellung verborgen bleibt. Subjektivität will heißen: »der-Eine-für-den-Anderen« und geht auf eine nicht auf den Begriff zu bringende Sensibilität und Verwundbarkeit der Sinne zurück. »Die Subjektivität ist Verwundbarkeit, die Subjektivität ist Sensibilität« (ebd., 131).

Levinas eröffnet einen Denkraum, durch den sich die ethische Kraft des Subjekts erstmals erklären lässt. Er expliziert eine stillschweigende Voraussetzung, die von Kant bis zur Diskursethik immer wieder gemacht wurde. Kants Präsupposition von vernünftigem Erkennen und moralischem Wollen hatte noch den Zweck, eine Unabhängigkeit der moralischen Motivation vom egoistischen Einzelinteresse abzusichern. Seine fundamentalethische Identifikation von Vernunft und Willen wurde zwar kritisiert, dabei aber nach wie vor ein Subjekt des »guten Willens« vorausgesetzt, das zur Verantwortung für den Anderen kraft einer Autonomie und Vernünftigkeit fähig ist: So gilt Apel (1976, 412) die Motivierung zu moralischem Handeln als uneinsehbar: »Insofern bedarf die praktische Realisierung der Vernunft durch den (guten) Willen immer eines Engagements, das sich nicht andemonstrieren lässt und das man insofern ›irrational‹ nennen mag.« Habermas (1991, 72) sieht zwar im solidarischen Handeln eine positive Kraft, mittels derer sich Menschen wechselseitig um das Wohl des jeweils anderen kümmern. Doch auch in seinen Erklärungen zur Begründung dieses »guten Willens« bleibt der Bereich konkreter Erfahrungen völlig unberücksichtigt. Bei ihm ist lediglich die Rede von einem Bewusstsein »der Zugehörigkeit zu einer idealen Kommunikationsgemeinschaft«, das der »Gewissheit der Verschwisterung in einem gemeinsamen Lebenszusammenhang« entspringt.

Der Einwand von Levinas (1983, 110) würde hier lauten: »Gewiss besteht unsere Beziehung zu ihm (dem Anderen, H.-U. R.) darin, ihn verstehen zu wollen, aber diese Beziehung geht über das Verstehen hinaus. Nicht nur, weil die Erkenntnis des Anderen, unabhängig von der Neugier, auch Sympathie oder Liebe verlangt, Seinsweisen, die von der interesselosen Betrachtung unterschieden sind. Sondern weil der Andere in unserer Beziehung mit ihm uns nicht auf der Grundlage eines Begriffs affiziert. Er ist seiend und gilt als solcher.«

Ethik führt laut Levinas genau dann zu einer Krise, wenn von einem aktiven und autonomen Subjekt ausgegangen wird, das seiner Macht und Gewalt gegenüber anderen Ichs selbst Beschränkungen auferlegen muss. Das intentionale Subjekt hat keinen Zugang zum Anderen. Seine Tätigkeit besteht darin, sich das Andere anzueignen, es sich unterzuordnen, es seinen Kategorien und Intentionen gefügig zu machen. Daher versucht er, die Konstitution des ethischen Subjekts nicht als Tätigkeit eines schon gegebenen Bewusstseins zu denken, sondern als Verantwortlichkeit über unsere Intentionen, unseren Willen und unser Vermögen hinaus. Das Ethische kann keine Zugabe sein, kein Prädikat, das einem altruistischen Bewusstsein anzuheften wäre, einem egoistischen dagegen nicht. Die Subjektivität des Subjekts, mit der das Bewusstsein entsteht, ist bereits als das Resultat einer »Verzwirnung von *Selbem* und *Anderem*« entstanden, wobei der Knoten der Subjektivität vom Anderen her geknüpft wurde (1992a, 68f.). Deshalb kann die Individuation »nicht als der Pol eines sich selbst identifizierenden Bewusstseins beschrieben werden: denn das ›sich‹ ist gerade das große zu beschreibende Geheimnis. Die Selbstheit, die sich im Reflexivpronomen *sich* ausdrückt, reduziert sich nicht auf die Objektivation des Ich durch sich selbst« (1983, 289).

Das Selbstbewusstsein entsteht für Levinas also nicht wie bei Husserl aus einer ursprünglichen Vertrautheit mit sich selbst, sondern hat den unvordenklichen Anderen zur Vorbedingung. Die Rückkehr des Ich zu sich selbst, ist keine Rückkehr zu einem ursprünglichen Anfang des Ich, sondern ein Sich, durch das sich das Ich erst konstituiert. Die Selbstheit ist »ein immer schon von außen identifizierter Punkt, der sich nicht in und an der Gegenwart identifizieren noch auch seine Identität ›ablehnen‹ muss, ist er doch bereits älter als die Zeit des Bewusstseins« (1992a, 237). Dieses »von außen« charakterisiert Levinas als die externe Beziehung zum anderen Menschen. Der Andere hat immer schon kommunizierend auf mich geantwortet, noch bevor ich als sprachliches Subjekt »Ich« sagen kann und mich intentional auf ihn beziehe. Sein Sagen ist bereits (An-)Spruch auf bzw. an mich vor allem Fragen und Ermöglichungsbedingung für mein Ich-Sagen. Es nötigt mich zur unendlichen (Ver-)Antwortung ihm gegenüber.

Die nachgängige, in der Bewusstseinstätigkeit zustande kommende Selbstbeziehung des Subjekts, die sich im »Ich denke«, das alle meine Vorstellungen begleitet (Kant), ausdrückt, geht einher mit der Aneignung der Dinge und Inbesitznahme der Welt. Dieses »despotische« Selbstbewusstsein kann die Heterogenität seines Ursprungs nicht erinnern. Es setzt sich selbst als autonom voraus und wähnt sich in seinem Interessiert-Sein als unabhängig vom Anderen. Doch die durch den Anderen erwirkte »Hypostase« als Person ruht nicht in Frieden unter seiner Identität, sondern ist vom Anderen-im-Selben besessen: »Die Rekurrenz des Sich in der Verantwortung-für-die-Anderen geht als Besessenheit der Verfolgung in die der Intentionalität entgegengesetzte Richtung, *so dass die Verantwortung für die Anderen unter keinen Umständen bedeuten kann: Wille zum Altruismus, Antrieb aus ›natürlichem Wohlwollen‹ oder Liebe«* (ebd. 247, Herv. H.-U. R.).

Levinas Ethik wendet sich sowohl gegen die Behauptung, die Menschen seien ihrem Wesen nach gut, man muss nur gewährleisten, dass sie sich ihrer Natur entsprechend verhalten können, als auch gegen die Einstellung, sie seien im Grunde genommen böse und man müsse sie davor bewahren ihren wölfischen Impulsen nachzugehen. Vielmehr sieht er in der Primärszene des menschlichen von Angesicht zu Angesicht eine Ambivalenz wirksam werden, die sich dadurch zeigt, dass das in seiner Selbstheit gefangene Subjekt gleichsam durch die Anwesenheit des Anderen eine Nötigung zur Verantwortung erfährt. Um es noch einmal zu sagen: Dieser ›Ort‹ der Verantwortlichkeit liegt nach Levinas nicht im Bewusstsein des Menschen, sondern ist in dessen leibhaft-sinnlicher Verfassung zu suchen. »Die Verantwortung für den Anderen ist der Ort, an dem der Nicht-Ort der Subjektivität seinen Platz findet (...)« (ebd., 40). Auch im Angesicht eines noch oder immer oder wieder sprachlosen menschlichen Wesens werde ich aufgerufen zur Verantwortung. Ohne einen definitiven und bedeutsamen Akt der Abwendung, der Indifferenz, ist es mir nicht möglich, ihn gleichgültig wie ein Ding zu behandeln. Weil das Antlitz des Anderen in diesem Sinn schon Anruf ist, offenbart es sich mir als bedürftig und gebietet mir zugleich.

Das Denken von Levinas könnte man leicht als Glaubensmanifest abtun, wenn es ihm nicht gelänge, die ethische Beziehung zum Anderen mit den theoretischen Mitteln moderner Philosophie plausibel zu machen. Mit seiner Unterscheidung zwischen einem Zeichensystem des »Gesagten« und dem »Sagen« als Verantwortung für den Anderen erweitert er die »Theorie der Sprechakte« von Austin und Searle. In der »Apophansis« (dem prädikativen Aussagesatz) versammelt sich die Gegenwärtigkeit des Gesagten. Das Ereignis des Sagens reicht jedoch tiefer: Nicht das Kalkül oder die Verständigung, sondern vor aller Intentionalität – in einer Verantwortlichkeit für den Anderen – liegt der Grund des Sagens. Es bezeichnet das irreduzible und in der einen Zeit der Aussage nicht einholbare Moment der Zuwendung zum Anderen, das zur Sprache gehört. Das Sagen entspringt aus einer Beunruhigung des Selben durch den Anderen. Wenn Levinas daran erinnert, dass es kein Gesagtes gibt ohne Sagen, so »gibt« es umgekehrt ein »Sagen vor allem Gesagten« (ebd., 107) – wie ein vorursprüngliches Sagen in Form eines Anrufs oder einer Antwort auf mich, ohne vorherige Frage – Gabe der Stellvertretung. »Das Subjekt des *Sagens* gibt nicht Zeichen, es macht sich zum Zeichen, es geht auf in Verpflichtung« (ebd., 119).

Levinas' eigene Sprache ist vom Gestus des unbeendbaren ethischen Antwortens auf den An-Spruch des Anderen durchdrungen. Insofern symbolisiert sich in ihr das ethische Geschehen, das sie beschreibt (vgl. ebd., 19, 28, 49, 52). Ethische Sprache will heißen, dass das sprechende Subjekt stets neu vor sich zurückschreckt, um der Vergegenständlichung durch Sprache zu entkommen.[129] Diese »Nötigung« begründet sich nicht aus der Intentionalität eines erkennenden Subjekts, sondern aus einer ursprünglicheren Verantwortung für den Anderen. »Im Sagen kommt das Subjekt dem Nächsten nahe, indem es sich aus-drückt im buchstäblichen Sinne des Wortes, hinausgetrieben wird aus jeglichem Ort, *keine Bleibe* mehr hat, keinen Boden betritt« (ebd., 118).

Das genießende In-der-Welt-sein vollzieht sich als Leben-von in den Gestalten des Vollbringenkönnens (Arbeit), Erwerbens (Eigentum) und Wohnens (Häuslichkeit). Durch das Genießen kann der Mensch unabhängig sein in der Welt, er kann »getrennt« sein, als selbständiges Wesen existieren. Für Levinas ist das Genießen in seiner Eigenschaft, sich in sich selbst zu gefallen nicht die vorherrschende Daseinsform, sondern notwendige Bedingung eines »Für-den-Anderen« (ebd., 167). Subjektivität in diesem Sinne geht auf die Verwundbarkeit des Ich als passive und »nicht auf den Begriff zu bringende Sensibilität« zurück (ebd., 48). Levinas (ebd., 50) führt die Intentionalität auf eine fundamentalere Schicht, nämlich »Sensibilität oder Empfindlichkeit der Sinne« zurück. Das mit Bewusstsein ausgestattete Subjekt der begrifflichen Repräsentation und der Intentionalität resultiert aus dem mit Empfindungsvermögen ausgestatteten Subjekt der Sensibilität: »Die Subjektivität ist Verwundbarkeit, die Subjektivität ist Sensibilität« (ebd., 131). Dabei ist diese Tiefenstruktur subjektiver Erfahrung immer schon in eine Beziehung der Erfahrung und Aufgeschlossenheit gegenüber dem Anderen eingelassen: »Der *Selbe* hat mit dem *Anderen* zu tun, bevor – in welcher Eigenschaft auch

---

129 Vgl. S. Chritchley (1994, 650f.): »Die ethische Sprache von *Jenseits des Seins* bewegt sich in einer Ökonomie des Verrats, wo das Sagen das Gesagte spaltet, und das Gesagte, das in ihm gefangen ist, zu spalten heißt, das Sagen zu verraten und ein anderes Sagen zu fordern. (...) Es ist genau dieser Wechsel, der das, was Lévinas das ›Rätsel der Philosophie‹ nennt, konstituiert. Die Verantwortung des Philosophen besteht darin, das Rätsel *als* Rätsel aufrechtzuerhalten.«

immer – der Andere für ein Bewusstsein erscheint. Die Subjektivität ist strukturiert als *der-Andere-im-Selben*, aber nach einem anderen Modus als dem des Bewusstseins« (ebd., 69). Die Empfindlichkeit der Sinne, die diesseits der Intentionalität liegt, macht ein Verhältnis möglich, das sich nur jenseits der Intentionalität ereignen kann: Das Verhältnis zum Anderen als ethisches Verhältnis. Erst in der Ambivalenz der Sinnlichkeit als Getrenntseinkönnen durch Genießen *und* Ausgesetztsein durch Verwundbarsein wird ein Verhältnis möglich, in dem zwei Freiheiten nicht unberührbar nebeneinander stehen. Das Werk des Bewusstseins, das im Erkennen und Mit-sich-Identifizieren des anderen Menschen besteht, ist immer schon von diesem Anderen in Frage gestellt und offen für ein nichtintentionales Bedeuten.

10. Die Nähe des Anderen als Aufruf zur Verantwortung (*Karlheinz Kleinbach*)

10.1 Die List der Heilpädagogik

»Unsere pädagogische Rede ist Rhetorik, Rede aus der Position dessen, der seinen Nächsten überlistet. (...) Sie spricht den Anderen nicht von Angesicht zu Angesicht an, sondern von der Seite; freilich nicht wie ein Ding; denn die Rhetorik bleibt Rede und geht, durch alle Tricks hindurch, zum Anderen, fordert sein Ja. (...) Auf die (...) Pädagogik verzichten, heißt, den Anderen in seiner wirklichen Rede von Angesicht zu Angesicht ansprechen. Dann ist das Sein in keiner Weise Objekt, es ist außerhalb aller Aneignung. Diese Herauslösung aus aller Objektivität bedeutet für das Sein positiv seine Gegenwärtigung im Antlitz, seinen *Ausdruck*, seine Sprache. *Das Andere als Anderes ist der andere Mensch.*« (Levinas 1987, 94f.). Für die pädagogischen Vertreter einer am Bewusstsein orientierten Kommunikationstheorie ist die Zeit vor dem Bewusstsein für das Feld der philosophischen Ethik nicht relevant. Eine Reflexion, die dem Ursprung der Identifikation des denkenden Subjekts auf die Spur kommen will, darf jedoch »nicht die abstrakte Vorstellung des Ich durch sich selbst zugrunde legen: die Reflexion muss von der konkreten Beziehung zwischen einem Ich und einer Welt ausgehen« (ebd., 41).

Die etablierte Geistig-Behindertenpädagogik erweckt immer wieder den Eindruck, als sei sie eine Spezialpädagogik, die sich im Rahmen einer allgemeinen Pädagogik auf vertrautem Gelände bewegt. Die allgemeinpädagogische Vorstellung, dass Erziehung und Bildung mit dem »Konzept der Selbstbestimmung und Autonomie« (Zirfas 1999, 233) verknüpft sei, erweist sich jedoch in der Heilpädagogik ganz offensichtlich als ungenügend. Denn die häufigen Verstehens- und Verständigungsprobleme zwischen Pädagogen und ihrem Klientel sind in der Arbeit mit schwerstbehinderten Menschen an der Tagesordnung. Würde man z.B. in der Begegnung mit neurodegenerativ erkrankten Menschen Nicht-Verstehen stets mit Un-Sinn und Scheitern bzw. Abbruch in der Kommunikation gleichsetzen, so wäre es um das theoretische Selbstverständnis der Heilpädagogik geschehen. Hier ist anscheinend gerade das Nichtverstehen das Entscheidende, worüber reflektiert werden muss.

Jedes vorschnelle und unbedingte Verstehen-Wollen würde zu einer gewaltsamen Ethik führen, in der man alles auf ein pädagogisches Ziel hinführen möchte. Die Sprache wäre hier verkürzt auf einen Informationscode. Der unerklärte und daher unbedingte Anspruch des anderen Menschen auf Hilfe und Pflege wird jedoch gerade dort erfahren, wo Sprache vor aller Verständigung eine ethische Dimension eröffnet. In der Nähe zum anderen Menschen offenbart sich ein asymmetrisches und nicht-reziprokes Verhältnis, das deutlich werden lässt: »Menschen können nicht nur zum Austausch von Informationen in Verbindung treten, sondern auf ganz verschiedenen Ebenen die Sinnstiftung eines interpersonalen ›Zwischen‹ erfahren. Dialog als ein sich mannigfaltig gestaltender zwischenmenschlicher Austausch ist somit unabhängig von intellektuellen Fähigkeiten ebenso wie von Lautsprache oder diese ersetzende Äußerungen« (Raupach/Raupach 2000, 458).[130]

Die Pädagogik hat sich mit der Beziehung zum unvordenklichen Anderen auseinander zu setzen. Sie kann die Uneinsehbarkeit des Anderen nicht weiterhin als praktischen Mangel oder theoretisches Scheitern ansehen, sondern muss ihr Selbstverständnis darauf aufbauen: »Wir erfinden, was wir antworten, nicht aber das, worauf wir antworten. Das, worauf wir antworten, ist ein Fremdes und Außer-ordentliches, das sich der jeweiligen Ordnung entzieht. Normalisierung bestünde dann in einer Tendenz, die Differenz zwischen dem Was und dem Worauf des Antwortens zum Verschwinden zu bringen und sie durch eine fungierende Ordnung zu ersetzen, in der Andersheit nur als andere Möglichkeit, nicht als fremder Anspruch vorkommt« (Waldenfels 1998a, 141). Responsivität beschränkte sich nicht auf den Bereich sprachlicher Äußerungen, sie durchdringe den gesamten Bereich des Sensoriums und der Motorik und bilde so etwas wie ein »leibliches Responsorium«. »Schon die Sinne sind keine bloßen Registratoren oder Sensoren. Hinsehen und Hinhören bedeutet mehr als bloßes Sehen und Hören. Wir schenken und verweigern das Gehör und den Blick. In dieser Sensibilität für Anderes und Frem-

---

130 Vgl. M. und M. Raupach (2000), die sich in ihren Überlegungen zur pädagogischen Arbeit mit neurodegenerativ erkrankten Kindern und Jugendlichen weitgehend an K. Kleinbach (1994) orientieren.

des zeigt sich ein Ethos der Sinne, das durch keine Zielsetzung zu steuern, durch kein Gebot zu erzwingen ist und das uns doch nicht gleichgültig lässt. Dem Blick antworten wir, selbst wenn wir ihn übersehen oder von ihm wegsehen. Die sinnliche Zuwendung geht von Einfällen aus; sie beginnt mit dem, was uns geschieht, was uns trifft, verletzt, anstachelt, bevor wir uns dessen versehen« (ebd., 141f.).

Inzwischen hat die Heil- und Sonderpädagogik die Aspekte der Leiblichkeit und der Lebenswelt als konstitutive Elemente von Kommunikation in die Diskussion eingeführt (Pfeffer 1988, Gröschke 1989 u.a.). Ihre Grenzen liegen jedoch da, wo ihre Vertreter glauben, eine Ethik sonderpädagogischen Handelns von der Besonderheit unterschiedlicher Behinderungen aus formulieren zu müssen und sich damit ausschließlich an kommunikativen Defiziten orientieren. Eine sonderpädagogische Ethik hätte danach von der speziellen Verfasstheit des behinderten Gegenübers oder von einer durch Asymmetrie geprägten Kommunikationsstruktur auszugehen, die per se eine durch Macht geprägte Verantwortung des Pädagogen hervorrufen. Auf der einen Seite wäre das Machtgefälle also Bedingung einer Ethik der Verantwortung, auf der anderen Seite markierte es eine Grenze der Anerkennung des Anderen, die durch keine theoretische Anstrengung bzw. praktische Haltungsänderung[131] des Pädagogen aufgehoben werden kann. Das Verhältnis von Ethik und Heilpädagogik wird zugunsten einer Ableitung der Heilpädagogik aus einer speziellen Anthropologie oder aus einem besonderen Ethos des Erziehers bestimmt. Dies führt schließlich zu einer Moralisierung des pädagogischen Bezuges aus der überlegenen »Position dessen, der seinen Nächsten überlistet« (Levinas 1987, 94). Wirkliche Anerkennung heißt dagegen auf Pädagogik verzichten und »den Anderen in einer wirklichen Rede von Angesicht zu Angesicht ansprechen. Dann ist das Sein in keiner Weise Objekt, es ist außerhalb aller Aneignung« (ebd., 95). Doch wie soll so etwas möglich sein?

Vom Gesichtspunkt einer Integrationspädagogik (Eberwein 1994) aus betrachtet, wird das Phänomen »Fremdheit« bisher noch vorrangig als ein sozialpsychologisch aufhebbares Problem beschrieben. Die ethische Regelanweisung lautet dann, sich im Umgang mit schwerstbehinderten Menschen von

---

131 Vgl. M. Häußler (2000) zum Begriff der heilpädagogischen Haltung im Sinne von Offenheit, Gelassenheit und Solidarität.

normativ geprägten Einstellungsmustern zu lösen, um die affektive Distanz aufzubrechen und die negativen Bewertungen von Verhaltensweisen zu überwinden. Fremdheit erscheint hier in Form eines Gefühls der »Nichtzugehörigkeit« des Anderen aufgrund enttäuschter »Gleichheitserwartung« (Waldenfels 1999b, 91). Sie soll dadurch tendenziell aufgehoben werden, dass sich das Ich von sich selbst entfernt und dem Anderen annähert.

In der Heilpädagogik muss man den Umgang mit Fremdheit möglicherweise als ein strukturelles Problem behandeln, das sich selbst durch sozialintegrative Maßnahmen nicht aufheben lässt. Fremdheit erschiene dann in Form einer »*Unvertrautheit* oder *Unverständlichkeit* von Wahrnehmungsgestalten und Handlungssituationen« (ebd.). Der Pädagoge sähe sich nunmehr mit einer anderen Wirklichkeitsordnung konfrontiert, die seine Fähigkeit zu erfolgreichem Handeln in einem intersubjektiv erschlossenen Sinnhorizont in Frage stellt. In diesem Fall läge für ihn das Problem nicht mehr nur darin, einen affektiven Widerstand zu überwinden, sondern darüber hinaus den Wissenshorizont durch kognitives Lernen zu erweitern. Doch auch diese Strategie der Fremdheitsbewältigung scheint in der Arbeit mit schwerstbehinderten Menschen offensichtlicher als anderswo auf Grenzen zu stoßen. Die irritierende Erfahrung einer »radikalen Fremdheit« (ebd., 115) hätte dann etwas mit einer unaufhebbaren inneren Begrenztheit unserer affektiven oder kognitiven Wirklichkeitserfahrung zu tun. In diesem Fall träte man aus dem Bereich hermeneutischer Anstrengungen heraus, um sich der ethischen Erfahrung zu öffnen, dass vor allem Sinn und Verstehen von der radikalen Fremdheit des Anderen ein Anspruch ausgeht, der uns zur Verantwortung nötigt.

10.2 Heilpädagogik als ver-antwortliches Geschehen

Karlheinz Kleinbachs *Zur ethischen Begründung der Geistigbehindertenpädagogik* (1994) stellt vor diesem Hintergrund einen ethischen Versuch dar, der andere so genannte leiborientierte Ansätze in der Heilpädagogik (Pfeffer 1988, Stinkes 1991, Fornefeld 1995) weiterführt. Kleinbach begreift Kommunikation nicht nur als einen Prozess der Verständigung, sondern als ver-antwortliches Geschehen unter Fremden in der Nähe. Mit Levinas (1981, 82) wird den Fragen nachgegangen: »Warum gibt es das Sprechen? Wäre es, weil der Denkende etwas zu sagen hat? Aber warum hätte er etwas zu sagen? Warum genügt es ihm nicht, dieses Etwas, was er denkt, zu denken? Sagt er nicht das, was er denkt, gerade weil er über das hinausgeht, was ihm genügt, und weil die Sprache diese Grundbewegung trägt?« Kleinbach entwickelt freilich kein Konzept von Ethik, durch das Regeln für bestimmte Handlungsweisen festgelegt werden. Er fordert lediglich dazu auf, »den gegenwärtigen Kommunikationsbegriff innerhalb der Pädagogik geistiger Behinderung zu überdenken« (Kleinbach 1994, 85). Dabei geht es ihm vor allem »um die Wiedergewinnung des Ethischen der Kommunikation« (ebd.). Die zentrale Fragestellung seines Buches lautet daher: »Wie lassen sich Kommunikation und pädagogisches Handeln zusammen denken? Wie kann, ausgehend von der ethischen Dimension des Kommunikativen, pädagogisches Handeln begründet werden« (ebd., 16)? Kleinbach (ebd., 10) geht den Weg, »Nichtverstehen als konstitutives Moment von Praxis auszuweisen und damit zu zeigen, dass eben darin die ethische Dimension des Kommunikativen liegt.«[132]

Wie jede Wissenschaft vom Menschen ergreift die Heil- und Sonderpädagogik das Wort selbst dort, wo sie vorgibt, dass »Verstehen« nicht notwendig Voraussetzung für die Kommunikation mit dem anderen Menschen ist. So geht man u.a. im methodischen Konzept der »Sensorischen Integrationstherapie« (Ayres 1984; Dzikowski/Vogel 1988) davon aus, dass bei autistischen Erscheinungsformen eine cerebral bedingte schlechte sensorische Verarbeitung von Sinneseindrücken vorläge. Insofern ist »die leitende Vorstellung der Behandlung (...), Sinneseindrücke zu schaffen und richtig zu dosieren, und zwar besonders Sinneseinwirkungen seitens des Gleichgewichtssystems, der Muskeln und Gelenke – also Tiefensensibilität – und der Haut – also des Tastsinnes –, und zwar in einer solchen Weise, dass das Kind spontan Anpassungsreaktionen an diese Reize bildet, die zu einer Integration der dabei erlebten Empfindungen in das Nervensystem führt« (Ayres 1984, 195 f.).

Eine wichtige Rolle bei der Förderung schwerst- und mehrfachbehinderter Menschen spielen nach wie vor auch die Konzepte der »Basalen Aktivierung« (Breitinger/Fischer 1981), der »Basalen Stimulation« (Fröhlich 1992)

---

132 Vgl. dazu W. Lippitz (1989).

und der »Basalen Kommunikation« (Mall 1995). Sie werden bei Menschen angewendet, die auf präverbaler Ebene mit ihrem Körper kommunizieren, über ihren Körper wahrnehmen und den Körper von Bezugspersonen brauchen, um zu spüren, zu erfahren und zu kommunizieren. Während in der Allgemeinen Pädagogik die Lautsprache das zentrale Medium bildet, werden im Falle schwerstbehinderter Menschen methodisch andere »Sprachen« entwickelt und dialogisch vermittelt. Stimme, Blick, Haut, Handgesten, Körpermotorik usw. werden potentiell dem Kommunikationsrepertoire zugerechnet und mittels pädagogisch-therapeutischer Methoden kommunikativ gemacht.

Kleinbach geht es nicht darum, diese Förderkonzepte, in denen der Körper primär unter neurophysiologischen Gesichtspunkten betrachtet wird, vollkommen in Frage zu stellen.[133] Was ihnen jedoch seiner Ansicht nach fehlt, ist »die ethische Fundierungsdimension der Förderung« (ebd., 149). Im Zusammensein mit schwerstbehinderten Menschen wird häufig offenbar, was solche Förderansätze verdecken, »nämlich eine Praxis, die in einem noch zu präzisierenden Sinne *umsonst* und *vergeblich* ist« (ebd., 9). Indem die Basale Pädagogik mit Rufübungen, Tönen, Lautwahrnehmungen, Blickkontakten und Hautsensibilisierung arbeitet, betrachte sie die Sinne einzig als Kommunikationskanäle. Nach diesem Verständnis verbleiben Stimme, Blick und Haut für den Pädagogen lediglich im Modus defizienter Übertragungsmedien und werden zum Gegenstand unterrichtenden Planens: »Fehlerhafte Artikulation wird *therapiert*, Blickkontakt wird *angebahnt* und Haut wird *sensibilisiert*« (ebd., 14).[134]

---

133 Vgl. W. Drehers (1979, 207ff.) frühe Kritik an A. Fröhlichs ursprünglichem Konzept der Basalen Stimulation. Vgl. auch seinen energischen Hinweis einer noch fehlenden Berücksichtigung des »›leibhaftigen‹ Menschen«. »Aber in der Begegnung mit schwer geistigbehinderten Menschen drängt sich diese »Leibhaftigkeit« mit besonderer Mächtigkeit in den Vordergrund« (ebd., 207).

134 In der basalen Förderung schwerstbehinderter Menschen geht man davon aus, dass Verständigungsprobleme auf dem Einsatz inkompatibler Kommunikationskanäle – Blickkontakt, Sprache, Mimik, Gestik des Pädagogen versus Atemrhythmus, Lautäußerung, Berührung, Bewegung seines Gegenübers – beruht. Das Gelingen der Kommunikation wird in problematischer Weise davon abhängig gemacht, dass derselbe Kommunikationskanal benutzt wird. So begründet W. Mall (1995, 27) diese Entsprechung damit, dass »das Spiegeln von Lautäußerungen und Verhaltensweisen des Kindes (...) einen wechselseitigen Prozess von Nachahmung und Gegennachahmung auslöst.« Interaktion droht hier zu einem intersubjektivitätszerstörenden Nachäff-Spiel zu verkommen. Ich teile K. Klein-

Stimme, Blick, Haut verkörpern jedoch vor allem erkennenden Bezug ein *ursprüngliches,* meinen Intentionen vorausgehendes Verhältnis von Nähe. Um ihre ethische Dimension zu erfassen, stellt sich die Frage nach der Konstitution von Nähe als Bedingung der Möglichkeit des Angesprochenwerdens. Dadurch kommen Stimme, Blick und Berührung in einer Weise zur Geltung, die sie nicht zu reinen Kanälen eines Informationstransfers werden lässt. Indem jedoch diese Sensibilitäten auf ihre Funktionen reduziert werden, verschüttet man die ethische Dimension in der Begegnung mit dem Anderen, die darin liegt, dass er nicht wie ein Ding vorkommt, sondern eine Begegnung evoziert. Verstehen und Kommunikation sind zwei unterschiedliche Konstitutionsformen und Nichtverstehen daher mehr als nur eine individuelle Unzulänglichkeit innerhalb einer möglichen Verstehbarkeit.

10.3 Stop making sense!

Karlheinz Kleinbach (1994, 11) plädiert dafür, die Vorstellung zu verabschieden, der Erzieher könne diejenige Instanz sein, »die Kommunikation absichtsvoll lenken kann und im Sinne eines zielorientierten Unterrichts auch lenken soll.« Dahinter vermutet er das Vorurteil, dass Kommunikation immer sinnvolle Kommunikation sein muss, ansonsten aber keine darstellt: Dort, wo die Grenzen des Verstehens erreicht sind, soll folglich keine Kommunikation mehr stattfinden. Sinn und Verstehen werden auf ein bewusstseins- und sprachfähiges Subjekt bezogen. So z.B. bei Otto Speck (1980, 75), der unter Kommunikation »den wechselseitigen Prozess des In-Beziehung-Tretens« versteht, »bei dem es über den Austausch von Informationen über Zeichen um Verständigung über Bedeutungen, Erwartungen, Intentionen, Normen etc. geht.« Hier vollzieht sich Verständigung und Verstehen allein auf der Grundlage absichtsvoller, gerichteter und wahrnehmbarer Handlungsweisen. »Eine solche *intentionale* Sicht geht davon aus, dass Blick, Handgesten, Körpermotorik potentiell dem Kommunikationsrepertoire zurechenbar sind und mittels unterrichtlicher Aktivitäten nur noch kommunikabel

---

bachs Befürchtung (1994, 29), »dass das Äffen als entsinnlichte, ihres Sinnes beraubte Mimesis, zur Behinderung der Wahrnehmung des anderen Menschen und des Selbst führt.«

gemacht werden müssen: Sehen wird Blick, Geräuschdiskrimination führt zum Zuhören, Tasten wird Streicheln. Kommunikation setzt sich zusammen aus einem Repertoire von *Konventionen*« (Kleinbach 1994, 23).

Wer mit schwerstbehinderten Menschen zusammen ist, findet sich jedoch nicht selten kaum beschreibbaren Irritationen ausgesetzt. »Wie soll es etwa mit meinem Sinnhorizont zusammenpassen, wenn Peter sich selbst blutig beißt, Regina mit Kot schmiert und Uwe den ganzen Tag vor sich hinschaukelt? Un-Sinn scheint viel deutlicher zu sein, nirgendwo erscheint ein Orientierungsgitter zu sein, dieses Sinnlose, Sinnleere zu fassen« (Schuhmacher 1987, 161; zit. n. 1994). In dieser Situation ließe sich die Differenz von Intention und Wirkung vom Pädagogen besser aushalten, wenn die Einsicht bestünde, dass Verstehen und Verstehbarkeit weder notwendige noch hinreichende Bestimmungen von Kommunikation sind. Sie würde auf der grundlegenden ethischen Anerkennung des schwerstbehinderten Kindes als einen »Fremden in der Nähe« (Stinkes 1991) beruhen.[135]

Andersheit ist nicht nur ein besonderes Charakteristikum des schwerstbehinderten Menschen;[136] sie resultiert auch nicht aus einer Haltung der Refle-

---

135 U. Stinkes (1993, 106) sieht bei E. Levinas eine »Überhöhung der Andersheit des Anderen in einer Weise, die nur dem Göttlichen zukommt.« Sie befürchtet, dass damit »das Fremdverstehen dem Schweigen nahe käme« (ebd., 19) und »der geistig behinderte Mensch in einer absoluten Unzugänglichkeit« bleibt (ebd., 106). In ähnlicher Weise argumentiert A. M. Hoff (1998, 157): »Indem Levinas die ethische Relevanz des Körpers, des Antlitzes als Physis verneint, (...), entledigt er sich dessen, um das es in jeder Ethik zuerst geht: das bloße Sein des endlichen Körpers (als conditio sine qua non der Ethik).« Es ist jedoch ein verbreiteter Irrtum, die Ethik von Levinas mit einer Ablehnung des Verstehbaren bzw. mit einer Verneinung unserer existentiellen Bedingungen gleichzusetzen. Nach Levinas heißt Ethik schlicht: »die Infragestellung meiner Spontaneität durch die Gegenwart des Anderen« (Levinas 1987, 51). Sie beschreibt die Nötigung des Subjekts, das was über den Anderen gesagt wird, stets neu sagen zu müssen: »Das Gesagte vereinnahmt das Sagen, aber wird seiner nicht Herr, obwohl es – indem es die Sprache missbraucht und das Sagen verrät – das Sagen für uns zum Ausdruck bringt« (1992a, 117).

136 Vgl. B. Fornefeld (1995). Sie sieht die Gefahr, dass die Schwerstbehindertenpädagogik ihre Erziehungsprobleme durch Therapiegläubigkeit ersetzt und sich zunehmend medizinischer und psychologischer Erklärungsmodelle und Deutungsmuster bedient. Komplementär zu K. Kleinbach (1994) stellt sie auf anthropologisch-phänomenologischer Grundlage das Wechselverhältnis von Menschenbild und praktischer wie theoretischer Pädagogik dar. Den Ethiken wirft sie vor, dass sie zumeist über ein implizites Menschenbild verfügen, das nicht wirklich offengelegt wird, sondern sich nur aus den verwendeten Begriffen und formulierten Zielen erschließen lässt. Ihre »grundlegende anthropologische

xion und Interpretation. Durch die radikale Fremdheit des Anderen, werde ich genötigt, aus meinem Selbstsein herauszutreten und ihm zu antworten. Die Erfahrung des Zusammenbruchs oder Misslingens von Verständigung eröffnet die Möglichkeit, die ethische Dimension von Kommunikation freizulegen. Kleinbach plädiert gegen die ausschließliche Neigung, dem Verstehen eine systematische Vorzugsstellung gegenüber dem Nichtverstehen einzuräumen. Erst im Verzicht auf diese Größe lässt sich die ethische Dimension von Kommunikation freilegen. Wenn u.a. Speck (1980, 186) davon ausgeht: »Die Anerkennung der Andersheit fundiert und eröffnet das erzieherische Verhältnis«, so nimmt er sie dennoch durch den Filter einer bereits durch die Hermeneutik der Medizin, der Psychologie und der Pädagogik bestimmbaren Andersheit wahr (vgl. II/6.3).

»Blick, Stimme und Haut sind Formen der Nähe, die nicht mehr der Erkenntnisfunktion der Sinne zurechenbar sind, sondern in denen sich ethische Verbindlichkeiten auslegen. Darin sind diese Formen nicht austauschbar, sondern artikulieren Nähe in je eigener Weise« (Kleinbach 1994, 177f.). Sie trennen zwischen Ich und Sich und zwischen Ich und Anderen und nehmen dem Ich-Subjekt alles aus der Hand, indem sie seinem Erkennen notwendig vorausliegen. Der Andere ist in einer Exteriorität, indem sich in dessen Antlitz – Stimme, Blick, Haut – seine Andersheit offenbart. Von dieser ethischen Dimension aus betrachtet, ist Kommunikation prinzipiell asymmetrisch und zu keinem Zeitpunkt und unter keinen Bedingungen umkehrbar. Kleinbachs Versuch einer »Ästhesiologie der Nähe« beruht auf dem paradoxen und so gesehen »verräterischen« Unternehmen, die Beziehung zum Anderen in die Signifikanz der Sprache einzupassen. Bei Levinas (1983, 207) wird das Antlitz nie zum Noema. Das Antlitz widerspricht dem Sein und der Ontologie. Wenn »das Antlitz des Anderen der eigentliche Anfang der Philosophie« ist, dann darf das Antlitz nicht physisch verstehbar und verstanden sein. Ich begegne dem Antlitz, das aus der dritten Richtung der Spur auf mich zukommt, immer im Absehen von seiner Leiblichkeit. »Sich als Antlitz manifestieren heißt, sich jenseits der manifestierten und bloß phänomenalen Form *durchsetzen* (...), heißt, sich in der eigentlichen Geradheit des Von-Angesicht-zu-Angesicht ohne Vermittlung irgendeines Bildes in seiner

---

Entscheidung« für eine Anerkennung des schwerstbehinderten Menschen als »*Fremden in der Nähe*« (ebd., 149) begründet sie gleichwohl vor allem unter Zuhilfenahme der Levinasschen Ethik (ebd., 151ff.).

Nacktheit, d.h. in seiner Not und in seinem Hunger, präsentieren« (1987, 287).

10.4 Ästhesiologie der Nähe

Karlheinz Kleinbach übernimmt von Helmuth Plessner (1980, 32) den Begriff der Ästhesiologie, der die einzelnen Modalitäten des Wahrnehmens untersucht. »Ästhesiologie nennen wir jene Disziplin, Wahrnehmungs- oder Empfindungslehre, doch ausdrücklich mit dem eben gerechtfertigten Zusatz: des Geistes.« Dabei interessiert ihn weniger Plessners »Ästhesiologie des Geistes« als vielmehr die pädagogische Frage: »Kann sich erzieherisches Handeln auf eine Begründung durch *Sinn* verlassen? Oder stellt sich dem nicht in Blick, Stimme und Haut eine *ethische Dimension* entgegen, die dem Sinn vorausgeht« (Kleinbach 1994, 141)? Kleinbach benutzt hier also Plessners Terminologie nur, um sie zugleich aus dessen erkenntnisbezogenen Bewandniszusammenhang herauszulösen.[137] Es geht ihm mit Levinas um eine »*Ästhesiologie der Nähe*« (ebd., 163), d.h. um eine Artikulation von Nähe, die sinnlicher Natur ist. Sinnlichkeit, das ist die eigentliche Aussage bei Kleinbach, fundiert nicht nur Erkenntnis und Kommunikatives, sondern das ethische Verhältnis der Nähe: »Stimme, Blick und Haut sind in *phänomenologischer* Hinsicht Artikulationen von Nähe, *ethisch* gesehen sind es Dimensionen des Kommunikativen« (ebd.).

Vor diesem Hintergrund kritisiert Kleinbach (1994, 32, 71f.) ebenso das zu enge Verständnis einer an Martin Buber orientierten Pädagogik des Dialogs (Rodenwaldt 1989). Auch in ihr werde der Dialog einzig zum Instrumentarium einer vorgängigen pädagogischen Absicht gemacht, den Anderen verstehend zu fördern. Dem am Dialog orientierten Verständnis gehe es primär um Fragen inhaltlicher Thematisierung und Instrumentierung des Kommunikativen. Doch Sprechen sei zuallererst und wesentlich Ansprache und habe daher vor allem Verstehen einen sozialen Sinn. Der Dialog lebe aus der

---

137 H. Plessner (1983, 102) macht deutlich, dass wir das Fremde nicht anerkennen, indem wir uns in ihm erkennen wollen, sondern die Anerkennung des Fremden vollzieht sich durch »Vertrautwerden in der Distanz, die das Andere als das Andere und Fremde zugleich sehen lässt.«

Distanz zwischen zwei Menschen und transzendiere diese Distanz zugleich. Damit werde das Sprechen niemals zum bloßen Inhalt, sondern sei durch ein Außer-Ordentliches getragen, das immer schon einen Überschuss bildet über das, was sich je sagen oder einordnen lässt: Eine andere »dialogische Sichtweise lehrt, dass es eine Erfahrung *ohne Wissen und Können* gibt. Es ist die Erfahrung der Bewegung desjenigen Menschen, der auf mich zukommt. Das Wesentliche dieser Sicht ist die Überzeugung, dass sich eine ethische Fundierung im Kommunikativen selbst aufweisen lässt. Im Auf-mich-zu-Kommen gibt es keine Gleichgültigkeit des Du für das Ich, und – wie Emmanuel Levinas zeigen wird – ebensowenig eine Gleich-Gültigkeit von Ich und Du. die Begegnung mit dem anderen Menschen ist der ursprüngliche Ort und Umstand des Ethischen. Das Gute ist nicht eine Kategorie des Wissens, sondern bildet sich ausschließlich aufgrund der konkreten Begegnung. Das Ethische kommt dabei nicht aus der Vernunft und lässt sich in ihr nicht begründen. Die Philosophie des Dialogs bricht mit dem Begründungsschema eines universellen, vernünftigen Subjekts« (ebd., 32).

Dem Anderen ins Gesicht sehen bedeutet, nicht mehr selbst-verständlich existieren können. »Von ihm angesehen werden verunsichert und beunruhigt mich, weil es jenseits empirischer Daten aber auch jenseits meines Vorwissens über Diagnose, Sprachinventar, Entwicklungsstand ist (ebd., 70). Die »irreduzible Exteriorität des Anderen« (Derrida 1976, 143) außerhalb der Selbstbezüglichkeit mit all ihren totalisierenden Aspekten ergibt sich in der konkreten Begegnung mit dem Anderen – in der *Nähe* seiner Stimme, seiner Berührung und seines Blicks.[138]

In der Heilpädagogik geht es u. a. um die Heimischmachung des Fremden, das in Gestalt des schwerstbehinderten Kindes auftritt. Wie wir sahen (I/8), begreifen Michael Schwager (1990) und mit ihm die Diskursethik Erziehung als Integration des behinderten Kindes in die sprachliche Ordnung der Erwachsenen. Sie liefern ein einseitiges Bild des Sozialisationsvorgangs. Das Fremde wird durch Erziehung angeeignet und unter die Sphäre der eigenen Sprache gebracht. Andersheit wird damit zugunsten einer Gleichheit unter dem Deckmantel des normativen sprachpragmatischen Systems abge-

---

138 E. Levinas (1987, 92) kritisiert an M. Buber u. a., dass er »nur die Freundschaft und keine andere Existenzform erklärt.« Während das Verhältnis des Ich-Du eine Beziehung der Zuneigung, Offenheit, Freundschaft voraussetzt, entziehe sich die Beziehung der Nähe zum Anderen einer solchen Einordnung.

schafft. Mit Kleinbach erfahren wir nun, dass der ethische Bezug des (Heil-)Pädagogen zu dem (behinderten) Kind zum Aufbrechen der Struktur führen kann, die das Selbst auf sich zurückkommen lässt und den Anderen als anderen vernichtet.

Das Pädagogen-Ich weist nunmehr keine starre Identität mehr auf, sondern ist ein gebrochenes. Die reflexive Struktur des Ich wird verlassen und nach der Begegnung mit dem Kind kehrt das Selbst nicht einfach in sich selbst zurück, sondern erfährt sich selbst neu. In der Pädagoge-Kind-Relation wird das paradoxe Zugleich von Eigenem und Fremdem als »Selbstsein im Anderen« sichtbar. Weder kann das Fremde des Kindes auf Eigenes reduziert werden, noch ist es möglich, beide in eine übergeordnete Struktur der Verständigung einzuordnen. Der Heilpädagoge ist nicht fähig, das behinderte Kind zu vereinnahmen oder ihm in der Ordnung der eigenen Welt einen Ort zuzuweisen, der seine Verfügbarkeit garantiert. Vielmehr hintergeht das Kind die Verfügbarkeit, weil es den Pädagogen vor jeder Willensentscheidung besetzt und auf die Verantwortlichkeit ihm gegenüber verpflichtet. Er kann ihm nicht neutral gegenüber stehen, sondern fühlt sich zu einer Antwort genötigt, die sich zwischen den beiden Polen »Aneignung« und »Enteignung« bewegt. »In der Nähe habe ich den absolut Anderen, den *Fremden* (...) schon auf dem Hals...« (Levinas 1992a, 204).

Dem Ereignis der Nähe entspringt eine Unmittelbarkeit, die kein Wissen ist. Es bedeutet, dass der Andere mir ins Gesicht sehen kann, »ohne sich sogleich zu einer Bedeutung zu versteinern, die ihr Profil aus dem Kontext gewinnt« (1983, 243). Unsere Vorstellung vom Auge als einem mehr oder weniger vervollkommenbaren Werkzeug beruht auf der falschen Annahme, wir könnten mit Hilfe dieses Sinnes »ohne Schatten und ohne Entstellung den Reflex des Seins« (1989, 16) einfangen. »Sowohl die Tatsache, dass die Totalität über das sinnliche Gegebene hinausgeht, wie auch die Tatsache, dass das Sehen inkarniert ist, gehören zum Wesen des Sehens« (ebd.). Außerhalb jeder überwachenden und kontrollierenden Sichtbarkeit ist das Auge durch den Anderen bereits zur (Ver-)Antwortung veranlasst. »Die beste Art, dem Anderen zu begegnen, liegt darin, nicht einmal seine Augenfarbe zu bemerken. Wenn man auf die Augenfarbe achtet, ist man nicht in einer sozialen Beziehung zum Anderen. Die Beziehung zum Antlitz kann gewiss durch die Wahrnehmung beherrscht werden, aber das, was das Spezifische des

Antlitzes ausmacht, ist das, was sich nicht darauf reduzieren lässt« (1992b, 64).

Im diagnostischen Blick wird diese ethische Dimension des Sehens ausgeblendet. Er »entspricht einer Art von *blindem Sehen*, das einer ganz spezifischen Wahrnehmungsstrategie unterliegt. Die Weise dieser Wahrnehmung ist *obszön*, weil sie sich häufig nicht als datensammelndes Sehen zu erkennen gibt, sondern sich hinter dem Schema des Blicks zu verbergen sucht« (Kleinbach 1994, 87). Vor allem Wissen ist der Blick eine »Kategorie von Nähe« (ebd.).[139] Auch die Stimme wird gemeinhin als Kommunikations-Medium unter anderen begriffen, mit deren Hilfe eine Kommunikationsabsicht mitteilbar wird. Doch vor allem Verstehen, mit dem das Gehör die Stimme des Anderen nur anerkennt, indem es diese zur Anpassung an die eigene sprachliche Ordnung nötigt, bedeutet sie »Beunruhigung um den Anderen« (Levinas 1992a, 314). »Eine Pädagogik der Kommunikation, die sich an einer solchen Bestimmung von Stimme orientiert, legt ihr Aufgabenfeld nicht in Kategorien des Könnens, der Fertigkeiten, des Sprachvermögens und der Kompetenz aus« (Kleinbach 1994, 131). In der Berührung der Haut fallen zwei Aspekte in eins. Indem die Haut berührt und berührt wird, einen Widerstand als etwas außer ihr Liegendes verspürt, nimmt sie sich gleichzeitig selbst wahr. Bevor die Berührungsreihen sich als Sinnes-Daten in Informationen über das Berührte verwandeln, »ist das Berühren reine Annäherung und Nähe, nicht reduzierbar auf die Erfahrung von Nähe« (Levinas 1983, 278).

Berührung ist bei Levinas (1983, 308f.) nicht auf Taktilität beschränkt. Insofern drückt er die Leiblichkeit des Ichs der Verantwortung auch in umfassendem Sinne mit dem Wort »Haut« als der Verkörperung meiner Verwundbarkeit aus. Berührung wird von ihm mit Sinnlichkeit gleichgesetzt. Ob ich sehe, höre, rieche, schmecke oder taste: Der andere Mensch berührt mich, bevor ich ihn erkenne. »Mit der Berührung wird dem anderen Menschen meine Anwesenheit mitgeteilt, im Berührt werden teilt sich die Anwesenheit des anderen Menschen mir mit« (Kleinbach 1994, 138). Die Berührung

---

139 Vgl. E. Levinas' (1992a, 264f.) Kritik an einer blickverhafteten Anerkennung des Anderen: »Miteinander kommunizieren heißt gewiss, sich öffnen; doch ist die Offenheit nicht vollständig, wenn sie nach Anerkennung Ausschau hält. Sie ist vollständig nicht, wenn sie sich dem »Anblick« oder der Anerkennung des Anderen öffnet, sondern wenn sie zur Verantwortung für ihn wird.«

selbst ist, »kein räumliches Aneinandergrenzen, das für einen Dritten sichtbar wäre« (Levinas 1983, 274).

Die drei Hinsichten auf Sinnlichkeit, nämlich Stimme, Blick und Haut lassen sich nicht nur als komplementär zueinander stehende Organe sinnlicher Wahrnehmung betrachten, sondern sind in einer Ästhesiologie der Nähe ineinander verwoben. Sie offenbaren sich als meinen Absichten immer schon vorausgehende Artikulationen von Nähe. Für den schwerstbehinderten Menschen sind sie Möglichkeit, um aus einer Selbstheit herauszukommen, die einem sozialen Tod gleichkäme; für die Pflegeperson eine Beunruhigung in dem Sinne, dass dessen Antlitz als »Sagen vor aller Sprache« das Bewusstsein aus einer selbstgenügsamen Selbstheit herausreißt und zur Ver-Antwortung ruft (1992, 52). In der Nähe zum Anderen finden wir zu einem neuen Ethos absichtsloser Anerkennung, auch wenn sich das Problem der Andersheit als wachsende Fremdheit zeigt – in den Abbauprozessen von schwerstbehinderten Menschen und in der Abgewandtheit der Sterbenden.

Kleinbachs Versuch, pädagogische Verantwortung aus der Perspektive eines »Vorrang des Anderen« und seiner untilgbaren Andersheit zu erschließen, kann der Vorwurf gemacht werden, existierende Probleme und Lebensrisiken zu übersehen und letztlich auf angemessene Fördermaßnahmen verzichten zu wollen. Weiterhin liegt der Einwand nahe, dass er in den helfenden Berufen eine unnötige Handlungsunsicherheit auslösen kann, weil er zur Verstärkung von Zweifeln und Unsicherheit am Sinn und Zweck des eigenen Tuns verstärkt. So lautet eine Kritik: »Die Überbetonung der Fremdheit des Anderen stürzt pädagogische Verantwortung in den Abgrund, statt ihr einen festen theoretischen Grund zu verschaffen« (Gößling 1995, 638). Davon kann aber nicht die Rede sein. Hier handelt es sich in der Hauptsache um eine professionelle Umorientierung, mit der sich ein erweiterter Blick für die Differenz von Intention und Wirkung pädagogischen Handelns eröffnet. »Planung, Intentionalität und Handlungsorientierung werden damit nicht außer Kraft gesetzt. Sie sind weiterhin notwendig, aber unter anderen Voraussetzungen und unter Berücksichtigung der Differenz. Das setzt allerdings die Entwicklung einer Sensibilität für das Widerspechende und Widerstreitende voraus, das es zunächst einmal wahrzunehmen gilt, d.h. die Bereitschaft, sich ansprechen zu lassen, zuzuhören« (Wimmer 1996, 178).

Die Differenz von Intention und Wirkung in der Pädagogik muss nicht als Scheitern interpretiert werden, sondern als offener Interaktionsspielraum und

Möglichkeit zum Fremdwerden des eigenen Denkens. »Die ›Blindheit des pädagogischen Blicks‹ für das, was ihm von außen ungeplant entgegenkommt, resultiert im Wesentlichen aus dem Versuch, diese Differenz zum Verschwinden zu bringen« (ebd.). Demgegenüber lässt sich mit Levinas in der Pädagogik eine ethische Dimension erfassen, in dem Erziehung als antwortendes Geschehen unter Bedingungen der Unvorhersehbarkeit verstanden wird und dem Zufall und Singulären im pädagogischen Prozess mehr Eigenwert zukommt. Hinsichtlich der zukünftigen Stellung der helfenden Berufe in der Gesellschaft kann es gelingen, normativen Versuchungen zu entgehen, die sich auf der Grundlage einer starken Vision von Helfen, mit der Symbolwelt des Heilen und Heilens umgeben und unangreifbar machen wollen.[140]

Möglicherweise muss man so weit gehen und sagen: »Nicht die misslingende, sondern die gelingende, die perfekte Erziehung ist das Übel. Der gute Erzieher mit all seinen Kompetenzen ist ein Monster, das die Kinder nicht zum Leben kommen lässt. Wenn Erziehung nicht scheitert, ist sie Vernichtung« (Kamper 1999, 57)? In der Arbeit mit schwerstbehinderten Menschen lässt sich Erfolg jedenfalls nicht mehr nur darin messen, inwieweit eine Normalisierung von Verhaltensweisen erreicht wurde. Das bedeutet für die Praktiker, dass sie sich von den Sicherheiten methodisch geleiteter Förderkonzepte und vorstrukturierter Entwicklungspläne lösen müssen, um sich auf Verläufe von Nähe einlassen, die in ihrer Dynamik und ihren Ergebnissen unvorhersehbar sind. Sie verbleiben in einer Haltung der Erwartungslosigkeit und der Geduld. »Der andere Mensch gibt mir Geduld, indem er in die selbstbezügliche Totalität meines Seins tritt« (Kleinbach 1994, 178). Geduld

---

140 Was H. J. Gößling (1995, 640) für den Bereich der pädagogischen Verantwortung fordert, lässt sich ebenso mit Levinas rechtfertigen, den er heftig kritisiert: »In diesem Sinne reduziert sich die hermeneutische Kompetenz des professionellen Pädagogen nicht auf eine Fähigkeit des Verstehens, die im Verein mit anderen Fähigkeiten, etwa solchen eines wissenschaftsorientierten Lehrens, eines situationsorientierten Handelns, eines sachgemäßen Beurteilens, eines individualisierenden Therapierens usw. das berufliche Aktionsfeld bestimmt, sondern sie markiert darüber hinaus eine Reflexionsinstanz, welche die begrenzte Brauchbarkeit und Relevanz aller Strategien, Vorgriffe, Eingriffe und Einhilfen im Blick auf die Erfüllung des Bildungsauftrages je aufs Neue durchmisst und in Handlungszusammenhängen berücksichtigt. Das heißt: Es gilt die sinntheoretische Sonde noch einmal explizit auf jene Gemengelagen empirischer Befunde und normativer Leitbilder zu richten, in denen sie selber implizit mitgesetzt ist.«

hat »mit der herrschsüchtigen Ausgesprochenheit der sonderpädagogischen Macher nichts gemein«, sondern muss sich »gerade in den Irritationen, Sprachlosigkeiten und im Nahesein des Unverstandenen bewähren« (ebd., 185).

Teil II

Behindertsein und Normalisierung

1. Vorüberlegungen zum Begriff »Normalisierung«

1.1 Behindersein durch Normalität

Den zweiten Teil dieser Arbeit möchte ich mit einigen Äußerungen von Vertretern der Behindertenbewegung einleiten. Sie sollen noch einmal deutlich machen, dass die Forderung nach besonderen Rechtsansprüchen und die politische Repräsentation behinderter Menschen allein nicht zu einer Lösung ihrer Probleme führen können. Vielmehr ist das Gefühl der mangelnden Anerkennung wesentlich durch die Art und Weise geprägt, wie Menschen mit Behinderungen wegen körperlicher, geistiger oder seelischer Normabweichungen in ihrer Identität bestimmt und ausgegrenzt werden: »Nicht die Behinderung selbst ist in der Regel untragbar, sondern unser Verständnis vom Menschen hat zu Verhältnissen geführt, die behindertes Leben auf das Äußerste belasten. Einmal mehr ist an den Satz zu erinnern: ›Man ist nicht einfach behindert, man wird es‹« (Radke 1993, 66). »Während ich in der Behinderung etwas Selbstverständliches erlebe, bedeutet sie fast für alle anderen ein schlimmes Unglück. Ich empfinde mich ursprünglich als ›richtig‹ in meinem gelähmten Körper. Er ist die Bedingung *meiner* Teilnahme am Dasein, das ich nicht weniger lustvoll empfinde als andere. Erst allmählich geht mir zu meinem Schrecken auf, z.B. meine Eltern hatten eigentlich gar nicht mich erwartet, sondern einen anderen, einen Sohn aus dem Bilderbuch mit intakten Gliedern und artikulierter Aussprache (Saal 1992, 10). »Die historisch gewachsenen Formen der institutionellen und sozialen Aussonderung bedingen eine Sprachlosigkeit und Handlungsunfähigkeit, die mit den tatsächlichen körperlichen oder geistigen Besonderheiten nur wenig zu tun haben, aber in die Denkschablonen über ›die Behinderten‹ passen« (Sierck 1992, 12). »Akzeptanz und Chancengleichheit für Behinderte in unserer Kultur sind nur zu erreichen, wenn Behinderte sich ein positives

Selbstwertgefühl, Selbstbestimmung und Eigenständigkeit im Urteil erkämpfen« (Sandfort 1993, 81).

Bisher habe ich zu begründen versucht, warum sich Moraltheorien nicht allein um die Suche nach formalen Strukturen mit universaler Geltung kümmern dürfen. Darüber hinaus sollten sie sich als eine unendliche Bewegung verstehen, »in welcher sich das Subjekt das Recht herausnimmt, die Wahrheit auf ihre Machteffekte hin zu befragen und die Macht auf ihre Wahrheitsdiskurse hin« (Foucault 1992, 15). Mit Michel Foucault und Emmanuel Levinas werden Einwände gegen alle Versuche erhoben, allein mittels einer Analyse der allgemeinen Strukturen verständigungsorientierten Handelns zu den normativen Grundlagen moralisch-kritischen Denkens vorzustoßen. Auf der ethischen Grundlage ihres Denkens lassen sich folgende beiden Sachverhalte deutlich machen: (1) »Die Gerechtigkeit ist unmöglich, ohne dass derjenige der sie gewährt, sich selbst in der Nähe befindet. Seine Funktion beschränkt sich nicht auf die ›Funktion der Urteilskraft‹, auf die Subsumption von Einzelfällen unter die allgemeine Regel. Der Richter steht nicht außerhalb des Streitfalls, das Gesetz aber gilt innerhalb der Nähe« (Levinas 1992a, 347). (2) Vor aller Suche nach »dem ›wesentlichen Kern der Rationalität‹« (Foucault 1990a, 46) hat sich die Moraltheorie an der Frage zu orientieren, durch welche Wahrheitsspiele die Identität der (behinderten) Menschen konstituiert und gesichert wird, um sie dadurch in ihren Möglichkeiten festzulegen.

Wer über »Behindersein« unter moralischen Gesichtspunkten redet, darf zu den Begriffen und Vorstellungen von »Normalität« nicht schweigen.[141] Im Kampf um rechtliche Gleichbehandlung und politische Repräsentation wird wie selbstverständlich davon ausgegangen, dass es eine vorgegebene Kategorie von Menschen gibt, die sich als »Behinderte« bezeichnen lassen und besonderen rechtlichen Schutz in unserer Gesellschaft benötigen. Dabei sind bereits vorab schon die normativen Kriterien festgelegt, nach welchen Gesichtspunkten sich Behindertsein konstituiert. Beleuchtet man freilich die generalisierten individuellen oder gesellschaftlichen Ansprüche, Erwartungshaltungen und Forderungen in ihrem jeweils historischen Kontext genauer, so lassen sich kontext- und zeitübergreifende Urteile über das Behindertsein

---

141 Zur grundlegenden Auseinandersetzung mit den Begriffen »normal/Normalität« vgl. u. a. M. Foucault (1976, 1977, 1978a), H. H. Ritter (1984), J. Link (1997), B. Waldenfels (1998), Th. Rolf (1999). Vgl. ebenso den Forschungsüberblick von U. Weinmann (2001).

eines Menschen oder gar Substantivierungen wie »der Behinderte« nicht so ohne weiteres formulieren (Lindmeier 1993). Vielmehr wird deutlich, dass erst mit der Moderne die Unterscheidung zwischen behinderten und nichtbehinderten Menschen zunehmende Bedeutung gewinnt. Die moderne Erfahrung des Behindertseins, so lautet die zentrale These meiner weiteren Überlegungen, steht in einem gleichursprünglichen Zusammenhang mit einer historisch veränderbaren Erfahrung: der Normierung und Normalisierung seit zweihundert Jahren. Die Anwendung der Universalkategorie »behindert« auf Menschen in besonderen Individuallagen meint weniger eine zutreffende Beschreibung faktischer Verhältnisse. Eher handelt es sich dabei um eine wirksame urteilserzeugende Metapher, mit der sich Menschen kategorisieren lassen, um in der Folge private Hilfsbereitschaft zu mobilisieren und den Verteilungskampf um öffentliche Ressourcen zu rechtfertigen. Gleichzeitig hat sich mit ihrer Hilfe – neben denen des Geschlechts und der Rasse – die Möglichkeit zu einer naturalistischen Betrachtung der Geschichte in doppelter Weise eröffnet: In der Geschichte des einzelnen Individuums lässt sich Andersheit nunmehr als »natürliche Anomalie« im Sinne nicht überwindbarer Identitätsmerkmale erkennbar machen; in der Geschichte der Gesellschaft können die zu einem gegebenen historischen Zeitpunkt geforderten Eigenschaften und Fähigkeiten der Menschen stets mit der Vorstellung einer »natürlichen Normalität« gleichgesetzt werden.

»Der normale Mensch ist der normative Mensch, der fähig ist, neue (...) Normen zu setzen« (Canguilhem 1974, 92). Die Diskurse über das Behindertsein sagen uns nicht was das Subjekt ist, sondern nur, was es innerhalb eines bestimmten veränderbaren Wahrheitsspiels ist. Die Regeln dieses Spiels bilden keine strukturellen Determinanten, die sich einem schon durch sein Behindertsein konstituierten Subjekt von außen auferlegen. Sie eröffnen ein Erfahrungsfeld, in dem Subjekt wie Objekt des Behindertseins gleichzeitig hervorgebracht werden. Es geht darum, das Behindertsein als eine historisch besondere Erfahrung zu analysieren, in der das behinderte Subjekt für sich selbst und für andere durch Machtpraktiken objektiviert wird. Wer sich daher heute mit dem Dasein als »Behinderter« in unserer Gesellschaft beschäftigt und volle Anerkennung fordert, muss ermessen können, inwieweit dieser Begriff die gegenwärtige Beziehung zwischen (Inter-)Subjektivität und Macht reguliert. »Behindertsein« verweist in dem Sinn auf eine Kontingenz, dass es »Gegebenes (Erfahrenes, Erwartetes, Gedachtes, Phantasiertes) im Hinblick auf mögliches Anderssein« bezeichnet (Luhmann 1984, 152). Es bedeutet immer auch »Behindertwerden« dadurch, dass die Gesellschaft besondere Kontrollen, Interventionen und Sanktionen einsetzt, um den Status des »Behinderten« als Abweichung von Normalität zu erzeugen und den Spielraum möglicher Verhaltensweisen einzuschränken. Die »betroffene Person muss sich mit den gesellschaftlichen Vorgaben arrangieren, sich darauf einlassen und sich in das vorgesehene Leben einpassen« (Schildmann 2000, 91).

Die Kritik am Subjekt des Behindertseins beinhaltet keine Leugnung, dass es Menschen mit Behinderung gibt, sondern eine Infragestellung ihrer Konstruktion als Andersartige durch die jeweils vorherrschenden Begriffe des Normalen und Natürlichen. Behinderte Menschen sind anders als die Summe der Aussagen über Behindertsein in unserer Kultur. Trotz aller alltagssprachlichen und wissenschaftlichen Bezeichnungssysteme, in denen die Subjekte in ihrem Behindertsein konstituiert werden, sind sie in der Lage, sich teilweise von dem frei zu machen, was sie determiniert (vgl. II/10.4). Foucaults genealogische Kritik ist mit der Hoffnung verbunden, dass die (behinderten) Menschen anfangen werden, nach den Gründen ihres So-Seins in einer Art und Weise zu fragen, dass sie die normierenden und normalisierenden Subjektivierungstechniken selbst zum Ausgang ihrer Problematisierung machen und Selbsttechniken zu einer veränderten Lebenspraxis entwickeln (vgl. II/11). Damit würden sie sich selbst in die Lage bringen, einen veränderten praktischen Bezug zu ihrer Existenz herauszubilden. Sie kämen davon frei, »nichts anderes als eine Ethik« zu finden, »die auf einer vorgeblich wissenschaftlichen Kenntnis des Ich (...) basiert« (Foucault 1984, 71). – Darüber hinaus beruht die kritische Ethik von Levinas auf der Einsicht, dass die Nähe zum (behinderten) Anderen vor aller bewussten Verpflichtung »eine Unmöglichkeit (ist), sich – ohne ›Entfremdung‹ oder schuldlos – davonzumachen« (Levinas 1992a, 195). Durch den Anderen erfahre ich einen ethischen Anspruch, der sich ohne Rücksicht auf eine soziokulturell vorgegebene Verbindlichkeit oder eine universelle moralische Vernunft artikuliert.

1.2 Dialektik von Normalität und Normalisierung

Zwischen den Kategorien »normal/Normalität« und »normativ/Normativität« kann unterschieden werden, um die Eigengesetzlichkeit der ersteren außerhalb des Komplexes des Gewöhnlichen und Alltäglichen erkennbar zu machen. Gegenwärtig erleben wir einen inflationären öffentlichen Gebrauch der Begriffe »normal« und »Normalität«. Darunter wird gemeinhin noch das »durchschnittlich Gegebene« und »sittlich Richtige« verstanden. Im alltäglichen Gebrauch werden sie unhinterfragt mit »üblich« übersetzt, um in der Folge Orientierungsbereiche selbstverständlicher Normen zu beschreiben: Normen, die nicht *normativ*, d.h. gebietend oder verbietend auftreten, sondern das funktionsgerechte Richtmaß für normale Verhältnisse und Verhaltensweisen bilden. So gesehen würden die aus der Normalität gewonnenen Normen im Gegensatz zu rechtlichen Normen stehen. Sie gäben keine Antwort auf moralische Sollensfragen und legten nicht fest, was rechtmäßig zu gelten hat. Vielmehr würden sie ihre Gültigkeit als scheinbar zwangsläufiges Resultat von objektiven Aussagen über sozial Gegebenes oder Gewünschtes erfahren und entsprächen daher deskriptiven Regeln.[142]

Die Grenzziehung zwischen Normativität und Normalität ist nach dieser Betrachtung eine zwischen juridisch-moralischem Sollen und unhinterfragtem faktischen Sein: Normativität bezöge sich folglich auf klar definierte Normen und setzte juristische oder ethische Grenzen des Erlaubten und Verbotenen fest. Normalität beschriebe dagegen klar definierte wissenschaftliche oder alltägliche Regeln. Sie setzte technische oder natürliche Grenzen des Gewohnten und Außergewöhnlichen fest. Die Behinderung eines Menschen erschiene somit als zu konstatierende Abweichung von der Normalität

---

142 H. Schnädelbachs (1992, 83ff.) sechsfache Unterscheidung des Begriffs »Norm« bewegt sich in dieser Logik. Er differenziert zwischen Normen für Gegenstände (Dinge, Ereignisse, Personen, Institutionen) und für (kommunikative, technisch-praktische, moralisch-praktische) Handlungen. Mit Gegenstandsnormen lasse sich feststellen: (1) was das Normale ist (Normalnormen), (2) welche Merkmale etwas oder jemand aufweisen soll, um bestimmten Anforderungen zu genügen (Standarts), (3) was jemand oder etwas im Idealfall ist (Idealnormen). Handlungsnormen legten fest, (4) was man tun sollte, um etwas in bestimmter Art auszuführen (regulative Normen), (5) was man tun muss, um ein bestimmtes Ziel zu erreichen oder bestimmte Anforderungen zu erfüllen (direktive Normen), (6) um uns zu sagen, was wir tun und was wir lassen sollen (präskriptive Normen).

menschlicher Unversehrtheit. Diese äußerte sich in den objektivierbaren Kategorien Gesundheit, Leistungsfähigkeit und Intelligenz.

Dieses Verständnis von Normativität und Normalität ist von Autoren wie Georges Canguilhem, François Ewald, Robert Castel, Jacques Donzelot, Marc Guillaume, Jürgen Link u.a. inzwischen gründlich problematisiert worden. Nach Link (1999) kann mit der Kategorie *normal-Normalität* mehr als nur die Objektivität statistischer Mittelwerte oder funktionaler Gegebenheiten beschrieben werden. Darüber hinaus fächert sich durch sie ein veränderbarer symbolischer Raum von »Toleranz-Grenzen bzw. Handlungsbedarfsgrenzen« (ebd., 21) auf, innerhalb dessen eine Sozialordnung *moralisch* auf unterschiedliche Weise *verpflichtet* wird.[143] »Seit etwa zwei Jahrhunderten (...) ist durch die Eröffnung spezifischer Normalfelder und dann eines generell normalistischen interdiskursiven Feldes eine neue soziokulturelle Wirklichkeit entstanden. Es sind sektorielle und generelle Normalitäten als neue soziale Gegenstände aufgetaucht. Diese Normalitäten sind, obwohl wesentlich diskursiv konstituiert, ›härteste‹ Gegebenheiten und Objektivitäten« (ebd, 427). Der Spielraum des Verhaltens wird durch diese unhinterfragbaren »Normalitäts-Zonen« festgelegt (ebd., 19). Eine illegitime Überschreitung findet dort statt, wo die Eigenschaften, die Verhaltensweisen oder die Lebensverhältnisse von Menschen gemeinhin als unakzeptabel, untragbar und untolerabel gelten. Durch Normalitäts-Zonen lassen sich *normalisierende* Kontrollen, Interventionen und Sanktionen aus Gründen der sozialen Sicherheit rechtfertigen.

Normalität ist nach diesem Verständnis als eine quasi-technische Einstellung oder als ein »Strategiedispositiv« (Foucault 1978a, 88) zu charakterisieren, durch das sich anzeigen lässt, was gesellschaftlich akzeptabel und tolerabel ist. Sie ist »keine natural gegebene und nachwachsende Ressource, sondern stets *Produkt von Normalisierung*, d.h. von Normalisierungs-Dispositiven, und demnach exklusives Produkt moderner Gesellschaften« (Link 1999, 425). Unser gegenwärtiges Verständnis von Normalität beruht

---

[143] J. Link (1997) hat mit seinem Buch eine neue Forschungsperspektive in der Behindertenpädagogik ausgelöst. An der Universität Dortmund wird seit 1998 ein Projekt mit dem Titel »Leben an der Normalitätsgrenze: Behinderung und Prozesse flexibler Normalisierung« durchgeführt. Inzwischen liegt ein erster Sammelband (Schildmann 2001) vor, in dem es darum geht, das Verhältnis zwischen Normalität, Behinderung und Geschlecht sozialwissenschaftlich und diskurstheoretisch zu entziffern.

auf inkorporierten kulturellen Werten und ist eine Folge rascher Veränderungen in einer wachstums- und wissenschaftsorientierten Gesellschaft. Es geht einerseits den Veränderungen im Bereich gesetzlicher Normen voraus, andererseits beeinflusst es diese. Insofern darf der normative Bereich des Rechts nicht allein von der Frage zu begründender Legitimität aus gesehen werden (Habermas 1992). Man muss auch von jenen gesellschaftlichen Praktiken ausgehen, durch die Normalitätsfelder erzeugt werden, die das Recht beeinflussen (Foucault 1976a).

Die juridisch-philosophischen Gerechtigkeitstheorien verleihen der Normalität nur im Sinne von Normativität Geltung und bringen sich damit um den machttheoretischen Ertrag einer gesonderten Analyse: »Statt ›Normalität‹ als eine von ›Normativität‹ unabhängige Kategorie zu analysieren, tendiert die erste bei Habermas zu einer Art ›ideologischem Schein‹, mit dem Normbrüche verschleiert werden« (Link 1999, 18). Der Normalität gehen immer Bewältigungs- und Beruhigungsstrategien der Selbst- und Fremdnormalisierung voraus. Nach Bernhard Waldenfels (1998a 11f.) lassen sich zwei Formen der *Normalisierung* unterscheiden: »Die schwächere Normalisierungsvariante besagt, dass Verhältnisse und Verhaltensweisen geltenden Normen *angepasst* oder *unterworfen* werden und dass umgekehrt die Verhältnisse sich den Normen *fügen*, ihnen zumindest nicht nachhaltig widersprechen. (...) Die stärkere Gegenvariante würde dagegen besagen, dass die Normalisierung auf gewisse Weise *hervorbringt*, was sie normalisiert. (...) Diese Art der Normalisierung begnügt sich nicht damit, die Erfahrung einem bloßen Gesetz zu unterwerfen, sie greift in die Erfahrung ein, sie verändert die Erfahrungsstrukturen; als eine ›Normalisierungsmacht‹ schließt sie Momente des Politischen und Technischen und damit auch Momente des Gewaltsamen ein.«

In Anlehnung an Jürgen Link kann man Leistung, Gesundheit, Attraktivität usw. zu den generellen Normalitäten zählen. Sie beziehen sich auf alle Menschen und alle Bereiche einer Gesellschaft. Davon lassen sich wiederum sektorielle Normalitäten unterscheiden. Sie betreffen besondere soziale Gruppen und markieren Differenzen innerhalb besonderer Lebensbereiche wie z.B. Arbeit, Schule, Freizeit, Verkehr. Weiterhin unterscheidet Link innerhalb des modernen Normalismus-Konstrukts zwischen Protonormalismus und flexiblem Normalismus. Hier handele es sich um zwei unterschiedliche »Taktiken der maximalen Komprimierung oder der maximalen Expandierung der Normalitäts-Zone« (Link 1999, 77): Dabei sei Protonormalismus durch starre binäre Oppositionen wie ausländisch-inländisch, männlich-weiblich, jung-alt, reich-arm, schwarz-weiß, gesund-krank usw. gekennzeichnet. Er habe in der Regel Strategien der Ausgrenzung und Vernichtung zur Folge. Der flexible Normalismus sei dagegen durch beweglichere Normalitätsfelder gekennzeichnet. Er lasse ebenso eine integrierende Strategie lebensweltlicher Normalisierung zu.[144]

1.3 Das Normale und das Pathologische

In den folgenden Überlegungen geht es mir um eine bestimmte Form von Normalität. Seit dem Ende des 18. Jahrhunderts ist sie die Voraussetzung für die Erfahrung des Behindertseins als Fremdartigkeit. Einerseits hat sie zum flexiblen Normalismus und der Überschreitung der Grenzen bestimmter Ordnungen geführt. Andererseits sind mit ihr protonormalistische Strategien der Enteignung und Ausgrenzung erfolgt.[145] Sie beruht auf dem zentralen

---

144 U. Schildmann (2000, 93), weist auf den Scheincharakter des Gegensatzes von Protonormalismus und flexiblem Normalismus hin: »Das aktuellste Beispiel von Protonormalismus zeigt sich in dem Komplex von humangenetischer Beratung und pränataler Diagnostik, mit deren Hilfe die gesellschaftliche Frage: ›Wer darf leben?‹ geregelt wird. Hinter dieser Frage steckt die gesamte Entwicklung der Eugenik und des Lebensrechts behinderter Menschen. Vor dieser Frage – auf die Zukunft gerichtet – öffnet sich ein großes Forschungsfeld, getragen von der Vision, Krankheiten und Behinderungen verhindern zu können.« Gleichzeitig habe unsere heutige Gesellschaft einen flexiblen Normalismus in diesen Protonormalismus eingelagert: Sie »verspricht der einzelnen modernen Frau, qua vorgeburtlicher Diagnostik Aussagen über die gesundheitliche ›Qualität‹ ihres werdenden Kindes zu erhalten; bei Vorliegen von Störungen oder Defekten kann sich die Frau gegen das Kind entscheiden. Wenn auch der Schwangerschaftsabbruch nicht erzwungen wird, so endet der Beratungs- und Diagnoseprozess doch schließlich in fast allen Fällen mit dieser Maßnahme.«

145 B. Waldenfels (1991, 60, 62) nennt einige zentrale Formen der Fremdartigkeit. »Die Fremdartigkeit kann auf *gleicher Stufe* auftreten, so im Falle ähnlich weit entwickelter Lebensformen oder Kulturen. Sie kann auf *früherer Stufe* auftreten, individualgeschichtlich als Kindheit gegenüber dem Status des Erwachsenen, kollektivgeschichtlich als sogenannte Primitivität gegenüber dem Status des Zivilisierten, stammesgeschichtlich als Animalität gegenüber dem Status des Menschen. Schließlich bleiben *abartige Zustände*, die sich als Anomalien, Heterologien und Pathologien bekunden, so im Traum, in der

historischen Begriffspaar »normal und pathologisch« und verhindert bis heute die unverkürzte Anerkennung der Andersheit bei Menschen mit Behinderung. Nach Canguilhem (1974, 161f.) kommt »normal« 1759 und »normalisé« 1834 im Französischen in Gebrauch. Sie werden »über die Terminologien zweier Institutionen, des Erziehungs- und des Gesundheitswesens« zum festen Bestandteil umgangssprachlichen Handelns.»›Normal‹ ist jener Terminus, mit dem das 19. Jahrhundert dann sowohl den Prototyp der Schule wie den organischen Gesundheitszustand bezeichnet. Die Reform der Medizin als Theorie beruht auf der Reform der Medizin als Praxis: in Frankreich, wie übrigens auch in Österreich, ist sie eng verknüpft mit der Krankenhausreform. Krankenhausreform und Schulreform sind gleichermaßen Ausdruck einer Forderung nach Rationalisierung, die sich in der Politik ebenso sehr Geltung verschafft wie etwa unter dem Einfluss des entstehenden industriellen Maschinensystems in der Ökonomie, und die schließlich zu dem führte, was seither Normung heißt.«[146] Canguilhem hat mit seiner Wissenschaftsgeschichte auf einen normierenden und normalisierenden Aspekt im Rationalisierungsprozess moderner Gesellschaften verwiesen, den sein Schüler Foucault in der Folge bis in seine kapillarischen Verästelungen hinein beschreibt. Für die moderne Gesellschaft war es seit dem 18. Jahrhundert »unmöglich, eine Wissenschaft vom Leben zu konstituieren, ohne die Möglichkeit der Krankheit, des Todes, der Monstrosität, der Anomalie, des Irr-

---

Ekstase oder im Wahn und in der Krankheit überhaupt. Das Gravitationsfeld des Fremdartigen gruppiert sich dementsprechend um drei zentrale Figuren: um das *Kind*, den *Wilden* und den *Irren* oder den *Narren* (...). Der Erwachsene hat recht gegenüber dem Kind, der Zivilisierte gegenüber dem sogenannten Primitiven, der Gesunde gegenüber dem Kranken, von rechtlosen Tieren oder gar Pflanzen ganz zu schweigen. Im Falle von Kindern und Primitiven handelt es sich um bloße *Vorformen* der Vernunft, im Falle des Kranken um *Fehlformen* der Vernunft.«

146 G. Canguilhem (1974, 83) vertritt die lebensphilosophisch-essentialistische These, dass in den Wissenschaften vom Leben die Wertung einer biologischen Tatsache nicht nur auf kulturellen Zuschreibungen beruhe, sondern vom Leben selbst hervorgebracht wird. Das medizinisch-therapeutische Bedürfnis nach Kompensation von Funktionsmängeln ist somit, unabhängig von seinen soziologischen und geschichtliche Ursprüngen, Ausdruck eines »vitalen Bedürfnisses«: »Das Leben selbst und nicht erst das medizinische Urteil macht aus dem biologisch Normalen einen Wertbegriff, der mehr als eine statistische Wirklichkeit bezeichnet« (ebd., 8f.). Gleichwohl leitet Canguilhem daraus keinen ontologischen Begriff des Normalen ab. Danach können Anomalien und Mutationen von möglichen anderen Lebensnormen zeugen. Insofern plädiert er für einen Normenpluralismus.

tums als für ihren Gegenstand wesentliche in Rechnung zu stellen« (Foucault 1988, 65f.).

Ausgehend vom Bereich der Medizin, ist im 19. Jahrhundert der Begriff »Gesundheit« allmählich durch den der »Normalität« ersetzt worden (Ritter 1984). Er beginnt sich aus dem medizinischen Kontext herauszulösen, um in die unterschiedlichsten Lebenssphären der Gesellschaft vorzudringen. Dort verbreitet er innerhalb unterschiedlicher Normalitäts-Zonen bis heute immer neue Schatten der Andersartigkeit und Fremdheit um sich. Mit anderen Worten: Bis Ende des 18. Jahrhunderts hatte die Medizin noch angenommen, der pathologische Zustand werde von gänzlich anderen Gesetzen beherrscht als der Normalzustand. Folglich konnte mit der Erforschung des einen nichts über den anderen ausgesagt werden. Im Laufe des 19. Jahrhundert wird »Krankheit« jedoch nicht mehr als eine eigene Wesenheit oder als ein innerer Kampf gegensätzlicher Kräfte aufgefasst – das Pathologische vom Normalen nicht mehr wie zwei heterogene Qualitäten voneinander unterschieden.[147] Vielmehr wird die These von der wirklichen Identität der bisher gegensätzlich gewerteten normalen und pathologischen Lebensphänomene zu einem wissenschaftlichen Dogma in der Medizin, um sich von da aus auf das Gebiet der Philosophie und Psychologie zu übertragen (vgl. Canguilhem 1974, 19f.). Fortan gelten pathologische Schäden als Experimente einer gefährlichen Natur. Aus den physiologischen Erscheinungen lassen sich ebenso pathologische Gesetzmäßigkeiten erschließen wie umgekehrt alle pathologischen Phänomene physiologisch zu erklären sind. Die Polarität von Normalem und Pathologischen durchwandert nun den Bereich der Humanwissenschaften und erhält eine paradigmatische Funktion: »Das Bewusstsein lebt, weil es verletzt werden kann, weil es verstümmelt, von seinem Lauf abgelenkt, gelähmt werden kann. Die Gesellschaften leben, denn es gibt unter ihnen Kranke, die verkümmern, und andere, die gesund sind und in voller Expansion stehen. Die Rasse ist ein Lebewesen, dessen Degeneration man

---

147 Vgl. dazu W. Lepenies (1976, 169ff.). »Die Pathologie ermöglichte der Physiologie ihre experimentelle Orientierung, da sie einen präzisen Vergleich normaler und anormaler Zustände des Organismus zuließ, wobei die Unterschiede beider als rein quantitativ erschienen und das Pathologische lediglich ein Zuviel oder Zuwenig des Normalzustandes bedeutete. Die ›Anomalien‹ des Organismus, die lange Zeit nur das Objekt einer sterilen Neugier gewesen waren, wurden nun zu einem wichtigen und unerlässlichen Studienobjekt der Wissenschaft vom Menschen« (ebd., 182).

sehen kann. Und ebenso die Zivilisationen, bei denen man so oft den Tod hat feststellen können« (Foucault 1973b, 53).[148]

1.4 Das Normalisierungsprinzip

In den sozialpolitischen, sozialadministrativen und pädagogischen Diskussionen der letzten Jahrzehnte haben sich die Begriffe »Normalität« und »Normalisierung« aus dieser Disjunktion herausgelöst und eine emanzipatorische Bedeutung gegenüber den Begriffen »Abweichung« und »Aussonderung« erhalten. Normalisierung heißt nach diesem Verständnis: Einbeziehung in die konventionellen, sozial üblichen Lebensvollzüge. Ähnlich wie das Wort »Reform« die Allgemeine Pädagogik zu Beginn unseres Jahrhunderts bewegte, ist seit Ende der 50er Jahre das »Normalisierungsprinzip« zur zentralen Leitidee einer Sonder- und Heilpädagogik geworden. Menschen mit Behinderungen sollen »ein Leben so normal wie möglich« führen. Die Disziplinen der Behindertenhilfe und Rehabilitation sehen ihre Hauptaufgabe darin, ihnen dies zu ermöglichen. Diese Grundhaltung beruht u.a. auf der Einsicht, dass die einseitige Ermittlung der als Problem formulierten individuellen Abweichungen von der Norm und die mögliche Wiederherstellung geschädigter Funktionen allzu lange dazu führten, Menschen mit Behinderungen in besonderen Anstalten auszusondern. Mit der Zielvorstellung der »Normalisierung« berücksichtigt man nun nicht mehr nur die anzustrebende Verfassung des Individuums[149], sondern zuallererst seine Lebensbedingungen: Es

---

148 Vgl. J. Link (1992) zu den Normalitätsbegriffen bei M. Foucault und G. Canguilhem. Link (ebd. 126) unterscheidet bei den »Theoretikern der Normalität« zwischen »Vorachtundsechzigern« (Th. W. Adorno, H. Marcuse u.a.) und »Nachachtundsechzigern« (G. Canguilhem, M. Foucault, F. Ewald, R. Castel, J. Donzelot, U. Beck, N. Luhmann u.a.).

149 P. Becker (1999) und D. Mattner (2001) beschreiben an Beispielen des »frühkindlichen psychoorganischen Syndroms« (POS), der »Minimalen Cerebralen Dysfunktion« (MCD), des »Aufmerksamkeitsdefizitsyndroms« (ADS) usw., wie die Normalisierungsarbeit am Körper weiter voranschreitet. »Unter der Prämisse des am medizinischen Paradigma orientierten impliziten Menschenbildes werden Verhaltensbesonderheiten betroffener Menschen meist auf cerebral bedingte Informations- und Wahrnehmungsverarbeitungsstörungen zurückgeführt« (2001, 22). »Mit dieser Therapeutisierung des Diskurses gibt die Pädagogik nicht nur Kompetenzen an Medizin und Psychologie ab, sondern es werden auch

geht um den Versuch, Antworten auf die Fragen zu finden, wie behinderte Menschen eine optimale Eingliederung in die Gesellschaft erfahren können.

Der Grundgedanke, geistig behinderten Menschen ein möglichst normales Dasein führen zu lassen, ist durch Niels Erik Bank-Mikkelsen entwickelt und 1959 in das dänische Fürsorgegesetz eingefügt worden. In der Folge hat er sich zunächst in Skandinavien und später in den USA verbreitet. In Schweden wurde die Leitidee der Normalisierung durch Bengt Nirje zu einem lebenslauf- und lebensweltorientierten Praxis- und Handlungskonzept differenziert. In einem Acht-Punkte-Katalog forderte er einen normalen Tages-, Wochen- und Jahresrhythmus, normale Entwicklungsphasen des Lebens, die Beachtung eigener Wahlmöglichkeiten, Wünsche und Bedürfnisse, das Leben in einer zweigeschlechtlichen Welt, normalen Lebensstandart und die Gewährleistung gleicher Maßstäbe der Einrichtungen und Dienste für behinderte wie für nichtbehinderte Menschen. Er sieht »das Normalisierungsprinzip als ein Mittel an, das dem geistig Behinderten gestattet, Errungenschaften und Bedingungen des täglichen Lebens, so wie sie der Masse der übrigen Mitmenschen zur Verfügung stehen, weitestgehend zu nutzen« (Nirje 1969/1999, 227).

Nach Wolf Wolfensberger (1986) sollte das Normalisierungsprinzip zur Leitidee für alle Menschen werden. Er erarbeitete ein »Programm Analysis of Service Systems (PASS). Es wurde 1973 in den USA auf der Grundlage von Normalitätskriterien zum ersten weltweiten Verfahren zur objektiven qualitativen Beurteilung von sozialer Dienstleistungsunternehmen. In der Folge erweiterte Wolfensberger zusammen mit einer Mitarbeiterin das Verfahren (Wolfensberger/Thomas 1983). Sie nannten es nun »Programm Analysis of Service Systems Implementation of Normalization Goals« (PASSING). Das eigentlich Neue daran war, dass sie sich nicht mehr am Begriff der Normalisierung orientierten, sondern Kriterien für die Aufwertung der sozialen Rolle behinderter Menschen entwickelten. Von da an spricht Wolfensberger nur noch von *Role Valorization* und versteht darunter den größtmöglichen »Einsatz kulturell bewerteter Mittel mit dem Ziel, Menschen eine positiv bewertete Rolle zu ermöglichen, sie zu entwickeln, zu verbessern und/oder zu erhalten« (Wolfensberger 1986, 49).

---

die Entstehungsursachen für das von der Norm abweichende Verhalten in die Kinder verlegt« (1999, 38).

Die Aufwertung behinderter Menschen basiert dabei auf sieben wesentlichen und miteinander in Beziehung stehenden Grundvorkehrungen: (1) Prüfung und Veränderung von bisher unbewussten Strategien der Abwertung und des Abhängig-Machens in sozialen Dienstleistungssystemen. (2) Vermittlung positiver Rollen, Rollenerwartungen, Rollenvorstellungen und Rollenbegriffe. (3) Schutz, Unterstützung und Kompensation bei Abwertungsrisiken. (4) Anwendung geeigneter Technologien zur Förderung von Kompetenz einer Person oder Gruppe. (5) Förderung des Bedürfnisses nach Nachahmung positiver Rollenmodelle. (6) Positive Veränderung des sozialen Images über verbale und visuelle Symbolik. (7) Förderung von persönlicher Integration und geachteter sozialer Teilhabe (ebd. 54).

Im Hinblick auf die Zielsetzung von »Normalisierung« lässt sich bis heute eine weitere Entwicklung von der naiven Vorstellung einer Anpassung an lebensweltliche Normalitätskriterien zu differenzierterer Reflexion auf als problematisch zu betrachtende soziale Rahmenbedingungen feststellen: »Nicht alle von den nicht Behinderten geschaffenen Lebensbedingungen, die ja auch unmenschliche Züge aufweisen können, dürfen ungeprüft, kritiklos zum Ziel unserer Bemühungen um die Integration geistig Behinderter werden. Normalisierung bezieht sich auch auf eine Idee vom guten menschlichen Leben überhaupt und hat damit revolutionäre Sprengkraft für die Lebensbedingungen des Menschen im ausgehenden 20. Jahrhundert« (Thimm 1986, 228). Insofern wird dem Vorwurf entgegengetreten, dass sich das Normalisierungsprinzip einseitig an vorgegebenen Normen orientiert und damit unweigerlich Grenzziehungen und Aussonderung provoziert. Nunmehr wird es als eine Möglichkeit für die Gestaltung der sozialpolitischen Rahmenbedingungen und für die kritische Beurteilung von alltäglichen Lebensbedingungen betrachtet. Gleichwohl hat die Bereitschaft der Normalisierungsbefürworter zur Abkehr von einem individuumsbezogenen Problemverständnis und der damit verbundenen einseitigen Ausrichtung auf die Kompensation funktionaler Mängel ihre Grenzen.

Ihre Fragestellung lautet nicht in erster Linie, inwieweit die konventionellen Lebensvollzüge bereits Anzeichen sozialer Desintegration aufweisen; weit mehr findet bei ihnen der Begriff Normalisierung in einem doppelten Sinn Verwendung: Deskriptiv, indem er Tatsachen beschreibt, die man zur Kenntnis nimmt, um die Lebenswelt als Gegebenheit fraglos anzuerkennen; normativ, indem er einen Wert darstellt, der dem jeweils gültigen moralischen Standart unserer Sozialordnung entspricht. Allgemein wird unter »Normalisierung« die Reform eines flächendeckenden Systems bereits existierender Sondereinrichtungen, die Möglichkeiten der beruflichen Rehabilitation, der Umschulung und Fortbildung, die städtebaulichen und verkehrstechnischen Veränderungen, die Deinstitutionalisierung, Dezentralisierung und Regionalisierung durch eine Ausrichtung des Systems professioneller Hilfe auf gemeindenahe ambulante Serviceleistungen unter verantwortlicher Beteiligung der Klienten verstanden. Die Vertreter einer »prinzipiellen« Normalisierung verfolgen dabei den Anspruch, Menschen mit einer Behinderung die Kompetenz für das eigene Leben durch Einbindung in den Lebensalltag zu ermöglichen (Wolfensberger 1986). Hingegen wird ihnen im Namen einer »pragmatisch« verstandenen Normalisierung (Gaedt 1990, 273) vorgeworfen, mit anmaßender Selbstverständlichkeit das Leben Nichtbehinderter »isolierenden DIN-gerechten Lebensschablonen« auszusetzen und damit unweigerlich weitere Grenzziehungen und Aussonderung zu provozieren.

Wenn es an ausreichender Sach- und Personalausstattung und an einer Einbindung in ein adäquates Netzwerk von ambulanten Serviceleistungen fehlt, so leiden vor allem die geistig schwerstbehinderten Bewohner von gemeindenahen überschaubaren Wohneinrichtungen unter schlimmer Vernachlässigung.[150] Dieter Gröschke (1995) warnt daher vor einer allzu zügigen sozial-administrativen und sozialtechnischen Umsetzung dieser Leitlinie und der damit verbundenen Öffnung von Heimen bzw. Auflösung von Sonderschulen. Die Abwertung von Menschen mit Behinderung geschieht nicht allein durch institutionelle Strukturen, sondern auch durch andere Menschen und Gruppen: »So wichtig diese flankierenden sozialpolitischen und sozialrechtlichen Maßnahmen zweifelsohne sind, so wenig sollte man doch ange-

---

150 Inzwischen führen neuere Untersuchungen in den USA, Norwegen und Großbritannien zu der nüchternen Bilanz, dass auch ein Leben in gemeindenahen Wohnformen mit individuell zugeordneten Servicediensten die Lebensqualität und den Kompetenzzuwachs geistig behinderter Menschen keineswegs überzeugend verbesserte. So lautet die überraschende Erkenntnis, »dass in etlichen der untersuchten Wohngruppen die Freiheitsspielräume geringer, Verhaltensänderungen und Kompetenzentwicklung verhaltener, die Betreuungsqualität, bisweilen auch die Wohnqualität schlechter, und insbesondere in den USA: die Umgangsformen restriktiver, die medizinische Versorgung katastrophal, die Morbiditäts- und Mortalitätsrate höher und dementsprechend die Lebensqualität deutlich geringer war als erwartet« (Dalferth 1997, 350).

sichts unübersehbarer Tendenzen struktureller Behindertenfeindlichkeit vergessen, dass soziale Integration behinderter Menschen unter der Maßgabe des Normalisierungsprinzips zunächst einmal die fundamentale Sphäre symbolisch vermittelter Interaktionen zwischen den Gesellschaftsmitgliedern betrifft. An der Basis des Normalisierungsprinzips stellen sich grundsätzliche Fragen der sozialen Anerkennung behinderter oder sonst wie sozial abweichender Menschen« (ebd. 411).

Die Diskussionen darüber halten an, ob Gemeinwesenmitgliedschaft und Partizipation durch alltagsorientierte Servicesysteme oder differenzierte gesellschaftliche Ersatzräume als geschützte Orte zum Leben für wohltätigkeitsabhängige behinderte Menschen besser sind (Thimm 1992; Wendeler 1992, Neumann 1999). Dabei fällt auf, dass es einigen Normalisierungsvertretern bei ihrer Suche nach den richtigen Prinzipien gelungener *Integration* noch an einer theoretisch anspruchsvollen Vorstellung über die Funktionsweise gesellschaftlicher Macht fehlt. Indem das Normalisierungsprinzip die gesellschaftliche Normalität – verstanden als durchschnittliche Lebensbedingungen in einer bestimmten Gesellschaft – zum leitenden Maßstab von Integrationsbemühungen macht, ist es zu einer angemessenen Problematisierung der hierarchischen Orientierung an »Normalität« nicht in der Lage (vgl. Schildmann 1997, 94).[151]

---

[151] D. Gröschke (1998, 369) spricht von der Gefahr einer »Normalisierungsfalle«. Das Bewertungskriterium einer gelungenen Integration kann seines Erachtens nicht in einer abstrakten Annäherung an sozial übliche Lebensverhältnisse bestehen: »Die sozial-, heil- oder behindertenpädagogische Integrationsforschung bedarf dringend des kritischen Korrektivs der soziologischen Desintegrationsforschung, um keinen Illusionen aufzusitzen, bzw. um die Realisierungsbedingungen, positive wie negative, des großen Reformprojekts Integration und Normalisierung nüchtern kalkulieren zu können. Ohne eine solche kritische, skeptisch-realistische Gesellschaftsanalyse läuft die Leitidee der Normalisierung in der Tat Gefahr, zu einem neuen Dogma bzw. einem Dogma anderer Art zu werden: Zu einem in sich abgeschlossenen Glaubenssystem wohlmeinender Fachleute, die das Lehramt innehaben, an dem Zweifel anzumelden nicht erlaubt bzw. ›politically non correct‹ ist, das weniger durch empirischen Beweis als vielmehr durch autoritative Erklärung Glaubensbereitschaft einfordert.«

1.5 Kritik am Normalismus

Wir befinden uns heute bereits in einem Gehäuse normalitätskonstituierender Hörigkeit. Um den Standpunkt der Kritik überhaupt noch rechtfertigen zu können, sind daher neue Überlegungen erforderlich. »Die Schwierigkeit besteht nämlich darin, aus dem ausweglosen Diskurs zwischen so genannten Normalen und so genannten Behinderten durch Aufkündigung einer verkappten Hochschätzung historisch produzierter Normen herauszufinden« (Kamper 2001, 154). Gegenüber dem allgegenwärtigen *Normalismus* hilft keine *Ideologiekritik* mehr, die an dem dogmatischen Anspruch festhält, eine allgemeingültige *normative* Wahrheit zu verkünden. Die ideologiekritische Vorgehensweise – sich aus dem sprachlichen Kosmos der Lebenswelt herauszuarbeiten, indem man die wahre Bedeutung der Begriffe in etwas anderem, der realen Praxis, sucht – verkennt die konstruktiv-normalisierende Funktion der Sprache zur Herausbildung von Praxis.

Insofern ist die Vorstellung von einem geschichtsenthobenen transparenten Wissen, das ohne Irrtum und ohne Trugbilder funktioniert, aus guten Gründen verabschiedet worden. Der Hinweis lautet, es hinge noch dem idealistischen Denken nach, dass es innerhalb des Regimes differentieller Wahrheitspolitik reine Erkenntnisse gibt, die »dem Spiel und der Ordnung des Zeichens entzogen sind« (Derrida 1976, 441). »In einem Diskurs werden wir nie aufteilen können, was die Tatsachen und was der Diskurs selbst ist. Es ist ein Spiel. In dem gibt es freilich auch Spielregeln, aber sie sind verborgen. (...) Wir müssen in diesem Rätsel bleiben, dass nicht klar unterscheidbar ist, was von der Metapher selbst weitergetrieben wird und in welchem Sinne es mit der Qualität der Wirklichkeit verbunden bleibt« (Baudrillard 1983, 75). Auch das theoretische Subjekt ist Macht/Wissensformationen unterworfen, die es ihm nicht mehr erlauben, sich selbst einen privilegierten Zugang zu einer reinen Wahrheit vorzubehalten (Foucault 1977, 39). Kritik kann daher nicht mehr mit dem Anspruch auftreten, Erkenntnisse zu haben, die absolute Geltung beanspruchen dürfen, »sondern solche, denen gegenüber die Frage nach der Richtigkeit sich selber richtet« (Adorno 1983, 86).[152]

---

[152] Th. W. Adornos Konzeption des Nichtidentischen wartet noch auf ihre Reaktualisierung im Kontext einer Ethik der Sorge. Der Begriff »Nichtidentität« eröffnet die Möglichkeit, Bedingungen einer unversehrten Beziehung zu sich selbst wie auch zu anderen zu erfassen, ohne die von Adorno selbst all zu sehr vergessene Dimension der Intersubjektivität

Vor dem eigenen Zweifel darf die Kritik daher nie halt machen. Da sie immer Zweifel bedeutet, der in einer bestimmten Form zum Ausdruck gebracht wird, bleibt sie stets neu und zirkulär in den Zweifel mit einbezogen. Auch ihr Wahrheitsspiel ist »nicht die Belohnung für freie Geister (...) das Privileg jener, die sich befreien konnten. Die Wahrheit ist von dieser Welt; in dieser wird sie aufgrund vielfältiger Zwänge produziert, verfügt sie über geregelte Machtwirkungen. Jede Gesellschaft hat ihre eigene Ordnung der Wahrheit, ihre ›allgemeine Politik‹ der Wahrheit, d.h. sie akzeptiert bestimmte Diskurse, die sie als wahre Diskurse funktionieren lässt« (Foucault 1976, 51). Erfährt Kritik mit ihrer gesellschaftlichen Anerkennung eine Berechtigung, so muss sie zwangsläufig in einem Dogmatismus erstarren. Dieser zeigt sich immer dadurch, dass die eigenen Geltungsgrundlagen nunmehr vom Zweifel ferngehalten werden. Kritik heißt daher immer auch Sensibilität zu entwickeln für Widerstreit-Phänomene und Strategien entgegenzutreten, mit denen überlegene Diskursarten ihren Anspruch auf Alleinvertretung durchzusetzen versuchen (Lyotard 1987). Den vorhandenen sozialen und politischen Leistungen wird aus der Betroffenen-Perspektive stets von Neuem und bewusst die Anerkennung verweigert. Dem

---

zu vernachlässigen. Adornos berühmtes Diktum in seinen Reflexionen aus dem beschädigten Leben: »Es gibt kein richtiges Leben im falschen.« (1983, 43) lässt ihn die Möglichkeit erwägen, dass die Beziehungen zwischen Menschen frei gestaltet werden können. So ist dieser Satz auch nicht in dem Sinne zu verstehen, als wäre menschliches Leben in unserer Gesellschaft per se verfehlt. In Adornos Vorlesung über *Probleme der Moralphilosophie* vom 6.12.1956 erfahren wir, dass er nichts anderes meint, »als dass alle Versuche inmitten (der) Realität der Forderung der Gerechtigkeit nachzukommen, notwendig terminieren im Unrecht gegen einzelne andere, oder im Unrecht, dass der einzelne gegen sich selber begeht.« (zit. n. Schweppenhäuser 1993, 182). In der *Negativen Dialektik* (1980) zeigt Adorno einerseits, dass der Sturz der metaphysischen Ideen unwiderruflich ist; andererseits ist er davon überzeugt, dass deren Wahrheit sich in ihrem Sturz erst offenbart. Der metaphysischen Idee des Unendlichen muss Wirklichkeit zukommen wie den Begriffen der Leiblichkeit, Sinnlichkeit, Wille usw., zugleich transzendiert sie alle Grenzen der Erfahrung. Adorno und Levinas gemeinsam ist ihre Kritik am identifizierenden Denken und die Anstrengung »über den Begriff durch den Begriff hinauszugelangen« (ebd., 27). »Nichtidentität« meint bei Adorno ein durch die Begriffe Verdrängtes. Sie »ist keine ›Idee‹; aber ein Zugehängtes.« (ebd., 189) In der Gewalt durch die Macht der Begriffe, mit denen gesagt wird, was etwas sei, wird eine Andersheit offenbar, die der Anspruch des Begreifens verbirgt. In den Dingen wird eine Kraft der Widerständigkeit des Nichtidentischen sichtbar. Sie zerstört die Absicht des intentionalen Subjekts nach Bemächtigung und lässt einen »Vorrang des Objekts« (ebd., 187) erkennbar werden.

Sprachlosen kann damit zur Sprache verholfen werden, um den anderen zu zeigen, dass sie zu Unrecht behaupten, im Recht zu sein.

Kritik muss sich daher zurücknehmen und sich lediglich innerhalb bestimmter gesellschaftlicher Kontexte als *eine dekonstruierende Erfahrung im Einzugsbereich sozialer Kämpfe* begreifen. Sie ist vom Gestus des ethischen Antwortens auf die Ansprüche des Anderen geprägt und vollzieht sich in einer ethischen Sprache, in der das theoretische Subjekt stets von Neuem vor sich selbst zurückschreckt, um der Gewalt durch Sprache zu entgehen. Indem Kritik *innerhalb* des Spiels eingelebter diskursiver Übereinkünfte auf Grenzen der Gerechtigkeit aufmerksam macht, eröffnet sie Chancen, diese zu überschreiten: »Wir müssen die Alternative des Außen und Innen umgehen; wir müssen an den Grenzen sein. Kritik besteht gerade in der Analyse der Grenzen und ihrer Reflexion. (...) Alles in allem geht es darum, die in Form der notwendigen Begrenzung ausgeübte Kritik in eine praktische Kritik in Form einer Überschreitung zu transformieren« (Foucault 1990a, 48). Gegenwärtig macht sie eine Reihe genealogischer Untersuchungen erforderlich, die »nicht retrospektiv an dem ›wesentlichen Kern der Rationalität‹ orientiert« sind, »der in der *Aufklärung* gefunden werden kann und der auf jeden Fall bewahrt werden müsste« (ebd., 46). Vielmehr werden sie »an den ›gegenwärtigen Grenzen des Notwendigen‹ orientiert sein, das heißt an dem, was nicht oder nicht länger zur Konstitution unserer selbst als autonome Subjekte erforderlich ist« (ebd).

2. Die medizinisch-pädagogische Konstruktion von Behindertsein

2.1 Die Verselbigung des Anderen

Nach Michel Foucault (1974, 396) folgt das moderne Denken dem »ethischen« Imperativ, dass »das *Andere* des Menschen das *Gleiche* werden muss, das er ist.« Seine berühmte Rede vom »Tod des Menschen« meint nicht, dass für ihn der Mensch als »Subjekt« kein Gegenstand des Wissens mehr sein soll. Im Gegenteil – was Foucault zeitlebens bekämpfte, ist die Art und Weise, in der es seit der Aufklärung gedacht wird. Insofern ist sein vielgescholtener »Antihumanismus« nicht mehr und nicht weniger, als ein fehlendes Bedauern darüber, dass der Mensch als immer wieder neu zu denkendes Subjekt seiner selbst und der Menschenwelt verschwinden wird. Die postmoderne Regelanweisung kann nicht mehr lauten: »Was muss ich sein, der ich denke und der ich mein Denken bin, damit ich das bin, was ich nicht denke, damit mein Denken das ist, was ich nicht bin« (ebd., 392)? Der »Mensch« hat für Foucault seine Rolle als seltsame »empirisch-transzendentale Dublette« ausgespielt. Dagegen gilt es ein Denken zu erproben, in dem er nicht mehr als »eine gleichzeitig reduzierte und verheißene Wahrheit« zur Erscheinung gebracht wird (ebd., 384).

Vor dem 18. Jahrhundert hat der Mensch als Subjekt und Objekt eines Erkenntnisinteresses ebenso wenig existiert »wie die Kraft des Lebens, die Fruchtbarkeit der Arbeit oder die historische Mächtigkeit der Sprache« (ebd., 373). Zwischen 1775 und 1825 wandelt sich jedoch das Denken in der abendländischen Kultur. Wörter, Lebewesen und Reichtümer bilden nicht mehr Repräsentationen einer vorgängigen idealen Ordnung der Dinge, sondern werden zu Gegebenheiten innerhalb historischer Wandlungsprozesse in den Bereichen Sprache, Leben und Arbeit. Die besondere epistemische Figur des Menschen im Denken der Moderne ist von da an mit einem noch Ungedachten verknüpft, das es zu erhellen gilt. »Der Mensch hat sich nicht als eine Konfiguration in der *episteme* abzeichnen können, ohne dass das Denken gleichzeitig (...) ein Stück Nacht, eine offensichtlich untätige Mächtigkeit, in die es verwickelt ist, ein Ungedachtes, das voll im Denken enthalten, in dem das Denken ebenso gefangen ist, entdeckt« (ebd., 393).

Das Ungedachte ruft im Lichte des modernen Denkens ständig zu theoretischen und praktischen Anstrengungen auf, es einzuholen und es als das Andere des Menschen anzueignen. Es soll in eine höhere Integrationsform des Selbstverhältnisses wieder angeeignet werden, um schließlich das Befremdliche zum Eigenen zu machen: Ein »Mensch« wird erfunden, der wesensmäßige Bedürfnisse hat und von einer Arbeit entfremdet wird; der das Vermögen hat zu sprechen und doch in einer vorgängigen Sprache gefangen ist; der einen Körper hat und von einem vergänglichen Leben übermächtigt wird. Die transzendentalen Mächte – Leben, Arbeit, Sprache – sollen nach Maßgabe des »Menschen« eingerichtet und beherrscht werden: Die Arbeit soll zweckmäßiger Bestimmung unterliegen; die Sprache soll im Verständnis der eigenen Kultur wieder angeeignet werden; das Leben soll sich durch bewusste Regulierung vollziehen.

In dieser stetigen Wendung zum Ungedachten als blindem und doch zu erhellendem Fleck, der in seinem Licht den Menschen jedoch erneut wieder in Distanz zu sich selbst bringt, entfaltet sich laut Foucault ein gefährliches humanistisches Wissen. Es tritt stets neu mit dem moralischen Anspruch auf, den Menschen von seinem bisher ungedachten Anderen befreien zu wollen. Durch dieses »unbeendbare Spiel eines reduplizierten Bezugs« (ebd., 382) setzt es eine fatale Produktivität frei, in der die »Befreiung von (...)« und eine »Versklavung unter (...)« unlösbar verwoben bleiben. Man gibt vor, den Menschen zu emanzipieren, produziert aber um den Menschen und am Menschen ein Wissen, durch das er Unterworfener seiner selber wird: »Für das moderne Denken gibt es keine mögliche Moral, denn seit dem neunzehnten Jahrhundert ist das Denken bereits in seinem eigenen Sein aus sich selbst ›herausgetreten‹, es ist nicht mehr Theorie. (...) Es kann nicht umhin, entweder zu befreien oder zu versklaven. Noch bevor es vorschreibt, eine Zukunft skizziert, sagt, was man tun muss, noch bevor es ermahnt oder Alarm schlägt, ist das Denken auf der einfachsten Ebene seiner Existenz, von seiner frühesten Form an, in sich selbst eine Aktion, ein gefährlicher Akt« (ebd.,

395f.). Der Mensch, zu dessen Befreiung wir aufrufen, ist bereits das Resultat identifizierender Zuschreibungen.

2.2 Disziplinierende Technologien des Körpers

Nach Foucault (1981, 175) treten die Pädagogik und Medizin innerhalb dieses anthropologischen Denkens nacheinander in den neuen Rollen von disziplinierenden und regulierenden Sozialtechnologien hervor. Sie bilden Bestandteile »eines politischen Kampfes«, die mit ihrer Existenz und nicht nur in ihrer praktischen Durchführung, die »Frage nach der Macht« hervorrufen. Sie wollen den Menschen von Bildungslosigkeit, Verhaltensauffälligkeit, Krankheit und Behinderung befreien, um ihm zugleich die Pflicht aufzuerlegen, sich mittels ihrer vorgegebenen Normen ständig selbst zu kontrollieren. Durch sie entfaltet sich eine neue Kunst zur produktiven Durchdringung menschlicher Körper und zur Konstitution der modernen »Seele«. – Der Begriff der Seele hat bei Foucault (1977, 41f.) nichts mit Metaphysik zu tun. Gleichwohl ist er für ihn mehr als ein Hirngespinst: »Man sage nicht, die Seele sei eine Illusion oder ein ideologischer Begriff. Sie existiert, sie hat eine Wirklichkeit, sie wird ständig produziert – um den Körper, am Körper, im Körper – durch Machtausübung an jenen, die man überwacht, dressiert und korrigiert, an den Wahnsinnigen, den Kindern, den Schülern, den Kolonisierten, an denen, die man an einen Produktionsapparat bindet und ein Leben lang kontrolliert. (...) Der Mensch, von dem man uns spricht und zu dessen Befreiung man einlädt, ist bereits in sich das Resultat einer Unterwerfung, die viel tiefer ist als er. Eine ›Seele‹ wohnt in ihm und schafft ihm eine Existenz, die selber ein Stück der Herrschaft ist, welche die Macht über den Körper ausübt. Die Seele: Effekt und Instrument einer politischen Anatomie. Die Seele: Gefängnis des Körpers.«[153]

---

[153] I. Kant (XII, 1982, 728) glaubte noch, die Auflösung der Grundparadoxie aller Pädagogik – »Wie kultiviere ich die Freiheit bei dem Zwange?« – geleistet zu haben. Ähnlich wie Foucault ging er davon aus, dass man »die Bildung der Seele (...) gewissermaßen eben so gut physisch nennen (kann) als die Bildung des Körpers« (ebd., 728). Insofern verstand er unter »Disziplin« nicht nur die äußere Unterwerfung der menschlichen Antriebe und Begierden, sondern ebenso deren Verinnerlichung zur Entwicklung von Selbständigkeit und

Ihre ungeheuere Wirksamkeit entfalten die Macht/Wissens-Techniken der Pädagogik und der Medizin dadurch, dass sie, anders als traditionelle Herrschaftsformen (Sklaverei, Domestikentum, Vasallentum), nicht nur die Vermehrung der Fähigkeiten des Körpers und auch nicht bloß die Vertiefung seiner Unterwerfung im Auge haben, »sondern die Schaffung eines Verhältnisses, das in einem einzigen Mechanismus den Körper um so gefügiger macht, je nützlicher er ist, und umgekehrt« (ebd., 176). Doch was ermöglicht es diesen aufstrebenden Disziplinen, »die unnützen Mengen von Körpern zu einer Vielfalt von individuellen Körpern« (ebd., 220) zu erziehen, zu bilden, zu heilen und zu rehabilitieren? Der geheime Erfolg dieses Doppeleffektes aus Unterwerfung und Nutzbarmachung der Körper beruht auf ihrer besonderen räumlichen Anordnung und zeitlichen Durchdringung. Exklusive bauliche Orte – Kliniken, Schulen, Anstalten, Heime – entstehen. Sie sind in übersichtliche räumliche Einheiten aufteilbar, um an den Körpern analytische Operationen zu ermöglichen und aus ihnen nutzbringende Objekte zu machen. Aus chaotischen, unproduktiven und gefährlichen Mengen werden auf diese Weise »lebende Tableaus« errichtet. Zur Herstellung gelehriger und unterworfener Körper genügt es nicht mehr, sie einer groben äußeren Zeitplanung zu unterwerfen. Ihre Tätigkeiten werden mittels Übungen in einzelne Bewegungen und Schnelligkeiten zerlegt. Diese Nutzung der Körper in Raum und Zeit ermöglicht die optimierte Zusammensetzung von Kräften zur Herstellung eines leistungsfähigen institutionellen Apparates. Hierin sieht Foucault »zweifellos die höchste Stufe der Disziplinarpraktik«, die es ermöglicht, »mit Hilfe lokalisierter Körper, codierter Tätigkeiten und formierter Fähigkeiten Apparate zu bauen, die das Produkt verschiedener Kräfte durch ihre kalkulierte Kombination vermehren« (ebd., 216).

Was Jeremy Bentham 1787 auf dem Papier als Modell einer Gefängnisses skizziert, bringt für Foucault in paradigmatischer Weise zum Ausdruck, was

---

Eigeninitiative. Gegenüber M. Foucault finden wir bei Kant jedoch die Unterscheidung zwischen Disziplin und Moralität. Die Pädagogik bedarf zwar der Disziplin, zur »Bezähmung der Wildheit« (ebd., 706). Doch »Moralität ist etwas so Heiliges und Erhabenes, dass man sie nicht so wegwerfen und mit Disziplin in einen Rang setzen darf« (ebd., 740). Für Kant beruht Erziehung folglich nicht nur auf Dressur, sondern auf Maximen als subjektiven Gesetzen, die aus dem eigenen Verstande entspringen: »Die moralische Kultur muss sich gründen auf Maximen, nicht auf Disziplin. diese verhindert die Unarten, jene bildet die Denkungsart« (ebd.).

im 17. und 18. Jahrhundert bereits in jenen lokalen Bereichen praktisch ausgeführt wurde, in denen es um die Realisierung besonderer Disziplinarfunktionen wie »Erziehung, Heilung, Produktion Bestrafung« ging (ebd., 265). Insofern handelt es sich nicht um das irreale Traumgebäude eines Sozialvisionärs, sondern um die »abstrakte Formel einer sehr wirklichen Technologie: der Technologie der Individuen« (ebd., 288).

Benthams »Panopticon« stellt eine architektonische Anlage dar, die aus einem ringförmigen Zellenbau besteht, der um einen zentralen Kontrollturm angeordnet ist. Alle Zellen sind von diesem Kontrollturm aus einsehbar. Seine Hauptwirkung besteht somit in der »Schaffung eines bewussten und permanenten Sichtbarkeitszustandes (...), der das automatische Funktionieren der Macht sicherstellt« (ebd., 258). Ihre eigentümliche Wirkung entfaltet diese Anlage dadurch, dass die in ihr funktionierende Macht »automatisiert und entindividualisiert« (ebd., 259) wird und man so völlig auf direkte Gewaltmittel verzichten kann. Der Blick des Apparates ist nicht mehr an bestimmte Personen gebunden, sondern an eine Funktionsstelle, die von unterschiedlichen Individuen eingenommen werden kann. Ebenso sind diejenigen, die diesem Blick unterworfen werden, beliebig austauschbar. Sobald sie sich in einer dieser Zellen befinden, nehmen sie automatisch die Rolle des Zöglings, Kranken, Irren, usw. ein. »Das Prinzip der Macht liegt weniger in einer Person, als vielmehr in einer Anordnung von Körpern, Oberflächen und Blicken« (ebd. 259). Das Eigentümliche dieser Produktionsstätte menschlicher Individuen besteht somit darin, dass die in ihr funktionierende Macht automatisiert und anonym wirkt und dabei völlig auf physische Gewaltmittel verzichtet werden kann.

Durch die »Scheidung des Paares Sehen/Gesehenwerden« (ebd., 259) setzt man die Individuen einer permanenten Sichtbarkeit aus und macht sie damit zu unterworfenen Subjekten und vergegenständlichten Objekten eines Sehens. Sie lassen sich mit dem objektivierenden Blick des Apparates unentwegt an der Differenz messen, die sie gegenüber einer vorgegebenen Norm einnehmen. Allmählich sollen die Individuen diesen Blick auf sich selbst anwenden und das normierende Wissen nach Innen verlängern. Ihre »Seele« konstituiert sich so als »Element, in welchem sich die Wirkungen einer bestimmten Macht und der Gegenstandsbezug eines Wissens miteinander verschränken; sie ist das Zahnradgetriebe, mittels dessen die Machtbeziehungen ein Wissen ermöglichen und das Wissen die Machtbeziehungen erneuert und verstärkt« (ebd., 41f.). Eine Vielzahl kalkulierter Sichtbarkeiten ermöglichen es ohne Gewalt »den Verurteilten zum guten Verhalten, den Wahnsinnigen zur Ruhe, den Arbeiter zur Arbeit, den Schüler zum Eifer und den Kranken zur Befolgung der Anordnungen zu zwingen« (ebd., 260). Alle kleinen Abweichungen, Verfehlungen, Unregelmäßigkeiten lassen sich beobachten und man kann mit Erziehung oder Behandlung reagieren. Mittels einer »Mikro-Justiz« (ebd., 230) schafft man sich auf diese Weise ein »Gehorsamssubjekt« (ebd. 167), das in einem Universum von Regeln und Geboten heimisch wird, indem es unentwegt versucht, sich korrigierend einer Norm anzupassen und gleichzeitig durch die Abweichung von der Norm als Individuum in Erscheinung tritt. Mit der Prüfung wird ein Kontrollverfahren eingeführt, durch das sich der überwachende Blick in idealer Weise mit der Bewertung an einer sozialen Norm verbinden lässt. Die Visite im Krankenhaus, die Prüfung in der Schule, die Übungen in den Idioten-, Irren- und Krüppelanstalten. Die Norm selbst, hat dabei den »Charakter einer primitiven Vorschreibung des Normalen: Die Norm ist die endgültige Scheidung von normal und anormal« (1982a, 8).

Nach Foucault lösen sich mit der Vervielfältigung des panoptischen Apparates in der Gesellschaft die Grenzen zwischen einerseits Strafen auf der Grundlage eines Rechtes und andererseits Bessern durch die Orientierung an sozialen Normen allmählich auf. Das Gefängnis ist zwar noch an einen Justizapparat gebunden, der sich auf ein Recht beruft und der Recht spricht. Es übernimmt aber bereits Rechtsbefugnisse, indem es das Strafverfahren in eine normierend-normalisierende Vollzugstechnik verwandelt. Die Grenzen von der Verhaltensstörung zum Rechtsbruch und umgekehrt von der Übertretung des Gesetzes zur Abweichung von einer Norm zerfließen. »In dem Maße, in dem die Medizin, die Psychologie, die Erziehung, die Fürsorge, die Sozialarbeit immer mehr Kontroll- und Sanktionsgewalten übernehmen, kann sich der Justizapparat seinerseits zunehmend medizinieren, psychologisieren, pädagogisieren; und in eben diesem Maße verliert das Scharnier an Nützlichkeit, welches das Gefängnis darstellte, als es durch die Kluft zwischen seinem Besserungsdiskurs und seiner Wirkung als Delinquenzkonsolidierung die Strafgewalt mit der Disziplinargewalt verknüpfte. Inmitten dieser immer dichter werdenden Normalisierungsnetze verliert das Gefängnis an Bedeutung« (1977, 395).

2.3 Regulatorische Technologien des Lebens

Es stellt sich die Frage, warum die Pädagogen bis zum ausgehenden 18. Jahrhunderts nur den unversehrten Körper als Gegenstand und Zielscheibe ihrer Interventionen entdeckt haben. Warum widmeten sie ihre Aufmerksamkeit nur einem von Natur aus gelehrigen Körper, »den man manipuliert, formiert und dressiert, der gehorcht, antwortet, gewandt wird und dessen Kräfte sich mehren« (Foucault 1977, 174)? Mangelte es ihnen tatsächlich an jener humanistischen Herzenswärme, von denen die Pioniere der Heilpädagogik angeblich beseelt waren? Zweifel seien erlaubt! Dagegen ist anzunehmen, dass es bis Mitte des 18. Jahrhunderts noch an staatlichen Mechanismen zur bevölkerungspolitischen Steuerung der Gesellschaft fehlte. Mit dem Auftauchen des Problems der Bevölkerung im 19. Jahrhundert entstand eine neue Regierungskunst, die sich nicht mehr nur auf das Territorium souveräner Macht bezieht, sondern auf die Menschen in ihren Beziehungen zu den unterschiedlichsten Bereichen; Dinge wie den »Reichtümern, Bodenschätzen und Nahrungsmitteln« bzw. wie den »Sitten und Gebräuchen, den Handlungs- oder den Denkweisen und schließlich auch den potenziellen Unfällen oder Unglücken wie Hungersnot, Epidemien und Tod« (2000a, 51). In diesem Zusammenhang fällt der Medizin die Rolle einer zentralen »politische(n) Technik der Intervention« zu. Sie wird zu einem »Macht-Wissen, das sich auf die Körper wie die Bevölkerung, auf den Organismus wie die biologischen Prozesse erstreckt und also disziplinierende und regulierende Wirkungen hat« (1999, 292).

Erst im Zuge einer Medizinalisierung der Bevölkerung wird der »Behinderte« als behandlungs- und erziehungsbedürftiges Individuum entdeckt und medizinisch-pädagogischen Interventionstechniken unterworfen. Diese Techniken sind Bestandteil einer neuen Regierungskunst, in deren Mittelpunkt eine »Art Komplex, gebildet aus den Menschen und den Dingen« (2000a, 51) steht. Die Menschen in ihren Beziehungen zu Krankheiten rücken ins Blickfeld neuer »Sicherheitsdispositive« (2000a, 66) mit je eigenen Wissensformen und Interventionsfeldern. Innerhalb des medizinisch-pädagogischen Komplexes lassen sich nunmehr hierarchisierende Trennungen installieren, die zwischen präskriptiv Normalem und Anormalem unterscheiden.[154]

Bis Mitte des 18. Jahrhunderts hatte die Medizin »Krankheit« noch in einem »Konfigurationsraum« (1973b, 19) von klassifizierbaren Wesenheiten verortet. Die Gebrechen bildeten eine der vielen von Gott geschaffenen Entitäten und existierten daher noch vor aller Berührung mit einem Körper. Allmählich verloren sie jedoch ihren Status innerhalb einer festen Ordnung der Dinge. Seit der Aufklärung vollzieht sich dagegen die Herausbildung der modernen Medizin innerhalb der unterschiedlichen Entwicklungslinien von disziplinärer Technologie des Körpers und regulatorischer Technologie des Lebens. In den biologischen und medizinischen Wissenschaften Ende des 18. Jahrhunderts werden die Krankheiten als Bestandteil eines Lebens wahrgenommen, das sich im Austauschprozess mit seiner Umwelt verschleißt. Es kommt zur »Einfügung der Krankheit in den Organismus«. (ebd., 16). »Die Abnutzung ist eine unauslöschliche zeitliche Dimension der organischen Tätigkeit: Sie misst die stille Arbeit, welche die Gewebe desorganisiert – einfach dadurch, dass sie ihre Funktion erfüllen ›und einer Menge fremder Einwirkungen‹ begegnen, die ›ihren Widerstand brechen‹ können. Mit dem ersten Augenblick der Tätigkeit und der Konfrontation mit der Außenwelt setzt die Drohung des Todes ein (...)« (ebd., 171). Die pathologischen Phänomene werden nicht mehr einer vorgängigen Welt zugeordnet, sondern dem lebenden Individuum eingepflanzt. Es ist der Körper als Organismus, der die Krankheit hervorbringt und an dem man die Krankheit bestimmen kann. Es ist das Individuum selbst und seine Lebensweise, das die Übel heraufbeschwört.

Der Mensch unterliegt von nun an in all seinen Anomalien der souveränen Macht des empirischen ärztlichen Blicks. Die moderne Medizin entdeckt mit der Krankheit eine spezifische Wahrheit des Menschen und weist dem Tod eine neue Rolle zu. »Der Tod ist nicht mehr, was er so lange Zeit gewesen ist: die Nacht, in der sich das Leben auflöst und selbst die Krankheit sich

---

154 Vgl. M. Foucault (2000a, 63): »Doch auch die Disziplin war niemals wichtiger und wurde niemals höher bewertet als von dem Zeitpunkt an, da man versuchte, die Bevölkerung zu führen. Die Bevölkerung zu führen heißt nicht, allein die kollektive Masse an Phänomenen oder die Bevölkerung allein auf der Ebene ihrer globalen Befunde zu führen; die Bevölkerung zu führen heißt, sie in der Tiefe, in der Feinheit und im Detail zu führen.«

trübt; er ist nun jene Macht, die den Raum des Organismus und die Zeit der Krankheit beherrscht und ans Licht bringt« (ebd., 158). Mit seinem Eintreten verschwindet nicht zugleich eine ungünstig verlaufende Krankheit, sondern er bildet den Ausgangspunkt eines positiven Wissens über körperliche Funktionen und Krankheiten. »Der Tod ist der Spiegel, in dem das Wissen das Leben betrachtet« (ebd., 160). Indem er der Medizin hinfort dazu dient, die Endlichkeit in den Griff zu bekommen, gehört er zu den Pathologien des Lebens. Im 18. Jahrhundert waren es noch Gehenkte, Kapitalverbrecher und sozial Geächtete, an denen öffentliche Sektionen vorgenommen wurden. Mit der Geburt der Klinik verschwindet die Sektion als öffentliches Schauspiel. Indem sich der anatomische »Blick des Klinikers (...) auf Abfolgen und Gruppierungen pathologischer Ereignisse« (ebd., 176) richtet, wird der tote Körper des entrechteten Gesunden durch den des klinisch versorgten Kranken abgelöst. Bis heute hat der moderne Pathologe den klinischen Anatomen bis auf Ausnahmen (Gerichtsmedizin) ersetzt. Der moderne Histologe beschäftigt sich nicht mehr mit der Leiche, sondern mit Gewebeteilen eines lebenden und von einer (möglichen) Krankheit bedrohten Menschen.

Mit der Aufklärung kommt es zur Erfindung der öffentlichen Gesundheit durch epidemiologische Kontrollen der Bevölkerung: Im Umgang mit der Pockenerkrankung des 18. Jahrhunderts wird eine neue »nicht-disziplinäre« Sicherheitstechnologie wirksam. Hier geht es nicht mehr nur um eine Epidemie und die Verhinderung des massenhaften Todes wie bei Lepra und Pest. Sie wird als eine endemisch auftretende, auf ihre Dauer und Intensität befragte Erkrankung innerhalb einer Bevölkerung wahrgenommen: »Kurz, Krankheit als Bevölkerungsphänomen: nicht mehr als Tod, der sich brutal auf das Leben legt – das ist die Epidemie –, sondern als permanenter Tod, der in das Leben hineinschlüpft, es unentwegt zerfrisst, es mindert und schwächt« (1999, 281). Dieser Krankheit begegnet man über ein demographisches Wissen um die Häufigkeit und Ausbreitung der Ansteckungen, das Alter und die Lebensgewohnheiten der Infizierten und über Statistiken zur Sterblichkeitsrate. Insofern nehmen die Pockenendemien eine Scharnierfunktion im Zusammentreffen von Körperdisziplinierung und Bevölkerungsregulation ein.

Am Ende des 18. Jahrhunderts entwickelt sich ein medizinisch-administrativer Komplex, der nach Foucault verschiedene Aspekte umfasst: Die Familien werden zum Adressaten medizinischer Kampagnen mit dem

Ziel einer ethischen Verpflichtung zur Gesundheit (Familienpolitik). Die Medizin wird zu einer politischen Interventionstechnik, die dem Ziel dient, den sozialen Körper der Gesellschaft gesund zu erhalten (Sozialhygiene). Der Medizin fallen nicht nur die Aufgaben zu, Krankheiten festzustellen und zu heilen, sondern biopolitisches Wissen zu ihrer Verhütung bereitzustellen (Risikopolitik). Alter, Unfälle, Gebrechen und Anomalien rücken mit der aufkommenden Industrialisierung in den Blickpunkt einer Medizin, die sich zu einer präventiven politischen Interventionstechnik entfaltet. Die Krankheiten werden nunmehr als eine natürliche »Distribution von Fällen« innerhalb einer hygienisch-statistisch zu erfassenden Bevölkerung betrachtet. Sie bilden keine typologischen Entitäten innerhalb eines Spiegel der Natur mehr, in dem sich eine sündige Menschheit wiederzuerkennen vermag. Vielmehr werden sie zu deutbaren und veränderbaren Zeichen, innerhalb eines durch Entartung bedrohten gesellschaftlichen Zusammenhangs. »In der Disziplin wurde von einer Norm ausgegangen und das Normale vom Anormalen unterschieden. Hier nun finden wir die Festlegung verschiedener Normalitätskurven, wobei die Normalisierung darin besteht, diese Kurven miteinander ins Spiel zu bringen; die vorteilhaftesten Verteilungen dienen als Norm: hier geht es um Normalisierung und nicht mehr um ›Normierung‹« (1982b, 9f.). Inwieweit hat dieser Prozess dazu geführt, Menschen mit Behinderung als ein Problem wahrzunehmen, dem man sich unter pädagogischen und politischen Gesichtspunkten widmen muss?

2.4 Das Dispositiv der Heilpädagogik

Die Philanthropen, die 1774 mit der »Schule für Menschenfreundschaft« in Dessau ihren unaufhaltsamen Aufstieg nahmen, lehnten es ab, sich pädagogisch um die gesundheitlichen Belange einzelner Mitglieder der Bevölkerung zu kümmern. Es war die Zeit, in der Kant (III, 1974, 45) längst schon vorgegeben hatte, dass nicht ein »Ich denke« vom Zweifel ferngehalten werden kann, sondern allein die Tatsache, dass alle unsere Erkenntnis mit der Erfahrung anfängt. Doch die richtige Erfahrung entsteht nicht von allein, sondern muss im Erziehungsprozess vermittelt werden, um die Macht der animalischen Natur des Menschen zu brechen. Die Richtigkeit des Denkens hing für die Pädagogen dieser Zeit von der Vollkommenheit der Sinnesorgane ab. Infolgedessen produziert Sinnesschwäche Menschen, die von dunklen Empfindungen und Lasterhaftigkeiten bedroht sind. Der Akzent ihrer Pädagogik lag allein auf dem unversehrten Körper und seiner disziplinären Zurichtung. Die Fähigkeiten der unversehrten Sinne lassen aus dem Körper ein Werkzeug entstehen, dessen die Seele zur Entfaltung ihrer Kräfte bedarf (vgl. Basedow 1972, 103).

Die Pädagogik besaß noch kein Wissen über Gefahren, die von einem durch Prozesse der Entartung und der Degeneration bedrohten Volkskörper ausgehen. Sie richtete ihr Augenmerk einzig auf den durch mangelnde Erziehung geschwächten Individualkörper, der die Macht der Seele einzuschränken vermag. Denn der Mensch »ist kein solches Geschöpf, wie wir uns die Engel denken, sondern ein Wesen, das alle seine Begriffe durch den Körper bekommt und alles, was er außer sich hervorbringt, vermittels des Körpers wirkt« (Salzmann, 1961; zit. n. König 1989, 69). Ein kranker Körper kann »die Absichten der Seele nicht ausführen« und »erfüllt sie mit Furcht und Zaghaftigkeit«. Sind seine »Sinne stumpf, seine Werkzeuge grob, seine Organe schwerfällig oder geschwächt: dann wird die Seele nur schlecht entwickelt werden, sie wird langsam wirken« (Villaume 1787, 9; zit. n. ebd., 71, f.). Dementsprechend äußerte man sich 1806 noch skeptisch gegenüber dem Sinn einer Behindertenpädagogik: »Die Erziehung ungesunder Kinder ist (...) ein höchst mühsames und fast ganz undankbares Geschäft« (Salzmann 1949; zit. n. Kobi 1983, 208).

Zur Einübung eines sittlichen Verhaltens, das im Zögling zur zweiten, inneren Natur gerinnen soll, bediente sich die Pädagogik der Aufklärung eines ganzen Arsenals von Mitteln: Übungen im Aufschieben von Affekten, Kontrolle der eigenen Gedanken und Vorstellungen, Steuerung des Verhaltens über Belohnungen (Meritentafeln, Lobbillets und -punkte) und Ehrenstrafen, Sublimation durch körperliche Arbeit und Abhärtung. Dabei betrieben die Philanthropen bereits eine Art »Integrationspädagogik«, die ihre Effizienz auf eine intensive Verdoppelung von Wissen und Macht, von Vernünftigkeit und Moralität, von Psychotechnik und Selbstregulierung zu gründen sucht. Sie standen noch stark unter dem Einfluss Jean-Jacques Rousseaus, dessen Blick auf den Zögling »Emile« (1762) von der rationalistischen Vorstellung einer vollkommenen Natur geprägt war: Rousseau (1985, 119) führt seinen Zögling an der unsichtbaren Leimrute des scheinbar neutral beobachtenden

Pädagogen. Von einem natürlichen Körper fordert er eine gesunde Widerstandsfähigkeit, um der Seele des Menschen dienstbar zu sein. Denn der Körper muss genug Lebenskraft haben, um der Seele zu gehorchen. Er muss die Rolle des kräftigen Dieners spielen können. Je schwächer der Körper ist, um so mehr befielt er der Seele. Je stärker er ist, um so eher gehorcht er ihr. Alle sinnliche Leidenschaften sind Ausdruck eines kranken und verweichlichten Körpers. »Übt also nicht nur die Kräfte, übt auch die Sinne, die sie lenken. Nutzt jeden Sinn vollständig aus und überprüft die Wirkung des einen durch den anderen.«

Rousseau hatte kein pädagogisches Interesse an einem Zögling, der der Ärzte bedarf. Die Medizin hielt er zu sehr für eine bloße »Scheinkunst«, als dass er sich eine Rollenteilung in der allgemeinen Förderung behinderter Kinder vorstellen konnte (ebd., 30): »Wer sich mit einem kränklichen und schwächlichen Schüler belastet, macht sich zum Krankenpfleger statt zum Erzieher. Mit der Sorge für ein unnützes Leben verliert er die Zeit, die der Wertsteigerung dieses Lebens gewidmet war. Er setzt sich der Gefahr aus, dass ihm eine weinende Mutter den Tod eines Sohnes vorwirft, den er ihr so lange vorenthalten hat. (...) Ich mag keinen Zögling, der sich selbst und anderen unnütz ist, der allein damit beschäftigt ist, sich am Leben zu erhalten, und dessen Leib der Erziehung der Seele schadet. Verschwende ich meine Fürsorge an ihn, so verdopple ich den Verlust, indem ich der Gesellschaft zwei statt nur einen Menschen entziehe« (ebd., 28).

Ähnliche Äußerungen lassen sich auch bei Kant (XII, 1982, 526) finden. Nach Kant sollte der Erziehungs- und Bildungsprozess in erster Linie dem unversehrten Individuum dienen, um die natürlichen und sozialen Barrieren der Entwicklung zu einer vernünftigen autonomen Person zu überwinden. Seine pädagogische Idee eines allgemeinen Menschen, der universalistische Moral und allgemeine humane Kompetenzen verkörpert und sich damit auf die Stufe des Allgemeinen der Vernunft erhebt, war unvereinbar mit der Erziehung von Menschen mit geistiger Behinderung. Kant bringt an einer Stelle seiner anthropologischen Schriften seine Verachtung für die so genannten Kretinen des Walliser Landes plastisch zum Ausdruck. Dort heißt es: »*Blödsinnigkeit (...)* kann nicht wohl Seelenkrankheit, sondern eher Seelenlosigkeit betitelt werden.«

Bis zum Ende des 18. Jahrhunderts erschienen »Behinderte« in der kollektiven Wahrnehmung nicht als Menschen mit einer Krankheit, sondern als

Vertreter der Unvernunft, die ebenso wegen ihrer Armut, Bedürftigkeit oder angeblichen kriminellen Auffälligkeit in Hospitälern, Armenhäusern, Arbeits- oder Zuchthäusern verwahrt wurden. Der allgemeinen Gefangennahme lag insofern eine Heilungsabsicht fern und die menschlichen Körper blieben einzig Gegenstand äußeren Zwangs und moralischer Abrichtung.[155] Doch mit der Entdeckung der Armut und Kriminalität als eigener ökonomischer Kategorie sozialer Probleme, wurde diese generelle Einsperrungspraxis zunehmend als irrational angesehen. Die Figur des allgemeinen Vertreters einer diffusen Unvernunft verschwand und man begann damit, Individuen nach Bildsamkeit, Kommunikationsfähigkeit und Leistungsvermögen zu unterscheiden. Im 19. Jahrhundert differenzierte man die Insassen nach ihren körperlichen, geistigen oder psychischen Auffälligkeiten und gliederte sie in Sondereinrichtungen aus, um sie schließlich medizinischen und pädagogischen Eingriffen zu unterziehen. Mittels neuer Diagnosetechniken einer sozial orientierten Medizin konstituierten sich verschiedene Behinderungsarten, die unter dem Aspekt der Erziehung, Besserung und Heilung einer je eigenen Behandlung unterzogen wurden. Aus den alten Armen-, Arbeits- und Zuchthäusern entwickelten sich so allmählich Irren-, Taubstummen-, Blinden-, Krüppel-, und so genannte Heilanstalten für Schwachsinnige und Idioten.

Den »gefährlichen Irren«, der in den alten Institutionen noch unter der obersten Aufsicht eines Verwaltungsbeamten stand, befreite man von seinen

---

155 W. Fandrey (1990, 49f.) belegt anhand zeitgenössischer Texte, dass noch um 1600 in den vier hessischen Spitälern Haina, Merxhausen, Gronau und Hofheim mehr als 1000 Personen lebten. Zweck der Einrichtungen war die Versorgung, Ernährung und Pflege der hilfsbedürftigen Gebrechlichen, Kranken und Wahnsinnigen, nicht aber ihre medizinische Heilung entsprechend unserem heutigen Verständnis: Ärzte gab es während des 16. Jahrhunderts in keinem der Hospitäler. Die Leitung unterstand einem »Vogt«. Das Landesspital Haina z.B. besaß vor dem Dreißigjährigen Krieg sechs Abteilungen: eine »Bruderstube« für arbeitsfähige Leichtkranke, eine »Krankenstube« für die Bettlägrigen, eine Abteilung für Epileptiker, Blinde und gebrechliche hilflose Personen, ein »Gewölbe«, in dem »etzliche Wahn- und Mondsüchtige Leut angeschlagen (angekettet)« waren, zusammen mit Tauben und Stummen, und eine Abteilung mit »achzehn gewaltige starcke Kisten«, in denen die »armen Rasenden Leut (...) verschlossen« lagen, sowie ein Leprosenhaus abseits der Hauptgebäude. Laut Hausordnung mussten alle täglich an Gebeten, Katechismuslesungen, Predigten und Gottesdiensten teilnehmen, »damit sich die Hospithals Personen nicht zur Faulheit, dadurch man zu vielfeltigen Sünd pflegt gereitzet zu werden, gewohnen.«

Ketten und gab ihn in die Obhut von leitenden Medizinern.[156] »Das Prinzip der außergerichtlichen Einkerkerung wurde aber in Wirklichkeit nie aufgegeben« (Foucault 1977, 383). Robert Castel (1983) beschreibt, wie 1790 in Frankreich die *lettres de cachet* abgeschafft und stattdessen 1838 die Einrichtung psychiatrischer Anstalten gesetzlich geregelt wurden. In dem Maße wie die bürgerliche Gesellschaft den Gesetzesbruch als »pathologische Verfehlung der menschlichen Spezies« betrachtete und sich mit der Geburt des Gefängnisses Delinquenz »wie ein Krankheitssymptom oder eine Missgeburt« analysieren ließ (Foucault 1977, 325), erwies sich der Justizapparat gegenüber speziellen Personengruppen nicht mehr gewachsen.

Der Wahnsinn als eine andere Form von Delinquenz bildete nun »ein Inselchen von Irrationalität, das verwaltet werden musste, doch nach anderen Normen als denen, die den ›normalen‹ Subjekten in einer vernünftigen Gesellschaft ihre Plätze zuweisen und aufbürden« (Castel 1983, 22). Das Gefängnis als geschlossene Institution und »Ort, an dem sich ein klinisches Wissen über die Sträflinge formiert« (Foucault 1977, 319), wurde zur Matrix für die psychiatrischen Anstalten. Mit der Einführung der Methode biografischer Untersuchung schuf man ein Scharnier zwischen Strafvollzug und Psychiatrie. Sie war zunächst »Bedingung des Strafvollzugs zur Klassifizierung der ›Moralitäten‹« (ebd., 323) und erzeugte die Delinquenz »als pathologische Verfehlung der menschlichen Spezies« (ebd., 325). Im Weiteren gab sie in der Psychiatrie dem »sozialen Ausschluss (...) seine ›humanste‹ Form, indem sie seine Gründe medizinisch rechtfertigte und seine Wirkungen me-

---

156 Die anschaulichen Schilderungen eines Arztes und langjährigen stellvertretenden Direktors der Irrenabteilung der Berliner »Charité« (1818) legen Zeugnis davon ab, wie die psychisch Kranken innerhalb eines minutiösen Tagesplans gedrillt wurden. Arbeit galt als sittlicher Selbstzweck, und man ließ sie daher sinnlos Gräben ausheben und danach wieder zuschütten. Militärisches Exerzieren wurde als wirksames Mittel zur Herstellung von Gesundheit und Gehorsam betrachtet. Die Übungen, an denen auch Frauen aus höheren Ständen teilnehmen mussten, wurden von einem genesenden Heeresangehörigen geleitet. Dabei verwendete man Holzgewehre, die »plump und schwer (sind), um die Bewegungen mäßig lässtig zu machen. (...) Unfolgsamen und trägen Kranken werden Tornister, die mit einigen Pfunden Sand gefüllt sind, umgehängt« (Horn 1818, 332; zit. n. Fandrey 1990, 119). Mit diesen Körperdisziplinen wollte man die »Synthese im Bewusstsein« wieder herstellen, denn die »Seele ist gleichsam von ihrem Standpunkt weggerückt.« Daher ließen sich auch »Dissonanzen, Sprünge, abnorme Vorstellungen, ähnliche Assoziationen, fixe Ideenreihen, und ihnen entsprechende Triebe und Handlungen« erklären (Reil 1803, 46; zit. n. Dörner 1984, 221).

dizinisch behandelt« (Castel 1983, 217). Das psychiatrische Modell einer Kombination von Aussonderung und medizinischer Behandlung wurde zum Wegweiser einer neuen Fachdisziplin – der Heilpädagogik.[157]

Die »Taubstummen« wurden zu einem frühen interessanten Forschungsgegenstand, um Methoden zu erproben, wie man visuell Erfahrbares (Schrift) auf hörbare Laute reduziert und diese in der menschlichen Natur verortet.[158] Bis Ende des 18. Jahrhunderts hatte in den Elementarschulen noch die Buchstabiermethode vorgeherrscht.[159] In Samuel Heinickes Unterricht beruhte dagegen die neue Form des Lesenlernens auf der inzwischen verbreiteten Vorstellung einer natürlichen Oralität der Sprache. Die Lautiermethode für den Spracherwerb des Kindes war inzwischen erfunden worden. Sie gipfelte darin, »einen neuen Körper zu beschreiben oder vorzuschreiben. Dieser Körper hat Augen und Ohren nur, um ein großer Mund zu sein« (Kittler 1987, 39). Dem eigentlichen Mund fiel nun die Aufgabe zu, alle Buchstaben, die zu Augen und Ohren drangen, in tönende Laute zu überführen. Nunmehr bildete die »Tonsprache (...) sowohl für Hörende als auch für Taubstumme eine schwer zu erlernende Kunst« (Heinicke, 1912; zit. n. Bernsmeier, 1983, 74).

Heinicke erließ seine »Verordnung für den Taubstummenunterricht in der Tonsprache« in einem neuen Konfigurationsraum zwischen Wörtern und Dingen. Die Sprache »ist nicht mehr so sehr jenes mehr oder weniger entfernte, ähnliche und arbiträre Zeichen. (...) Sie hat eine vibrierende Natur angenommen, die sie vom sichtbaren Zeichen löst, um sie der Musiknote anzunähern« (Foucault 1974, 349). Die Kraft der Stimme wurde zum Ort der

---

157 Vgl. A. Waldschmidt (1999, 38): »Der Umgang der bürgerlichen Gesellschaft mit den physisch, geistig und psychisch kranken und geschädigten Kindern und Erwachsenen beruht auf den Elementen der Einsperrung, der Abtrennung dieser Personengruppe von der restlichen und ihrem Einschluss im Asyl auf der Grundlage eines Dualismus des Normalen und des Pathologischen.«

158 Eine erste Taubstummenanstalt wurde zwar schon 1778 von Samuel Heinicke in Leipzig gegründet, doch bis um die Jahrhundertwende gab es nur zwei weitere Einrichtungen dieser Art. Nach einer Gründungswelle Anfang des 19. Jahrhunderts errichtete man bis 1830 bereits 48 Anstalten mit etwa 800 Schülern.

159 Dabei lernten die »Abecedaries« zunächst die Namen aller Buchstaben eines Wortes aufzusagen. Anschließend wurden sie als »Silabisten« in die Lage versetzt, die Silben lesen zu können. Danach erst waren sie fähig, in der Bibel oder im Katechismus zu lesen. Für den Unterricht gehörloser Kinder erwies sich diese Methode jedoch als wenig eignet. Charles Michel de l'Epée, der 1770 in Paris die erste Taubstummenschule der Welt begründete, musste daher noch eine eigene Methode der Gebärdensprache entwickeln.

Wahrheit eines gegenwärtigen Bewusstseins, das das Zeichen dem Denken unterzuordnen vermochte (Derrida 1976, 426).[160] Mit der Vermittlung der Lautsprache erhoffte man sich zugleich auch eine Verhaltensregulierung, denn als »Fehler der Taubstummen wurden Verschlossenheit, Schüchternheit, Heftigkeit angegeben«, wie ein Besucher der Berliner Taubstummenanstalt 1833 schilderte.[161] Auf dem Mailänder Kongress der Taubstummenlehrer von 1888 wurde die Unterrichtsmethode der Lautspracherziehung verbindlich gemacht. Damit war zugleich die Gebärdensprache verboten worden.

Während dem Ohr die Aufgabe zugesprochen wurde, seine Aufmerksamkeit auf die Sprache zu lenken und Begriffe in die Seele zu bringen, erwies sich das Auge in besonderer Weise als Einfallstor für moralische Normalisierungsstrategien. Dem Gesichtssinn wurde dabei die Rolle des Kontrollzentrums über die anderen Sinne zugewiesen.[162] Norbert Elias zitiert hierzu aus

---

160 Die Naturalisierung des Alphabets verlief bei S. Heinicke über die Reizung des Geschmacksinns. Mit Essig, Wermutextrakt, Wasser, Zuckerwasser und Öl wurden bestimmte Mundstellungen ausgelöst, um Vokale hervorzubringen. Außerdem entwickelte er für seinen Taubstummenunterricht Sprachmaschinen, die aus einer künstlichen Gurgel und Zunge bestanden, an denen die Stellung der Sprechwerkzeuge bei der Bildung von Lauten veranschaulicht werden konnten. Durch »diese Maschinen fängt dann der Taubstumme an, seinen Begriffen tönende Namen zu geben, die sich auf seinen Geschmack und auf seine empfindsamen Sprachwerkzeuge gründen. Der Taubstumme bekommt nun durch die Tonsprache, die auf einen andern Sinn, als auf das Gehör gestützt ist, die nämlichen Vorteile, welche wir Hörende, sowohl in der Geschwindigkeit des Denkens, als auch des Ausdrucks unserer Gedanken haben (...)« (Heinicke 1912; zit. n. Bernsmeier 1983, 75).

161 Der Besucher wurde vom Direktor der Berliner Taubstummenanstalt darauf hingewiesen, dass den »Taubstummen« das nicht als Fehler angerechnet werden muss: »Der Harthörige oder der, welcher unter Menschen sich befinde, die eine ganz fremde Sprache reden, werde auch leicht argwöhnisch, weil er nicht wisse, was die anderen sagen. Die Heftigkeit sei auch größtenteils Schein: denn weil die Taubstummen nicht sagen könnten, was ihnen eigentlich begegnet sei, sondern alles durch Gebärden ausdrücken müssten, so gebe das ihrem Wesen eine gewisse Lebendigkeit, die wie Heftigkeit erscheine« (Kröger 1836; zit. n. Fandrey 1990, 137).

162 Dem Besucher der ersten, von August Zeune 1806 in Berlin gegründeten Blindenanstalt fiel auf: »Der Anblick der Blinden hat wegen ihres ruhigen, scheinbar teilnahmslosen Sitzens etwas Trauriges; doch jeder freute sich, wenn er Gelegenheit zu antworten erhielt (...) Als ich nach den eigentümlichen Fehlern mich erkundigte, deutete Prof. Zeune auf Sinnlichkeit, auch wohl auf heimliche Sünden hin, die durch Vorstellungen, körperliche Übungen und Beschäftigung geheilt werden« (Kröger 1836; zit. n. Rutschky, 728).

La Salles *Civilité* von 1774: »Die Kinder lieben es, an die Kleider und nach allem, was ihnen gefällt, mit ihren Händen zu greifen. Es ist nötig, diese Gier zu korrigieren und sie zu lehren, *das, was sie sehen*, lediglich mit den Augen zu berühren« (Elias 1976 Bd. I, 280) Doch wer des »edelsten Sinnes beraubt« ist, dem ist es versagt, »die gewöhnlichsten Geschäfte zu treiben und selben nachzugehen« (Klein 1811, 7; zit. n. Möckel 1988, 55).

Die Bildung des Blinden zur bürgerlichen Brauchbarkeit, drohte an der mangelnden Möglichkeit moralischer Einflussnahme zu scheitern: »Der Blinde überschätzt leicht sein Wissen und Können. Selbstliebe und Selbstschätzung sind psychologisch in ihm begründet, und werden leicht zu Egoismus und zur Selbstüberschätzung gesteigert (...)« (Lachmann 1842, 161; zit. n. Fandrey 1990, 140).[163] Blindheit wurde zum Problem als Katechismus und Lehrbuch die Informationsmedien für die Lernerfahrungen des Schülers bildeten und das gesprochene Wort durch das Schreiben im sichtbaren Raum ersetzt wurde. Insofern hatte Abbé de l'Epée die Bildbarkeit des blinden Kindes 1776 noch in Frage gestellt. Seines Erachtens liefen die Pädagogen Gefahr, mit ihnen ihr Talent zu verschwenden. Die Blinden könnten nicht zum Wohle des Staates beitragen, wo die Wörter sich aus der zwischenmenschlichen Welt des Klangs entfernt haben und auf einer visuellen Oberfläche erscheinen (vgl. Möckel 1988, 50). Lösung brachte jedoch das so genannte »Vikariatsprinzip«, wonach der Tastsinn stellvertretend für das Auge eintreten soll. Valentin Haüy, der Begründer der ersten Blindenanstalt in Paris, fand mit der Reliefschrift einen Weg, »den Mangel des Gesichtssinnes durch die Betätigung des Tastsinnes zu ersetzen« (zit. n. Möckel 1988, 58).[164]

---

163 Vgl. E. Séguin (1866/1912; zit. n. Möckel 1988, 134): »Der Einfluss dieses Organs als Mittel des moralischen Trainings kann nicht hoch genug veranschlagt werden, weder wenn wir es vom Standpunkte des Lehrers noch von dem des Schülers betrachten. Während der Blick des ersteren abwechselnd fragend, antreibend, fordernd, ermutigend, liebkosend usw. ist, ist der Blick des letzteren ausweichend, feindlich, unterwürfig, zornig und dankbar, indem er seinen Ausdruck von Gefühlen entlehnt, die von dem ersteren erregt werden«.

164 In der Folge stand man der Ablösung der Blindenschrift von den üblichen Schreib- und Druckbuchstaben lange mit Skepsis gegenüber. Die von L. Braille bereits 1825 entwickelte Blindenpunktschrift, wurde von den Blindenpädagogen weitgehend abgelehnt. Es dauerte fast ein halbes Jahrhundert, bis sie sich durch das Engagement der Betroffenen selbst und der Gründung von Brailledruckereien durchsetzen konnte.

In der zweiten Hälfte des 18. Jahrhunderts bildete sich mit der Orthopädie ein eigener medizinischer Bereich in den Kliniken heraus.[165] Mit der *Technischen Industrieanstalt für krüppelhafte Kinder* in München begann 1832 in Deutschland die institutionelle erzieherische Fürsorge Körperbehinderter. Dabei war das erklärte Ziel: »13-14 Jahre alte, arme krüppelhafte Kinder, welche wegen ihrer körperlichen Mängel an zukünftigen Gewerben und anderen Berufsarten nicht wohl taugen, durch mechanische Übungen in verschiedenen, denselben angemessenen Beschäftigungen zu Fabrikarbeitern zu bilden (...) und sie vor dem Müßiggang und den daraus hervorgehenden Lastern zu bewahren« (zit. n. Möckel 1988, 93). Bis im Jahre 1909 existierten in Deutschland 39 Krüppelanstalten mit insgesamt 3000 Plätzen. Davon wurden allein 25 durch kirchlich evangelische Träger geführt. Sie folgten dem christlichen Prinzip des Seelenheils im Jenseits. Der »Krüppel« wurde zum enigmatischen Zeichen einer Mahnung Gottes und zum mitleiderregenden Objekt eigener Seelenrettung.[166] Im Sinne protestantischer Arbeitsethik betrachtete es die Krüppelfürsorge als ihre zentrale Aufgabe, möglichst viele behinderte Menschen an handwerkliche Tätigkeiten wie Schneider, Bürstenbinder, Korbmacher usw. heranzuführen. »Je mehr Almosenempfänger wir zu Steuerzahlern machen, um so eher können wir ethisch und wirtschaftlich wieder gesunden« (Biesalski 1926, 6; zit. n. Sierck 1992, 16).

Die institutionelle Aussonderung der »Idioten« als besondere Gruppe vollzog sich erst in der zweiten Hälfte des 19. Jahrhunderts. Zuvor lebten geistig behinderte Menschen zumeist in Familien oder in Arbeits- und Zuchthäusern, Armenhäusern und Hospitälern. Die gesetzliche Fürsorge-

---

165 Der Name taucht erstmals in *Orthopädie oder die Kunst, bei Kindern die Ungestaltheit des Leibes zu verhüten und zu verbessern* (1774) des französischen Arztes N. Andry auf. J. G. Heine, Bandagist und Universitäts-Instrumenten-Macher, gründete 1816 in Würzburg das erste orthopädische Institut. Er konstruierte verstellbare Apparaturen und erwarb sich mit seinen Heilerfolgen einen Weltruf als Arzt. Bis 1834 zählte man in neun deutschen Städten Institute dieser Art, wobei man sich durch Altersbeschränkungen und den Ausschluss von Patienten mit schweren spastischen Lähmungen den medizinischen Erfolg sicherte (vgl. Möckel 1988, 88ff.).

166 »Die innere Mission sieht im elendsten Pflegling ein Wunderwerk, in dem Gottes Kraft und Liebe sich verherrlichen will. Gott lässt in seiner Schöpfung allerlei Rätsel zu. Diese sind aber nicht dazu da, dass man sie auslöscht, sondern dass man sie löst. (...) Die Ärmsten sind wie verstimmte Harfen, die einmal neugestimmt in einer anderen Welt zu des Ewigen Ehre ihr Lied rauschen sollen« (zit. n. Merkens 1974, 137).

pflicht für die geistig Behinderten und Epileptiker oblag zwar dem Staat, der die Landesarmenverbände bzw. die Provinzialverwaltungen mit den Ortsarmenverbänden dazu beauftragte; der Aufbau der Anstalten wurde jedoch bis auf wenige Ausnahmen den karitativen Vereinen der Kirchen überlassen.[167] Die Familien mit geistig behinderten Kindern wurden von den Befürwortern einer Anstaltsunterbringung unter Druck gesetzt, aus »Rücksicht auf das Wohl des Kindes Opferwilligkeit« zu zeigen. »Besonders aber ist, wenn das leidende Kind Geschwister hat, die Rücksicht auf diese hervorzuheben. Idiotische Kinder haben Gewohnheiten an sich, es kommen Grimassen und Manieren bei ihnen vor, die unvermerkt auf die Geschwister, namentlich die kleineren, übergehen. Auch in sittlicher Hinsicht werden nicht selten die gesunden verdorben« (Sengelmann 1891; zit. n. Merkens 1974, 146). Ihre Verwahrung wurde auch damit begründet, dass sie »eine gewisse Verschmitztheit, Bosheit, Lügenhaftigkeit und Rachsucht« besäßen (Brandes 1862, 76, zit. nach ebd.). Insofern verblieben die meisten geistigbehinderten Kinder auch als Erwachsene in den Anstalten, die sich allmählich zu expandierenden Großverwahr- und Pflegeheimen verwandeln. Nachdem die Anstaltsleiter, Pädagogen und Ärzte aus Eigeninteresse immer wieder in der Öffentlichkeit das Bild vom gefährlichen Idioten wach hielten, beklagten sie sich nun zunehmend über das schlechte Image der Anstalten. Der Idiotismus wurde »als ein ansteckendes Übel betrachtet, und es verbreitet sich allgemein die Furcht, »dass der Idiot alles um sich – vielleicht sogar diejenigen, die an ihm arbeiten – idiotisch mache« (Sengelmann 1885, 83; zit. n. ebd., 153).

---

167 Ein Zeitgenosse bemerkte 1862 dazu, das sei »bei dem augenblicklichen Zustande von Europa, wo die Militairbedürfnisse alle Mittel zu verschlingen drohen, leicht erklärlich« (Brandes 1862, 129; zit. n. Fandrey 1990, 145).

3. Der Ursprungsmythos der Heilpädagogik

3.1 Genealogischer Sinn von Geschichte

Der Sinn von Geschichte entspringt keineswegs allein den vorgefundenen historischen Tatsachen. Er eröffnet sich innerhalb zukünftiger Ereignisse, die jeweils die hermeneutische Ausgangslage des Historikers neu bestimmen. Gegenwärtig befinden wir uns in einer Phase der Erschütterung des modernen Selbstverständnisses, in der zahlreiche Probleme neu betrachtet werden müssen. Die heilpädagogische Historiographie sollte wohl oder übel konzedieren, dass die überkommenen Selbstverständlichkeiten, aus denen sie sich ihres Sinns und Zwecks bisher versicherte, im Schwinden begriffen sind. Es wäre an der Zeit, sich der theoretischen Herausforderung Foucaults zu stellen und zu sehen, was sich aus seinem Denken für die Heilpädagogik lernen ließe.
Foucault schlägt eine genealogische Geschichtsschreibung vor, die eine Alternative zur »metahistorischen Entfaltung der idealen Bedeutungen und unbegrenzten Teleologien« bildet. »Sie steht im Gegensatz zur Suche nach dem ›Ursprung‹« (Foucault 1978b, 84). Mit ihm wird eine Geschichtsauffassung verabschiedet, die von den Ideen der Stifterfunktion des Subjekts und der Geschichte als Fortschritts- und Emanzipationsprozess getragen war. Stattdessen wird die Geschichte von »anthropologischen Zwänge(n)« (1981, 27) herausgelöst und als ein diskontinuierlicher Prozess beschrieben. Seine Genealogie richtet sich im Wesentlichen gegen eine Historiographie, in der alle »Fragestellungen nach der Frage des Seins des Menschen« (ebd., 291) geordnet und auf das Ziel hin orientiert werden, »dem Menschen all das wiederzugeben, was seit mehr als einem Jahrhundert ihm stets entgangen ist« (ebd., 26). Darüber hinaus verabschiedet sie sich vom modernen Fortschrittsmythos und hält skeptische Distanz gegenüber dem Glauben, dass die

»Menschheit (...) langsam von Kampf zu Kampf bis zu einer universellen Gegenseitigkeit« (1978b, 95) fortschreitet.

Die offizielle hermeneutische Auffassung der heilpädagogischen Historiographie mutet demgegenüber schönfärberisch und selbstgefällig an. Nach wie vor ist das Bedürfnis groß, den Ursprung der eigenen Disziplin feierlich aus den einsamen aufklärerischen »Initiativen persönlicher Menschlichkeit« (Speck 1996) und der Erziehungsnotwendigkeit derjenigen entstanden zu sehen, die von der allgemeinen Erziehungspraxis bisher ausgeschlossen blieben. Es wird weitgehend darauf verzichtet, in der Geschichte jene wirksamen Zusammenhänge aufzuschlüsseln, die den Gründerfiguren von Krüppel-, Idioten- und Irrenanstalten selbst unbewusst blieben, deren Denken und Handeln aber dennoch bestimmten. Es soll nicht in Abrede gestellt werden: »Revolutionär war die heilpädagogische Bewegung insofern, als sie die Abwendung von der natürlichen Gleichgültigkeit und Grausamkeit darstellt, die alle Menschen von innen bedroht« (Möckel 1988, 26). Doch lässt sich nicht so ohne Weiteres davon ausgehen, dass es hauptsächlich »religiöse, humanitäre und caritative Gründe« waren, die dazu geführt haben, sich der Erziehung und Bildung von Menschen mit Beeinträchtigungen anzunehmen (Eberwein 1996, 12).

Freilich hat eine kritische Heilpädagogik darauf hingewiesen, dass sich im 19. Jahrhundert heilpädagogische Prinzipien mit utilitaristischen und bevölkerungspolitischen Absichten verbanden: »Immer mehr schwindet die Ausgrenzung des Behinderten, mehr und mehr wird dieser von den bürgerlichen Pädagogen und Medizinern im Rahmen des gesellschaftlichen Bildungs-, Arbeits- und Produktionsprozesses gesehen und eingegliedert« (Jantzen 1974, 51). Doch geht man weiterhin davon aus, dass es auch eine ursprünglich reine Heilpädagogik gab, die sich nicht an Nützlichkeit, Brauchbarkeit, Rentabilität und Sittlichkeit orientierte, sondern ausschließlich an den Bedürfnissen und der empirischen Vielfalt der Behinderten. Von Beginn an soll es daher auch eine »Pädagogik der Verschiedenheit« gegeben haben, die die »Norm des Mittelmaßes« zum Maßstab gemacht hat (Moser 1995, 207).[168]

---

168 Vgl. dagegen U. Bleidick (1984, 15f.), der den ideengeschichtlichen Ursprung der Heilpädagogik in der Lehre von den »Kinderfehlern« des 18. und des frühen 19. Jahrhunderts ansiedelt und schon früh darauf hingewiesen hat, dass bei Georgens/Deinhardt »Abartigkeit« zum pädagogischen Zentralbegriff avanciert.

Mit Eifer wird in der Heilpädagogik nach einem reinen Ursprung gesucht, »nach dem, ›was schon war‹, nach dem ›es selbst‹ eines mit sich selbst übereinstimmenden Bildes«. Man »möchte alle Masken abtun, um endlich eine erste Identität aufzudecken« und »hält alle Umwälzungen, alle Hinterlistigkeiten und alle Verkleidungen für bloße Zufälle« (Foucault 1978b, 85) Noch fehlt bisher ein mutiges Bekenntnis zur historischen Relativierung heilpädagogischer Theorie und Praxis – eine Genealogie, die den Blick auf die eigene Herkunft richtet, »wo sich Leib und Geschichte verschränken« und die zeigte, »wie der Leib von der Geschichte durchdrungen ist« (ebd, 91f.). Stattdessen beschwichtigt man sich mit halbherzigen und wenig überzeugenden Distanzierungsritualen gegenüber einer allzu großen Orientierung am »medizinischen Modell« (Bleidick 1985, 255).

Sätze wie »Heilen ist Sache des Arztes, Pädagogik Sache des Erziehers« (Hanselmann 1933, 12) gehören heute zum guten Ton. Paul Moors (1974, 273) Diktum, »dass Heilpädagogik Pädagogik ist und nichts anderes« hat inzwischen den Charakter einer Gebetsformel erhalten. Neuerdings macht A. Möckel (1986, 171) den Vorschlag, den Moorschen Grundsatz umzudrehen, um das vermeintlich wahre Verhältnis beider Disziplinen wieder zu benennen: »Es gibt keine Pädagogik, es gibt nur Heilpädagogik, und wenn die Pädagogik nicht Heilpädagogik ist, ist sie defizitäre Pädagogik.« Hintergrund für diese Verhältnisbestimmung von Pädagogik und Heilpädagogik ist die Überlegung, dass Moor mit seinem Werk zwar die Emanzipation von der Medizin eingeleitet hat, damit jedoch noch nicht die Integration der Heilpädagogik in die allgemeine Pädagogik erreichte. Insofern fordert Andreas Möckel von der allgemeinen Pädagogik eine radikale Wende im Sinne einer Rückbesinnung auf den Begriff des »Heils«, wie ihn Jan Daniel Georgens und Heinrich Marianus Deinhardt in ihrem zweibändigen Werk *Die Heilpädagogik mit besonderer Berücksichtigung der Idiotie und der Idiotenanstalten* (1861/1863) verwendet haben.

Ein genauerer Blick auf diese beiden Begründer der Heilpädagogik wird jedoch deutlich machen, dass sich die allgemeine Pädagogik davor hüten sollte, dem Menschen »Heil« anzubieten. Das menschliche Gegenüber ihrer Bemühungen stünde in der Gefahr zum Adressaten eines auf Gesundheit und Unversehrtheit ausgerichteten Reparaturbetriebes zu verkommen. Die Pädagogik verlöre endgültig das Subjekt ihrer Erziehung, zugunsten eines objektivierten Gegenstandes von Optimierungsstrategien. An die Stelle »moralisch-sittlicher Kategorien« träten zunehmend »medizinisch-pathologische Diagnosen und Heilverfahren. Das böse Kind (würde) zum neurotischen, verhaltensauffälligen und gestörten, das artige Kind zum ungestörten und gesunden. Über alle Formen von Erziehungsmaßnahmen (würde) unwiderruflich ein Verdikt ausgesprochen – ›Nur Schinder erziehen Kinder‹ – und an ihre Stelle (träte) die Analyse von Ursachen und Symptomen und die Suche nach therapeutischer Heilung« (Böhm 1992, 138). Wo vertraute Erziehungsmethoden versagen, würden Therapien helfen, die sich weitgehend medizinischer und psychologischer Erklärungsmodelle und Deutungsmuster bedienen. Die ethische Dimension der Erziehung drohte verloren zu gehen.[169]

3.2 Heilpädagogik als Element der Gouvernementalität[170]

Es ist kaum nachvollziehbar, warum Georgens/Deinhardt nach wie vor als die wahren Begründer einer seriösen wissenschaftlichen Heilpädagogik gelten und immer wieder als Beleg für den ursprünglich Charakter »der heilpädagogischen Bewegung zur Pädagogik« herangezogen werden (Möckel 1988, 155; Theunissen 1997 u.a.). Nach Möckel verdient ihr Denken »auch heute noch Gehör« (ebd.). Sie werden zu Gestalten einer menschlicheren Geschichte verklärt, die angeblich einen ernstzunehmenden Reformversuch schufen, »der den Zusammenhang von Pädagogik – und damit von Sozialpädagogik und Heilpädagogik –, Gesundheitspflege und Wohltätigkeit erhellt«

---

169 Vgl. B. Fornefeld (1995, 77), die eindringlich vor der unkritischen Anwendung heiltherapeutischer Methoden in der Schwerstbehindertenpädagogik warnt: »›Therapie‹ als Bestandteil und Handlungsform der (Schwerst-)Behindertenpädagogik ist gleichzeitig *Sinnbild* für den zunehmenden Einfluss der Nachbarwissenschaften, vornehmlich Medizin und Psychologie auf das angestammte Terrain der Pädagogik.«

170 Der Begriff »Gouvernementalität« stammt von M. Foucault. Er bezeichnet zweierlei: »Regieren« (gouverner) und »Denkweise« (mentalité). Foucault (2000a, 8) versteht darunter u.a. »die Gesamtheit, gebildet aus den Institutionen, den Verfahren, Analysen und Reflexionen, den Berechnungen und den Taktiken, die es gestatten, diese recht spezifische und doch komplexe Form der Macht auszuüben, die als Hauptzielscheibe die Bevölkerung, als Hauptwissensform die politische Ökonomie und als wesentliches technisches Instrument die Sicherheitsdispositive hat.«

(ebd., 155).[171] Die gesellschaftliche Machtkonfiguration, innerhalb derer sie ihr weltanschaulich-politisches Programm entfalten, werden dabei völlig beiseite gelassen. Im Folgenden soll daher die Annahme in Frage gestellt werden, dass deren Forderung nach einer humaneren Praxis im Umgang mit behinderten Menschen einer historisch neu erworbenen Sensibilität gegenüber dem menschlichen Leiden zu verdanken ist. Vielmehr resultiert sie aus einer veränderten Wahrnehmung politischer Erfordernisse der »Gouvernementalität« und daran orientierter pädagogischer »Sicherheitsdispositive«.

Man nimmt nicht zur Kenntnis, dass Georgens/Deinhardt ihre Ideen im Kontext einer neuen politischen Rationalität entfalten. Wie bereits angesprochen, sieht man im Laufe des 19. Jahrhunderts Machttechniken entstehen, die nicht mehr nur auf den individuellen Körper und seine Leistungssteigerung gerichtet sind, sondern an die Vielfalt der Körper als durch Unfälle, Gebrechen und Tod geprägten Masse. Neben dem Gesellschaftskörper des Vertragsrechtes entsteht »ein neuer Körper: ein multipler Körper mit zahlreichen Köpfen« (Foucault 1999, 283) als Folge einer Biopolitik: die Bevölkerung. Sowohl die Bevölkerung als auch der Körper des Individuums werden nunmehr nach dem Modell eines biologischen Organismus bzw. biologischer Prozesse betrachtet, deren Degenerationserscheinungen mit Hilfe der Medizin und Pädagogik erklärt und reguliert werden können.[172]

Die Regulierung der Bevölkerung wird im Verlauf des 19. Jahrhunderts das neue Prinzip des Regierungshandelns. Als neuen Gesellschaftskörper wird man die Bevölkerung »auf quasi medizinische Weise schützen müssen« (1976, 105). Dazu bedarf es einer Proliferation des medizinischen Wissen in anderen Bereichen: Die heilpädagogischen Überlegungen von Georgens/Deinhardt bewegen sich bereits innerhalb eines gesellschaftlichen Wissens um Sterbe- und Krankheitsraten, Unfallhäufigkeiten und Epidemien

---

171 G. Theunissen (1997, 376) sieht ihr Programm als Beleg, »dass Heilpädagogik *ursprünglich* als eine *politisch-offensive, integrationsfördernde* und *lebensweltorientierte Behindertenarbeit* konzipiert war, deren erkenntnisleitendes Interesse der Idee der allseitigen Persönlichkeitsentwicklung behinderter Menschen in einer ›wahrhaft humanen Gesellschaft‹ (Georgens/Deinhardt) galt.«

172 Vgl. M. Foucault (1999, 289): »Wir haben also zwei Serien: die Serie Körper – Organismus – Disziplin – Institutionen, und die Serie Bevölkerung – biologische Prozesse – Regulierungsmechanismen – Staat. Ein organisches institutionelles Ganzes: eine Organo-Disziplin der Institution, wenn sie so wollen, und auf der anderen Seite eine biologische und staatliche Gesamtheit: die Bio-Regulierung durch den Staat.«

und der daraus resultierenden neuen Sorge um den Schutz der Volksgesundheit. Der Erziehungs- und Bildungsprozess soll dem behinderten Individuum ermöglichen, die natürlichen und sozialen Barrieren der Entwicklung zu einer vernünftigen autonomen Person zu überwinden. Ganz im Sinne Kants fordern sie von einer humanen Kultur, dass sie »*in jedem Individuum – zunächst nach Maassgabe der vorhandenen Anlage und der bestehenden Verhältnisse – den Menschen verwirklichen.* (Georgens/Deinhardt 1861; zit. n. Möckel u.a. 1997, 248).

Der Mensch kann nur durch Erziehung im Menschen erzeugt werden, d.h. durch »die Verwirklichung seines an sich gegebenen, aber *von selbst* realisirenden *überthierischen* Charakters (ebd., 249). Insofern gilt: »Heilpädagogik im Ganzen ist ein Zweig der allgemeinen Pädagogik« (ebd, 245). Sie folgt einer humanistischen Bestrebung, »die von Haus aus (...) Ausgeschiedenen, Ausgestoßenen und Verlorenen in den Umkreis der menschlichen Gesellschaft aufzunehmen, ihre Isolation aufzuheben« (ebd., 255). Während die allgemeine Pädagogik jedoch dem »Zweck der Gesunderhaltung als ein allgemein pädagogischer« vorbehalten ist, geht es in der Heilpädagogik um »eine *besondere* Behandlung hervortretender Entartungen« (ebd., 247).

Ihren Kritikern werfen Georgens/Deinhardt einen beschränkten nationalökonomischen Standpunkt vor. Der gesamtgesellschaftliche Nutzen sei letztlich nicht an der heilpädagogischen Rehabilitation des Einzelnen zu messen. Er bestehe darin, »die Entartungen, welche im Umkreise des sociales Lebens sich entwickeln, da anzugreifen (...), wo sie ihre entschiedenste Concentration und Ausprägung haben, theils um den Krankheitsherd abzugrenzen, theils um die Natur der Krankheit kennen zu lernen und sich zu weiterreichenden prophylaktischen Maassnahmen zu befähigen« (ebd. 267). Manche Interpreten mögen hier einen taktisch notwendigen Schachzug gegenüber utilitaristisch argumentierenden Kritikern vermuten. Gleichwohl lässt die Eindeutigkeit der Sprache nichts zu wünschen übrig. Es geht den Autoren in der Hauptsache nicht darum, »was sie aus den Kranken, Gebrechlichen und Entarteten noch zu ›machen‹« vermögen. Der »eigentliche und letzte Maasstab« ihrer Arbeit liegt in der »Kenntnis der körperlich-psychischen Entartungszustände, welche sich in mannigfacher Abstufung entwickeln und ausbreiten, die Erkenntnis ihrer Ursachen und wie die theoretische Feststellung so die vorläufige praktische Gestaltung der Mittel, durch welche ihnen prophylaktisch und in weitem Umfang entgegengewirkt werden kann« (ebd., 268).

Überspitzt formuliert: Integration hat sich in ihren Augen einem höheren präventiven eugenischen Interesse zu fügen. In diesem Zusammenhang erhalten »die Fälle trauriger Gebrechlichkeit oder einer ausgeprägten physisch-geistigen Entartung, wo sie in grösserer Häufigkeit auftreten« eine »*symptomatische* Bedeutung«, insofern sie »den Boden eines in mannigfacher Abstufung *ausgebreiteten* Übels« darstellen (ebd. 246). Von einem »höheren, d.h. socialen Gesichtspunkt« aus betrachtet lassen sich daher mit der Medizin und der Pädagogik »die verschiedenen Seiten der *einen* Aufgabe: eine *gesunde Cultur gegenüber* der Verwilderung, Erschlaffung und Ausartung, die trotz den Fortschritten der Civilisation zurückbleiben und theilweise durch sie *bedingt* sind«, begründen und gestalten (ebd., 248). Pädagogik und Medizin haben gemeinsam für die höhere Idee von der biologischen und sittlichen Vervollkommnung des Menschen einzustehen. Die Heilpädagogik vermag eine ideale Synthese zu schaffen, »indem sie pädagogisch, d.h. durch Thätigkeitsregelung heilen will, sie muß also zunächst ihre Aufgaben und Mittel als durch den Heilzweck *bedingte Modificationen* der Aufgaben und Mittel, welche die allgemeine Pädagogik hat oder haben *sollte*, auffassen, weiterhin aber (...) die allgemeine pädagogische Thätigkeitsregelung unter *ihren* Gesichtspunkt bringen, d.h. als eine die Entartung in ihrem *Grunde* aufhebende, für die gesunde Entwicklung der Einzelnen und der Gesellschaft nothwendige Thätigkeit *erkennen* und *fordern*« (ebd., 247).

Nach Georgens/Deinhardt (ebd., 247) muss sich die Heilpädagogik gegenüber der Medizin »einestheils, und zwar unzweifelhaft zuerst, *empfangend* verhalten, weil sie die Resultate der ärztlichen Erfahrung, Beobachtung und Forschung *als solche* anzunehmen hat.« Andererseits versteht sich die Heilpädagogik der Medizin gegenüber »aber *gewährend* und *anregend*, weil sie ihr pädagogisches Vermögen mitbringt, um es da zu verwerthen, wo die ärztliche Hülfeleistung thatsächlich eine ansatzweise, unzulängliche und resignirende geblieben ist.« Die Autoren geben zwar vor, einen genuin pädagogischen Begriff des Heilens zu entwickeln. Tatsächlich implantieren sie jedoch die Kategorien Krankheit und Gesundheit in die Pädagogik. Die Heilpädagogik wird von ihnen vollständig in den Dienst einer biologischen Kritik an der technisch-industriellen Zivilisation gestellt. Diese neue Disziplin ist für sie deshalb Bestandteil einer Allgemeinen Pädagogik, weil pädagogisches Handeln von ihnen in einem volksgesundheitlichen Sinne als

Heilsbringung verstanden wird. Gleichwohl mündet ihre Degenerationshypothese nicht in der »radikalen« eugenischen Vorstellung, man dürfe den natürlichen Selektionsdruck nicht durch Erziehung, Hygiene, bessere Ernährung und steigendenden Wohlstand vermindern.

Geschichte und Leben werden von Georgens/Deinhardt in einem neuen Verhältnis betrachtet. Die menschliche Natur steht nicht mehr außerhalb der Geschichte, indem sie ihr biologisches Umfeld bildet. Sie unterliegt nunmehr gefahrvollen Prozessen der Entartung und Degeneration, die aus der Natur selbst oder aus der Gesellschaft kommen. Pädagogik und Medizin wachsen zu einem strategischen Ensemble zusammen, »um es zu steigern und zu vervielfältigen, um es im einzelnen zu kontrollieren und im gesamten zu regulieren« (Foucault 1983, 163). Was im 19. Jahrhundert mit ihrer Hilfe »hergestellt werden soll, ist nicht die freie Vereinigung gleicher Staatsbürger mit Hilfe des Rechts, »sondern das gehorchende Subjekt, das Individuum, das Gewohnheiten, Regeln, Ordnungen unterworfen ist und einer Autorität, die um es und über ihm stetig ausgeübt wird und die es automatisch in sich selber wirken lassen soll« (1977, 157). Aus der Furcht heraus, die Gesellschaft könnte als Ganzes entarten, werden Personengruppen durch ihren Mangel an gesundheitlicher Verfassung als Andere definiert und in besonderen Anstalten zum Zwecke der Heilung, Erziehung und Besserung interniert.

Georgens/Deinhardt repräsentieren eine »Normalisierungsgesellschaft (...) in der sich entsprechend einer orthogonalen Verknüpfung die Norm der Disziplin und die Norm der Regulierung miteinander verbinden« (Foucault 1999, 293). Aus dem »Volk« als Massenphänomen ist die »Bevölkerung« als Produkt einer Verstaatlichung des Biologischen geworden, das sich wie ein organischer Körper erklären und regulieren lässt. Eine Politik zur Normalisierung des Einzelnen und zur Regulierung der Bevölkerung hat sich entfaltet. Georgens/Deinhardt sind keine Rassisten in der Weise, dass sie für die Legitimation des Tötens in einer Normalisierungsgesellschaft eintreten (ebd., 296). Vielmehr setzen sie sich mit dem Problem auseinander, wie man in einer degenerierenden Gesellschaft eine Bio-Macht funktionieren lassen kann, ohne dabei den Anderen in den Tod stoßen zu müssen. Man kann Georgens/Deinhardt freilich insoweit gemäßigte Eugeniker nennen, als sie sich verpflichtet fühlen, die Gesellschaft durch erzieherische Einflussnahme vor den *biologischen* Gefahren der Entartung und Anormalitäten zu schützen.

Die Begriffe Normalität, Abnormität und Deformität erhalten bei Georgens/Deinhardt (zit. n. Möckel u.a. 1997, 253) eine zentrale Bedeutung, weil »die Erziehung mit hervortretenden Abnormitäten und Deformitäten stets zu kämpfen« hat. »Der Begriff der Normalität schliesst den der Gesundheit überall ein, und diese besteht in demjenigen Zusammenhalte der organischen Functionen, durch welche sich die Selbständigkeit des in sich bestimmten Lebens in dem nothwendigen Verhältnisse zu dem Natursein behauptet und entwickelt« (ebd., 253f.). Während sich der Begriff der Abnormität auf »die naturgemäßen Abgliederungen der Gattung« (ebd., 254) in Rassen anwenden lässt, bezeichnet »Deformität« bestimmte Krankheiten innerhalb einer Bevölkerung: »Abnormität« ist also »ein *wesentliches* Hemmnis für die gleichmässige und harmonische Entwicklung der specifischen Vermögen« des menschlichen Organismus »welche weder die Normalität der einzelnen Functionen, noch ihr Zusammengreifen ausschliesst. Die *Deformität* aber bedingt immer eine bestimmte Form der Krankhaftigkeit, wie sie von ihr bedingt ist, weil sie nicht nur eine Disproportion in der Stärke der Organe, sondern die Entartung des einen oder des andern in der Form der Verkümmerung oder Wucherung einschliesst und bezeichnet« (ebd., 254). Mit diesen Begriffsunterscheidungen soll deutlich gemacht werden: Es zählt nicht mehr nur der individuelle Körper als ein mit Fähigkeiten ausgestatteter Organismus, sondern der biologische Gesamtprozess, in den der Körper des Individuums integriert wird. Die Heilpädagogik wird in der Folge zu einem normalisierenden Element innerhalb eines »doppelten Spiels der Disziplinartechnologien einerseits, der Regulierungstechnologien andererseits« (Foucault 1999, 293).

4. Der infame Körper des Behinderten

4.1 Der ewige Krüppel

»Liebe deinen Nächsten wie dich selbst!« Der praktische Sinn dieses biblischen Gebotes ist aus verständlichen Gründen immer wieder bezweifelt worden. Sigmund Freud (1930, 239f.) meinte dazu, dass sich bestenfalls der Nächste als Freund meine Liebe verdienen kann; als Fremder ist er jedoch so lange mein Feind, bis er mich vom Gegenteil überzeugen kann. »Ja, wenn jenes großartige Gebot lauten würde: ›Liebe deinen Nächsten, wie dein Nächster dich liebt‹, dann würde ich nicht widersprechen« Verärgert schleuderte er dem Christentum das scheinbar zeitlose »Homo homini lupus« mit dem Kommentar entgegen: »Wer hat nach allen Erfahrungen des Lebens und der Geschichte den Mut, diesen Satz zu bestreiten?« Levinas (1988, 114ff.) tritt für eine andere Lesart dieses Gebotes ein. Im Anschluss an Martin Buber und Franz Rosenzweig schlägt er vor, das »(...) wie dich selbst« nicht in dem Sinne zu verstehen, dass man zuerst sich und danach erst die anderen liebt. Levinas verabschiedet sich von der anthropologischen Vorstellung eines ursprünglich egoistisch verfassten Subjekts, das in der Begegnung mit anderen die ethische Erfahrung macht: »sie sind wie ich«. Das intentionale Subjekt wird als Abkunft einer ursprünglicheren ethischen Beziehung zum Anderen begriffen. Vor aller Intentionalität konstituiert sich das ethische Subjekt oder verantwortliche Ich in einer vorbewussten Erfahrung der irreduziblen Andersheit des Anderen. Insofern lautet bei Levinas (ebd., 116) der Übersetzungsvorschlag des Bibelverses: »Liebe deinen Nächsten; dies alles bist du selbst; dieses Werk bist du selbst; diese Liebe bist du selbst.«

Alle Erfahrung spricht für die Freudsche Variante der Interpretation. Nach der Lektüre von Klaus E. Müllers (1996) umfangreicher historischen und ethnographischen Studie »Der Krüppel«, ist man sogar geneigt, selbst an

Freuds Vorschlag zur Umbenennung des christlichen Imperativs zu zweifeln. Beim Leser bleibt der trügerische Eindruck zurück, als habe man auf die Liebe »Behinderter« immer und überall nur mit Grausamkeiten geantwortet. Müller zieht die erschreckende Bilanz, dass jeder seines Nächsten Krüppel ist, nachdem er vor dem Leser ein Panorama menschlicher Niedertrachten ausgebreitet hat. Wer immer in seinem Aussehen und Verhalten von dem in der jeweiligen Gesellschaft definierten Maß der Normalität abwich, wurde zum Hässlichen, Bedrohenden, Abstoßenden und Bösen gemacht, dem man sich am liebsten entledigte. Die Monstren sollten die Menschen mahnen (monere) und auf einen verborgenen Tatbestand hinweisen (monstrare). Sie wurden mit Zeichen des Unheils und der Sünde, der Entartung und Degeneration belegt. Noch in der Renaissance war die Vorstellung verbreitet, Menschen mit angeborenen Auffälligkeiten wären aus der Verbindung von Teufeln und Hexen hervorgegangen. Diese »Wechselbälge« sollten vom Teufel kurz nach der Geburt mit dem neugeborenen Kind vertauscht worden sein. Man glaubte sogar, die Rückgabe des eigenen Kindes erzwingen zu können, indem man den Wechselbalg besonders schlecht behandele. Sucht man bei Müller nach den Motiven für brutale Tötung, soziale Ausgrenzung, ästhetische Verabscheuung und obszöne Zurschaustellung, so lassen sich im Wesentlichen religiöse Einstellungen, rassistische Vorbehalte, medizinisch-eugenische Sichtweisen und sozialhygienische Überlegungen nennen.

Materialreich untermauert Müller die These, in der Menschheitsgeschichte gäbe es eine immerwährende Stigmatisierung und Gefährdung allen Abweichens von gesellschaftlichen Normen. Freilich erhält man auf wissenschaftlich drängende Fragen, wie unsere Kulturen mit Behinderungen umgehen und welchen symbolischen Zuschreibungen »Behinderte« unterliegen, die stets gleiche schreckliche Antwort: Behindertenfeindlichkeit ist eine *Conditio humana*. Müller führt sie kaleidoskopisch auf den »exotischen« Charakter eines Gegenstandsbereichs zurück, ohne dass er deutlich machen kann, welche besonderen kulturhistorischen Wahrnehmungsstrukturen und Deutungsmuster dahinter liegen. Die Auswirkung von historisch und kulturell divergierenden Weltbildern und Einstellungsmustern auf den Umgang mit Abweichungen wird in dem Buch nur angedeutet. Nirgends fragt der Autor, warum in bestimmten Kulturen manches Merkmal zum Stigma wird und in anderen nicht. Dem Leser bleibt es selbst überlassen, dieses Kaleidoskop nach eigenen theoretischen Vorlieben zurechtzuschütteln. Doch nach welchen?

Sozialwissenschaftliche Diskurse sind keine präkonstruierten Repräsentationen einer sozialen Welt, sondern selbst immer konstitutiver Bestandteil einer symbolischen Praxis. Der wissenschaftlich Tätige wendet eine vorgegebene Theorie nicht nur an, sondern bringt Wirklichkeit hervor. Es gibt keine reine Theorie, kein unschuldiges Auge das nur beobachtend teilnimmt. In ihrer Gesamtheit bilden Theorien »Praktiken (...), die systematisch die Gegenstände bilden, von denen sie sprechen.« (Foucault 1981, 74) Daher müssen wir wohl einer »Denktradition entsagen, die von der Vorstellung geleitet ist, dass es Wissen nur dort geben kann, wo die Machtverhältnisse suspendiert sind. (...) Eher ist wohl anzunehmen, dass die Macht Wissen hervorbringt (und nicht bloß fordert, anwendet, ausnutzt), dass Macht und Wissen einander unmittelbar einschließen; dass es keine Machtbeziehung gibt, ohne dass sich ein entsprechendes Wissensfeld konstituiert, und kein Wissen, das nicht gleichzeitig Machtbeziehungen voraussetzt und konstituiert« (1977, 39).

Es gibt keine objektiven Erkenntnisse, mit denen wir uns von einem allgemeinen Standpunkt auf die soziale Wirklichkeit beziehen können. Sozialwissenschaftliche Wahrheiten sind in gesellschaftliche Handlungsfelder eingelassen und wirken durch ihre gegenstandskonstituierende Funktion gleichsam als *Ethiken* moralisch auf diese ein. Folglich stehen sie in der Verantwortung, ihre Herkunft zu erklären und ihre normativen Maßstäbe auszuweisen und zu rechtfertigen. Nicht die Erkenntnis der Wahrheit führt zum Fortschritt, sondern die Auseinandersetzung mit der Frage, in welchen Feldern Wahrheitsbegriffe entstehen und inwieweit sie Solidarität ermöglichen. Mit dem Anspruch auf objektive Erkenntnisse werden ständig neue Geschichten über die unaufhebbare und bedrohliche Fremdheit erzählt, die von der Gegenwart »Behinderter« ausgeht. Die Humanwissenschaften haben deren Körper von einer Projektionsfläche des Bösen, zu einem Ort der Wahrheit transformiert, dessen geheimen wie auch gefährlichen Sinn es zu begreifen gilt.

Zwei Versuche möchte ich vorstellen, die in aufklärerischer Absicht über Grenzen der Integration von »Behinderten« informieren wollen, um vor einer angeblich realitätsblinden moralischen Kritik zu warnen. Gegenüber ethischen Konzeptionen hegen sie das Misstrauen, dass diese dazu dienen, das individuelle und kollektive Unbewusste bzw. die Funktionsweise sozialer Systeme zuzudecken und damit eine unmoralische Verleugnung realer Gegebenheiten zu befördern. Sie möchten eine nur moralisierende Kritik disziplinieren. Das Sein soll nicht zugunsten eines abstrakten Sollens übersprungen werden. Insofern fordern sie dazu auf, es nach den vorgegebenen ontologischen Maßstäben ihrer jeweiligen Realitätskonzeptionen aufzudecken. Paradoxerweise spielen sie dabei aber selbst die verleugnete Rolle von fragwürdigen Moralgebilden, die mit ihren Konstruktionen sozialer Realität die Geschichte vom ewig infamen Körper des Behinderten weiterspinnen.

In meinem ersten Beispiel handelt es sich um eine sozialpsychologische Studie von Susanne Ehrlich (1993), in der die vorurteilsbeladenen Einstellungsmuster gegenüber behinderten Menschen triebtheoretisch aus der Innenperspektive des unversehrten Individuums abgeleitet und verabsolutiert werden. Anschließend bietet Peter Fuchs (1995) eine systemtheoretische Begründung für die beschränkten Möglichkeiten funktional differenzierter Gesellschaft, behinderte Menschen zu inkludieren. In beiden theoretischen Ansätzen werden die klassischen Dichotomien von Psychologie und Soziologie – Determiniertheit und Freiheit, Konditioniertheit und Kreativität, Bewusstsein und Unbewusstsein, Individuum und Gesellschaft – neu belebt. Ehrlich dient die gesellschaftliche Objektivität lediglich als unbewusst wirksame Hintergrundfolie, um subjektive Empfindungen und Verhaltensweisen einer vor allem triebgesteuerten menschlichen Natur zu erklären. Bei Fuchs erscheint menschliche Subjektivität nur nach Maßgabe einer sozialer Evolution, die nach dem biologischen Prinzip der Selbstorganisation (Autopoiesis) funktioniert. Beide betrachten das menschliche Individuum als ein Wesen, dessen körperliches Sein mit den gesellschaftlichen Strukturen lediglich in einem äußerlichen Vermittlungszusammenhang steht. Der innere Zusammenhang von gesellschaftlichen Strukturen und subjektiven Empfindungen, Wahrnehmungen und sozialen Wertschätzungen bzw. Missachtungen, wird auf der normativen Grundlage eines schicksalhaften sinnkonstituierenden Dritten – Triebe, Systeme – aufgelöst.

4.2 Psychoanalyse als Ethik des Ressentiments
(Susanne Ehrlich)

Susanne Ehrlich unternimmt in *Denkverbot als Lebensschutz. Pränatale Diagnostik, Fötale Schädigung und Schwangerschaftsabbruch* (1993) den Versuch, die verschiedenen Strategien der Verdrängung und Projektion aggressiver Regungen gegenüber Behinderten« (ebd., 9) zu untersuchen. Sie sieht in der Verleugnung eines anthropologisch tief verwurzelten Neidverhaltens eine mögliche Mitursache für unkontrollierbare und ausufernde Gewalt gegenüber Gruppen von Außenseitern. Dabei bedient sie sich einer Kritik, mit der die Psychoanalyse bis heute den cartesianischen Glauben in die Rationalität des Subjekts erschüttert. – Sigmund Freuds (1916, 284) zentrale Annahme war es, dass das Ich »nicht einmal Herr ist im eigenen Hause, sondern auf kärgliche Nachrichten angewiesen bleibt von dem, was unbewusst in seinem Seelenleben vorgeht.« Der Trieb verschaffe sich als eine anarchische Macht immer schon im Innern des Verstandessubjekts und seines moralischen Bewusstseins Geltung. – Mit ihrem gleichzeitigen Versprechen, dadurch das Vermögen der Vernunft und die Macht des Ich zu stärken, hielt die Psychoanalyse jedoch der Tradition einer skeptischen europäischen Aufklärung die Treue.

Die psychoanalytische Dezentrierung menschlicher Subjektivität ruht weitgehend auf den lebensphilosophischen Gedanken Friedrich Nietzsches, der es bedauert hat, dass die zivilisierten Menschen ihrer natürlichen Instinkte beraubt worden seien und die Kultur gleichsam nur ein dünnes Apfelhäutchen über einem glühenden Chaos bildet. So hat Freud die Formel »Biologie ist Schicksal« ausgegeben und uns sein pessimistisches Menschenbild in *Das Unbehagen der Kultur* (1930) offengelegt: »Die Schicksalsfrage der Menschheit scheint mir zu sein, ob und in welchem Maße es ihrer Kulturentwicklung gelingen wird, der Störung des Zusammenlebens durch den menschlichen Aggressions- und Selbstvernichtungstrieb Herr zu werden« (IX, 1975, 270).

Ganz in diesem Sinn möchte Ehrlich (1993, 32) klären, »aufgrund welcher identitäts- und meinungsbildenden Prozesse die Abgrenzung gegenüber andersartigen und behinderten Menschen sich vollzieht. »Dann kann an die Stelle moralischer Appelle (...) die Fähigkeit sowohl der Gesellschaft als auch des Einzelnen treten, Andersartigkeit zu akzeptieren.« Die verbreitete

Ablehnung und Distanz gegenüber »Behinderten« interpretiert sie als Folge einer Abwehrleistung, die das rationale Subjekt gegenüber seinen eigenen Triebansprüchen erbringen muss. Der geistig Behinderte werde zum Stein des Anstoßes, weil er durch sein ungehemmtes und triebbejahendes Verhalten an das eigene Verdrängte erinnert. Da er von der Mühsal befreit ist, sich über Arbeit die Mittel zu seiner Triebbefriedigung selbst zu beschaffen, rufe er bei denjenigen Neid wach, die dem Leistungsdruck dieser Gesellschaft unterworfen sind. Falle der Behinderte durch körperliche Entstellung auf, so werde eine durch sublimierte Sexualität hervorgerufene Sehnsucht nach Schönheit verletzt und die verdrängte Angst vor körperlicher Versehrtheit wachgerufen. Alles in allem führe die »Unterdrückung der unbewussten Missbilligung (...) dazu, dass jene ›Stimmung‹ entsteht, die dann als Diskriminierung, Ablehnung, ja sogar Hass und tödliche Verachtung erlebt wird« (ebd., 39).

Ehrlich (ebd., 198) zögert nicht zu behaupten, dass sich Aggressivität gegenüber behinderten Menschen unabhängig von der Art und Weise gesellschaftlicher Theorie und Praxis im Umgang mit Behinderung äußert. Allein die »Tatsache, dass Behinderte versorgt und anerkannt werden (sollen), ohne eine produktive, zumindest aber normative (Anpassungs-)Leistung zu erbringen, löst eine Aggressivität aus, die mit jener des älteren Geschwisterkindes gegenüber dem bedingungslos versorgten, ohne alle Verpflichtungen existierenden Säugling zu vergleichen ist. Der eifersüchtige Wunsch des Geschwisterkindes, der Säugling möge sterben und ihm selbst wieder dessen Anteil an mütterlicher Zuwendung zufallen, löst Schuldgefühle aus. Stirbt der Säugling tatsächlich, so fühlt sich das Geschwisterkind schuldig an seinem Tod.«

Mit dieser alten Legende vom zu kurz gekommenen älteren Geschwisterkind werden die sozialen Gegebenheiten von Ehrlich auf den Kopf gestellt. Bekanntlich entsteht missgünstiger Neid da, wo man etwas gerne hätte oder wäre, was der Andere bereits hat oder schon ist. Wer von uns möchte gegenwärtig wie behinderte Personen leben müssen? Wer von uns möchte heute wie sie gepflegt und versorgt werden? Wer von uns möchte ihren gesellschaftlichen Status genießen? Haben sich die Anlässe zu Neid nicht längst schon vom Prinzip der Leistungsgerechtigkeit entkoppelt und neue »Sinnprovinzen« gesucht – im Risikoverhalten des Aktienspekulanten, im Erfolg des durch Schönheit, Fitness und Gesundheit glänzenden Zeitgenossen und in den Erträgen durch Vererbung und Vermögen (vgl. Neckel 1999)?

Die Pointe der biologisch-psychologischen Kritik Ehrlichs soll darin liegen, dass selbst soziologische Deutungsversuche von Ressentiments an einem kollektiven Verdrängungsprozess innernatürlich bedingter Aggressionen teilhaben. Indem die Soziologie äußere gesellschaftliche Strukturen für Negativeinstellungen gegenüber Behinderten verantwortlich mache, bringt sie die Nichtbehinderten um die Möglichkeit, ihre verdrängten Aggressionen kulturell-ethisch zu überformen. Nach Ehrlich werden die Menschen immer dazu neigen, Behinderte als Außenseiter zu betrachten und ihnen mit Vorurteilen zu begegnen, denn Empfindungen und Wahrnehmungen lassen sich ihres Erachtens nicht beeinflussen. Wir könnten bestenfalls die Umgangsweise mit Aggressionen erlernen, wenn wir damit aufhörten, an der Verwirklichung gesellschaftlicher Utopien zu arbeiten, die darin bestehen, behinderten Menschen eine Wertschätzung ohne Ansehen ihrer Besonderheit entgegenzubringen. Es wird kühn behauptet, dass schon bereits der Gedanke über die sinngebende gesellschaftliche Rolle des Behindertseins ein gesellschaftlich auferlegtes Verbot befördere, sich die eigenen verdrängten Ressentiments zu vergegenwärtigen. »Insbesondere soll jener Zynismus kritisiert werden, der Behinderte und Behinderung eigens herbeiwünscht, um jenen Sinn für die Gesellschaft oder die einzelnen Subjekte zu gewährleisten« (ebd., 33).

Ehrlichs polemische Kritik wird zur üblen Nachrede, wo sie engagierten Leuten wie Klaus Dörner und Ernst Klee unterstellt, sie würden mit ihrem empathischen Einsatz für die Anerkennung behinderter Menschen eigene aggressive Triebimpulse verbergen. Wer sich um eine größere Akzeptanz behinderter Menschen in unserer Gesellschaft bemüht, hat nach Ehrlichs Ansicht gefälligst zu prüfen, ob er nicht an einem »Helfersyndrom« leide, das sich angeblich darin ausdrückt, eine ursprünglich gegen Behinderte gerichteten aggressiven Regungen in einen höheren Sinn des Behindertsein zu sublimieren. »Akzeptiert man nämlich einen ›höheren Sinn‹ der Behinderung, so verbietet es sich, die Behinderung selbst zu problematisieren« (ebd.). Ehrlich nimmt nicht zur Kenntnis, dass gerade Dörner mit den Instrumentarien der Psychoanalyse unseren Blick dafür geschärft hat, dass starke positive Affekte und Gefühle oft Reaktionsbildungen an der Oberfläche des Bewusstseins sind, mit denen andere tiefe Regungen in kulturell erwünschte Formen gebracht werden. So spricht er in *Tödliches Mitleid* (1989) von dem »Mitleid« als einem falschen und gefährlichen Gefühl, hinter dem sich der egoistische Wunsch nach einem entsorgenden leidfreien Leben verbergen kann.

In Ehrlichs Schwarz-Weiß-Gemälde gibt es keinen Raum für widersprüchliche Erfahrungen, wie sie in der Erzählung einer Mutter über ihr »ungeliebtes Wunschkind« zum Ausdruck kommen: »Jens, ihm verdanke ich all die Grübeleien und Entdeckungen der vergangenen Zeit, ohne ihn und sein Anderssein wäre ich nicht gezwungen, mich selbst anzuschauen. Keineswegs bin ich glücklich darüber, aber auch nicht unglücklich, ich verliere nicht nur etwas, ich finde auch etwas« (Dreyer 1993, 87). Überall – in der Behindertenfeindlichkeit ebenso, wie im Engagement für behinderte Menschen – sieht sie gleichermaßen die Gespenster einer individuellen und kollektiven Verdrängung am Werk, mit der das Individuum und die Gesellschaft daran arbeiten, alles vom Bewusstsein fernzuhalten, was ihre Stabilität bedrohen könnte. Ihr Buch eignet sich daher vorzüglich als Anschauungsmaterial, um zu zeigen, wie sich mit der machtvollen psychoanalytischen Universalformel von der Verdrängung unbewusster Triebimpulse so gut wie alles in beliebiger Weise kritisieren lässt: nicht nur die brutale Gewalt auf der Straße, sondern eben auch das Eintreten für Minderheiten und der Kampf um Euthanasieverbot (vgl. ebd., 183ff.).

Ehrlichs Argumente stützen sich auf eine psychoanalytische Kritik des Subjekts und seiner Vernunft durch ein Triebgeschehen im Inneren seines Körpers. Diese ist jedoch schon seit Jacques Lacans sprachphilosophischer Dekonstruktion des Freudschen Unbewussten auch innerhalb der Psychoanalyse höchst umstritten. So hat Lacan (1973, 61ff.) bereits 1949 mit seinem Beitrag *Das Spiegelstadium als Bildner der Ichfunktion* die Teilnehmer des 16. Internationalen Kongresses für Psychoanalyse in Zürich geschockt.

Lacan verabschiedet sich vom psychoanalytischen Paradigma eines Körpers als Schauplatz biologischer Triebansprüche. Dagegen ist die Rede von einem Begehren, das aus dem unendlichen Mangel an Sein entsteht: Im frühkindlichen Stadium narzisstischer Spiegelung, entwirft das Kind bereits ein imaginäres Bild von der Gestalt seines Körpers. Diese eingebildete Identität negiert im Kind für den Moment der Spiegelung die eigene Angewiesenheit auf Hilfe von außen. Gleichwohl steht sie im Widerspruch zu seiner mangelhaften motorischen Kompetenz. – Lacan (ebd. 64) spricht hier von der Urszene einer triumphalen Verkennung. Ein Ideal-Ich, vermittelt durch das Spiegel-Imago, wird zur »symbolische(n) Matrix (...), an der das Ich (je) in einer ursprünglichen Form sich niederschlägt, bevor es sich objektiviert in der Dialektik der Identifikation mit dem anderen und bevor ihm die Sprache im Allgemeinen die Funktion eines Subjektes wiedergibt.«

Nach Lacan bleibt dieses Subjekt dezentriert, indem es sich in der Sprache einer fremden Ordnung des Anderen überantwortet. Von dort aus bleibt der Zugang zu sich selbst immer schon verstellt. Aggression und Gewalt sind nicht Folge unterdrückter Triebansprüche, sondern das Ergebnis einer dialektischen Spannung zwischen imaginärer Knechtschaft und symbolischer Bindung. Das nach Einssein mit seinem scheinbaren Selbstbild strebende Subjekt steht in der steten Gefahr, allem, was seiner narzisstischen Identitätsbestrebung im Wege steht, mit Gewalt zu begegnen. Folglich entrinnt das Ich dem Teufelskreis imaginärer Selbstbespiegelungen nicht dadurch, dass es dem Freudschen Grundsatz folgt, eine Selbstaufklärung über unbewusste Triebinhalte zu betreiben. – Das »wahre Subjekt« kann durch kein Mich (moi) reflexiv eingeholt werden. – Vielmehr, indem das Subjekt in der symbolischen Beziehung (Sprache) zum Anderen eine Bewegungsform für sein Begehren findet.

Das, was dem Ich an Bewusstsein von Wirklichkeit gegeben ist, verdankt sich einem übergreifenden Sprachgeschehen ohne Zentrum, das von keinem Punkt aus intentional kontrollierbar ist. Gleichwohl ist das intentionale Subjekt davon beherrscht, dieses Sprachgeschehen von einer festen Struktur und einem Zentrum aus, »auf einen Punkt der Präsenz, auf einen festen Ursprung« (Derrida 1976, 422) zu beziehen. Selbst beim radikalsten Zweifeln muss es eine Gewissheit voraussetzen, mit der es dem Anderen begegnet. Lacan (ebd., 70) hat im Rahmen der Psychoanalyse, eine ethische Dimension in der Intersubjektivität gewürdigt. Der Andere als »Ort der Sprache« vermag den »Knoten imaginärer Knechtschaft« (ebd., 70) zu zerschneiden. Mit anderen Worten, das Individuum hat in Betracht seines Körpers kein animalisches Wesen. Es entwirft sich nach einem Bild (imaginäre Identifikation), das ihm anstelle der Realität eingeprägt ist. Indem es Sprache im Angesprochen-werden durch den Anderen (symbolische Identifikation) empfängt, konstituiert sich zugleich vor aller Selbstreflexion Sozialität als eine asymmetrische und zerbrechliche Beziehung der Anerkennung.

4.3 Systemtheorie als Ethik der Exklusion (*Peter Fuchs*)

In meinem zweiten Beispiel bezieht sich Peter Fuchs in seinem Aufsatz *Behinderung von Kommunikation durch Behinderung* (1995) auf Niklas Luhmanns Theorie sozialer Systeme, insbesondere auf seine Analyse von Exklusions- und Inklusionsmodi in modernen Gesellschaften. Er fordert den Leser zur Einhaltung der Spielregel auf, die Gesellschaft nicht mehr als eine mehr oder weniger in sich abgeschlossene Vereinigung von Menschen zu begreifen, die für ihre gegenseitigen Beziehungen gewisse Verhaltensregeln als bindend anerkennen müssen. Stattdessen soll er sich die moderne Gesellschaft in erster Linie als ein funktional differenziertes autopoietisches System vorstellen, das sich ausschließlich durch Kommunikation reproduziert. Funktionale Differenzierung soll bedeuten, dass die Gesellschaft nicht auf der Grundlage menschlicher Handlungsentscheidungen, sondern nach Maßgabe gesellschaftlich relevanter Funktionen in spezifische Teilsysteme ausdifferenziert ist. Ihre sozialen Systeme – Wirtschaft, Wissenschaft, Recht, Religion, Erziehung, Politik oder Kunst – entfalten sich so durch den Einsatz binärer Codes und spannen zugleich eine Umwelt auf, in der u.a. Menschen vorkommen.

Für die Systemtheorie funktioniert heute Solidarität nur als Prinzip der Inklusion in gesellschaftliche Teilsysteme. »Die universelle Inklusion wird mit Wertpostulaten wie Freiheit und Gleichheit idealisiert; sie ist in Wahrheit natürlich keineswegs freigestellt oder gleich verteilt, aber sie ist durch die Differenzierungsform, der Gesellschaft nicht mehr vorreguliert« (Luhmann 1980, 31). Wer an den Funktionssystemen teilhaben will, der muss sich deren Erwartungsstrukturen oder besser Inklusionsbedingungen anpassen können. »Inklusion erreicht, wer kommunizieren kann, was man kommunizieren kann« (1990, 346). Das heißt mit anderen Worten, dass nicht jedes *Wer* die personalen Voraussetzungen mitbringt, um die Zugangsbedingungen zu bestimmten sozialen Feldern zu erfüllen. Außerdem hängt das *Was* der Kommunikation von den Erwartungsstrukturen sozialer Systeme ab. Die Unterscheidung Inklusion/Exklusion soll heißen, dass sich in funktional differenzierten Gesellschaften nur adressierfähige Personen an die symbolisch generalisierten Kommunikationsmedien – Geld, Wahrheit, Glaube, Macht etc. anschließen lassen.

Was von Max Weber bis Theodor W. Adorno noch als Ausdruck eines Sieges instrumenteller Vernunft in einer verwalteten Welt galt, der das Bewusstsein des Menschen anheim fällt, findet hier eine affirmative Wendung. Der Mensch wird zur bloßen Umwelt einer ihm gegenüber verselbständigten Gesellschaft abgewertet, die sich zum dezentrierten Gebilde differenter Systeme verdichtet hat. Er fällt nicht mehr dem Prinzip erbarmungsloser natürlicher Gesetze von Anpassung und Selektion zum Opfer, sondern den Differenzierungsmechanismen einer sozialen Welt, die ihn den gegebenen Systemimperativen unterwirft. Der Mensch ist folglich nur noch für die Erhaltung und Erweiterung eines eigensinnigen Systembestands von Bedeutung. Er zerfällt zu einem diversifizierten Individuum ohne moralischen Wert, dem die sozialen Systeme als lebenswichtige und sinnspendende Kreuzungspunkte dienen, um die eigene Existenz zu bewältigen.

Mittlerweile erklärt man die Systemtheorie zu einer Leitwissenschaft sozialer Praxis, um »die kaum mehr zu ordnende, komplexe Fülle der inzwischen zur Diskussion stehenden Phänomene« zu verstehen (Speck 1996, 129). Sie dient einem immer größer werdenden Heer beflissener Sozialmanager als theoretische Grundlage, um ein vermeintliches Funktionssystem »Helfen versus Nicht-Helfen« zu legitimieren und vorhandene sozialtechnologische Defizite zu beheben. Mit ihrer Hilfe kann man sich in selbstaffirmativer neuer Bescheidenheit üben. Jenseits vermeintlich überzogener emanzipatorischer Ansprüche wird das jeweilige Praxisfeld zu einem *notwendigen* Teilsystem funktionaler Differenzierung (v)erklärt. Die Systemtheorie liefert damit den normativen Rückhalt, um weitere Energie zur produktiven Mobilmachung im eigenen personalen System freizusetzen. Man darf sich nunmehr mit gutem Gewissen »von extremen Positionen mit geringem Anschlusswert an die Wirklichkeit« (ebd., 112) verabschieden.

Im Blick auf Menschen mit Behinderung setzt sich Fuchs mit der Frage auseinander, wie Individuen überhaupt Inklusionschancen zu unterschiedlichen Funktionssystemen erhalten können. Von Emanzipation in der Gesellschaft ließe sich nach dem systemtheoretischen Modell dann sprechen, wenn *allen* Individuen die gleiche Möglichkeit zugestanden wird, an allen Funktionsbereichen teilzunehmen.[173] Laut Fuchs stellen Menschen mit einer Be-

---

173 In diesem Sinn heißt es in einer Stellungnahme des UNESCO/UNO-Komitees Kinderrechte vom 6. Oktober 1997: »Menschen mit Behinderungen sollten von Geburt an vollwertige und gleichberechtigte Mitglieder unserer Gesellschaft sein und vollständig in die

hinderung diesen emanzipatorischen gesellschaftlichen Anspruch auf totale Inklusion in Frage, »weil sie Inklusionsnotwendigkeiten (schon qua Körper) konterkarieren« (Fuchs 1995, 11).[174] Mit ihren abweichenden Morphogenesen, eingeschränkten Wahrnehmungen, verlangsamten Prozessen der Informationsverarbeitung entsprächen sie nicht den routiniert erwartbaren Verhaltensweisen. Sie verfügten nicht über die geforderten systemrelevanten Eigenschaften und erfüllten damit nicht die Bedingungen, nach denen sich die Funktionssysteme selbst die Inklusion konditionieren. In einer funktional differenzierten Gesellschaft sei aber jedes Individuum dazu aufgefordert, entsprechende Kompetenzen auszubilden und über geforderte Eigenschaften und Fähigkeiten zu verfügen, damit es bestimmte Inklusionsregeln erfüllen kann. Vom Individuum wird »Erwartungsdisziplin, deshalb Einschränkung des Verhaltensrepertoires« verlangt (Luhmann 1995, 149).

Die exkludierten Behinderten verschwinden nach diesem Modell freilich nicht in ein Außen der Gesellschaft. Auf dem Monitor des beobachtenden Systemtheoretikers erscheinen sie als Objekte notwendiger Exklusionsbetreuung wieder: Die Gesellschaft wurde aufgrund einer gesteigerten Sensibilität für Formen der Exklusion, die sich in der Vergangenheit immer wieder in Gestalt sozialer Bewegungen zeigte, im Blick auf Behinderte zu der Herausbildung eines eigenen parasitären Systems gezwungen – dem System der Wohlfahrtspflege (Luhmann 1996). Daher muss sie so genannte Experten der Fürsorge delegieren, die dafür bezahlt werden, Exklusionsvorgänge gegenüber Behinderten aufzufangen. »Integration bezieht sich genau auf dieses soziale Überlastproblem. Integration ist, anders formuliert, die Forderung danach, soziale Strapazen auszuhalten, die durch sie eingeführt werden«

---

regulären Strukturen und gesellschaftlichen Angebote eingebunden sein, wie sie allen Bürgern zustehen« (zit. n. Schumann 2000, 310).

174 In einer siebenteiligen Serie *Vom selbstverständlichen Umgang mit Menschen* hat P. Fuchs (2001) in der Berliner *tageszeitung* eine berührende Kritik an der mangelnden Kompetenz von Mitarbeitern in heilpädagogischen Einrichtungen ausgebreitet. Jedes seiner Argumente zielt ins Schwarze. Dennoch: Auch hier erscheint weniger das System »totale Institution« (Goffman) als Problem, sondern vor allem die unsensibel praktizierte Privatmoral der pflegenden Personen: Die schwer geistig und mehrfachbehinderten Menschen »müssen das Privatregelwerk der Leute ertragen, von denen sie abhängig sind. (...) Die Schwierigkeit ist oft, dass die Anwendung von Privatregeln gut gemeint ist. Böser Wille ist leicht zu orten und schnell auszumerzen, aber der gute Wille, der Böses anrichtet, ist gut getarnt.«

(Fuchs 1995, 13). Die Hilfe- und Therapiesysteme, aber auch die Selbstorganisation versehrter Menschen, geraten unter dem systemtheoretischen Blick zu bloßen Kompensationserscheinungen einer an sich unmöglichen Chancengleichheit zwischen Behinderten und Nichtbehinderten.

Nach Fuchs (ebd., 14) nimmt eine am Emanzipationsbegriff orientierte Kritik zu wenig wahr, dass jeder Versuch der Re-Inklusion Behinderter in vorhandene soziale Systeme dort zur Einschränkung bereits eingespielter Handlungsabläufe führt: »Wenn ein schwer mehrfachbehindertes Kind in einem Normalkindergarten betreut wird (worauf man denn auch, lieber auf problemlosere Fälle zurückgreifend, weitgehend verzichtet), wird der Kindergarten es mit Wickel- und Fütterproblemen, mit Problemen zeitlicher, sachlicher und sozialer Ressourcen zu tun bekommen.« Es wäre nach Fuchs daher wenig sinnvoll, weiterhin eine nur moralische Forderung nach Integration zu erheben. Vielmehr müssten die mit ihrer Realisierung verbundene Einschränkungen für die vorhandenen sozialen Systeme mitberücksichtigt werden. »Die wie mir scheint, weitgehende moralisierte (deswegen diffuse) Diskussion von Integration/Segregation sollte (und deswegen die Betonung der Last- und Strapazenseite) zurückgeführt werden auf die Ausgangslage: Behinderung wird sichtbar, problematisch, regelungsbedürftig, weil es soziale Systeme gibt (...)« (ebd., 15).

Unter dem Blick der Systemtheorie hat das ethische Prinzip der Verantwortung nur einen praktischen Sinn, wenn jemand die Folgen seines Handelns durch die Realität sozialer Systemzwänge abgerechnet bekommt – der Politiker am Erfolg, der Arbeiter an der Kontrolle seiner Leistungen, der Behinderte an der Widerspenstigkeit seines Körpers. Verantwortung verliert dort seine Geltung, wo es um mehr als eine sozialtechnologische Lösung pragmatischer Probleme der Implementierung neuer sozialer Dienste in einer systemfunktional ausdifferenzierten modernen Dienstleistungsgesellschaft geht. Da Menschen in dieser Theorieperspektive nur noch als Individuen erscheinen, die nach Maßgabe sozialer Systeme konditioniert werden müssen, haben sich die Möglichkeiten einer Kritik erschöpft. »Die Gesellschaftskritik ist Teil des kritisierten Systems, sie lässt sich inspirieren und subventionieren, sie lässt sich beobachten und beschreiben. Und es kann unter heutigen Bedingungen schlicht peinlich wirken, wenn sie bessere Moral und bessere Einsicht für sich reklamiert« (Luhmann 1998, 1118).

Gemäß der Logik ihrer Beobachtungen innerhalb des Supercodes »System/Umwelt«, kann sich ein soziales System niemals unverantwortlich verhalten, sondern nur diejenigen, die noch mit systemstrapazierenden moralischen Forderungen nach mehr Gerechtigkeit auftreten. Die gängige Formel zur Rechtfertigung des Systembestandes lautet: »Komplexitätsreduktion«. Damit möchte man künftig auch in der Heilpädagogik »müßige Diskurse« (Speck 1996, 111) aus der Welt schaffen. Allzu bereitwillig werden, »vielfach bedingte Schädigungen und Entwicklungsstörungen« als Zeichen krank machender »gesteigerter Komplexität« (ebd., 104) gedeutet, die durch Sondereinrichtungen reduziert werden muss. »Wollte man beispielsweise die Differenz zwischen Sonderschule und allgemeiner Schule aufheben und damit das System Sonderschule auflösen, so wäre eine Erhöhung schulischer Komplexität die Folge mit der Frage, ob diese noch praktisch bewältigt werden kann« (ebd., 108).

Für Luhmann (1990a, 26) ist die »moralische Kommunikation nahe am Streit und damit in der Nähe von Gewalt angesiedelt.« Wer moralisch kommuniziert, »setzt seine Selbstachtung ein – und aufs Spiel.« Er könne, da es um die Achtung der Person geht, leicht durch ein »Überengagement der Beteiligten« in Situationen kommen, in denen andere als kommunikative Mittel gefragt sind. Insofern wird den sozialen Bewegungen eine in der Rhetorik aufgekochte Angst ohne empirisches Fundament unterstellt. Die Systemtheorie gesteht ihnen allenfalls *als Beobachter* die Rolle von »Immunsystemen« innerhalb des Codes Risiko/Gefahr zu, deren Kritik auf bestimmte Folgeprobleme eines gesellschaftlichen Strukturwandels hindeuten lassen. Mittlerweile attestiert ihnen Luhmann – trotz aller »Theoriedefizite« – wenigstens die innovative Kraft zu einer notwendigen neuen Selbstbeschreibung der modernen Gesellschaft. Kritik könne also Veränderungen zeitigen, »die keines der Funktionssysteme, weder die Politik noch die Wirtschaft, weder die Religion noch das Erziehungswesen, weder die Wissenschaft noch das Recht, als eigene erkennen würde« (1991, 153). In diese Aufzählung hätte Luhmann hier ebenso die eigene Systemtheorie einbeziehen können. Denn nach deren normativer Logik muss sich alles ihrem unhintergehbaren autopoietischen Differenzierungsprinzip System/Umwelt fügen.

Die Theorie sozialer Systeme kann, so Habermas, »gar nicht umhin, sich auf die Komplexitätssteigerung moderner Gesellschaften affirmativ einzustellen« (Habermas 1985, 426). Sie weist der Kritik bestenfalls einen Platz *innerhalb* ihrer Wissenstechnologie zu. Kritik auf den normativen Grundlagen einer Ethik – sie ist für Luhmann lediglich Beobachtung moralischer Kommunikation mit Hilfe des Codes gut/schlecht – wird »schlichte(n) Gemütern« überlassen (Luhmann 1987, 599). In der Folge stellt sich für die Systemtheorie nicht das Problem, dass zu wenig Kritik geübt wird, sondern, dass es zu viel davon gibt. Für Luhmann sind es immer nur »Störungen« im sozialen System, durch die sich Verantwortungslosigkeit in unserer Gesellschaft zeigt. Möglicherweise ist es aber auch eine allzu dogmatisch auftretende Theorie, die mit ihrer kalt beobachtenden Selbstbeschreibung der modernen Gesellschaft den Hegelschen Weltgeist auf neue Weise zu beleben scheint.

Die Argumentationslinien von Susanne Ehrlich und Peter Fuchs kreuzen sich trotz offensichtlich unterschiedlicher theoretischer Grundlagen und Argumentationsweisen an einem Punkt. Ehrlich wirft den Integrationsbefürwortern vor, sie würden tiefsitzende biologisch-psychologische Ressentiments gegenüber Behinderten nicht zur Kenntnis nehmen und damit ungewollt einer unkontrollierbaren Gewalt Vorschub leisten; Fuchs (1995, 16) warnt davor, mit überzogenen Integrationsansprüchen eine Überlastung kommunikativer Systemabläufe herbeizuführen; mit der Folge, dass man mit dem Glauben, »es sei akzeptiert worden, was faktisch nicht akzeptiert worden ist«, einer naiven Selbsttäuschung unterliege. Die psychoanalytische Theorie leugnet die »objektiven Beziehungen, die die verschiedenen Praxisformen und deren Repräsentationen (...) strukturieren«; die Systemtheorie leugnet die »Wahrheit der primären Erfahrung mit der sozialen Welt« und wertet die handelnden und leidenden Menschen zu Spielbällen gesellschaftlicher Systemimperative ab (Bourdieu 1979, 174). In beiden Sichtweisen lautet das niederschmetternde Fazit für behinderte Menschen, dass sie qua Anderssein sowohl für die Psyche nichtbehinderter Individuen als auch für die sozialen Systeme der Gesellschaft eine ewige Zumutung darstellen. Sie werden hier allein unter dem Aspekt von Störgrößen für die Psychohygiene des Menschen bzw. Soziohygiene der Gesellschaft thematisiert.

Die unterschwellige Botschaft an Menschen mit Behinderung lautet in beiden Fällen, dass sie sich aggressiven Exklusionsmechanismen nur entziehen können, wenn sie sich weitgehend den Normalitätsansprüchen der Nichtbehinderten in unserer systemisch funktionierenden Welt anpassen. Den Sympathisanten der Behindertenbewegung wird ins Stammbuch geschrieben, dass sie mit ihren überzogenen Gerechtigkeitsansprüchen – Totalakzeptanz der Nichtakzeptierbaren bzw. Komplettinklusion der Nicht-Inkludierbaren – die normative Kraft faktischer Gegebenheiten vernachlässigen und mit ihrer Pose des guten Menschen die Verhältnisse nur verschlimmern. »Die Protestkommunikation erfolgt zwar *in* der Gesellschaft, sonst wäre sie keine Kommunikation, aber so, *als ob es von außen wäre.* Sie hält sich selbst für die (gute) Gesellschaft, was aber nicht dazu führt, dass sie gegen sich selber protestieren würde« (Luhmann 1998, 853).

5. Die arme Seele des Behinderten

5.1 Geschädigter Körper – gefangenes Selbst

An den Ergebnissen eines von der Deutschen Forschungsgemeinschaft geförderten Projekts *Selbstwerden des körperbehinderten Kindes* der Universität Würzburg (Bittner/Thalhammer 1989) werde ich im Folgenden die Aktualität der Foucaultschen Kritik an der »Moral« der Psychoanalyse veranschaulichen. Die Teilnehmer dieses Projekts wollen der Frage nachgehen, wie ein körperbehindertes Kind mit seiner eingeschränkten Bewegungsfähigkeit seine Subjektwerdung vollzieht. Der Ausgangspunkt ihrer Forschung sind Spielstunden, die sie mit insgesamt sechzehn Kindern eines Körperbehindertenzentrums zwischen 1984 und 1987 durchführten. Dabei verfolgen sie nach eigenem Bekunden ein »psychologisch-anthropologisches Erkenntnisinteresse«, insofern sie die »Leiblichkeit als ermöglichende Bedingung der Subjektgenese« betrachten. Das innere Erleben und das Selbstwertgefühl des körperbehinderten Kindes soll »mit den Mitteln subjektorientierter Datensammlung und tiefenpsychologischer Interpretation« erforscht werden. Ihr Interesse »für die leiblichen Bedingungen menschlicher Subjektivität« begründen sie mit »einem Gefühl des Ungenügens an dem zeitgenössischen, einseitig soziologisch orientierten Zugang in der Pädagogik« und einer »Vernachlässigung der biologischen Grundlagen« (Bittner 1989, S.225).

Dementsprechend orientieren sie sich an der klassischen Psychoanalyse, die in ihrer Leibmetaphysik auf die vorgeblich ungesellschaftlichen Vitalphänomene des Körpers und dessen Funktion für die Herausbildung einer stabilen Ich-Identität setzt: Der rationalistische Körperbegriff der frühen Aufklärung wird durch den eines organischen Körpers ersetzt, der sich durch ein stetiges Schwanken zwischen dem Triebhaften und seiner Repräsentation im Seelischen äußert. Es soll im Folgenden gezeigt werden: auch diese normativvitalistische Vorstellung vom Körper erweist sich als eine Projektion, die in besonderer Weise dazu geeignet ist, die Ich-Entwicklung des körperbehinderten Kindes als genuin defizitär zu bewerten. – Das scheinbar neutrale und objektive Beobachten der Mitarbeiter des Projekts ist untrennbar verknüpft mit diesem psychoanalytischen Macht-Wissen.[175]

Sigmund Freud (1937, 392) war der Überzeugung, dass »für das Psychische (...) das Biologische wirklich die Rolle des unterliegenden gewachsenen Felsens« spielt. Der Bezug des Ich zum Handeln besteht bei ihm vor aller zwischenmenschlichen Kommunikation darin, Muskelaktionen zur Befriedigung von Wünschen zu beherrschen. »Als Grenzwesen will das Ich zwischen der Welt und dem Es vermitteln, das Es der Welt gefügig machen und die Welt mittels seiner Muskelaktionen dem Es-Wunsch gerecht machen« (1923, 322). Das Handeln des Ich wird bei ihm auf rein körperliche Aktionen verkürzt. Es hat weniger einen direkten Bezug zu mimetisch zugänglichen Sinn-Phänomenen der Umwelt, als zu den motorischen Rindenfeldern des Gehirns. »Das Ich ist vor allem ein körperliches, es ist nicht nur ein Oberflächenwesen, sondern selbst die Projektion einer Oberfläche. Wenn man eine anatomische Analogie für dasselbe sucht, kann man es am ehesten mit dem ›Gehirnmännchen‹ der Anatomen identifizieren, das in der Hirnrinde auf dem Kopf steht, die Fersen nach oben streckt, nach hinten schaut und wie bekannt, links die Sprachzone trägt« (ebd., 294).

Man vermisst an dieser Stelle vollständig den Aspekt, dass das Kind in seiner Ausbildung auf die Entwicklung von Formen des Handelns angewiesen ist, mittels derer es weniger die Vitalphänomene des Körpers, sondern eher seinen Wunsch nach sozialer Anerkennung befriedigen kann (vgl. Flader 1995). Stellt sich zu diesem Wunsch komplementär die Bereitschaft der Bezugsperson ein, ihn zu befriedigen, so entsteht ein Ich-förderndes Interaktionsmuster. Weniger der intakte Körper, als das intakte Befriedigungsmuster der frühen Kind-Umwelt-Beziehung bildet somit die Matrix für die Entwicklung einer intakten Ich-Identität. Möglicherweise verläuft diese Entwicklung bei behinderten Kindern konfliktreicher als bei nichtbehinderten, insofern die Diskrepanz zwischen dem Wunsch des Kindes und seiner vollkommenen

---

175 Vgl. M. Foucault (1976, 129): »Die Psychoanalyse zeigt in einigen ihrer Leistungen Wirkungen, die sich in den Rahmen von Kontrolle und Normalisierung einfügen.«

Befriedigung durch die Umwelt überhaupt als Konflikt bezeichnet werden kann.

Während wir bei Sigmund Freud lediglich allgemeine Hinweise auf den Körper als basalen Faktor für die psychische Entwicklung des Kindes finden, bezieht sich seine Tochter explizit auf den behinderten Körper. Nach Anna Freuds (1968, 130) Meinung führt eine Schädigung von Körperfunktionen »zu den verschiedensten psychischen Folgen (...), je nach den Umwelteinflüssen, denen das Kind ausgesetzt ist, und je nach den seelischen Hilfsmitteln, die ihm zur Bewältigung seiner Schwierigkeiten zur Verfügung stehen.« Für sie sind »die schrittweise Beherrschung der eigenen Körperfunktionen, das heißt die Selbständigkeit im Essen, Urinieren, Defäzieren, Waschen, Anziehen usw. (...) nichts als Stationen auf dem Weg der Ichentwicklung (...). Jeder Rückschritt auf diesem Wege zugunsten der Krankenpflege (...) bedeutet darum einen gleich großen Verlust an Ichfunktion.« (1976, 238) Ihre Aufforderung an die Nachwelt lautet entsprechend: »Fehlende Gliedmaßen und Spastizität schaffen ihre eigene Psychopathologie, die noch nicht genügend erforscht ist« (1980, 2522).

Die Projektmitarbeiter Volker Fröhlich und Andreas Kannicht (1989, .203) beziehen sich in ihrem Beitrag *Erschwerte Entwicklungsbedingungen bei körperbehinderten Kindern* in erster Linie auf Anna Freud. Sie geben zwar vor, das subjektive Erleben von körperbehinderten Kindern hermeneutisch zu erschließen, tatsächlich benutzen sie die Spielstunden mit den Kindern jedoch als experimentelles Arrangement zur Bestätigung szientistischer Hypothesen: »Kindliche Größenphantasien sind weitgehend an den Körper und seine Funktionen geheftet; der Körper ist Ausgangspunkt und Träger von narzisstischen Vorstellungen. Kinder wetteifern um den stärksten Bizeps oder identifizieren sich mit Schlagerstars, möchten selbst einmal schön und berühmt sein. In allen Fällen solcher narzisstischer Phantasien steht der Körper im Mittelpunkt; einmal ist es der Funktionsleib, ein andermal der Erscheinungsleib. Man kann sagen, dass der Körper Quelle von Größenvorstellungen ist, die sich an reale Leistungen des Körpers heften und diese narzisstisch überhöhen. Der Körper ist aber nicht nur Quelle solcher Vorstellungen, er setzt auch Grenzen. Die Kinder spüren ständig, dass ihr Körper den gesetzten Vorstellungen nicht gerecht wird, dass sie schwächer sind, als sie möchten, nicht so verführerisch, wie sie vielleicht erträumt haben, nicht so ausdauernd, um die kühnen Erwartungen zu erfüllen. Der Körper vermittelt immer wieder die Erfahrung, dass doch nicht alles in der Weise geht, wie man es sich wünscht; er begrenzt narzisstische Vorstellungen.« Während nun das gesunde Kind durch die Einübung seiner realen körperlichen Leistungen eine Entschädigung »für manchen verlorenen Traum vom Helden oder vom Superstar« erfährt und somit zu realitätsnäheren Selbstentwürfen findet, sollen bei einem behinderten Kind die Größenphantasien ein abgehobener Wunschtraum bleiben. Es soll ihnen um so mehr verhaftet bleiben, je weniger der eigene Körper in seinen realen Funktionen und Leistungen einen Ausgleich bietet. Im Extremfall wird »der Wunschtraum für Realität gehalten«, so »dass Phantasie und Wirklichkeit nicht mehr differenziert werden« (ebd.).

In ihrer Beschreibung der Wirklichkeitserfahrung des körperbehinderten Kindes orientieren sich Fröhlich und Kannicht an Anna Freuds (1968, 76) normativem Maßstab des psychosexuellen Phasenmodells. Danach findet bei Kindern mit Spina bifida, die oft ihren Anal- und Genitalbereich vermindert spüren, in der analen Phase eine »libidinöse Besetzung der Körperinhalte« nicht statt. Ein »Widerstand des Kleinkindes gegen jede äußere Einmischung in diese ihm so wichtig gewordenen Vorgänge« bleibt aus. Der Darminhalt als »ein hochgeschätzter Stoff« kann weder als Liebesgabe noch als Waffe der Mutter gegenüber eingesetzt werden. Insofern folgern die Autoren aus ihren Beobachtungen in den Spielstunden mit Spina-bifida-Kindern, dass »die Spannung deshalb fehlte, weil sie zu den von den Ausscheidungsorganen und Genitalien ausgehenden Spannungs- und Lustmöglichkeiten keine psychische Repräsentation bilden konnten« (Fröhlich/Kannicht 1989; 204).

Anna Freuds (1968, 76) Ansicht, dass sich beim Übergang von der oralen zur analen Phase die libidinöse Besetzung der »Körperinhalte« steigert und zugleich die »Freude am Spiel mit Wasser, Sand und plastischen Stoffen, am Füllen und Ausleeren von Gefäßen, Ansammeln von Mengen irgendwelcher Art« wird zum beobachtungsleitenden Interesse der Untersucher. Unter den Bedingungen einer Anästhesie im Blasen- und Mastdarmbereich, wie sie bei den Kindern mit Spina-bifida gegeben ist, soll sich ein Hang zu Chaotischem und Zerfahrenem im Umgang mit Materialien einstellen. Während der phallischen Phase soll dem intakten Körper eine noch größere Bedeutung für die Ich-Entwicklung des Kindes zukommen. Denn sie soll begleitet werden von »Phantasien der eigenen Macht, der Autonomie und eines – im Gegensatz zu den vorherigen Phasen – aktiven Wunsches, sich des gegengeschlechtlichen

Elternteils zu bemächtigen« (Fröhlich/Kannicht 1989, 204). Insofern soll es körperbehinderten Kinder aufgrund ihres körperlichen Unvermögens und ihrer Pflegeabhängigkeit schwerer fallen, »die Mutter als ödipales Liebesobjekt zu wählen bzw. in Konkurrenz mit ihr zu treten« (ebd., 205). In der Phantasie des Kindes soll eine Verschmelzung von destruktiven und libidinösen Impulsen ihr gegenüber erfolgen: »Mit der libidinösen Energie bleiben auch die aggressiven Strebungen in der primären Mutterbeziehung gebunden. Sie können nicht als Zerstörungswunsch gegenüber dem gleichgestellten Rivalen in die ödipale Dreiecksbeziehung einfließen und bleiben deshalb in der inneren Dynamik gefangen« (ebd.,206).

Beim Leser muss anhand dieser gewagten Interpretationen der Eindruck entstehen, dass sich unter den Bedingungen angeborener Körperbehinderung ein lebendiges Subjekt im Sinne eines aktiven schöpferischen Selbst nur rudimentär entwickeln kann. Gleichwohl zieht Günther Bittner (1989, 236) als Leiter des Projekts am Ende eine vorsichtigere Bilanz. Er dämpft ganz offensichtlich den Interpretationseifer seiner Mitarbeiter, indem er feststellt, dass die »eingangs formulierte Alternative – gibt es eine seelische Entwicklungsstörung des körperbehinderten Kindes, die gewissermaßen ein direktes Abbild der körperlichen ist, oder entsteht die Konflikthaftigkeit erst sekundär über die Beziehungspersonen? (...) auf Grund des vorliegendes Materials nicht entschieden werden« konnte. Bittners Vorschläge für die Körperbehindertenpädagogik stehen daher auch in keinem unmittelbaren Bezug mehr zu den kruden Diagnosen seiner Mitarbeiter. Sie orientieren sich an einem anderen neurosenpsychologischen Gesichtspunkt, nämlich dem der »grundlegende(n) Veränderung der frühen Mutter-Kind-Beziehung unter dem Vorzeichen der organischen Schädigung des Kindes« (ebd., 231). So ist bei ihm nur noch von »Beziehungseinschränkungen«, »Missverständnissen« und »Kommunikationsverfehlungen« die Rede, »die durch unbewusste Abwehr und Blockierung auf Seiten des nichtbehinderten Betreuers bedingt sind« (ebd., 235). Die heilpädagogische Aufgabe wird dennoch darin gesehen, »Hilfe zur Identitätsfindung unter Einschluss der Erfahrung des eigenen problematischen Körpers als Hilfe zur Selbstakzeptanz und Behinderungsverarbeitung« zu gewährleisten (ebd., 234). Meines Erachtens spielt jedoch die besondere Körperlichkeit beim Aufbau von Selbstachtung gegenüber der Notwendigkeit, in seinem Sosein anerkannt zu werden, eine untergeordnete Rolle.

5.2 Behindertsein und Geständniszwang

Nichtbehinderte Experten unterstellen bedenkenlos, dass ein Mensch mit einer angeborenen Körperbehinderung die Auseinandersetzung mit der Erfahrung des eigenen problematischen Körpers benötigt, um eine stabile Ich-Identität zu entwickeln. Sie gehen davon aus, dass er therapeutischer Hilfe bedarf, um die Auseinandersetzung, Verarbeitung und realitätsgerechte Identifikation mit seinem Behindertsein zu leisten. Der behinderte Mensch soll sein Behindertsein als problematische Existenzform erkennen, nicht weil andere Probleme mit ihm haben, sondern weil sein geschädigter Körper das Problem ist.[176] Er wird an den Imperativ gebunden, sich über seine Behinderung zu definieren. Die Erfahrungen einer Betroffenen mit der Psychotherapie bringen das zum Ausdruck: »Meine Therapeutin bezog am Anfang alle Probleme, die ich hatte, auf meine Behinderung. Es war ein ganz schön langer Weg für mich, ihr klar zu machen, dass die Probleme, die ich im Moment hatte, mit meiner Behinderung erst mal gar nichts zu tun hatten. Und trotzdem bin ich jetzt wieder da angelangt, wo ich merke, dass Behinderung zwar nichts mit meinem eigentlichen Problem zutun hat; aber dass das natürlich auch ein Teil meines Lebens ist, mit dem ich mich irgendwann auseinandersetzen muss, was ich bisher nicht so getan habe« (die randschau 1995, 16).

Foucault (1983, 76) hat die Psychoanalyse immer wieder als eine der zahlreichen Moralcodes menschlicher Existenz kritisiert, die als Techniken den Körper der menschlichen Subjekte produktiv durchdringen und in ihnen eine geständige »Seele« errichten. »Das Geständnis der Wahrheit hat sich ins Herz der Verfahren eingeschrieben, durch die die Macht die Individualisierung betreibt.« Die »Behindertenpersönlichkeit« ist so gesehen nicht nur ein ideologischer Begriff. Die Seele des Behinderten »wird ständig produziert – um den Körper, am Körper, im Körper (...); sie ist das Zahnradgetriebe, mit-

---

176 Damit will ich nicht in Abrede stellen, dass eine »pathische Leiblichkeit« (Buytendijk 1967) unsere Selbst- und Welterfahrung in gewisser Weise prägt. Dennoch muss man hinzufügen, dass sich alle Empfindungen Wahrnehmungen, Stimmungen, Gefühle und Neigungen immer nur durch den Filter eines objektivierenden Körperblicks dem Bewusstsein präsentieren. Diese Paradoxie lässt sich auch nicht durch phänomenologische Interpretationen versehrter Körperlichkeit für die Identitätsentwicklung der Betroffenen (Lucius-Hoene 1999) aus dem Weg räumen.

tels dessen die Machtbeziehungen ein Wissen ermöglichen und das Wissen die Machtwirkungen erneuert und verstärkt« (1977, 41f.).

Die Genealogie der Psychoanalyse lässt sich bis in die mittelalterlichen Beichtpraktiken des Christentums zurückverfolgen. Die katholische Pastoralmacht erzwang nach dem tridentinischen Konzil seit Mitte des 16. Jahrhunderts vom Gläubigen nicht nur die Beichte verfehlter sexueller Handlungsweisen, sondern auch das Geständnis verunreinigender begehrlicher Vorstellungen in seiner Seele. »Eine Doppelentwicklung zielt darauf, das Fleisch zur Wurzel aller Sünden zu machen und gleichzeitig das wichtigste Moment vom Akt selber auf jene so schwer wahrnehmbare und formulierbare Wirrnis des Begehrens zu schieben« (1983, 30). Das Christentum forderte schließlich die vollkommene Loslösung der Seele vom sündigen Fleisch durch die Übung einer Seelenentzifferung, die sich in Form einer reinigenden Hermeneutik des Begehrens zu vollziehen hatte. Das moderne Individuum konstituiert sich so als »Geständnistier« (ebd., 77) in einem Zirkel aus Selbstentsagung und Wahrheitsfindung. Diese Selbsthermeneutik wird bis heute von den Humanwissenschaften propagiert, und wir haben sie in einer Weise internalisiert und zur Norm einer Verfahrensweise der Wahrheitsfindung gemacht, dass wir bis heute glauben, wir könnten uns mit dieser Wahrheit befreien.

Die Geständnisverfahren lösen sich im 17. Jahrhundert aus den rein religiösen Zusammenhängen heraus und der einheitliche Diskurs, den das christliche Mittelalter um die Sünden des Fleisches herum organisiert, zerbricht. Die Familie, die bis zum 18. Jahrhundert lediglich ein Element innerhalb eines Systems von Heiratsregeln, Verwandtschaftsbeziehungen und der Übermittlung gesellschaftlicher Privilegien und privater Güter ist, wird an dessen Ende zum Brennpunkt neuer staatlicher Interessen. Von ihr gehen vier strategische Komplexe aus, in denen die Problematisierung des sexuellen Begehrens erfolgt. Eine Schar humanwissenschaftlicher Experten entdeckt die frigide Gattin, den impotenten oder perversen Gatten, die hysterische oder neurasthenische Tochter, den jungen Homosexuellen. In den Bildungsanstalten nimmt sich die Pädagogik des Sexuellen an; die Medizin entdeckt den hysterischen weiblichen Körper; das Ehepaar wird mittels bevölkerungspolitischer Maßnahmen zu einer gesunden Lebensführung angehalten; die Psychiatrie bevölkert sich in der zweiten Hälfte des 19. Jahrhunderts mit Individuen, die über ihre triebhaften Anomalien Rechenschaft abzulegen haben.

Die Familie etabliert sich somit im Zuge der kapitalistischen Industrialisierung nicht als eine Sphäre der Privatheit, sondern von Anfang an als durchsichtiger Kristall für die Interventionsmacht der Humanwissenschaften, deren normativen Forderungen sie zu entsprechen hat. Sie wird bis heute öffentlich unentwegt unter dem Gesichtspunkt sozialer Missstände und Herausforderungen thematisiert. »Die Skandalisierung familiärer Gewalt ist ein Renner. Sie ist interessant, sie fasziniert und zugleich setzt sie Empörung frei. Ihre Zurückweisung gestattet offenbar, die eigene nicht unbeträchtliche Gewalttendenz und -lust (reaktiv oder nicht) mit auszuleben« (Wolff 1990, 174). So hat sich der Bereich der Öffentlichkeit seit über zweihundert Jahren mit Hilfe der Humanwissenschaften immer weiter in die private Sphäre der Familie vorgeschoben. Sie garantieren als polizeipolitische Sicherungsmedien nicht nur die staatlich sanktionierten Rechte des Einzelnen, sondern lassen dieses Recht immer mehr als einen auf die Verwaltung des menschlichen Lebens ausgerichteten Supercode funktionieren.

Die Rolle der Psychoanalyse ist in diesem Zusammenhang vielschichtig und komplex. Sie bildet sich am Anfang des 20. Jahrhunderts als eigenständige Disziplin aus einer Medizin heraus, die bis zu diesem Zeitpunkt den »Kranken« auf der diagnostischen Grundlage eines denaturierten Triebes aus der Familie entfernt und behandelt. Indem sie jedoch mit ihrer Entdeckung des Inzesttabus die Libido unter das Gesetz von Vater und Mutter stellt und seine Wahrung durch eine therapeutische Praxis sichert, entwickelt sie auch eine wichtige Gegenposition zur damals vorherrschenden eugenisch orientierten Medizin der Entartung. Dennoch schließt sie bis heute das Individuum in das Wahrheitsregime eines unversehrten erogenen Körpers als Bildner gelungener Ich-Funktionen ein. Umgekehrt wird der versehrte Körper zum hermeneutischen Objekt, um an ihm die Beschädigungen der Seele zu entziffern. Er soll die körperbehinderten Kinder in ihrer Existenz beschränken und ihre Identität beeinträchtigen. Daraus wird wiederum die Notwendigkeit abgeleitet, sie den vorgegebenen Regeln psychologischer Selbstbefragung zu unterwerfen, damit sie ihre Behinderung in »realistischer« Weise als Problem annehmen.

6. Die Zwangsordnung des Behindertseins

6.1 Gefangene des biologischen Schicksals

Die Psychoanalyse und die Systemtheorie liefern einseitige subjektivistische bzw. objektivistische Betrachtungsweisen von individuellen Wahrnehmungs- bzw. Einstellungsmustern und gesellschaftlichen Systemen. Demgegenüber gilt es den strukturellen Zusammenhang von Individuum und Gesellschaft in seinen historisch veränderbaren Machtkonstellationen zu verstehen. Die Probleme *Aggression* und *Exklusion* gegenüber Minderheiten lassen sich nicht mehr zu schicksalhaften Tatbeständen in der sozialen Welt naturalisieren, wenn wir sie unter dem machttheoretischen Gesichtspunkt einer »politische(n) Besetzung des Körpers« betrachten (Foucault, 1976, 40). In den folgenden Kapiteln werde ich den Fragen nachgehen, welches historische Wissen sich vom menschlichen Körper herausgebildet hat, welche Wahrheitsaussagen über ihn gemacht werden und welche identitätskonstituierenden Machtwirkungen dadurch zustande gekommen sind. Mit anderen Worten: Was sind die historischen Grundlagen, auf der die Formen der körperlichen Präsentation, die eigenen wie die der anderen, wahrgenommen werden? Welche kulturellen Codes beeinflussen unsere alltägliche oder wissenschaftliche Wahrnehmung und Betrachtung des (behinderten) Körpers in Wissenschaft und Alltag? Welche gesellschaftliche Fähigkeit zur Bewertung von Körperbildern haben wir schon lange vor der Erfahrung des eigenen oder fremden (Behindert-)Seins erworben? Welche Grenzen sozialer Wahrnehmung führen zur Erfahrung körperlicher Auffälligkeit? Welche Normalitätsvorstellungen werden heute über Körperbilder gesellschaftlich vermittelt und inwieweit führen sie in der Praxis zu Urteilsbildungen, wer sich als behindert zu fühlen hat und wer nicht?

Man kann eine Fülle von Auskünften darüber erhalten, inwieweit wir mittlerweile einem Körperideal unterliegen, das nicht mehr aus den in Arbeit und Bildung vorherrschenden Leistungsnormen resultiert (Lüth u.a. 1997), sondern aus den Imperativen einer gesundheitspolitisch wirkenden Medizin und den im Alltag wirksamen sozialen Normen der Sexualität, des Sports und der Medizin. Die Erfahrung des Behindertseins wird gemacht, insbesondere weil der Behinderte von den normierten Körperbildern in der Gesellschaft – vom Ideal des Leistungsfähigen, Gesunden, Attraktiven und Schönen – abweicht. Behindertsein heißt in dieser Gesellschaft, nur über reduzierte Eigenschaften und Fähigkeiten dieser Art zu verfügen und darüber definiert zu werden.

Als Erving Goffman 1962 den traditionsreichen Begriff »Stigma« in die Fachdiskussionen einführte, erwarb er sich das Verdienst, darauf hinzudeuten, wie es zur Zuordnung von Individuen zu Randgruppenexistenzen aufgrund bestimmter negativ bewerteter Attribute kommt. »Stigma« kommt aus dem Griechischen und bedeutete »Brandmal« oder »Zeichen«. Damit war ein sichtbares Kennzeichen gemeint, das unwiderruflich in den Körper geschnitten oder eingebrannt wurde, um anderen anzuzeigen, dass der Träger Sklave, Verbrecher, Ausgestoßener war. Goffman (1967) überträgt diese alte Bedeutung des Wortes in die Gegenwart. So bildet »Stigma« für ihn eine allgemeine Kategorie zur Bezeichnung von Eigenschaften und Merkmalen, die den Träger in den Augen anderer zutiefst diskreditiert. Wenn wir einem behinderten Menschen zum ersten Mal begegnen, erscheint er uns aufgrund äußerer beobachtbarer Merkmale als Zugehöriger der sozialen Kategorie – Behindertsein. Aufgrund dieser Zuschreibung schließen wir auf weitere, nicht mehr beobachtbare Befindlichkeiten dieser Person, mit der wir sie gewöhnlich herabsetzen.

Goffman unterscheidet zwischen »virtueller sozialer Identität«, die weitgehend den normativen Erwartungen anderer entspricht und »aktualer sozialer Identität« die sich aus Attributen zusammensetzt, die eine stigmatisierte Person tatsächlich aufweist. »Von den Stigmatisierten wird taktvoll verlangt, wie Gentlemen zu sein und ihr Glück nicht zu erzwingen; sie sollen die Grenzen der ihnen gezeigten Akzeptierung nicht auf die Probe stellen und sie auch nicht zur Basis immer weiterer Forderungen machen. Toleranz ist gewöhnlich Teil eines Geschäfts. Die Natur einer ›guten Anpassung‹ ist nun offensichtlich. Sie erfordert, dass das stigmatisierte Individuum sich heiter und unbefangen als den Normalen wesentlich gleich akzeptiert, während es zur gleichen Zeit jene Situationen vermeidet, in denen es Normale schwierig finden würden, das Lippenbekenntnis abzulesen, sie akzeptierten ihn gleichermaßen« (ebd.: 150).[177] Allerdings bleibt Goffmans Definition des Begriffs »Stigma« eigentümlich abstrakt. Er leitet ihn von einem Normalitätsbegriff her, der theoretisch nicht hinterfragt wird. Stigma bildet eine universale Matrix zur Bezeichnung von u.a. »Abscheulichkeiten des Körpers« und »individuellen Charakterfehlern« (vgl. ebd., 12ff.), ohne dass ausreichend in den Blick kommt, inwieweit die mit Stigmatisierungsmacht versehenen »Normalen« in ihrer Wahrnehmung gesellschaftlichen Einflüssen unterliegen.

Foucault schließt diese Lücke. Mit seiner Analytik der Macht soll an gesellschaftlichen Wahrnehmungsformen von Körperbildern und Verhaltensweisen gerüttelt werden, mittels derer Unterscheidungen wie leistungsfähig und unproduktiv, gesund und krank, normal und verrückt, attraktiv und abstoßend, festgeschrieben werden. In gewisser Weise lässt sich mit seiner Hilfe an den »Labeling Approach« (Etikettierungsansatz) der 70er Jahre anschließen. Die etikettierende Wirkung wurde darin nicht als eine Eigenschaft des Stigmas selbst angesehen, sondern als Ergebnis einer gesellschaftlichen Zuschreibung. Anders gesagt, die Abweichung von Normen wurde nicht mehr auf die semantische Qualität eines körperlichen Merkmals oder charakterlichen Verhaltens zurückgeführt, sondern auf »die negative Definition des Merkmals bzw. dessen Zuschreibung« (Hohmeier 1975, 7).

Aus dieser Perspektive bekam man den gesellschaftlichen Formierungsrahmen der als Stigma wirkenden Zuschreibungen in das Blickfeld. So ließen sich Instanzen sozialer Kontrolle – Polizei, Psychiatrie, Fürsorge, Strafvollzug – als Definitionsmächte abweichenden Verhaltens – deviant, delinquent, anormal, schwer erziehbar, verwahrlost, gestört, krank, behindert – kritisie-

---

177 Vgl. L. Sandfort (1993, 49): »Eine der wesentlichen Voraussetzungen für die Emanzipation als behinderter Mensch ist es, unsere Nicht-Normalität zu akzeptieren. Noch immer setzen viele Behinderte der gesellschaftlichen Entwertung ein ebenso trotziges wie hilfloses ›Ich-bin-normal‹ entgegen. Das Anormale wird ›unterhalb‹ oder entfernt der eigenen auffälligen Abweichungen definiert. Mit ungeheurem Aufwand werden eigene Behinderungen zu kaschieren versucht.« In der »Behindertenforschung« (vgl. Neubert u.a. 1991) beschäftigt man sich insbesondere mit dem krisenhaften emotionalen Verarbeitungsprozess im stigmatisierten Individuum, dem was E. Goffman (1967, 132) in Anlehnung an E. H. Erikson »Ich-Identität« nennt.

ren. Diese Institutionen sollten mittels ihrer professionellen Helfer – Ärzte, Psychologen, Pädagogen, Sozialarbeiter – dafür verantwortlich sein, dass sich negative Etikettierungen herausbilden, die schließlich von den Betroffenen verinnerlicht werden und im Alltagsleben die Sichtweise der »Normalbevölkerung« beeinflussen. Der Etikettierungsansatz zeigt freilich dort seine Grenzen, wo er über die Kritik an den Institutionen hinaus keine theoretischen Erklärungen über die Funktionsweise von Macht in modernen Gesellschaften anzubieten vermag.

Ein häufiger Vorwurf an den Labeling Approach lautete, dass man damit die Benachteiligungen behinderter Menschen wiederum nur einseitig als Resultat sozialer Reaktionen beschreiben kann. Es sei aber nicht zu leugnen, dass sie ebenso durch schädigungsbedingte Funktionsbeeinträchtigungen körperlicher, geistiger oder seelischer Genese entstehen. Behinderungen seien daher ebenso als individuelles Problem zu sehen, bei dessen Bewältigung die Gesellschaft Unterstützung zu leisten hat. Sie träten folglich auch als gesellschaftlicher Tatbestand in Erscheinung, wenn es einer Gesellschaft an vernünftigen Gesetzen, behindertengerechter Architektur, wohltätigen institutionellen Praktiken und ausreichenden Sozial- und Bildungsmaßnahmen mangelt. Dieser Kritik kommt eine Plausibilität insofern zu, als sich das Selbsterleben des Individuums immer auch am kulturellen Schema des unversehrten Körpers und den Gestaltungsmöglichkeiten in einer Gesellschaft orientiert. Auf der anderen Seite setzt man den Etikettierungsansatz undifferenziert mit dem Symbolischen Interaktionismus bzw. der Rollentheorie gleich, um ihm anschließend die Fähigkeit abzusprechen »historische Gewordenheit und grundsätzliche Veränderbarkeit der den sozialen Bewertungen zugrundeliegenden Gegebenheiten« berücksichtigen zu können (Münch 1997, 238). Eines muss ihm freilich bis heute zugute gehalten werden. Hinfort kann die kränkende Wahrnehmung einer schädigungsbedingten Andersheit nicht mehr als anthropologische Konstante begriffen werden, sondern ist immer in Relation zu den vorgegebenen sozialen Normen einer Gesellschaft zu betrachten (Tröster 1990).

Seit 1980 wird in der offiziell noch gültigen Definition der World Health Organisation (WHO 1980) zwischen biologisch-medizinischer Bestimmtheit des Behinderten und Behinderung als Kategorie sozialer Zuschreibung unterschieden. Behinderung wird darin nicht nur als Defektmerkmal eines Menschen verstanden, sondern wesentlich auch als soziale Kategorie, d.h. als

Merkmal eines Bezugs zwischen dem Individuum und seiner sozialen Wirklichkeit. Gleichwohl wird hier auf subtile Weise der alte Grundgedanke »Schädigung ist Schicksal« weitergeführt und die drei Grundbegriffe der Behinderung – Schädigung, Funktionsausfall, soziale Beeinträchtigung – in Relation zu psychophysisch »normal« und »Normalität« definiert[178] Funktionsbeeinträchtigungen und/oder soziale Beeinträchtigungen erhalten nur insoweit Bedeutung, als sie Folge einer Schädigung sind. Insofern lautete eine verständliche Kritik, dass Menschen mit Behinderung weiterhin per Definition zu Resultaten ihrer geschädigten körperlichen, geistigen oder seelischen Verfasstheit gemacht werden (Lindmeier 1993). Ihnen wird eine biologisch-medizinisch begründete Identität zugeschrieben, mit der sie auf eine geschädigte Natur festlegt bleiben. Eine vielleicht unerreichbare Utopie bestünde aber gerade darin, diesen durch die moderne Medizin geprägten kulturellen Status des Behindertseins zu überwinden.

Inzwischen liegt eine neue Definition der World Health Organisation als Entwurf vor (WHO 1997). Hiernach wird die Entstehung von sozialer Benachteiligung nicht mehr als lineare Folge einer Schädigung betrachtet. Darüber hinaus sind die zentralen Begriffe verändert worden. Die negative Beschreibung von Funktionseinschränkungen und sozialer Beeinträchtigung, wird durch eine positive Benennung der Handlungsfähigkeiten (activities) und Teilhabemöglichkeiten (participation) ersetzt. Nach diesem neuen WHO-Modell soll die Möglichkeit zu einem Paradigmenwechsel von der Defizit- zur Ressourcenorientierung in der Behindertenpolitik eingeleitet werden. Es rückt nicht mehr das von der psychophysischen Norm Abweichende in den Vordergrund. Gewollte und ungewollte Tendenzen zur Stigmatisierung, Diskriminierung, Aussonderung und damit Benachteiligung von Menschen mit Behinderung sollen dadurch verhindert werden. Gleichwohl soll es genügend Spielraum lassen, um auf der Grundlage eines kontingenten Normalitätsbegriffs von »Aktivitätsstörungen« (»activity limitations«) bzw.

---

178 Vgl. WHO 1980: Schädigung (impairment) meint: »(...) any loss or abnormality of psychological, physiological or anatomical structure or function«. Funktionsbeeinträchtigung (disability) will heißen: »(...) any restriction or lack (...) of ability to perform an activity in the manner or within the range considered normal for a human being«. Schließlich versteht man unter sozialer Beeinträchtigung (handicap): »(...) a disadvantage (...) that limits or prevents the fulfilment of a role that is normal (depending on age, sex and social and cultural factors) for that individual«.

»Partizipationsstörungen« (participation restrictions«) auszugehen und einen »individuell bedeutsame(n) Unterstützungsbedarf« (Wilken 2000, 281) festzulegen. Der Akzent der Normalisierung soll nun nicht mehr allein auf dem Körper des Individuums und seiner disziplinierenden Zurichtung liegen. Vielmehr geht es um eine behutsame Annäherung an die kritisch hinterfragten Regulationsnormen der Lebenswelt.

Vergleicht man diesen Entwurf der WHO von 1997 mit den vorherrschenden Behinderungsbegriffen in der offizielle Heilpädagogik, so lässt sich feststellen: Die Heilpädagogik vermag sich nach wie vor nicht völlig davon frei zu machen, »Behinderung« symbolisch auf normabweichende Merkmale hin festzuschreiben. Am Beispiel zweier bedeutender Vertreter ihrer Zunft – Wolfgang Jantzen und Otto Speck – werde ich im Folgenden die kryptodefektologische Grundorientierung in der Heilpädagogik veranschaulichen. Meine Kritik soll deren Engagement und positive Wirkung für die Sache behinderter Menschen nicht in Abrede stellen. Beide Autoren haben sich um eine Weiterentwicklung des durch Ulrich Bleidick (1984) inaugurierten Begriffs von Behinderung bemüht. Bleidick hat die »Behindertenpädagogik« als Teil der allgemeinen Pädagogik betrachtet und sie im weiteren Sinne sozialwissenschaftlich zu bestimmen versucht. Gleichwohl neigte er zu der problematischen Tendenz, die Heilpädagogik aus den mit der Behinderung zusammenhängenden Bedingungen zu entwickeln. »Der Behinderte selbst mit dem Folgeleiden der Erkrankung ist Gegenstand der Betrachtung« (ebd., 83). Nach Bleidick gelten Personen als behindert, »die infolge einer Schädigung ihrer körperlichen, seelischen oder geistigen Funktionen so weit beeinträchtigt sind, dass ihre unmittelbaren Lebensverrichtungen oder ihre Teilnahme am Leben der Gesellschaft erschwert werden« (Bleidick/Hagemeister 1992, 12).[179]

Von manchen Vertretern einer analytischen Philosophie dürfte diese Definition heute noch Zustimmung erhalten. Dort wundert man sich nämlich über die Merkwürdigkeit einer zunehmenden »Wertungshemmung« in der Heilpädagogik und insistiert darauf, »die *bio-medizinische Erfahrung*« zu bewahren, »dass Schädigungen (ähnlich wie Krankheiten) nicht einfach sozial wegdefiniert werden können, sondern eine eigenständige Objektivität ha-

---

179 Inzwischen beruft sich U. Bleidick (1999) auf D. Kampers Konzept einer »anthropologischen Differenz (1973), um den konstruktiv-zuschreibenden Charakter des Begriffs der Behinderung deutlich zu machen.

ben. Die sozialnormative Sicht der Behinderung ist die eine Seite – ihr steht aber eine biologisch-objektive gegenüber« (Leist 1997, 20). Mit dieser Einschätzung wird freilich von dem Problem abgelenkt, dass »Schädigung« über seine deskriptive Bedeutung hinaus immer schon im normativen Sinne verstanden wird und damit Zuschreibung ist: Sie bezeichnet gleichzeitig eine Tatsache und einen Mangel. Als Tatsache wird nicht nur ihre Objektivität zur Kenntnis genommen, sondern zeigt sich eine von statistischen Durchschnitten und der Norm des Gesunden abweichende Anomalie.

6.2 »Behinderung« als Aneignung unter isolierten Bedingungen (*Wolfgang Jantzen*)

Einst hat Karl Marx vom Doppelcharakter der Ware gesprochen und zwischen ihrer Gebrauchwerteigenschaft und Tauschwerteigenschaft unterschieden. In diesem Sinne konstatiert Wolfgang Jantzen (1976, 430) einen Doppelcharakter von Behinderung: »Zum einen bezieht sich ›Behinderung‹ auf Ausprägungsgrade von Schädigung in der Sozialisation konkreter Individuen, zum anderen ergibt sie sich aus gesellschaftlichen Konventionen, wann und ob überhaupt ein als Störung sichtbar gewordener Schädigungsprozess mit der Feststellung von ›Behinderung‹ und den damit verbundenen positiven (bzw. negativen) sozialen Sanktionen abgeschlossen werden soll« (ebd., 433). In *Allgemeine Behindertenpädagogik* existiert für Jantzen (1987, 18) Behinderung als sozialer Gegenstand, »wenn Merkmale und Merkmalskomplexe eines Individuums aufgrund sozialer Interaktion und Kommunikation in Bezug gesetzt werden zu gesellschaftlichen Minimalvorstellungen über individuelle und soziale Fähigkeiten.« Diese Definition führt in seinen weiteren Überlegungen zu einer positivistisch halbierten Kritik gesellschaftlicher Bewusstseinsformen: Einerseits werden unsere gesellschaftlichen Vorstellungen über »individuelle und soziale Fähigkeiten« als Ausdruck kapitalistisch geprägter, ideologischer Vorstellungen kritisiert, andererseits bilden »Merkmale und Merkmalsausprägungen« – »Defekte, Schädigungen, Störungen sowohl auf biologischer wie psychologischer Ebene« (ebd., 18) – naturwissenschaftlich objektivierbare Wiederspiegelungen »realer Eigenschaften der gegenständlichen Welt« (ebd., 122). Während sich also in den normativen Einstellungsmustern der Menschen die widersprüchlichen Klassenverhältnisse abbilden, soll sich die Menschheit über Praxis und Wissenschaft – u.a. Medizin und Psychologie – in einer ideologiefreien Weise der »absoluten Wahrheit« annähern (ebd., 83).

Wolfgang Jantzens materialistischer Begriff von Behinderung gleicht eher einem Flickwerk aus Physiologie, positivistischer Wissenschaftstheorie und marxistischen Restbeständen, als dass er tatsächlich dem Anspruch einer gesellschaftlichen Bestimmung genügt. Er beruft sich da auf Marx, wo dieser sich im Handstreich von der idealistischen Bewusstseinsphilosophie verabschiedet hat und »in den erkenntnistheoretischen Kategorien wie im sprichwörtlichen Porzellanladen wütet« (Adorno 1980, 206).[180] Jantzen teilt mit Marx die Überzeugung, wir könnten zwischen dem sprachlichen Universum der Begriffe und einer von allen ideologischen Zutaten gereinigten Realität unterscheiden. Jedoch geht die Erkenntnis der objektiven Welt nicht länger in der Entsprechung von Sätzen und Tatsachen auf. Sätze und Tatsachen lassen sich nicht miteinander vergleichen, indem sich feststellen lässt ob sie miteinander korrespondieren. Sprachen bilden keine mehr oder weniger gelungenen Abbildungen von Gegenständen. Sie sind ermöglichende Bedingungen zur Erzeugung von Wirklichkeit.[181] Insofern ist sowohl gegen den »positivistischen Materialismus« als auch gegen den »intellektualistischen Idealismus« daran zu erinnern, »dass Objekte der Erkenntnis *konstruiert* und nicht passiv registriert werden« und »dass diese Konstruktion auf dem System von strukturierten und strukturierenden Dispositionen beruht, das in der Praxis gebildet wird und stets auf praktische Funktionen ausgerichtet ist« (Bourdieu 1993, 97).

Jantzen (1987, 122) orientiert sich an einer historisch-materialistischen Tätigkeitstheorie, wie sie in der kulturhistorischen Schule der sowjetischen

---

[180] K. Marx (1975, 9) hat seine Kritik der Politischen Ökonomie als eine »naturwissenschaftlich« treu zu konstatierende Methode beschrieben, um »dem Naturgesetz« der gesellschaftlichen »Bewegung auf die Spur« (1979, 15) zu kommen. Auf dieser Grundlage konnte er sich bedenkenlos von einer epistemologischen Reflexion auf die Geltungsgrundlagen des eigenen Denkens freisprechen.

[181] Trotz aller Unterschiede konvergieren der Neostrukturalismus (Derrida 1976), die Konsenstheorie der Wahrheit (Habermas 1999) und der Neopragmatismus (Rorty 1987, 191) in der folgenden Einsicht Rortys: »Setzen wir Kommunikation, das Gespräch zwischen Personen, an die Stelle von Konfrontation, dem Gegenüberstellen von Personen und Sachverhalten, so können wir uns des Spiegels der Natur entledigen.«

Psychologie, insbesondere von Leontjew, Luria und Wygotskij entwickelt wurde. Danach organisieren sich psychische Prozesse in unmittelbarer Abhängigkeit von der gesellschaftlichen Tätigkeit des Menschen. Die Entwicklung des Psychischen wird als Wahrnehmungsprozess beschrieben, welcher sich aus der Aneignung der »realen Eigenschaften der gegenständlichen Welt« entwickelt. Im Prozess der aktiven Tätigkeit wird über die Gegenstandsbedeutung als Ergebnis der materiellen Reproduktion sowie über die symbolische Abbildungs- und Tätigkeitsbedeutung der Sprache, die objektive Wirklichkeit im individuellen Bewusstsein abgebildet. Jantzen (1978, 37) beschreibt die menschliche Entwicklung als einen sozial vermittelten Wechselwirkungsprozess in der Einheit von biotischer, psychischer und sozialer Ebene. Zwar bietet er alle Anstrengungen auf, Behinderung als Entwicklung unter den isolierenden Bedingungen kapitalistischer Aneignungsprozesse zu erklären; doch die neurophysiologischen und chemischen Prozesse bilden in seinem Materialismus eine »nichtgesellschaftliche, biologische Basis«, die in letzter Instanz darüber entscheidet, in welcher Weise der Mensch zur Abbildung objektiver Realität fähig ist. Seine abbildtheoretischen Grundannahmen gehen im Wesentlichen auf die naturalistischen Epistemologien von Engels und Lenin zurück. Danach werden die inneren Prozesse als bloße Abbilder der äußeren Tätigkeit verstanden: »Unsere Empfindung, unser Bewusstsein sind nur das Abbild der Außenwelt, und es ist selbstverständlich, dass ein Abbild nicht ohne das Abgebildete existieren kann, das Abgebildete aber unabhängig von dem Abbildenden existiert. Die ›naive‹ Überzeugung der Menschheit wird vom Materialismus bewusst zur Grundlage seiner Erkenntnistheorie gemacht« (Lenin 1968, 61f.).

Jantzen unterliegt damit dem, was Merleau-Ponty (1966, 24) das »Vorurteil der objektiven Welt« nennt. Der Gegenstand seiner Untersuchungen, die Empfindungen des Menschen und die daraus sich differenzierenden Wahrnehmungen, Vorstellungen und seine bewusst geäußerten Erkenntnisse, stellen gleichsam natürliche Abbilder dar, die im menschlichen Wahrnehmungsapparat erzeugt und von diesem registriert werden. Die subjektiven Leistungen in der Konstitution von Bedeutung werden im Rahmen einer Tätigkeitstheorie zur Widerspiegelung oder Aneignung objektiv vorgegebener Bedeutungen verkürzt. Im Schnittmuster von Neurophysiologie/Abbildtheorie bildet Behinderung so immer auch die Folge isolierender körperlicher Bedingungen, die den Aneignungsprozess objektiver Realität erschweren oder verunmöglichen – »z. B. durch den Ausfall von Sinnesfunktionen, Störungen des ZNS, sonstige Organ- und Gliedmaßenschädigungen; d.h. aufgrund von organischen Schäden« (Jantzen 1978, 39; 1987, 276ff.).

Auf der Grundlage dieser positivistischen Theorie von Empfinden, Wahrnehmen und Denken schlägt Jantzens Kritik in die Ideologie um, die sie vermeintlich bekämpfen möchte. Mit einer materialistischen Kritik, dass »aus der Sicht kapitalistischer Produktion« Behinderung als »Arbeitskraft minderer Güte« erscheint, ist es leider nicht getan (1987, 40). Darüber hinaus ist Behindertsein eine Zuschreibungsform innerhalb einer politischen Rationalität, die den Grundwiderspruch von Kapital und Arbeit transzendiert. Wer daran Zweifel hat, muss nur bei einem jener Apologeten realsozialistischer Verhältnisse nachlesen, die Jantzen häufiger zitiert. Da heißt es: »In unserer Zeit kann die materielle Bedingtheit des Bewusstseins (...) an Hand eines umfangreichen experimentellen Materials unschwer nachgewiesen werden. (...) Bestimmte Gehirnverletzungen bei Mensch und Tier führen zu qualitativen Wesensveränderungen; die geistigen Fähigkeiten, das moralische Verhalten geraten in Unordnung: Ehrliche Menschen verwandeln sich beispielsweise nach Gehirnverletzungen oder operativ behandelten Gehirntumoren plötzlich in Lügner und Diebe« (Klaus 1972, 191).

Inzwischen hat Jantzen seine neueren Veröffentlichungen der Jahre 1993–1997 in dem Band *Die Zeit ist aus den Fugen* (1998) zusammengefasst. Darin verfolgt er das Anliegen, »systematisch Möglichkeiten einer ›postmodernen Ethik‹« zu untersuchen, »welche sozialwissenschaftlich offen ist« (ebd., 12). Eine überzeugende Hinwendung zur postmodernen Ethik würde jedoch eine bedingungslose Bereitschaft zur selbstkritischen Aufarbeitung früherer Arbeiten erforderlich machen. Davon kann bei Jantzen bisher freilich nicht die Rede sein. Im Gegenteil, Jantzen bezieht sich nach wie vor affirmativ auf seine früheren Schriften und die »Herausarbeitung einer marxistischen Anthropologie, insbesondere in der Tradition Vygotskijs und seiner Schule« (ebd., 10).

6.3 »Behinderung« als besonderer Erziehungsbedarf
(*Otto Speck*)

Otto Speck (1987, 60, 172) erhebt in *System Heilpädagogik* gegen Jantzen den Einwand, es gäbe keinen Nachweis dafür, dass das Nervensystem mit Repräsentationen der umliegenden Welt arbeitet. Mit Bezugnahme auf systemisch-konstruktivistische Erkenntnisse (Maturana/Varela 1987; Watzlawick 1991) stellt er mit Recht in Frage, »ob es eine Behinderung als objektivierbare Größe, als ein Etwas überhaupt gibt« (1987, 105). Sein systemisch-konstruktivistischer Ansatz wendet sich gegen die Meinung, man könnte die Perspektive des Einzelnen vom Standpunkt einer »objektiven« Wirklichkeitserkenntnis aus betrachten und fordert zu professioneller Bescheidenheit im Blick auf Menschen mit Behinderung auf: »Der bloße Begriff der Behinderung ist ein normativer und allzu allgemeiner Begriff. Er wird in verschiedenen Disziplinen verschieden definiert und bleibt daher schillernd in seinen Bedeutungen. Als differentia spezifica ist er ungeeignet.« (ebd., 113) Insofern plädiert Speck dafür, ihn auf »das pädagogisch spezifisch Notwendige, auf den individuellen besonderen Erziehungsbedarf« zu beziehen (ebd., 20). Als eine »funktionsbezogene Kategorie« soll er nur das umschließen, was sich »in bestimmten Lebensvollzügen« als hinderlich erweist (ebd., 113). »Im Vordergrund der Erklärungsbedürfnisse steht also nicht die Behinderung schlechthin, sondern der Mensch mit speziellen Erziehungsbedürfnissen in seiner Lebenswelt« (ebd., 20). Allem Anschein nach tritt hier eine Differenz zu Jantzens physiologisch fundiertem Begriff von Behinderung zu Tage, die jedoch rasch wieder verschwindet, wenn man sich Specks vermeintlich ideologiefreien ökologischen Ansatz genauer betrachtet.

Bei Speck werden die gesellschaftlichen Organisationsprinzipien und Normen des Zusammenlebens aus ökologischen Prinzipien abgeleitet und begründet. Grundlegend ist der Gedanke, dass die menschliche Gesellschaft Teil eines ökologischen Systems ist und menschliches Handeln sich deshalb an der Logik und den Gesetzmäßigkeiten dieses Ökosystems orientieren muss. Seine mit Rettungspathos und Heilsversprechen vorgetragene Zivilisationskritik stellt im Wesentlichen eine Neuauflage der Gedanken dar, die bereits von einer lebensphilosophisch inspirierten Reformpädagogik zu Beginn dieses Jahrhunderts geäußert wurden: »Der Versuch des aufgeklärten Menschen, über Ratio und Technik und durch soziale Industrialisierung die

Probleme der Menschheit *endgültig* lösen zu können, ist als gescheitert anzusehen« (ebd., 203). Für Speck ist die Menschheit unter dem dominanten Einfluss eines technologisch orientierten, aufgeklärten Rationalismus in eine tiefe Sinnkrise geraten. Doch mehren sich für ihn auch Zeichen, die eine Wende in der Menschheitsentwicklung signalisieren. Gegen den »Verlust der Lebensunmittelbarkeit« (ebd., 194) verstärkt sich wieder der Drang zur »Erhaltung lebensstabilisierender Ordnungen, Sorge um das Sich-zu-hausefühlen in der Welt, Intensivierung persönlicher Kontakte, Belebung des Gemeindegedankens, Schätzen des ›einfachen Lebens‹, der natürlichen Ernährung und Erholung, stärkerer Ausbau kleinerer, überschaubarer Organisationen, Anreicherung des sozialen Klimas durch Vertrauen u.ä.« (ebd., 179).

Politik und Pädagogik sollen sich innerhalb einer systemisch begriffenen Ordnung der Natur als Teil eines einheitlichen Ganzen in die Gesetze einer evolutionären Ordnung fügen. Speck erhofft sich durch die Etablierung des ökologischen Paradigmas nicht nur die Lösung der Probleme Behinderter, sondern aller gegenwärtigen Probleme und Krisen. Die Eingriffe in die (menschliche) Natur sollen unter die Schwelle natürlicher Selbstregulation herabgedrückt werden. Mit einer ganzheitlichen Sicht der Wirklichkeit soll es zu einer Harmonie von Natur und Gesellschaft wie auch innerhalb der Gesellschaft kommen. Im Sinne seiner »ökologischen Ethik« soll sich der Mensch wieder mit dem »Ganzen der Natur« (ebd., 191) identifizieren und als Teil kosmischer Zusammenhänge begreifen. »Gefragt wird bewusst nach einer neuen Wertorientierung, die geeignet ist die fragmentierte Anschauung von der Wirklichkeit zu überwinden. Gesucht wird eine Verbindung mit dem Kosmos als Ganzem. Aus dem Bedürfnis der Vereinzelten, der fortschreitenden Isolierung zu begegnen, erhalten religiöse, spirituelle, transzendentale und mystische Aspekte eine neue Bedeutung« (ebd., 207).

Otto Specks ökologischer Diskurs erhält seine Legitimation, weil er sich im Einklang mit der Gesellschaft und dem neuesten Stand naturwissenschaftlicher Erkenntnisse zu wissen glaubt. Sein Traum von einer »Technologie mit menschlichen Zügen« (ebd., 194) vollzieht sich längst schon in Form einer kybernetischen Aufrüstung der Natur. Auch eine Ökologie, die die technisch-industriellen Systeme bzw. die psycho-physischen Systeme auf ein Niveau unterhalb der Schwelle natürlicher Selbstregulation beschränken will, muss ihren Gegenstand so behandeln, als wäre er ein Produkt störanfälliger menschlicher Technik. So vehement Speck subjektiv auch die entgegengesetzte Ansicht wie Jantzen auszudrücken glaubt – sein ökologischer Ansatz leistet in gleicher Weise einer kybernetischen Aufrüstung von vermeintlich »gestörter« Natur Vorschub. Dabei löst dieses Denken Faszination aus, weil es ein einfaches Weltbild anbietet und in einer unübersichtlichen Zeit neue Orientierung verspricht. Seine Sprache trifft den Zeitgeist, weil sie ganz in der medizinisch-biologischen Metaphorik aufgeht. So diagnostiziert sein Heil(ung) versprechender Blick »pathologische(n) Phänomene« (179) in Form »enorm angewachsener psychischer Not und Erkrankung« (ebd., 248). Doch »im Erleben von Ganzheit, in der Sehnsucht nach ihr liegt das, was als ›Gesundheit‹, aber auch als Heil oder Sinn bezeichnet wird. Eine in Stücke zersplitterte Weltanschauung ist ungesund« (ebd., 209).

Neuerdings dienen Speck (1996a, 129) einzelne Vertreter der Postmoderne wie Jean-François Lyotard als Koloratur, um zu bekunden, dass sich die Gegenwart »in erster Linie in der Auflösung der ursprünglich einheitlichen und übergreifend gültigen Leitideen« auszeichnet. Er greift vermehrt auf ihre Gedanken zurück, die irgendwo eingeschoben werden, ohne dass er sie von ihren Voraussetzungen her begründen und nicht bloß deklarieren kann. So lesen wir an einer Stelle: »Der positive Aspekt der Postmoderne liegt in den *neuen Chancen*, und diese beziehen sich auf die irreduzible Vielzahl von Sprachspielen, Lebensweisen und Handlungsformen, zu denen der Einzelne und die unaufhebbar verschiedenen Gruppen von Menschen freigesetzt sind« (ebd.). Freilich steht Lyotards Theorie widerstreitender Sprachspiele in offensichtlichem Gegensatz zu Specks holistischem Weltbild. Insofern gibt Speck im Weiteren auch zu erkennen, dass das »Bekenntnis zum Recht des Partikularen und der Vielheit (...) eine klare *Herausforderung des Ganzheitsdenkens* dar(stellt)« (ebd., 130f.). In *Erziehung und Achtung vor dem Anderen* (1996b) entwickelt er ähnlich wie Jantzen (1998) eine Ethik in Anlehnung an Levinas. So lesen wir: »Eine moralische Erziehung lässt sich in ihrem Wesen als eine *Erziehung zur Achtung vor dem Anderen* verstehen« (ebd., 17).

Bei genauerem Hinsehen zeigt sich freilich, dass Speck zentrale Topoi von Levinas nur oberflächlich einführt und missbräuchlich verwendet. Begriffe wie »der Andere«, »Nähe«, »Güte« usw. verlieren sich im Fortgang seiner Abhandlung schließlich in einem Konglomerat von variationsreichen tugendethischen Überlegungen. Allerorts wird ein »kritischer Verlust an moralischer Orientierung vermutet« (ebd., 21), so dass letztlich die Unterscheidung zwischen dem, »was als eine spezifische psychische Störung oder als ein abweichendes Verhalten zu definieren wäre (...) mit der Üblichkeit auffälligen Verhaltens« verfließt (ebd.). Die Ethik von Levinas wird von Speck darauf reduziert, in redundanter Weise eine Art Egoismus-Epidemie zu diagnostizieren, der man durch die Beigabe tugendethischer Tropfen und heißer Wir-Umschläge beizukommen vermag.

Für Speck (1987, 61) ist die Wirklichkeit, in der wir leben, zwar kein Abbild äußerer Realität – »Es sind demnach keine entgültigen Aussagen über die Wirklichkeit z.B. behinderter Menschen möglich.« – Seine konstruktivistische Perspektive hebt sich jedoch da in Szientismus auf, wo es um die Beschreibung von Naturprozessen geht. Gerade dort, wo er Jantzen kritisiert, wird seine Nähe zu ihm am deutlichsten. So untermauert er seine Kritik an der »biologistischen Auffassung« Jantzens (ebd., 148) mit vermeintlich besseren neurobiologischen Erkenntnissen (Maturana/Varela 1987). Der Mensch sei danach ein »autonomes System, das selber auswählt, was durch soziale Koppelung in ihm geschieht« (Speck 1987, 148). Speck nimmt freilich nicht zur Kenntnis, dass auch in seinem ökologischen Naturmodell Natur nicht vernommen wird, wie sie *an sich* sein mag, sondern in der Sprache, die ihr vorgeschrieben wird. Es sind und bleiben unsere kulturellen Vorstellungen, durch die wir der Natur Ordnungsprinzipien unterlegen. Wir lesen zwar: »*Das Ganze* ist und bleibt zwar unfassbar, es behält aber seine Gültigkeit als offener Horizont« (1996a, 132). Doch sein ökologischer Diskurs liefert entgegen aller Behauptung ein monistisches Weltbild, indem er das naturwissenschaftlich generierte Modell einer sich selbst organisierenden Natur zur Universalformel erklärt, nach der sich Kosmos, Welt, Gesellschaft und Mensch zu richten haben.[182]

Bezeichnenderweise finden auch für Speck Behinderungen »ihren Ausgang bei einer Schädigung des Organismus« (ebd., 137). Auch in seinem

---

[182] Vgl. U. Stinkes (1993). Sie weist mit Recht auf Gefahren hin, die mit O. Specks kompilatorischem Ganzheitsbegriff verbunden sind und schließt »eine Nähe zum methodologischen Biologismus und ineins eine konservativ-restaurative Haltung« (ebd., 39) nicht aus: »Abgesehen davon, dass nicht mehr einsichtig wird, auf welche Ganzheit in welchem Kontext mit welchen Belastungen und Möglichkeiten sich Speck noch beruft, kann im Grunde ob der divergierenden und sich gegenseitig ausschließenden Theorieansätze keine sinnvolle Aussage über das, was mit ›Ordnungsprinzip Ganzheit‹ etc. gemeint sei, getroffen werden. Erst recht bleibt unklar, wie ein ›ganzheitliches Verstehen‹ im Spannungsfeld dieser theoretischen Kontexte möglich sein soll« (ebd., 35).

stark überarbeiteten und erweiterten Neuentwurf *System Heilpädagogik II* (1996a, 138) heißt es: »Die Bedeutung des biologischen Aspekts für eine spezielle Pädagogik behinderter Kinder ist evident« (ebd.). Speck will sich denn auch nicht von »biologischen Wertkategorien« an sich distanzieren, sondern lediglich von ihrem »Missbrauch« in der Geschichte. Dementsprechend haben sich die Heilpädagogen auch für »Teilthemen aus biopathologischer Sicht« zu interessieren, wie Fragen nach der genetischen Disposition und der Funktion des Gehirns (1987, 173). Specks flüchtige Kritik an der Humangenetik und der Biomedizin rufen beim Lesen den Eindruck hervor, dass hier jemand nur halbherzig eine Pflichtübung absolviert (1996a, 136, 140f.). Seine Warnungen vor den Gefahren pränataler Diagnostik beziehen sich nicht auf die Geltungsmacht dieser Technologie selbst. Vielmehr nennen sie nur die schlichte Tatsache, dass hier betroffene Eltern mit ihrer Angst und ihrem Gewissen in aller Regel alleingelassen werden. »Entscheidend dürfte sein, dass sich die Wissenschaftler und Politiker ihrer ethischen Verantwortung bewusst sind, und dass nicht andere Interessen (z.B. ökonomische) ins Spiel kommen. Die Furcht vor Missbrauch ist berechtigt« (ebd., 141).[183]

Der angeblich objektive Sachverhalt einer Schädigung körperlicher, geistiger oder seelischer Art wird nach wie vor durch den wissenschaftlichen

---

183 Bei O. Speck (1996a, 140) zeigt sich eine unbefangene Bereitschaft, seine anthropologischen Überlegungen mit biologischen Argumenten zu untermauern. Dabei bezieht er sich auf die Verhaltensforschung (Eibl-Eibesfeld 1973; Eysenck 1975), um darauf hinzuweisen, dass »der Mensch durch stammesgeschichtliche Anpassungen vorprogrammiert ist« (1996a, 140) bzw. um die Mitbedingtheit durch erbliche Anlagen bei »Geisteskrankheit, Kriminalität und Psychopathie« (1987, 174) zu belegen. I. Eibl-Eibesfeld (1995, 158) steht mit seiner Theorie von einer genetisch programmierten Fremdenscheu für eine nationalkonservative Politik: »Gestattet ein Volk anderen den Aufbau von Minoritäten im eigenen Land, dann halst es sich im eigenen Hause zwischen-ethnische Konkurrenz auf. In wirtschaftlich schwierigen Zeiten sind Konflikte fast unvermeidbar. Auch auf die aus differentieller Fortpflanzung erwachsene Problematik sei noch einmal hingewiesen.« H. J. Eysenck (1973, 208) vertritt demgegenüber eine eugenische Position. So führt er die Entstehung und das Vorhandensein sozialer Klassen und Unterschiede auf biologische Veranlagungen zurück: »Menschen werden immer mit ungleichen Fähigkeiten (...) geboren. Überleben und Weiterleben einer Gesellschaft aber hängt von jenen Mitgliedern ab, die die größten Fähigkeiten in den verschiedensten Bereichen haben. Da es aber nicht viele hervorragende Talente gibt, können wir es uns nicht leisten, mit seltenen Gaben verschwenderisch umzugehen. (...) Mitgefühl für die körperlich und geistig Schwachen und Verkrüppelten ist schön und gut (...). Doch wir haben darauf zu achten, dass es nicht das richtige Maß überschreitet und zur Unterdrückung der Hochbegabten führt.«

Diskurs der modernen Medizin konstituiert. Eine bestimmte Gruppe von Menschen wurde von dieser Humanwissenschaft aus den Zwangsverhältnissen vermonsternder kultureller Zuschreibungen befreit, um sie erneut in die Binarität von Schädigung/Behindertsein einzuschließen. Versteht man unter »Behindertsein« nur jeweils unterschiedliche kulturelle Zuschreibungsformen einer als transzendentales Signifikat bestimmbaren Schädigung, bleibt dieser Begriff reine Bezeichnung und verbirgt den mit ihm verbundenen Produktionsapparat von Identitäten. Er erzeugt gleichsam aus sich selbst heraus eine Differenz zum Gesunden, Erfolgreichen und Leistungsfähigen als normative Faktoren moderner Personalität und ruft geradezu danach, den als behindert geltenden Menschen »am Maßstab des Nicht-Behinderten, des statistisch Normalen oder idealistisch Guten des Menschen zu messen« (Zirfas 1998, 103). Möglicherweise ist die Sonderpädagogik nur mit der Konsequenz einer Selbstverleugnung und Selbstaufgabe in der Lage, ihre Sichtweise auf negative und normabweichende Merkmale des Behindertseins aufzugeben. Jedenfalls beruft sie sich nach wie vor auf anthropologische Prämissen, die fragwürdige Nebenfolgen zeitigen. Es scheint so zu sein: Solange »es die Sonderpädagogik gibt und geben muss, muss auch eine Sonderanthropologie geschaffen werden. ›Sonderpädagogik‹ und ›Sondermensch‹ (sprich Behinderter) bedingen sich also« (Eberwein 1995, 470). Solange es die Heilpädagogik gibt, muss sie sich mit der permanenten Gefahr auseinandersetzen, »Behinderung« symbolisch so festzuschreiben, dass sich in der Folge damit ein paternalistisches System von Hilfsangeboten und therapeutischen Maßnahmen rechtfertigen lässt.

7. Die Beseelung des Anderen

7.1 Körperlose Seele – seelenverschmutzender Körper

Was *der* Mensch ist, entzieht sich jeder begrifflichen Zuordnung. »Der Mensch, von dem man uns spricht und zu dessen Befreiung man einlädt, ist bereits in sich das Resultat einer Unterwerfung, die viel tiefer ist als er« (Foucault 1977, 42). Auf einer normativen Grundlage dieses Eingedenkens irreduzibler Andersheit im Sinne einer »absoluten Differenz« (Levinas 1987, 278) oder eines Nichtidentischen (Adorno 1966, 149) lässt sich die abendländische Geschichte neu gegen eine von Platon vorgegebene philosophische und sozialgeschichtliche Tradition lesen. In ihr wurde der Körper als das Übel betrachtet, von dem Individuum und Staat in ihrer wahren sittlichen Existenz ständig bedroht werden. Als das Wesentliche wurde dabei für den Menschen deklariert, was über das Körperliche hinausgeht bzw. umgekehrt, was nach dem Verschwinden des Körpers als Seele oder Geist übrig bleibt.

Platon, der Urvater dieser Vorstellung, erzählt im siebten Buch der *Politeia* (III, 1988, 515a-517a) das Gleichnis von einem Menschen, der sich vom gefesselten und unwissenden Höhlenbewohner zum freien und weisen Sonnenbetrachter wandelt. Er hat die empirisch erfahrbare Sinnenwelt als ein »Gefängnis der Seele« hinter sich gelassen und erfährt die Wahrheit dadurch, dass er sich nunmehr aller mit dem Körper zusammenhängenden Sinnlichkeit entledigt. Der Seele wird das Attribut zugesprochen, dem Göttlichen, Unsterblichen und Vernünftigen ähnlich zu sein. Gleichwohl bleibt ihr der Status reiner Transzendenz verwehrt, weil sie über den Körper ihre Verbindung zum Irdischen behält. Im *Phaidros* (IV, 1988, 253d/254a) veranschaulicht uns Platon mit einem weiteren Gleichnis von den Pferden vor dem Seelenwagen seine Lehre von den drei Seelenteilen: Die Vernunft wird hier zum Wagenlenker. Die Zähmung des Pferdes soll einen Sieg der Zivilisation über die Macht der Sinne symbolisieren. Der Mensch als empirisches Subjekt erscheint als ein die Seele verunreinigendes Körperwesen und damit als eine Zumutung für den eigentlichen Menschen und seine körperbedrohte Seele.[184]

Auch bei René Descartes (1965) wird dieser Körper-Seele-Dualismus in gewisser Weise fortgeführt, indem er das vollkommen körperlose und gänzlich monologische »Ich« von einer geistlosen leiblichen Substanz abhebt. Er lässt die Philosophie, deren Nutzen er darin sieht, uns von allen Irrtümern zu befreien, mit dem radikalen Zweifel beginnen. Während in der Folge Gott, Himmel und alle natürlichen Körper bezweifelbar sind, hält es Descartes für ausgeschlossen, »dass wir, die wir solches denken, nichts sind; denn es ist ein Widerspruch, dass das, was denkt, zu dem Zeitpunkt, wo es denkt, nicht existiert. Demnach ist der Satz: Ich denke, also bin ich (Ego cogito sum) die allererste und gewisseste aller Erkenntnisse« (ebd., 2f.). Die Problematisierung der Zugangsweise des Subjekts zur Wahrheit erfolgt hier von einem unbezweifelbaren »Cogito« aus, das sich von allem anderen seiner selbst gelöst hat.

In den *Meditationes de prima philosophia* (1641) setzt sich Descartes mit den Zugangsmöglichkeiten des träumenden, des sich irrenden und des wahnsinnigen Subjekts zur Wahrheit auseinander. Foucault (1973a, 69) entdeckt darin ein »fundamentales Ungleichgewicht zwischen einerseits dem Wahnsinn und andererseits dem Traum und dem Irrtum.« Während Traum und Irrtum stets durch die prinzipielle Wahrheitsfähigkeit des denkenden Subjekts überwunden werden können und somit keine ernsthafte Bedrohung für das Cogito darstellen, schließt Descartes (1983, 38) den Wahnsinn rigoros aus der Struktur der Wahrheit aus. »Mit welchem Recht könnte ich leug-

---

184 Im Zustand körperlicher Versehrtheit soll man ihm sogar eine Daseinsberechtigung im Staat verweigern. Vgl. Platons *Politeia* (III, 1988, 407a, 408b): »*[Ablehnung einer Arzeneikunst, die übermäßige Sorgfalt für den kranken Körper anbefiehlt]* (...). Sondern den, der nicht in seinem angewiesenen Kreise zu leben vermag, den glaubte er (Asklepios, H.-U. R.) auch nicht pflegen zu müssen, weil er weder sich selbst noch dem Staate nützt. (...); wer aber von Natur krankhaft ist und unmäßig, dem (...) helfe es weder selbst noch andern, daß er lebe (...).« (III, 1988, 460b) »*[Aufzucht der Kinder und Bestimmungen über erlaubte Kindererzeugung]* (...). – Die der guten nun, denke ich, tragen sie (beauftragte Männer und Frauen, H.-U. R.) in das Säugehaus zu Wärterinnen, die in einem besonderen Teil der Stadt wohnen, die der schlechteren aber, und wenn eines von den anderen verstümmelt geboren ist, werden sie, wie es sich ziemt, in einem unzugänglichen und unbekannten Ort verbergen.«

nen, dass diese Hände, dieser ganze Körper mein sind? – Ich müsste mich denn mit gewissen Verrückten vergleichen, deren Gehirn ein hartnäckiger melancholischer Dunst so schwächt, dass sie unbeirrt versichern, sie seien Könige, während sie gänzlich arm sind oder sie trügen Purpur, während sie nackt sind, oder sie hätten einen Kopf von Ton oder seien ganz Kürbisse oder aus Glas geblasen. Allein das sind Wahnsinnige, und ich würde ebenso verrückt erscheinen, wenn ich auf mich anwenden wollte, was von ihnen gilt.«

Descartes erweist sich als ein Vertreter jener »klassischen Epoche« des 17. und 18. Jahrhunderts, in der die Kommunikation mit dem Anderen abbricht und der Wahnsinn aus dem Bereich der Vernunft verbannt wird. Zugleich korrespondiert sein Denken mit einer sozialen Praxis, die Foucault als »die große Gefangenschaft« (ebd., 68) bezeichnet – der Errichtung einer großen Zahl von Internierungshäuser für Irre, Bettler, Arbeitslose und Kriminelle gleichermaßen. »Die Internierung ist die Praxis, die am genauesten einem als Unvernunft (...), das heißt, einem als leere Negativität der Vernunft verspürten Wahnsinn entspricht« (ebd., 253). Descartes Dualismus von Körper und Seele entfaltet selbst noch im nachmetaphysischen Denken und Handeln von heute seine Wirkung. So in der niederländischen Euthanasiepraxis. Indem der Arzt im Dienst des Cogito den Körper tötet und die Seele erlöst, wird die leibliche Integrität des Anderen zerstört. Darüber hinaus geht es heute nicht mehr nur darum, die menschliche Seele durch die gesellschaftliche Reinigung des Körpers zu konstituieren. Es ist der Körper selbst, den man befragt, um Auskunft über die Wahrheit der menschlichen Seele zu erhalten.[185] Ob man sich auf den transzendentalen Charakter einer ehrwürdigen und unsterblichen Seele beruft oder den Menschen vom Körper aus begreifen möchte, um ihn als den Ort menschlicher Unmittelbarkeit und unverfälschter Natürlichkeit zu (v)erklären – stets verfängt man sich in den Fallstricken einer schlechten Metaphysik.

---

185 Die Kritik am Körper-Seele-Dualismus darf freilich nicht darin enden, F. Nietzsches antiplatonischem und anti-cartesianischem »Philosophieren am Leitfaden des Leibes« vorbehaltlos zu folgen. In *Also sprach Zarathustra* (IV, 1980, 40) ist der lebensphilosophisch gedeutete Leib Vertreter der einen großen Vernunft, der sich des Geistes und der Seele als kleinem Werkzeug bedient. »Hinter deinen Gedanken und Gefühlen, mein Bruder, steht ein mächtiger Gebieter, ein unbekannter Weiser – der heisst Selbst. In deinem Leibe wohnt er, dein Leib ist er.«

7.2 Anthropologischer Minimalkonsens

Nach dem »Tode« des Menschen können Körper und Seele heute nicht mehr als abstrakte anthropologische Normen gelten, anhand derer sich begreifen ließe, was das Eigentliche des Menschen ausmacht. Jeder Versuch, ihn in Wesensbestimmungen zu erfassen, ging mit der Verdrängung seiner Andersheit einher und stand im Dienst funktionaler Erfordernisse der Gesellschaft. Vom Menschen lässt sich gegenwärtig nur noch im Rahmen einer kritischen Anthropologie reden, die in einer doppelten Bewegung die Geschichtlichkeit ihrer Perspektiven und Methoden und die Geschichtlichkeit ihres Gegenstandes aufeinander beziehen (Gebauer u.a. 1989; Kamper/Wulf 1994). Danach changiert das Denken eigentümlich zwischen Gegenstandsbezug und Methode zur Dekonstruktion jedes Gegenstandbezuges und folgt dem paradoxen Projekt, einen Begriff vom Menschen zu suchen, der es erlaubt, die Unmöglichkeit eines Begriffs vom Menschen begrifflich nachzuweisen (Kamper 1973).[186] Historische Anthropologie rekonstruiert ihren Begriff vom Menschen durch einen Rückgriff in die Geschichte und führt dadurch die Auflösung menschlicher Wesensbestimmungen herbei, indem sie eine Fülle von gesellschaftlichen Praktiken zur Konstitution des vermeintlich *wahren* Menschen zutage fördert.

Die Heilpädagogik sucht nach einem tragfähigen Begriff von Behinderung und verleugnet dabei ihren anthropologischen Normativismus – ein zugrundeliegendes Menschenbild, das in der Bezeichnung dessen, was der Mensch ist, zugleich die Erwartungen erzeugt, was er zu sein hat. Um die richtige Moral in der Pädagogik zu finden, brauchen wir freilich kein Bild

---

186 Die Gemeinsamkeit von Moralphilosophie wie ich sie verstehe und Historischer Anthropologie, besteht in der Absicht, theoretisch und praktisch festzulegen, was als menschlich und was als unmenschlich zu gelten habe. Beiden geht es heute darum, die ethisch-anthropologische Rede über den Menschen als animal rationale zu dekonstruieren und damit den kognitivistischen Blick auf das intentionale Subjekt in den ethischen Konzepten zu überwinden (Kamper 1973; Gebauer u.a. 1989; Kamper/Wulf 1994). Anthropologie kann überzeugen, wenn sie dem paradoxen Projekt folgt, einen Begriff von menschlicher Anerkennung zu suchen, ohne den Menschen dabei begrifflich festlegen zu wollen: »Das Entfallen der verkappten Normativität in der Rede von *dem* Menschen bedeutet keineswegs eine Kriterien- und Perspektivlosigkeit. Statt einer abstrakten Ethik, die noch nie gefruchtet hat, gehorcht Historische Anthropologie in präziser Wahrnehmung dem Anspruch des Anderen« (Kamper/Lenzen 1987, 3).

vom Menschen; vielmehr muss die Erkenntnis über den Menschen vorrangig in dessen Anerkenntnis bestehen. Es kann folglich nicht mehr darum gehen, nur zu bestimmen was der (behinderte) Mensch sei, sondern Sorge zu tragen, dass er ein gutes und geglücktes Leben verwirklichen kann. Insofern ist es wichtig, soziale Entwicklungsprozesse zu diagnostizieren, die als Beeinträchtigungen der Möglichkeit des »guten Lebens« verstanden werden müssen. Dass es dabei wiederum ethischer Kriterien bedarf, mit denen man einen Maßstab der Kritik sozialer Ungerechtigkeiten gewinnt, sollte der erste Teil dieser Arbeit gezeigt haben.

In welcher Weise kann man aber überhaupt noch von Körper und Seele des Menschen sprechen, nachdem sich erwiesen hat, dass sie nichts anderes als performative Effekte innerhalb gesellschaftlicher Machtzusammenhänge darstellen? Mit Maurice Merleau-Pontys Konzept eines fundamentalen leiblichen »Zur-Welt-Seins« bleibt die Frage nach den konkreten gesellschaftlichen Strukturen und deren verinnerlichender Transformation in Wahrnehmen, Denken und Handeln noch unbeantwortet. Nach dem *linguistic turn* in der Philosophie hat sich die Fragestellung zum doppelten Bezug des Menschen zu ihrem Körper/Leib in die Frage nach dem Verhältnis von Leib und Sprache aufgelöst. Die alleinige Bezugnahme auf leibliche Phänomene verbürgt seither keine Gewissheit mehr. Denn der Leib hat seine prädiskursive Existenz immer schon in dem Augenblick verloren, da man von ihm zu sprechen anfängt. Er ist gewissermaßen das unvordenklich Andere, dessen man sich als Körper stets aufs Neue bemächtigt, um es als Gegenstand des Wissens und zum Ort gesellschaftlicher Einschreibungen zu machen. Identifizieren wir den Körper im Status des Behindertseins, so haben wir die leibliche Perspektive bereits zugunsten herrschender Diskurse aufgegeben.[187]

---

187 B. Waldenfels (1995, 22f.) beschreibt den Weg von M. Merleau-Ponty zu M. Foucault: »Der Leib (...) bildet keinen Kontrast zur Seele oder zum Geist, vielmehr vermittelt er als *leiblicher Ausdruck*, in Blick, Lächeln, Umarmung und Drohgebärde, zwischen Kultur und Natur. Er vermittelt desgleichen als *Zwischenleiblichkeit (intercorporéité)* zwischen Eigenem und Fremdem, sei es im Handschlag, im Handgemeinwerden oder in der Unterredung. Schon die Wahrnehmung verweist in ihrer Perspektivität auf ein *Hier* und *Jetzt* und auf eine Eigenbeweglichkeit, die sich als *leibliches Können* entfaltet, als ein ›ich kann‹, das selbst dem ›ich denke‹ innewohnt. Als Inbegriff dessen, was mir widerfährt und was von mir ausgeht, ohne durch mich gesetzt zu sein, verkörpert sich in ihm meine *Opazität,* meine *Spontaneität*. (...) Schließlich versetzt der Leib uns in eine Sphäre der *Verletzlichkeit*; als leibliche und zwischenleibliche Wesen sind wir dem Zugriff des An-

Wer umgekehrt die Seele zur Grundbedingung menschlichen Seins macht, setzt im Namen des eigentlichen Menschen eine List stiller pädagogischer Vernunft ins Werk. Er verleugnet die gesellschaftliche Einprägungsarbeit, mit der sich die leibgebundene Verinnerlichung externer sozialer Strukturen vollzieht. Nietzsche (V, 1980, 322f.) hatte bereits erkannt, inwieweit die Leibgebundenheit der menschlichen Seele den gesellschaftlichen Mächten eine Zugriffsmöglichkeit auf das Individuum eröffnet: »Alle Instinkte, welche sich nicht nach Aussen entladen, *wenden sich nach Innen* – dies ist das, was ich die *Verinnerlichung* des Menschen nenne: damit wächst erst das an den Menschen heran, was man später seine »Seele« nennt. Die ganze innere Welt, ursprünglich dünn wie zwischen zwei Häute eingespannt, ist in dem Maasse aus einander- und aufgegangen, hat Tiefe, Breite, Höhe bekommen, als die Entladung des Menschen nach Aussen *gehemmt* worden ist. Jene furchtbaren Bollwerke, mit denen sich die staatliche Organisation gegen die alten Instinkte der Freiheit schützte – die Strafen gehören vor Allem zu diesen Bollwerken – brachten zu Wege, dass alle jene Instinkte des wilden freien schweifenden Menschen sich rückwärts, sich *gegen den Menschen selbst* wandten.«

Dieser Gedanke wird von Foucault aufgegriffen, um ihn von seinen lebensphilosophischen Grundannahmen zu lösen und auf eine konstitutionstheoretische Grundlage zu stellen: »Man sage nicht, die Seele sei eine Illusion oder ein ideologischer Begriff. Sie existiert, sie hat eine Wirklichkeit, sie wird ständig produziert – um den Körper, am Körper, im Körper – durch Machtausübung an jenen, die man überwacht, dressiert und korrigiert, an den Wahnsinnigen, den Kindern, den Schülern, den Kolonisierten, an denen, die man an einen Produktionsapparat bindet und ein Leben lang kontrolliert. (...) Der Mensch, von dem man uns spricht und zu dessen Befreiung man einlädt, ist bereits in sich das Resultat einer Unterwerfung, die viel tiefer ist als er. Eine ›Seele‹ wohnt in ihm und schafft ihm eine Existenz, die selber ein Stück der Herrschaft ist, welche die Macht über den Körper ausübt. Die Seele: Effekt und Instrument einer politischen Anatomie. Die Seele: Gefängnis des Körpers.« (Foucault 1976, 41f.).

---

deren ausgesetzt, der mit der Zudringlichkeit des Blicks beginnt und in Tortur und Mord sein zerstörerisches Extrem erreicht. Die Körperpolitik, die Foucault in Klinik, Gefängnis und Sexualhygiene aufspürt, verweist auf eine Form der gesellschaftlichen Institution, die nicht primär als Regelsystem, sondern eher als soziale *Einkörperung* zu denken ist.«

7.3 Die Wiederkehr der Seele (*Pierre Bourdieu*)

Die »Seele« hat keine Substanz. »Sie ist eher eine Wirkung vielfältiger Techniken an den Körpern, die mit Entwürfen der Einbildungskraft und mit self-fulfilling-prophecies verbunden sind« (Kamper/Wulf 1988). Als *soziale Subjektivität* des modernen Individuums äußert sie sich in vielfältigen Formen präreflexiver, körperlich eingeschriebener Verhaltensweisen, Werthaltungen und Einstellungen, mit denen das Individuum sich selbst, anderen und der Welt gegenübertritt. Pierre Bourdieu (1993, 112) erinnert mit seinem Habituskonzept daran, dass es ein »subjektives, aber nichtindividuelles System verinnerlichter Strukturen, gemeinsamer Wahrnehmungs-, Denk- und Handlungsschemata gibt.« Habitusformen sind folglich »Systeme dauerhafter und übertragbarer *Dispositionen*, als strukturierte Strukturen, die wie geschaffen sind, als strukturierende Strukturen zu fungieren, d.h. als Erzeugungs- und Ordnungsgrundlagen für Praktiken und Vorstellungen (...)« (ebd., 98). Sie lassen sich ebenso als symbolisch codierte Körperprozesse als auch als körperlich codierte Strukturen begreifen. Im Gegensatz zu Erving Goffmans (1967) voluntaristischer Handlungstheorie sind in Bourdieus Habituskonzept die Sicht- und Verhaltensweisen der Menschen nicht bloße Resultate mehr oder weniger bewusster Absichten, sondern intentionale Verdoppelungen dessen, was durch körperlich eingeschriebene Distinktionspraktiken soziale Geltung erhält. »Weil die Handelnden nie ganz genau wissen, was sie tun, hat ihr Handeln mehr Sinn, als sie selber wissen« (Bourdieu 1993, 127).[188]

Gegenüber Psychoanalyse und Systemtheorie hält Bourdieu (ebd., 98) daran fest, dass »Sinn« weder von triebgesteuerten Menschen noch durch autopoietische soziale Systeme erzeugt wird, sondern durch »Systeme dauer-

---

188 Im Sinne P. Bourdieus ist »Habitus« immer der Verweis auf eine soziale Konstruktionsleistung in der ein Sinnüberschuss enthalten ist. Das besondere Kennzeichen von habituellen Körperbewegungen liege gerade darin, dass die Handelnden darin mehr zum Ausdruck bringen, als ihnen reflexiv zugänglich ist. Körperbewegungen enthalten so gesehen immer einen Sinnüberschuss. Bei J. Habermas (I, 1981, 146) reduzieren sie sich dagegen zum Handlungselement eines intentionalen Subjekts: »Handlungen werden in gewissem Sinne durch Bewegungen des Körpers realisiert, aber doch nur so, dass der Aktor die Ausführungen des Handlungsplans intendiert, aber nicht etwa die Körperbewegung, mit deren Hilfe er seine Handlungen organisiert. *Eine Körperbewegung ist Element einer Handlung, aber keine Handlung.*«

hafter und übertragbarer Dispositionen«, die »als Erzeugungs- und Ordnungsgrundlagen für Praktiken und Vorstellungen« fungieren. Da sich das habituelle Handeln und Verhalten außerhalb bewusster Entscheidungen entfaltet, versperrt sich den Beteiligten die machtvolle soziale Wirkung der in ihr enthaltenen Werte und Normen.

Die Habitusformen sind das Terrain, auf dem kulturelle Distinktionen ermittelt und Hierarchien ausgehandelt werden. Sie hängen von der spezifischen Stellung der Handelnden innerhalb der Sozialstruktur ab. Dabei werden die Grenzen habitueller Denk-, Erwartungs- und Handlungsstrukturen durch die klassenspezifischen materiellen, kulturellen und sozialen Existenzbedingungen festgelegt. Habitusformen wirken gleichsam als ein in Fleisch und Blut übergegangenes Bewertungsschema auf der Grundlage eines Wissens um soziale Differenzen, die wahrgenommen und übernommen werden. Die habituellen Dispositionssysteme dienen zur Herstellung eines »sozialen Sinns«, der den Handelnden in der sozialen Welt dazu verhilft, sich durch Wahrnehmungs-, Denk- und Handlungsschemata in den Feldern ihres praktischen Handelns zurechtzufinden. In ihnen werden die Menschen zu sozialen Operatoren, indem ihre Körper selbst zentrale symbolische Funktionen übernehmen. Gruppen- und schichtspezifische kulturelle Normen und Einstellungen haben sich in ihnen in Figur, Frisur, Gestik, Haltung, der Art, seinen Körper zu pflegen, ihn zu kleiden, zu trainieren objektiviert. Im Habitus erscheint der Körper in der Doppelrolle von wahrgenommenem Träger und zugleich handelndem Produzent von Zeichen. Indem Bourdieu davon ausgeht, dass wir immer durch eine erworbene und nicht einfach absetzbare kulturelle Brille schauen, verabschiedet er sich gründlich von der Vorstellung eines neutralen Blicks. Die im Habitus inkorporierten Strukturen sind dem Bewusstsein und der Erklärung der Handelnden entzogen. Ihnen erscheint das, was sich durch kulturelle Wirkung Geltung verschafft hat, als etwas Selbstverständliches und daher Natürliches.

Die Möglichkeiten einer kritischen Theorie wären freilich erschöpft, wenn sich menschliche Subjektivität allein als kontingente Wirkung vielfältiger Formen verdinglichender Gewalt am Körper beschreiben ließe. Insofern weist Bourdieu (1983, 739) immer wieder darauf hin, dass die sozialen Konditionierungsprozesse des Leibes das Verhältnis des Individuums zur sozialen Welt nicht festschreiben. Gleichwohl bleibt der Habitus »die zur zweiten Natur gewordene, in motorische Schemata und körperliche Automatismen verwandelte gesellschaftliche Notwendigkeit.« Gleichwohl: Indem Bourdieu (1979, 357) davon ausgeht, dass die Maßstäbe kultureller Geltung immer nur auf inszenierten Handlungen beruhen, die der »Maximierung materiellen oder symbolischen Gewinns« dienen, bleiben die handelnden Personen amoralische Spielfiguren innerhalb einer Welt sozialer Verteilungskämpfe (vgl. Honneth 1990, 156ff.). Auf die zentrale Fragestellung meiner Untersuchungen, inwieweit die Begegnung mit dem Anderen auch einen gesellschaftlichen Ort darzustellen vermag, an dem »Seele« mehr sein kann als die Erscheinungsform zuschreibender Machtpraktiken am Körper, habe ich bei Bourdieu bisher noch keine zufriedenstellende Antwort gefunden.[189]

---

189 Vgl. ebenso J. Butlers (1998, 220) Kritik an P. Bourdieu, er vernachlässige die eigensinnige Performativität des Habitus: »Mit der Behauptung, dass performative Äußerungen nur dann effektiv wirken, wenn sie von jenen ausgesprochen werden, die (schon) eine gesellschaftliche Machtposition innehaben, in der sie Worte als Taten ausführen können, verwirft Bourdieu unbeabsichtigt die Möglichkeit einer Handlungsmacht, die an den Rändern der Macht entsteht.«

8. Zwischen Erregung und Auflösung

8.1 Die körperpolitische Gewalt »Behindernder«

»Die Anerkennung Nichtbehinderter und ihrer Freundschaft bedeutete auch mir noch ungemein viel. Sie wertete mich vor mir selbst und vor der sozialen Umwelt auf. Die Anerkennung der sich solidarisierenden Nichtbehinderten bekam ich aber besonders dann, wenn ich mich als stark und selbstbewusst produzierte. In ihrer Anwesenheit hätte ich meine Schwächen nicht preisgegeben« (Sandfort 1993, 73). »Oft saß ich unter Schmerzen bei Zusammenkünften, völlig unfähig, mich auf das Geschehen zu konzentrieren, nur um dabei zu sein, nur um den Anschein eines normalen Lebens vorzutäuschen. Man darf nicht schwach oder kränklich sein, sonst ist man draußen. Ich vernachlässige meinen Körper, weil ich nicht eingestehen will, dass ich behindert, anders bin. Leben nach der ›Was mich nicht kaputt macht, macht mich nur noch härter‹ Verleugnung eines besonderen, einmaligen, unwiederbringlichen Lebens zugunsten der Einheitsnorm des ›Kraftmeiers‹« (Hobrecht 1981, 60).

Diese lebensgeschichtlichen Erfahrungen von Menschen mit Behinderung werden von Jean-Paul Sartre in *Das Sein und das Nichts* (1962, 338ff.) treffend zum Ausdruck gebracht. Mit seiner Theorie intersubjektiver Begegnung lässt sich das Verhältnis wechselseitiger Fremdheit zwischen »Behinderten« und »Behindernden« in einer körperkulturorientierten Welt beschreiben. Danach ist der Augenblick des Erblicktwerdens durch den Anderen die Voraussetzung für ein eingeschränktes Bewusstsein von sich selbst. In der Situation, in der der Andere in meinem Wahrnehmungsfeld erscheint, dessen Blick seinerseits auf mich gerichtet ist, werde ich in meiner Seinsweise auf einen festgelegten Ausschnitt meines Möglichkeitshorizontes zurückgeworfen. Sein vergegenständlichender Blick schränkt mich auf eine einzige der prinzipiell offenen Möglichkeiten meines Selbstentwurfs ein. In der Verwundbarkeit durch den Anderen zeigt sich zugleich vor allem Selbstbewusstsein meine leibliche Verbundenheit mit ihm. Sein Blick offenbart ein soziales Verstehen, indem er die dingliche Seite meiner Existenz einer öffentlichen Bestimmung zuführt. Er kann belästigen, beschämen, verunsichern, demütigen, wie auch er ebenso der Wahrnehmung seines Gegenübers ausgeliefert ist. Merleau-Ponty (1966, 199) führt diesen Gedanken weiter: »Der seinen Körper abtastende fremde Blick scheint ihm ihn sich selbst zu entziehen, oder aber er meint im Gegenteil, die Exhibition seines Leibes werde ihm den anderen Menschen widerstandslos ausliefern, so dass es der Andere sein wird, der ihm zum Sklaven verfällt. Scham und Schamlosigkeit haben somit ihren Ort in einer Dialektik von Ich und Anderem, die die von Herr und Knecht ist: insofern ich einen Leib habe, kann ich unter dem Blick des Anderen zum bloßen Gegenstand herabsinken und nicht mehr als Person für ihn zählen (...).«

Die zwischenkörperliche Gewalt entfaltet subtil und unsichtbar in der Interaktion der Menschen ihre Wirkung. Sie bildet in Form einer gewaltsamen Rhetorik der Körper gleichsam einen blinden Fleck der Sprache und geht insofern über alles Gesagte hinaus. Durch sie vollzieht sich auf vorbewusster Ebene die symbolische Reproduktion sozialer Ungleichheit. Nach Pierre Bourdieu (1990, 27f.) wirkt sie als Nötigung »nur auf Menschen (...), die (gemäß ihrem Habitus, H.-U. R.) für sie empfänglich sind, während andere sie gar nicht bemerken.« So entwickeln behinderte Menschen einen *sozialen Sinn* unterhalb der reflektierten Bewusstseinsschwelle, der es ihnen ermöglicht, behindernde Signale – oft nur Blicke, kleine Gesten, beiläufige, unwillkürliche Körperhaltungen zu dekodieren und auf deren verdichtete soziale Botschaft zu reagieren. Die körperpolitische Gewalt, die von Behindernden im Alltag überall ausgeht – auf der Straße, bei der Arbeit, auf der Party, in Diskussionen – bleibt im kommunikativen Geschehen unreflektiert und doch wirkungsvoll. Die Akteure werden zu Tätern und Opfern, indem sie in ihrem Habitus jene körperpolitische Ordnung eingelagert haben. Gleichzeitig werden sie zu Komplizen, die sich in einem geheimen Einverständnis über ihre gegenseitigen Erwartungen verständigen. Ein alltägliches Beispiel soll genügen: Wenn öffentliche Räume – Cafés, Gaststätten, Discos usw. – den »Behindernden« vorbehalten sind, dann hält sich ein anständiger »Behinderter« dort nicht auf. Sollte ihm das noch nicht ganz klar sein, welche Räume sozial vermint wurden, so genügen bereits Blicke und Gesten, um ihm zu signalisieren, dass er hier nicht hergehört.

»Schönheit, Kraft, Tüchtigkeit, Gesundheit sind keine die Menschen vereinenden Grundwerte. Ebensowenig ist es die Übung der menschlichen Fähigkeiten. Es ist also nicht der Besitz von Eigenschaften, von Körpersinnen, von körperlicher Unsehrtheit, was die Menschen vereint« (Gebauer 1999, 190). Die alltagsweltlichen Sichtweisen auf den Menschen bewerten nur positiv, was Menschen aus ihren Körpern machen. Sie erkennen nur das an, was stark, leistungsfähig und attraktiv ist. »Für die andere Richtung sind sie blind; sie haben keinen Sinn für die Gebrechlichkeit, das Ende der Kräfte, die Verkrüppelung, das Krumme: An den alten Menschen sehen sie nur die Reste ehemaliger Leistungsfähigkeit (die der Altensport ausstellt wie Prunkstücke). An den Behinderten sehen sie nur das Überkompensieren von Fähigkeiten am verbleibenden Restkörper und den Glanz der technischen Artefakte, die die fehlenden Stücke prothetisch übertrumpfen« (ebd.).

Innerhalb dieses normiert-normierenden Blickes steht der alte und/oder behinderte Mensch in der Gefahr, seine Souveränität zu verlieren. Wie immer er sich und seine Welt auch begreifen und entwerfen mag: Ist er im Wahrnehmungsfeld der »Behindernden« erst einmal fixiert, wird er von dort aus in seiner Persönlichkeit zunächst auf die Aspekte seiner Abweichung vom idealen Körperbild reduziert. Indem der »Behindernde« den »Behinderten« so für sein eigenes idealisiertes Selbstbild verfügbar macht, gewinnt jener auf tragische Weise ein Bewusstsein seiner selbst. Einmal der Verdinglichung durch den »Behindernden« ausgesetzt, kann sich der »Behinderte« nur schwer außerhalb des Horizonts jener fremden Wahrnehmung auf sich beziehen. Ihm wird der Status eines Objekts zugewiesen, das einer Bewertung unterliegt und in seiner Selbsteinschätzung veranlasst, tatsächlich jenes Objekt zu sein, das der andere taxiert, beurteilt und damit für sich instrumentalisiert hat.

Die heutigen Grenzen der Integration bestehen darin, dass es immer weniger soziale Räume gibt, in denen sich behinderte Menschen möglicher Ausschließungspraktiken durch »Behindernde« entziehen können. Sie stehen ständig in der Gefahr, ihre Selbstachtung zu verlieren und Gefühle der Nichtzugehörigkeit, Unterlegenheit und sozialer Scham zu entwickeln. Symbolische Ausschließungspraktiken gestalten sich weniger in Form direkter Zutrittsverweigerungen, sondern durch Distinktionsgesten. Durch Nichtbeachtung oder Missachtung, die behinderten Menschen entgegenschlägt, die den Eintritt in die sozialen Räume »Behindernder« suchen, verweigert man ihnen jene Freundschaft, die man für sich selbst erwartet: die eines *Gastes*.[190]

8.2 Körperaristokatie[191] und Scham

Gleichgültigkeit ist eine der erfolgreichsten Distinktionspraktiken gegenüber behinderten Menschen. In der Kultivierung des eigenen Lebensstils und der Ignoranz gegenüber »Behinderten« vollzieht sich die Machtgeste des »Behindernden«, ohne dafür gehalten zu werden. Der Träger eines Körpers, der zur erlebnisorientierten Identitätsnorm geworden ist und dessen Grad an öffentlicher Legitimität über bloß subkulturell positive Attribute hinausweist, kann sich in der Pose scheinbarer Selbstvergessenheit gebärden.[192] Tatsächlich zieht er jedoch Gewinn aus dem Gefühl des Besserweggekommenseins, verfügt er doch über allgemein geschätzte und zugleich natürlich erscheinende Körpermerkmale. So kann er jene, von denen er sich abgrenzt, als ebenso natürlich defizitär zurückweisen. Bezieht sich nun der »Behinderte« in seiner Selbstwahrnehmung über die Wahrnehmung des »Behindernden« auf sich selbst, muss er zu dem stillen Eingeständnis kommen, der körperpolitischen

---

190 Das lateinische *hostis* steht ursprünglich für Fremdling, Ausländer, Feind. Aus dem *hostem petere*: den Fremden/den Feind herbeibitten, soll sich das Wort *hospes*: Gast *oder* Fremder entwickelt haben. Nach H.-D. Bahr (1994) verhält sich die *Sprache des Gastes* jenseits möglicher Gesten der Identifizierung bzw. Ausschließung. Das Verhältnis zu ihm ist von einer unaufdringlichen Neugier und dem Respekt vor seiner Andersheit geprägt. In der Ausschließung wird der Gast jedoch zum unerwünschten Fremden. Er ist identifiziert, ehe sein Gegenüber etwas über ihn erfahren und wissen kann. In der Gast-Freundschaft kommt man ihm entgegen, auch wenn man weiß, dass man ihn verfehlt. Man begegnet ihm nicht innerhalb oder außerhalb eines einheitlichen Bildes der Identifikation oder des Fremden, sondern eher bei den vielfältigen zerbrochenen und nichtidentischen Scherben eines Spiegels.
191 Den Begriff »Körperaristokratie« habe ich bei G. Gebauer (1999, 192) gefunden.
192 Vgl. G. Gebauer (1999, 192): »Die Schönen sind gedankenlos schön, auf unschuldige Weise grausam. Auf diese Weise erscheinen sie ihren Bewunderern – wie Tonio Kröger (in Thomas Manns Novelle), der das Verhältnis von Unterlegenen zu Überlegenen annimmt. Von der Anerkennung des Übermenschen zur Verachtung des ›Untermenschen‹ ist es dann nur noch ein kleiner Schritt.«

Gewalt nichts entgegensetzen zu können. Meiden die »Behinderten« den Kontakt mit dem »Behindernden«, so bieten sie sich zwar nicht mehr als Angriffsfläche für Lebensstile an, die im Kontakt ihre Überlegenheit demonstrieren; sie ruinieren aber dabei ihre Selbstachtung, weil sich in ihnen das Gefühl sozialer Scham zu verfestigen droht. Demgegenüber begeben sie sich in der Begegnung mit »Behindernden« in die Gefahr, im Moment der Herabsetzung durch sie Schamgefühle zu offenbaren, die wiederum die Berechtigung hervorrufen, deren Erwartungen an die Beschämten zu erhöhen. »Soziale Scham ist die tiefste Art einen persönlichen Mangel zu empfinden, weil sie (...) das Wertempfinden der Person über die Art des eigenen Seins herabdrückt, mit einer Unterlegenheit einhergeht und gerade jene Diskrepanzerfahrung zwischen dem realen und dem idealen Selbst im Inneren einer Person hervorruft, die im Verhältnis zwischen sich und dem anderen eine erfolgreiche Distinktion von außen erzeugt« (Neckel 1993, 283).

Insofern besteht das Dilemma der »Behinderten« darin, sich der herabwürdigenden Fremdwahrnehmung einerseits nicht zu verschließen und andererseits diese nicht zur ausschließlichen Erfahrung ihrer selbst zu machen. »Das äußere Vehikel bleibt immer die Aufmerksamkeit anderer, die freilich durch die Spaltung unserer selbst in ein beobachtendes und beobachtetes Teil-Ich ersetzt werden kann (...). Wie wir uns überhaupt beobachten, beurteilen, verurteilen, wie Dritte es tun, so verpflanzt sich auch jene zugespitzte Aufmerksamkeit anderer, an die sich das Schamgefühl knüpft, in uns selbst hinein.« (Simmel 1983, 144). Anders als im bloßen Sich-gedemütigt-Fühlen erkennen wir mit dem Schamgefühl im weitesten Sinne an, einer sozialen Norm nicht zu entsprechen. Mit anderen Worten: »Man kann sich durchaus für ein Zuwiderhandeln gegen eine Norm schämen, die man aus rationaler Einsicht nicht anerkennt« (Landweer 1999, 37). Doch selbst in diesem Falle droht die Scham wie ein lähmendes Gift zu wirken, indem es die Bereitschaft aufkommen zu lassen vermag, »sich irgendeine noch so vage Verantwortung dafür zuzuschreiben, Objekt von Demütigung geworden zu sein (ebd., 45).

Eine einmal eingetretene Scham kann sich zu einem Inferioritätshabitus verfestigen. Darin gefangen, sind mehrere Reaktionen möglich: Unterwerfung und Rückzug, Zusammenschluss und Widerstand. Häufiger neigt man zur moralischen Selbstverurteilung der eigenen Unterlegenheit, seltener zu einem Engagement in Gruppen, die zur möglichen Selbstaufwertung beitragen sollen. Empfundene Defizite werden dann so gedeutet, dass man andere für deren Verursachung verantwortlich macht oder sich selbst dafür verurteilt. Im Zentrum dieser leidvollen Sozialerfahrung steht immer das eigene Behindertsein. Das Engagement in Selbsthilfegruppen ist freiwillige Selbst-Segregation auf Zeit und erfüllt eine wichtige Funktion im Kampf um Anerkennung (vgl. I/3.2). Es hilft, aus der lähmenden Situation des bloßen Erduldens von Demütigungen herauszufinden und bietet einen Raum, der Sicherheit und Schutz gewährt, um das persönliche Selbstbewusstsein und Selbstvertrauen zu entwickeln. Dort tauscht man mit anderen ohne Dominanzansprüche »Behindernder« die Erfahrung aus, dass die politische Gemeinschaft trotz Wohlfahrtspflege die Wertschätzung durch andere allein auf dem Rechtswege niemals garantieren kann. Gleichwohl werden die Kompetenzen im Umgang mit dem professionellen Versorgungssystem erweitert. Rechtsaufklärung und persönlicher Ratschlag, Unterstützung in der Bewältigung von Alltagsproblemen und der Ausgleich konkret erfahrener Versorgungsmängel führen zu Fähigkeiten der Selbstsorge (vgl. II/11).[193]

Paradoxerweise führt gerade der Gedanke einer prinzipiell realisierbaren Gleichheit in einem System wie dem unseren automatisch zur Verleugnung symbolischer Ungleichheit und der Individualisierung von Inferiorität. Mit der Folge, dass die eigene soziale Stellung nicht mehr als Wirkung von Macht, sondern als defizienter Modus individueller Selbstverwirklichung in Erscheinung tritt. Das Tragische am Behindertsein – man verletzt Normen, ohne unmoralisch zu sein. Es genügt heute die bloße Tatsache, den Normen einer körperorientierten Kultur nicht zu genügen. Der Körper besitzt aber keine universale menschliche Dimension, die uns alle gleich macht – es sei denn die der Verletzbarkeit und des Ausgeliefertseins. Behinderte Menschen haben mehr und mehr gelernt, ihre eigenen Identitätskämpfe auszufechten. Entgegen anderslautender Expertenbehauptungen sollten sie das freilich nicht nur durch Trauerarbeit leisten.

In der Rehabilitation wird nach wie vor psychologisch darauf hingearbeitet, dass der »Behinderte« Realitätseinsicht gewinnt und die Tatsache des

---

193 Vgl. N. Herriger (1984, 440): »Selbsthilfe führt nicht dazu, dass professionelle Dienstleistungen überflüssig werden. Ganz im Gegenteil: Selbsthilfegruppen bewirken tendenziell eine vermehrte Inanspruchnahme professioneller Hilfen, da sie im Gewirr unterschiedlich ressortierter Zuständigkeiten Transparenz schaffen und ihre Mitglieder in die Rolle von ›kritischen Konsumenten‹ medizinischer und beruflicher Rehabilitationsleistungen einsetzen.«

Behindertseins akzeptiert. Darüber soll er lernen, seine Behinderung sinnvoll zu verarbeiten. Doch ist nicht gerade jener dem näher, was gemeinhin als gutes oder geglücktes Leben bezeichnet wird, der es versteht, seine Behinderung im richtigen Maß zu vergessen. Mit größerer Wahrscheinlichkeit lernt er entdecken, sich mit anderen Charakteristika zu identifizieren als mit seinem physischen Handicap. Christoph Leyendecker (1992, 54) weist auf Untersuchungen hin, die zeigen, dass behinderte Personen durch ein realistisch erscheinendes Optimistisch-Sein und »Positives Denken« ihr Schicksal besser bewältigen. Er wendet sich daher gegen die »arrogante Einstellung vieler Rehabilitationsfachleute« wenn sie auf eine Auseinandersetzung und Verarbeitung der Behinderung setzen: »Denn realistische Akzeptanz der Behinderung bedeutet nicht nur den eigenen Körper anzunehmen, sondern gleichzeitig auch, die abgewertete Rolle des Behinderten in unserer Gesellschaft akzeptieren zu müssen.«

8.3 Der überreizte Körper des postmodernen Individuums

Oberflächlich betrachtet scheint es zwischen dem Alltagskörper und dem Körper in der Medizin bedeutsame Differenzen zu geben. Im Alltag soll er schön sein und Spaß bringen; in der Medizin soll er gesund sein und funktionieren. Doch diese Sichtweise ist trügerisch. »Beide Körper bestehen nicht unabhängig voneinander, vielmehr ist der Alltagskörper immer schon hochgradig biomedizinisch vermittelt, und alltagsweltliche Vorstellungen kontaminieren das Körperbild der Biomedizin« (Borck 1996, 30). Der schöne Körper ist zum Leitbild eines bestimmten Zweiges in der chirurgischen Medizin geworden; der gesunde Körper wird im Alltag immer mehr zum Gegenstand von gesundheitsorientierten Heils- und Glückserwartungen. Gesundheit ist machbares Glück und umgekehrt: Glück – darauf weisen regelmäßig Umfragen hin – wird in medizinischen Kategorien gemessen: Gesundheit erscheint als höchstes Gut. Entsprechend haben Produkte und Aktivitäten, die Gesundheit versprechen, Konjunktur. Dies gilt für die pharmazeutischen Erzeugnisse ebenso wie für die natürlich belassenen Lebensmittel oder den aus Gesundheitsmotiven betriebenen Fitness-Sport. Das allgemeine staatliche Interesse nach regulierender Gesundheit der Bevölkerung ist inzwischen strukturell mit dem individuellen Bedürfnis nach gesundheitsorientierter Selbstvervollkommnung gekoppelt. Das magersüchtige Model, der ausgezehrte Marathonläufer, der fastende Politiker, der besorgte Konsument von Lebensmitteln – sie alle haben bereits ein intuitives Wissen von den medizinischen Prozessen in ihrem Körper. Auch die alternativen Therapieverfahren und esoterischen Körpertechniken bilden nur scheinbar einen Gegensatz zur Biomedizin. Weit eher sind sie im Jargon der Natürlichkeit auftretende Diskurse innerhalb eines umfassenden biomedizinisch-politischen Komplexes.

Unter Gesundheit verstehen wir Zeitgenossen heute längst nicht mehr nur die Abwesenheit von Krankheit, sondern etwas Herstellbares, für das Opfer erbracht werden müssen, damit Lebensglück erfahrbar wird. War die Medizin bisher eine Kunst der Linderung und Heilung, so ist sie zu einer Ethik der gesunden Lebensführung und Lebensverbesserung avanciert. Die Menschen sind immer bereitwilliger dabei, sich ihren Gesundheitsimperativen zu unterwerfen.[194] Damit Gesundheit messbar wird, muss sie am Körperäußeren sichtbar gemacht werden. Der gesundheitliche Erfolg für die Bemühungen, Entsagungen und Genussverzichte zeigt sich durch einen sportlich-dynamischen Körper. Gesund bleibt, wer sich fit hält. Darüber hinaus kann er damit rechnen, dass er mit dem erkennbaren Erfolg seiner Bemühungen in der Gunst seiner Zeitgenossen gewinnt. Der Gesunde weist sich durch den sportlich schlanken Körper aus, dieser wertet sich wiederum als sexuell attraktiver Körper auf, und alles zusammen soll zu sozialem Prestigegewinn und damit größerem Glück führen.

Wo die eigene Anstrengung nicht ausreicht, da kann die Medizin zu einer körperlichen Runderneuerung verhelfen. Ihrem Ruf folgen jene, die sich den

---

194 Eine im Auftrag des deutschen Studienpreises vom Institut für Demoskopie in Allensbach durchgeführte Meinungsumfrage (Golin, 26.10.2000) zeigt, dass die Deutschen eine hohe Bereitschaft zeigen, ihren Körper zu optimieren: »26 Prozent aller Befragten würden sich einzelne Hirnzellen transplantieren lassen (...). Immerhin jeder Fünfte fände es jetzt schon gut, wenn man durch den Einbau eines Chips die Gehirnleistung verbessern könnte, und jeder Zehnte begrüßt die mögliche Verpflanzung von Gehirnen. In der jüngsten Altersklasse der Umfrage, bei den 16- bis 29-Jährigen, verdoppelt sich dieser Anteil sogar (...). Über 90 Prozent würden auf ein Ersatzteil zurückgreifen, wenn das eigene Organ geschädigt ist. Dabei würden 8 Prozent immerhin auch ein tierisches Herz – von Affe oder Schwein – in ihrem Körper schlagen lassen. (...) 47 Prozent würden sich ein Ersatzorgan aus eigenen Zellen züchten lassen.«

immer höher geschraubten Schönheitsnormen eines gesund und jugendlich erscheinenden Körpers unterwerfen.[195] Für sie fängt subjektiv Behinderung schon da an, wo sie mit ihrem Selbstbild hadern, weil sie täglich geringe Veränderungen an ihrem Körper erleben. Der stumme Aufschrei der Seele: So wie ich von Natur aus geworden bin, kann nichts mehr aus mir werden! Wird aber erst die äußere Form durch Gnaden der Medizin neu geschaffen, lebt es sich leichter, besser und schöner. Jährlich lassen sich Millionen Amerikaner operativ verschönern und geben dafür Milliarden Dollar aus. Für die Psychologen ist damit ein neues Klientel herangewachsen. Denn das Problem bleibt, dass gegen imaginierte Hässlichkeit kein plastischer Eingriff gewachsen ist. Spätestens mit dem Alter wird die innerliche Ablehnung der äußerlich aufpolierten Fassade zunehmen. Die Schönheitschirurgie arbeitet letztlich erfolglos darauf hin, die individuelle Lebensgeschichte zu löschen: Dem Körper soll man nicht mehr ansehen, was der Mensch erlebt hat.

»Nicht mehr Kleider, sondern Körper machen Leute« (Klein 26.10.2000, 41), so hören wir. Doch der zunehmend enthüllte Körper wird zur neuen Verkleidung, die dann präsentationswürdig ist, wenn er schlank und jugendlich erscheint. Den Frauen hat man es schon lange weisgemacht: Das traditionell Weibliche, der Frauenkörper mit Fettpölsterchen an Oberschenkel und Hüfte, ist out. Der dicke Mitbürger ahnt bereits, dass er immer schwierigeren Zeiten entgegengeht. Denn er muss sich des Vorwurfs erwehren, er würde allzu rasch seinen genüsslichen Launen nachgeben. Die Zeiten sind vorbei, wo Dicksein mit der Tugend der Gemütlichkeit in Verbindung gebracht wurde. Denn nur der schlanke Mensch hat den Beweis angetreten, dass er über die schon von den Griechen gepriesene Tugend der Mäßigung verfügt. Am Körper des dicken Zeitgenossen zeichnen sich dagegen die Sünden einer schwächlichen Psyche ab.

Fast jeder, der an sich herabschaut, weiß, dass er in einem falschen Körper lebt und die Wahrheiten seines eigentlichen Körpers verrät. Er ist zu groß, zu klein, zu dünn, zu dick, zu faltig, zu blass und vermisst die Ausbuchtungen seines Körpers an den richtigen Stellen. Diejenigen, die ihren

---

195 Die oben genannte repräsentative Meinungsumfrage des Instituts für Demoskopie Allensbach (DIE ZEIT, 2.11.200) hat weiterhin ergeben, dass jede/r Fünfte Verständnis für eine Schönheitsoperation hat, wenn der Betreffende ansonsten befürchten muss, keinen Partner zu finden. Immerhin fühlen sich 18 Prozent der Befragten durch das vorherrschende Schönheitsideal unter Druck gesetzt.

Körper mit Nacktheit verkleiden, lassen dem Betrachter in ihrer Makellosigkeit keinen Spielraum mehr für erotische Phantasien. Ihr makelloser Körper ist zur uniformen Ersatzkleidung eines »autistischen Neutrums« (Kamper 1982) geworden, dem weder Anstrengung noch Leidenschaft anzusehen ist. Er wird unentwegt gedrillt und zur Ordnung gerufen, damit er unangreifbar wird und seine vollendete Form nicht verliert. Ansonsten könnte er seinen Besitzer als charakterschwachen und disziplinlosen Schwächling verraten. Für die Folgen muss er dann selbst aufkommen. Er fühlt sich unattraktiv und hat gute Gründe weniger an die Zuneigung durch andere zu glauben. Der Kampf um Anerkennung vollzieht sich am Kriegsschauplatz »Körper«.

Die alte Aufklärungsmaxime »Habe Mut dich deines Verstandes zu bedienen« hat heute ihre Bedeutung eingebüßt. Einst setzte man damit noch auf einen Geist, der seinen Körper im Griff hat, damit der Mensch zum verstandesmäßigen Gebrauch seiner Sinne fähig ist. »Der ›Sinn‹ der normierten und normalisierten Sinnlichkeit unter Führung eines kalten Auges sollte in einem Erkenntnisgewinn liegen. Genaue, leidenschaftslose Beobachtungen – so lautete das Versprechen – würden die Wahrheit über das, was ist, ans Licht bringen und eine strenge Unterscheidung von Realität und Fiktion erlauben« (Kamper/Wulf 1984a, 16f.). Die Menschen leben heute eher gemäß dem therapeutisch-pädagogischen Imperativ »Erfahre dich selbst über deinen Körper«. Dem Kopf wird zunehmend die Macht abgesprochen, Wahrheiten über sich selbst in Erfahrung zu bringen. Er gilt als Ort möglicher Täuschungen und falscher Herrschaft über den Bauch. Auf der anderen Seite wird der Körper dagegen zum Medium unentwegter ekstatischer Reizsuche und Selbstvergewisserung. Doch noch »der hedonistischste, der auf Erfahrung und Erlebnis wildeste Körper ist gespenstischer Krüppel seiner Zeit. (...) Der ›authentische‹ und der industrie-gestylte Körper sind zwei Seiten derselben Medaille; der Kult des Authentischen ist nur die Kehrseite des blinden Fortschrittsoptimismus« (König 1989, 117).

»Der postmoderne Körper ist zuallererst ein Empfänger von *Erregung*, die er aufsaugt und verdaut. Seine Fähigkeit, sich stimulieren zu lassen, macht ihn zum Instrument körperlicher *Lust*. Eine Fähigkeit, die man als ›Fitness‹ bezeichnet; dementsprechend steht der ›Zustand mangelnder Fitness‹ für Trägheit, Apathie, Teilnahmslosigkeit, Depression und Nachlässigkeit; für ein reduziertes, ›unterdurchschnittliches‹ Interesse an neuen Erregungen und Erfahrungen und der damit einhergehenden fehlenden Fähigkeit, auf Stimuli dieser Art zu reagieren« (Baumann 1995a). In körperlichen Selbsterfahrungen wird der Körper zum Seismograph für Erschütterungen in unserem Seelenleben und in Körperübungen zum Medium der Selbstheilung. Wir sollen lernen, in ihn hineinzuhorchen, um verschüttete Wahrheiten über uns freizulegen. Dadurch verleihen wir ihm zusehends die Weihe einer Identitätsnorm und werden so auf neue Weise von ihm abhängig. Mit Schweiß und Kondition geht man neue Wege zu zeitgenössischen Formen der Körperaneignung, um mit einer neuen Ästhetik des muskulösen Outfits neue Persönlichkeitsmaßstäbe zu setzen. Stretching, Tanz- und Gymnastikformen, importierte Kampfsportarten und Meditationstechniken bieten neue Wege der Selbstvergewisserung. Durch extreme und ekstatische Praktiken wie House-Running, Base-Jumping und Free-Climbing werden neue kulturelle Maßstäbe des Selbsterlebens gesetzt.

»Bei näherem Licht erweisen sich viele Formen der Körperthematisierung als Techniken der individuellen Selbstvergewisserung und Problemlösung in einem sozialen Raum, in dem die tradierten Möglichkeiten der Selbstidentifikation geschwunden sind, und Leistungen der Körperdistanzierung nicht länger belohnt werden« (Rittner 1996, 436). Wir machen den Körper zum begehrten Garanten von Sinn, weil man sich mit seinen Sinnen auf ihn als eine be-greifbare Wirklichkeit beziehen und ihn gestalten kann. Er bietet sich dem Einzelnen als Hoffnungsträger inmitten einer schwer begreifbaren hyperkomplexen Wirklichkeit an. Durch ihn erfüllt sich das Bedürfnis nach ichbezogenen und konkreten Erlebnisqualitäten, nachdem klassische Sinninstanzen wie Tradition, Religion und Nation zerfallen sind und die Menschen aus Mangel an Alternativen Halt in sich selbst suchen müssen. »Je mehr die Menschen die Kontrolle über äußere Ereignisse verlieren, je mehr sie in einer durchbürokratisierten und unbegreiflich komplexen Welt leben, desto anstrengender versuchen sie das zu beeinflussen, was sie scheinbar noch am leichtesten können: ihren eigenen Körper und ihre Gesundheit« (Milz 1992, 214f.).

Insofern stehen die neuen Formen der Körperaneignung in keinem wirklichen Gegensatz zu den von Foucault beschriebenen Praktiken der Körperzensur und Körperdisziplinierung. Es ist weniger ein orakelnder Körper, der uns kryptische Wahrheiten vermittelt, sondern der politische Körper, der uns als Träger sozialer Zeichen und Gegenstand öffentlicher Diskurse zunehmend tyrannisiert. »Der heutige Körper ist Gegenstand öffentlicher Wahrnehmung und offener Thematisierung, er ist nicht unter-thematisiert, sondern im Gegenteil über-thematisiert. Dass das zu ganz neuen Peinlichkeitsanlässen führen kann, liegt auf der Hand. Peinlichkeiten – nicht mehr aufgrund traditioneller Tabuierungen, sondern Peinlichkeiten im grellen Scheinwerferlicht der Normen von Körperästhetik oder gesundheitsorientierter Selbstdisziplin« (Ziehe 1991, 43).

Die Dialektik von Gleichheit und Freiheit erscheint heute neu als Dialektik von allmählichem Verschwinden des Körpers und seiner medialen Inszenierung (Kamper/Wulf 1982; 1984b). Der Körper verflüchtigt sich zunehmend in technische Simulationen. »Ob durch Bio- und Gentechnologie, Transplantationsmedizin oder durch digitale Medien, der humane Körper, verstanden als eine naturhafte Einheit, scheint sich aufzulösen und mit künstlichen Körpern zu verschmelzen« (Klein 26. 10. 2000, 40). Die elektronischen Medien vermitteln den Körper zur Unterhaltung: scheinbar ohne Makel – jung, beweglich, dynamisch und schön. Der Werbung dient er als Vehikel zur Absatzsteigerung ihrer Produkte. Perfekt arrangierte Körper bilden das Ambiente zu Autos, Kosmetika, Margarine, elektronischen Erzeugnissen etc. Durch technische Geräte »entlastet«, gerät der Mensch mit seiner natürlichen Sinnesausstattung an eine Wahrnehmungsschwelle. Seine Einbildungskraft wird ausgelagert: »Es hat den Anschein, als ob die Phantasie, in Gestalt des medialen Imaginären, an der Macht sei, als ob eine gewaltige Immanenz, ein Gefängnis aus Bildern die voneinander isolierten Menschen bedrohe« (Kamper 1986, 13). Die Realität hat sich zu einem mediengesteuerten Satelliten gewandelt, von dem aus der antiquierte Mensch über Naturkatastrophen, radioaktive Strahlenbelastungen, gewalttätige Jugendliche, sportliche Großereignisse, Kriege in Krisengebieten etc. informiert wird (Kamper u. a. 1984a; 1989).

Der Körper soll Authentizität suggerieren; tatsächlich wird er zunehmend zu einem Medium technischer Aufrüstung. Bislang wurde das körperliche Vermögen in Maschinen Fernrohr, Fahrzeug, Computer usw. lediglich ausgelagert. Inzwischen ist es zu einer unterschwelligen Erweiterung und technischen Implementierung unseres zentralen Nervensystems gekommen. »Der Fernschreiber funktioniert als künstlicher Mund, die Telefonmembran implementiert das Ohr, Drähte die Nervenstränge, die photographische Platte ersetzt die Netzhaut, und der Film rekonstruiert die Wirklichkeit als neurologischen Datenfluss« (Bolz 1990, 16). Der Computer mit seiner universellen

Fähigkeit, alle Daten in mathematische Algorithmen zu überführen, hat bereits die cerebrale Funktion zur Transformation von Sinnesdaten eingenommen. Mit dem Internet hat sich weltweit ein öffentlich zugänglicher Datentransfer über das menschliche Genom und damit eine dezentral verteilte Möglichkeit zur anthropotechnischen Mobilmachung etabliert.

Umgekehrt unterliegt auch das Innere des menschlichen Körpers inzwischen einer technischen Kulturarbeit. Die Kolonialisierung körperlicher Vorgänge schreitet unaufhaltsam fort. Die natürliche Evolution macht schrittweise in einer Art »Technodarwinismus« der technischen Selektion Platz. »Nur mit Hilfe von Prothesen können sich viele Menschen noch am Leben erhalten. Nicht mehr nur die Technik, sondern der Mensch selbst wird zur Prothese« (Kamper/Wulf 1989, 6). Die neueren Entwicklungen der Mikroelektronik und Werkstoffherstellung haben in vielen Bereichen der Medizin zu einem wachsenden Einsatz von »Prothesen« – Kunstgliedern, Ersatzgelenken, Pumpensystemen und Kleinstcomputern – geführt. Sie kompensieren nicht nur verlorengegangene Funktionen des Körpers, sondern erweitern dessen Fähigkeiten durch die Verbindung von Technik und menschlicher Natur.

Damit bekommt die Frage nach dem gesellschaftlichen Sinn von Behinderung eine völlig andere Bedeutung, als sie die bisher üblichen Antworten suggerieren. Die Gesellschaft braucht »Behinderte« nicht »zu ihrer Belastung, da sonst die diversen technischen Entwicklungen die Menschen körperlich, aber auch ethisch verkümmern lassen« (Dörner 1989, 175). – Behindertsein findet seine gesellschaftliche Legitimation vielmehr darin, einen Testfall für technische Invasionen am menschlichen Körper darzustellen – mittels Präimplantations- und Transplantationstechnik, prothetischer Chirurgie und mikrophysikalischer Stimulation. Man bereitet sich darauf vor, »die Masse des Lebendigen mit Mikromaschinen auszurüsten, mit deren Hilfe unsere Fähigkeiten wirkungsvoll zu stimulieren sind: Der Invalide, der dank seiner Ausrüstung seine Behinderung überwinden kann, wird plötzlich zum Vorbild für den mit Prothesen jeder Art überreizten Gesunden« (Virilio 1994, 110).

Miniaturisierte Maschinen werden in den Körper eingepflanzt – Herzschrittmacher, Retina- und Cochlea-Implantate, Ersatz von Hirnfunktionen durch Neuroprothesen bei Epilepsie und Parkinson-Syndrom. In naher Zeit wird die funktionelle Koppelung zwischen Neuronen und Chips auf die Entwicklung von Menschen zu Cyborgs (cybernetic organism) abzielen. Das

Resultat dieser technischen Eingriffe wird nicht nur darin bestehen, dass Behinderungen nicht mehr akzeptiert werden, sondern dass die Ansprüche gegenüber den sogenannten »Normalen« steigen werden: »Wenn der »Übermensch« von morgen wirklich der *überrüstete Gesunde* ist, der seine Umwelt kontrolliert, ohne sich physisch fortzubewegen – so wie der mit Prothesen *ausgerüstete Kranke* schon heute unter nur geringem Einsatz von Muskelkraft handelt und sich bewegt –, dann tritt die Evolution in eine *technologisch-wissenschaftliche* Phase ein«, die den Körper überflüssig macht (ebd., 128).

8.4 Cyber-Eremiten und virtueller Sex

Seit Mitte des 19. Jahrhunderts thematisieren wir einen Bereich menschlichen Lebens unter dem Begriff »Sexualität« und problematisieren ihn im Wandel unserer Kultur ständig im Muster von Repression und Liberalisierung. Die Sexualität ist zu einem ständigen Kampffeld zwischen Eltern und Kindern und zwischen den Geschlechtern auf der Ebene des Körpers geworden. Darüber hinaus dient sie bis heute als Dispositiv zur Identifizierung und Abwertung partikularer Sexualgemeinschaften. »Die Revolte des sexuellen Körpers ist der Gegenangriff auf dieses Eindringen« (Foucault 1976, 107). Ende der 60er Jahre war die letzte »sexuelle Revolution« von der Überzeugung getragen, dass sich gesellschaftliche Macht über die Kontrolle von Sexualität am Leben erhält. Umgekehrt wollte man nun die Gesellschaft durch die subversive Macht des Sexuellen verändern. Der Sexualität wurde das Vermögen zugesprochen, »unter bestimmten Bedingungen höchst kultivierte menschliche Beziehungen begründen« zu können, »ohne der repressiven Organisation unterworfen zu sein, wie sie die heute geltende Kultur über die Triebe verhängt.« (Marcuse 1984, 202)

In der Folge führten die politischen Auseinandersetzungen um einen freieren Umgang mit der Sexualität zu einer Reihe von Lockerungen einzelner Rechtsvorschriften: Verbot von homosexuellen Handlungen; Anerkennung sexueller Beziehungen im Jugendalter; weitgehende Akzeptanz von Masturbation; Duldung von vorehelichem geschlechtlichem Kontakt. Die Einführung von Verhütungsmitteln ermöglichte dem Einzelnen einen angstfreieren

Umgang mit seinen Lüsten. Das öffentlich anerkannte Repertoire sexueller Spielarten erweiterte sich und löste sich aus geschlechtsspezifischen Zusammenhängen heraus. Das Ehe- und Treuemodell hat den kulturellen Schock der 68er Bewegung zwar überstanden. Doch mit der Diversifikation der Lebensstile gibt es daneben Singles, Alleinerziehende, asexuelle Dauerbeziehungen, Swinger-Club-Fans und besondere Spielarten des Sexuellen.

In diesem Zusammenhang wurde allmählich auch das Thema »Behinderung und Sexualität« auf die Tagesordnung gebracht.[196] *Sollen, können, dürfen Behinderte heiraten?* (Kluge u.a. 1977) – so lautete einst der keineswegs ironisch gemeinte Titel eines Buches, in dem Pädagogen, Soziologen und Ärzte mit wissenschaftlichem Eifer dieser Frage nachgehen. Heute erscheint es uns als eines jener peinlichen Zeugnisse technokratisch orientierter Sexualwissenschaft. Ebenso der Band *Der Körperbehinderte und seine Sexualität* (Klöckner 1976), in dem sich der Autor seitenlang wissenschaftlich darüber auslässt, ob Behinderten ein privater Freiraum für Zärtlichkeiten und Liebesspiele zuzubilligen sei. Auf der anderen Seite gab es auch zahlreiche autobiografische Veröffentlichungen von Betroffenen, die zu einem sensibleren öffentlichen Verständnis über deren Bedürfnisse nach Liebe, Sexualität und Partnerschaft führten (Eggli 1977, Storz 1977, Hobrecht 1981). All diese Erscheinungen im Zuge sexueller Liberalisierungen führten jedoch nicht zu den gesellschaftlichen Veränderungen, die sich manche (behinderte) Menschen damals erhofften. Bis heute halten sie freilich die Hoffnung wach, sexuelle Befreiung wenigstens noch als privates Glück zu denken. »Sexualität« gilt uns gegenwärtig noch als integraler Bestandteil für das psychisch-physische Wohlergehen und damit als Garant für Autonomie und Selbstverwirklichung. Aus einem äußerlich garantierten Recht auf freie sexuelle Entfaltung ist inzwischen eine innerliche Verpflichtung zu ihrer regelmäßigen Ausübung geworden.

Seit den 80er Jahren hat sich innerhalb des Dispositivs »Sexualität« eine Bedeutungsverschiebung vollzogen. Mehr und mehr wurde ihre funktionelle Seite gegenüber ihrer vermeintlich ekstatischen und überschreitenden Potenz betont. Die Soziologie belehrte uns, dass das sexuell befreite Individuum und sein hedonistischer Lebensstil nie im Gegensatz zur spätindustriellen Gesellschaft stand, sondern nach dem Wegfall funktionslos gewordener Verbote

---

196 Vgl. dazu den immer noch lesenswerten Beitrag von C. Schwerdt (1981).

einen gewünschten aber keineswegs glücklicheren Sozialisationstyp repräsentiert. Eine weitere Kehrseite dieser allgemeinen Sorge um das sexuelle Begehren des Individuums zeigte sich darin, dass sich diejenigen, die aus irgendwelchen Gründen nicht an der Gemeinschaft der sexuell Befreiten teilnehmen können, von einem Gefühl des Mangels beherrscht sein mussten. Aus guten Gründen waren die »Behinderten« daher auch immer weniger dazu bereit, das persönliche Lebensglück von der Befriedigung des sexuellen Verlangens abhängig zu machen. Gegenwärtig beschäftigt uns weniger die sexuelle Befreiung, als ihre negativen Begleiterscheinungen – das missbrauchte Kind, der vergewaltigende Ehemann, der lüsterne Chef, der gefährdete und gefährliche HIV-Infizierte, der abstoßende Sextourist, der bedauernswerte Sexsüchtige, der geleimte Promi.[197]

Auch hier erleben wir das gleiche dialektische Spiel: Der Körper als Subjekt und Objekt der Begierde ist dabei zu verschwinden. Die Trennung von sexuellem Erleben und körperlicher Reaktion ist keine Besonderheit »sensibilitätsgestörter« Menschen mehr. Dem impotenten Mann verhilft die Medizin mittlerweile zu medikamentös oder chirurgisch hergestellter Gliedversteifung. »Ein Mann kann dann ohne inneres Verlangen und oft auch ohne psychophysische Sensationen, die dem sexuellen Erlebnis bisher eigen zu sein schienen, ›sexuell funktionieren‹ und den Geschlechtsverkehr als das praktizieren, was er in unserer Kultur einer wesentlichen Tendenz nach immer war: Vollzug. Der Traum der Mediziner von der totalen Prothetisierung der sexuellen Funktionen, deren Verkörperungen den Körper zur Leiche machen, also auch Entkörperlichungen sind, korrespondiert mit dem allgemeinen Traum von der Prävention des Somatischen und der Überwindung des Körpers, von der Entleiblichung des Sexus und des Genus« (Sigusch 1996, 34).

Man muss kein Prophet sein, um vorauszusagen, dass das disproportionale Verhältnis zwischen sexuellem Diskurs und zwischenkörperlicher Sexualität zunehmen wird. Der Cyber-Eremit der Zukunft hat sich dem künstlich stimulierten »Behinderten« inzwischen angenähert. Er lässt das »Beziehungs-Elend« hinter sich, um den Eros der Geschlechter durch Surrogate zu ersetzen. In der künstlich aufreizenden Medienwelt, die keine »warmen« Herzen benötigt, fühlt er sich heimisch. Im Internet wird Sexualität für ihn zu

---

197 Vgl. W. Brill (1998), der einen Überblick zum aktuellen Stand der Forschung und Diskussion über sexuellen Missbrauchshandlungen an behinderten Menschen gibt.

einer cybertechnischen Arena der »nostalgischen Auferweckung des Realen« (Baudrillard1982): Bereits zerstörte geschlechtsspezifische Identitätsmuster lassen sich dort virtuell neu durchspielen.[198]

Als symbolischer Code hat sich die Liebe seit dem 18. Jahrhundert bewährt, um die Bindung zweier Menschen in einer komplexer werdenden Gesellschaft zu bändigen (Luhmann 1994, Schneider 1994). Inzwischen droht ihr der Kältetod in einer Gesellschaft von selbstbezogenen »Erregungssammlern« (Baumann 1995). Dieser neue Sozialisationstyp soll entstehen, wenn bei Kindern schon früh die zeitliche Kausalität von Begehren und Lustbefriedigung außer Kraft gesetzt wird. Eltern »verhalten sich oft so, als hätten sie panische Angst, ihren Kindern Grenzen zu setzen oder ihnen Enttäuschungen zuzumuten. Die Erfüllung noch nicht geäußerter oder gespürter Wünsche macht das Leben wunschfrei und damit leer, und die daraus resultierende Nörgelei der Kinder verstärkt die Suche der Eltern nach bisher unentdecktem Verlangen« (Schmidt 1996, 44).

Weitere kulturelle Tendenzen für eine Entkörperlichung des Sexuellen zeigen sich in der Konjunktur von Telephon- und Cybersex, CD-Rom- und Internet-Pornos. Der erotische Roman hat sich noch als symbolischer Raum für bildhafte Fiktionen angeboten, die sich im phantasievollen erotischen Spiel entfalten konnten. Die gespielte Sexszene im Film ist inzwischen in einem Maß auf das Imaginäre zugeschnitten, dass sich Realität als Imitation vorfabrizierter Bilder vollzieht. Der mit interaktiven Phantomen elektronisch sich befriedigende Cyber-Eremit hat das Begehren erfolgreich aus dem Nahbereich zwischenkörperlicher Interaktionen herausgetrieben. Sein Techno-Sex wird zur Simulation, in der sich das Reale vollkommen von den Zeichen zurückgezogen hat, um einem Größen-Ich, das keine Angst mehr vor Scham und Kontrollverlust kennt, einen virtuellen Gestaltungsraum zu bieten. Im taktil stimulierenden Cybersex-Anzug und audiovisuellem Datenhelm lassen sich synästhetische Lusteffekte erzielen, die irgendwann vielleicht alles Bisherige verblassen lassen.

---

198 Ch. Funken (2000) sieht im »Chat« und in den »Online-Spielwelten der mittelalterlichen MUDs (Multi User Dungeons) und den Fantasy-Welten der MOOs (Multi User Dungeons Object Oriented)« eine »virtuelle Reorganisation von Geschlechtermodellen, die realweltlich bereits erschüttert sind.«

9. Zur Kritik der politischen Medizin

9.1 Sex und Rassismus

Seit nunmehr zweihundert Jahren ist eine Machttechnologie am Körper des Einzelnen und in der Bevölkerung wirksam, die jedes einseitige Bild vom medizinisch-technischen Fortschritt und der linearen Steigerung von Gesundheit und Lebensglück problematisch erscheinen lässt. Gegenwärtig lässt sich hinter dem offiziellen Geschäft rechtsstaatlicher Politik – auf der kulturellen Ebene der Biowissenschaften – wieder jener eugenische Ungeist wahrnehmen, der schon einmal für das biopolitische Programm moderner Gesellschaften stand. Foucaults historische Untersuchungen zur Bevölkerungsregulation führen mich im Weiteren zu der eher beunruhigenden als provokanten Behauptung, dass das eugenische Denken, verstanden als (staatliche) Regulierung der Phänomene menschlichen Lebens und seiner Fortpflanzung, möglicherweise keinen Bruch mit der Tradition liberaldemokratischen Staats- und Regierungsdenken darstellen muss. Möglicherweise wird der biologische Kampf gegen Krankheiten und Behinderungen im Namen einer eugenischen Utopie geführt, die den defekten Körper nicht mehr nur heilen, sondern ihn langfristig durch einen gesteigerten Körper ersetzen will.[199]

---

[199] Vgl. G. Gebauer (2001, 896): »Es ist nahezu unmöglich geworden, den Körper ohne Zukunftsprojektionen, Verbesserungswünsche, Versprechungen wahrzunehmen und ihn als Projekt des zeitlichen Prozesses von Altern und Vergehen aufzufassen oder ihn aus der utopischen Perspektive herauszunehmen; dies erfordert ein Denken gegen den Strom der Entwicklung. Auf die Körper-Utopien im Diesseits zu verzichten, stellt uns vor das Problem, einen nichtutopischen und nichtmythischen Lebensentwurf zu denken und im eigenen Handeln zu verwirklichen.«

Wie ich bereits dargelegt habe (II/2 und II/3), wird in den modernen Staaten seit dem 18. Jahrhundert die Bevölkerung als beeinflussbare Masse verstanden, die nicht durch Gesetze zum Gehorsam gezwungen werden muss, sondern die wie ein biologischer Organismus erklärt und reguliert werden kann. Auf die Kritik an den Phänomenen der Zivilisation – Pauperisierung der Massen, Urbanisierung und ihre Nebenfolgen, schlechte Arbeitsbedingungen, unzureichende Ernährungslage, mangelhafter Gesundheitszustand, fehlende Hygiene mit der Folge von Krankheiten – folgte u.a. eine demographisch-medizinische Erfassung der Bevölkerung. Die Fortpflanzung, die Geburten- und die Sterblichkeitsrate, das Gesundheitsniveau, die Lebensdauer, die Langlebigkeit usw. wurden zum Gegenstand eingreifender Maßnahmen und regulierender Kontrollen (vgl. Barthel 1989). Die Moderne vollzog sich von Anbeginn in einem eugenischen Sog, in dem der soziale Fortschritt der Menschheit in der biologischen Natur des Individualkörpers »Individuum« und des Kollektivkörpers »Volk« erfasst wurde. »Der abendländische Mensch lernt allmählich, was es ist, eine lebende Spezies in einer lebenden Welt zu sein, einen Körper zu haben sowie Existenzbedingungen, Lebenserwartungen, eine individuelle und kollektive Gesundheit, die man modifizieren, und einen Raum in dem man sie optimal verteilen kann. *Zum ersten Mal in der Geschichte reflektiert sich das Biologische im Politischen.* (...) Die ›biologische Modernitätsschwelle‹ einer Gesellschaft liegt dort, wo es in ihren politischen Strategien um die Existenz der Gattung selber geht. (...) *Der moderne Mensch ist ein Tier, in dessen Politik sein Leben als Lebewesen auf dem Spiel steht*« (Foucault 1983, 170f. Herv., H.-U. R.).

Seit Charles Darwins *Von der Entstehung der Arten* (1859) kann die soziale Wirklichkeit in den Kategorien eines wissenschaftlichen biologischen Naturgesetzes interpretiert werden. Soziale Probleme brauchen nicht mehr die Folge moderner Lebensbedingungen sein; es kann nun umgekehrt die biologisch gedeutete Degeneration der Bevölkerung zur Ursache von existentiellen Übeln gemacht werden. Während der malthusianische Gedanke einer Reglementierung des quantitativen Bevölkerungswachstums lange schon bekannt war, tritt nun die Frage nach einer qualitativen Beeinflussung der Bevölkerung auf. Mit Francis Galtons *Eugenics: Its Definition, Scope and Aims* (1905) ordnet sich die Eugenik als Wissenschaft zur Steuerung und Kontrolle der menschlichen Erbgesundheit in ein demographisch-medizinisches Wissensfeld ein. Als »Wissenschaft vom guten Erbe« nimmt sie für sich in Anspruch, bestimmen zu können, was als gutes bzw. schlechtes Erbgut zu gelten habe. Krankheiten werden nicht mehr nur als medizinisch behandlungsbedürftiges Leiden behandelt, sondern ebenso als Zivilisationsmerkmale und mögliche Symptome einer unheilvollen Bedrohung des Volkskörpers moralisch verurteilt.

Während nach Ansicht der Rassenhygieniker die Heilung einer individuellen Krankheit antiselektorische Folgen zeitigen kann, ließe sich mit der rationalen Kontrolle der Sexualität und Steuerung des Fortpflanzungsverhaltens einer Bevölkerung an der biologischen Spezies »Mensch« etwas verbessern: »Dass durch unser sexuelles Verhalten auch die erbbiologische Stammesentwicklung beeinflusst wird, diese uns so naheliegende Erkenntnis lag nicht im Gesichtskreis der vordarwinschen Zeit« (Schallmayer 1909, 211). Man wollte die Zeugung »nicht irgendeinem Zufall, einer angeheiterten Stunde überlassen«; sie sollte vielmehr »nach den Grundsätzen, die die Wissenschaft für Zeit und sonstige Bedingungen aufgestellt hat«, geregelt werden (Ploetz 1895, 144). Die Handlungsregeln lauteten, entweder »positiv« eugenische Maßnahmen zur Höherzüchtung der Art einzuleiten oder die Degeneration durch »negative« Eugenik zu verhindern. Dabei können sich die Eugeniker »in die bereits eröffnete, im weitesten Sinne bevölkerungspolitische Arena hineindefinieren und brauchen dem bereits etablierten Zielkanon lediglich eine neue Facette hinzuzufügen: die qualitative Bevölkerungspolitik« (Weingart u.a. 1988, 22).

Die Aufklärung hat nicht nur die individuelle Freiheit der Liebe und der Wahl des Ehepartners entdeckt. Mit der »Sexualität« hat sie zugleich ein Dispositiv eingerichtet, mit dessen Hilfe man bevölkerungspolitisch wirksam werden kann. Während für eine Standes-Gesellschaft das »Geblüt« den eigentlichen Wert darstellte, um die Erbfolge nachzuweisen, diente dem Bürgertum des 19. Jahrhunderts der »Sex« zur »Selbstaffirmation« (Foucault 1983, 148). Es setzte dem Geblüt des Adels und dessen alter Sorge um die Wahrung von Standesprivilegien »den Körper, die Stärke, die Langlebigkeit, die Zeugungskraft und die Nachkommenschaft« (ebd., 148) entgegen. Das Sexualverhalten der Menschen wurde zum Gegenstand und zur Zielscheibe, weil es um Gesundheit, Fortpflanzung, Rasse, Zukunft der Art, Lebenskraft des Gesellschaftskörpers ging. Die »Sexualität« bildete als historisches und kulturelles Phänomen eine Art »Scharnier zwischen beiden Entwicklungsachsen der politischen Technologie des Lebens« (ebd., 173): Über die

Diskursivierung des Sexualverhaltens konnten sich bis heute die Disziplinartechniken der Körper mit den Regulierungsverfahren der Bevölkerung verbinden und eine vollständige politische Verwaltung des Lebens und der Menschen als Lebewesen herbeiführen.

In der politischen Verfolgung und in den Versuchen, die Sexualität zu kontrollieren, entfaltete sich zwischen dem Ende des 18. und der Mitte des 19. Jahrhunderts ein »großes Oberflächennetz, auf dem sich die Stimulierung der Körper, die Intensivierung der Lüste, die Anreizung zum Diskurs, die Formierung der Erkenntnisse, die Verstärkung der (...) Widerstände in einigen großen Wissens- und Machtstrategien miteinander verketten« (ebd., 128). Über mehrere Strategien konstituierten sich die Familien und pädagogischen/medizinischen Institutionen so als Angriffsflächen sexueller Diskursivierung, die in eine Technologie des Lebens einmündete:

(1) *Die Pädagogisierung des kindlichen Sexes* – In den Familien und Bildungsanstalten des 18. Jahrhunderts wird das Sexuelle der Kinder und Jugendlichen zusehends zum Problem gemacht. Die kindliche Onanie wird wie »eine Epidemie bekämpft, die es einzudämmen (ebd., 56f.) gilt. Mit ausgeklügelten »Überwachungseinrichtungen und Fallen« erzwingt man das Geständnis und setzt »unerschöpfliche, korrigierende Diskurse« durch, die nicht dazu führen, dass die Onanie verschwindet, sondern dass »rund um das Kind endlose Durchdringungslinien gezogen« (ebd., 57) werden. Diese Sexualisierung des Kindes vollzieht sich in Form einer Kampagne für die Gesundheit der Rasse, da in ihr eine epidemische Gefahr vermutet wird, die zur Gefahr für die ganze Gesellschaft und die menschliche Art selbst werden kann.

(2) *Die Hysterisierung des weiblichen Körpers* – Der weibliche Körper wird im 19. Jahrhundert in seiner »organischen Verbindung mit dem Gesellschaftskörper (dessen Fruchtbarkeit er regeln und gewährleisten muss), mit dem Raum der Familie (den er als substantielles und funktionales Element mittragen muss) und mit dem Leben der Kinder (das er hervorbringt und das er dank einer die ganze Erziehung während biologisch-moralischen Verantwortlichkeit schützen muss« (ebd., 126) gebracht. Die Medizinierung ihres Körpers und ihres Sexes stand ganz im Zeichen gesunder Nachkommen.

(3) *Die Sozialisierung des Fortpflanzungsverhaltens* – An der Wende vom 18. zum 19. Jahrhundert wird die ehemals christliche Kontrolle der ehe-

lichen Beziehung mit dem moralischen Gebot zu gesunder Lebensführung im Dienste einer Kräftesteigerung des Gesellschaftskörpers verbunden. Über so genannte soziale und steuerliche Maßnahmen wird die Fruchtbarkeit der Paare gefördert oder gezügelt. Durch die Förderung politischer Verantwortung wird ein Interesse am Wachstum bzw. an der Schrumpfung des Gesellschaftskörpers geweckt. Das Gebot zur Übernahme medizinischer Verantwortung verpflichtet die Paare, sich vor schädlichen Einflüssen durch sexuelle Unachtsamkeit zu schützen. So entsteht eine »ganze gesellschaftliche Praktik, die im Staatsrassismus ihre äußerste und systematischste Form erlangt(e)« und der »Technologie des Sexes eine ungeheure Macht und weitreichende Wirkung« verleiht (ebd., 143).

(4) *Die Psychiatrisierung der perversen Lust* – In der zweiten Hälfte des 19. Jahrhunderts spaltet sich mit der Psychiatrie eine »Medizin des Sexes« (ebd., 142) von einer allgemeinen Medizin ab. Damit kommt es zur Isolierung eines sexuellen Triebes, »der selbst ohne organische Veränderung konstitutive Anomalien, erworbene Abweichungen, Schwächen oder pathologische Prozesse aufweisen kann« (ebd., 142). Der Sexualtrieb wird auf seine Anomalien hin analysiert und auf eine besondere Natur des jeweiligen Individuums bezogen. Dadurch spezifiziert man ihn zugleich nach eingekörperten Perversionen. »Die Medizin der Perversionen und die Programme der Eugenik bildeten innerhalb der Technologie des Sexes die beiden großen Neuerungen der zweiten Hälfte des 19. Jahrhunderts. Diese beiden Errungenschaften fügten sich gut zusammen, weil die Theorie der ›Entartung‹ sie aufeinander verweist. Diese Theorie liefert die Erklärung dafür, wie eine drückende Vererbung verschiedener Krankheiten (...) schließlich einen Sexualperversen hervorbringt« bzw. wie »eine sexuelle Perversion zu einer Erschöpfung der Nachkommenschaft führt« (ebd., 142f.).

Aus dem eugenischen Denken resultierte das biologische Thema »des Kampfes ums Leben (...), um Kampf im biologischen Sinn, um Differenzierung der Arten, Selektion des Stärksten, Bewahrung der am besten angepassten Rasse usw.« (1986c 49f.). Es ermöglicht einem Staat, der nach dem Modus der Bio-Macht funktioniert, eine nichtmilitärische Beziehung zwischen dem eigenen Leben und dem Tod des Anderen. Die Gesellschaft wurde unter diesem Blickwinkel zu einer Formation, die »biologisch monistisch ist. (...)

Das sind die Fremden, die sich eingeschlichen haben, das sind die Abweisenden; das sind die Nebenprodukte dieser Gesellschaft. Der Staat (...) wird zum Schützer der Integrität, Überlegenheit und Reinheit der Rasse« (ebd. 50). Er schaffte es mit Hilfe eines Ensembles von Institutionen, Diskursen und Praktiken, die um das menschliche Sexual- und Fortpflanzungsverhalten zentriert sind. Mit den rassenhygienischen »Träumen von der Vervollkommnung der Art« schlug »das gesamte Problem des Blutes in eine Zwangsbewirtschaftung des Sexes« um (1983, 177).

Das revolutionäre Bürgertum hatte die Besonderheiten des aristokratischen Geblüts ausgelöscht. Mit der Rassenidee in der zweiten Hälfte des 19. Jahrhunderts und der Herausbildung des nationalsozialistischen Staates wurde jedoch die »Symbolik des Blutes« im Volkskörper als Gemeinschaft der Fruchtbarkeit, Gesundheit und Langlebigkeit neu heraufbeschworen (ebd.). Aus der »mythischen Sorge um die Reinheit des Blutes und den Triumph der Rasse« vollzog man mittels disziplinarischer Machtmechanismen eine »eugenische Reglementierung der Gesellschaft« (ebd., 178). Die Funktionsweise des Rassismus beruhte dabei auf der binären Logik innerhalb der Spezies Mensch bestimmte Rassen als gut und andere als minderwertig zu beurteilen. Er stellt eine Art und Weise dar, innerhalb der Bevölkerung Gruppen gegeneinander zu differenzieren. Mit dieser Logik etabliert er »eine positive Beziehung vom Typ ›je mehr du töten wirst, um so mehr wirst du sterben machen‹, oder ›je mehr du sterben lässt, um so mehr wirst du eben deswegen leben‹ (...)« (1999, 295). Dabei garantierte der Tod des Anderen als Vertreter einer degenerierten oder anormalen Rasse nicht nur die persönliche Sicherheit, sondern die Sicherheit des gesunden Lebens im Allgemeinen.

Nach Foucault bedarf der Rassismus keiner Lügen oder Ideologien, um sich zu rechtfertigen. Vielmehr muss er nur der inneren Logik der Bio-Macht bis zum Exzess folgen. »Rasse, Rassismus ist die Bedingung für die Akzeptanz des Tötens in einer Normalisierungsgesellschaft« (ebd., 296). Seine Legitimation lautet, dass der Staat die Bereiche des Lebens nur schützen, verbessern und absichern kann, wenn er sie biologisch kultiviert. Je mehr die minderwertigen Glieder im Volkskörper verschwinden und je mehr die Anormalen eliminiert werden, umso weniger Degenerierte wird es im Verhältnis zur Bevölkerung geben. Im Namen einer lebenssteigernden Macht setzt er auf die biologisch-medizinische Reinigung des Gesellschaftskörpers. Sie wird zum natürlichen Erfordernis staatlichen Handelns, da die Abweichung von der Norm eine lebenszerstörende Gefahr darstellt. »Im großen und ganzen sichert der Rassismus, denke ich, die Funktion des Todes in der Ökonomie der Bio-Macht gemäß dem Prinzip, dass der Tod der Anderen die biologische Selbst-Stärkung bedeutet, insofern man Mitglied einer Rasse oder Bevölkerung ist, insofern man Element einer einheitlichen und lebendigen Pluralität ist« (ebd., 299).

Soviel zum Staatsrassimus! Doch gibt es nicht auch einen Rassismus ohne Nationalismus und folglich auch ohne staatlichen Auftrag, einen Rassismus, der nicht mehr einer Technologie des Sexes zu seiner Entfaltung bedarf, sondern einer Strategie zur Vermeidung des genetischen Risikos; ein Rassismus, der auf der (zwischen-)menschlichen Basis von Vormundschaft, Elternliebe und Selbstbestimmung als Technologie der Genetifizierung seine Wirkung entfaltet? An dieser Frage orientieren sich meine weiteren Überlegungen.

9.2 Das Ende der Natürlichkeit

»Das bürgerliche Ideal der Natürlichkeit meint nicht die amorphe Natur, sondern die Tugend der Mitte« (Horkheimer/Adorno 1980, 31). Je mehr unsere Lebenswelt von Technik beeinflusst wird und je mehr wir deren Folgen als bedrohlich wahrnehmen, desto mehr steigt der Gegenbegriff »Natur« als Leitwert und Sinngarant auf, mit dem sich öffentlichkeitswirksam Kritik und Widerstand mobilisieren lässt. Seine Faszination scheint darin zu liegen, dass er im Meer der Komplexität »eine Norm der richtigen Ordnung suggeriert – ähnlich wohl wie einmal der Begriff Kosmos« (Bolz 2001, 772). Die Liebhaber einer unverfügbaren Natur im Menschen berufen sich heilsorgend auf das kritische Paradigma der Naturbeherrschung. Doch die Waffen der Kritik, mit der man sich auf Natürlichkeit als einen Rest des Menschentums beruft, sind mittlerweile stumpf geworden. Die menschliche Natur gibt keine objektive Norm vor, an der sich richtiges Handeln orientieren könnte. Nur menschliche Begriffe und Kriterien können uns darüber belehren, auf wen oder was wir in unserem Handeln Rücksicht zu nehmen haben. Die ethische Annahme, eine menschliche Natur qua Körper könnte uns sagen, was sein soll, erweist sich als ein »naturalistischer Fehlschluss«, mit der man ebenso

Kritik über Formen innerer Naturbeherrschung an Menschen mit Behinderungen üben kann, wie sich auch Argumente für den hybriden instrumentellen Einsatz von Diagnose und Therapie bei ihnen rechtfertigen lassen.

Im Namen der Natur können sich die einen auf ein rational-empirisches Wissen als Basis für die Befreiung des Menschen aus der bedrohlichen Abhängigkeit eines unnatürlich-versehrten Körpers berufen; die anderen können Kritik daran üben, indem sie ihrerseits einen natürlich-versehrten Körper zugrundelegen, der durch Zivilisation und instrumentelle Vernunft entstellt wird. Eine »Naturethik« in dem Sinne, dass sich aus der Faktizität der menschlichen Natur ein Sollen ableiten ließe, kann es nicht geben. Hinter der Rechtfertigung des »Natürlichen« als objektiver Wahrheit, steckt die Arglist, an die Stelle moralischer Auseinandersetzungen Pseudoerkenntnisse zu setzen. Aus der menschlichen Natur lässt sich kein sittliches Eigenrecht auf Schonung oder Förderung ableiten.

Gleichwohl machen manche den Vorschlag, den Begriff »Natur« moralisch rein zu belassen, indem sie sich aller Bewertung enthalten: »Wer bedenkt schon, dass Krankheit wie Behinderung ›natürliche‹ Ereignisse sind? Einfach zu unterstellen, bei Behinderung seien »der Natur« grobe Fehler unterlaufen, sie habe alles falsch gemacht, ist reichlich kühn« (Krebs/Dörr 1994, 11). Mit dieser Vorstellung, der geschädigte Körper sei normal, weil er natürlich ist, wird freilich übersehen, dass wir Natur niemals außerhalb normativer Wertungen wahrnehmen können. Wer sagt, dass Behinderungen natürlich und daher normal seien, begibt sich in Teufels Küche. Im Namen einer geheiligten Natur muss er konsequenterweise allen diagnostischen und therapeutischen Versuchen zur Rehabilitation und Heilung die Legitimation absprechen und den problematischen Schluss ziehen: »Werden Diagnostik und auch Therapie instrumentell als Mittel zur Feststellung bzw. Wiederherstellung von sogenannten Normalfunktionen benutzt (...), kann Menschsein mit einer Behinderung nur als unerwünscht, sinnlos, unzumutbar und letztlich sogar so ›eingestuft‹ werden, dass es tunlichst schon präventiv zu verhindern sei ›rechtzeitige‹ Tötung nicht ausgeschlossen« (ebd., 11). Die Frage, mit welchen technischen Mitteln der Diagnose und Therapie wir leben wollen, lässt sich nicht mit einem wertfreien Begriff von Natur und Natürlichkeit beantworten. »Natur« hat keine ursprüngliche Bedeutung, von der sich ableiten lässt, was normal ist. Die Reproduktion des gesellschaftlichen

Lebens wird immer an die Bedingungen einer deskriptiv-normativen Auseinandersetzung mit Natur gebunden bleiben.

Der Gedanke, es gebe eine Natur, deren ethische Subtanz in einer vor aller Kultur liegenden Wahrheit begründet liegt, ruht auf den beiden traditionellen Entgegensetzungen von Natur und Kultur bzw. Subjekt und Objekt. Wir müssen uns aber von dem Gedanken verabschieden, es gäbe einen ungetrübten Spiegel der Natur als Objekt, deren zeitlose und vor allen Diskursen liegende Regeln durch den Menschen als Subjekt kulturell angeeignet werden können (Derrida 1983, Rorty 1987). Die romantische Vorstellung einer unterdrückten und zu befreienden Natürlichkeit ist der Einsicht gewichen, dass der natürliche Körper nicht nachträglich mit einer Bedeutung versehen werden kann. Auch ihn gibt es nur als Wissenskörper und damit als performativer Effekt gesellschaftlicher Praktiken. Der Körper als »gesellschaftlich produzierte und einzige sinnliche Manifestation der ›Person‹ gilt gemeinhin als natürlicher Ausdruck der innersten Natur – und doch gibt es an ihm kein einziges bloß ›physisches Mal‹« (Bourdieu 1982, 310).

Natur hat bereits eine Transsubstantiation in Zeichen erfahren, die nicht mehr abbilden, sondern produziert werden. Mit der experimentellen Anordnung des Körpers in den Biowissenschaften wurde das Reale zum beliebig wiederholbaren Zeichen gemacht.[200] Mit der seriellen Produktion bildet es als Zeichen die materielle Voraussetzung mit sich identischer Produkte. Daher müssen wir uns vor einem Mythos hüten, in dem das körperliche Dasein von Menschen mit einer Behinderung zum Natürlichen gemacht wird. Die Begriffe »natürlich« und »normal« repräsentieren nichts, was außerhalb gesellschaftlicher Zuschreibungen liegt. »Was wir meinen, wenn wir sagen, dass für geschädigte Menschen ihr Körper ›normal‹ sei, ist doch, dass er ihnen vertraut ist, dass er ihnen ›recht‹ ist; dass ihnen von außen veranlasste Veränderungen an ihrem Körper fremd sind, dass es nur die anderen sind, die ihren Körper anders, eben normentsprechend wollen« (Jetter 1997, 46).

---

200 Vgl. J. Baudrillard (1982, 116): »Die wirkliche Definition des Realen lautet: *das, wovon man eine äquivalente Reproduktion herstellen kann.* Sie entsteht zur gleichen Zeit wie die Wissenschaft, die postuliert, dass ein Vorgang unter gegebenen Bedingungen exakt reproduziert werden kann (...). Am Ende dieses Entwicklungsprozesses der Reproduzierbarkeit ist das Reale nicht nur das, was reproduziert werden kann, sondern das, *was immer schon reproduziert ist.* Hyperreal.«

Die Vergleiche zwischen Natürlichem und Gesellschaftlichem werden von einer kulturellen Position aus gezogen, in der die Bewunderung gegenüber den vermeintlichen Resten unverfügter Natur bereits zum Luxus totaler Mobilmachung gehört.[201] Es ist daher vorbei mit der Behauptung, dass die Macht nur Kontrolle über die menschliche Natur ausübt. In ihrem heißen Kern will sie im Namen des »guten Lebens« menschliche Natur machen (Sloterdijk 1989). Die postmoderne Mobilmachung von machender Natur vollzieht sich seit längerem auf der Grundlage einer ökologischen Kritik an der unterdrückten Natur. Die modernen Machtverhältnisse funktionieren gerade deshalb, weil man sich im Namen eines humanistischen Befreiungsdiskurses auf dieses romantische Konzept einer durch Gesellschaft unterdrückten menschlichen Naturform beruft.

Mit dem Ende der Vorstellung von einer zu befreienden Natur als »ethischer Substanz« wächst freilich die Gefahr, jegliche Skrupel gegenüber den technischen Potentialen der Biowissenschaften zu verlieren und den Begriff der Menschenwürde als »semantische Altlast« (Jongen 2001) zu entsorgen. So begeistern sich inzwischen kanadische Sektierer, kalifornische Transhumanisten und Sloterdijk-Jünger in je eigener Weise daran, auf moralische Reflexion zu verzichten. Stattdessen wollen sie in »kreative Intelligenz« investieren und Nietzsches (1980 III, 468) Ruf folgen, »uns Menschen mit der reinen, neu gefundenen, neu erlösten Natur zu *vernatürlichen*.«[202] Vergesellschaftung wird einzig unter dem Vorzeichen eines technischen Schicksalszwanges begriffen, um moralische Fragen zur normativen Regelung des Zusammenlebens vergessen machen zu können. Jede »Ethik der Verweigerung, des Tabus oder der Umkehr« erscheint ihnen insofern als »hilflose

---

201 G. von Randow (2000) weist auf eine Paradoxie in den naturethischen Ansätzen hin: »Wenn das Natürliche das Richtige wäre, dann wäre eine ausdifferenzierte Moral stets unrichtig, denn sie ist nicht Natur, sondern Kultur. Rechnete man hingegen die Moral zur Natur des Menschen, dann folgerichtigerweise die gesamte Kultur; der Unterschied von Natur und Kultur wäre aufgelöst, und es gäbe kein Außerhalb mehr, von dem aus das Unnatürliche abgelehnt werden könnte. Natur ist kein Kriterium.«

202 Vgl. M. Jongen (2001): »Als das ›nicht festgestellte Tier‹ ist der Mensch in dem Maß, als er zu sich selbst findet, dazu verurteilt, sich zu er-finden, denn er ist nichts anderes als dieses Sich-Erfinden. Diesen im ›Wesen des Menschen‹ gründenden Zug zur Selbsttranszendenz bildet den nüchtern logischen Kern von Nietzsches berüchtigter Lehre vom Übermenschen, die erst heute, im Horizont ihrer technischen Umsetzbarkeit, ihr volles prophetisches Potential entfaltet.«

Donquichoterie« innerhalb einer von permanenter moralischer Überforderung und der Frage »Was sollten wir tun?« entlastender »autopoietischen Natur-Kultur-Maschine« (Jongen 2001).

Kann uns hier nur noch das Eingedenken einer unverfügbaren menschlichen Natur helfen oder der Appell, das endlose Spiel eines redublizierenden Bezugs auf etwas, das nie anwesend war, zu beenden?[203] Jürgen Habermas gibt mit seinem neuen Buch *Die Zukunft der menschlichen Natur. Auf dem Weg zu einer liberalen Eugenik?* (2001)[204] eine mögliche Antwort auf diese Frage. Seines Erachtens drängen uns die neuen Technologien einen öffentlichen Diskurs »über das richtige Verständnis der kulturellen Lebensform als solcher auf. Und Philosophen haben keine guten Gründe mehr, diesen Streitgegenstand Biowissenschaftlern und Science-Fiction-begeisterten Ingenieuren zu überlassen« (ebd., 33).

Habermas sucht nach einem »minimalen gattungsethischen Selbstverständnis« (ebd., 74), das ohne die »Errichtung künstlicher Tabuschranken, also eine Wiederverzauberung der inneren Natur« als Begründung gegen eine molekulargenetische Programmierung menschlicher Natur auskommt (ebd., 49). Auf der einen Seite sieht er mit der »Moralisierung der menschlichen Natur« (ebd., 46) die Gefahr eines »dumpfen antimodernistischen Widerstandes« verbunden; auf der anderen Seite möchte er jedoch der Verschmelzung der elterlichen Chromosomensätze »ein gewisses Maß an Kontingenz und Naturwüchsigkeit« sichern (ebd., 49). In diesem Sinne spricht er sich entschieden dagegen aus, durch »merkmalsverändernde gentechnische Eingriffe« in den »Modus unseres Lebens« einzugreifen (ebd., 123). Seines Erachtens lässt sich der Begriff der Menschenwürde zwar nur auf Personen beziehen, die in der Öffentlichkeit einer Sprachgemeinschaft die Anlage zu einer vernunftbegabten Person entwickeln können; das will jedoch nicht heißen, dass sich »jenseits der Grenzen einer strikt verstandenen Gemein-

---

203 Vgl. J. Derrida (1983, 244): »Die begehrte Präsenz entzieht sich uns im Gestus der Sprache, durch den wir uns ihrer bemächtigen wollen.«

204 Soweit ich sehe, schlägt J. Habermas (2001) seine Moralphilosophie in das Gewand eines mit S. Kierkegaard versetzten jungen Hegels: Mit seiner Rückbindung aller Moral an Ressourcen des Selbstseinkönnens (Kierkegaard) und der reziprok-symmetrischen Anerkennung (Hegel) erhebt Habermas den Anspruch, allgemeine Maßstäbe für das gattungsethische Selbstverständnis des Menschen gefunden zu haben. Freilich kann er diesen sittlichen Maßstäben nur insoweit universelle Geltung zusprechen, als sie sich in ihrer Kontextualität, Historizität und Kontingenz bisher noch als alternativlos bewährt haben.

schaft moralischer Personen« eine Grauzone erstrecke, »in der wir normativ rücksichtslos handeln und ungehemmt hantieren dürften« (ebd., 68). Auch wenn ein Embryo als vorpersonales Wesen keine Menschenwürde besitze und damit den Status einer Rechtsperson nicht erreiche, so sei er dennoch insoweit »unverfügbar« (ebd., 59), als er für eine »Technisierung der menschlichen Natur« (ebd., 46) nicht zur Verfügung stehen dürfe.

Die Notwendigkeit einer »Moralisierung der menschlichen Natur« ergibt sich für Habermas letztlich aus folgenden Bedenken: »Die Genmanipulation könnte unser Selbstverständnis als Gattungswesen so verändern, dass mit dem Angriff auf moderne Rechts- und Moralvorstellungen zugleich nicht hintergehbare normative Grundlagen der gesellschaftlichen Integration getroffen würden« (ebd., 50f.); freilich nur insoweit diese Techniken »sich durch einen Eingewöhnungsprozess ganz aus dem Zusammenhang therapeutischen, an den Einzelnen adressierten Handelns emanzipieren« (ebd., 123) und damit den Tatbestand einer «liberalen Eugenik« (ebd., 93) erfüllen: »Solange der medizinische Eingriff vom klinischen Ziel der Heilung einer Krankheit oder der Vorsorge für ein gesundes Leben dirigiert wird, kann der Behandelnde das Einverständnis des – präventiv behandelten – Patienten unterstellen. Die Konsensunterstellung überführt egozentrisch gesteuertes in kommunikatives Handeln. Der intervenierende Humangenetiker braucht den Embryo, solange er sich als Arzt versteht, nicht in der objektivierenden Einstellung des Technikers wie eine Sache zu betrachten, die hergestellt, repariert oder in eine erwünschte Richtung gelenkt wird. Er kann in der performativen Einstellung eines Interaktionsteilnehmers antizipieren, dass die künftige Person das grundsätzlich anfechtbare Ziel der Behandlung bejahen würde« (ebd., 91f.).

Habermas ist also davon überzeugt, dass es einen internen Zusammenhang zwischen einer Unverfügbarkeit der biologischen Grundlage personaler Identität und unserem Selbstverständnis als Gattungswesen gibt, das darin besteht, »uns auch weiterhin als ungeteilte Autoren unserer Lebensgeschichte verstehen zu können und »uns gegenseitig als autonom handelnde Personen anerkennen« zu können (ebd., 49). Aus der Sicht einer »gattungsethisch erweiterten Sorge um sich selbst«, müsse es darum gehen, unsere »kommunikativ strukturierte Lebensform intakt zu halten« (ebd., 122). Mit der liberalen Eugenik komme es dagegen zu einer Entdifferenzierung von bisher selbstverständlichen kategorialen Unterscheidungen: zwischen Subjektivem und

Objektivem, zwischen Naturwüchsigem und Gemachtem. Habermas bezieht sich dabei auf Hanna Arendts Begriff der Natalität, um die Notwenigkeit einer Unverfügbarkeit menschlicher Natur für die Freiheit des Einzelnen hervorzuheben: Danach setze mit der Geburt eine Differenzierung ein zwischen dem Sozialisationsschicksal einer Person und dem Naturschicksal ihres Organismus. Die weitere Differenzierung von Aktiv und Passiv, Bewirken und Geschehen, Eigenem und Fremdem sei nur möglich auf der Grundlage, dass sich der junge Mensch mit einem als naturwüchsig erfahrenen Leib identifiziere (vgl. ebd., 101). Dagegen sei die genetisch programmierte Person im Vergleich zu herkömmlichen Prägungen durch Sozialisation nicht in der Lage, zu Veränderungen ihrer Erbanlagen Korrekturen vorzunehmen. In der Folge verbleibe sie in einer uneinholbaren Asymmetrie gegenüber ihren Erzeugern, auf die sie nur mit Ressentiment oder Fatalismus reagieren könne. »Das genetische Programm ist eine stumme und in gewissem Sinne unbeantwortbare Tatsache; denn der, der mit genetisch fixierten Absichten hadert, kann sich nicht wie natürlich geborene Personen im Laufe einer reflexiv angeeigneten und willentlich kontinuierten Lebensgeschichte zu ihren Begabungen (und Behinderungen) so verhalten, dass sie ihr Selbstverständnis revidiert und auf die Ausgangslage eine *produktive* Antwort findet« (ebd., 108).

9.3 Verlockungen der Anthropotechnik[205]

Jede Wahrnehmung und jedes Handeln wird angeleitet und organisiert durch Ordnungsvorstellungen, die auf den basalen Disjunktionen wahr/falsch, gut/böse und schön/hässlich gegründet sind. Daraus entwickelten sich so unterschiedliche Disziplinen wie die Naturwissenschaften, die Ethik und der Bereich der Kunst. Mit der Herausbildung der modernen Hu-

---

205 Der Terminus Anthropotechnik stammt ursprünglich von P. Sloterdijk (1999). Er verwendet ihn nicht nur im engeren Sinne als Synonym für das Konzept einer biotechnologischen Merkmalsplanung. Vielmehr stehe er »für ein klar umrissenes Theorem der historischen Anthropologie: nach ihm ist der Mensch von Grund auf ein Produkt und kann daher in den engen Grenzen bisherigen Wissens nur verstanden werden, wenn man seinen Produktionsverfahren analytisch nachgeht« (2001c, 12f.).

manwissenschaften – Medizin, Pädagogik, Psychologie, Anthropologie – hat sich in der Neuzeit ein besonderer Erfahrungsraum eröffnet. Innerhalb des Codes »normal/anormal« ist es zum ersten Mal möglich geworden, den Menschen mit den Mitteln wissenschaftlicher Wahrheit zu einer moralischen Lebensführung anzuleiten. Auf der Grundlage einer Klassifikation »gesund/krank« ist die moderne Medizin dabei, mit gentechnischen Mitteln den alten Traum von Unversehrtheit und Unsterblichkeit zu verwirklichen. Die vormals geltenden Gesundheitsstandards werden durch neue biotechnische Verfahren auf den Kopf gestellt – durch die Humangenetik (Genomprojekt, Gentests, Gentherapie usw.), durch die Embryologie (In-vitro-Fertilisation, Pränatal- und Präimplantationsdiagnostik, Embryonentransfer) und durch die Transplantationstechnik (Herz, Nieren, Leber, embryonales Hirngewebe, Xenontransplantation, Stammzellengewinnung durch therapeutisches Klonen).

Das Paradoxe dieser »prädiktiv« wirksamen Medizin: Die Diagnose von möglichen Risiken führt zu einer unkontrollierbaren Ausweitung möglicher Krankheiten. Sie entfalten sich bereits vor jeglicher Manifestation in einem semantischen Raum voller angstvoller Ungewissheiten. Doch damit nicht genug! Der Katalog der Kriterien für gesundheitliche Risiken wird sich ständig erweitern. Die Zuständigkeit der Medizin wird sich von klar definierten Krankheitsbildern auf den Bereich der *Normalitätssicherung* im Alltagsleben verlagern. Von der Suche nach den genetischen Grundlagen für erbliche Krankheiten ist man bereits zur Erforschung der molekularbiologischen Bedingungen für soziale Verhaltensauffälligkeiten wie Arbeitslosigkeit, Alkoholismus, Aggression und Obdachlosigkeit übergegangen. Die Folge wird schließlich eine »Ausdehnung der Krankheit auf alle nicht ganz ›normalen‹ körperlichen Erscheinungen« sein, so dass potentiell »die Möglichkeit der Gesundheit zum Verschwinden« gebracht wird (Lenzen 1991, S.12). Indem die Biomedizin heute vorbehaltlos auf das Leben setzt, indem sie die Bezwingbarkeit menschlicher Vergänglichkeit suggeriert, steht sie im Dienst einer Macht, »die ihre Zugriffe auf das Leben und seinen ganzen Ablauf« richtet und für die »der Augenblick des Todes (...) ihre Grenze ist« (Foucault 1983, 165).

Die Biomedizin wird die Gesundheitsversorgung der Bevölkerung mittels genetischer Tests langfristig auf ein neues Niveau anheben. So werben Biotech-Laboratorien aus aller Welt im Internet mit anonym durchführbaren

Gentests. Mittels besonderer Untersuchungsverfahren ist es bereits möglich, fetale Zellen aus dem mütterlichen Blut zu isolieren. Damit gehören risikoreiche Eingriffe in das Fruchtwasser oder die Plazenta (nach der 12. Schwangerschaftswoche) bereits der Vergangenheit an. Mit Hilfe des Genomprojekts will man in Zukunft nicht nur schwere monogenetische Erkrankungen prognostizieren, sondern Prädispositionen für verbreitete Gesundheitsstörungen wie Krebs, Herzerkrankungen, mentale Störungen, Bluthochdruck, Diabetes, Alkoholismus, Verhaltensauffälligkeiten usw. Das Verhältnis zur »kurativen Medizin« wird damit einen grundlegenden Wandel erfahren. Die Diagnostik wird für lange Zeit den therapeutischen Möglichkeiten weit vorauseilen. Für jede Abweichung von der statistischen Norm wollen die Gen-Jäger einen Test entwickeln. Die Aufklärung des Individuums über wahrscheinliche Risiken wird mit der Aufforderung einhergehen, die Lebensweise gemäß gentherapeutischer Regulationsprinzipien einzurichten. Dabei wird es keinen Unterschied machen, ob von der Diagnose eines bestimmten genetischen Zustandes bestimmte Merkmale gleich welcher Art prognostiziert werden können. Auch wenn die vererbten DNA-Strukturen nur im Zusammenspiel mit anderen kausalen Faktoren an der Entwicklung von Krankheiten oder Verhaltensweisen beteiligt sind: Es genügt allein der wissenschaftlich vermittelte öffentliche Konsens darüber, dass es genetische Dispositionen gibt, um aus einer Hermeneutik des Verdachts eine Technik identifizierender Kontrolle werden zu lassen.

In der Auseinandersetzung um die ethische Bewertung medizinisch-technischer Möglichkeiten offenbart sich ein grundsätzliches Dilemma. Es besteht darin, dass jeder Versuch universeller moralischer Bewertung an dem eigentümlichen Vexierbildcharakter dieser biomedizinischen Techniken selbst zu scheitern scheint. Man kann sie preisen, weil sie uns die Möglichkeit eröffnen, ein tieferes Verständnis der molekularen Grundlagen von Krankheit und Behinderung und eine Modernisierung medizinischer Diagnostik und Therapie herbeizuführen. So können Eltern durch spezielle Beratung frühzeitig auf besondere Anforderungen und gezielte Förderungsmöglichkeiten vorbereitet werden, die angesichts eines behinderten Kindes erforderlich sind. Andererseits kann nicht übersehen werden, dass mit ihrer Anwendung mühsam erkämpfte moralische und rechtliche Ansprüche von potentiellen und tatsächlich behinderten und kranken Menschen verraten werden. In manchen Fällen können genetische Erklärungen dazu dienen, das

Individuum von der Verantwortung für seine Eigenheit zu entlasten. Denn was die Gene bestimmt haben, darüber kann der Mensch nicht entscheiden. Andererseits kann die genetische Erklärung auch zu einer Zuweisung von Schuld führen. Denn wer genetisch belastet ist, macht sich schuldig, wenn er Kinder in die Welt setzt. Durch die Keimbahntherapie könnten nicht nur Erbkrankheiten verhindert werden, sondern ebenso körperliche Auffälligkeiten wie Fettleibigkeit oder Kleinwüchsigkeit. Andererseits würde die Behandlung von erblich bedingten Dispositionen zu einer positiven Eugenik auf der Grundlage von sozial geprägten Wertmaßstäben führen. Die Entscheidungen würden sich auf zukünftige Generationen auswirken, ohne dass diese ein Mitspracherecht erhielten. Die Anwendung von Klonierungstechniken könnten unfruchtbaren und homosexuellen Eltern den erwünschten Nachwuchs ermöglichen. Andererseits darf nicht übersehen werden, dass die genetische Kopie mit Erwartungen an ihre Eigenschaften und Fähigkeiten belegt wird, die sie in ihrer individuellen Freiheit einschränken.

So gesehen erweitern die biomedizinischen Techniken die Machtmöglichkeiten unserer individuellen und sozialen Möglichkeiten ebenso, wie sie fürsorgliche Bestrebungen in der Gesellschaft lähmen (vgl. Leist 1990, 9). Jede moralische Sprache droht ins Leere zu laufen, deren Dramaturgie von der finalen Lust des Eindeutigen und der Entscheidung geprägt ist. Wer die Probleme mit universalistischen moralischen Maßstäben lösen möchte, ist dazu gezwungen, in der Logik einer überkommenen manichäischen Ethik zu argumentieren. Zu jeder ethischen Position lassen sich bedenkenswerte Gegenpositionen finden. Jeder Aufruf zur Entscheidung löst den plausiblen Einwand der Gegenseite aus, dass sie zu unmoralischen Folgen führen kann. Die künstliche Befruchtung kann Leben vernichten; gleichzeitig ist sie aber selbst eine alternative Form des Erzeugens von Leben. Embryonenforschung führt zur Auslöschung werdenden Lebens; sie kann aber längerfristig therapeutischen Zwecken bei Menschen mit Parkinsonscher Erkrankung und Morbus Alzheimer dienen. Genetische Untersuchungen und Manipulationen sind mit noch lange nicht abschätzbaren Gefahren verbunden; gleichzeitig versprechen sie aber auch, Krankheit und Leid zu verringern.

Habermas hat in seiner Friedenspreisrede vom 14.10.2001 eindringlich vor dem Verlust der Freiheit durch die Möglichkeiten der Biomedizin gewarnt. Damit erteilt er allen eugenischen Merkmalsplanungen, wie sie Peter Sloterdijk in seinem berühmt berüchtigtem Vortrag auf dem bayerischen

Schloss Elmau (1999) vorgeworfen werden, eine deutliche Absage. Sloterdijk hatte dort über »Regeln für den Menschenpark« nachgedacht. In vielen überregionalen Zeitungen sah man darin einen Eklat und warf dem Autor elitär anmutende Züchtungsfantasien vor. Der Angeklagte sah sich seinerseits als Opfer eines Marionettentheaters und warf Habermas vor, zwischen Hamburg und Jerusalem umhertelefoniert und »Alarmartikel« in Auftrag gegeben zu haben. Habermas wies diesen Vorwurf schroff von sich und beargwöhnt seither Sloterdijks Rechtfertigungen[206] als Augenwischerei, mit der uns vorgetäuscht werde, die Rede habe als solche mit Fantasien über die sogenannte Menschenzüchtung nichts zu tun.

Soweit ich sehe, verfolgt Sloterdijk in seiner Menschenparkrede die Absicht, von Heidegger aus, über »die Humanität jenseits der humanistischen Harmlosigkeit« (ebd., 11) nachzudenken. »Was zähmt noch den Menschen, wenn der Humanismus als Schule der Menschenzähmung scheitert? Was zähmt den Menschen, wenn seine bisherigen Anstrengungen der Selbstzähmung in der Hauptsache doch nur zu seiner Machtergreifung über alles Seiende geführt haben? Was zähmt den Menschen, wenn nach allen bisherigen Experimenten mit der Erziehung des Menschengeschlechts unklar geblieben ist, wer oder was die Erzieher wozu erzieht? Oder lässt sich die Frage nach der Hegung und Formung des Menschen im Rahmen bloßer Zähmungs- und Erziehungstheorien gar nicht mehr auf kompetente Weise stellen?« (ebd., 9).

Mit seiner letzten Frage geht Sloterdijk über Heidegger hinaus. Unter Bezugnahme auf Nietzsche zeichnet er das Bild einer (Bio-)Technologie, die als »seinsgeschichtliches Geschick« (Heidegger 1981, 31) nicht nur zähmend, sondern auch züchtend wirksam wird. Durch das Zarathustra-Projekt werde »der humanistische Horizont gesprengt, sofern der Humanismus niemals weiter denken kann und darf als bis zur Zähmungs- und Erziehungsfrage.« Denn Nietzsche nehme »Maß an den zurückliegenden tausendjährigen Prozessen, in denen bisher dank intimer Verschränkungen von Züchtung, Zähmung und Erziehung Menschenproduktion betrieben wurde – in einem Betrieb freilich, der sich weitgehend unsichtbar zu machen wusste und der unter

---

206 Vgl. dazu eine jüngere Äußerung von P. Sloterdijk (2001, 131): »Man muss kein Kantianer sein, um zu verstehen, dass Menschen nicht Mittel sein dürfen, schon gar nicht Mittelglieder in einer Züchtungssequenz, sondern dass sie in jeder Lebenslage, in jeder Kultur und in jeder Zeit ihren Daseinszweck in sich selber tragen.«

der Maske der Schule das Projekt Domestikation zum Gegenstand hatte« (Sloterdijk 1999, 11).

Nach Sloterdijk (vgl. 2001c, 47) lassen die molekularbiologischen Anthropotechniken die neuzeitliche Vorstellung von einer Differenz zwischen Zähmung und Züchtung als eine allzu lange gehegte Illusion erkennbar werden. So sei bereits »die umweltdistanzierende Technik der Vormenschen und erst recht der beginnenden Menschen immer schon indirekte Gen-Technik gewesen.« Auch ermöglichten die menschenbildenden Großmächte der Schrift und des Lesens nicht nur »einen telekommunikativen Brückenschlag« (1999, 4) zu einer Politik der Freundschaft. Stets war dort auch eine »Macht hinter der Macht im Spiel«: Auch »wenn es uns bis auf weiteres (...) unmöglich scheint, den Zusammenhang zwischen Lesen und Auslesen hinreichend präzise zu rekonstruieren, so ist es doch mehr als eine unverbindliche Ahnung, dass dieser Zusammenhang als solcher seine Realität besitzt« (ebd., 11f.). Die *Humanitas* beinhalte nicht nur »die Freundschaft des Menschen mit dem Menschen«, sondern ebenso die Tatsache, »dass der Mensch für den Menschen die höhere Gewalt darstellt.« Insofern komme es in Zukunft darauf an, in die als Machtspiel wahrgenommene Anthropogenese einzugreifen und einen »Codex der Anthropotechniken zu formulieren« (ebd., 12).

Die Elmauer Rede hinterlässt in der Tat einen irritierenden Eindruck. Sloterdijk liefert dort eine universalgeschichtlich angelegte anthropologische Beschreibung des Menschen als einer zur Selbstzähmung qua Technik (nicht qua Moral) verdammten Bestie. Vor diesem Hintergrund entwirft er das Bild einer Gesellschaft, die sich auf autopoietische oder treibhausähnliche Weise als Menschenzüchtungspark reproduziert. Es enthält die kulturpessimistische Suggestion, als stünden wir heute am Ende einer moralitätsgenerierenden Gutenberg-Technologie und als könnten uns nun nur noch die neuen Anthropotechniken vor einem Rückfall in die Barbarei retten.[207] »Moderne Großge-

---

207 Vgl. dazu die polemische Reaktion von J. Habermas (2001, 43). Er bezeichnet P. Sloterdijk als einen von »nietzscheanischen Phantasien« geprägten »Selbstdarsteller«, der im »›Kampf zwischen den Kleinzüchtern und den Großzüchtern des Menschen‹ den ›Grundkonflikt aller Zukunft‹« sehe »und den ›kulturellen Hauptfraktionen‹ Mut« mache, »die Selektionsmacht auszuüben, die sie faktisch errungen haben (...).‹« Während der Fertigstellung der Druckvorlage zur vorliegenden Arbeit ist von Sloterdijk (2001d) eine Sammlung von Aufsätzen und Vorträgen unter dem Titel *Nicht gerettet. Versuche nach Hei-*

sellschaften können ihre politische und kulturelle Synthesis nur noch marginal über literarische, briefliche, humanistische Medien produzieren. (...) Es sind inzwischen neue Medien der politisch-kulturellen Telekommunikation in Führung gegangen, die das Schema der schriftgeborenen Freundschaften auf ein bescheidenes Maß zurückgedrängt haben« (ebd., 5).

Auf dieser Grundlage plädiert Sloterdijk inzwischen für das Ende »antitechnologischer« Hysterie« (2001a, 106). Sie beruhe auf der überkommenen Vorstellung, es gäbe den Menschen als ein »Herrensubjekt, das über eine dienende Materie Macht ausübt« (ebd., 107). Dagegen gelte umgekehrt: »Wenn ›es‹ den Menschen gibt, dann weil eine Technik ihn aus der Vormenschheit hat herauskommen lassen. Sie ist das eigentlich Menschen-Gebende oder der *plan*, auf dem es Menschen geben kann. Daher geschieht den Menschen nichts Fremdes, wenn sie sich weiterer Hervorbringungen und Manipulationen aussetzen, und sie tun nichts Perverses, wenn sie sich autotechnisch verändern, vorausgesetzt diese Eingriffe und Hilfen geschehen auf einer so hohen Ebene von Einsicht in die biologische und soziale ›Natur‹ des Menschen, dass sie als authentische, kluge und gewinnende Koproduktionen mit dem evolutionären Potential wirksam werden können« (ebd.).

In Nietzsches *Die fröhliche Wissenschaft* (III, 1980, 468f.) heißt es: »Hüten wir uns, zu sagen, dass Tod dem Leben entgegengesetzt sei. Das Lebende ist nur eine Art des Todten, und eine sehr seltene Art. (...) Wann werden wir die Natur ganz entgöttlicht haben! Wann werden wir anfangen dürfen, uns Menschen mit der reinen, neu gefundenen, neu erlösten Natur zu *vernatürlichen*«. In diesem Sinne sieht Sloterdijk (2001a, 109) in den Anthropotechniken eine Art »Homöotechniken« am Werk. Sie sollen sich von den bisherigen »Alltotechniken« insoweit unterscheiden, als sie keine gewaltsamen und kontranaturalen Einschnitte in das Vorgefundene mehr ausführen.[208] Sie sollen nun leisten, was Götter, Priester und Pädagogen nicht geschafft haben:

---

degger erschienen. Soweit ich sehe, wurde darin die ältere Fassung der Rede *Regeln für den Menschenpark* gründlich umgeschrieben und in den Kontext einer umfassenden anthropologischen Auseinandersetzung mit Heidegger gestellt.

208 Im Gegensatz dazu waren M. Horkheimer und Th. W. Adorno (1980, 208f.) noch der Überzeugung, dass der Zivilisationsprozess unwiderruflich »die Selbsterniedrigung des Menschen zum corpus« hervorbringe: »Der Körper ist nicht wieder zurückzuverwandeln in den Leib. Er bleibt die Leiche, auch wenn er noch so sehr ertüchtigt wird. Die Transformation ins Tote, die in seinem Namen sich anzeigt, war ein Teil des perennierenden Prozesses, der Natur zu Stoff und Materie machte.«

Homöotechnik »greift Intelligenz intelligent auf und erzeugt neue Zustände von Intelligenz; sie hat Erfolg als Nicht-Ignoranz gegen verkörperte Qualitäten.« Nach Sloterdijk soll jetzt zum ersten Mal die Schwelle erreicht sein, wo die sich Technik in einer naturähnlichen Weise vollzieht, indem sie sich »in Eigenproduktionen des Lebendigen« einschleust. Wir werden nun »Zeugen dessen, dass mit den intelligenten Technologien eine nicht-herrische Form von Operativität im Entstehen ist« (ebd., 108), in der man »es mit real existierenden Informationen zu tun hat« (ebd., 109). Insofern hat sich für Sloterdijk die Frage nach dem ethischen Gehalt der Anthropotechniken bereits entschieden: Sie besitzen das »das Potential (...), eine Ethik der feindlosen und herrschaftsfreien Beziehungen freizusetzen« (ebd., 111).[209]

Sloterdijk würde wohl jede Vorstellung von einer unverfügbaren menschlichen Natur als eine neue Form religiöser Unterwerfung unter den biologischen Zufall und damit als einen Rückfall in ein »Nicht-Wissen-und-Nicht-Können-Wollen« ablehnen. Er dagegen will nämlich Akzeptanz schaffen für die Plastizität der Natur jenseits der jüdisch-christlichen Tabuvorstellungen. Für Habermas wiederum dürften Sloterdijks Gedanken zu einer Einebnung der absoluten Differenz zwischen Schöpfer und Geschöpf führen. In seiner Friedenspreisrede führt Habermas gute Gründe an, um auf dieser Differenz bestehen zu können: Denn nur solange bedeutet die göttliche Formgebung

---

[209] In Zeitungsinterviews (2000a, 41f.; 2001b, 6f.) warnt P. Sloterdijk zwar vor einer »mediokratischen Gesellschaft«; auch wendet er sich unmissverständlich gegen »biologische Optimierungskonzepte«; gleichwohl findet er es »mindestens genauso skandalös, dass überhaupt missgebildete Kinder aus der Hand der Evolution hervorgehen« und tritt daher für einen »therapeutischen Meliorismus« und ein »Konzept der gestuften Schutzwürdigkeit« ein: »Ich bekomme immer wieder Post von Hilfsorganisationen, die Erbkranke vertreten, und von Angehörigen Erbkranker. Die protestieren sehr bitter gegen den Zynismus der ›Moralpartei‹, die ihnen nahe bringen will: Behaltet eure Krankheiten, die Therapien erscheinen uns ethisch bedenklich.« Die Verhütung von schwersten Erbkrankheiten sei »keine heillose Machenschaft, sondern »Ausdruck von Verantwortlichkeit«. Zwischen Pille und Reproduktionstechnologie gebe es nur einen *technischen* Unterschied. Sloterdijk möchte, dass nicht auf der Grundlage des Prinzips der »Menschenwürde«, sondern der Grundlage von »Elternliebe« und »Vormundschaft« im Einzelfall über »Tests per DNA-Chip, Embryo-Diagnostik und Gentherapie« entschieden wird: »Bei der biologischen Zuwanderung lag die Rolle der Grenzbeamten seit jeher bei den Müttern; sie spielen die Rolle der Einwanderungsoffiziere, die darüber entscheiden, wer hereingelassen wird und wer nicht; das war und ist ein unvordenkliches Recht der Frauen. Über diese Tatsachen muss man sich verständigen, bevor man anfängt über Prinzipien zu reden.«

keine Determinierung, die der Selbstbestimmung des Menschen in den Arm fällt.

Möglicherweise ist es nicht Habermas, sondern Sloterdijk, der einer quasi-religiösen Unterwerfung Vorschub leistet. Die Biotechnologien sind heute dabei, den Platz einer »säkularisierten Religion« (Lemke 2000, 227) einzunehmen. Sie haben das Universum göttlicher Gesetze durch eine »Metaphysik des Codes« (Baudrillard 1982, 90ff.) ersetzt. Dabei werden sie ebenso wirkungsmächtig sein wie alle bisherigen theologisch-politischen Heilserwartungen. Ihre zunehmende Überzeugungskraft verdanken sie nämlich der Tatsache, dass sie »dem wissenschaftlichen Fortschritt einen sakralen Charakter« verleihen können (Lemke 2000, 227). Gottes Schöpfungskraft entpuppt sich als auflösbares biogenetisches Betriebsgeheimnis. Der genetische Code hat die verlassene Stelle des Göttlichen eingenommen und bestimmt über unser Schicksal und unsere Zukunft: »Wie das *corpus christi mysticum* ist das Gen Zeichen und Fleisch zugleich, eine Metapher für den individuellen und kollektiven Körper, und es bietet das Versprechen einer fleischlichen Unsterblichkeit. Wie Hostie und Heiliges Abendmahl macht es das Göttliche ›gegenwärtig‹, es birgt die Erlösung von der ›Erbsünde‹ (erbliche Krankheit oder Behinderung). Und wie bei der Transsubstantiation verspricht es wundersame Verwandlungen und ›Wunderheilungen‹. (...) Mit dem unsterblichen Gen wird die christliche »Auferstehung des Fleisches« Wirklichkeit – und zwar auf Erden« (Braun 2000, 17).

Im Vergleich zum molekurarbiologischen Lauschangriff durch Genchips mutet die mittelalterliche Seelenbefragung der Priester geradezu harmlos an. Diese fingernagelgroßen Glasplättchen, auf denen zehntausende von winziger Antennen aus Erbmolekülen angebracht sind, werden schon bald eine gründlichere und rationalere Selbstentzifferung des Subjekts bewerkstelligen. »Das Ziel dieser genetischen Pastorat liegt nicht mehr in einem jenseitigen Heil, sondern verspricht Heilung von diesseitigen Übeln und – bei guter Führung – Wohlbefinden und Wohlstand, Gesundheit und Glück« (Lemke 2000, 227). Während die Theologen den Leib immer nur verschieden entziffert haben, kommt es den Gentechnikern nun darauf an, ihn zu verändern. Seit der Aufklärung ist Biologie nicht mehr nur Schicksal (Freud), sondern Ausgangsmaterial, um mit Hilfe moderner Technologien ein Kunstwerk zu formen. Während Psychologie und Pädagogik bisher daran gescheitert sind, die anthropologische Frage nach der Conditio humana zu beantworten, können die Humangenetiker mit ihrer Disziplin nun die Hoffnung ausstreuen, mit der vollständigen Entschlüsselung des menschlichen Genoms eine endgültige Antwort darauf zu finden.[210] Nunmehr soll das Wesen des Menschen nicht mehr das Ensemble gesellschaftlicher Verhältnisse sein; vielmehr sollen seine Gene alle relevanten Informationen des Menschseins enthalten und uns darüber aufklären, wer sich zukünftig als gen-behindert zu betrachten hat und wer nicht.

9.4 Medizinische Politik der vollendeten Tatsachen

Die Medizin ist schon lange keine Heilkunst mehr, die sich am Menschen orientiert, sondern eine dem Zwang der Rationalisierung und der Logik technologischer Steigerung folgende Produktivkraft. In Verbindung mit der Fortpflanzungstechnologie begreift sie das menschliche Leben nicht mehr als eine Organisation mit der eigentümlichen Fähigkeit, sich fortzupflanzen, sondern sieht gerade im Mechanismus der Reproduktion das, was ihr über das vorhandene Lebendige hinaus einen Zugriff auf erwünschtes Leben ermöglicht (vgl. Foucault 1983, 98). Sie schafft sich einen eigenen Markt, der seine Nahrung durch das Verwertungsinteresse der Anleger und den Erfolgsdruck nationaler Regierungen erhält und dem Prozess öffentlicher normativer Klärung zuvor kommt: »Neue biomedizinische Hilfen werden zunächst eingeführt, um bei einem eng definierten Katalog eindeutiger ›Problemfälle‹ Leiden abzuwenden oder zu mildern. Dann setzt eine Übergangs- und Gewöhnungsphase ein, in deren Verlauf der Anwendungsbereich immer weiter ausgedehnt wird. Das Endstadium ist absehbar: Alle Frauen und Männer werden als potentielle Klienten definiert – jetzt freilich nicht mehr, um direkte Gesundheitsschäden abzuwenden, sondern wegen der ›Effektivitätsvorzü-

---

210 Bereits legendär geworden ist eine Formulierung J. Lederbergs (1963, 292) anlässlich des Ciba-Symposions im Jahre 1963: »Jetzt können wir den Menschen definieren. Gentypisch besteht er jedenfalls aus einer 180 Zentimeter langen bestimmten molekularen Folge von Kohlenstoff-, Wasserstoff-, Sauerstoff-, Stickstoff- und Phosphoratomen – das ist die Länge der DNA, die im Kern des Ursprunges und im Kern jeder reifen Zelle zu einer dichten Spirale gedreht ist, die fünf Milliarden gepaarte Nukleotide lang ist.«

ge‹ des technischen Zugriffs über die Zufälle, die Unberechenbarkeiten und Störanfälligkeiten der Natur.« (Beck-Gernsheim 1986, 287f.).

Ihrer Konzeption nach ist die Biomedizin unlöslich mit der Herstellung der menschlichen Natur verbunden. Sie orientiert sich nicht mehr an körperlichen Funktionen und Symptomen, um sie einer Diagnose und anschließenden Therapie zu unterziehen. Ihr Handeln ist operativ durch das Modell der DNA definiert, das im Prinzip bereits die Verhaltensweise codiert, die der Wissenschaftler gegenüber der Natur einnehmen muss. Seine Ergebnisse erfassen die Natur nicht an sich, sondern in Bezug auf ein Modell des menschlichen Lebens. Das Programm im Zellkern alles Lebendigen soll es Biologie und Medizin erlauben, nach Belieben über den Rohstoff menschliche Natur zu verfügen. Insofern können Biowissenschaftler nicht mehr als verantwortlich im ethischen Sinne für das angesehen werden, was als Ergebnis bei ihrer Tätigkeit herauskommt. Sie sind lediglich für die wissenschaftsimmanente Einhaltung von operativen Regeln verantwortlich, nicht jedoch für die ethische Bewertung der Ergebnisse ihrer wissenschaftlichen Tätigkeit. Mit der Aufgabe ethischer Bewertung sind sie auch deshalb überfordert, weil sie als Wissenschaftler im Vollzug ihrer Erkenntnisgewinnung geradezu immun gegenüber moralischen Ansprüchen bleiben müssen.

Die Biotechnologen verschwinden als verantwortliche Moralsubjekte hinter ihren Versuchsmodellen, die ihnen ihre Anwendungspraxis vorschreiben: »Die Genetiker und Mediziner können eine *Politik der vollendeten Tatsachen* praktizieren und haben schon immer längst überholt, was in Öffentlichkeit und Enquete-Kommissionen noch als Neuestes verhandelt wird. Sie sind überdies Partei. Denn die Gentechnik muss die Forschung vom Danach, von ihrer Anwendung her modellieren. Forschungsfreiheit setzt Anwendungsfreiheit (...) voraus« (Beck 1988, 40). Sie unterliegen einem wissenschaftlichen Systemzwang aus Konkurrenz und Leistung, der ihnen nur die Alternative lässt, entweder auszusteigen oder mitzumachen. Als ethisch Handelnde müssen sie zwangsläufig in das moralische Dilemma geraten, die Prinzipien ihres wissenschaftlichen Tuns zu unterhöhlen. »Es widerspricht dem Wesen der amoralischen Methodik moderner Wissenschaft, ethische Fragen als immanente Konstituentia für den Erkenntnisprozess zuzulassen, da sie im Selbstverständnis szientistischer Wahrheit dysfunktional sind« (König 1996, 237).

Während die Vererbungslehre bis zum Zweiten Weltkrieg im Dienst einer eigenständigen biologisch-rassistischen Anthropologie stand, wird nun umgekehrt die moderne Humangenetik zur eigenständigen Anthropologie. Damit die Biowissenschaftler ihre Legitimationsgrundlage nicht verlieren, treten sie offensiv der ethischen Infragestellung ihrer Forschungsmethoden und ihrer Anwendungsvorhaben entgegen. Eigentlich müsste man erwarten können, dass sie dabei eine besonders intensive Reflexion über die Verstrickung ihrer Disziplin in die Politik der Nationalsozialisten und die wissenschaftliche Kontinuität in den Nachkriegsjahren entwickeln würden. Doch das ist nicht der Fall (vgl. Weingart u.a. 1988, 562ff.). Bis heute will sich die Biowissenschaft die Kontinuität »objektiver« Forschung sichern, indem sie das Märchen vom »politischen Missbrauch« einer angeblich wertfreien Wissenschaft vorträgt (Propping 1993, 8).

Die präventiv- und reproduktionsmedizinischen Zugriffsmöglichkeiten weisen heute freilich starke Analogien zur Eugenik des ausgehenden 19. Jahrhunderts auf. Etwa im Rahmen der bereits etablierten pränatalen Diagnostik und der kaum noch umstrittenen Präimplantations-Diagnostik, bei der eine Zelle eines im Reagenzglas gezeugten Embryos auf genetische Erkrankungen untersucht wird. In gewissem Sinne kann von einer Wiederkehr der Eugenik ohne staatlichen Auftrag gesprochen werden. Nicht mehr einem Staat und seiner rassistischen Ideologie soll diese Aufgabe obliegen, sondern den Angehörigen oder den Betroffenen selbst, denen man die Verantwortung überträgt, gemeinsam mit beratenden Ärzten über Lebensverbesserung bzw. lebenswertes und lebensunwertes Dasein zu entscheiden. Dabei lassen sich die damaligen Utopien heute technisch auf eine Weise lösen, von der die Nationalsozialisten nur träumen konnten. Mit der Möglichkeit genetischer Prädiktion und Manipulation hat sich das naturwissenschaftliche Wissen in den letzten Jahrzehnten den Bereich der menschlichen Fortpflanzung erobert. Es scheint so, als sei damit das biopolitische Problem moderner Gesellschaften gelöst, nämlich »das Recht auf Mord und die Funktion des Todes« (Foucault 1999, 305) auszuüben, ohne auf rassistische Ideologien zurückgreifen zu müssen.

In jüngster Zeit ist ein neuer Zweig der Ethik entstanden: die Bioethik. In dieser Disziplin geht es um Dinge wie die moralische Bewertung der Entschlüsselung des menschlichen Genoms, um die Regelung der Anwendung von Gentherapien, um die Frage nach den Kriterien für die Definition des

Todes, um die Möglichkeiten der Organtransplantation, um die Legitimität von Reproduktionstechniken in der Medizin, um die sozialen Folgen der vorgeburtlichen Diagnose, um Möglichkeiten der Sterbehilfe (Abbruch lebensverlängernder Maßnahmen bei besonderen Fällen, aktive Sterbehilfe aufgrund eines Tötungswunsches des Patienten, Tötung einwilligungsunfähiger Menschen). Die Vorsilbe stammt aus dem griechischen Wort *bios*, womit ursprünglich das Leben in seiner natürlichen, kulturellen und geschichtlichen Dimension eingeschlossen ist.

Im Gegensatz dazu schließt sich die Bioethik weitgehend einem verkürzten und eingeschränkten Verständnis von Leben an, wie er von der Biomedizin vorgegeben wird. Ihre Antworten bewegen sich innerhalb eines naturwissenschaftlich geprägten Menschenbildes. Anthropologische, philosophische oder kulturwissenschaftliche Bemühungen, das Lebendige zu erfassen, werden systematisch ausgeblendet: Die Bioethik »schöpft ihre Daseinsberechtigung und öffentliche Anerkennung daraus, dass sie Begründungen für das liefert, was technisch machbar ist, und darum auch ohne Bedenken gemacht werden sollte. Sie ›entschuldet‹ in einem Vorwegverfahren die beteiligten Wissenschaftlerinnen und Wissenschaftler und bereitet so den Boden für Grenzüberschreitungen und -erweiterungen vor. Sie hat sich damit aus der kritischen Tradition der philosophischen, christlichen und humanistischen Ethik ver-abschiedet. Das ›Sein‹ vorhandener Machbarkeiten wird zum Maßstab für das ›Sollen‹ und nicht mehr der Entwurf eines guten, mitmenschlichen und lebensdienlichen Zusammenlebens in Freud und Leid« (Iserloher Aufruf 2000, 9).

Eine überzeugende Ethik kann die Techniken, auf die sie sich bezieht, nicht wie einen Sortimentkatalog betrachten und dem Machbaren Sinn verleihen. Sie muss dem Recht auf Forschungsfreiheit[211] da eine Grenze setzen, wo die Kontrolle über die Ziele und die Modalitäten der Forschung einzig in der Verantwortung des Wissenschaftlers liegt. Dabei hat sie Argwohn gegenüber dem Argument zu hegen, dass die Biowissenschaften dem gesellschaftlichen Ziel dienen, die Lebensbedingungen zu verbessern und die all-

---

211 Vgl. N. Campagna (2000, 292): »Forschungsfreiheit kann nicht heißen, dass der Wissenschaftler alles tun kann, was er will. Forschungsfreiheit heißt nur, dass niemand dem Wissenschaftler vorschreiben kann, was als Wahrheit zu gelten hat bzw. welche Forschungsmethode die beste ist, um in einem bestimmten Bereich zur Wahrheit zu gelangen.«

gemeine Gesundheit voranzutreiben. Der Bioethik und ihrer Frage: »Was können wir tun?« kann sie sich nicht länger naiv realistisch anschließen. Gleichzeitig geht es um kulturwissenschaftliche Fragen: »Wie und warum wird etwas zum lösungsbedürftigen sozialen Problem erklärt?« »Welche Produktionsmechanismen sind hier wirksam und welche Machtwirkungen zeigen sich durch den öffentlichen Problematisierungsprozess?«

Der moderne Vorsorgestaat hat bis heute eine hedonistische Gesellschaft hervorgebracht, in der die Menschen eine Vollkaskomentalität und eine Pflicht zum Glücklichsein entwickelt haben. Sie sollen zu ihrem eigenen Biounternehmer werden und beugen sich zunehmend dem terroristischen Imperativ, dass Behinderung, Krankheit und Leiden nicht zum Leben zählen. Da die traditionelle Medizin als Heilkunst in vielen Fällen dieser Moral nicht entsprechen kann, soll das Leiden beseitigt werden, indem man sich des Leidenden entledigt. Die moderne Reproduktionsmedizin arbeitet bereits daran, die Stigmatisierung und Marginalisierung von »Behinderten« als vermeidbare Ausnahmeexistenzen voranzutreiben. Auf diese Weise vollzieht sich ein gleitender Übergang von ehemaligen rassenhygienischen Gesichtspunkten zu neuen eugenischen Tendenzen auf der Grundlage übersteigerter Ansprüche an körperliche, geistige und seelische Unversehrtheit.[212] Menschen mit Behinderung mögen Entscheidungen gegen »behindertes« Leben auf der Grundlage vorgeburtlicher Tests möglicherweise nicht unmittelbar auf sich selbst beziehen. Gleichwohl wird dadurch eine konfliktreiche Auseinandersetzung mit den physischen oder psychischen Beeinträchtigungen ihrer Persönlichkeit verstärkt. Es ist durchaus denkbar, dass ihr Behindersein dadurch noch mehr als bisher zu einem konstitutiven Bestandteil eines negativen Selbstbildes wird.

---

212 Die steigende Nachfrage nach »Töten auf Verlangen« in den Niederlanden beweisen: Wenn einmal diese Praxis freigegeben ist, dann schließt sich ein Zirkel von sozialen Tatsachen und rückläufigen Bedürfnissen. Dann ist vorauszusehen, dass man von alten und kranken Menschen erwartet, dass sie endlich den »selbstbestimmten« Wunsch äußern, getötet zu werden. Wenn einmal ein behinderter Mensch sieht, wie er seinen Mitmenschen zur Last fällt und von der allgemeinen Akzeptanz weiß, solch einen Wunsch zu äußern, dann wird in der Tat für ihn das Weiterleben unerträglich. Seine Bereitschaft, das Leiden zu ertragen, käme einer persönlichen Schuld gleich, da andere Lebenszeit, Kraft und Geld aufwenden müssen, um ihn zu pflegen.

10. Strategien des Selbstmanagements

10.1 Selbstbestimmung als Mimesis ans Tote
(*Max Horkheimer/Theodor W. Adorno*)

»Die Moderne, die mit dem Anspruch der Selbstermächtigung des Subjekts angetreten ist, löst ihr Versprechen ein. Mit der Durchsetzung der Moderne tritt in kleinen und großen Schritten an die Stelle von Gott, Natur, System das auf sich selbst gestellte Individuum« (Beck/Beck-Gernsheim 1994, 20). Die individuelle Selbstbestimmung ist in den westlichen Demokratien zu einem unbestritten anerkannten Grundrecht geworden. Im Namen des selbstbestimmten Individuums werden heute die Wünsche nach Selbstverwirklichung und Glück zu einer über jeden Zweifel erhabenen Wahrheits- und Authentizitätsinstanz. Der Begriff bezieht seine Legitimation aus der Übereinkunft, dass jeder sein Leben so führen darf, wie er es unter den gegebenen Verhältnissen für sich selbst will. Das selbstbestimmte Individuum soll in der Lage sein, über sich selbst zu verfügen. Das autonome und eigenverantwortliche Individuum wird mit dem emanzipierten Individuum gleichgesetzt. Private Unabhängigkeit und persönliche Verantwortung sollen die wesentlichen Bausteine der modernen Existenz ausmachen. Dem Einzelnen wird zunehmend die Aufgabe auferlegt, eine Antwort auf die Frage zu finden, wer er ist und worin der Sinn seiner Existenz liegt. Dabei hält heute niemand mehr an der klassisch-liberalen Vorstellung fest, dass der Mensch losgelöst von Tradition, Erziehung und Sozialstruktur und unabhängig von Zeit, Biografie und Geschichte seine persönliche Identität entwickelt. Es besteht eine weitgehende Übereinstimmung, dass Selbstbestimmung nur auf der Grundlage von Prägungen möglich ist, die uns in unseren Entscheidungsmöglichkeiten bestimmen. Bevor der »flexible Mensch« (Sennett 1998) anfängt selbst zu entscheiden, was er will, gibt es eine personale und soziale Infrastruktur, die seine Wahlmöglichkeiten erzeugt und lenkt. In Martin Heideggers (1986, 181) Begriff vom Dasein als »das verfallend-erschlossene, geworfen-entwerfende In-der-Welt-sein« ist diese Einsicht begrifflich bestimmt: Selbstbestimmung in diesem Sinne soll heißen, dass man im Rahmen eines durch innere und äußere Faktoren bestimmten Spielraums seine alternativen Wahlmöglichkeiten erkennen und abschätzen kann.

Die Vorstellung vom selbstbestimmten Subjekt wird in Theodor W. Adornos und Max Horkheimers *Dialektik der Aufklärung* (1947/1980) als bürgerlicher Mythos bezeichnet und einer schonungslosen Kritik unterzogen. Als normative Grundlage der Kritik dient ihnen die Figur einer durch Zivilisation ausgeübten Gewalt gegenüber dem Selbst als dem Anderen. Selbstbestimmung heißt immer zugleich gewaltsame Beherrschung des Selbst. »Furchtbares hat die Menschheit sich antun müssen, bis das Selbst, der identische, zweckgerichtete, männliche Charakter des Menschen geschaffen war, und etwas davon wird noch in jeder Kindheit wiederholt. Die Anstrengung, das Ich zusammenzuhalten, haftet dem Ich auf allen Stufen an, und stets war die Lockerung, es zu verlieren, mit der blinden Entschlossenheit zu seiner Erhaltung gepaart« (ebd., 33).

Adorno und Horkheimer verweisen auf eine unerkannte unterirdische Geschichte Europas: »Sie besteht im Schicksal der durch Zivilisation verdrängten und entstellten menschlichen Instinkte und Leidenschaften. (...) Von der Verstümmelung betroffen ist vor allem das Verhältnis zum Körper« (ebd., 207). In dieser Perspektive bleibt der Prozess der Aufklärung untrennbar mit der schicksalhaften Steigerung der Naturbearbeitung verquickt; sowohl mit der äußeren, der gegenständlichen Welt als auch mit der körperlichen der Individuen. Die Natur als das Andere lasse sich jedoch nicht zum Rohmaterial erniedrigen und übe Vergeltung: Im Inneren des Menschen vollzieht sich eine Spaltung, die sich in ihm umso tiefer eingräbt, je mehr der physische Zwang von Außen nachlässt. »Der Körper ist nicht wieder zurückzuverwandeln in den Leib. Er bleibt die Leiche, auch wenn er noch so sehr ertüchtigt wird. Die Transformation ins Tote, die in seinem Namen sich anzeigt, war ein Teil des perennierenden Prozesses, der Natur zu Stoff und Materie machte« (ebd., 209).

Der Körper als das Andere wird von Adorno und Horkheimer als ein von Triebkräften beseeltes Medium der Selbstkonstitution betrachtet, dessen sich die Zivilisation bemächtigt, um ihn zu einem bezähmbaren Gegenstand der

Herrschaft zu erniedrigen. Diese lebensphilosophische Ausrichtung veranlasst sie zu der heute nicht mehr haltbaren Einschätzung, Selbstbestimmung qua Selbstkontrolle per se mit Selbstvernichtung gleichzusetzen.[213] Von nachhaltiger Überzeugungskraft ist jedoch ihre Erkenntnis, dass der moderne Mensch seinen identischen, zweckgerichteten, männlichen Charakter im Laufe des Zivilisationsprozesses nur um den Preis einer Unterdrückung des Anderen im Selbst ausbilden konnte. Er »trotzt(e) der Auflösung in blinde Natur sich ab«, indem er zur List griff und diesem gefährlich erscheinenden Anderen versöhnlich stimmende Opfer reichte. Das »identisch beharrende Selbst« entsprang schließlich aus der Abdingung des Opfers durch die selbsterhaltende Rationalität des Tausches (ebd., 50).

Der Mensch, der dem Naturzusammenhang sein Bewusstsein entgegensetzt, zelebriert »wieder ein hartes, steinern festgehaltenes Opferritual« (ebd., 50f.). Er erbringt mit der Ausbildung seiner Identität ein Opfer an sich selbst, indem er das Andere im Selbst unterdrückt. So ist die »Herrschaft des Menschen über sich selbst, die sein Selbst begründet, (...) virtuell allemal die Vernichtung des Subjekts, in dessen Dienst sie geschieht, denn die beherrschte, unterdrückte und durch Selbsterhaltung aufgelöste Substanz ist gar nichts anderes als das Lebendige, als dessen Funktion die Leistungen der Selbsterhaltung einzig sich bestimmen, eigentlich gerade das, was erhalten werden soll« (ebd., 51). In Anlehnung an Freuds Theorie des Ekels wird der »Zwang zur Grausamkeit und Destruktion« als eine »organische Verdrängung der Nähe zum Körper« gedeutet (ebd., 208).[214]

---

213 Wie wir im nächsten Kapitel sehen werden, lautet M. Foucaults (1986) Grundfigur dagegen: Selbstbehauptung qua Selbstbeherrschung ist selbstbildende Lebenskunst. Bei Ch. Taylor (1988, 200) finden wir eine überzeugende Erklärung für diesen Unterschied: »Foucault möchte nichts zu schaffen haben mit diesem der Romantik entlehnten Begriff einer Unterdrückung der Natur und unserer ›Befreiung‹ von dieser Unterdrückung.« Für Foucault ist eine Gesellschaft ohne Machtverhältnisse auch als Utopie nicht denkbar. Gleichwohl können die Formen sozialer Kontrolle darüber bestimmen, ob wir uns als Subjekte durch relativ autonome Selbststilisierung konstituieren können, oder ob wir durch fremdbestimmte Unterwerfungstechniken unser Selbstverhältnis vorgeschrieben bekommen.

214 Der Ekel wird zur grundlegenden Erfahrung einer Nähe zu sich selbst und zu anderen, die nicht ausgehalten wird. Die Tabuisierung und Verachtung des Widerwärtigen, Stinkenden, Hässlichen und Klebrigen kennzeichnet fortan den Zivilisationsprozess.

Die Konstitution des selbstbestimmten Subjekts wird erkauft »durch die Anerkennung der Macht als des Prinzips aller Beziehungen« (ebd., 12). Dieses »Subjekt ist die Lüge, weil es um der Unbedingtheit der eigenen Herrschaft willen die objektiven Bestimmungen seiner selbst verleugnet« (Adorno 1980, 274). Es begreift sich als ursprüngliche Anwesenheit, als vorstellendes Zentrum und übt einschließende und abgrenzende Herrschaft um den Preis der Verdrängung aus. In Wirklichkeit ist es jedoch zu einem der »Verkehrsknotenpunkte der Tendenzen des Allgemeinen« (ebd. 139) regrediert und wird »unmittelbar vom Räderwerk der Industrie hergestellt« (ebd., 184). Ohne das Eingedenken des Anderen im Subjekt lastet auf der Gegenwart der Fluch eines schicksalhaften Wiederholungszwangs. Er offenbart sich im Umgang mit dem verdrängten Anderen in Form eines ausweglosen Kreislaufes von Beherrschung, Zerstörung und Schuld. Die Geschichte der Durchsetzung der abendländischen Vernunft wird zu einer Geschichte der stets neuen Unterdrückung und Zerstörung des Anderen im Selbst, des Anderen im Nächsten und des Anderen als Natur.

Eine vergleichbare Beschreibung der Zerstörung des Anderen im Selbst liefert Norbert Elias mit seinen historischen Untersuchungen *Über den Prozess der Zivilisation* (1969). Während Horkheimer und Adorno den Prozess der Verselbigung des Anderen in die Anfänge instrumenteller Verfügung über Natur zurückreichen lassen, zeigt Elias freilich, wie sich erst mit der Errichtung einer stabilen staatlichen Zentralgewalt zwischen dem 16. und 18. Jahrhundert der Umgang der Menschen mit sich selbst und untereinander entscheidend wandelten: Mit der Verflechtung der Individuen in die Apparate staatlicher und ökonomischer Herrschaft kommt es zu einer inneren Befriedung der Gesellschaft »Was sich mit der Monopolisierung der Gewalttat in den befriedeten Räumen herausstellt, ist ein anderer Typ von Selbstbeherrschung oder Selbstzwang. Es ist eine leidenschaftslose Selbstbeherrschung. Der Kontroll- und Überwachungsapparatur in der Gesellschaft entspricht die Kontrollapparatur, die sich im Seelenhaushalt des Individuums herausbildet (vgl. Elias II, 1976 327f.) Nach Elias (vgl. I, 1976 LXI) ist die Selbstkontrollapparatur mit der Fähigkeit zu rationalem Denken und moralischem Gewissen gleichzusetzen. Die Menschen lernen einen verhalteneren Umgang mit ihren körperlichen Reaktionen und entwickeln größere Fähigkeiten zum gesprächsbereiten, gewaltfreien Austragen von Konflikten. Sprache verliert immer mehr ihre Bedeutung als Ausdrucksmittel für Beleidigungen; man verkehrt höflicher und verbindlicher miteinander. Leibliche Regungen müssen kontrolliert werden.[215]

Der Prozess der Zivilisation führt somit zu »Veränderungen des gesamten menschlichen Habitus, innerhalb dessen die Bewusstseinsgehalte und erst recht die Denkgewohnheiten nur eine recht partiale Erscheinung, nur einen einzelnen Sektor bilden. Hier handelt es sich um Gestaltwandlungen des ganzen Seelenhaushalts durch alle Zonen von der bewussten Ichsteuerung bis zur völlig unbewussten Triebsteuerung hin« (ebd. II, 388). Als Folge dieser Verhaltenskontrollen vermehren sich bei den Menschen die Anlässe zu Gefühlen von Peinlichkeit und Scham, und zwar immer in Augenblicken, in denen sie mit ihren Wünschen oder Verhaltensweisen gegen die neuen Rituale der Körperkontrolle verstoßen. Zwischen dem psychischen Zentrum der Selbstbeherrschung und dem Körper entsteht eine zunehmende Distanz, die »ihren Ausdruck in der Vorstellung von dem einzelnen ›Ich‹ im verschlossenen Gehäuse findet, von dem ›Selbst‹ das durch eine unsichtbare Mauer von dem, was ›draußen‹ vor sich geht, abgetrennt ist.

»Es sind die zum Teil automatisch funktionierenden zivilisatorischen Selbstkontrollen, die in der individuellen Selbsterfahrung nun als Mauer, sei es zwischen ›Subjekt‹ und ›Objekt‹, sei es zwischen dem eigenen ›Selbst‹ und den anderen Menschen, der ›Gesellschaft‹, erfahren werden« (ebd. I, LXIIf.). Die Modellierung des Verhaltens durch Mittel wie Peinlichkeit, Angst, Scham- oder Schuldgefühle führt dazu, dass das »was wir ›Moral‹ oder ›moralische Gründe‹ nennen« zu einem »Automatismus, einem Selbstzwang« wird »und es im Bewusstsein des Einzelnen als von ihm selbst aus eigenem Antrieb, nämlich um seiner eigenen Gesundheit oder seiner eigenen menschlichen Würde willen« in Erscheinung tritt (ebd., I, 204). Im Laufe des Zivilisationsprozesses sind diese einstigen, von außen herangetragenen Zwänge zu Selbstzwängen in Form einer stahlharten zweiten Natur geworden, so dass wir sie als selbstverständliche und natürliche Tugenden eines

---

215 Im alltäglichen Gebrauch des Körpers, wie z. B. beim Essen, wird auf gute Manieren geachtet. Unwillkürliche Körperreaktionen wie Niesen, offenes Husten, Rülpsen und Furzen werden unterbunden. Das unvermeidliche Schnäuzen hat in ein Taschentuch zu erfolgen; der Gebrauch der anderen Ausscheidungsorgane wird geflissentlich vor jeder Öffentlichkeit verborgen.

jeden voraussetzen. Wer sie nicht habitualisiert hat, löst bei den anderen Abwehr in Form »körperlicher Fremdheit« aus.[216]

Im Vergleich zu Elias finden wir bei Horkheimer und Adorno zahlreiche Hinweise, wie eine verdrängte lebendige Natur gegenwärtig in revoltierender Form zurückkehrt – als Fremdes, das dem Bürger in der Gestalt von Asylanten, Kranken oder Behinderten gegenübertritt. Sie erscheint ihnen als Refugium einer permanenten Anklage gegen eine durch Gesetzlichkeit, Einheit, Universalität und der Gewalt gegenüber dem Anderen organisierten Gesellschaft. Der »Behinderte« lässt sich auf der Grundlage der *Dialektik der Aufklärung* als Symbol und stets neu zu verdrängende Mahnung einer überwunden geglaubten Naturgeschichte der Menschheit verstehen. Sein kritischer Einsatz kann freilich nur darin bestehen, die Rolle des Anti-Bürgers in einer terrorisierenden Welt einzunehmen. Nach Erwin Riess (1997, 48) habe er folglich stets mit dem Schlimmsten zu rechnen und müsse dem »wärmenden Verständnis« ebenso misstrauen, wie der »technokratischen Versorgung.« Denn diese würden nur eine dahinterliegende »eliminatorische Absicht« verbergen. Der Umgang der Gesellschaft mit ihren behinderten Antipoden vollziehe sich in einem Teufelskreis der bürgerlichen Herrschaft: betreuen, erschlagen, bereuen.

Dem »Behinderten« bleibe daher nur noch die Rolle des Totalverweigerers in einer stahlharten Welt der Hörigkeit. In den gegenwärtigen Forderungen der Selbsthilfegruppen nach »selbstbestimmtem Leben« wird einzig Verrat am revoltierenden Krüppeltum gewittert: »Die Ohnmacht des Krüppels zielt (...) zugleich auf die Entmächtigung der Mächte. Nur in der beharrlichen Kritik des bürgerlichen Erbes vermag der Anti-Bürger auf der Höhe der Zeit zu denken und zu handeln. (...) Wenn aber die Behinderten ihre Krüppel-Existenz abstreifen wollen, nur um sich den Anzug des Bürgers

---

216 Auch N. Elias deutet den Körper lebensphilosophisch. Gegenüber M. Horkheimer und Th. W. Adorno will er mit S. Freud in der Herrschaft über Affekte und Triebkräfte eine ambivalente kulturelle Leistung erkennen. Im Sinne Platons kann sie nur um den Preis neuer Barbarei rückgängig gemacht werden. Einerseits spricht Elias (II, 1976, 333) von »Wunden (...), die die Zivilisierungskonflikte der Psyche des Einzelnen schlagen.« Andererseits lässt er aber keinen Zweifel daran, dass sich der »Preis, den wir für die größere Sekurität (...) bezahlen« (ebd., 423), lohnt. Er wagt die optimistische Prognose, dass sich die Kosten der Zivilisation spürbar senken werden, wenn die zwischenstaatlichen Spannungen durch die »Bildung (...) eines politischen Zentralinstituts der Erde« (ebd., 452) weitgehend abgebaut sind.

anzuziehen, setzen sich die bürgerlichen Verhältnisse innerhalb der Krüppelwelt vollends durch. In diesem Fall würde sich nur insofern etwas ändern, als die leicht Behinderten die schwer Behinderten, die Körperbehinderten die Geistesbehinderten und alle miteinander die Altersbehinderten unterdrücken würden« (ebd., 49f.).

Riess möchte behinderte Menschen vor den trügerischen Hoffnungen auf bürgerliche Anerkennung warnen. Der »Behinderte« sei in unserer Gesellschaft lediglich die Gestalt einer Wiederkehr des Verdrängten in entstellter Form. Wer also das beschönigende Wort »Selbstbestimmung« fordert, rechtfertige in Wirklichkeit eine »Strategie der Aus- und Absonderung von betroffenen Gruppen und anderen Opfern der Menschheitsbevölkerung« (ebd., 50). Sein Antiheld ist Odysseus, »dieses Urbild des bürgerlichen Individuums« (Adorno; Horkheimer 1980, 42). Odysseus meistert die Gefahren, indem er »Gewalt gegen die Natur in sich (...) wie gegen die draußen« (ebd., 45) ausübt. Horkheimer und Adorno nehmen ihn als paradigmatische Figur, um das »im Selbstbewusstsein erst sich bildende Selbst durch die Mythen« (ebd., 44) zu beschreiben. Der Kampf um Selbstbestimmung und die dauernde Angst vor dem Verlust sind zentrale Topoi der Abenteuer, die Odysseus zu bestehen hat. In der Distanznahme zur Natur wird die mimetische Anschmiegung an das Schrecken erzeugende Andere überwunden. Die Naturgefahren werden gemeistert, indem aus mimetischen Reaktionsmustern instrumentelle Vernunftstrategien werden.[217]

Doch die »Ratio, welche die Mimesis verdrängt, ist nicht bloß deren Gegenteil. Sie ist selbst Mimesis: die ans Tote« (ebd., 53). Mimesis ans Tote

---

217 Th. W. Adorno (1973, 169) bezeichnet Mimesis als ein Verhalten, sich an die Umwelt anzuschmiegen, sich ihr anzuähneln, als »eine Stellung zur Realität diesseits der fixen Gegenüberstellung von Subjekt und Objekt« und damit auch von zweckrationaler Herrschaft. Mimesis findet sich bei ihm einzig aufgehoben in der Ästhetik. Einem Bereich, der sich einerseits von »der empirischen Realität und damit dem gesellschaftlichen Wirkungszusammenhang« absondert, zugleich jedoch »in die empirische Realität und den gesellschaftlichen Wirkungszusammenhang hineinfällt« (ebd., 275). In ihr überlebt Mimesis: »die nichtbegriffliche Affinität des subjektiv Hervorgebrachten zu seinem Anderen, nicht Gesetzten« (ebd., 86f.). Vgl. in diesem Zusammenhang die Untersuchungen von G. Gebauer und Ch. Wulf (1992, 1998). Im Gegensatz zu Adorno beschreiben sie die vielfältigen Wirkungsweisen von Mimesis *innerhalb* der Welt des Sozialen. Durch Mimesis vollziehen sich Anerkennungsprozesse nicht begrifflich-reflexiv, sondern körperlich-habituell in Form performativ inszenierter Rituale (vgl. ebenso Zirfas/Wulf 2001, 193).

soll heißen, dass die Diktatur der technischen Verfügung und des Totschlags zur Methode sozialen Lebens erhoben wird. Das Fremde wird aneignend bearbeitet und oder vernichtend entsorgt. Gibt es für Menschen mit Behinderung folglich nur die Möglichkeit, Vertreter des »Draußen« zu bleiben? Hilft ihnen als einziges Gegengift nur noch der unentwegte Protest gegen ein identifizierend-disponierendes Herrschaftsdenken? Der Gedanke ist schwer zu ertragen!

Möglicherweise muss unser gegenwärtiges Verständnis von Selbstbestimmung auf andere Weise befragt werden, ob es als Leitwert den Bedürfnissen und der Lebenswirklichkeit von Menschen mit Behinderung gerecht werden kann. Vielleicht kann dadurch ein neues heilpädagogisches Versprechen eingelöst werden: das individuelle Wohlbefinden durch ein ausgewogenes Verhältnis zwischen »größtmöglicher verantwortbarer Unabhängigkeit und bedürfnisbezogener Abhängigkeit« (Hahn 1994, 86) zu fördern.

Wie ich mehrfach angedeutet habe, organisiert die postmoderne Gesellschaft die Bedingungen, unter denen »Selbstbestimmung« möglich ist, auf eine ganz bestimmte Weise[218] Im Zeichen neoliberalistischer Tendenzen korrespondiert die Freiheit des selbstbestimmten Individuums mit konkreten Vorstellungen, die sich mit den Schlagworten »Leistungsfähigkeit«, »Produktivität« und »Effizienz« umschreiben lassen. »Das Verhalten des Individuums wird von der Ordnung gesellschaftlicher Determination abgelöst und in einen neuen ethischen Rahmen gestellt, in welchem der Einzelne als autonomer Akteur auftritt, der jeweils einzigartige, lokale und spezifische Bindungen an seine Familie und eine besondere Überzeugungs- und Wertegemeinschaft hat« (Rose 2000, 84). Wer heute zur Vorsorge für sein künftiges Leben angehalten wird, tritt immer weniger in ein Verhältnis staatlicher Alimentation ein. Er unterliegt dem ethischen Auftrag, eine aktive Rolle in Bezug auf sein Vermögen zur selbstverantwortlichen Lebensführung einzunehmen. Im Blick auf Menschen mit Behinderung kann daher unter der Ägide der »Selbstbestimmung« immer auch Aussonderung, Vernichtung oder

---

218 »Selbstbestimmung« ist keine *Conditio humana*, sondern ein gesellschaftliches Konstrukt mit einer eigenen Genealogie. Vgl. A. Waldschmidt (1999, 10): »Statt ein festgefügtes präzise definiertes Grundrecht darzustellen, scheint es sich eher um ein formales Konstrukt zu handeln, dessen konkrete, inhaltliche Bedeutung sich nur in Operationalisierungen erschließt, in Bezug auf die jeweilige Praxis, die sich aus ihm ergibt, die wiederum abhängig ist von gesellschaftlichen und institutionellen Kontexten.«

prothetische Hochrüstung gerechtfertigt werden. Die von Kant angestoßene Idee vom Ausgang des Menschen aus seiner selbstverschuldeten Unmündigkeit erweist sich inzwischen als eigendynamischer und unkontrollierbarer Zwang zur Selbstperfektion. Ein allgemeiner Trend in unserer Kultur scheint dahin zu gehen, die Verantwortung für den eigenen Körper in bisher nie gekannter Weise übernehmen zu müssen. Eine zunehmend interessierte Öffentlichkeit lässt sich immer wieder gern darüber in Erstaunen versetzen, was bestimmte Gruppen von »Behinderten« trotz ihrer Handicaps und mit Hilfe ihrer Prothesen zu leisten vermögen. Die negative Folge kann sein, dass Bedürfnisse nach Schutz und Hilfe übersehen oder heruntergespielt werden.

10.2 Selbstbestimmung und genetisches Risikos

In der aktuellen Diskussion über die Gefahren einer neuen Eugenik wird immer wieder der Einwand dagegen gestellt, dass eine biologisch am gesunden Volkskörper orientierte Rassenhygiene inzwischen durch eine kulturalistisch am Selbstbestimmungsrecht des Individuums orientierte Humangenetik abgelöst worden sei. Wenn davon gesprochen wird, dass sich mit der modernen Molekularbiologie und Humangenetik eine neue Eugenik etabliert habe, werde darüber hinweggetäuscht, dass heute die Frauen und Paare nicht dazu genötigt werden, die Angebote einer Biomedizin zu nutzen (Kuhlmann 1996, 28).[219] Für die modernen Gesellschaften gelte aber, dass das Recht auf individuelle Selbstbestimmung in allen Fragen der persönlichen Lebensführung eine Errungenschaft darstellt, die nur um den Preis der Anwendung illegitimer staatlicher Zwangsmaßnahmen rückgängig gemacht werden kann. Es wird versichert, dass sich die biotechnologischen Strategien der Eugenik als rassenhygienischer Wissenschaft mit den Legitimationsanforderungen einer demokratisch verfassten Gesellschaft nicht vereinbaren lassen. Die moderne

---

219 So warnt A. Kuhlmann (2001, 120) vor einer »Lebenslüge (...), die insbesondere die deutsche Gesellschaft durchzieht: die Unterstellung nämlich, dass der Wunsch, ein gesundes Kind zu bekommen, in irgendeiner Weise krankhaft ist und dass Frauen und Paare, wenn sie nur bei klarem Verstand und unbehelligt von ›gesellschaftlichem Druck‹ entscheiden könnten, in der Regel keine selektiven Fortpflanzungsentscheidungen treffen würden.«

Humangenetik verfolge kein darwinistisch-populationsgenetisches Interesse an Höherzüchtung, sondern diene dem genetisch-klinischen Interesse an der Verhinderung schwerer Erbkrankheiten wie Muskelschwund, Chorea Huntington, Mukoviszidose usw.

Mit dieser Sichtweise wird freilich ein strukturelles Dilemma verschwiegen, in dem sich die Humangenetik befindet. Einerseits vertritt sie den Anspruch das Selbstbestimmungsrecht des Einzelnen zu respektieren, um den Verdacht eugenischer Tendenzen zu entkräften; andererseits öffnet sie, wenn sie sich jeglicher Beeinflussung von Entscheidungen enthält, gesellschaftlichen Erwartungen der Vermeidung von Krankheit und Behinderung Raum (vgl. Beck-Gernsheim 1995, 111ff.). Insofern gilt auch für diesen Bereich: »Die Komplexitäts- und Kontingenzsteigerung haben die Ordnungsstrukturen so grundlegend transformiert, dass der Status des Subjekts – die Möglichkeit seiner Selbstbestimmung, sein Handlungsspielraum und seine Verantwortung – unsicher und fragwürdig geworden ist angesichts einer gesellschaftlichen Wirklichkeit, deren Wahrnehmung und Erklärung immer schwieriger wird« (Wimmer 1996 176f.). Die Rede vom Ende des eugenischen Denkens kann nicht allein damit begründet werden, dass man sich vorbehaltlos auf den Einzelnen und sein Recht auf freie Selbstbestimmung beruft. Vielmehr müssen wir heute davon sogar ausgehen, dass sich langfristig eugenische Ziele eleganter mit einer auf das individuelle Selbstbestimmungsrecht bezogenen Strategie verfolgen lassen. Die Schwierigkeiten mit der Selbstbestimmung dürfen uns allerdings nicht dazu verführen, diesem Prinzip im Sinne von selbstverantwortbarer Lebensführung gänzlich zu entsagen (vgl. II/11).

Auf der Grundlage von Foucault entfaltet Thomas Lemke (2000) den Gedanken, dass die Regierungskunst des neoliberalen Staates darin besteht, eine neue Sicherheitstechnologie zu implementieren. Die Dispositive des Vorsorgestaates lösen sich zunehmend von der Regulation der Bevölkerung ab, um das Risikomanagement auf Individuen und Gruppen zu verlagern. Der Schutz vor Risiken durch Sicherheitsmanagment obliegt nicht mehr dem Staat, sondern fällt in die Verantwortung des selbstbestimmten Individuums. Es beschränkt sich nicht mehr nur darauf, Versicherungen vertraglich zu regeln, sondern auf den optimierenden Umgang mit dem eigenen Körper: »An die Stelle staatlich verordneter eugenischer Programme, die vor allem auf repressive Mittel zurückgriffen und deren Gegenstand die ›Volksgesundheit« war, tritt eine Regierung der genetischen Risiken, die im Namen von Selbstbestimmung, Eigenvorsorge, Verantwortung und Wahlfreiheit auf eine Optimierung des individuellen Humankapitals zielt« (ebd., 230).

Dabei enthält der moderne Begriff der Selbstbestimmung die trügerische Suggestion einer Autonomie, mittels der der Mensch in dem Maße glücklich wird, wie er imstande ist, jede Einzelheit des Lebens und den Zeitpunkt seines Todes planmäßig bestimmen zu können. Im Namen des selbstbestimmten Individuums werden heute die Wünsche des Einzelnen zu einer über jeden Zweifel erhabenen wahrheits- und authentizitätserhabenen Instanz ethisch verklärt. Als ob sie sich wie durch Zauberhand nunmehr jenseits von gesellschaftlich imprägnierten Machtzusammenhängen herausbilden würden. Gerade die Geschichte der Eugenik lässt aber deutlich werden, dass es von Beginn an ein biotechnokratisch motiviertes Interesse am selbstbestimmten Subjekt gab. Insofern muss davor gewarnt werden, Selbstbestimmung mit Freiheit in eins zu setzen. »Frei wäre erst, wer keinen Alternativen sich beugen müsste, und im Bestehenden ist es eine Spur von Freiheit, ihnen sich zu verweigern. Freiheit meint Kritik und Veränderung der Situationen, nicht deren Bestätigung durch Entscheidung inmitten ihres Zwangsgefüges« (Adorno 1980, Anm., 225f.).

Die »Humanisten« unter den Eugenikern träumten bereits zu Beginn dieses Jahrhunderts von einer *Sozialeugenik*, die keines äußeren Zwangs und keiner staatlichen Bevormundung bedarf. In Karl Kautskys *Vermehrung und Entwicklung in Natur und Gesellschaft* (1910), sind scheinbar alle Hindernisse beseitigt worden, die einer bevölkerungspolitisch erfolgreichen Eugenik noch im Wege stehen. Seine Bedenken richten sich gegen die Idee der deutschen Rassenhygieniker, mittels administrativer Entscheidungen »untaugliche« Individuen von der Fortpflanzung fernzuhalten. Mit dem moralischen Prinzip einer auf Freiwilligkeit beruhenden künstlichen Zuchtwahl, soll sich dagegen eine zukünftige sozialistische Gesellschaft gegen die antiselektorischen Wirkungen ihrer sozialreformerischen Bemühungen immunisieren können. Die öffentliche Meinung und das Gewissen der Eltern würden dazu führen, dass sie vor der Eheschließung sachkundigen Rat darüber einholen, ob die Fortpflanzung ratsam sei. Man würde die Zeugung eines kranken Kindes dann mit ähnlichen Augen betrachten wie etwa zur Zeit noch die eines unehelichen Kindes. Denn diese Gesellschaft »wird gleichzeitig den anderen Faktor der Entartung zunächst verstärken, gerade dadurch, dass sie den Menschen das Leben erleichtert, die Anforderungen an sie herabsetzt, den Siechen und Krüppeln die größte Sorgfalt angedeihen lässt« (ebd., 263). Indem Kautsky Rassenhygiene in Individualhygiene aufhebt, antizipiert er bereits die Gegenwart unter den Bedingungen biotechnologischer Praxis. Verhaltensbeeinflussungen sollen nicht über den Zwang direkter staatlicher Gebote und Verbote erfolgen; vielmehr durch »Fortpflanzungshygiene« (A. Ploetz) innerhalb einer medizinischen Strategie der individuellen Krankheitsprävention und auf der Grundlage von Rechtsnormen, die die Selbstbestimmung als zentralen Gesichtspunkt haben.[220]

In den USA der fünfziger Jahre vollzog sich unter dem Einfluss der *American Eugenics Society* (AES) ein paradigmatischer Wechsel von der »Rasse als Wertprinzip« (Lenz 1933) zur Humangenetik. Ihr Präsident Frederic Osborn (1940, 297; zit. n. Weß 192, 75) entwickelte bereits 1937 das Konzept einer Eugenik ohne Zwangsmaßnahmen. Er war davon überzeugt, dass sich in einem reformierten Sozialstaat mit hohem Lebensstandard, gesundheitspolitischer Aufklärung und verbesserten Verhütungsmethoden ein verantwortungsethisches Bewusstsein für genetische Qualitätskontrolle ausbreiten würde: »Das eugenische Ideal fordert eine Gesellschaft, die so organisiert ist, dass die eugenische Selektion als selbstverständlicher und weitgehend unbewusster Prozess stattfindet.« Nach Osborn ließe sich die Spannung zwischen Einzel- und Gemeinwohl nicht durch Massenbewegung oder gesetzliche Maßnahmen, sondern durch die Etablierung humanwissenschaftlich orientierter Sozialtechnologien – Humangenetik, Anthropologie, Fortpflanzungsmedizin, Bevölkerungsstatistik, Psychologie – in idealer Weise auflösen.[221]

---

220 O. von Verschuer (1928, 736f.), führender Zwillingsforscher und Erbpathologe des Deutschen Reiches, vertritt dagegen die Ansicht der Nationalsozialisten: Die Rassenhygiene könne sich »unter der geistigen Fahne eines unbeschränkten Individualismus (...) niemals heilbringend in die Wirklichkeit umsetzen« lassen. »Sie verlangt vielmehr eine Lebenseinstellung und -auffassung, die zu persönlichen Opfern bereit ist, die das eigene Wohl dem der Gesamtheit unterordnet und die Höherwertigkeit des Volkstums gegenüber dem Einzeltum, die logische Priorität des Ganzen vor dem Teil, erkannt hat.«

221 Die AES wurde unter dem erfolgreichen Geschäftsmann F. Osborn zur einflussreichsten Förderungseinrichtung der Humangenetik. Sie kümmerte sich um den Aufbau medizinisch-genetischer Abteilungen in den Krankenhäusern, finanzierte 1956 deren Ersten Internationalen Kongress in Kopenhagen und sorgte sich um die Gründung der ersten Aus- und Weiterbildungszentren im Bereich der Molekulargenetik. Freilich konnte sich auch Osborn die Aufhebung des Widerspruchs zwischen Einzelinteresse und Gemeinwohl nicht ohne die Anwendung physischer Gewalt vorstellen. Angesichts noch fehlender

Denn sie produzieren, ohne zu unterdrücken, ein Wissen über den Menschen und zugleich üben sie mit diesem Wissen Macht über den Körper aus. Osborn besaß bereits ein intuitives Wissen darüber, dass die produktive Funktionsweise moderner Macht dann erfolgreich ihre Wirkung entfaltet, wenn sie an der »Intensivierung der Wünsche eines jeden« (Foucault 1976, 107) ansetzt. »Denn wenn die Macht nur Unterdrückungsfunktionen wahrnähme, wenn sie nur noch auf die Weise der Zensur, des Ausschließens, des Absperrens, der Verdrängung, in der Art eines großen Über-Ichs arbeite, wenn sie nur auf negative Art ausgeübt würde, wäre sie sehr zerbrechlich. Wenn sie stark ist, dann deshalb, weil sie auf der Ebene des Begehrens positive Wirkungen produziert – das weiß man inzwischen – und auf der Ebene des Wissens« (ebd., 109).

Mittlerweile hat die moderne Humangenetik bereits jene Hoffnungen erfüllt, die sich die Rassenhygieniker damals vom technisch Möglichen machen konnten. Die Vermeidung von »Risikoexistenzen« muss nicht mehr durch eugenische Repressionsmaßnahmen durchgesetzt werden, sondern kann scheinbar gewaltfrei durch einen »subzellulären Panoptismus« (Lemke 2000, 258) am Körper der Frau oder des Embryos erfolgen. Alfred Plötz (1985, 231) träumte bereits 1895 davon, dass die Selektion bereits an den Keimzellen des Menschen anzusetzen vermag. Es würde sich dann um »ein Verschieben der Auslese und Ausjäte von den Menschen auf die Zellen, aus denen sie hervorgehen, also eine künstliche Auslese der Keimzellen« handeln. Wenn dies gelänge, könnte auf nachträgliche Ausjätung der minderwertigen Phänotypen ebenso verzichtet werden wie auf eine strikte Auslese der Fortpflanzungsberechtigten. Wenn es möglich wäre, die Keimzellen nach dem Grad ihrer Qualität zu selektieren, bevor sie sich überhaupt somatisch umgesetzt haben, kann eine Versöhnung von Fortschritt und Humanität eintreten.[222]

---

technischer Möglichkeiten einer prädiktiven Medizin, plädierte er dafür, dass für einen kleinen Teil von »Defekten« die Praxis der Absonderung und Zwangssterilisation weiterhin Geltung haben soll (vgl. Weß 1992, 65ff.).

222 Dagegen äußerte F. Lenz (Baur u. a. 1921, 455), der auf A. Hitlers Ideen entscheidenden Einfluss hatte, noch 1921 skeptisch: »Man müsste schon eine Atompinzette haben, mit der man die einzelnen Atome der Erbmasse fassen und auswechseln könnte, um die Erbänderungen wirklich beherrschen zu können. Das aber halte ich für alle Zeiten für ausgeschlossen.«

Inzwischen geht die moderne Medizin mit Hilfe der Molekulargenetik jedoch auf neue Weise daran, Menschen mit Behinderungen als vermeidbares Individualschicksal zu bekämpfen: »Die massive finanzielle Förderung und gesellschaftliche Akzeptanz humangenetischer Forschung sind Teil einer umfassenden Transformation, die zunehmend die Verantwortung für soziale Risiken individualisiert und privatisiert. (...) Dem Rückzug des Staates korrespondierten der Appell an Eigenverantwortlichkeit und Selbstsorge und der Aufbau selbstregulatorischer Kompetenzen bei individuellen wie kollektiven Subjekten« (Lemke 2000, 238f.). Das Ansehen der Biomedizin wird in dem Maße steigen, wie es ihr gelingt, die Öffentlichkeit davon zu überzeugen, dass man mit ihren neuen Technologien – klinisch-neutral und ohne Anwendung sichtbarer Gewalt – der Verwirklichung des Traumes vom besseren Menschen näher kommt. Längst hat sich die »Materie muskelstrotzender Arier oder der KZ-Gerippe (...) verflüchtigt zum ›genetischen Code‹. Diese dem Informations-Zeitalter adäquate Metapher zaubert den Geist aus der Flasche einer totalitären Wissenschaft« (Stössel 1997). In unserer individualisierten Gesellschaft, in der das verantwortungsethische Gebot zur vorbeugenden Sicherung der Gesundheit einen immer höheren Stellenwert einnimmt, gibt es bereits einen tief verwurzelten Glauben an die Macht der Gene. Er wird dazu beitragen, dass das genetische Programm der Molekularbiologen wie ein sich selbst begründendes Wahrheitsspiel funktioniert: Der Mensch wird sich zunehmend in den Teufelskreis begeben, von genetischen Abweichungen auf mögliche Krankheiten zu schließen und bereits eingetretene Krankheiten auf genetische Abweichungen zurückzuführen.

Die Biomedizin stellt das vermeintlich selbstbestimmte Individuum unter den permanenten Zwang, die Qualität seines Lebens zu problematisieren. Von dem Manager seines gesundheitlichen Risikos wird in Zukunft ein hohes Maß an Wissensbereitschaft erwartet. Wenn die Krankheit sich nicht mehr an einem persönlich erfahrenen Leid offenbart, sondern in ungewisser Zukunft eintritt, muss man sich um genetische Aufklärung bemühen. »Mit der Lesbarkeit des Genoms und generell der individuellen Konstitution erhält jedermann gewissermaßen einen Zustandsbericht über sein biologisches Kapital, der immer wieder zu besichtigen und neu zu bilanzieren ist. Somit enthält die Kenntnis des Genoms kalkulierbare Verpflichtungen (Koch 2000, 46).« Ein »Recht auf Nichtwissen« wird es bestenfalls noch für diejenigen geben, an deren genetischer Validität kein gesellschaftliches Verwertungs-

Interesse besteht. »Der Wille zum Nicht-Wissen kann in dieser Hinsicht nur als ein mangelhafter und korrekturbedürftiger Wille betrachtet werden. (...) Nach der Aufklärung über die Geheimnisse des genetischen Codes gibt es keine Unmündigkeit mehr, die nicht selbstverschuldet wäre. Die Forderung nach Autonomie und Selbstbestimmung hat daher nichts mit individueller Beliebigkeit oder prinzipieller Ergebnisoffenheit zu tun; vielmehr ist das Selbstbestimmungspostulat an gesellschaftliche Normen und materiale Zielbestimmungen rückgekoppelt, die eine ›informierte‹ Selbstbestimmung, d.h. einen bestimmten Gebrauch der Freiheit sicherstellen« (Lemke 2000, 253).

Claus Koch (2000, 46) spricht in diesem Zusammenhang von einem neuen Gesellschaftsvertrag, in dem der Einzelne das Recht auf Nichtwissen in Bezug auf seinen Körper verlieren wird und gezwungen ist, zum Biounternehmer seiner selbst zu werden. Der Körper war auch schon im 19. Jahrhundert Eigentum des Individuums: insofern er rohe Arbeitskraft war. Es musste dieses Eigentum als Tauschmittel einsetzen, um überleben zu können. Im Sozialstaat fand man eine mögliche Antwort auf die »soziale Frage«: Wer übernimmt die Verantwortung für den Körper, wenn er sich der Kontrolle seines Eigentümers durch Alter, Krankheit, Unfall und Arbeitslosigkeit entzieht? Das politische Management selbstproduzierter sozialer Risiken diente dem Wohlfahrtsstaatsstaat in der zweiten Hälfte des 20. Jahrhunderts schließlich als Mittel zur sozialen Integration seiner Mitglieder. Zu Beginn des 21. Jahrhunderts werden die Menschen durch die Strategien einer prädiktiven Medizin aufgefordert sein, als »Lebensunternehmer« Rechenschaft über die Verwendung ihres biologischen Kapitals abzulegen und vorausschauende Entscheidungen für ihr Leben zu treffen. Künftig wird dadurch jedem Individuum die »selbstbestimmte« Verantwortung für seine Lebensführung aufgebürdet.

Durch das zunehmende Wissen über die eigenen Erbanlagen wird auch das Solidarprinzip all jener Versicherungen in Frage gestellt, in denen die Gesundheit über Kosten entscheidet. Es ist nicht nur zu befürchten, dass die Träger gesunder Gene immer weniger Interesse haben werden, die Lebensrisiken der genetisch weniger validen Menschen mitzutragen. Nach Koch (ebd.) würde sich durch den sozialen Zwang zur Veröffentlichung der Gesundheitsdaten die Verpflichtung zu einer Versicherungssolidarität erübrigen, weil sie nur bei einer dunklen und schicksalhaften Zukunft Sinn macht. »Die Lesbarkeit des Genoms und in der Folge die strikte Pflege der individuellen Biokapitalien könnten also dazu führen, dass die Self-owner aus ihren Solidaritäten und Integrationsgefügen vertrieben werden. Mit der Erteilung der endgültigen Mündigkeit und der Auferlegung der ungeteilten Verantwortung wäre dann auch ein Urteil gesprochen. Diese Verurteilung zur Mündigkeit wäre eine nur konsequente Realisierungsform des kapitalistischen Geistes in seiner nächsten und vermutlich letzten Phase.«

Der Begriff der »Selbstbestimmung« entpuppt sich zumindest im Bereich medizinischer Fragen als beschönigende Umschreibung einer gesellschaftlich auferlegten Mitwirkungspflicht – sowohl bei der Optimierung des Lebens als auch bei der Bestimmung des Todes. Zum einen werden die Menschen aufgefordert, aktiv an der Optimierung ihrer Gesundheit und der ihrer Angehörigen mitzuarbeiten; zum anderen soll in der Diskussion um Euthanasie der Verweis auf die Selbstbestimmung die aktive Tötung von Patienten legitimieren helfen.[223] Weiterhin dient er als Schlüsselbegriff zur Festlegung von Mindestkriterien für Lebensqualität. Bei Personengruppen mit bestimmten Behinderungen wird er außer Kraft gesetzt, um ihnen den Status als Subjekt mit Lebensrecht abzusprechen.[224] Menschen mit Behinderung würden der gängigen Sichtweise vom selbstbestimmungsfähigen Subjekt nur dann entsprechen, wenn sie die geforderte Fähigkeit und Bereitschaft zum erfolgreichen Biounternehmer mitbrächten. Das Recht auf ein selbstbestimmtes Leben könnten bestenfalls Menschen mit körperlichen Beeinträchtigungen geltend machen, insoweit sie über Durchsetzungskraft und höhere Bildung ver-

---

223 Vgl. E. Feyerabend (2000, 11), die zahlreiche Indizien für eine schleichende Normalisierung von Tötungshandlungen in Deutschland benennt: »Diese Normalisierung kommt nicht mit dem großen Knall einer gesetzlichen Absicherung aktiver Euthanasie daher. Sie wird als Kampagne für den ›selbstbestimmten Tod‹ alltags- und gesellschaftsmächtig.«

224 A. Waldschmidt (1999, 23) kritisiert in ihrer Studie die Konstruktion des »mutmaßlichen Willens« im Transplantationsgesetz, in der Bioethik-Konvention des Europarates und dem Richtlinien-Entwurf der Bundesärztekammer zur Sterbebegleitung. Die Selbstbestimmung wird nicht mehr virtuell hergestellt, um dem Grundsatz in »dubio pro vita« nachzukommen, »sondern wird angewandt als Konstruktion, um etwa Organentnahmen an für hirntot erklärten Patienten vorzunehmen, fremdnützige Forschung an nicht einwilligungsfähigen Personen oder den Behandlungsabbruch bei Menschen im Koma zu rechtfertigen. Der mutmaßliche Wille der Betroffenen, so wird unterstellt, sei es, ihre Organe zu spenden, endlich zu sterben oder als Versuchsperson der Forschung zur Verfügung zu stehen. Nunmehr steht nicht der Lebenswille, sondern die vermeintliche Sehnsucht nach dem Tod im Vordergrund, der angebliche Wunsch, ein als qualvoll angesehenes Leben zu beenden oder der Gemeinschaft noch über das eigene Dasein hinaus nützlich zu sein.«

fügen. Die Fähigkeit zur Willensfreiheit und Autonomie würde man vor allem weiterhin psychisch kranken und geistig behinderten Menschen absprechen. Ihre Entscheidungsfreiheit war immer schon (und ist es noch) in unverhältnismäßig hohem Maß von Angehörigen und Mitarbeitern sozialer Einrichtungen und ambulanter Hilfsdienste beeinflusst und kontrolliert.[225] Das Paradigma der Selbstbestimmung könnte es aber leichter machen, überdauerte Beziehungs- und Machtstrukturen auf interpersonaler und institutioneller Ebene wieder zu legitimieren.

10.3 Normalisierung, Integration, Selbstbestimmung

In den letzten fünfzig Jahren vollzog sich ein verschlungener Wandlungsprozess: von der Hospitalisierung über die Normalisierung zur Integration und schließlich Selbstbestimmung behinderter Menschen. Für manche Vertreter des Normalisierungsprinzips handelt es sich dabei weniger um eine dialektische Bewegung der »Aufhebung« als um einen fragwürdigen Vorgang der »Simulation«[226], durch den Begriffe zuerst aktualisiert, anschließend entwertet und schließlich durch andere ausgelöscht wurden. In diesem Sinne lautet Thimms (Thimm 1997, 222) lakonische Feststellung: »Leitvorstellungen wie Integration oder Normalisierung« sind out; das »Autonomieparadigma« hält Einzug. Liegt er mit dieser Einschätzung möglicherweise richtig? Hat sich

---

225 B. Fornefeld (2000) schildert u.a.: »Bei der Besichtigung einer geschlossenen Abteilung eines Landeskrankenhauses, in der lang hospitalisierte, mittelgradig geistigbehinderte Menschen leben, machte ich folgende Beobachtungen. Ein Mann, vielleicht Mitte 20, freute sich wohl über unseren Besuch. Er zog einen Besucher am Arm und deutete in Richtung seines Zimmers. Als beide dort ankamen, war die Türe verschlossen. Daraufhin wandte er sich an die Pädagogin und zeigte auf den Schlüssel in der Kitteltasche. ›Nein, du weißt, dass du tagsüber nicht in dein Zimmer darfst‹, war ihre Antwort. Er versuchte es ein zweites Mal, wieder ohne Erfolg. Für mich ist es normal, Besuchern das eigene Zuhause zeigen zu wollen. Wozu das Verbot? Und warum nicht einmal eine Ausnahme vom Verbot? Ich habe es nicht verstanden.«
226 Vgl. J. Baudrillards (1982) Begriff der »Simulation« und bzw. R. Barthes (1964, 131) Begriff des »Mythos«: »Die Funktionsweise des Mythos besteht darin, das Reale zu entleeren, er ist buchstäblich ein unablässiges Ausfließen, ein Ausbluten, oder, wenn man lieber will, ein Verflüchtigen, also eine spürbare Abwesenheit.«

also auf fatale Weise eine Bewegung nach dem folgenden Verlaufsschema vollzogen?

(1) *Integration durch Normalisierung* – Die Normalisierung bildete hundertfünfzig Jahre lang eines der Elemente, um behinderte Menschen innerhalb von Einrichtungen an Normen auszurichten und gefügig zu machen; nach dem 2. Weltkrieg wurde das »Normalisierungsprinzip« zum vorrangigen Ziel einer Kritik an der Anstaltsunterbringung geistig behinderter Menschen und löste damit zugleich eine Bewegung der Enthospitalisierung aus (Thimm 1994).

(2) *Integration statt Normalisierung* – Der Integrationsgedanke war ursprünglich eines der Mittel innerhalb des Normalisierungsprinzips, um behinderte Menschen ein Leben führen zu lassen, das dem normalen so ähnlich wie möglich ist; in den 70er Jahre wurde er in der Bundesrepublik Deutschland zum alleinigen Ziel einer die Einseitigkeit der Normalisierung kritisierenden Integrationsbewegung.[227]

(3) *Selbstbestimmung durch Integration* – Die Fähigkeit zum selbstbestimmten Handeln galt lange als eine der möglichen aber nicht erforderlichen Voraussetzungen gelungener Integration. Seit Mitte der 90er Jahre wird sie im heilpädagogischen Diskurs zu einem zentralen Bestimmungsgrund professioneller Arbeit und der Veränderung von Machtverhältnissen zwi-

---

[227] Die Formel »*Integration statt Normalisierung*« ist durch die Geschichte bereits widerlegt: In der bundesdeutschen Integrationsbewegung ging es seit 1973 hauptsächlich um bildungspolitische Fragen und eine Veränderung des gesamten Bildungswesens unter den Slogans »Integration von Anfang an« und »Gemeinsam leben – gemeinsam lernen«. Sie hatte zum Ziel, behinderte Kinder in den normalen Kindergarten bzw. die normale Grundschule zu integrieren (Kasztantowicz 1986; Eberwein 1994). Tatsächlich setzte sich die Integrationspädagogik von Beginn an auch dafür ein, die gesellschaftlichen Normalitätsvorstellungen zu hinterfragen und zu kritisieren (Schildmann 1997). Doch – nicht zuletzt unter dem Einfluss der Normalisierungsbewegung – kam es in den letzten Jahren zu einer Ausweitung des Integrationsgedankens: von den internen Belangen des Bildungswesens in andere Bereiche des Lebensalltags. Mit beruflichen Eingliederungsangeboten, familienentlastenden Diensten und pädagogischen Freizeitangeboten sollen die Bereiche Arbeit, Wohnung und Freizeit nicht mehr abgesondert vom allgemeinen gesellschaftlichen Leben stattfinden, sondern in unmittelbarer Nähe mit nichtbehinderten Menschen (Gröschke 1998). Dadurch soll es behinderten Jugendlichen und Erwachsenen möglich werden, am sozialen Leben ihrer Gemeinde teilzunehmen. Neben einer Neubestimmung der professionellen und elterlichen Rolle, geht es auch um Vorschläge zur Veränderung institutioneller Rahmenbedingungen, in die diese Beziehungen eingebettet sind.

schen Menschen mit (geistiger) Behinderung und ihrer Mitwelt erklärt (Hahn 1994; Rock 1996).

(4) *Selbstbestimmung statt Integration* – Den Befürwortern von mehr Selbstbestimmung ging es darum, sich mehr als bisher darum zu sorgen, wie im Rahmen von Integration ein Höchstmaß an Fähigkeiten zur Kontrolle über das eigene Leben verwirklicht werden kann. Im Empowerment-Konzept der Heilpädagogik (Theunissen/Plaute 1995; Theunissen 1997, 1999; Weiss 1999, 2000) wird »Selbstbestimmung« schließlich zu einem Leitbegriff, mit dem sich erneut Ausgrenzungsstrategien in der postmodernen Gesellschaft rechtfertigen lassen.

Nach diesem Simulationsmodell zu urteilen, wäre mit dem Begriff »Empowerment« keine neue Anerkennungsformel gefunden worden. Vielmehr würde es sich hier um ein Selektionskriterium handeln, das sich zur Legitimation einer sich abzeichnenden Krise des Wohlfahrtsstaates und der Streichung sozialstaatlicher Leistungen missbrauchen ließe. Meine bisherigen Ausführungen über »Selbstbestimmung« scheinen diesen Verdacht eher zu bestätigen: Mit dem Appell an das selbstbestimmte Subjekt verabschiedet sich der bisherige Wohlfahrtsstaat, um das Management von Lebensrisiken vermehrt auf das Individuum zu übertragen. In meinen weiteren Überlegungen werde ich mich daher näher mit dem scheinbar plausiblen Vorwurf auseinandersetzen, es handele sich bei dem Empowerment-Paradigma um einen der »bisweilen extremen Ausuferungen eines einseitigen Autonomiebegriffs« (Thimm 1997, 225). Das Ergebnis wird allerdings anders lauten als nach dem bisher Gesagten erwartet werden kann.

»Empowerment« ist nicht mit »Selbstbestimmung« gleichzusetzen, sondern stellt einen Ansatz dar, mit dem das spannungsreiche Verhältnis von »Selbstsorge« (Foucault) und »Sorge für den Anderen« (Levinas) auf neue Weise ausgelotet werden kann. Mit Hilfe dieses neuen Paradigmas besteht die Möglichkeit, den Teufelskreis von struktureller Abhängigkeit und erlernter Hilflosigkeit (Herriger 1996a) zu unterbrechen.[228] Selbstverständlich ist

---

228 Die Vertreter des Empowerment-Paradigmas lösen auch deshalb gereizte Skepsis aus, weil sie feste Bestände erschüttern und die Situation in der Heilpädagogik noch unübersichtlicher werden lassen. Die Krisenstimmung in der Heilpädagogik (Mürner u.a. 1993) hat im Gegenzug das Bedürfnis nach Orientierung wachgerufen (Opp u.a. 1996; Albrecht u.a 2000). W. Thimm (1997, 223) plädiert für eine rasche Beendigung von sinnlosen Spiegelfechtereien: »Integrationsbefürworter konterkarieren Sonderschulen, ja, diffamie-

die Gefahr der Überforderung nicht völlig von der Hand zu weisen. So sind Befürchtungen ernst zu nehmen, dass es bei der Verwirklichung des »Empowerment-Ansatzes« zu ungewollten Fehleinschätzungen der Bedürfnisse und Fähigkeiten und damit zu einer »gefährliche(n) Mischung aus Überforderung und Vernachlässigung« kommen kann (Wendeler 1993, 8).

Noch vor zehn Jahren schien es selbstverständlich, dass Selbstbestimmung nur innerhalb der Bemühungen um eine gesellschaftliche Integration behinderter Menschen möglich ist: »Persönliche Sinnerfüllung und gesellschaftliche Eingliederung machen den Endzweck aller Bemühungen um Bildung und Erziehung von Behinderten aus. Der Zielbegriff der Integration bietet sich hierfür als übergeordnete Formel an: »die Doppelnorm der Sicherung von Autonomie und sozialer Teilhabe, von personaler und sozialer Integration« (Speck 1988, 249). Inzwischen steht der Begriff der Integration selbst unter dem Verdacht, eine »ideologische Zielformel« zu sein, die »unter nicht wenigen Vertretern einer Integrationsbewegung eine beinahe missionarische Selbstbestätigung« (Bleidick 1994, 12) bewirkt.

Angesichts nicht zu übersehender Prozesse sozialer Desintegration stellten die einen nüchtern fest, dass z.B. schulorganisatorische Integrationsbemühungen allein nichts brächten. Die integrative Beschulung von Kindern mit Behinderung trüge genau so wenig zu einer Verminderung gravierender Ausgrenzungsprozesse bei, wie die Forderung nach einer Integrationspädagogik: »Es ist eben nicht allein die Sonderpädagogik, sondern auch die Allgemeine Schule, die Behinderung konstituiert, da sie nicht unwesentlichen Anteil an der Ausgrenzung, insbesondere von sozial benachteiligten Kindern und Jugendlichen hat« (Schwohl 1999, 60f.). Andere wollen im Begriff »Integration« sogar eine ihre eigene Gewalt verschleiernde Verlegenheitslösung sehen: »Problematisch ist dieser Titel nämlich insofern, als dass Integration als solche gegen die Andersheit verstößt, weil das Einfügen in eine Gemeinschaft immer auch Unterdrückung von Abweichung bedeutet.« Insofern erfordere Integration für seine Befürworter eine unendliche Reflexion auf die mit ihr verbundene Gefahr, »die mitunter wenigen Lücken zu schließen, in denen der Andere als solcher auftauchen kann« (Meyer-Drawe 1993, 32).

---

ren Sonderschulen als Selektionsanstalten; Sonderschulverfechter konterkarieren Integration; Anstaltsbefürworter diffamieren Normalisierungsbestrebungen, für extreme Normalisierungsvertreter sind größere zentrale Einrichtungen grundsätzlich des Bösen«. Allerdings ist seine Kritik am Empowerment-Konzept selbst Ausdruck dessen, was er beklagt.

Die entscheidende Kritik aber kommt aber von Vertretern der Behindertenbewegung selbst. Sie bemängeln, dass das Angleichung an die normalen Lebensverhältnisse in der Praxis der Behindertenhilfe und Rehabilitation von nichtbehinderten Angehörigen und Fachleuten festgelegt wird: »*Sie* bestimmen, welche behinderten Kinder oder Erwachsenen wann, wo, warum oder überhaupt integriert werden; *sie* sind es selbstverständlich auch, die beurteilen, ob diese Versuche als gelungen oder fehlgeschlagen gelten. Das Normalitätsdenken, der ständige Konfliktbereich zwischen behinderten und nichtbehinderten Menschen, fällt in den Beurteilungen und Überlegungen unter den Tisch« (Sierck 1989, 9). Die Betroffenen fordern *anstelle* von Integration ein selbstverständliches Recht auf ein selbstbestimmtes Leben und die vollständige Anerkennung innerhalb der Möglichkeiten des eigenen Seins.

Im Vergleich zu Ländern wie den USA und England ist in Deutschland die Selbstbestimmung von geistig Behinderung in der Tat noch keine soziale Bewegung der Betroffenen. Sie wird eher von Fachleuten und von engagierten Eltern getragen.[229] Insofern wird das Prinzip »Selbstbestimmt leben« zu einem nachvollziehbaren Kampfbegriff, um die Machtverteilung in der Beziehung zur nichtbehinderten Bevölkerung und zu Fachleuten zu verändern. Ein Ruf der Aktivisten lautet: »Wir in der Behindertenbewegung sind längst woanders: wir fordern Emanzipation statt Integration« (Zemp 1995, 355). Bei den Theoretikern der Behindertenhilfe verfehlt diese kämpferische Haltung nicht ihre Wirkung. So fordern Integrationsbefürworter erneut zu einer tiefergehenden theoretischen Reflexion über den Begriff der Normalität »in einer zunehmend desintegrativen Gesellschaft« auf (Gröschke 1998, 368). Selbstbestimmung im Sinne von Verfügung, Bewältigung und Gestaltung des eigenen Lebens wird zu einem neuen Leitbegriff erhoben.

10.4 Empowerment – zwischen Gerechtigkeit und gutem Leben

Das »Empowerment-Paradigma« soll für ein neues Programm stehen, »in dem Menschen in Situationen des Mangels, der Benachteiligung, Diskrimi-

---

229 Vgl. G. Biewer (2000, 243): »Zum Teil wirken deutsche People-First-Gruppen auch als Anhängsel von Elternvereinigungen wie Lebenshilfe oder ›Gemeinsam leben‹.«

nierung oder gesellschaftlichen Ausgrenzung ihre Angelegenheit selbst in die Hand nehmen, sich dabei ihrer eigenen Fähigkeiten bewusst werden, eigene Kräfte entwickeln und soziale Ressourcen nutzen« (Theunissen 1997, 375). Insofern ist »Empowerment« in erster Linie mit »Selbst-Ermächtigung«, »Selbst-Bemächtigung« oder »Selbst-Befähigung« von Menschen in marginalen Positionen gleichzusetzen. Der Begriff »Empowerment« ist freilich nicht neu. Er stammt ursprünglich aus den Bürgerrechts- und Emanzipationsbewegungen der frühen 70er Jahre in den USA. Als federführend und vorbildlich gilt ihren gegenwärtigen Vertretern die amerikanische Independent Living-Bewegung, die heute zahlreiche Beratungs- und Dienstleistungszentren unterhält, in denen behinderte Menschen in eigenverantwortlicher Regie ihre Angelegenheiten selbst managen. Als Leitmetapher ist »Empowerment« irreführend und sollte möglichst rasch durch ein anderes Wort ersetzt werden. Man suggeriert damit noch allzu einseitig das tatkräftige Subjekt, insofern ein modernes praktisches Selbstverhältnis, das mit einem Ethos der Empfindsamkeit, der Gelassenheit, der Geduld und der Skepsis nicht vereinbar zu sein scheint.

»Leitperspektive ist dabei die (Wieder-)Gewinnung der Verfügung und Kontrolle über die eigenen Lebensumstände, damit eine selbstbestimmte Bewältigung und Gestaltung des eigenen Lebens statt haben kann« (ebd.). Menschen sollen in Situationen des Mangels, der Benachteiligung, Diskriminierung oder gesellschaftlichen Ausgrenzung ihre Angelegenheiten selbst in die Hand nehmen. Dabei sollen sie sich ihrer eigenen Fähigkeiten bewusst werden, eigene Kräfte entwickeln und soziale Ressourcen nutzen. »*Empowerment* versteht sich dabei nicht als eine systemaffirmative Interventionsmethode, sondern als *parteinehmende Instanz* für die Belange Betroffener, die als kompetente Experten in eigener Sache gelten« (ebd., 379). Im Einvernehmen und in Kooperation mit den Betroffenen soll ein bedürfnis- und bedarfsgerechtes Netzwerk der Behindertenhilfe entwickelt und aufgebaut werden, das gemeindenah ein integrationsförderndes und autonomiesicherndes Rehabilitationsangebot sicherstellen kann.

Auf der Ebene des Individuums bezeichnet es ein Programm psychosozialer Arbeit, das an die Stelle eines weit verbreiteten defizitorientierten Klientenbildes und der daraus resultierenden Fürsorge-Haltung auf die Fähigkeit von Menschen zur Selbstgestaltung ihres Lebens setzt. Es orientiert sich nicht an Problemlagen, Krisen, Belastungs- oder Krankheitsfaktoren,

Mängeln, Defiziten oder Störungen. Stattdessen vertraut es auf die Stärken der beteiligten Personen und ihre Fähigkeit zur Gestaltung ihrer Lebenslagen. »Ausgehend von der Überzeugung, dass behinderte Menschen wie auch Eltern behinderter Kinder Ressourcen, Stärken oder Kompetenzen besitzen, eigene Betroffenheiten (Krisen, kritische Lebenssituationen) zu meistern, sollen professionelle Helfer im Sinne von Empowerment nicht wie bisher nur ›für‹ ihre Adressaten denken, planen und handeln; vielmehr sollen sie Prozesse anregen und auf konsultativer und kooperativer Basis unterstützen (...)« (1999, 279).

Die helfenden Berufe müssen sich folglich darauf einrichten, Wege aus der erlernten Hilflosigkeit durch Bevormundung und Entmündigung zu eröffnen. Die berufsalltägliche Einlösung dieses Anspruchs erfordert von den Mitarbeitern in sozialen Berufen eine Fähigkeit zur »selbstreflexive(n) Eingrenzung der eigenen Expertenmacht« (Herriger 1996a, 292).[230] Die Behindertenarbeit »zielt nicht auf reibungslose Anpassung durch funktionsorientierte Therapien, klinische Behandlungsformen oder heilpädagogische Übungsbehandlungen; ihr oberstes Ziel ist nicht die geforderte Norm, sondern die Selbstbestimmung behinderter Menschen« (Theunissen/Plaute 1995, 18). Menschen die psychosoziale Unterstützung in Anspruch nehmen, sollen nicht weiterhin als problembehaftete Individuen im Lichte von Ohnmacht und Hilflosigkeit angesehen werden, sondern als Experten in eigener Sache innerhalb eines wertschätzenden sozialen Netzwerkes.[231] »Ein solches Sys-

---

230 Vgl. N. Herrigers (1996a, 292) Auflistung eines Katalogs sozialarbeiterischer Tugenden: »So bedeutet die Wahrung der Selbstbestimmungsrechte der Adressaten sozialer Unterstützung konkret: die Akzeptanz des Eigen-Sinns der Klienten und ihrer oftmals unkonventionell-riskanten Lebensentwürfe; der Verzicht auf vorschnelle Expertenurteile über Problemursachen und wünschenswerte Lebenszukünfte; das Aushalten-Können von (vermeintlichen) Fehlschritten, Rückschritten, Stillständen in den Bewältigungskarrieren der Betroffenen (...); der Verzicht auf systematisierte, lernzielgenau ausgefeilte Hilfepläne, die zwar die eigene methodische Expertise dokumentieren, den eigensinnigen Veränderungsrhythmen und Kurssetzungen der Probanden aber nur allzu oft Gewalt antun (...).«
231 Vgl. N. Herriger (1996b, 1998) zum »Kompetenzdialog« bzw. der »lebensgeschichtlichen Spurensuche«. Hier geht es um zukunftsorientierte Konstruktionen von Lebensarrangements, die zu mehr Selbstverfügung und Möglichkeiten der Lebensgestaltung führen. Im Kontext von Erzählungen über biografische Erlebnisse lassen sich Einstellungsmuster und Weltanschauungen am authentischsten sichtbar machen und verändern. Erzählungen sind niemals ethisch neutral, sondern bilden so etwas wie ein »Laboratorium

tem soll ein ›natürliches Lernen in realen Lebenssituationen‹ (integrierte Therapie) ermöglichen und nur soviel Hilfen anbieten, wie nötig, so dass ›Normalität‹ erfahren und gelebt werden kann« (ebd., 19).

Insofern heißt Empowerment keinesfalls, auf das Moment der Unterstützung und Fürsorge zu verzichten. Es wird der Tatsache Rechnung getragen, dass schwerstbehinderte Menschen ohne die Unterstützung durch Angehörige oder professionelle Vertreter nicht auskommen. »Geistig behinderte Menschen können nicht einfach unter der Parole der Selbstbestimmung in die »Normalität« entlassen werden und sich damit selbst überlassen bleiben. Empowerment zielt vielmehr darauf ab, assistierende Hilfe in einer Qualität und Quantität zu organisieren, dass sowohl Möglichkeiten der Selbstbestimmung in sozialer Bezogenheit als auch mehr individuelle Autonomie realisiert werden können« (ebd., 23).[232] Der Begriff der Selbstbestimmung wird keinesfalls mit dem »ungebundenen Selbst« gleichgesetzt, sondern orientiert sich an einem in soziale Bezüge eingelassenen Selbst.

---

des moralischen Urteils« (Ricoeur 1996, 173) über Mensch und Welt. Im Unterschied zum Konzept der Diskursethik (vgl. Pfeifer-Schaupp 1995, 109ff.) ist der Kompetenzdialog mehr als nur auf die Erfüllung argumentativer Geltungsregeln angelegt, sondern knüpft an individuellen Daseinstechniken an. Er hat den Sinn, das Vertrauen in die eigenen Fähigkeiten zu stärken und alltägliche Belastungen in eigener Regie zu bewältigen. Damit eröffnet er auch Menschen mit speziellen Fähigkeiten die Möglichkeit an individuellen Bewältigungstechniken anzuknüpfen. »Das erzählende (Wieder-)Aufgreifen biografischer Fäden hat zum Ziel, Würde und Wert des eigenen Lebens – allen Lebensniederlagen und Verlusten zum trotz – zu erinnern, die Schatten negativ eingefärbter Selbst-Typisierungen zu bannen und Schutzschilder gegen Identitätsbrüche und Ohnmachterfahrungen aufzubauen. Das biografische Erzählen öffnet Möglichkeitsräume, in denen der Einzelne aus dem hermetisch abgeschlossenen Gehäuse des Schweigens austreten kann, Sprache finden und in der rückschauenden reflexiven Aneignung der lebensgeschichtlich aufgeschichteten Erfahrungsbestände Werkzeuge für die Bearbeitung des Zurückliegenden und zugleich Orientierungen für das noch unbekannte Zukünftige gewinnen kann« (Herriger 1998, 85).

232 Die Vertreter des Empowerment-Konzepts (Theunissen/Plaute 1995, 47) lehnen die Festlegung auf ein bestimmtes Menschenbild ab. Gleichwohl plädieren sie für einen Minimalkonsens über die anthropologischen Möglichkeiten des Menschseins: «Der Minimalkonsens über die Möglichkeiten des Menschseins impliziert die Sinn- und Sollensfrage des heilpädagogischen Handelns, er fordert zu einer Handlungsethik heraus, die sich nicht gegen den Adressatenkreis der Heilpädagogik richten darf. Aufgabe des wissenschaftlichen Diskurses in der Heilpädagogik wäre damit, zu überprüfen, ob es Menschenbilder und Normen gibt, die die Möglichkeit des Menschseins (z.B. von so genannten schwerstgeistigbehinderten Personen) gefährden.«

Das Empowerment-Konzept überschreitet den Rahmen heilpädagogischer Einflussnahme, indem es über die Selbstbestimmung hinaus von zwei weiteren normativen Grundüberzeugungen getragen wird. So gelten als politische Leitwerte einer »Empowerment-Philosophie« ebenso Verteilungsgerechtigkeit wie auch kollaborative und demokratische Partizipation (vgl. Herriger 1996a, 1997). Mit Verteilungsgerechtigkeit zeigt sich die politische Dimension von Empowerment in Form einer kritischen Bezugnahme auf die gesellschaftliche Macht- und Güterverteilung. Die Vertreter des Empowerment-Konzepts geben damit der Auffassung Ausdruck, dass Wohlstand und Macht in unserer Gesellschaft ungleich verteilt sind und dass unterprivilegierten sozialen Gruppen bzw. Menschen in gesellschaftlich marginaler Position der Zugang zu allgemeinen öffentlichen Diensten, zum Gesundheits- und Bildungssystem sowie zur Arbeitswelt erschwert wird. Soweit die Möglichkeit besteht, soll »Menschen in problematischen Lebenssituationen ein kritisches Bewusstsein (...) für die Webmuster der sozial ungleichen Verteilung von Lebensgütern und gesellschaftlichen Chancen« und ein Handlungswissen »um die Veränderbarkeit einer übermächtig erscheinenden sozialen Wirklichkeit« (ebd., 293) vermittelt werden.

Der dritte Grundpfeiler des Empowerment-Konzepts ist die Teilhabe der Betroffenen an Entscheidungsprozessen, die ihre personale Lebensgestaltung und ihre unmittelbare soziale Lebenswelt betreffen. »Sie zielen auf die Implementation von Partizipationsverfahren, die ihren Wünschen und Bedürfnissen nach Mitmachen, Mitgestalten, Sich-Einmischen in Dienstleistungsproduktion und lokaler Politik Rechnung tragen und eine eigenverantwortliche Gestaltung von lokalen Umwelten zulassen« (ebd.). Es geht darum, Potentiale einer kollektiven Selbstregelung in kleinen lokalen Kreisen zu entfalten und sich mit gleich oder ähnlich Betroffenen für eigene Interessen und Gestaltungsmöglichkeiten in der Gesellschaft einzusetzen. Inwieweit sich Empowermentprozesse in Bereichen von Gruppen entwickeln können, zeigen im anglo-amerikanischen Bereich die Selbsthilfebewegungen, so die »Independent-Living-Bewegung« (Theunissen 1997) von Menschen mit vorwiegend Körper- uns Sinnesbeeinträchtigungen und die »Self-Advocacy-

Bewegung« von Menschen mit vorwiegend geistigen Behinderungen (Rock 1996).[233]

Diese wenigen Pinselstriche lassen erkennen, dass ein Großteil der Kritik am Empowerment-Konzept einseitig und falsch ist. Empowerment bemisst den Erfolg nicht allein an Prozessen der individuellen Selbstbefreiung und Alltagskontrolle, sondern ebenso an Realisierung von Prozessen der Sozialveränderung. Darüber hinaus wird von seinen Befürwortern inzwischen auch gesehen, dass diese Gerechtigkeitsperspektive im Bereich der Arbeit mit schwerstbehinderten Menschen einer Präzisierung und Erweiterung durch eine »Fürsorgeperspektive« bedarf (Antor 1996; Weiss 2000). Das Empowerment-Konzept müsse berücksichtigen, dass es besonders leicht verletzbare Personen gibt, für die eine am Grundsatz der Rechteperspektive orientierte Praxis zu kurz greift. So hielte es H. Weiss (ebd., 252f.) »für verhängnisvoll, wenn in der deutschsprachigen Empowerment-Diskussion gegenüber der Rechte-Perspektive (im Sinne autonomer, selbstbestimmter Lebensgestaltung) die Bedürfnis- bzw. Ressourcen-Perspektive, also die Tatsache, dass Menschen auch Ressourcen brauchen, hintangestellt werden würde.«

Die Betonung der Fürsorge stellt den Selbstbestimmungsgedanken insoweit in Frage, als er »mit der Anerkennung der häufig nicht gewählten Verantwortung derer (einhergeht), die Fürsorgetätigkeiten übernehmen« (Baier 1994, 234). So können es sich Eltern in der Regel nicht aussuchen, ob sie sich um ihre behinderten Kinder kümmern müssen. Sie tun es einfach – nicht als autonome Subjekte auf der Grundlage rechtlich verordneter Fürsorgepflichten, sondern als situierte Subjekte, die Tugenden des Helfens entwickelt haben. Im Sinne von A. C. Baier (ebd., 233) lässt sich daher feststellen: Die Gleichheit vor dem Recht »mag oft zu einem wünschenswerten Schutz der Schwächern oder Abhängigen führen. Aber sie verdeckt auch die Frage, welcher Art unsere moralischen Beziehungen zu denen sind, die mehr oder weniger Macht haben als wir. Eine realistischere Auffassung der Tatsache, dass wir alle als hilflose Kinder unser Leben beginnen, dass wir es fast in

---

233 Hierzulande gibt es seit 1990 die »Interessenvertretung Selbstbestimmt Leben« Deutschland (ISL e. V). Seit 1994 sind in der ISL 18 Mitgliedsorganisationen zusammengeschlossen, die für ein selbstbestimmtes und gleichberechtigtes Leben mit größtmöglicher Wahlfreiheit für Menschen mit Behinderung eintreten. Als erstes Bundesland erprobt inzwischen Rheinland-Pfalz das Modellprojekt »Selbst bestimmen – Hilfe nach Maß für Behinderte« an vier Standorten.

jedem Moment unseres Lebens mit mehr oder weniger Hilflosen zu tun haben, dass Machtgleichheit und gegenseitige Abhängigkeit zwischen zwei Personen oder Gruppen selten und schwer zu erkennen ist. All dies könnte uns zu einer direkteren Herangehensweise an Fragen führen, die die Gestaltung jener Institutionen betrifft, die Beziehungen zwischen Ungleichen strukturieren (Familien, Schulen, Krankenhäuser, Armeen) sowie die Moralität in unserem Umgang mit den mehr und den weniger Mächtigen.«

11. Selbstgestaltung als Freiheitspraxis (*Michel Foucault*)

11.1 Im Labyrinth der Macht

Wer das Leben in die eigenen Hände nehmen soll, muss über notwendige Ressourcen und Fähigkeiten der Selbstgestaltung verfügen. Wenn dieser Gesichtspunkt im Empowerment-Konzept keine Berücksichtigung fände, dann würde das in der Tat dazu führen, dass man selbstgestaltungsfähige Menschen mit Behinderung auf Kosten fürsorgeabhängigerer Personengruppen unterstützt und letztlich den solidarischen Zusammenhalt in der Gesellschaft schwächt. Die »Gradwanderung zwischen Förderung von Selbstbestimmung und der Erzeugung oder Aufrechterhaltung von Abhängigkeit« (Theunissen/Plaute 1995, 22f.) kann immer zum Absturz führen. Mit dem Empowerment-Konzept hat sich die Selbstbestimmungsdiskussion in der Heilpädagogik zunehmend gegenüber dem Gedanken geöffnet, dass das autonome Subjekt immer schon einem spannungsreichen Verhältnis zu fremdbestimmten Einflüssen unterliegt. »Selbstbestimmung« ist in zweierlei Hinsicht mehr als nur die autonome Artikulation oder Durchsetzung der eigenen Bedürfnisse. Auf ähnlich eindringliche Weise wie Horkheimer/Adorno hat Foucault[234] darauf aufmerksam gemacht, dass ein Konzept der Menschenstärke nicht vergessen lassen darf, inwieweit wir in Verhältnis-

---

234 Vgl. M. Foucault (1996, 82): »Wenn ich die Verdienste der Philosophie der Frankfurter Schule anerkenne, so tue ich es mit dem schlechten Gewissen von jemandem, der ihre Bücher früher hätte lesen, sie früher hätte verstehen sollen. Hätte ich ihre Bücher gelesen, so hätte ich eine Menge Dinge nicht sagen müssen, und mir wären Irrtümer erspart geblieben.«

sen leben, in denen das vermeintlich selbstbestimmte Subjekt zur technischen Bedingung einer neoliberalen »Gouvernementalität« (Foucault 1993b, 2000a) geworden ist. Nach Foucault (1986a, 1984, 138) ergeben sich gleichwohl für das Individuum in der Figuration einer »Ästhetik der Existenz« Möglichkeiten zu »Praktiken der Befreiung und der Freiheit«. Es kann der Macht, die es konstituiert, Widerstand durch Empowerment im Sinne einer reflektierten Lebenskunst entgegensetzen.

Meine Untersuchungen werde ich im Folgenden damit abschließen, dass ich den Weg von Foucaults Analytik der Macht zur Ethik der Lebenskunst im Zusammenhang nachzeichne. Dabei komme ich zu dem Ergebnis, dass Foucaults ethisches Subjekt der Lebenskunst – noch vor aller sorgenden Bezugnahme auf die eigene Existenz – von einer vor aller Erfahrung liegenden Sorge um den Anderen durchdrungen ist. Damit kehre ich in gewisser Weise wieder zu den ethischen Überlegungen des ersten Teils dieser Arbeit zurück. Der zirkuläre Charakter dieser Arbeit soll deutlich werden lassen: Der Gegenstand meiner Untersuchungen – problematische Anerkennungsverhältnisse in unserer Gesellschaft – lässt sich nicht beschreiben, ohne dass der Gegenstand selbst die normativen Bedingungen – Anerkennung des irreduzibel Anderen – hervorbringt, mit denen er kritisiert wird.

Foucaults Geschichte moderner Machttechnologien hat uns einen fundamentalen Umbruch in der Subjektivität des modernen Menschen offenbart. Mit dem Prozess der übergreifenden Verrechtlichung hat sich zugleich eine »Ent-Weltlichung« vollzogen, durch die er vom Anderen isoliert und als Individuum produziert wird, das von sozialen Normen abweicht. Als »Gehorsamssubjekt« (1977, 167) ist er in einem Universum von Normalisierungspraktiken heimisch geworden, indem er unentwegt versucht, sich selbstkorrigierend einer Norm anzupassen und gleichzeitig durch die Abweichung von der Norm definiert wird. Foucaults Augenmerk gilt u.a. jener »Mikrophysik der Macht« (ebd., 40) über den Körper des Einzelnen; der produktiven Durchdringung seines Körpers und dessen gesellschaftlicher Verdoppelung in Körper und Psyche – einer Psyche, die begehrt, was die Macht ihr sagt und das Subjekt damit zum Effekt seiner eigenen Unterwerfung werden lässt. Die Bio-Macht produziert den modernen Menschen unentwegt neu im Modus des Behindertseins. Er ist aufgefordert, sich in der Auseinandersetzung mit dem eigenen Behindertsein als jemand anzuerkennen, der trotz allem leistungsfähiger, gesünder, schöner usw. als der andere ist. Überspitzt lässt sich vielleicht sogar sagen, dass die schlechte Wirklichkeit im Sinne einer Ontologie des Verhältnisses »behindert – nichtbehindert« funktioniert.

Foucaults kritisches Denken begründet sich darin, die Kosten dieser Selbstkonstitution herauszustellen, indem er der Frage nachgeht: Welche Formen von Rationalität sichert unsere Identität und inwieweit schränken sie uns in unseren Möglichkeiten des eigenen »guten Lebens« ein?[235] Alle bisherigen Widerstandsbewegungen haben sich »gerade auf das berufen, was durch die Macht in Amt und Würden eingesetzt wird: auf das Leben und den Menschen als Lebewesen« (1983, 172). All jene, die das Recht »auf das Leben, auf den Körper, auf die Gesundheit, auf das Glück, auf die Befriedigung der Bedürfnisse, (...) auf die Wiedergewinnung all dessen, was man ist oder sein kann – jenseits aller Unterdrückungen und ›Entfremdungen‹« (ebd., 173) fordern, bleiben Teil jener Machtmaschinerie, in der sich die modernen Gesellschaften reproduzieren.

Foucaults Machtanalyse hat sich jedoch in dieser Form als aporetisches Unternehmen erwiesen. Die Schwierigkeiten laufen auf nichts weniger hinaus, als auf eine Depotenzierung seines eigenen kritischen Standorts.[236] Es stellt sich die Frage, inwieweit auf der Grundlage seines Machtbegriffs das kritische Vermögen mehr sein kann als ein Spielball eines überindividuellen intentionalen Machtgeschehens?[237] Foucault kann den kritischen Erfahrungs-

---

235 Vgl. M. Foucault (1986a, 13): »Anhand welcher Wahrheitsspiele gibt sich der Mensch sein eigenes Sein zu denken, wenn er sich als Irren wahrnimmt, wenn er sich als Kranken betrachtet, wenn er sich als lebendes, sprechendes und arbeitendes Wesen reflektiert, wenn er sich als Kriminellen beurteilt und bestraft.«
236 Vgl. M. Foucaults (1977, 39f.) aporetische Äußerungen: »Die »Macht/Wissens-Beziehungen sind (...) nicht von einem Erkenntnissubjekt aus zu analysieren, das gegenüber dem Machtsystem frei oder unfrei ist. Vielmehr ist in Betracht zu ziehen, dass das erkennende Subjekt, das zu erkennende Objekt und die Erkenntnisweisen jeweils Effekte jener fundamentalen Macht/Wissens-Komplexe und ihrer historischen Transformationen bilden. Es ist also nicht so, dass die Aktivität des Erkenntnissubjekts ein für die Macht nützliches oder gefährliches Wissen hervorbringt; sondern die Formen und Bereiche der Erkenntnis werden vom Komplex Macht/Wissen, von den ihn durchdringenden und konstituierenden Prozessen und Kämpfen bestimmt.«
237 N. Fraser (1994, 48) konnte 1989 hierzu noch kritisch anmerken: »Foucault ruft ganz eindeutig zum Widerstand gegen Beherrschung auf. Aber warum? Warum soll der Herrschaft Widerstand geleistet werden? Erst nach Einführung irgendeiner Art von normativen Begriffen könnte Foucault mit der Beantwortung solcher Fragen beginnen. Nur mit

gehalt seines Denkens nur retten, wenn er es als Widerstandsform *innerhalb* der von ihm beschriebenen Machtverhältnisse begründen kann.[238] Aus nachvollziehbaren Gründen lässt er uns wissen, dass wir niemals völlig der Macht ausgeliefert sind: »Unter bestimmten Bedingungen und mit einer bestimmten präzisen Strategie kann man ihren Zugriff abwehren« (1978a, 196). Er folgt dem kritischen Anspruch, die eigene Machtanalyse als eine widerständige Erfahrung im Sinne aufklärerischer Tradition zu retten und stellt sich die Frage: Wenn die moderne Macht als Subjektivierungstechnik wirkt, ist dann das Subjekt, das seine Wirklichkeit problematisiert, gleichwohl dieser Macht verfallen, oder kann es sich in seinem Denken von dem lösen, was seine Erfahrungen konstituiert (1986a, 16)?

Foucault sucht nun nach Möglichkeiten einer Freiheitspraxis in Form alternativer Selbsttechniken, die dem Subjekt eine relative Autonomie innerhalb veränderter Machtverhältnisse ermöglichen.[239] Seine Machtanalyse soll also nicht heißen, dass jede Form von Subjektivität einer Auslieferung an bestehende Herrschaftsverhältnisse gleichkäme. Vielmehr können damit neue Wege autonomer Subjektivierungstechniken aufgezeigt werden: »Das Subjekt bildet sich nicht einfach im Spiel der Symbole. Es bildet sich in realen historisch analysierbaren Praktiken. Es gibt eine Technologie der Selbstkonstitution, die symbolische Systeme durchschneidet, während sie sie gebraucht« (1987b, 289). Indem sich das Subjekt in jedem Augenblick neu erschafft und durch neue Erfahrungen verändert, vermag es sich nicht nur in

---

normativen Vorstellungen könnte er daran gehen, uns zu sagen, was an dem modernen Macht/Wissens-Regime falsch ist und warum wir ihm entgegentreten sollen.« Ebenso H. Nagl-Docekal (1987, 14), die Foucaults Machtanalyse 1987 mit F. Nietzsches »Genealogie der Moral« gleichsetzt und befürchtet, dass damit »eine Aufgabe des Begriffe Verantwortung« erfolgt sei. »Soll also die Differenz zwischen verantwortlichem und unverantwortlichem Handeln ernst genommen werden, so ist eine Instanz der Beurteilung in Anschlag zu bringen.«

238 Vgl. M. Foucault (1983, 116): »Wo es Macht gibt, gibt es Widerstand. Und doch oder vielmehr gerade deswegen liegt der Widerstand niemals außerhalb der Macht.«

239 Vgl. M. Foucault (1984, 36): »Nachdem ich das Feld der Machtverhältnisse von den Herrschaftstechniken aus betrachtet hatte, möchte ich in den kommenden Jahren Machtbeziehungen von den Selbsttechniken aus untersuchen.« Er sieht in den Kämpfen, deren Hauptziel »nicht so sehr der Angriff auf diese oder jene Machtinstitution, Gruppe, Klasse, Elite, sondern vielmehr auf eine Technik, eine Form der Macht« (1987, 246) ist, Chancen individueller Freiheit.

die Lage zu bringen, Freiheitsräume innerhalb der Machtnetze zu erkämpfen, sondern diese auch zu verändern.

Foucault geht es – wie der Diskursethik von Apel und Habermas – um Antworten auf die Frage, worauf wir eine kritische Haltung gründen können. Er teilt jedoch nicht die Utopie einer »idealen Sprechsituation« bzw. einer »idealen Kommunikationsgemeinschaft«. Er glaubt nicht, dass die Suche nach einer Moralform, die für jeden akzeptabel wäre, in dem Sinn, dass jeder sich ihr unterwerfen müsste, das Problem der Machtbeziehungen genügend berücksichtigt, geschweige denn löst.[240] Insofern verbleibt seine Ethik im Bereich konkreter individueller Lebensformen. Von dort aus entwickelt er die Vorstellung von einer *Ethik der Selbstsorge,* die der »Existenz eine starke Struktur geben kann, ohne sich auf ein Rechtswesen, ein Autoritätssystem oder eine Disziplinarstruktur beziehen zu müssen.« (1984, 71) Sie ist als Versuch zu verstehen, den antiken Begriff einer Ethik als Ethos der Lebensführung, die vom Individuum selbst reflektiert und vollzogen werden kann für die Gegenwart verfügbar zu machen. Sie lässt sich auch als Hinweis verstehen, dass nunmehr der Moment gekommen ist, an dem die Menschen aufhören werden, die Praktiken zu akzeptieren, die sie definieren. Die »Geständnistiere« fangen an, nach den Gründen ihres So-Seins in einer Art und Weise zu fragen, dass sie die normalisierenden Subjektivierungstechniken selbst zum Ausgangspunkt ihrer Problematisierungen machen und Selbsttechniken zu einer veränderten Lebenspraxis entwickeln. – »Problematisierung des Wahnsinns und der Krankheit ausgehend von sozialen und ärztlichen Praktiken, die ein bestimmtes ›Normalisierungsprofil‹ definieren (...)« (1986a, 19). – Damit würden sie sich selbst in die Lage bringen, einen veränderten praktischen Bezug zu ihrer Existenz herauszubilden. Sie kämen davon frei, »nicht anderes als eine Ethik« zu finden, »die auf einer vorgeblich wissenschaftlichen Kenntnis des Ich, des Begehrens und des Unbewussten basiert« (1984, 71).

---

240 Kurz vor seinem Tod äußert M. Foucault (1990c): »Die Suche nach einer Moralform, die für jeden akzeptabel wäre – in dem Sinn, dass jeder sich ihr unterwerfen müsste -, erscheint mir entsetzlich.«

11.2 Technologien des Selbst

Im Vergleich zu den Fachdisziplinen haben »Behinderte« schon länger damit begonnen, den *Identitätsmächten* in Politik, Wissenschaft und Lebenswelt eine reflektierte Praxis selbstbestimmten Lebens entgegenzusetzen (vgl. Rüggeberg 1985). »Behinderte nehmen die ihnen bisher nach bestem Wissen zuerteilte Fürsorge nicht mehr an, weil sie die Rollenverteilung von Abhängigkeit und Almosenhilfe nicht akzeptieren können. Sie wehren sich gegen entmündigende Versorgung, gegen totale Abhängigkeit und bürokratische Reglementierung. Selbsthilfegruppen haben eine neue Emanzipation von Behinderten freigesetzt, die Rückwirkungen auf die Sonderpädagogik haben sollte« (Bleidick 1991, 584). Als Mitglieder einer Minderheitengruppe, verstehen sie sich weniger als eine subkulturelle Gemeinschaft geteilter Werte und Identitäten, sondern vielmehr als ein gesellschaftlich erzeugtes Artefakt aus Objekten sozialpolitischer und pädagogisch-therapeutischer Fürsorgestrategien (vgl. I/3.2). Sie begreifen das Dilemma, ablehnen zu müssen, das zu sein, was andere ihnen als Identitätsangebote vorgeben möchten und sehen ihre doppelte und paradoxe Aufgabe darin, in Selbstverständigungsprozessen Möglichkeiten einer veränderten Haltung zu sich selbst zu erproben und in politischen Willensbildungsprozessen Forderungen nach rechtlicher Anerkennung einer zukünftig autonomen Lebensform zu erheben. Statt das Leben nur den vorgegebenen Normen und Konventionen anzupassen, bietet die »Sorge um sich« die Möglichkeit, Widerstand gegen Formen der Fremdbestimmung zu leisten und der kritiklosen Verinnerlichung geforderter Verhaltensnormen entgegenzutreten.[241]

Foucaults Kritik am Subjekt des Behindertseins beinhaltet keine Leugnung von Menschen mit Behinderung, sondern eine Infragestellung ihrer Konstruktion durch einen Begriff des Normalen und Natürlichen. Für die Selbstachtung behinderter Menschen genüge es nicht, allgemein über gleiche Rechte zu verfügen, die in Form von Ansprüchen eingeklagt werden müssen. Die Art und Weise, wie durch Behindertsein die gegenwärtige Beziehung

---

241 Der Begriff »Selbstsorge« hat meines Erachtens nichts gemeinsam mit bestimmten gegenwärtigen Vorstellungen von »Selbstbestimmung«. Am Beispiel der Biomedizin habe ich zu zeigen versucht, inwieweit auch das selbstbestimmte Subjekt der Gefahr nicht zu entrinnen vermag, Subjektivierungstechniken in eigene Regie zu nehmen, die vormals durch Herrschaft aufgezwungen wurden (vgl. II/10.2).

zwischen Subjektivität und Macht geregelt wird, erfordere eine veränderte Form der Selbst-Gestaltung. »Wir müssen neue Formen der Subjektivität zustandebringen, indem wir die Art von Individualität, die man uns Jahrhunderte lang auferlegt hat, zurückweisen« (Foucault 1987a, 250). Behinderte Menschen benötigen zusätzlich die ethische Anerkennung anderer in ihrer je eigenen Lebensweise, um sich selbst schätzen und respektieren zu können.

Foucault möchte am historischen Material der griechisch-hellenistischen Zeit gegenwärtige ethische Möglichkeiten einer reflektierten Kunst der Selbstgestaltung erproben. Dabei ist es nicht seine Absicht, die hierarchische Welt der Griechen und Römer in die Gegenwart zurückzuholen. Im Gegensatz zu uns haben sich die freien Menschen dieser Zeit gleichwohl ihre Wahrheit nicht durch Zwangspraktiken gegeben, die von Institutionen der Religion, der Pädagogik, der Medizin usw. eingesetzt werden, sondern durch Selbstpraktiken innerhalb unterschiedlicher Existenzbereiche, in denen der ethische Imperativ gilt, sich selbst um sich zu kümmern. In der Antike und Spätantike waren Medizin und Philosophie noch nicht in einer Weise getrennt, dass sich diese zu einer »Eingriffstechnik (...) für Krankheitsfälle, Heilmittel und Operationen« (1986b, 134) und jene zu einer »Ethik der Erkenntnis, welche die Wahrheit nur dem Begehren nach der Wahrheit selbst und allein der Fähigkeit sie zu denken« (Foucault 1982a, 32), verselbständigt hat. Beide verstehen sich noch als »Ratschlaggeber für eine Lebensführung« (ebd., 135). »Was die Griechen interessierte, was ihr Thema war, das war die Konstitution einer Ethik als eine Ästhetik der Existenz. Nun frage ich mich also, ob unser heutiges Problem gewissermaßen nicht ähnlich ist, angenommen, dass die meisten von uns nicht mehr glauben, dass die Ethik auf die Religion gegründet ist, und dass wir kein Gesetzessystem wollen, das in unser Privatleben, in unser moralisches und persönliches Leben eingreift« (1984, 71).

Unter Selbstpraktiken versteht Foucault »gewusste und gewollte Praktiken (...), mit denen sich die Menschen nicht nur die Regeln ihres Verhaltens festlegen, sondern sich selbst zu transformieren, sich in ihrem besonderen Sein zu modifizieren und aus ihrem Leben ein Werk zu machen suchen, das gewisse ästhetische Werte trägt und gewissen Stilkriterien entspricht.« (1986a, 18) Am antiken Material präskriptiver Texte mit etho-poietischer Funktion gilt sein Augenmerk der Untersuchung dieser Techniken des Selbstbezugs, die es den Individuen ermöglichen, »mit eigenen Mitteln bestimmte Operationen mit ihren eigenen Körpern, mit ihren eigenen Seelen, mit ihrer eigenen Lebensführung zu vollziehen« (1984, 35). Dabei geht es Foucault nicht um eine Befreiungspraxis im Sinne einer totalen Überwindung jeglicher gesellschaftlicher Macht durch das Subjekt – »Eine Gesellschaft ›ohne Machtverhältnisse‹ kann nur eine Abstraktion sein« (1987a, 257) –, sondern um eine reflektierte Kunst einer als Machtspiel wahrgenommenen Freiheit. Er glaubt, dass wir mit der Einsicht, die Wahrheit unseres eigenen Selbst in relativer Autonomie zu gegebenen Individualisierungspraktiken erschaffen zu können, politische Veränderungen hervorrufen. »Wir müssen neue Formen der Subjektivität zustandebringen, indem wir die Art von Individualität, die man uns Jahrhunderte lang auferlegt hat, zurückweisen« (Foucault 1987a, 250). Fasziniert von der »Vorstellung des *bios* als Stoff eines Kunstwerkes« (1984, 78), fordert Foucault zur »Suche nach einer Ästhetik der Existenz« (ebd., 136) auf.

Foucaults Ethik zielt auf eine relative Autonomie gegenüber jenem Prozess der Normalisierung und Disziplinierung. Seine Machtanalysen haben noch ergeben, dass die Disziplinen – u.a. Pädagogik, Psychiatrie und Medizin – nicht nur einer hehren Wahrheitssuche über den Menschen verpflichtet fühlen, sondern die moralische Funktion übernehmen, mittels des zwanglosen Zwangs objektivierender Diagnosetechniken und subjektivierender Therapieverfahren, neue menschliche Identitäten um soziale Normen herum hervorzubringen. Sie wirken gleichsam wie Sollensethiken, indem sie die Menschen dazu bringen, sich als wahnsinnige, behinderte, kranke usw. zu erkennen. Dabei bedienen sie sich vornehmlich des »natürlichen« Körpers als Medium zur Beschreibung von Abweichungen.

Noch im Jahr 1975 hat Foucault (zit. n. Marques 1990, 22) gestanden: »In den Irrenanstalten habe ich ein Problem wahrgenommen, das mich nicht mehr losgelassen hat, nämlich das Problem der Macht. (...) Hier fand ich es in Reinform vor, denn das scheinbar leidenschaftslose und spekulative Erkennen des Psychiaters ist untrennbar verknüpft mit einer unerhört pedantischen, kunstvoll abgestuften Machtausübung.« Indem die Menschen heute jedoch anfangen, nach den Gründen ihres So-Seins in einer Art und Weise zu fragen, dass sie die Normalisierungstechniken selbst zum Ausgangspunkt ihrer Problematisierung machen und eigene Praktiken zu einer veränderten Lebensweise entwickeln, bringen sie sich in die Lage, einen Bezug zu ihrer

Existenz herauszubilden, der sie von einer normativen Ethik befreit, »die auf einer vorgeblich wissenschaftlichen Kenntnis des Ich (...) basiert« (1984, 71).

11.3 Kritische Analytik des Selbst

Mit seinem Vorschlag einer »Ästhetik der Existenz« kann Foucault für viele behinderte Menschen eine ethische Alternative anbieten. Sie brauchen sich ihre Identität nicht länger durch Zwangspraktiken geben lassen, die von Institutionen der Pädagogik, Psychologie oder Medizin usw. eingesetzt werden, sondern können sie durch Selbstpraktiken innerhalb ihres Existenzbereichs gewinnen. Der ethische Ratschlag »Kümmere dich um dich selbst!« (Becker 1985, 13) dient ihm als Basis eines sich selbst erprobenden Verhaltens, mit denen »Behinderte« selbst die Regeln ihrer Lebensform festlegen können, indem sie sich in ihrem besonderen Sein – Behindertsein – von dem freimachen, was sie im Namen anderer zu sein haben. Gegenüber der psychoanalytischen Mnemotechnik, die von ihrem Probanden eine Kraft zum unentwegten Eingedenken des Selbst erzwingt, handelt es sich bei Foucaults Vorschlag um die Fähigkeit zum absichtsvollen und befreienden Vergessen im Dienste eines schöpferischen Lebens.

Foucaults (1987a, 246) Konzeption einer Ästhetik der Existenz ist die eines agonalen, pluralen und identitätsbastelnden Selbst, das immer nach Erweiterung und Veränderung in seinem Werden sucht. »Es sind Kämpfe, die den Status des Individuums Infrage stellen: Einerseits behaupten sie das Recht, anders zu sein, und unterstreichen all das, was Individuen wirklich individuell macht. Andererseits bekämpfen sie all das, was das Individuum absondert, seine Verbindungen zu anderen abschneidet, das Gemeinschaftsleben spaltet, das Individuum auf sich selbst zurückwirft und zwanghaft an seine Identität fesselt.«[242] Er gibt uns ein Rahmenkonzept an die Hand, das es ermöglicht, die Art und Weise zu analysieren, wie die Individuen bis heute dazu gebracht worden sind bzw. sich in autonomer Weise selbst dazu bringen können, Techniken auf sich selbst anzuwenden und als ethische Subjekte zu

---

242 Vgl. G. Gamm u.a. (1990) und Ch. Wulf u.a. (1994).Ebenso die Studien von W. Schmid (1991, 1998) und die von ihm herausgegebene Anthologie zu M. Foucaults Ethik (1991).

erkennen. Dazu lassen sich vier veränderbare Dimensionen innerhalb einer Struktur praktischer Selbstverhältnisse unterscheiden:

(1) Die »ethische Substanz« als den Teil seiner selbst, auf den das Subjekt seine Aufmerksamkeit richtet und den es einer Beurteilung unterzieht. In der Antike bildet die »aphrodísia«, d.h. »Akte, Gesten, Berührungen, die eine bestimmte Form von Lust verschaffen« (1986a, 54), den zentralen Gegenstand einer moralischen Sorge. In der Spätantike sind es bereits »die Übel des Körpers und der Seele« (1986b, 78), welche die Aufmerksamkeit beanspruchen. Der Begriff des »Pathos«, der sowohl die Erleiden durch die maßüberschreitenden Lüste als auch durch die unfreiwilligen Regungen der Seele umschreibt, bildet nun das Kernstück eines gemeinsamen Begriffspiels von Philosophie als Seelentherapeutik und Medizin als Körperwissenschaft. Im Mittelalter wird das Geschäft der Seel-Sorge vom Christentum übernommen, indem es dem Individuum einschärft, dem Begehren als einer sich dem Willen Gottes entziehenden Macht selbstreinigender Weise nachzuspüren. »Mit einem Mal stand im Zentrum der Problematisierung (...) nicht mehr die Lust mit der Ästhetik ihres Gebrauchs, sondern das Begehren und seine reinigende Hermeneutik« (ebd., 319) In der Philosophie wird die Wahrheitsfähigkeit des Subjekts mit Descartes »Res cogitans« zugleich jenseits eines Bereichs leiblicher Regungen verortet. »Das Selbstverhältnis braucht nicht mehr asketisch zu sein, um mit der Wahrheit ins Verhältnis zu treten« (1987b, 291). Seit dieser Zeit ist dem Subjekt die Möglichkeit einer selbstgewählten Technik der Selbstbekümmerung aus der Hand genommen und in der Moderne zur Aufgabe bevölkerungsregulierender und körperdisziplinierender Mächte geworden.

(2) Den »Modus der Unterwerfung« als die Art und Weise, in der das Individuum sein Verhältnis zu vorgegebenen Regeln bestimmt. Die Problematisierungen um die aphrodísia laufen in der Antike nicht darauf hinaus, die Begehrensakte auf einer Skala von erlaubten und verbotenen innerhalb eines einheitlichen Codes aufzureihen. Man will Maß, Zeitpunkt und Form »eines ›Gebrauchs‹ ausarbeiten: den Stil dessen, was die Griechen die chresis aphrodisíon, den Gebrauch der Lüste, nannten« (1986a, 71). In der Spätantike bezieht sich die Kunst der Selbstbekümmerung »mehr und mehr auf allgemeine Grundsätze einer Natur oder der Vernunft, in die sich alle gleichermaßen schicken müssen, was immer auch

ihr Stand sei« (1986b, 93). Sie wird zu einer verändernden Erprobung seiner Selbst zum Zwecke einer Kommunikation, in der sich die Handelnden in den unterschiedlichen Rollen von Lebensberatern und Ratsuchenden begegnen. Im Christentum löst sich das Selbstverständnis schließlich vollkommen aus lebenspraktischen Bezügen heraus und folgt dem Gebot der Unterwerfung unter die Gebote eines Hirten-Gottes, der für jedes sein Herden-Volk behütet und für jedes seiner Schafe sorgt.[243] Die kommunikative Praxis wechselseitiger Lebensberatung zerfällt. Die antike Sorge wird einer egoistischen Selbstliebe verdächtigt und durch eine Praxis abgelöst, in der die Sorge für die Anderen einer unterwerfenden Pastoralmacht zugeführt wird.

(3) Die »asketischen Übungen« als Form von Handlungen, die das Individuum unternimmt, um sich zu erkennen und sein Verhalten zu modifizieren. Sie besteht in der Antike aus einer aktiven Form der Selbstbeherrschung, mit der es seine willenlose Unenthaltsamkeit kontrolliert (epiméleia heautou). Allmählich wird sich jedoch die Übung von dem ursprünglichen Zweck eines schönen und guten Lebens (téchne tu biú) ablösen. Die Frage nach dem richtigen Erkennen seiner selbst wird zum zentralen Bestandteil einer Selbstsorge. Die »Wahrheit dessen, was man ist, dessen, was man tut, und dessen was man zu tun vermag« rückt »ins Zentrum der Konstitution des Moralsubjekts« (ebd., 93). Es geht darum, durch Gewissensprüfung »die Beziehung zwischen einem selbst und dem Vorgestellten einzuschränken, um im Bezug zu sich selbst nur das zu akzeptieren, was von der freien und vernünftigen Wahl des Subjekts ausgehen kann« (ebd., 88). Der Christ betreibt nicht mehr Selbstprüfung und Gewissenslenkung als eigener Inspekteur, sondern hat seine Seele dem Hirten überantwortet. Es genügt nicht mehr, sich den Regeln moralischer Lebensführung zu unterwerfen, sondern als »Libidowesen« (Augustinus) zu prüfen, dessen Wille über den von Gott gebotenen Wille hinausschießt.

(4) Das »Telos« als die Art von Individualität, die das Individuum mit Hilfe dieser Handlungsweise zu werden versucht (vgl. 1986a, 40f.). Die asketische Übung ist eine als Machtspiel wahrgenommene Freiheit zu verste-

---

243 Vgl. M. Foucault (1994a, 76): »Im Christentum ist die Verbindung mit dem Hirten individuell. Sie bedeutet persönliche Unterwerfung. Sein Wille wird befolgt, nicht bloß weil und soweit er dem Gesetz entspricht, sondern grundsätzlich weil es sein *Wille* ist.«

hen, mit der sich der freie, männliche Bürger in einen Zustand der Mäßigung (sophrosýne) bringt, um sich selbst zu Regierungskünsten zu befähigen. Der Gemäßigte ist zugleich Wissender, der sich mit der Ordnung des Logos in einem isomorphen Verhältnis weiß. In der Spätantike kommt es zu einer Autofinalisierung der Selbstsorge. War es vormals der Bezug zur Welt, der den Maßstab für das Selbstverständnis abgab, so rückt nun die unendliche Aufgabe der Selbstbemeisterung ins Zentrum. Im Christentum verändert sich das Telos, indem das Heil nicht mehr in einem diesseitigen Leben, sondern in einer jenseitigen Unsterblichkeit und den entsprechenden Praktiken der Selbstreinigung und Weltentsagung gesucht wird. Die Wahrheit des Selbst liegt gewissermaßen dort, wo sich das Selbst durch Reinigung einer Nichtexistenz auf Erden angenähert hat.

Nach Foucault sind wir heute weniger Griechen als wir zu sein glauben. Die Herausbildung einer rechtlich kodifizierten politischen Macht des modernen Staates wäre ohne die Existenz einer »›Pastoraltechnologie‹ zur Menschenführung« (1994, 70) undenkbar gewesen. Der moderne Sozialstaat funktioniert als eine Art »Individualisierungs-Matrix« (1987a, 249), innerhalb derer es zu unentwegten Problemen der Abstimmung »zwischen der auf Rechtssubjekte ausgeübten politischen und der auf lebendige Individuen ausgeübten Pastoralmacht« (1994, 75) kommt. Eine neue Ökonomie der Machtverhältnisse bestünde darin, Oppositionen gegen die neuzeitlichen Formen einer Pastoralmacht zu entwickeln, »deren Rolle in stetigem Sichern, Unterstützen und Verbessern des Lebens eines jeden einzelnen besteht« (ebd.). Mit Hilfe dieses Analyserasters lässt sich nun fragen, in welcher Weise die Erfahrungen eines behinderten Menschen durch diese Form der Macht zustande kommen, die sein Leben »in Kategorien einteilt, ihm seine Individualität aufprägt, es an seine Identität fesselt, ihm ein Gesetz der Wahrheit auferlegt, das es anerkennen muss und das andere in ihm anerkennen müssen« (1987, 246). Darüber hinaus kann es zur Suche nach neuen Spielregeln für ein selbstbestimmtes Leben anregen.

Es entspräche gerade nicht der Intention dieser Ethik der Selbstgestaltung, Wege zur eigenen Identitätsfindung vorzuschreiben. Foucaults Aufforderung zur Selbststilisierung bedeutet vielmehr, sich radikal von einer Ethik als Suche nach universellen Verhaltensstandards abzuwenden. Sie meint eine Freiheitspraxis, in der sich jedes Individuum von dem Platz aus, auf den es gesellschaftlich festgelegt wurde, seine Möglichkeiten der autonomen Selbst-Erfahrung eröffnet. Als Beispiel möchte ich an dieser Stelle lediglich auf den biografischen Essay von Fredi Saal (1992) verweisen, der sich von dem freigemacht hat, was andere ihm als Identität auferlegen wollten. Von einem Anderswo kann er ihnen nunmehr zurufen: »Warum sollte ich jemand anderes sein wollen?« Es wird Zeit, ihm zu glauben, wenn er als Betroffener versichert, dass mit einer angeborenen körperlichen Behinderung zumeist kein Leiden verbunden ist, das ursprünglich in einer Schädigung oder einem Funktionsausfall liegt: »Diese ist die Normalität eines ganz bestimmten Menschen. Die Rede von dem ›schweren Schicksal‹ und die sich daraus ergebende ›Leid-Bewältigungs-Theorie‹ mancher universitärer Behinderten-Pädagogen trifft zwar manchmal für die ›leidgeprüften‹ Angehörigen zu oder auch für manchen ›Spät-Behinderten‹, seltener jedoch auf den ›so Geborenen‹. Er lebt mit seiner Behinderung in Einklang, solange er darin nicht verunsichert wird«.(1994, 655f.)

11.4 Selbstsein als Sein durch Andere

Foucault hat die Kosten unserer Ich-Konstitution offengelegt. Damit ermöglicht er Menschen, das zu analysieren, von dem ihnen bisher nicht bewusst war, dass sie es sagen und tun mussten, um zu werden, wie sie sind. Er hat uns mit seinen historischen Untersuchungen über die Normierungsmacht der Humanwissenschaften gezeigt, dass das formale Recht durch diskursive Praktiken unterfüttert wird. Er beschreibt ihr Entstehen als einen Vorgang der gewaltsamen Abstraktion von primären Erfahrungen, die sich in der Intersubjektivität mit dem Anderen vollzieht und das ethische Subjekt in seiner radikalen Andersheit zum Verschwinden bringt. Nach Foucault verdankt sich die historische Herausbildung eines Sozialrechts weniger einer Verantwortung gegenüber dem konkreten unverfügbaren Anderen, sondern dem Anderen als Produkt gesellschaftlich zugeschriebener Abweichungen, die ihrerseits wiederum staatlich fürsorgerische Interventionen rechtfertigen.[244]

---

244 Vgl. u.a. Ch. Taylors (1985) und M. Walzers (1991) Einwände. Sie beruhen möglicherweise auf einer mangelhaften Rezeption des späten Foucault. Taylor (ebd., 200) lobt einerseits »den großen Reichtum« der Foucaultschen Analysen. Ihre Stärke läge »in ihrem

Gleichwohl vermag Foucaults Aufruf zu einer Ethik als »Ästhetik der Existenz« nur im Hinblick auf Menschen zu überzeugen, die nicht vollständig auf Fürsorge angewiesen sind.[245] Obwohl er die Anwesenheit des Anderen zur Voraussetzung seiner Ethik erklärt, gibt er dem Selbstbezug einen Vorrang und vernachlässigt den verantwortlichen Bezug zum Anderen.[246] Daher hat Habermas (1985, 336) nicht ganz Unrecht mit seinem Einwand, Foucault habe mit der Vorstellung von einem Subjekt als Produkt leibgebundener Dressurtechniken die Möglichkeit einer theoretischen Erfahrbarkeit »von

---

Einsichtsreichtum und in ihrer Originalität, darin, dass sie Aspekte ans Licht bringen, die für gewöhnlich vernachlässigt werden« (ebd., 206). Gleichwohl nennt er ihn einen »terrible simplificateur« (ebd., 208), der an der westlichen Geschichte übersehe, was durch den bürgerlichen Humanismus an Freiheitspraktiken möglich wurde. Indem Foucault die »Entstehung des Humanismus ausschließlich unter dem Gesichtspunkt neuer Kontrollmechanismen« begreife, nehme er nicht wahr, dass sie auch »die Gestalt genuiner Selbst-Disziplinen angenommen« haben, »die neue Arten des kollektiven Handelns möglich machten, die durch egalitärere Formen der Partizipation charakterisiert sind« (ebd., 207). M. Walzer (1991, 262) unterstellt Foucault einerseits »infantilen Linksradikalismus« und die Weigerung einer »positive(n) Bewertung des liberalen oder demokratischen Staates«(ebd. 278). Dennoch gesteht er ein: »Was immer sich an Nicht-Übereinstimmung ergibt, es ist unmöglich, seine Bücher ohne ein Gefühl der Anerkennung zu lesen« (ebd., 270). Sein abschließendes Urteil über Foucault ist freilich weniger schmeichelnd. Es gäbe eine »katastrophale Schwäche seiner politischen Theorie und seiner Sozialkritik«, weil er es angeblich nicht vermochte, einen neuen gesellschaftsbildenden Kontext aufzubauen und »neue Codes und Kategorien« zu entwerfen (ebd., 286).

245 A. Waldschmidt (1999) weist darauf hin, dass das Weltgesundheitsamt (1981) im Anschluss an die WHO-Definition von 1980 die Unfähigkeit zur »Sorge für sich selbst« zur zentralen Kategorie einer schädigungs- bzw. leistungsfunktionsorientierten Sichtweise erklärt: »Behinderung, für welche Leistungsminderung und/oder Schädigung verursachende Faktoren sind, wird definiert als eine vorhandene Schwierigkeit, eine oder mehrere Tätigkeiten auszuüben, die in bezug auf das Alter der Person, ihr Geschlecht und ihre soziale Rolle im allgemeinen als wesentliche Grundkomponente der täglichen Lebensführung gelten, wie etwa *Sorge für sich selbst*, soziale Beziehungen, wirtschaftliche Tätigkeit. Teilweise von der Dauer der Leistungsminderung abhängig, kann die Behinderung kurzfristig, langfristig oder dauernd sein« (zit. n. ebd., 23).

246 Vgl. U. Stinkes (1998): »Man kann geteilter Meinung sein, ob hinsichtlich der Frage nach einer Basis der Gerechtigkeit, die sich nicht auf das Recht verlässt, bereits die ›Sorge um sich‹ eine notwendige Bedingung für die Sorge um den anderen Menschen darstellt? An ihrem Hinreichen sind Zweifel angebracht, zumal die Erfahrungen mit Menschen mit (schweren) Schädigungen verdeutlichen, dass es eine »Sorge für/um den Anderen« geben müsste.«

kommunikativen, in lebensweltliche Kontexte eingelassenen Handlungen getilgt.«[247]

Foucault hat seinen Begriff der »Selbstsorge« von Martin Heidegger (1986, 193) übernommen. Dasein ist für Heidegger (ebd., 181) als ein In-der-Welt-sein »ebenso ursprünglich das Sein bei Zuhandenem (...) wie das Mitsein mit Anderen.« Insofern unterscheidet er in *Sein und Zeit* zwischen »Besorgen« als Begegnung mit bloßem Zeug und »Fürsorge« als Begegnung mit Anderen: »Das Seiende, zu dem sich das Dasein als Mitsein verhält, hat aber nicht die Seinsart des zuhandenen Zeugs, es ist selbst Dasein. Dieses Seiende wird nicht besorgt, sondern steht in der Fürsorge« (ebd., 121). Das Miteinandersein fasst Heidegger begrifflich durch die Unterscheidung der Fürsorge in die »einspringend-beherrschende« als entsorgendes Abhängigkeitsverhältnis und die »vorspringend-befreiende« als Hilfe zur Selbstsorge. Für den Anderen einspringen heißt: »im Besorgen sich an seine Stelle setzen« und ihn damit seiner Andersheit berauben (ebd., 122). Mit Vorspringen ist gemeint, dem Anderen dazu verhelfen, »*in* seiner Sorge sich durchsichtig und *für* sie *frei* zu werden (ebd.). Mit dem Begriff »Mitsein« hat Heidegger zwar die Frage nach dem allem Erkennen und Verstehen vorausliegenden Bereich der Intersubjektivität eröffnet; doch ist damit »die Annahme der Symmetrie« innerhalb der »Allgemeinheit der ontologischen Gegebenheit« impliziert (Baumann 1995c, 80) In seinem Begriff der Fürsorge kommt der Andere lediglich im Horizont der zentralen Bestimmung der Selbstsorge in den Blick: »Die Entschlossenheit zu sich selbst bringt das Dasein erst in die Möglichkeit, die mitseienden Anderen ›sein‹ zu lassen in ihrem eigensten Seinkönnen und dieses in der vorspringend-befreienden Fürsorge mitzuerschließen« (Heidegger 1986, 298).

Meines Wissens hat sich Levinas mit Foucaults Ethik der Selbstsorge nicht auseinandergesetzt, gleichwohl mit Heideggers Begriff der Sorge. An Heidegger (1986, 125) wusste Levinas zu kritisieren, dass er nicht ausweisen

---

247 Vgl. D. Janicauds (1991) Auseinandersetzung mit der Habermasschen Kritik an M. Foucault. J. Habermas (1985, 373) behauptet, dass im kommunikativen Handeln »das lebensweltliche Hintergrundswissen auf ganzer Breite einem Dauertest ausgesetzt« sei und wir daher an der »Idee der Erweiterung unseres Interpretationshorizontes« (1988, 177) festhalten sollten. Die hier vorliegende Arbeit kann u.a. als Zweifel daran gelesen werden, ob der »transzendierenden Kraft universalistischer Geltungsansprüche« (1985, 374) allein diese Fähigkeit zuzutrauen ist.

kann, wie sich die »Seinsart des Miteinanderseins« zu jener ursprünglichen Differenz (Antlitz) verhält, die das In-der-Welt-sein als Mit-Anderen-sein ermöglicht. Die praktische Verbindung in der Fürsorge ergibt sich bei Heidegger zwar aus dem In-der-Welt-Sein. Doch die Frage des *Wie* bleibt bei ihm wie auch bei Foucault weithin unaufgeklärt. Levinas (1987, 91) spricht in diesem Zusammenhang von einer »neutrale(n) Intersubjektivität« bei Heidegger, in der die ethisch-soziale Dimension der Begegnung mit dem Anderen unausgewiesen bleibt.[248] »Die Heideggersche Ontologie ordnet die Beziehung zum Anderen der Relation mit dem Neutrum, nämlich dem ›Sein‹, unter, und dadurch fährt sie fort, den Willen zur Macht, dessen Legitimität und gutes Gewissen allein der Andere erschüttern und stören kann, zu verherrlichen« (1983, 194). Nach Heidegger (1987, 29) hat die moderne Gesellschaft die »bodenlose Organisation des Normalmenschen« im Sinne. Deren Charakteristikum ist der »hassende Verdacht gegen alles Schöpferische und Freie.« Im Zeichen von Nietzsches Artistenmoral wird hier der ebenso wirkungsmächtige Affekt gegen alles Wohlabhängige und Imperfekte schlichtweg vergessen.

Heidegger und auch Foucault können das fürsorgeabhängige Subjekt ausschließlich im Modus des Verfallens an die Uneigentlichkeit eines »Man« bzw. der Unterwerfung unter eine »Bio-Macht« bestimmen. »Die entlastende Fürsorge wird nur als stillschweigende Herrschaft thematisiert (...). Zwar kann nicht bestritten werden, dass jede ›selbstlose‹ Fürsorge die Gefahr der Entmündigung des Versorgten in sich birgt, aber kann nicht mit gleichem Recht darauf verwiesen werden, dass es auch einspringende Hilfe als eine positive Weise der Fürsorge gibt« (Meyer-Drawe 1987, 106). Insofern kommt hier der Ethik von Levinas eine wichtige Korrekturfunktion zu. In ihr erhält das Prinzip der asymmetrischen, einseitigen Verpflichtung in der unmittelbaren Beziehung zum Anderen – als konkreter, unvertretbarer Einzelperson – Geltung. Die Selbstsorge ist für Levinas eine abgeleitete Strategie der Selbstbegrenzung innerhalb einer vorgängigen grenzenlosen Verantwortung gegenüber dem Anderen: »Das Ich kann im Namen dieser grenzenlosen

---

248 Vgl. E. Levinas (1995a, 148): »Die ethische Beziehung, das *Miteinandersein*, ist bei Heidegger nur ein Moment unserer Präsenz in der Welt. Sie hat keine zentrale Bedeutung. *Mit*, das heißt immer sein neben (...), das ist nicht in erster Linie das Antlitz, das ist *zusammensein*, vielleicht *zusammenmaschieren*.«

Verantwortung aufgerufen sein, sich auch um sich selbst zu sorgen« (Levinas 1993, 23).[249]

Foucault favorisiert zwar mit seiner Ästhetik der Existenz »das singuläre Subjekt im Unterschied zum emphatischen allgemeinen Subjekt der Aufklärung und im Unterschied zum normierten und normalisierten Individuellen« (Zirfas 1999, 227);[250] eine *Ethik der Ästhetik*[251] scheint aber verkürzt im Blick auf Menschen, die Zeit ihres Lebens von sozialpolitischer und pädagogischer Fürsorge abhängig bleiben. Insofern gilt ebenso: »Die Ethik der Selbstvervollkommnung erscheint primär als eine Ethik des Handelnden und nicht als eine des Adressaten« (ebd., 230f.).[252] Eine überzeugende Ethik kann sich nicht allein auf die Möglichkeiten der Selbstsorge beziehen, sie muss zugleich Ethik der Verantwortung für Andere sein (Seel 1995, 37). Das hat zur Folge, dass Fragen des guten Lebens ebenso wie Fragen der Gerechtigkeit, Werte so gut wie Normen einem fortwährenden Gespräch unterzogen werden, das nicht einen Konsens aller erstrebt, sondern dem Dissens eine Geltung einräumt. »Jenseits von erzwungenem Konsens und diktatorischem Ausschluss könnte es eine gelassene Strategie geben: Dissens als Dissens, viel vielstimmiges Erkennen, das den Beweis für die Überholtheit eines Kampfes um Anerkennung antritt.« (Kamper 1987, 41). Diese Inter-Subjektivität ließe sich nicht auf die Über-Subjektivität gemeinsam vertrauter

---

249 Vgl. F. Ortegas (1997) Studie über den Begriff der Freundschaft bei M. Foucault. Auch er sieht durch E. Levinas die Möglichkeit gegeben, »der intersubjektiven Dimension eine Ursprünglichkeit und eine Affektivität zu verleihen, die im Denken Foucaults oder Heideggers nicht vorhanden ist« (ebd., 219).
250 Vgl. auch F. Nietzsche (III, 1980, 530): »*Eins ist Noth.* – Seinem Charakter ›Stil geben‹ eine große und seltene Kunst! Sie übt Der, welcher Alles übersieht, was seine Natur an Kräften und Schwächen bietet, und es dann einem künstlichen Plane einfügt, bis ein Jedes als Kunst und Vernunft erscheint und auch die Schwäche noch das Auge entzückt.«
251 Vgl. den gleichnamigen Band von Ch. Wulf u.a. (1994).
252 J. Zirfas (1999, 79) arbeitet im Vergleich zu mir an dem »Konzept einer symmetrischen Ethik der Anerkennung«: »Ist der Wille zur Selbstbildung vorhanden, kann dieser sich nur über die Anerkennung des Anderen oder der Welt so vollziehen, dass er die Selbstbildung und damit *die reziproke und symmetrische Anerkennung der anderen* notwendigerweise unterstellen muss – insofern Bildung als Selbstbildung ein sich selbstbildendes Gegenüber braucht, um sich realisieren zu können« (ebd., 232; Herv., H.-U. R.).

Wertzusammenhänge reduzieren. Sie würde einen stets neu auszuhandelnden Kompromiss zwischen Selbsterschaffung, Verantwortung und Gerechtigkeit darstellen.

Schluss: Aussicht auf Anerkennung

Die Ergebnisse meiner Untersuchungen haben den Verdacht erhärtet, dass sich die Wirkungsweisen unseres historischen Realitätsverständnisses in weiten Bereichen als identifizierende Normalisierungsstrategien gegenüber dem Anderen erweisen. Im Kontext dieser Arbeit ging es darum zu zeigen, dass der Andere, indem er sich in der Figuration *Behindertsein* zeigt, in der Gefahr steht, seine Andersheit zu verlieren.[253] Von zentraler Bedeutung waren für mich folgende beiden Fragestellungen: Ist eine Ethik denkbar, in der sich das Verhältnis zum Anderen moralisch begründen lässt, ohne auf den ausschließenden Gesichtspunkt einer wechselseitigen und symmetrischen Beziehung der Anerkennung zurückgreifen zu müssen? Wäre auf dieser normativen Grundlage eine Gesellschaft im Bereich unserer Möglichkeiten, in der Wohltätigkeit mehr ist als eine staatlich organisierte Wohlfahrt? Mit Michel Foucault und Emmanuel Levinas sollte deutlich gemacht werden: Es lässt sich eine neue Verantwortung und Achtung im Denken des Anderen benennen, indem der andere Mensch nicht einer jeweiligen Idee vom wahren Menschsein unterworfen wird, sondern als Nächster immer auch unvordenklicher Anderer bleibt.

Die normative Grundlage einer Ethik der Anerkennung des anderen Menschen (z.B. mit einer schweren geistigen Behinderung) bestünde folglich im Eingedenken einer auf keine Identität festlegbaren Andersheit des Selbst und des Anderen. Das Paradoxon einer Nähe durch Andersheit ließe sich auflösen, wenn es gelänge diese unvordenkliche Andersheit zum moralischen

---

253 Vgl. Ch. Wulf (1999, 16): »Vielfältig sind die Figurationen des Anderen: der Fremde, der Feind, der Irre, das andere Geschlecht, das Gespenst, das Böse, das Unheimliche, das Heilige. In diesen Fällen kommt es zu Überlagerungen zwischen konkreten Ausprägungen und dem ganz Anderen. Jede konkrete Figuration des Anderen verweist auf das sich der Bestimmung und Festsetzung entziehende ganz Andere.«

Prinzip zu erheben. Die gegenwärtig noch unklare Rede von Andersheit oder Differenz steht noch in der Gefahr, von den »Behinderten« als einer auf feste Identitäten festgelegten Gemeinschaft der Andersartigen auszugehen. Damit würde jedoch eine Politik der Differenz verhindert, in der selbstgewählte bzw. weniger fremdbestimmte Konstruktionen von Identität möglich sind. »Eine kommende und im Kommen bleibende Demokratie müsste eine Gleichheit zu denken aufgeben, die mit einer bestimmten Asymmetrie, mit der Heterogenität und der absoluten Singularität nicht bloß nicht unvereinbar ist, sondern sie vielmehr erfordert, uns an sie bindet, uns zu ihnen aufbrechen lässt – von einem Ort aus, der unsichtbar bleibt und mir doch von fern einen Weg weist (...)« (Derrida 2000, 443).[254]

Insgesamt habe ich sichtbar zu machen versucht, dass eine eigenständige und verantwortungsvolle Lebensführung für Menschen mit Behinderung in vollem Sinne erst dann verwirklicht werden kann, wenn sie Schutz finden gegen eine Enteignung der Sorge und der Definitionsgewalt humanwissenschaftlicher Experten eine reflektierte Praxis der Selbst-Gestaltung und der Fremd-Wohltätigkeit entgegengesetzt wird. Theodor W. Adornos (1980, 192) Credo gilt nach wie vor: »Der versöhnte Zustand annektierte nicht mit philosophischem Imperialismus das Fremde, sondern hätte sein Glück daran, dass es in der gewährten Nähe das Ferne und Verschiedene bleibt, jenseits des Heterogenen wie des Eigenen.«

Wir kommen nicht umhin, von negativen Bestimmungen Gebrauch zu machen, die das beschädigte Leben von behinderten Menschen beschreibbar machen. In Anlehnung an Avishai Margalit (1997, 139) lässt es sich dadurch erkennen, dass man »Behinderte« behandelt, als ob sie keine Menschen, sondern Tiere, Maschinen oder Untermenschen wären; weiterhin mit Handlungen, die bei ihnen den Verlust von Kontrolle über das eigene Leben herbeiführen (ebd., 218); schließlich mit ihrem Ausschluss aus der menschlichen Gemeinschaft (ebd., 330). Wir können auch nicht völlig auf die Benennung menschlicher Tugenden verzichten, die nötig sind, um den Anderen in

---

254 J. Derridas *Politik der Freundschaft* (2000) hat in meiner Arbeit noch keine Würdigung gefunden. Wenn ich richtig sehe, eröffnet sein Modell der Freundschaft – jenseits biologisch begründeter Brüderlichkeit – eine Historisierung und Kontextualisierung der Levinasschen Ethik. Vgl. in diesem Zusammenhang auch J. Zirfas (2001), der auf den möglichen Stellenwert Derridas für eine zukünftige Erziehungswissenschaft aufmerksam gemacht hat.

unverkürzter Weise anzuerkennen: »Die Akzeptanz des Anderen erfordert Selbstüberwindung; erst die Selbstüberwindung erlaubt die Erfahrung des Anderen. Die Fremdheit des Anderen erleben zu können, setzt die Bereitschaft voraus, auch den Anderen in sich kennen lernen zu wollen. Kein Individuum ist eine Einheit; jeder Einzelne besteht aus widersprüchlichen Teilen mit eigenen Handlungswünschen. Rimbaud formulierte diese Situation des einzelnen einprägsam: *Ich ist ein Anderer*« (Wulf 1999, 18).

Ein ernstzunehmender Einwand gegen mein Unternehmen könnte lauten: Eine Gesellschaft jenseits normalisierender Anerkennung ist ein utopisches Ideal. Mangels ihrer Verwirklichung tun wir zunächst einmal gut daran, uns mit dem moralischen Grundsatz zu begnügen, dass gesellschaftliche Institutionen ausreichende rechtliche Bedingungen schaffen sollen, die das Wohlbefinden aller auf der Grundlage von rechtlicher Anerkennung nicht beeinträchtigen. Mit einer Entgegnung darauf darf man es sich nicht mehr so leicht machen und apodiktisch an die Aufgabe und Pflicht eines kritischen Denkens gegenüber den uneingelösten geschichtlichen Versprechen und Möglichkeiten der Solidarität erinnern. Die Schwierigkeiten, die man sich damit einhandeln würde, liegen inzwischen allzu deutlich auf der Hand: Der marxistische Gedanke, innerhalb einer durch das gemeinsame Interesse an Anerkennung zusammengeführten Gemeinschaft freier Lohnabhängiger könnte diese Solidarität hervorgebracht werden, hat sich in seiner Wirkungsgeschichte als voreiliger utilitaristischer Fehlschluss erwiesen.[255] Der Marxismus entpuppte sich als oktroyierte Solidarität unter der »totalitären Zwangsvereinigung von Partei, Gesellschaft und Staat« (Dubiel 1994, 40). Als politische Bewegung ist er zum Komplizen der Zerstörung traditioneller Gemeinschaften und vormoderner Völker der so genannten Dritten Welt geworden.

Der Gefahr einer Gleichgültigkeit gegenüber dem Anderen kann nicht mehr mit politischen Bewegungen begegnet werden, die behaupten, sie böten eine Antwort auf die tiefen Bedürfnisse des Menschen und darauf, was als geglücktes Leben zu verstehen ist. Nicht zuletzt deshalb scheinen die Zweifel an jeder neuen Vision, dass alle Menschen sich irgendwann wie Brüder lie-

---

255 Nach A. Honneth (1989, 571f.) hat K. Marx seine Lehre vom Klassenkampf »auf die eine Bedeutung des ökonomischen Interessenkonfliktes hin« verengt, »ohne seine weiteren, moralischen Gehalte noch angemessen zu respektieren«. Honneth sieht sie in jenen Auseinandersetzungen, in denen es um moralische Normen geht, »die die Beziehungen der wechselseitigen Anerkennung unter den Mitgliedern einer Gesellschaft zu regeln haben.«

ben könnten, allzu verständlich. Möglicherweise bleibt uns heute nur noch die Einsicht, dass der Weg von der Toleranz zur Solidarität unbestimmt ist und gleichermaßen auch der von der Toleranz zur Gleichgültigkeit (vgl. Baumann 1995b, 288). Eine an der Logik der Komplexitätssteigerung orientierte Modernisierung nährte sich bis heute parasitär von den Beständen einer gesellschaftlichen Moral der Solidarität und Fürsorge. Wer dennoch weiterhin nach moralischen Begründungen sucht, erntet den beißenden Spott des Ironikers, er sei nicht bereit umzulernen und er würde dümmer argumentieren als wir heute leben. Die Anerkennung des Anderen sei demnach kein Wert, sondern eine von vielen »Stoppregeln der Reflexion« (Bolz 1999, 54) und müsse als Ressource der Knappheit mit ihrer Verbreitung »unausweichlich zu einer Gesellschaftsform führen, in der die Verachtung epidemisch wird« (Sloterdijk 2000b, 31).[256]

Gleichwohl halte ich daran fest: Wir können eine Gesellschaft und ihre Mitglieder danach bewerten, ob sie demokratische Regeln der Anerkennung fördern, oder Techniken der Normalisierung, die es einer homogenen Mehrheit erlaubt, Minderheiten, die einen anderen Weg gehen wollen, ihren Mehrheitswillen aufzuzwingen. Insofern gibt es immer noch gute Gründe zu sagen, dass sich moralischer Fortschritt daran bemessen lässt, inwieweit sich eine »auf wohlwollender Anerkennung aufbauende Solidarität« (Zirfas 1999, 284) unter den Mitgliedern einer Gesellschaft ausgebreitet hat. Wir sollten nicht aufhören, nach Modellen zu suchen, »die es den Menschen erlauben, sich zusammenzutun und untereinander Bindungen zu entwickeln – unter Wahrung ihrer Differenzen *und* ohne von diesen Differenzen abzusehen« (Taylor, 2002, 42). Diese Modelle sollten von der Idee getragen sein, dass Menschen in der Lage sind, »Bindungen einzugehen nicht nur trotz, sondern wegen der Differenzen, die sie voneinander unterscheiden« (ebd.).

---

256 Nicht ohne Spott äußert sich P. Sloterdijk (2000b, 47) zu den »antivertikalen« Anerkennungskämpfen in der modernen Massenkultur: »Die jüngere Sozialgeschichte hat ihre Substanz – besser ihr Drehbuch – in einer Serie von Kampagnen zur Aufrichtung der Selbstachtung, in der immer neue Kollektive sich mit ihren Ansprüchen auf Anerkennung nach vorne wagen. Gewalt und Idealismus sind die Universalsprachen, in denen sich die neuen Gruppen Interesse erzwingen; sie sind die Spezialeffekte, die auf der modernen politischen Bühne unfehlbar Aufmerksamkeit erregen. Jedes neu auftretende politische Subjekt verschafft sich Bedeutung und Beachtung zum einen, indem es sich als Aktionszentrum gebärdet, das wie ein Herr auch drohen und den Ernstfall erklären kann, zum anderen, indem es in sich selbst eine Gipfelposition der wahren Menschlichkeit erkennt.«

Insbesondere im Hinblick auf Menschen mit Behinderung gilt freilich, dass die Akzeptanz seitens der Gesellschaft, in die sie integriert werden sollen, nicht einfach beschworen werden kann, sondern als fraglich gelten muss.[257] Die Reproduktionsmechanismen und Selbsterhaltungsimperative funktional differenzierter Gesellschaften lassen es nicht mehr zu, dass sich die Integration einer Gesellschaft über die sittliche Einheit gemeinsamer Wertvorstellungen vollzieht. Damit hat sich aber die Frage nach dem Stellenwert von gesellschaftlicher Solidarität nicht wirklich erledigt. Es bleibt die Verpflichtung einer Gesellschaft, marginalisierte Gruppen mit dem Ziel ihrer Befreiung von negativen Zuschreibungen und einer uneingeschränkten gesellschaftlichen Teilhabe zu unterstützen. Die modernen Gesellschaften stehen heute vor dem Problem, ob und wieweit fremdartig erscheinende Minderheiten nach ihren Möglichkeiten, Gewohnheiten und Überzeugungen leben dürfen und ob und wieweit sie bereit sind, Gruppen von Wohltätigkeit benötigenden Mitgliedern in nicht bevormundender Weise zu unterstützen. Insofern lautet die Frage auch: Wie ist Solidarität in einer komplexen Gesellschaft jenseits familiärer Liebesbindungen und staatlich organisierter Rechtsbeziehungen möglich?

Ich habe in dieser Arbeit keinen Zweifel daran gelassen – und darin liegt eine Art moralisches petitio principii –, dass sich Solidarität als bindungserzeugende Kraft vor allem aus dem sozialen Nahraum durch die unmittelbare Beziehung zum Anderen ergibt. »Den Anderen anerkennen heißt geben. (...) In der Großmut sehe ich die von mir besessene Welt – Welt, die sich dem Genuss bietet – von einem Standpunkt aus, der von meiner egoistischen Position unabhängig ist« (Levinas 1987, 103). Die zahlreicher werdenden Gegner einer als hypermoralisch missverstandenen Kritik an der mangelnden Solidarität müssen sich meines Erachtens mit den tragischen Folgen ihrer Ethikverdrossenheit auseinandersetzen: Entgegen eigener gesellschaftstheo-

---

257 Nach T. Klauss (1996, 36) spricht hinsichtlich der sozialen Einstellungsmuster gegenüber Menschen mit geistiger Behinderung »viel dafür, dass in den vergangenen Jahrzehnten eine Ablehnung offener Ablehnung zugunsten einer eher distanzierten Toleranz erreicht wurde.« Er hält die distanzierte Toleranz für das Beste, was im Kontext unserer gesellschaftlichen Verhältnisse auf breiter Basis erreichbar ist und folgert daraus: »Das Gelingen von Integration darf deshalb nicht an dem Ziel einer umfassenden und hohen gegenseitigen Anteilnahme gemessen werden. Ein solches Überideal muss in einer Gesellschaft, die zugleich den Markt und damit die Konkurrenz verherrlicht und Leistungs- und individuelle Konsumfähigkeit als Leitwerte pflegt, zu Enttäuschungen führen.«

retischer Beteuerungen sind sie dazu gezwungen, einen normativen Standpunkt auszuzeichnen, der in erster Linie nur dem männlichen, unversehrten und berufstätigen Bürger mit posttraditionaler Weltanschauung gerecht wird, von Personen in besonderen Situationen bzw. von Minderheiten dagegen schwere moralische Opfer abverlangt.

Wir sollten Richard Rortys (1989, 316f.) Rat beherzigen und »Ausschau halten nach marginalisierten Gruppen, die wir instinktiv noch immer unter ›sie‹ einordnen, nicht unter ›wir‹.« Wobei mit »wir« freilich nicht gemeint sein kann, diese Gruppen in einem gemeinsamen Nenner zu fassen bzw. auf ihre Andersartigkeit festzulegen. Rorty (2000a, 13) vermag überzeugend darzulegen, dass wir die Vorstellung verabschieden müssen: »wir seien deshalb weniger grausam geworden und gingen deshalb anständiger miteinander um, weil wir das wahre Wesen des Menschen, der Menschenrechte oder der Pflichten des Menschen vollständiger begriffen hätten.«[258] Er teilt mit Foucault und Levinas das Bestreben, dem ethischen Subjekt einen Vorrang gegenüber der moralischen Gemeinschaft einzuräumen. Für alle drei besteht der Mensch seine moralische Probe, wenn er sich mit dem Gedanken anfreundet, dass die Wahrheit nichts anderes ist als »ein bewegliches Heer von Metaphern, Metonymien, Anthropomorphismen kurz eine Summe von menschlichen Relationen, die poetisch und rhetorisch gesteigert, übertragen, geschmückt wurden, und die nach langem Gebrauche einem Volke fest, canonisch und verbindlich dünken« (Nietzsche I, 1980, 880f.). Trotz dieser Ähnlichkeit in der Abneigung gegenüber universalistischen Rechtfertigungen gibt es zwischen ihnen gleichwohl entscheidende Differenzen: Levinas hebt den Menschen im Modus der Verantwortlichkeit heraus. Im Eingedenken an

---

258 Insofern ist jeder Versuch problematisch, die Würde des Menschen an seine Fähigkeit zur Selbstachtung zu knüpfen. Vgl. auch A. Margalits (1997, 178, 303) Unterscheidung von Demütigung und Grausamkeit. Danach kann Grausamkeit als eine Form von Demütigung verstanden werden, die *alle* körperlich empfindungsfähigen Menschen einschließt. Für A. Honneth (1997, 30) führt dagegen »eine physische Verletzung nur dann zu einem moralischen Unrecht, wenn der Betroffene darin eine Handlung erblicken muss, die ihn intentional in einem wesentlichen Aspekt seines Wohlseins missachtet; nicht schon der körperliche Schmerz als solcher, sondern erst das begleitende Bewusstsein, im eigenen Selbstverständnis nicht anerkannt zu werden, macht hier die Bedingung der moralischen Verletzung aus.«

die Andersheit des Selbst und des Anderen gibt es bei ihm so etwas wie einen ethischen Vorrang der Brüderlichkeit vor der Freiheit.[259]

Demgegenüber sehen Foucault und Rorty (1988, 56) in der individuellen Freiheit zur Selbsterschaffung auf unterschiedliche Weise eine Voraussetzung für gesellschaftlichen Fortschritt. Sie betrachten »die moralische Reflexion und Verfeinerung nicht mehr als Sache der Selbsterkenntnis, sondern als Sache der Selbsterschaffung.« Während sich für Rorty Selbstsorge jedoch nur auf den privaten Bereich der individuellen Vervollkommnung beziehen kann und die Sphäre der Gerechtigkeit unberührt lässt, verändert sich für Foucault mit der »Sorge um sich« zugleich auch der Bereich des Politischen. Foucault (1987a, 250) geht es nicht nur darum, »das Individuum vom Staat und dessen Institutionen zu befreien, sondern uns sowohl vom Staat als auch vom Typ der Individualisierung, der mit ihm verbunden ist zu befreien.« Es gibt bei ihm folglich so etwas wie einen anarchischen Vorrang der Freiheit vor der Brüderlichkeit.

Im Gegensatz dazu sieht Rorty (1989, 13) »keine Möglichkeit, auf theoretischer Ebene Selbsterschaffung und Gerechtigkeit zusammenzubringen.« Die private Selbsterschaffung könne immer auch im Widerstreit mit der öffentlichen Sphäre der Verantwortung stehen. Insofern tritt er dafür ein, eine »umfassendere philosophische Perspektive« zu vermeiden, die »dazu führen könnte, Selbsterschaffung und Gerechtigkeit, private Vervollkommnung und Solidarität mit anderen Menschen in einer einzigen Version zu erfassen« (ebd., 12f). Sein liberaldemokratischer Vorschlag lautet daher, »Solidarität« dadurch zu ermöglichen, dass man Foucaults Ethik der Selbstsorge privatisiert und solidarisches Engagement auf das öffentliche Anliegen beschränkt, »Grausamkeit« zu vermeiden (ebd., 117).[260]

Rorty (ebd. 13) weiß sich mit Foucault nur einig im Zweifel darüber, dass der öffentliche Austausch von Gerechtigkeitsargumenten allein schon Raum für die Gestaltung des eigenen Selbst ermöglicht. Daher soll es den Bürgern im Bereich ihrer selbstgestaltbaren Lebensform erlaubt sein, »so privatisierend, ›irrationalistisch‹ und ästhetizistisch zu sein, wie sie mögen.« Im Be-

---

259 R. Rorty (1999, 98) findet den Anderen bei E. Lévinas nicht nützlicher als M. Heideggers Sein. Beide scheinen ihm »unbeholfen, ungeeignet und uninspirierend.«
260 Für R. Rorty (2000a, 444ff.) sind ebenso F. Nietzsche, M. Heidegger und J. Derrida ohne eigentliche politische Relevanz. Er weist ihnen lediglich einen Stellenwert als Theoretiker der privaten Selbstvervollkommnung zu.

reich öffentlicher Gerechtigkeit sei es dagegen ihr »phantasievolles Einfühlungsvermögen« (ebd., 158), das die Motivationsgrundlage zum solidarischen Handeln bilden solle. Über Foucaults Orientierung an der Selbstsorge hinaus beinhaltet Rortys (ebd., 151) Position die öffentliche Forderung an den Einzelnen, sich mit anderen Menschen im weitesten Sinne solidarisch zu erklären. Denn in ihnen ist etwas, »das Achtung und Schutz verdient, unabhängig von der Sprache, die sie sprechen.« Menschen können ihre »Sensibilität für die besonderen Einzelheiten des Schmerzes und der Demütigung anderer, uns nicht vertrauter Arten von Menschen steigern. Diese gesteigerte Sensibilität soll es schwieriger machen, fremdartig anmutende Menschen in einer Weise zu demütigen, dass wir sagen: ›Sie empfinden nicht so wie wir‹ oder: ›Leiden muss es immer geben, warum sollen sie nicht leiden?‹« (ebd., 16).[261]

Im Unterschied zu Levinas vertraut Rorty (2000a, 261) folglich auf den Menschen als ein besonders intelligentes Tier, das die Fähigkeit entwickeln kann, »die Ähnlichkeiten zwischen uns selbst und ganz andersartigen Leuten« zu erkennen. Wobei er wie Foucault davon ausgeht, »dass der Grad der Auffälligkeit wiederum davon abhängt, was vom Scheinwerferkegel eines historisch kontingenten abschließenden Vokabulars erfasst wird« (1989, 309). Einerseits sympathisiert Rorty (ebd., 113f.) mit Habermas und seiner Einschätzung, dass Foucault mit seinem »Bild davon, wie die Macht unsere gegenwärtige Subjektivität geprägt hat«, den »Gewinn an subjektiven Freiheiten und Ausdrucksmöglichkeiten« in der Moderne unterschätzt.[262] Andererseits ist für ihn die Wahrheit ebenso wie für Foucault Teil der Geschichte und damit gleichsam ein Effekt innerhalb diskursiver Praktiken einer Gesellschaft: »Grob gesagt, ist der Unterschied folgender: Michel Foucault ist ein

---

[261] J. Zirfas (1999, 290) weist darauf hin, dass es bei R. Rorty in der Solidarität mit anderen nicht um ein Sich-Erkennen-im-Anderen geht, sondern »um eine Identifizierung mit den ›Einzelheiten im Leben anderer‹, die dazu führen soll, dass wir das ›Wir‹ trotz der Unterschiede zwischen den Menschen so weit als möglich ausdehnen sollen (...)«

[262] Mit seiner Kritik an Foucaults Machtbegriff verfällt R. Rorty dem gleichen schwerwiegenden Missverständnis wie R. Taylor (1988, 221) und andere. Th. Schäfer (1995, 107) hat in wünschenswerter Weise klargestellt: Für Foucault sind »nicht solche sozialen Beziehungen als Machtverhältnisse zu beschreiben und damit Gegenstand der Analyse, in denen bestimmte Orientierungen von Subjekten gewissen Unterdrückungen ausgesetzt sind. Er wendet den Machtbegriff vielmehr auf einem fundamentalerem Niveau an, dort, wo sich Wünsche, Interessen oder Ziele von Individuen überhaupt erst konstituieren.«

Ironiker, der kein Liberaler sein will; und Jürgen Habermas ist ein Liberaler, der kein Ironiker sein will« (ebd., 111). Infolgedessen bleibt für Rorty (1988, 26) nur die Möglichkeit einer »ethnozentrischen« Solidarität mit der Kultur westlicher Demokratien. »Wir sollten sagen, dass wir in der Praxis die eigene Gruppe bevorzugen müssen, obwohl es keine nichtzirkuläre Rechtfertigung dieses Verhaltens geben kann.«[263] In einer nominalistischen Kultur können moralische Veränderungen und Fortschritte nur durch Erzählungen vermittelt

---

[263] Alle bisherigen Theoriebegründungsversuche sind auch für R. Rorty (2000b, 86) in einem Regime differentieller Wahrheitspolitik situiert. Insofern distanziert er sich von der diskursethischen Vorstellung, dass sich mit Aussagen universelle Geltungsansprüche erheben lassen. Die Diskursethik bringe keine »transzendentale Voraussetzung des Gebrauchs von Sprache zum Ausdruck«, sondern nur die »Gewohnheiten der heutigen liberalen Gesellschaften.« Wie M. Foucault geht er davon aus, »dass das einzige, was eine soziale Praxis transzendieren kann, eine andere soziale Praxis ist, genauso wie das einzige, was ein jetziges Publikum transzendieren kann, ein zukünftiges Publikum ist« (1994, 982). Die »Unterscheidung zwischen dem, was für uns gerechtfertigt ist, und dem was wahr ist« lasse sich ersetzen »durch die Unterscheidung, dass wir fähig sind, unsere Überzeugungen vor bestimmten Zuhörerschaften zu rechtfertigen, und nicht fähig, dies vor anderen zu leisten« (ebd., 979f.). Rorty behauptet, dass wir auf die Unterscheidung zwischen einer faktischen Hier-und-jetzt-Gemeinschaft und einer idealen zukünftigen Gemeinschaft verzichten können: »Die einzige Transzendenz von Kontext, die für mich Sinn macht, ist die Transzendenz eines bestimmten Kontexts des Hier-und-jetzt mit Bezug auf einen bestimmten Kontext des Da-und-dann« (ebd., 984). In einer Entgegnung hält J. Habermas (1999, 268) daran fest, dass wir auf einen kontextunabhängigen Wahrheitsbegriff im praktischen Diskurs nicht verzichten können. Ansonsten fehle »der normative Bezugspunkt«, der erklären würde, warum man sich über die Grenze der eigenen Gruppe hinaus um die Zustimmung anderer bemühen sollte: »Für eine weitergehende Orientierung an der Zustimmung von ›Fremden‹ gibt es (bei Rorty, H.-U. R.) aber keine normative Rechtfertigung, sondern nur den erklärenden Hinweis auf die zufälligen Eigenschaften einer ›liberalen abendländischen Kultur‹ (...)« (ebd., 268). Außerdem würden wir mit der »regulativen Idee der Wahrheit« unsere »Standarts der Rechtfertigung« verlieren. Diese hätten »ohne ihren Wahrheits- oder Vernunftbezug keine Möglichkeit zur Selbstkorrektur« und würden »damit ihrerseits den Status rechtfertigungsfähiger Normen einbüßen« (ebd., 268f.). Während für Habermas(vgl. 1992, 31) unverzerrte intersubjektive Anerkennung des Anderen *nur* durch universale Wahrheitsansprüche einzulösen sind, vermuten Kontextualisten wie Rorty (1994, 983) dahinter ein »erhaben-undiskutierbares Thema.« Foucault (1994c, 707) geht hier nun einen Schritt weiter. Danach verhindere der universale Wahrheitsanspruch sogar kritische Überlegungen nach notwendiger »Nichtkonsensualität.«

werden, »die unsere Gegenwart einerseits mit Vergangenheit, andererseits mit zukünftigen Utopien verbinden« (ebd., 17).[264]

Idealisierende Bezugnahmen auf Begriffe wie »Nichtidentität« oder »Andersheit« würde Rorty wohl als überkommene Solidarität »mit Metaphysik im Augenblick ihres Sturzes« (Adorno 1980, 400) ablehnen und bestenfalls dem Bereich tugendethischer Erzählungen zuordnen.[265] Andererseits wäre Rortys schlichte Hoffnung, wir müssten uns »nur zukünftige Zeiten vorstellen, in denen unsere Nachfahren besser informiert und einbildungsstärker sind als wir« (Rorty 1994, 980), von Adorno und Levinas belächelt worden. »Das Andere, mit dem der Metaphysiker in Beziehung ist und *das er als Anderes anerkennt*, ist nicht nur an einem anderen Ort. (...) Das *Können* des Ich überwindet nicht den Abstand, der mit der Andersheit des Anderen angezeigt ist« (Levinas 1987, 43). Für Levinas liegt ein Moment der immanenten innerweltlichen Transzendenz in der irreduziblen Andersheit des Anderen. Seine »Ethik zwischenmenschlicher Begegnung« legt eine Tiefenstruktur menschlichen Daseins frei: Die Subjektivität konstituiert sich durch den Vorrang des Anderen; auch im eigenen »Gewebe aus Überzeugungen und Wünschen« (Rorty 1989, 144) bleibt dieser Andere radikale Andersheit. Aus der Nähe zu ihm erwächst eine vor aller Selbstsorge liegende einseitige und unabweisbare Verantwortung für dessen Wohl.

Trotz aller Gemeinsamkeiten, sind wir dazu aufgerufen, dem Anspruch des anthropologisch nicht reduzierbaren Anderen Gehör zu verschaffen. Anders gesagt: Es geht nicht mehr nur darum, sich im anderen Menschen zu erkennen, sondern ihn anzuerkennen. Jenseits von Respekt und Achtung gegenüber einem anderen Menschen, den man zu verstehen glaubt, ist es die intersubjektive Begegnung mit einer ursprünglichen Differenz – das, was den

---

264 Nach R. Rorty (1998, 28f.) benötigt die liberaldemokratische Gesellschaft eine neue große Erzählung, die es ihren Mitgliedern ermöglicht, an sozialen Hoffnungen festzuhalten: »Es wäre gut, wenn wir ein Dokument besäßen, das die Einzelheiten einer diesseitigen Utopie erläutert, ohne zu behaupten, dass diese Utopie mit einem Schlag und fertig in Erscheinung treten werde, sobald nur diese oder jene ›entscheidende‹ Veränderung zustandegebracht – das Privateigentum abgeschafft oder Jesus in unser aller Herzen eingezogen sei.«

265 Vgl. dazu J. Derridas (1976, 148) Begriff von »Metaphysik« im Rahmen einer Ethik der Alterität: »Die Metaphysik hebt an, wenn die Theorie sich als Ontologie, als Dogmatismus und Spontaneität des Selbst zu kritisieren beginnt, wenn sie, aus sich heraustretend, sich in der ethischen Bewegung durch den Anderen in Frage stellen lässt.«

anderen Anderer sein lässt – die jeden nur objektivierend-diagnostizierenden Blick auf ihn ausschließt und zur Verantwortung aufruft. In der Beziehung der Nähe tritt der Andere als das einzigartige Gegenüber von asymmetrischen Verpflichtungen auf (Verantwortung), während er unter der universalen Geltung moralischer Normen zum Adressat von Verpflichtungen wird, die er mit allen anderen in symmetrischer Weise teilt (Gleichbehandlung). Gleichbehandlung schließt Verantwortung für den konkreten Anderen nicht aus; ebenso ist in der Verantwortung die Gleichbehandlung des allgemeinen Anderen aufgehoben. »Die interpersonale Beziehung, die ich mit dem Anderen herstelle, muss ich auch mit den anderen Menschen herstellen; es besteht also die Notwendigkeit, dieses Privileg des Anderen einzuschränken; daher die Gerechtigkeit. Diese muss, wird sie durch Institutionen ausgeübt, die unvermeidlich sind, immer durch die anfängliche interpersonale Beziehung kontrolliert werden« (Levinas 1992b, 69). Insofern besteht zwischen diesen beiden Anerkennungsformen ein unaufhebbares Spannungsverhältnis, das in der Gesellschaft als das zwischen Gerechtigkeit und Solidarität wiederkehrt und eine unendliche Kritik im Namen von Ansprüchen des Anderen (z.B. behinderten Menschen) evoziert.[266]

Dieser zentrale Gedanke von Levinas hat unübersehbare Folgen bei der Suche nach weiteren Ansprüchen gegenüber der Gerechtigkeit. Die ethische Beziehung zum Anderen liegt jenseits partikularer Interessen und universalisierbarer Rechtscodes, also außerhalb der Sphären in der sich Rechtssubjekte mit gegenseitigen Verpflichtungen begegnen. Der Andere ist kein alter Ego und ich verpflichte den Anderen nicht in der selben Weise, in der er mich verpflichtet. Die Einzigkeit des Subjekts und die Radikalität seiner Verantwortung, die es an niemanden delegieren kann, beruht auf dieser Asymmetrie. Die praktische Vernunft tritt daher nicht erst auf den Plan, wenn egoistisches Einzelinteresse als Sorge um den eigenen Nutzen und Gemeinwohl als

---

266 Vgl. den erhellenden Beitrag von S. Mosès (1993) zu den Begriffen »Gerechtigkeit« und »Gemeinschaft« bei E. Levinas. M. Dederich (vgl. 2000, 176ff.) macht mit Recht darauf aufmerksam, dass in der sozialen Praxis immer auch zwischen dem unbedingten Anspruch des Anderen und dem des Dritten abgewogen werden muss: Wir kommen nicht umhin, die aus der Nähe entstandene Verantwortung für den Anderen mit einem Wissen oder Gespür dafür zu verbinden, wer der Andere ist, was er gerade fühlt und wessen er im Hinblick auf seine aktuelle Befindlichkeit bedarf. Darüber hinaus erfordert Anerkennung immer auch eine argumentative Begründung für richtiges Handeln in einem unabschließbaren Prozess intersubjektiver Auseinandersetzung.

Sorge um die Allgemeinheit in Harmonie gebracht werden sollen. Sie lebt bereits in der unmittelbaren Begegnung der Menschen, der Situation des Von-Angesicht-zu-Angesicht. Es muss daher keine unpersönliche Allgemeinheit der Vernunft den »Krieg aller gegen alle« beenden. Vor allen äußeren sozialen Regeln der Gerechtigkeit gibt es einen zwischenmenschlichen moralischen Bezug. Er bildet das »soziale Bindungsmittel« bzw. den »Sozialleim« (Rorty 1989, 143), durch den der Mensch sich »für die Gerechtigkeit (...) über alle durch ein objektives Gesetz festgelegte Grenze hinaus« (Levinas 1987, 360) verantwortlich fühlt.

In diesem Sinne erzählt uns Rorty (1997) eine ebenso kurze wie beeindruckende Geschichte aus der Perspektive einer zukünftigen amerikanischen Gesellschaft am Ende des 21. Jahrhunderts. Die Besonderheit dieser Gesellschaft besteht darin, dass sie nicht mehr auf Prinzipien der Gerechtigkeit, sondern auf Beziehungen der Uneigennützigkeit beruht. Möglicherweise enthält Rortys Erzählung zu viel Hoffnung, um jemals wahr zu werden. Gleichwohl eignet sie sich in besonderer Weise, um Levinas' schwierige Ethik am Ende dieser Arbeit konkreter zu machen. Uneigennützigkeit und Wohltätigkeit bedingen sich gegenseitig. Insofern ist man in dieser Gesellschaft bereits über »die gerade Linie der Gerechtigkeit« hinausgegangen, dahin, wo »sich unendlich und unerforscht das Land der Güte« erstreckt (Levinas 1987, 360). »Was wohl auch heißen soll, dass jenseits des Rechts (...) unendliche, nicht ableitbare, ungeahnte Ressourcen der Barmherzigkeit des Einzelnen zur Verfügung stehen – Macht der Einzigkeit« (1995a, 263).

In Rortys (1997, 4f.) Geschichte gibt es folgenden entscheidenden Unterschied zwischen dem politischen Diskurs dieser zukünftigen Gesellschaft und der auslaufenden Moderne: Die moralische Pflicht des utopischen Staates besteht darin, massive ökonomische und soziale Ungleichheit zu verhindern, während die modernen Staaten des 20. Jahrhunderts ihre Aufgabe noch vorrangig darin sahen, die »allseitige und gleiche Wahrung der Gesetze« sicherzustellen. Vom geschichtlichen Standort dieser utopischen Erzählung aus verkörperten die liberaldemokratischen Gesellschaften des vorigen Jahrhunderts das Zeitalter der Bürgerrechtsbewegungen. Dem moralischen Standpunkt der Uneigennützigkeit erscheint nun freilich das damalige »moderne« Verständnis vom Zusammenhang zwischen moralischer Ordnung und Wirtschaftsordnung seltsam fremd. Denn die rechtlichen Ansprüche und Forderungen der Bürger von damals bezogen sich in erster Linie noch auf den Staat und seine politische Ordnung: Der Fortschritt wurde nahezu ausschließlich über die Verbesserungen der Situation von Gruppen definiert, die über Rasse, Ethnizität oder Sexualität identifiziert wurden.

Bereits zu Beginn der achtziger Jahre des 20. Jahrhunderte existierte in den USA das Gefühl der Brüderlichkeit auf rechtlicher Ebene nur noch als blasse Erinnerung. Die Idee einer verteilenden Gerechtigkeit im liberalen Staat begann zu veröden. Sozialstaatliche Errungenschaften erschienen nunmehr nur noch als Ermöglichungsbedingung für die Förderung von Kriminalität und unnötige Steuerverschwendung. Es kam zu einem allmählichen Verfall der Brüderlichkeit. Die sozialistische Bewegung war gescheitert und damit die Utopie einer Verschmelzung von Staat und Wirtschaft. Mit dem Jahr 1989 war klar geworden, dass auch die Brüderlichkeit, nach der die sozialistischen Revolutionäre sich gesehnt hatten, nur Lippenbekenntnisse darstellten. In der Folge hatte man es verpasst, sich im Namen einer gemeinsamen Staatsbürgerschaft gemeinsam den neuen Problemen der globalen Wirtschaft zu stellen. Aus den Vereinigten Staaten von Amerika war eine mittelmäßige Nation mit niedriger Produktivität geworden. In den »Dunklen Jahren« zwischen 2014 und 2044 kam es zu einem Zusammenbruch der demokratischen Institutionen. Bewaffnete Bürgerkriegsunruhen zwischen Bewohnern städtischer Ghettos und Vorstadtbewohnern führten zu einem Legitimationsverlust der Regierung. Das Militär musste eingreifen. Im Jahre 2044 gelang es einer Koalition aus Gewerkschaften und Kirchen, die Militärdiktatur zu stürzten. In der Zwischenzeit hatte Europa den Sozialstaatsgedanken weiter voranbringen können und war zu einem herrschenden Zentrum von Wirtschaft und Kultur geworden.

»Heute, am Ende des 21. Jahrhunderts, wo der Diskurs der Brüderlichkeit und Selbstlosigkeit den Diskurs der Rechte ersetzt hat, sind es eher Zitate aus der Bibel und Literatur, die die amerikanische politische Debatte beherrschen, als solche aus politiktheoretischen oder sozialwissenschaftlichen Schriften. Brüderlichkeit war, genau wie Freundschaft, ein Begriff, mit dem weder Philosophen noch Juristen umzugehen wussten. Sie konnten Grundsätze zu Fragen von Recht, Gleichheit und Freiheit formulieren und diese Prinzipien auf schwierige moralische oder rechtliche Streitfragen anwenden. Aber wie sollte ein ›Prinzip der Brüderlichkeit‹ lauten? Brüderlichkeit ist eine Neigung, die aus dem Herzen kommt und die in dem, der viel besitzt, während andere wenig haben, ein Gefühl der Scham hervorruft. Sie gehört nicht zu den Dingen, über die man leicht eine Theorie entwickeln oder die man Menschen einfach einreden kann« (ebd., 6). Es geht in der Gegenwart dieser utopischen Gesellschaft nicht mehr darum zu fragen, wer das Recht auf was hat, sondern um das Problem, wie ökonomische und rassische Besitzstandswahrungen zu verhindern sind. »Heute wird unter einer sittlichen Gesinnung weder die Anwendung moralischer Gesetze verstanden noch der Erwerb definierter Tugenden, sondern ein Kameradschaftsgefühl, die Fähigkeit, die Not anderer mitzuempfinden« (ebd., 7).

Literatur

Adorno, Th. W.: Ästhetische Theorie. Frankfurt am Main 1973
Adorno Th. W.: Negative Dialektik. Frankfurt am Main 1980
Adorno, Th. W.: Minima Moralia. Reflexionen aus dem beschädigten Leben. Frankfurt am Main 1983
Adorno, Th. W.: Probleme der Moralphilosophie. Frankfurt am Main ²1997
Albrecht, F./Hinz, A./Moser, V. (Hrsg.): Perspektiven der Sonderpädagogik. Disziplin- und professionsbezogene Standortbestimmungen. Neuwied 2000
Albrecht, P. A./Bakes, O. (Hrsg.): Verdeckte Gewalt. Frankfurt am Main 1990
Alheit, P./Dausien, B./Fischer-Rosenthal, W./Hanses, A./Keil, A. (Hrsg.): Biographie und Leib. Gießen 1999
Andry, N.: Orthopädie oder die Kunst, bei Kindern die Ungestaltheit des Leibes zu verhüten und zu verbessern. Berlin 1744
Angehrn, E./Lohmann, G. (Hrsg.): Ethik und Marx. Moralkritik und normative Grundlagen der Marxschen Theorie. Königstein/Ts. 1986
Anstötz, Ch.: Ethik und Behinderung: Ein Beitrag zur Ethik der Sonderpädagogik aus empirisch-rationaler Perspektive. Berlin 1990
Antor, G.: Kommunitarismus. In: Sonderpädagogik 26 (1996), 160-167
Apel, K.-O.: Wissenschaft als Emanzipation? Eine kritische Würdigung der Wissenschaftskonzeption der »Kritischen Theorie«. In: Dallmayr, W. (Hrsg.): 1974, 318-348
Apel, K.-O.: Transformation der Philosophie. 2 Bde. Frankfurt am Main 1976
Apel, K.-O.: Lässt sich ethische Vernunft von strategischer Zweckrationalität unterscheiden? Zum Problem der Rationalität sozialer Kommunikation und Interaktion. In: Apel, K.-O./van Reijen, W. (Hrsg.): 1984, 23-80
Apel, K.-O.: Fallibilismus, Konsenstheorie der Wahrheit und Letztbegründung. In: Forum für Philosophie Bad Homburg (Hrsg.): 1987, 116-211
Apel, K.-O.: Diskurs und Verantwortung. Das Problem des Übergangs zur postkonventionellen Moral. Frankfurt am Main 1988
Apel, K.-O.: Normative Begründung der »Kritischen Theorie« durch Rekurs auf lebensweltliche Sittlichkeit? Ein transzendentalpragmatisch orientierter Versuch, mit Habermas gegen Habermas zu denken. In: Honneth, A. u.a. (Hrsg.): 1989, 15-65
Apel, K.-O./van Reijen, W. (Hrsg.): Rationales Handeln und Gesellschaftstheorie. Bochum 1984

Ayres, A. J.: Bausteine der kindlichen Entwicklung. Berlin, Heidelberg, New York, Tokyo 1984

Baecker, D.: Soziale Hilfe als Funktionssystem der Gesellschaft. In: Zeitschrift für Soziologie 2 (1994), 93-110

Bahr, H.-D.: Die Sprache des Gastes. Eine Metaethik. Leipzig 1994

Baier, A. C.: Wir brauchen mehr als bloß Gerechtigkeit. In: Deutsche Zeitschrift für Philosophie 42 (1994), 225-236

Barkhaus, A./Mayer, M./Roughley, N./Thürnau, D. (Hrsg.): Identität, Leiblichkeit, Normativität. Frankfurt am Main 1996

Barthel, Ch.: Medizinische Polizey und medizinische Aufklärung. Aspekte des öffentlichen Gesundheitsdiskurses im 18. Jahrhundert. Frankfurt am Main/New York 1989

Barthes, R.: Mythen des Alltags. Frankfurt am Main 1964

Basedow, J.B. (1774): Elementarwerk mit den Kupfertafeln von Chodowiecki u.a., 3 Bde. Hildesheim 1972

Baudrillard, J.: Agonie des Realen. Berlin 1978

Baudrillard, J.: Der symbolische Tausch und der Tod. München 1982

Baudrillard, J. u.a.: Der Tod der Moderne. Eine Diskussion. Tübingen 1983

Baumann, Z.: Philosophie der Fitness. In: die tageszeitung. Berlin 25.3.95a

Baumann, Z.: Moderne und Ambivalenz. Das Ende der Eindeutigkeit. Frankfurt am Main 1995b

Baumann, Z.: Postmoderne Ethik. Hamburg 1995c

Baur, E./Fischer, E./Lenz, F.: Grundriss der menschlichen Erblichkeitslehre und Rassenhygiene. Bd. 2: Menschliche Auslese und Rassenhygiene. München 1921

Bayertz, K. (Hrsg.): Moralischer Konsens. Technische Eingriffe in die menschliche Fortpflanzung als Modellfall. Frankfurt am Main 1996

Bayertz, K. (Hrsg.): Solidarität. Begriff und Problem. Frankfurt am Main 1998

Bayertz, K.: Begriff und Problem der Solidarität. In: Ders. (Hrsg.): 1998, 11-53

Beck, U.: Risikogesellschaft. Auf dem Weg in eine andere Moderne. Frankfurt am Main 1986

Beck, U.: Gegengifte. Die organisierte Unverantwortlichkeit. Frankfurt am Main 1988

Beck, U. (Hrsg.): Politik der Globalisierung. Frankfurt am Main 1998

Beck, U./Beck-Gernsheim, E. (Hrsg.): Riskante Freiheiten. Individualisierung in modernen Gesellschaften. Frankfurt am Main 1994

Beck-Gernsheim, E.: Ganz normale Familien? Neue Familienstrukturen und neue Interessenkonflikte durch Fortpflanzungstechnologie. In: Lutz, B. (Hrsg.): 1987, 277-238

Beck-Gernsheim, E.: Technik, Markt, Moral. Über Reproduktionsmedizin und Gentechnologie. Frankfurt am Main 1991

Beck-Gernsheim, E.: Welche Gesundheit wollen wir? Frankfurt am Main 1995

Beck, U./Giddens, A./Lash, S.: Reflexive Modernisierung. Eine Kontroverse. Frankfurt am Main 1996

Becker, H./Wolfsstetter, L./Gomez-Muller, A./ Fornet-Betancourt, R. (Hrsg.): Freiheit und Selbstsorge. Interview mit M. Foucault 1984 und Vorlesung 1982. Frankfurt am Main 1985

Becker, P.: Normalisierungsarbeit am Körper. Anmerkungen zur Sozialformierung in modernen Gesellschaften. In: Becker, P./Koch, J. (Hrsg.): 1999, 33-46
Becker, P./Koch, J. (Hrsg.): Was ist normal? Normalitätskonstruktionen in Jugendhilfe und Jugendpsychiatrie. Weinheim/München 1999
Bellah, N.R./Madson, R./Sullivan, W.M./Swidler, A./Tripton, S.M.: Gewohnheiten des Herzens. Individualismus und Gemeinsinn in der amerikanischen Gesellschaft. Köln 1987
Benhabib, S.: Normative Voraussetzungen von Marx' Methode der Kritik. In: Angehrn, E. u.a. (Hrsg.): 1986, 83-101
Benhabib, S.: Der verallgemeinerte und konkrete Andere. Ansätze zu einer feministischen Moraltheorie. In: List, E./Studer, H. (Hrsg.): 1989, 454-487
Benhabib, S.: Demokratie und Differenz. Betrachtungen über Rationalität, Demokratie und Postmoderne. In: Brumlik, M./Brunkhorst, H. (Hrsg.): 1993, 97-116
Benhabib, S.: Selbst im Kontext. Kommunikative Ethik im Spannungsfeld von Feminismus, Kommunitarismus und Postmoderne. Frankfurt am Main 1995a
Benhabib, S.: Ein deliberatives Modell demokratischer Legitimität. In: Deutsche Zeitschrift für Philosophie. Berlin (43) 1995b, 3-29
Benhabib, S.: Kulturelle Vielfalt und demokratische Gleichheit. Politische Partizipation im Zeitalter der Globalisierung. Frankfurt am Main 1999
Benhabib, S./Butler, J./Cornell, D./Fraser, N.: Der Streit um Differenz. Feminismus und Postmoderne in der Gegenwart. Frankfurt am Main 1993
Bergmann, W./Hoffmann, G.: G. H. Mead und die Tradition der Phänomenologie. In: H. Joas (Hrsg.): 1985, 93-130
Bernsmeier, H.: Behindert. Arbeitstexte für den Unterricht. Stuttgart 1983
Biesalski, K.: Zwanzig Jahre Krüppelfürsorge im Oscar-Helene-Heim. Festschrift 1926. In: Bundesarchiv Koblenz, R. Nr.6684
Biewer, G.: Pädagogische und philosophische Aspekte der Debatte über Selbstbestimmung von Menschen mit geistiger Behinderung. In: Zeitschrift für Heilpädagogik 51 (2000), 240-244
Birnbacher, D.: Tun und Unterlassen. Stuttgart 1995
Birnbacher, D./Hoerster, N. (Hrsg.): Texte zur Ethik. München 1993
Bittner, G.: Die inhumanen Humanwissenschaften. In: Neue Sammlung 31 (1991), 339-352
Bittner, G./Schmid-Cords E. (Hrsg.): Erziehung in der frühen Kindheit. München 1976
Bittner, G.: »Weißt du, daß ich nicht so bin wie du?« In: Bittner, G. u.a. (Hrsg.) 1989, 221-238
Bittner, G./Thalhammer, M. (Hrsg.): »Das Ich ist vor allem ein körperliches...« Zum Selbstwerden des körperbehinderten Kindes. Würzburg 1989
Bleidick, U.: Pädagogik der Behinderten – Grundzüge einer Theorie der Erziehung behinderter Kinder und Jugendlicher. Berlin [5]1984
Bleidick, U. (Hrsg.): Theorie der Behindertenpädagogik. Handbuch der Sonderpädagogik. Bd. 1. Berlin 1985
Bleidick, U.: Stand und Weiterentwicklung der sonderpädagogischen Förderung in der Bundesrepublik Deutschland. In: Zeitschrift für Heilpädagogik (42) 1991, 581-592
Bleidick, U.: Pädagogik der Behinderten auf dem Weg in die Postmoderne. In: Die Sonderschule 39 (1994), 2-17
Bleidick, U.: Behinderung als pädagogische Aufgabe. Behinderungsbegriff und behindertenpädagogische Theorie. Stuttgart 1999

Böhm, W.: Über die Unvereinbarkeit von Erziehung und Therapie. In: Vierteljahrsschrift für wissenschaftliche Pädagogik. 68 (1992), 129-151
Böhme, H/Böhme, G.: Das Andere der Vernunft. Zur Entwicklung von Rationalitätsstrukturen am Beispiel Kants. Frankfurt am Main 1985
Bolz, N.: Philosophie nach ihrem Ende. München 1992
Bolz, N.: Die Konformisten des Andersseins. Ende der Kritik. München 1999
Bolz, N.: Sind Sinnfragen überholt? Der Zerfall des Repräsentativen. In: Universitas 56 (2001), 770-780
Bonfranchi, R.: Ethik und Behinderung. In: Behindertenpädagogik 31 (1992a), 41-51
Bonfranchi, R.: Die Mitschuld der Sonderpädagogik an der »Neuen Euthanasie«. In: Zeitschrift für Heilpädagogik 43 (1992b), 625-628
Bonfranchi, R.: Welche Konsequenzen zieht die Sonderpädagogik aus der Diskussion um die »Neue Euthanasie«? In: Mürner, Ch./Schriber, S. (Hrsg.): 1993, 75-96
Bonfranchi, R.: Rezension zu N. Hoerster: 1995. In: Universitas (51) 1996, 1028-1029
Bonfranchi, R.: Löst sich die Sonderpädagogik auf? Luzern 1997a
Bonfranchi, R. (Hrsg.): Zwischen allen Stühlen. Die Kontroverse zu Ethik und Behinderung. Erlangen 1997b
Bonfranchi, R.: Nach zehn Jahren. Rückblick auf die Diskussion um Peter Singer. In: Universitas 53 (1998), 681-690
Borck, C. (Hrsg.): Anatomien medizinischen Wissens. Medizin. Macht. Moleküle. Frankfurt am Main 1996
Boschert, B./Schramm, U.: Literatur und Wertwandel. Seminarpapier zum SS 1983 an der FU Berlin
Bourdieu, P.: Entwurf einer Theorie der Praxis auf der ethnologischen Grundlage der kabylischen Gesellschaft. Frankfurt am Main 1979
Bourdieu, P.: Die feinen Unterschiede. Kritik der gesellschaftlichen Urteilskraft. Frankfurt am Main 1982
Bourdieu, P.: Zur Soziologie der symbolischen Formen. Frankfurt am Main 1983
Bourdieu, P.: Was heißt sprechen? Die Ökonomie des sprachlichen Tausches. Wien 1990
Bourdieu, P.: Sozialer Sinn. Kritik der theoretischen Vernunft. Frankfurt am Main 1993
Bourdieu, P.: Gegenfeuer. Wortmeldungen im Dienste des Widerstands gegen die neoliberale Invasion. Konstanz 1998
Bourdieu, P./Wacquant, L.J.D: Reflexive Anthropologie. Frankfurt am Main 1996
Bradl, Ch./Steinhart, I. (Hrsg.): Mehr Selbstbestimmung durch Enthospitalisierung. Kritische Analysen und neue Orientierungen für die Arbeit mit geistig behinderten Menschen. Bonn 1996
Brandes, G.: Der Idiotismus und die Idiotenanstalten mit besonderer Rücksicht auf die Verhältnisse im Königreich Hannover. Hannover 1862
Braun von, Ch.: Heilige Botschaft. Das Gen als Verkörperung Christi. In: Süddeutsche Zeitung Nr. 145, 27. Juni 2000
Breitinger, M/Fischer, D.: Intensivbehinderte lernen Leben. Würzburg 1981
Brezinka, W.: Von der Pädagogik zur Erziehungswissenschaft. Weinheim 1971
Brill, W.: Sexuelle Gewalt gegen behinderte Menschen – ein Überblick über den aktuellen Stand der Diskussion. In: Behindertenpädagogik 37 (1998), 155-172

Brink van den, B./Reijen van, W. (Hrsg.): Bürgergesellschaft, Recht und Demokratie. Frankfurt am Main 1995
Bröckling, U./Krasmann, S./Lemke, Th. (Hrsg.): Gouvernementalität der Gegenwart. Studien zur Ökonomisierung des Sozialen. Frankfurt am Main 2000
Bruder, K.-J.: Das postmoderne Subjekt. In: Leu, R./Krappmann, L. (Hrsg.): 1999, 49-76
Brumlik, M.: Advokatorische Ethik. Zur Legitimation pädagogischer Eingriffe. Bielefeld 1992
Brumlik, M./Brunkhorst, H. (Hrsg.): Gemeinschaft und Gerechtigkeit. Frankfurt am Main 1993
Brunkhorst, H.: Pädagogisierung der Normalisierungsarbeit. In: Neue Praxis 18 (1988) 290 - 300
Brusten, M./Hohmeier, I. (Hrsg.): Stigmatisierung. Bd.1. Neuwied 1975
Bundesärztekammer (Hrsg.): Grundsätze der Bundesärztekammer zur ärztlichen Sterbebegleitung vom 11.09.1998, 1-6
Bundesverband für spastisch Gelähmte und andere Körperbehinderte e.V. (Hrsg.): Eingriffe - Angriffe. Über die Bedrohung menschlichen Lebens durch medizintechnische und gesellschaftliche Entwicklungen. Düsseldorf 1992
Bundesvereinigung Lebenshilfe e.V. (Hrsg.): Normalisierung – eine Chance für Menschen mit geistiger Behinderung. Bericht des ersten europäischen Kongresses der Internationalen Liga von Vereinigungen für Menschen mit geistiger Behinderung. Große Schriftenreihe Bd. 14. Marburg/Lahn 1986
Bundesverfassungsgericht: Grundsatzentscheidung zum Benachteiligungsverbot für Behinderte; hier: Erfolglose Verfassungsbeschwerde einer körperbehinderten Schülerin. Pressemitteilung Nr. 93/97 vom 29. Oktober 1997
Butler, J.: Das Unbehagen der Geschlechter. Frankfurt am Main 1991
Butler, J.: Kontingente Grundlagen: Der Feminismus und die Frage der »Postmoderne«. In: Benhabib, S. u.a.: 1993, 31-59
Butler, J.: Körper von Gewicht. Frankfurt am Main 1997
Butler, J,: Hass spricht. Zur Politik des Performativen. Berlin 1998
Butler, J.: Psyche der Macht. Das Subjekt der Unterwerfung. Frankfurt am Main 2000a
Butler, J.: Eine Welt, in der Antigone am Leben geblieben wäre. Interview mit C. Emcke und M. Saar. In: Deutsche Zeitschrift für Philosophie 49 (2001b), 587-599
Buytendijk, F.: Prolegomena einer anthropologischen Physiologie. Salzburg 1967

Campagna, N.: Von der Bioethik zum Biorecht – Demokratietheoretische Übersetzungsprobleme. In: Kettner, M. (Hrsg.): 2000, 280-310
Canguilhem, G.: Das Normale und das Pathologische. München 1974
Castel, R.: Die psychiatrische Ordnung. Das goldene Zeitalter des Irrenwesens. Frankfurt am Main 1983a
Castel, R.: Von der Gefährlichkeit zum Risiko. In: Wambach, M. M. (Hrsg.): 1983b, 51-74
Castel, R.: Die Metamorphosen der sozialen Frage. Eine Chronik der Lohnarbeit. Konstanz 2000
Cornell, D.: Vom Leuchtturm her: Das Erlösungsversprechen und die Möglichkeit der Auslegung des Rechts. In: Haverkamp, A. (Hrsg.): 1994, 60-128
Crick, F.: Was die Seele wirklich ist. München 1994

Critschley, S.: Eine Vertiefung der ethischen Sprache und Methode: Lévinas' »Jenseits des Seins oder anders als Sein geschieht«. In: Deutsche Zeitschrift für Philosophie 42 (1994), 643-651

Critschley, S.: Überlegungen zu einer Ethik der Dekonstruktion. In: Gondek, H.-D./Waldenfels, B. (Hrsg.): 1997, 308-344

Dahesch, K.: In Deutschland ist es immer noch nicht normal, verschieden zu sein. Zur Situation von Menschen mit Behinderung. In: Frankfurter Rundschau, 29. November 2000, 9

Dalferth, M.: Zurück in die Institutionen? Probleme der gemeindenahen Betreuung geistig behinderter Menschen in den USA, in Norwegen und Großbritannien. In: Geistige Behinderung 36 (1997), 344-357

Dallmayr, W. (Hrsg.): Materialien zu Habermas' »Erkenntnis und Interesse«. Frankfurt am Main 1974

Dederich, M.: Behinderung – Medizin – Ethik. Behindertenpädagogische Reflexionen zu Grenzsituationen am Anfang und Ende des Lebens. Bad Heilbrunn 2000

Degener, Th.: Antidiskriminierungspolitik versus Wohlfahrtspolitik. In: Geistige Behinderung 32 (1993), 44-50

Degener, Th.: »Gesunder« juristischer Menschenverstand? Über den Terror der Normalität und die Steuerungsfunktion von Rechts- und Sozialnormen am Beispiel der wrongful-birth Rechtssprechung. In: Schildmann, U. (Hrsg.): 2001, 43-62

Dennett, D.: Philosophie des menschlichen Bewusstseins. Hamburg 1994

Derrida, J.: Die Schrift und die Differenz. Frankfurt am Main 1976

Derrida, J.: Grammatologie. Frankfurt am Main 1983

Derrida, J.: Eben in diesem Moment in diesem Werk findest du mich. In: Mayer, M. u.a. (Hrsg.): 1990, 42-83

Derrida, J.: Gesetzeskraft. Der »mystische Grund der Autorität«. Frankfurt am Main 1991

Derrida, J.: Den Tod geben. In: Haverkamp, A. (Hrsg.): 1994, 331-445

Derrida, J.: Politik der Freundschaft. Frankfurt am Main 2000

Descartes, R.(1644): Die Prinzipien der Philosophie. Hamburg 1965

Descartes, R. (1641): Meditationen über die Erste Philosophie. Stuttgart 1983

Deutsche Forschungsgemeinschaft: Wie und warum Wissenschaftler ihr Ethos selbst bestimmen wollen. (Denkschrift der DFG). In: Frankfurter Rundschau, 26. Juni 1996, Nr. 146

Die Randschau. Zeitschrift für Behindertenpolitik. Rundgespräch zum Thema Therapie. 10 (1995), 12-16

Donzelot, J./Meuret, D./Miller, P./Rose, N.: Zur Genealogie der Regulation. Anschlüsse an Michel Foucault, hrsg. v. R. Schwarz. Mainz 1994

Dörner, K.: Bürger und Irre. Zur Sozialgeschichte und Wissenschaftssoziologie der Psychiatrie. Frankfurt am Main 1984

Dörner, K.: Tödliches Mitleid. Gütersloh 1989

Dörner, K. »Wenn Mitleid tödlich wird«. In: Der Spiegel 34 (1989) 173-176

Dölling, I./Krais, B. (Hrsg.): Ein alltägliches Spiel. Geschlechterkonstruktion in der sozialen Praxis. Frankfurt am Main 1997

Döbert, R./Habermas, J./Nunner-Winkler, G. (Hrsg.): Entwicklung des Ichs. Königstein/Ts. 1980

Dreyer, P.: Ungeliebtes Wunschkind. Frankfurt am Main 1993
Dreyfuß, H. L./Rabinow, P.: Michel Foucault: Jenseits von Strukturalismus und Hermeneutik: Mit einem Nachwort von und einem Interview mit Michel Foucault. Frankfurt am Main 1987
Dubiel, H.: Ungewissheit und Politik. Frankfurt am Main 1994
Dzikowski, S./Vogel, C.: Störungen der sensorischen Integration bei autistischen Kindern. Probleme von Diagnose, Therapie und Erfolgskontrolle. Weinheim 1988

Eberwein H. (Hrsg.): Behinderte und Nichtbehinderte lernen gemeinsam. Handbuch der Integrationspädagogik. Dritte aktualisierte und erweiterte Auflage. Weinheim 1994
Eberwein, H.: Integrationspädagogik als Weiterentwicklung (sonder-)pädagogischen Denkens und Handelns. In: Ders. (Hrsg.): 1994, 48-54
Eberwein, H.: Zur dialektischen Aufhebung der Sonderpädagogik. In: Ders. (Hrsg.): 1994, 423-428
Eberwein, H.: Zur Kritik des sonderpädagogischen Paradigmas und des Behinderungsbegriffs. Rückwirkungen auf das Selbstverständnis von Sonder- und Integrationspädagogik. In: Zeitschrift für Heilpädagogik. 46 (1995), 468-476
Eberwein, H. (Hrsg.): Einführung in die Integrationspädagogik. Interdisziplinäre Zugangsweisen sowie Aspekte universitärer Ausbildung von Lehrern und Diplompädagogen. Weinheim 1996
Eberwein, H./Sasse, A. (Hrsg.): Behindert sein oder behindert werden? Interdisziplinäre Analysen zum Behinderungsbegriff. Neuwied/Berlin 1998
Edelmann, G.M.: Göttliche Luft, vernichtendes Feuer. Wie der Geist im Gehirn entsteht. München 1995
Eggli, U.: Herz im Korsett. Bern 1977
Ehrlich, S.: Denkverbot als Lebensschutz. Pränatale Diagnostik, Fötale Schädigung und Schwangerschaftsabbruch. Opladen 1993
Eibl-Eibesfeldt, I.: Wider die Misstrauensgesellschaft. Streitschrift für eine bessere Zukunft. München 1995
Elias, N.: Über den Prozess der Zivilisation. Soziogenetische und psychogenetische Untersuchungen. 2 Bde. Frankfurt am Main 1976
Erdmann, E./Forst, R./Honneth, A. (Hrsg.): Ethos der Moderne. Foucaults Kritik der Aufklärung. Frankfurt am Main/New York 1990
Eysenck, H. J.: Die Experimentiergesellschaft. Soziale Innovation durch angewandte Psychologie. Reinbek 1973
Esterbauer, R.: »Ich bin ein Fremdling auf Erden...« Zum Begriff des Fremden bei Emmanuel Levinas. In: Philosophisches Jahrbuch 105 (1998)
Ewald, F.: Der Vorsorgestaat. Frankfurt am Main 1986
Ewald, F./Waldenfels, B.: Spiele der Wahrheit. Michel Foucaults Denken. Frankfurt am Main 1991

Fach, W.: Staatskörperkultur. Ein Traktat über den »schlanken Staat«. In: Bröckling,/U.Krasmann, S./Lemke, Th. (Hrsg.): 2000, 110-130

Fandrey, W.: Krüppel, Idioten, Irre. Zur Sozialgeschichte behinderter Menschen in Deutschland. Stuttgart 1990.
Feuser, G.: Perspektiven einer Behindertenpädagogik im Wandel. In: Behindertenpädagogik 29 (1990), 354-377
Feyerabend, E.: Die Normalisierung von Tötungshandlungen. In: Frankfurter Rundschau 7.12.2000, 11
Fichte, J.G. (1802): Grundlage des Naturrechts nach Prinzipien der Wissenschaftslehre. In: Fichtes Werke, hrsg. v. I. H. Fichte, Bd. 3. Berlin 1971
Fink-Eitel, H.: Gemeinschaft als Macht. Zur Kritik des Kommunitarismus. In: Brumlik, M./Brunkhorst, H. (Hrsg.): 1993, 306-322
Fischer, A.: Die Problematik des Sozialbeamtentums: In: Röhrs, H. (Hrsg.): 1968
Flader, D.: Psychoanalyse im Fokus von Handeln und Sprache. Vorschläge für eine handlungstheoretische Revision und Weiterentwicklung von Theoriemodellen Freuds. Frankfurt am Main 1995
Foot, P.: Die Wirklichkeit des Guten. Frankfurt am Main 1997
Forget, Ph. (Hrsg.): Text und Interpretation. Deutsch-französische Debatte mit Beiträgen von J. Derrida, Ph. Forget, M. Frank, H.-G. Gadamer, J. Greisch und F. Laruelle. München 1984
Fornefeld, B.: Elementare Beziehung und Selbstverwirklichung geistig Schwerbehinderter in sozialer Integration. Aachen 1989
Fornefeld, B.: Das Schwerstbehinderte Kind und seine Erziehung. Beiträge zu einer Theorie der Erziehung. Heidelberg 1995
Fornefeld, B.: Selbstbestimmung und Erziehung von Menschen mit Behinderung – Ein Widerspruch? Erschienen in: Behinderte in Familie, Schule und Gesellschaft Nr. 1/2000. Wiederveröffentlichung im Internet unter http://bidok.uibk.ac.at/texte/beh1-00-selbstbestimmung.html
Forst, R.: Kontexte der Gerechtigkeit. Politische Philosophie jenseits von Liberalismus und Kommunitarismus. Frankfurt am Main 1994
Forster, R.: »Neue Behindertenfeindlichkeit« und rechtsradikale Gewalt gegen Behinderte – Versuch einer differenzierten Betrachtung. In: Behindertenpädagogik 39 (2000), 405-420
Forum für Philosophie Bad Homburg (Hrsg.): Philosophie und Begründung. Frankfurt am Main 1987
Foucault, M.: Wahnsinn und Gesellschaft. Eine Geschichte des Wahns im Zeitalter der Vernunft. Frankfurt am Main 1973a
Foucault, M.: Die Geburt der Klinik. Eine Archäologie des ärztlichen Blicks. München 1973b
Foucault, M.: Die Ordnung der Dinge. Eine Archäologie der Humanwissenschaften. Frankfurt am Main 1974
Foucault, M.: Mikrophysik der Macht. Über Strafjustiz, Psychiatrie und Medizin. Berlin 1976
Foucault, M.: Überwachen und Strafen. Die Geburt des Gefängnisses. Frankfurt am Main 1977
Foucault, M.: Dispositive der Macht. Über Sexualität, Wissen und Wahrheit. Berlin 1978a
Foucault, M.: Nietzsche, die Genealogie, die Historie. In: Seitter, W.(Hrsg.): 1978b, 83-109
Foucault, M.: Archäologie des Wissens. Frankfurt am Main 1981
Foucault, M.: Die Ordnung des Diskurses. Inauguralvorlesung am Collège de France - 2. Dezember 1970, hrsg. von W. Lepenies und H. Ritter. Frankfurt am Main/Berlin/Wien 1982a
Foucault, M.: Der Staub und die Wolke. Berlin 1982b

Foucault, M.: Sexualität und Wahrheit I. Der Wille zum Wissen. Frankfurt am Main 1983
Foucault, M.: Von der Freundschaft. Michel Foucault im Gespräch. Berlin 1984
Foucault, M.: Der Gebrauch der Lüste. Sexualität und Wahrheit II. Frankfurt am Main 1986a
Foucault, M.: Die Sorge um sich. Sexualität und Wahrheit III. Frankfurt am Main 1986b
Foucault, M.: Vom Licht des Krieges zur Geburt der Geschichte. Berlin 1986c
Foucault, M.: Das Subjekt und die Macht. In: Dreyfus, H.L./Rabinow, P.: 1987a, 243-261
Foucault, M.: Zur Genealogie der Ethik (Interview mit M.F.). In: Dreyfus, H.L./Rabinow, P.: 1987b, 265-292
Foucault, M.: Das Leben: die Erfahrung und die Wissenschaft. In: Marques,M. (Hrsg.): 1988, 52-72
Foucault, M.: Was ist Aufklärung? In: Ermann, E. u.a. (Hrsg.): Frankfurt am Main 1990a, 35-54
Foucault, M.: Interview mit J. Chancel, »Radioscopie de Michel Foucault«, (Radio France, 3.10.1975), 6. In Marques, M. (Hrsg.): 1990b
Foucault, M.: Die Rückkehr der Moral. Ein Interview mit Michel Foucault. In: die tageszeitung 27.04.1990c
Foucault, M.: Was ist Kritik? Berlin 1992
Foucault, M.: Leben machen und sterben lassen. Zur Genealogie des Rassismus. In: Lettre International. Frühjahr 1993a, 62-67
Foucault, M. Die politische Technologie der Individuen. In: Luther, H. u.a. (Hrsg.): 1993b, 168-187
Foucault, M.: Omnes et singulatim. Zu einer Kritik der politischen Vernunft. In: Vogl. J. (Hrsg.): 1994a, 65-93
Foucault, M.: »Autobiographie«, signiert mit dem Pseudonym ›Maurice Florence‹. In: Deutsche Zeitschrift für Philosophie. 42 (1994b), 699-702
Foucault, M.: Politik und Ethik. Ein Interview mit Michel Foucault. In: Deutsche Zeitschrift für Philosophie 42 (1994c), 703-708
Foucault, M.: Der Mensch ist ein Erfahrungstier. Gespräch mit Ducio Trombadori. Frankfurt am Main 1996
Foucault, M.: In Verteidigung der Gesellschaft. Vorlesungen am Collège de France (1975-76). Frankfurt am Main 1999
Foucault, M.: Die Gouvernementalität. In: Bröckling, U. u.a. (Hrsg.): 2000a, 41-67
Foucault, M.: Staatsphobie. In: Bröckling, U. u.a. (Hrsg.) 2000b, 68-71
Frankenberg, G. (Hrsg.): Auf der Suche nach einer gerechten Gesellschaft. Frankfurt am Main 1994
Frankenberg, G.: Solidarität in einer »Gesellschaft der Individuen«? Stichworte zur Zivilisierung des Sozialstaats. In: Ders. (Hrsg.): 1994, 210-233
Fraser, N.: Widerspenstige Praktiken. Macht, Diskurs, Geschlecht. Frankfurt am Main 1994
Fraser, N.: Die halbierte Gerechtigkeit. Schlüsselbegriffe des postindustriellen Sozialstaats. Frankfurt am Main 2001
Freud, A.: Wege und Irrwege in der Kinderentwicklung. Stuttgart 1968
Freud, A.: Die kindliche Symptomatik. GS Bd. IX. München 1980
Freud, A.: Die Rolle der körperlichen Krankheit im Seelenleben des Kindes. In: Bittner, G. u.a (Hrsg.): 1976

Freud, S. (1916): Vorlesungen zur Einführung in die Psychoanalyse. Studienausgabe Bd. I. Frankfurt am Main 1975
Freud, S. (1923): Das Ich und das Es. Studienausgabe Bd. III. Frankfurt am Main 1975
Freud, S. (1930): Das Unbehagen in der Kultur. Studienausgabe Bd. IX. Frankfurt am Main 1975
Freud, S. (1915): Zeitgemäßes über Krieg und Tod. Studienausgabe Bd. IX. Frankfurt am Main 1975
Freud, S. (1937) Die endliche und die unendliche Analyse. Studienausgabe Ergänzungsband. Frankfurt am Main 1975
Fröhlich, A.: Basale Stimulation. Düsseldorf ³1992
Fröhlich, V./Kannicht A.: Erschwerte Entwicklungsbedingungen bei körperbehinderten Kindern. In: Bittner, G. u.a. (Hrsg.): 1989
Fuchs, P.: Behinderung von Kommunikation durch Behinderung. In: Strubel, W. u.a. (Hrsg.): 1995
Fuchs, P.: Vom Selbstverständlichen im Umgang mit Menschen. In: die tageszeitung vom 2.4.,10.4.,17.4., 24.4. 2.5., 8.5. und 15.5.2001
Fuchs, P./Göbel, A. (Hrsg.): Der Mensch – das Medium der Gesellschaft? Frankfurt am Main 1994
Fuchs, Th.: Was heißt »töten«? Die Sinnstruktur ärztlichen Handelns bei passiver und aktiver Euthanasie. In: Ethik in der Medizin 9 (1997), 79-90
Funken, Ch.: Sex virtuell. Die Cybergeneration hat wenig Lust auf Experimente mit der Geschlechtlichkeit. In: DIE ZEIT Nr. 45, 2.11.2000

Gaedt, Ch.: Das Leben mit geistig Behinderten. Aus der Isolation in die Gleichheit? In: Thom, A./Wulff, E.: 1990, 273-287
Gamm, G.: Simulierte Natur. Zur Kritik der ökologischen Vernunft. In: Konkursbuch 14. Tübingen 1985, 47-74
Gamm, G./Kimmerle, G. (Hrsg.): Ethik und Ästhetik. Nachmetaphysische Perspektiven. 1990
Gebauer, G. (Hrsg.): Olympische Spiele – die andere Utopie der Moderne. Olympia zwischen Kult und Droge. Frankfurt am Main 1996
Gebauer, G.: Körper oder Rolle? Über Ähnlichkeit und Verstehen der Menschen untereinander. In: Hess, R./Wulf, Ch. (Hrsg.): 1999, 188-195
Gebauer, G.: Körper-Utopien. Neue Mythen des Alltags. In: Sonderheft Merkur 55 (2001), 885-896
Gebauer, G./Kamper, D./Mattenklott, G./Wulf, Ch./Wünsche, K.: Historische Anthropologie. Zum Problem der Humanwissenschaften heute oder Versuche einer Neubegründung. Reinbek 1989
Gebauer, G./Wulf, Ch.: Mimesis. Kultur – Kunst – Gesellschaft. Reinbek 1992
Gebauer, G./Wulf, Ch.: Spiel – Ritual – Geste. Mimetisches Handeln in der sozialen Welt. Reinbek 1998
Gebauer, G./Wulf, Ch. (Hrsg.): Praxis und Ästhetik. Neue Perspektiven im Denken Pierre Bourdieus. Frankfurt am Main 1993
Gehrmann, P./Hüwe, B. (Hrsg.): Forschungsprofile der Integration von Behinderten. Bochumer Symposium 1992. Essen 1993

Georgens, J.D./Deinhardt, H.: Die Heilpädagogik mit besonderer Berücksichtigung der Idiotie und der Idiotenanstalten (2 Bde) Bd.1 Leipzig 1861. Fotomechanischer Nachdruck: Gießen 1979
Giddens, A.: Wandel der Intimität. Sexualität, Liebe und Erotik in modernen Gesellschaften. Frankfurt am Main 1993
Giesecke,, H.: Das Ende der Erziehung. Stuttgart 1985
Gilligan, C.: Die andere Stimme. Lebenskonflikte und Moral der Frau. München 1984
Gößling, H.J.: Die Fremdheit des Anderen – Grund oder Abgrund pädagogischer Verantwortung? In: Pädagogische Rundschau 49 (1995), 631-643
Goffman, E.: Stigma. Über Techniken der Bewältigung beschädigter Identität. Frankfurt am Main 1967
Golin, S.: Der Mensch ist eine Baustelle. In: DIE ZEIT Nr. 44, 26.10.2000, 39
Gondek, H.-D./Widmer, P. (Hrsg.): Ethik und Psychoanalyse. Vom kategorischen Imperativ zum Gesetz des Begehrens: Kant und Lacan 1994
Gondek, H.-D./Waldenfels, B. (Hrsg.): Einsätze des Denkens. Zur Philosophie von J. Derrida. Frankfurt am Main 1997
Gröschke, D.: Praxiskonzepte in der Heilpädagogik. München/Basel 1989
Gröschke, D.: Praktische Ethik der Heilpädagogik. Individual- und sozialethische Reflexionen zu Grundfragen der Behindertenhilfe. Bad Heilbrunn 1993
Gröschke, D.: Zur Aktualität der Sozialphilosophie für die Heilpädagogik. Ein Beitrag zur sozialethischen Reflexion in der Behindertenhilfe. In: Vierteljahresschrift für Heilpädagogik und ihre Nachbargebiete. Luzern 64 (1995), 406-414
Gröschke, D.: Integration oder Apartheid? Steckt die Geistigbehindertenhilfe in einer Normalisierungsfalle? In: Zeitschrift für Heilpädagogik 49 (1998), 365-373
Gröschke, D.: Das Normalisierungsprinzip: Zwischen Gerechtigkeit und gutem Leben. In: Zeitschrift für Heilpädagogik 51 (2000), 134-140
Guzzoni, U.: Identität oder nicht. Zur kritischen Theorie der Ontologie. Freiburg/München 1981

Habermas, J.: Technik und Wissenschaft als ›Ideologie‹. Frankfurt 1969
Habermas, J.: Theorie des kommunikativen Handelns. 2 Bde. Frankfurt am Main 1981
Habermas, J.: Moralbewußtsein und kommunikatives Handeln. Frankfurt am Main 1983
Habermas; J.: Philosophisch-politische Profile. Frankfurt am Main 1984
Habermas, J.: Die neue Unübersichtlichkeit. Frankfurt am Main 1985a
Habermas, J.: Der philosophische Diskurs der Moderne. Zwölf Vorlesungen. Frankfurt am Main 1985b
Habermas, J.: Nachmetaphysisches Denken. Philosophische Aufsätze. Frankfurt am Main 1988
Habermas, J.: Vorstudien und Ergänzungen zur Theorie des kommunikativen Handelns. Frankfurt am Main 1989
Habermas, J.: Erläuterungen zur Diskursethik. Frankfurt am Main 1991a
Habermas, J.: Texte und Kontexte. Frankfurt am Main 1991b
Habermas, J.: Faktizität und Geltung. Beiträge zur Diskurstheorie des Rechts und des demokratischen Rechtsstaats. Frankfurt am Main 1992

Habermas, J.: Anerkennungskämpfe im demokratischen Rechtsstaat. In: Taylor, Ch. 1993, 147-1996

Habermas, J.: Die Einbeziehung des Anderen. Studien zur politischen Theorie. Frankfurt am Main 1996

Habermas, J.: Versöhnung durch öffentlichen Vernunftgebrauch. In: Philosophische Gesellschaft Bad Homburg/Hinsch, W. (Hrsg.): 1997, 169-195

Habermas, J.: Jenseits des Nationalstaats? Bemerkungen zu Folgeproblemen der wirtschaftlichen Globalisierung. In: Beck, U. (Hrsg.): 1998, 67-84

Habermas, J.: Wahrheit und Rechtfertigung. Philosophische Aufsätze. Frankfurt 1999

Habermas, J.: Die Zukunft der menschlichen Natur. Auf dem Weg zu einer liberalen Eugenik? Frankfurt am Main 2001

Habermas, J./Luhmann, N.: Theorie der Gesellschaft oder Sozialtechnologie. Frankfurt am Main 1985

Haeberlin, U.: Heilpädagogik als wertgeleitete Wissenschaft. Ein propädeutisches Einführungsbuch in Grundfragen einer Pädagogik für Benachteiligte und Ausgegrenzte. Bern 1996

Hähner, U./Niehoff, U./Sack, R./Walther, H.: Vom Betreuer zum Begleiter. Eine Neuorientierung unter dem Paradigma der Selbstbestimmung, hrsg. v. Bundesvereinigung Lebenshilfe. Marburg 1997

Häußler, M.: Skepsis als heilpädagogische Haltung. Bad Heilbrunn 2000

Hagmann, Th. (Hrsg.): Heil- und Sonderpädagogik und ihre Nachbarwissenschaften. Aktuelle Ansätze in Forschung, Lehre und Praxis. Luzern 1995

Hahn, M., Th.: Selbstbestimmung im Leben auch für Menschen mit geistiger Behinderung. In: Geistige Behinderung 33 (1994), 81-94

Hanselmann, H.: Einführung in die Heilpädagogik. Erlenbach-Zürich ^{2}1933

Hare, R.M.: Freiheit und Vernunft. Düsseldorf 1973

Haverkamp, A. (Hrsg.): Gewalt und Gerechtigkeit. Derrida – Benjamin. Frankfurt am Main 1994

Hegel, G.W.F. (1802/1803): System der Sittlichkeit. Hamburg 1967.

Hegel, G.W.F. (1803/1804): System der spekulativen Philosophie. Hamburg 1986.

Hegel, G.W.F. (1805-1806): Jenaer Realphilosophie. Hamburg 1969.

Hegel, G.W.F.: Werke in 20 Bänden, hrsg. v. K.M. Michel/E. Moldenhauer. Frankfurt am Main 1970

Hegel, G.W.F. (1801-1807): Jenaer Schriften. In: Werke, Bd. 2, 1970

Hegel, G.W.F. (1821): Grundlinien der Philosophie des Rechts... In: Werke, Bd. 7, 1970

Hegselmann, R./Merkel, R. (Hrsg.): Zur Debatte über Euthanasie. Beiträge und Stellungnahmen. Frankfurt am Main 1991

Heidegger, M. (1947): Über den Humanismus. Frankfurt am Main 1981

Heidegger, M. (1926): Sein und Zeit. Tübingen 1986

Heidegger, M. (1935): Einführung in die Metaphysik. Tübingen 1987

Heinicke, S.: Der Unterricht der Taubstummen in der Tonsprache. In: Schumann, G. und P. (Hrsg.): Gesammelte Schriften. 1912

Heitmeyer, W.: Kontrollverluste und Bedrohungsgefühle. In: Frankfurter Rundschau 6. und 8. Mai 2000

Hénard, J./Wüsthof, A.: Zu krank für das Leben. Dürfen Ärzte Frühgeborene mit schwersten Behinderungen töten? Eine europäische Kontroverse. In: DIE ZEIT Nr. 41, 19.10.2000, 41-42

Henn, W.: Der DNA-Chip – Schlüsseltechnologie für ethisch problematische neue Formen genetischer Screenings? In: Ethik in der Medizin 10 (1998), 128-137

Herriger, N.: Behindertenverbände und Behindertenbewegung – Zum Standort der Selbsthilfe in der Behindertenarbeit. In: Zeitschrift für Heilpädagogik 35 (1984), 439-443

Herriger, N.: Empowerment – eine neue Zauberformel der sozialen Arbeit? In: Soziale Arbeit 41 (1992), 231-234

Herriger, N.: Empowerment und das Modell der Menschenstärken. Bausteine für ein verändertes Menschenbild der Sozialen Arbeit. In: Soziale Arbeit 44 (1995), 155-194

Herriger, N.: Empowerment und Engagement. In: Soziale Arbeit 45 (1996a), 290-301

Herriger, N.: Kompetenzdialog. Beiträge zu einer Methodik des Empowerment in der sozialen Einzelhilfe. In: Soziale Arbeit 45 (1996b), 190-195

Herriger, N.: Empowerment in der Sozialen Arbeit. Eine Einführung. Stuttgart 1997

Herriger, N.: Lebensgeschichtliche Spurensuche. Biographiearbeit und Empowerment. In: Soziale Arbeit 47 (1998), 85-89

Hess, R./Wulf, Ch. (Hrsg.): Grenzgänge. Über den Umgang mit dem Eigenen und dem Fremden. Frankfurt am Main/New York 1999

Hiller, G.G.: Von normierter Einfalt zu normaler Vielfalt. Plädoyer für eine Stärkung der integrativen Funktion des Bildungssystems. In: Zeitschrift für Pädagogik 37 (1991), 225-244

Hobbes, Th.(1651): Leviathan. Neuwied und Berlin 1966

Hobrecht, J.: Du kannst mir nicht in die Augen sehen. Frankfurt 1981

Hörisch, J.: Die Wut des Verstehens. Zur Kritik der Hermeneutik. Frankfurt 1988

Hoerster, N.: Tötungsverbot und Sterbehilfe. In: Sass (Hrsg.): 1989a, 287-295

Hoerster, N.: Forum: Ein Lebensrecht für die menschliche Leibesfrucht?. In: Juristische Schulung 89 (1989b), 172-178

Hoerster, N.: Abtreibung im säkularen Staat. Argumente gegen den § 218. Frankfurt am Main 1991

Hoerster, N.: Lebenswert, Behinderung und das Recht auf Leben. In: Universitas 49 (1994), 842-852

Hoerster, N.: Neugeborene und das Recht auf Leben. Frankfurt am Main 1995

Hoerster, N.: Ist menschliches Leben unverfügbar? In: Universitas 51 (1996), 443-448

Hoerster, N.: Sterbehilfe im säkularen Staat. Frankfurt am Main 1998

Hofmann-Riedinger, M./Thurnherr, U. (Hrsg.): Anerkennung. Eine philosophische Propädeutik Festschrift für Annemarie Pieper. Freiburg/München 2001

Hohmeier, I: Stigmatisierung als sozialer Definitionsprozeß. In: Brusten, M/Hohmeier, I. (Hrsg.): Neuwied 1975, 5-24

Honneth, A.: Moralische Entwicklung und sozialer Kampf. Sozialphilosophische Lehren aus dem Frühwerk Hegels. In: Ders. u.a. (Hrsg.): 1989, 549-573

Honneth, A.: Kampf um Anerkennung. Zur moralischen Grammatik sozialer Konflikte. Frankfurt am Main 1992

Honneth, A. (Hrsg.): Kommunitarismus. Eine Debatte über die moralischen Grundlagen moderner Gesellschaften. Frankfurt am Main/New York 1993

Honneth, A.: Die soziale Dynamik von Mißachtung. Zur Ortsbestimmung einer kritischen Gesellschaftstheorie. In: Leviathan 22 (1994a), 78-93

Honneth, A.: Das Andere der Gerechtigkeit. Habermas und die ethische Herausforderung der Postmoderne. In: Deutsche Zeitschrift für Philosophie. 42 (1994b), 195-220

Honneth, A.: Anerkennung und moralische Verpflichtung. In: Zeitschrift für philosophische Forschung 51 (1997), 25-41

Honneth, A.: Rekonstruktive Gesellschaftskritik unter genealogischem Vorbehalt. Zur Idee der »Kritik« in der Frankfurter Schule. In: Deutsche Zeitschrift für Philosophie 48 (2000), 729-737

Honneth, A./McCarthy, Th./Offe, C./Wellmer, A. (Hrsg.): Zwischenbetrachtungen. Im Prozeß der Aufklärung. Jürgen Habermas zum 60. Geburtstag. Frankfurt am Main 1989

Horkheimer, M.: Gesammelte Schriften, Bd. III: Schriften 1931-1936, hrsg. von Alfred Schmidt. Frankfurt am Main 1988

Horkheimer, M./Adorno. Th. W.: Dialektik der Aufklärung. Frankfurt am Main 1980

Horn, Ch.: Wie hätte eine Philosophie des gelingenden Lebens unter Gegenwartsbedingungen auszusehen? In: Allgemeine Zeitschrift für Philosophie 25 (2000), 323-345

Horn, E.: Öffentliche Rechenschaft über meine 12jährige Dienstführung als 2. Arzt des Charite-Krankenhauses zu Berlin, nebst Erfahrungen über Krankenhäuser und Irrenanstalten. Berlin 1818

Hume, D. (1751): Eine Untersuchung über die Prinzipien der Moral. Hamburg 1972

Husserl, E.: Zur Phänomenologie der Intersubjektivität. Texte aus dem Nachlaß. Drei Teile: (1905-1920), (1921-1928), (1929-1935), hrsg. v. I. Kern. Den Haag 1973. (Husserliana XI-II, XIV und XV)

Husserl, E.: Gesammelte Schriften (GS), hrsg. v. E. Ströker. Hamburg 1992

Husserl, E. (1931): Cartesianische Meditationen. In: GS, Bd.VIII, 1992

Iserloher Aufruf zum Dialog über eine zukunftsfähige Ethik (leicht gekürzt): Eine zukunftsfähige Ethik verschafft kein ruhiges Gewissen. Genforschung, Klonen, Sterbehilfe. In: Frankfurter Rundschau, 29.06.2000, 9

Janicaud, D.: Rationalität und Macht. In: Ewald, F./Waldenfels, B. (Hrsg.): 1991, 251-276

Jantzen, W.: Sozialisation und Behinderung. Gießen 1974

Jantzen, W.: Zur begrifflichen Fassung von Behinderung aus der Sicht des historischen und dialektischen Materialismus. In: Zeitschrift für Heilpädagogik 27 (1976), 432-435

Jantzen, W.: Behindertenpädagogik. Persönlichkeitstheorie. Therapie. Vorbereitende Arbeiten zu einer materialistischen Behindertenpädagogik. Köln 1978

Jantzen, W.: Allgemeine Behindertenpädagogik. Bd. 1. Sozialwissenschaftliche und psychologische Grundlagen. Weinheim/Basel 1987

Jantzen, W.: Am Anfang war der Sinn. Zur Naturgeschichte, Psychologie und Philosophie von Tätigkeit, Sinn und Dialog. Marburg 1994

Jantzen, W.: Bestandsaufnahme und Perspektiven der Sonderpädagogik als Wissenschaft. In: Zeitschrift für Heilpädagogik 46 (1995), 368-377

Jantzen, W.: Die Zeit ist aus den Fugen. Marburg 1998

Jaspers, K.: Der Arzt im technischen Zeitalter. München 1986

Jetter, K.: Körper-Kultur und Identitätsentwicklung bei schwerstbehinderten Menschen. In: Behinderte 2/97 45-56
Joas, H. (Hrsg.): Das Problem der Intersubjektivität. Neuere Beiträge zum Werk George Herbert Meads. Frankfurt am Main 1985
Joas, H.: Die Entstehung der Werte. Frankfurt am Main 1999
Jongen, M.: Der Mensch ist sein eigenes Experiment. In: DIE ZEIT Nr. 33, 9.08.2001
Jung, Th./Scheer, K.-D./Schreiber, W. (Hrsg.): Vom Weiterlesen der Moderne. Beiträge zur aktuellen Aufklärungsdebatte. Bielefeld 1986
Jungk, R./Mund, H.J. (Hrsg.): Das umstrittene Experiment: Der Mensch. München 1963

Kamper, D.: Geschichte und menschliche Natur. Die Tragweite gegenwärtiger Anthropologiekritik. München 1973
Kamper, D.: Die Auflösung der Ich-Identität. Über einige Konsequenzen des Strukturalismus. In: Kittler, F.A. (Hrsg.): 1980, 79-86
Kamper, D.: Das autistische Neutrum. Eine Skizze über den Zusammenhang von sozialer Kontrolle und menschlicher Depression. In: Kamper, D./Guttandin: 1982, 212-217
Kamper, D.: Vom »animale rationale« zum »deus qua machina«. In: Niemandsland. Zeitschrift zwischen den Kulturen. Berlin 1987a, 2-9
Kamper, D.: Aufklärung – was sonst? Eine dreifache Polemik gegen ihre Verteidiger. In: Kamper, D./Rejen van, W. (Hrsg.): 1987b, 37-45
Kamper, D.: Abgang vom Kreuz. München 1996
Kamper, D.: Ästhetik der Abwesenheit. Die Entfernung der Körper. München 1999
Kamper, D.: Normalität auf dem Prüfstand. In: Stiftung Deutsches Hygiene-Museum und Deutsche Behindertenhilfe – Aktion Mensch e.V. (Hrsg.): 2001, 153-160
Kamper, D./Guttandin, F.: Selbstkontrolle. Dokumente zur Geschichte einer Obsession. Marburg/Berlin 1982
Kamper, D./Lenzen, D.: Finis hominis. Ansätze einer Historischen Anthropologie nach dem Tode des Menschen (Entwurf für eine Eröffnungsveranstaltung). Freie Universität Berlin. Forschungszentrum für Historische Anthropologie. 14.10.1987, 1-3
Kamper, D./Rejen van, W. (Hrsg.): Die unvollendete Vernunft: Moderne versus Postmoderne. Frankfurt am Main 1987
Kamper, D./Rittner, V. (Hrsg.): Zur Geschichte des Körpers. Perspektiven der Anthropologie. München, Wien 1976
Kamper, D./Wulf, Ch. (Hrsg.): Die Wiederkehr des Körpers. Frankfurt am Main 1982
Kamper, D./Wulf, Ch. (Hrsg.): Das Schwinden der Sinne. Frankfurt am Main 1984a
Kamper, D./Wulf, Ch. (Hrsg.): Der Andere Körper. Berlin 1984b
Kamper, D./Wulf, Ch. (Hrsg.): Das Heilige. Seine Spur in der Moderne. Frankfurt am Main 1987
Kamper, D./Wulf, Ch. (Hrsg.): Transfigurationen des Körpers. Spuren der Gewalt in der Geschichte. Berlin 1989
Kamper, D./Wulf, Ch. (Hrsg.): Anthropologie nach dem Tode des Menschen. Frankfurt am Main 1994
Kant, I.: Werkausgabe in XII Bänden, hrsg. von W. Weischedel. Frankfurt am Main 1974/1977/^{4}1982

Kant, I. (1781/1787): Kritik der reinen Vernunft. In: Werkausgabe, Bd. III, 1974
Kant, I. (1785): Grundlegung zur Metaphysik der Sitten. In: Werkausgabe, Bd. VII, 1974
Kant, I. (1797): Die Metaphysik der Sitten. Über ein vermeintliches Recht aus Menschenliebe zu lügen. In: Werkausgabe, Bd. VIII, 1977
Kant, I. (1784): Idee zu einer Allgemeinen Geschichte in weltbürgerlicher Absicht. In: Werkausgabe, Bd. XI, 1977
Kant, I. (1803): Über Pädagogik. In: Werkausgabe, Bd. XII, ^{4}1982
Kasztantowicz, U. (Hrsg.): Wege aus der Isolation. Konzepte der Integration Behinderter in Dänemark, Norwegen, Italien, Frankreich und Schweden. Zweite, erweiterte Auflage. Heidelberg 1986
Katholische Nachrichten-Agentur (KNA): Gesetz über die Kontrolle der Lebensbeendigung auf Verlangen und der Hilfe bei Selbsttötung (Übersetzung). In: Frankfurter Rundschau. 19.04.2001, 7
Kautsky, K.: Vermehrung und Entwicklung in Natur und Gesellschaft. Stuttgart 1910
Kessler, H.: Gesinnungsterror. Der Rechtsphilosoph Norbert Hoerster wird wegen seiner Thesen zur Sterbehilfe am Reden gehindert. In: DIE ZEIT Nr. 3, 14.01.1999
Kettner, M. (Hrsg.): Angewandte Ethik als Politikum. Frankfurt am Main 2000
Kirchner, M.: Das Antlitz des Kindes. Janusz Korczak und Emmanuel Levinas parallel gelesen. In: Pädagogische Rundschau 47(1993), 591-600
Kittler, F.A. (Hrsg.): Austreibung des Geistes aus den Geisteswissenschaften. Paderborn, München, Wien, Zürich 1980
Kittler, F.A.: Aufschreibesysteme 1800/1900. München 1987
Klaus, G.: Kybernetik und Erkenntnistheorie. Berlin 1972
Klauss, T.: Ist Integration leichter geworden? Zur Veränderung von Einstellungen für die Realisierung von Leitideen. In: Geistige Behinderung 35 (1996), 56-68
Klein, G.: Das Leibeigene. Der menschliche Körper löst sich auf – und wird doch kultisch gepflegt. In: DIE ZEIT, 26.10.2000
Klein, M.: Das apallische Syndrom. Medizinische, ethische und rechtliche Probleme. In: Universitas 54 (1999), 65-76
Kleinbach, K.: Zur ethischen Begründung einer Praxis der Geistigbehindertenpädagogik. Bad Heilbrunn 1994
Kleve, H.: Konstruktivismus und Soziale Arbeit: Die Wirklichkeitsauffassung des Konstruktivismus und ihre Bedeutung für Sozialarbeit/Sozialpädagogik und Supervision. Aachen 1996
Klöckner, H.: Der Körperbehinderte und seine Sexualität. Rheinstetten 1976
Kluge, K.-J./Sparty, L. (Hrsg.): Sollen, können, dürfen Behinderte Heiraten? Bonn-Bad Godesberg 1977
Kobi, E. E.: Grundfragen der Heilpädagogik. Eine Einführung in heilpädagogisches Denken. Bern/Stuttgart 1983
Kobi, E. E.: Vom Grenznutzen des Utilitarismus und den Grenznutzen des Inutilen. In: Mürner, Ch. (Hrsg.): 1991, 51-73
Koch, C.: Die Gier des Marktes. Die Ohnmacht des Staates im Kampf der Weltwirtschaft. München/Wien 1995
Koch, C.: Besitze dich selbst! In: Frankfurter Allgemeine Zeitung. 14.07.2000, 46

König, E.: Körper – Wissen – Macht. Studien zur historischen Anthropologie des Körpers. Berlin 1989

König, E.: Kritik des Dopings: der Nihilismus des technologischen Sports und die Antiquiertheit der Sportethik. In: Gebauer, G.: 1996, 223-246

Krafft-Ebing v., R.: Psychopathia sexualis. Stuttgart 1894

Krämer, H.: Integrative Ethik. Frankfurt am Main 1992

Kuhlmann, A.: Abtreibung und Selbstbestimmung. Die Intervention der Medizin. Frankfurt am Main 1996

Kuhlmann, A.: Politik des Lebens – Politik des Sterbens. Biomedizin in der liberalen Demokratie. Berlin 2001

Kuhlmann, W.: Moralität und Sittlichkeit. Das Problem Hegels und die Diskursethik. Frankfurt am Main 1986

Lacan, J.: Das Spiegelstadium als Bildner der Ichfunktion. Schriften I. Olten 1973

Lacan, J.: Die Stellung des Unbewussten. Schriften II. Olten 1975

Lachmann, W.: Über die Nothwendigkeit einer zweckmäßigen Einrichtung und Verwaltung von Blinden-Unterrichts-Erziehungs-Instituten und von Beschäftigungs- und Versorgungs-Anstalten für erwachsene Blinde. Braunschweig 1842

Lachwitz, K.: Recht auf Teilhabe. Eingliederung von Menschen mit Behinderung aus juristischer Sicht. In: Geistige Behinderung (37 (1998), 7-21

Lachwitz, K.: Der Mensch mit geistiger Behinderung – ein Bürger oder nur ein Leistungsempfänger? Versuch einer rechtlichen Bewertung im Rück- und Ausblick. In: Geistige Behinderung (38 (1999)

Lampe, E.-J (Hrsg.): Zur Entwicklung von Rechtsbewusstsein. Frankfurt am Main 1997

Landweer, H.: Scham und Macht. Phänomenologische Untersuchungen zur Sozialität eines Gefühls. Tübingen 1999

Lederberg, J.: Die biologische Zukunft des Menschen. In: Jungk, R./Mund, H.J. (Hrsg.): 1963

Leist, A.: Um Leben und Tod. Moralische Probleme bei Abtreibung, künstlicher Befruchtung, Euthanasie und Selbstmord. Frankfurt am Main 1990

Leist, A.: Dimensionen einer Ethik der Behindertenpädagogik. In: Bonfranchi, R. (Hrsg.): Erlangen 1997, 15-42

Lemke, Th.: Eine Kritik der politischen Vernunft. Foucaults Analyse der modernen Gouvernementalität. Hamburg 1997

Lemke, Th. Die Regierung der Risiken. Von der Eugenik zur genetischen Gouvernementalität. In: Bröckling, U. u.a. (Hrsg.): 2000, 227-264

Lenin, W.I.: Materialismus oder Empiriokritizismus. In: Werke. Bd. 14 Berlin 1968

Lenz, F.: Die Rasse als Wertprinzip. Zur Erneuerung der Ethik. München 1933

Lenzen, D.: Mythos, Metapher und Simulation. Zu den Aussichten Systematischer Pädagogik in der Postmoderne. In: Zeitschrift für Pädagogik 33 (1987), 41-60

Lenzen, D.: Krankheit als Erfindung. Medizinische Eingriffe in die Kultur. Frankfurt am Main 1991

Lesch, W.: Fragmente einer Theorie der Gerechtigkeit. Emmanuel Lévinas im Kontext zeitgenössischer Versuche einer Fundamentalethik (Habermas, Lyotard, Derrida). In: Mayer, M./Hentschel, M. (Hrsg.): 1990, 164-177

Leu, R./Krappmann, L. (Hrsg.): Zwischen Autonomie und Verbundenheit. Frankfurt am Main 1999

Levinas, E.: Dialog. In: Christlicher Glaube in der modernen Gesellschaft. (= Enzyklopädie Bibliothek, herausgegeben von F. Böckle. Teilband I,) Freiburg 1981, 64-85

Levinas, E.: Die Spur des Anderen. Untersuchungen zur Phänomenologie und Sozialphilosophie. Freiburg/München 1983

Levinas, E.: Über die Intersubjektivität. Anmerkungen zu Merleau-Ponty. In: Métraux, A./Waldenfels, B.: 1986, 48-55

Levinas, E.: Totalität und Unendlichkeit. Versuch über die Exteriorität. Freiburg/München 1987

Levinas, E.: Wenn Gott ins Denken einfällt. Diskurse über die Betroffenheit von Transzendenz. Freiburg/München 1988

Levinas, E.: Humanismus des anderen Menschen. Übersetzt und mit einer Einleitung versehen von L. Wenzler. Hamburg 1989

Levinas, E.: Außer sich. Meditationen über Religion und Philosophie. München/Wien 1991

Levinas, E.: Jenseits des Seins oder anders als Sein geschieht. Freiburg 1992a

Levinas, E.: Ethik und Unendliches, hrsg. von P. Engelmann. Wien 1992b

Levinas, E.: Vier Talmud-Lesungen. Frankfurt am Main 1993

Levinas, E.: Zwischen uns. Versuche über das Denken an den Anderen. München/Wien 1995a

Levinas, E.: Die Zeit und der Andere. Übersetzt und mit einem Nachwort versehen von L. Wenzler. Hamburg [3]1995b

Levinas, E.: Vom Sein zum Seienden. Freiburg/München 1997

Leyendecker, Ch.: Die Behinderung akzeptieren – oder ausblenden? In: Psychologie heute. Januar 1992, 52-56

Leyendecker, Ch.: Mit »bewusstlosen« Kindern kommunizieren? – Sensorische Anregung und körpernaher Dialogaufbau mit schwerst hirngeschädigten Kindern in bzw. nach Apallischem Syndrom. In: Vierteljahresschrift für Heilpädagogik und ihre Nachbargebiete 67 (1998), 319-333

Lindmeier, Ch.: Behinderung – Phänomen oder Faktum? Bad Heilbrunn 1993

Lindmeier, Ch.: Selbstbestimmung als Orientierungsprinzip der Erziehung und Bildung von Menschen mit geistiger Behinderung – Kritische Bestandsaufnahme und Perpektiven. In: Die neue Sonderschule 44 (1999), 209-224

Link, J.: Versuch über den Normalismus. Wie Normalität produziert wird. Opladen/Wiebaden [2]1999

Lippitz, W.: Von Angesicht zu Angesicht – Überlegungen zum Verhältnis von Pädagogik und Ethik im Anschluss an Levinas. In: Vierteljahrsschrift für wissenschaftliche Pädagogik 65 (1989), 266-281

Lippitz, W.: Das Recht des anderen Menschen. Die Ungleichheit des Anderen vor dem Hintergrund universaler Gleichheit. In: Vierteljahrsschrift für wissenschaftliche Pädagogik 70 (1994), 172-185

List, E./Studer H. (Hrsg.): Denkverhältnisse. Feminismus und Kritik. Frankfurt am Main 1989

Lucius-Hoene, G.: »Ich hatte immer das Bestreben, den Gesunden zu markieren.« Hirnverletzungssymptome und Identitätskonstitution. In: Alheit, P. u.a. (Hrsg.): 1999, 133-151

Lüth, Ch./Wulf, Ch. (Hrsg.): Vervollkommnung durch Arbeit und Bildung? Anthropologische und historische Perspektiven zum Verhältnis von Individuum, Gesellschaft und Staat. Weinheim 1997
Luhmann, N.: Gesellschaftsstruktur und Semantik. 3 Bde. Frankfurt am Main 1980, 1981,1989
Luhmann, N.: Soziale Systeme. Grundriß einer allgemeinen Theorie. Frankfurt am Main 1987
Luhmann, N.: Paradigm lost: Über die ethische Reflexion der Moral. Frankfurt am Main 1990a
Luhmann, N.: Die Wissenschaft der Gesellschaft. Frankfurt am Main 1990
Luhmann, N.: Protestbewegungen. In: Ders.: Soziologie des Risikos. Berlin 1991
Luhmann, N.: Liebe als Passion. Zur Codierung von Intimität. Frankfurt am Main 1994
Luhmann, N.: Inklusion und Exklusion. In: Ders.: Soziologische Aufklärung 6. Opladen 1995
Luhmann, N.: Protest. Systemtheorie und soziale Bewegungen, hrsg. und eingeleitet von Kai-Uwe Hellmann. Frankfurt am Main 1996
Luhmann, N.: Die Gesellschaft der Gesellschaft. Frankfurt am Main 1998
Luhmann, N/Schorr, K. E. (Hrsg.): Technologie und Selbstreferenz. Fragen an die Pädagogik. Frankfurt am Main 1982
Luther, H. M./Gutmann, H./Hutton, P. H. (Hrsg.): Technologien des Selbst. Frankfurt am Main 1993
Lutz, B. (Hrsg.): Technik und sozialer Wandel. Verhandlungen des 23. Deutschen Soziologentages in Hamburg 1986. Frankfurt am Main 1987
Lyotard, J.-F.: Grabmahl des Intellektuellen. Graz/Wien 1985
Lyotard, J.-F.: Das postmoderne Wissen. Ein Bericht. Graz/Wien/Köln 1986
Lyotard, J.-F.: Der Widerstreit. München 1987

MacIntyre, A.: Der Verlust der Tugend. Zur moralischen Krise der Gegenwart. Frankfurt am Main/New York 1987
Mall, W.: Basale Kommunikation – ein Weg zum anderen. In: Geistige Behinderung 23 (1984), Heftmitte
Mall, W.: Kommunikation mit schwer geistig behinderten Menschen. Heidelberg ^{2}1995
Marcuse, H.: Triebstruktur und Gesellschaft. Frankfurt am Main 1984
Marques, M. (Hrsg.): Der Tod des Menschen im Denken des Lebens. Tübingen 1988
Marques, M. (Hrsg.): Foucault und die Psychoanalyse. Zur Geschichte einer Auseinandersetzung. Tübingen 1990
Marten, R.: Lebenskunst. München 1993
Marx, K. (1857-1858): Grundrisse der Kritik der politischen Ökonomie (Rohentwurf). Berlin 1974
Marx, K. (1859): Zur Kritik der politischen Ökonomie. In: Marx, K./Engels, F.: Werke. Bd. 13 1975
Marx, K. (1864): Das Kapital, Bd. 1. In: Marx, K./Engels, F.: Werke. Bd. 23. Berlin 1979
Mattner, D.: Die Erfindung der Normalität. In: Stiftung Deutsches Hygiene-Museum und Deutsche Behindertenhilfe – Aktion Mensch e.V. (Hrsg.): 2001, 13-34
Mattner, D./Gerspach, M.: Heilpädagogische Anthropologie. Stuttgart/Berlin/Köln 1997
Mayer, M./Hentschel, M. (Hrsg.) Lévinas. Parabel. Schriftenreihe des Evangelischen Studienwerks Villigst, Bd. 12. Gießen 1990
Mead, G. H.: Gesammelte Aufsätze. 2 Bde., hrsg. von H. Joas, Frankfurt am Main 1987

Mead, G. H.: Geist, Identität und Gesellschaft. Frankfurt am Main [11]1998
Menke, Ch.: Tragödie im Sittlichen. Gerechtigkeit und Freiheit nach Hegel. Frankfurt am Main 1996
Merkel, R.: Früheuthanasie. Rechtsethische und strafrechtliche Grundlagen ärztlicher Entscheidungen über Leben und Tod in der Neonatalmedizin. Baden-Baden 2001
Merkel, R.: Rechte für Embryonen? In: DIE ZEIT Nr. 5, 25.01.2001
Merkens, L.: Fürsorge und Erziehungsarbeit bei Körperbehinderten in Deutschland bis zum preußischen Krüppelfürsorgegesetz 1920 mit Ausblick auf die gegenwärtige Situation. Diss. PH Köln 1974
Merleau-Ponty, M.: Phänomenologie der Wahrnehmung. Berlin 1966
Métraux, A./Waldenfels, B. (Hrsg.): Leibhaftige Vernunft. Spuren von Merleau-Pontys Denken. München 1986
Meyer-Drawe, K.: Leiblichkeit und Sozialität. München 1987
Meyer-Drawe, K.: Unerwartete Antworten. Leibphänomenologische Anmerkungen zur Rationalität kindlicher Lebensformen. In: Acta Paedopsychiatrica 51 (1988), 245-251
Meyer-Drawe, K. Der Beitrag einer Phänomenologie der Intersubjektivität zu Konzeptionen integrativen Unterrichts. In: Gehrmann, P./Hüwe, B. (Hrsg.): 1993, 28-33
Meyer-Drawe, K./Waldenfels, B.: Das Kind als Fremder. In: Vierteljahrsschrift für wissenschaftliche Pädagogik 64 (1988), 271-287
Meyer-Drawe, K./Peukert, H./Ruhloff, J. (Hrsg.): Pädagogik und Ethik. Beiträge zu einer zweiten Reflexion. (=Schriften zur Bildungs- und Erziehungsphilosophie. Bd.2, hrsg. von der Kommission »Bildungs- und Erziehungsphilosophie« der Deutschen Gesellschaft für Erziehungswissenschaft) Weinheim [2]1996
Milz, H.: Der wiederentdeckte Körper. Vom schöpferischen Umgang mit sich selbst. München und Zürich 1992
Mitchell, D. T./Snyder, S. L. (Ed.): The Body and Physical Difference. Discourses of Disability in the Humanities. University of Michigan Press. Ann Arbor 1997
Möckel, A.: Sonderpädagogik – ein Aspekt der Pädagogik. In: Möckel, A./Thalhammer, M. (Hrsg.): 1986, 164-173
Möckel, A.: Geschichte der Heilpädagogik. Stuttgart 1988
Möckel, A./Thalhammer, M. (Hrsg.): Gestörtes Lernen. Würzburg 1986
Möckel, A.: Krise der Sonderpädagogik? In: Zeitschrift für Heilpädagogik 47 (1996), 90-95
Möckel, A./Adam, H./Adam, G. (Hrsg.): Quellen zur Erziehung von Kindern mit geistiger Behinderung. Bd. 1: 19. Jahrhundert. Würzburg 1997
Möckel, A./Adam, H./Adam, G. (Hrsg.): Quellen zur Erziehung von Kindern mit geistiger Behinderung. Bd. 2: 20. Jahrhundert. Würzburg 1999
Mollenhauer, K.: Theorien zum Erziehungsprozess. München 1972
Mollenhauer, K.: Korrekturen am Bildungsbegriff. In: Zeitschrift für Pädagogik. 33 (1987), 1-20
Moor, P.: Heilpädagogik – Ein pädagogisches Lehrbuch. Bern/Stuttgart/Wien 1974
Moser, V.: Die Ordnung des Schicksals. Zur ideengeschichtlichen Tradition der Sonderpädagogik. Butzbach-Griedel 1995
Moser, V.: Sonderpädagogische Konstitutionsprobleme. In: Albrecht, F. u.a. (Hrsg.): 2000, 45-57

Mosès, S.: Gerechtigkeit und Gemeinschaft bei Emmanuel Lévinas. In: Brumlik, M./Brunkhorst, H. (Hrsg.): 1993, 364-384
Mouffe, Ch. (Hrsg.): Dekonstruktion und Pragmatismus. Demokratie, Wahrheit und Vernunft. Wien 1999
Münch, J.: Be-hindert – Schicksal, Fakt oder soziales Konstrukt? Zum aktuellen stand der wissenschaftlichen und politischen Diskussion um den Behinderungsbegriff. In: neue praxis 27 (1997), 236-243
Mürner, Ch. (Hrsg.): Ethik. Genetik. Behinderung. Kritische Beiträge aus der Schweiz. Luzern 1991
Mürner, Ch./Schriber, S. (Hrsg.): Selbstkritik der Sonderpädagogik. Stellvertretung und Selbstbestimmung. Luzern 1993
Muth, J.: Integration von Behinderten. Über die Gemeinsamkeit im Bildungswesen. Essen 1986

Nagl-Docekal, H./Vetter, H. (Hrsg.): Tod des Subjekts? Oldenburg/Wien 1987
Nagl-Docekal, H./ Pauer-Studer, H. (Hrsg.): Jenseits der Geschlechtermoral. Beiträge zu einer feministischen Ethik. Frankfurt am Main 1993
Nagl-Docekal, H./ Pauer-Studer, H. (Hrsg.): Politische Theorie. Differenz und Lebensqualität. Frankfurt am Main 1996
Neckel, S.: Status und Scham. Zur symbolischen Reproduktion sozialer Ungleichheit. Frankfurt am Main/New York 1991
Neckel, S.: Soziale Scham. Unterlegenheitsgefühle in der Konkurrenz von Lebensstilen. In: Gebauer, G./Wulf, Ch. (Hrsg.): 1993, 270-291
Neckel, S.: Neid. Nicht Können, sondern Zufall bringt heute Erfolg. In: DIE ZEIT Nr. 28., 8.07.1999
Negt, O. (Hrsg.): Aktualität und Folgen der Philosophie Hegels. Frankfurt am Main 1970
Neuer-Miebach, Th./Tarneden, R. (Hrsg.): Vom Recht auf Anderssein. Anfragen an pränatale Diagnostik und humangenetische Beratung. Düsseldorf 1994
Niedecken, D.: Namenlos. Geistig Behinderte verstehen. München 1989
Nietzsche, F.: Sämtliche Werke. Kritische Studienausgabe (KSA), hrsg. v. G. Colli und M. Montinari. München und Berlin/New York 1980
Nietzsche, F. (1882): Die fröhliche Wissenschaft. In: KSA, Bd. 3, 1980
Nietzsche, F. (1878/1886): Menschliches, Allzumenschliches I und II. In: KSA, Bd. 2, 1980
Nietzsche, F. (1883): Also sprach Zarathustra I-IV. In: KSA, Bd. 4, 1980
Nietzsche, F. (1886): Jenseits von Gut und Böse. Zur Genealogie der Moral. In: KSA, Bd. 5, 1980
Nirje, B.: Das Normalisierungsprinzip und seine Auswirkungen in der fürsorgerischen Betreuung (1969). In: Möckel, A. u.a. (Hrsg.): 1999, 90-96
Nunner-Winkler (Hrsg.): Weibliche Moral. München 1995
Nussbaum, M. C.: Gerechtigkeit oder das gute Leben, hrsg. v. H. Pauer-Studer. Frankfurt am Main 1999

OECD (Organization for Economic Co-Operation and Development). The OECD List of Social Indicators. Paris 1982

O'Neill, O.: Tugend und Gerechtigkeit. Eine konstruktive Darstellung des praktischen Denkens. Berlin 1996
Opp, G./Freytag, A./Budnik, I. (Hrsg.): Heilpädagogik in der Wendezeit. Brüche, Kontinuitäten, Perspektiven. Luzern 1996
Ortega, F.: Michel Foucault. Rekonstruktion der Freundschaft. München 1997
Osborn, F.: Preface to Eugenics. New York 1940, 297

Pauer-Studer, H.: Das Andere der Gerechtigkeit. Moraltheorie im Kontext der Geschlechterdifferenz. Berlin 1996.
Pauer-Studer, H. (Hrsg.): Konstruktionen praktischer Vernunft. Philosophie im Gespräch. Frankfurt am Main 2000
Pfeffer, W.: Förderung schwer geistig Behinderter. Eine Grundlegung. Würzburg 1988
Pfeifer-Schaupp, U.: Jenseits der Familientherapie. Systemische Konzepte in der Sozialen Arbeit. Freiburg im Breisgau 1995
Philosophische Gesellschaft Bad Homburg/Hinsch ,W. (Hrsg.): Zur Idee des politischen Liberalismus. John Rawls in der Diskussion. Frankfurt am Main 197
Platon: Sämtliche Werke in 6 Bänden, hrsg. von W. F. Otto/E. Grassi. Hamburg 1988
Plessner, H.: Anthropologie der Sinne. In: Gesammelte Schriften III. Frankfurt am Main 1980
Plessner, H.: Mit anderen Augen. In: Gesammelte Schriften VIII. Frankfurt am Main 1983
Ploetz, A.: Die Tüchtigkeit unserer Rasse und der Schutz der Schwachen. Berlin 1985
Pöltner, G.: Die konsequentialistische Begründung des Lebensschutzes. In: Zeitschrift für philosophische Forschung 47 (1993), 184-203
Pollmann, A.: Gut in Form. Die neuere Debatte um eine Philosophie des »guten Lebens« im Überblick. In: Deutsche Zeitschrift für Philosophie 47 (1999), 673-691
Propping, P.: Genetik des Menschen – ein Fach mit problematischer Geschichte. In: Zerres, K./Rüdel, R. (Hrsg.): 1993, 1-10

Rachels, J.: Aktive und passive Sterbehilfe. In: Sass, H.-M. (Hrsg.): 1989, 254-264
Radke, P.: Humangenetik – Was bringt sie für Behinderte? In: Zerres, K./Rüdel, R. (Hrsg.): 1993, 60-67
Rappaport, J.: Ein Plädoyer für die Widersprüchlichkeit. Ein sozialpolitisches Konzept des »Empowerment« anstelle präventiver Ansätze. In: Verhaltenstherapie und psychosoziale Praxis 17 (1985), 257-278
Radtke, P.: Warum unsere Gesellschaft behinderte Menschen braucht. In: Universitas 49 (1994), 641-650
Randow von, Gero: Das Jahr der Biopolitik. In: DIE ZEIT Nr. 1, 28.12.2000, 3
Raupach, Me./Raupach, Ma.: Dialogische Sichtweisen der Begegnung mit neurodegenerativ erkrankten Kindern und Jugendlichen. In: Zeitschrift für Heilpädagogik 51 (2000), 453-461
Rawls, J.: Eine Theorie der Gerechtigkeit. Frankfurt am Main 1979
Rawls, J.: Die Idee des politischen Liberalismus. Frankfurt am Main 1994
Rawls, J.: Erwiderung auf Habermas. In: Philosophische Gesellschaft Bad Homburg/Hinsch, W. (Hrsg.): 1997, 196- 262
Reese-Schäfer, W.: Grenzgötter der Moral. Der neuere europäisch-amerikanische Diskurs zur politischen Ethik. Frankfurt am Main 1997

Reil, J.C.: Rhabsodien über die Anwendung der psychischen Curmethode auf Geisteszerrüttungen. Halle 1803
Ricoeur, P.: Das Selbst als ein Anderer. München 1996
Riess, E.: Betreuen, erschlagen, bereuen. Die Funktion des Krüppels in der bürgerlichen Gesellschaft und der selbstbestimmte Behinderte in einer fremdbestimmten Welt. In: Konkret 3/97, 48-51
Ritter, H. H.: »Normal, Normalität«. In: Historisches Wörterbuch der Philosophie. Bd. 6. Basel 1984, 920-928
Rittner, V.: Körper und Identität. Zum Wandel des individuellen Selbstbeschreibungsvokabulars in der Erlebnisgesellschaft. In: PÄDForum, Okt. 1996, 435-441
Rock, K.: Selbstbestimmung als Herausforderung an die Professionellen. In: Geistige Behinderung 35 (1996), 223-233
Rodenwaldt, H.: Das dialogische Prinzip als sonderpädagogische Grundhaltung. In: Behindertenpädagogik 28 (1989), 273-281
Rogers, C.R.: Entwicklung der Persönlichkeit. Stuttgart 1976
Rödler, P.: Menschen, lebenslang auf Hilfe anderer angewiesen. Grundlagen einer allgemeinen basalen Pädagogik. Frankfurt am Main 1993
Röhrs, H. (Hrsg.): Die Sozialpädagogik und ihre Theorie. Frankfurt am Main 1968
Rösner, H.-U.: Körperpolitik und Behindertsein. In: Behindertenpädagogik 33 (1994) 148-156
Rösner, H.-U.: Auf der Suche nach einer anderen Gerechtigkeit. Behindertsein und Anerkennungspolitik. In: Behindertenpädagogik 35 (1996) 130-139
Rösner, H.-U.: Selbstsorge und Sorge für den Anderen. Ethische Überlegungen zum Behindertsein. In: Zeitschrift für Heilpädagogik 48 (1997) 46-54
Rösner, H.-U.: Norbert Hoerster – ein Apostel der Sonderpädagogik? In: Behindertenpädagogik 36 (1997) 42-47
Rösner, H.-U.: Die Feigenblattrolle der Heilpädagogik – eine Auseinandersetzung mit Riccardo Bonfranchi. In: Behindertenpädagogik 39 (2000), 368-389
Rolf, Th.: Normalität. Ein philosophischer Grundbegriff des 20. Jahrhunderts. München 1999
Rorty, R.: Der Spiegel der Natur. Eine Kritik der Philosophie. Frankfurt am Main 1987
Rorty, R.: Solidarität oder Objektivität. Drei philosophische Essays. Stuttgart 1988
Rorty, R.: Kontingenz, Ironie und Solidarität. Frankfurt am Main 1989
Rorty, R.: Sind Aussagen universelle Geltungsansprüche? In: Deutsche Zeitschrift für Philosophie 42 (1994), 975-988
Rorty, R.: Die Herrschaft der Brüderlichkeit. Plädoyer für eine Gesellschaft, die nicht auf Rechten, sondern auf Uneigennützigkeit beruht. In: Leviathan 25 (1997), 1-8
Rorty, R.: Das Kommunistische Manifest. 150 Jahre danach. Frankfurt am Main 1998
Rorty, R.: Antwort auf Simon Critschley. In: Mouffe, Ch. (Hrsg.): 1999, 97-109
Rorty, R.: Wahrheit und Fortschritt. Frankfurt am Main 2000a
Rorty, R.: Philosophie & die Zukunft. Essays. Frankfurt am Main 2000b
Rosa, H.: Kapitalismus und Lebensführung. Perspektiven einer ethischen Kritik der liberalen Marktwirtschaft. In: Deutsche Zeitschrift für Philosophie 47 (1999), 735-758
Rose, N.: Tod des Sozialen? Eine Neubestimmung der Grenzen des Regierens. In: Bröckling, U. u.a. (Hrsg.): 2000, 72-109
Rousseau, J. J. (1762): Emile oder Über die Erziehung. Paderborn/München/Wien/Zürich 1985

Rousseau, J. J. (1755): Abhandlung über den Ursprung und die Grundlagen der Ungleichheit unter den Menschen. Stuttgart 1998

Rüggeberg, A.: Autonom leben – Gemeindenahe Formen von Beratung, Hilfe und Pflege zum selbständigen Leben von und für Menschen mit Behinderungen. Stuttgart/Berlin/Köln/Mainz 1985

Rutschky, K.: Deutsche Kinderchronik. Köln 1983

Saal, F.: Warum sollte ich jemand anders sein wollen? Erfahrungen eines Behinderten – biographischer Essay.Gütersloh 1992

Saal, F.: Eingriffe-Angriffe oder Wer meine Behinderung nicht will – wer kann dann den Menschen an sich wollen? In: Bundesverband für spastisch Gelähmte und andere Körperbehinderte e.V. (Hrsg.): 1992, 9-16

Saal, F.: Warum die Frage falsch ist, warum unsere Gesellschaft Behinderte braucht. In: Universitas 49 (1994), 651-666

Salzmann, C.G.: Noch etwas über Erziehung nebst Ankündigung einer Erziehungsanstalt (1784). In: Wagner, E. (Hrsg.): 1912, 121-194

Sandfort, L.: Esmeralda – ich liebe dich nicht mehr. Behinderte emanzipieren sich. Frankfurt am Main 1993

Sartre, J.-P.: Das Sein und das Nichts. Versuche einer phänomenologischen Ontologie. Hamburg 1962

Sass, H.-M. (Hrsg.): Medizin und Ethik. Stuttgart 1989

Schäfer, Th. Reflektierte Vernunft. Michel Foucaults philosophisches Projekt einer antitotalitären Macht- und Wahrheitskritik. Frankfurt am Main 1995

Schaller, K.: Einführung in die kommunikative Pädagogik. Freiburg 1978

Schallmayer, W.: Generative Ethik. ARGB 1909, 6, 199-231

Schildmann, U.: Integrationspädagogik und Normalisierungsprinzip – ein kritischer Vergleich. In: Zeitschrift für Heilpädagogik 48 (1997), 90-96

Schildmann, U.: Forschungsfeld Normalität. Reflexionen vor dem Hintergrund von Geschlecht und Behinderung. In: Zeitschrift für Heilpädagogik 51 (2000), 90-94

Schildmann, U. (Hrsg.): Normalität, Behinderung und Geschlecht. Ansätze und Perspektiven der Forschung. Opladen 2001

Schmid, W.: Auf der Suche nach einer neuen Lebenskunst. Die Frage nach dem Grund und die Neubegründung der Ethik bei Foucault. Frankfurt am Main 1991

Schmid, W.: Philosophie der Lebenskunst. Eine Grundlegung. Frankfurt am Main 1998

Schmidt, G. Das Verschwinden der Sexualmoral. Über sexuelle Verhältnisse. Hamburg 1996

Schnädelbach, H.: Philosophie in Deutschland 1831-1933. Frankfurt am Main 1983

Schnädelbach, H.: Zur Rehabilitation des animal rationale. Vorträge und Abhandlungen 2. Frankfurt am Main 1992

Schneider, M.: Liebe und Betrug. Die Sprache des Verlangens. München, Wien 1992

Schopenhauer, A.: Sämtliche Werke. Vierter Band. Schriften zur Naturphilosophie und zur Ethik. Mannheim 1988

Schütz, A.: Gesammelte Aufsätze. Studien zur phänomenologischen Philosophie, hrsg. v. I. Schütz. Den Haag 1971

Schütz, A.: Das Problem der transzendentalen Intersubjektivität bei Husserl. In: Ders.: 1971, 86-126

Schwager, M.: Verständigung mit geistigbehinderten Menschen. Zur (sonder-)pädagogischen Relevanz transzendentalpragmatischer Reflexion. Frankfurt am Main/Bern/New York/Paris 1990

Schweppenhäuser, G.: Ethik nach Auschwitz. Adornos negative Moralphilosophie. Hamburg 1993

Schwerdt, C.: Lieben, ohne »schön« zu sein – Sexualität und Behinderung. In: Psychologie heute. November 1981. Wiederveröffentlichung im Internet unter http://bidok.uibk.ac.at/texte/lieben.html

Schwohl, J.: Die Forderung nach einer Integrationspädagogik im Kontext gesellschaftlicher Desintegrationsprozesse. In: Zeitschrift für Heilpädagogik 50 (1999), 60-65

Seel, M.: Versuch über die Form des Glücks. Frankfurt am Main 1995

Séguin, E.: Die Idiotie und ihre Behandlung nach der physiologischen Methode, hrsg. von S. Krenberger. Wien 1912

Seitter, W. (Hrsg.): Von der Subversion des Wissens. Michel Foucault. Frankfurt, Berlin, Wien 1978

Sengelmann, H.: Aphorismen, Idiotophilus. Bd.2 Norden 1885

Sengelmann, H.: Die Arbeit an den Schwach- und Blödsinnigen. Gotha 1891

Sennet, R.: Der flexible Mensch. Die Kultur des neuen Kapitalismus. Berlin 1998

Sieferle, R. P.: Die Krise der menschlichen Natur. Zur Geschichte eines Konzepts. Frankfurt am Main 1989

Siegenthaler, H.: Anthropologische Grundlagen zur Erziehung Geistig' Schwerbehinderter. Bern/Stuttgart 1984

Sierck, U.: Arbeit ist die beste Medizin. Zur Geschichte der Rehabilitationspolitik. Hamburg 1992

Shklar, J.N.: Über Ungerechtigkeit. Erkundungen zu einem moralischen Gefühl. Frankfurt am Main 1997

Siep, L.: Anerkennung als Prinzip der praktischen Philosophie. Untersuchungen zu Hegels Jenaer Philosophie des Geistes. Freiburg/München 1979

Simmel, G.: Zur Psychologie der Scham (zuerst 1901). In: Ders.: Schriften zur Soziologie. Frankfurt am Main 1983

Sierck, U.: Das Risiko nichtbehinderte Eltern zu bekommen: Kritik aus der Sicht eines Behinderten. München 1989

Sierck, U.: Arbeit ist die beste Medizin. Zur Geschichte der Rehabilitationspolitik. Hamburg 1992

Sigusch, V.: Die Trümmer der sexuellen Revolution. Was wird aus Eros in den Zeiten von Telephonsex, Penisprothesen und Kinderpornos? In: DIE ZEIT Nr.41, 4.10.1996, 33-34

Singer, P.: Praktische Ethik. Neuausgabe. München Wien 1994

Sloterdijk, P.: Eurotaoismus. Zur Kritik der politischen Kinetik. Frankfurt am Main 1989

Sloterdijk, P.: Regeln für den Menschenpark. Ein Antwortschreiben zum Brief über den Humanismus – die Elmauer Rede. In: ZEITdokument 2/99, 4-15

Sloterdijk, P.: Elternliebe statt genetischem Wettrüsten. In: Bild der Wissenschaft. 10/2000a, 40-43

Sloterdijk, P.: Die Verachtung der Massen. Versuch über Kulturkämpfe in der modernen Gesellschaft. Frankfurt am Main 2000b

Sloterdijk, P.: Der operable Mensch. In: Stiftung Deutsches Hygiene-Museum und Deutsche Behindertenhilfe – Aktion Mensch e.V. (Hrsg.): 2001a, 97-116

Sloterdijk, P.: »Ich glaube nicht an den Gott, der Hasenscharten schuf.« Interview von H. Afheldt und B. Ulrich. In: Der Tagesspiegel 8.3.2001b, 6f

Sloterdijk, P.: Das Menschentreibhaus. Stichworte zur historischen und prophetischen Anthropologie. Weimar 2001c

Sloterdijk, P.: Nicht gerettet. Versuche nach Heidegger. Frankfurt am Main 2001d

Sloterdijk, P./Heinrichs, H.-J.: Die Sonne und der Tod. Dialogische Untersuchungen. Frankfurt am Main 2001

Spaemann, R.: Glück und Wohlwollen. Versuch über Ethik. Stuttgart 1989

Spaemann, R.: Philosophie ist nicht Vor-denken, sondern Nach-denken. Gespräch über N. Hoersters Ethikentwurf. In: Philosophische Ethik. Zeitschrift für Didaktik der Philosophie und Ethik 18 (1996), 215-219

Spaemann, R.: Gezeugt, nicht gemacht. In: DIE ZEIT Nr. 4, 18.01.2001, 37-38

Speck, O.: System Heilpädagogik. Eine ökologisch reflexive Grundlegung. München/Basel 1987

Speck, O.: System Heilpädagogik. Eine ökologisch reflexive Grundlegung. Dritte, völlig neubearbeitete und erweiterte Auflage. München/Basel 1996a

Speck, O.: Erziehung und Achtung vor dem Anderen. Zur moralischen Dimension in der Erziehung. München/Basel 1996b

Stark, W.: Empowerment. Neue Handlungskompetenzen in der psychosozialen Praxis. Freiburg 1996

Staub-Bernasconi, S.: Systemtheorie, soziale Probleme und soziale Arbeit: lokal, national, international. Bern 1995

Stein, A.-D. (Hrsg.): Lebensqualität statt Qualitätskontrolle menschlichen Lebens. Berlin 1992

Steinfath, H.: Was ist ein gutes Leben? Philosophische Reflexionen. Frankfurt am Main 1998

Stiftung Deutsches Hygiene-Museum und Deutsche Behindertenhilfe – Aktion Mensch e.V. (Hrsg.): Der (im)perfekte Mensch. Vom Recht auf Unvollkommenheit. Begleitbuch zur Ausstellung im deutschen Hygiene-Museum vom 20.12.2000 bis 12.08.2001. Ostfildern-Ruit 2001

Stinkes, U.: Spuren eines Fremden in der Nähe. Das »geistigbehinderte« Kind aus phänomenologischer Sicht. Würzburg 1993

Stinkes, U.: Das verleiblichte Bewusstsein – Über die Achtung vor dem Menschen mit einem schweren Hirntrauma. Erschienen in: Behinderte in Familie, Schule und Gesellschaft Nr 6/98. Wiederveröffentlichung im Internet unter http://bidok.uibk.at/texte/beh6-98-leib.html

Stössel, J.-P.: Verkauft mit Haut und Haar. Organhandel, ein kannibalisches Geschäft? Von der Genforschung zur totalen Vermarktung des Lebens. In: Süddeutsche Zeitung. 27./28.09.97. Nr. 223

Storz, C.: Jessica mit Konstruktionsfehlern. Zürich 1977

Strubel, W./Weichselgartner, H. (Hrsg.): Behindert und verhaltensauffällig. Zur Wirkung von Systemen und Strukturen. Freiburg 1995

Süsske, R.: Abschied von der Intentionalität. Bemerkungen zum Verhältnis von E. Lévinas zur Phänomenologie Husserls. In: Mayer. M./Hentschel, M. (Hrsg.): Gießen 1990, 101-119

Taylor, Ch.: Negative Freiheit? Zur Kritik des neuzeitlichen Individualismus. Frankfurt am Main 1992

Taylor, Ch.: Multikulturalismus und die Politik der Anerkennung. Mit Kommentaren von A. Gutmann (Hg.), S. C. Rockefeller, M. Walzer, S. Wolf. Mit einem Beitrag von J. Habermas. Frankfurt am Main 1993

Taylor, Ch.: Quellen des Selbst. Die Entstehung der neuzeitlichen Identität. Frankfurt am Main 1994

Taylor, Ch.: Wieviel Gemeinschaft braucht die Demokratie? Aufsätze zur politischen Philosophie. Frankfurt am Main 2002

Theunissen, G.: Neuere Ansätze zur Förderung schwerstbehinderter Menschen und Perspektiven für die heilpädagogische Arbeit. In: Zeitschrift für Heilpädagogik 43 (1992), 16-27

Theunissen, G.: Empowerment – Wegweiser einer kritisch-konstruktiven Heilpädagogik. In: Behindertenpädagogik 36 (1997), 373-390

Theunissen, G.: Zur Bedeutung von Stärken und Widerstandskraft. Bausteine für eine »verstehende« Kultur des Helfens als Empowerment-Paradigma für die Arbeit mit behinderten Menschen und ihren Angehörigen. In: Zeitschrift für Heilpädagogik 50 (1999), 278-284

Theunissen, G./Plaute, W.: Empowerment und Heilpädagogik. Freiburg 1995

Theunissen M.: Der Andere. Studien zur Sozialontologie der Gegenwart Berlin/New York ²1977

Thimm, W.: Darstellung der Ergebnisse. In: Bundesvereinigung Lebenshilfe für Geistig Behinderte e.V. (Hrsg.): 1986, 228-233).

Thimm, W.: Normalisierung in der Bundesrepublik. Versuch einer Bestandsaufnahme. In: Geistige Behinderung 31 (1992), 283-291

Thimm, W.: Leben in Nachbarschaften. Hilfen für Menschen mit Behinderung. Freiburg 1994

Thimm, W.: Kritische Anmerkungen zur Selbstbestimmung in der Behindertenhilfe. In: Zeitschrift für Heilpädagogik 48 (1997), 222-232

Thom, A./Wulff, E.: Psychiatrie im Wandel. Gütersloh 1990

Tooley, M.: Abtreibung und Kindstötung. In: Leist, A. (Hrsg.): 1990, 157-195

Tröster, H.: Einstellungen und Verhalten gegenüber Behinderten. Konzepte, Ergebnisse und Perspektiven sozialpsychologischer Forschung. Bern 1990

Tugendhat, E.: Ethik und Politik. Frankfurt am Main 1992

Tugendhat, Ernst: Vorlesungen über Ethik. Frankfurt am Main 1993

Verschuer von, O.: Sozialpolitik und Rassenhygiene. In: Nationalwirtschaft 1 (1928), 719-737

Verweyst, M.: Das Begehren der Anerkennung. Subjekttheoretische Positionen bei Heidegger, Sartre, Freud und Lacan. Frankfurt am Main/New York 2000

Villaume, P.: Von der Bildung des Körpers in Rücksicht auf die Vollkommenheit und Glückseligkeit der Menschen. (1787). In: Schwarze, M/Limpert, W. (Hrsg.): Quellenbücher der Leibesübungen, Bd. 2, 1. Teil, Dresden o.J.

Virilio, P.: Die Eroberung des Körpers. Vom Übermenschen zum überreizten Menschen. München/Wien 1994

Vogl. J. (Hrsg.): Gemeinschaften. Positionen zu einer Philosophie des Politischen. Frankfurt am Main 1994

Wagner, E. (Hrsg.): Gotthilf Salzmann's pädagogische Schriften, 1. Teil. Langenzalza 1912
Waldenfels, B.: Das Zwischenreich des Dialogs. Sozialphilosophische Untersuchungen in Anschluss an Edmund Husserl. Den Haag 1971
Waldenfels, B.: Der Spielraum des Verhaltens. Frankfurt am Main 1980
Waldenfels, B.: In den Netzen der Lebenswelt. Frankfurt am Main 1985
Waldenfels, B.: Der Stachel des Fremden Frankfurt am Main 1991
Waldenfels, B.: Deutsch-Französische Gedankengänge. Frankfurt am Main 1995
Waldenfels, B.: Topographie des Fremden. Studien zur Phänomenologie des Fremden 1. Frankfurt am Main 1997
Waldenfels, B.: Grenzen der Normalisierung. Studien zur Phänomenologie des Fremden 2. Frankfurt am Main 1998a
Waldenfels, B.: Antwort auf das Fremde. Grundzüge einer responsiven Phänomenologie. In: Waldenfels, B./Därmann, I. (Hrsg.): 1998b, 35-49
Waldenfels, B.: Sinnesschwellen. Studien zur Phänomenologie des Fremden 3. Frankfurt am Main 1999a
Waldenfels, B.: Vielstimmigkeit der Rede. Studien zur Phänomenologie des Fremden 4. Frankfurt am Main 1999b
Waldenfels, B./Därmann, I. (Hrsg.): Der Anspruch des Anderen. Perspektiven phänomenologischer Ethik. München 1998
Waldschmidt, A. Selbstbestimmung als Konstruktion. Alltagstheorien behinderter Männer und Frauen. Opladen 1999
Walzer, M.: Zweifel und Einmischung. Gesellschaftskritik im 20. Jahrhundert. Frankfurt am Main 1991
Walzer, M.: Die kommunitaristische Kritik am Liberalismus. In: Honneth, A. (Hrsg.): 1993, 157-180
Walzer, M.: Sphären der Gerechtigkeit. Ein Plädoyer für Pluralität und Gleichheit. Frankfurt am Main 1998
Walzer, M.: Interview mit H. Pauer-Studer. In: Pauer-Studer, H. (Hrsg.): 2000, 262-285
Wambach, M. M. (Hrsg.): Der Mensch als Risiko. Frankfurt am Main 1983
Weber, M.: Gesammelte Aufsätze zur Religionssoziologie I. Tübingen 1988
Weber, M. (1904): Die protestantische Ethik und der Geist des Kapitalismus. In: Ders.: 1988, 17-206
Weingart, P./Kroll, J./Bayertz, K.: Rasse, Blut und Gene. Geschichte der Eugenik und Rassenhygiene in Deutschland. Frankfurt am Main 1988
Weinmann, U.: Normalität im wissenschaftlichen Diskurs verschiedener Fachdisziplinen. In: Schildmann, U. (Hrsg.): 2001, 17-41
Weiss, H.: Empowerment in der Heilpädagogik und speziell in der Frühförderung – ein neues Schlagwort oder eine handlungsleitende Idee? In: Vierteljahresschrift für Heilpädagogik und ihre Nachbargebiete. 68 (1999), 23-35

Weiss, H.: Selbstbestimmung und Empowerment – Kritische Anmerkungen zu ihrer oftmaligen Gleichsetzung im sonderpädagogischen Diskurs. In: Behindertenpädagogik 39 (2000), 245-260

Weizsäcker von, R.: „Es ist normal, verschieden zu sein". In: Frankfurter Rundschau. 20. Juli 1993

Wellmer, A.: Ethik und Dialog. Elemente des moralischen Urteils bei Kant und in der Diskursethik. Frankfurt am Main 1986

Wellmer, A.: Endspiele: Die unversöhnliche Moderne. Frankfurt am Main 1993

Wendeler, J.: Geistige Behinderung: Normalisierung und soziale Abhängigkeit. Heidelberg 1992

Wendeler, J.: Geistige Behinderung, Pädagogische und psychologische Aufgaben. Weinheim/Basel 1993

Weß, L.: Eugenik im Zeitalter der Gentechnologie – Vom Zwang zur freiwilligen Inanspruchnahme. In: Stein, A.-D. (Hrsg.): 1992, 65-82

Wildt, A.: Hegels Kritik des Jakobinismus. In: Negt, O. (Hrsg.): 1970, 269-296

Wildt, A.: Autonomie und Anerkennung. Hegels Moralitätskritik im Lichte seiner Fichte-Rezeption. Stuttgart 1982

Wilken, U.: Die Entwicklung sozialer Kompetenz als rehabilitative Aufgabe der Körperbehindertenpädagogik. In: Zeitschrift für Heilpädagogik 51 (2000), 281-288.

Wimmer, M.: Das Andere als Spur des Heiligen. In: Kamper, D./Wulf, C. (Hrsg.): 1987, 338-355

Wimmer, K.-M.: Der Andere und die Sprache. Vernunftkritik und Verantwortung. Berlin 1988

Wimmer, K.-M.: Von der Identität als Norm zur Ethik der Differenz. Das Verhältnis zum Anderen als zentrales Problem einer pädagogischen Ethik. In: Meyer-Drawe, K. /Peukert, H. /Ruhloff, J. (Hrsg.): [2]1996, 151-180

Wimmer, K.-M./Wulf, Ch./Dieckmann, B. (Hrsg.): Das zivilisierte Tier. Zur historischen Anthropologie der Gewalt. Frankfurt am Main 1996

Wobbe, Th./Lindemann, G. (Hrsg.): Denkachsen. Zur institutionellen Rede von Geschlecht. Frankfurt am Main 1994

Wolf, R.: Das Doppelgesicht der Gewalt in Familie und Hilfesystemen. In: Albrecht P.-A./Bakes, O. (Hrsg.): 1990, 174-179

Wolf, U.: Die Philosophie und die Frage nach dem guten Leben. Reinbek 1999

Wolfensberger, W.: Die Entwicklung des Normalisierungsgedankens in den USA und in Kanada. In: Bundesvereinigung Lebenshilfe für geistig Behinderte e.V. (Hrsg.): 1986, 45-61

Wolfensberger, W./Thomas, S.: PASSING (Program Analysis of Service Systems' Implementation of Normalization Goals): Normalization criteria and ratings manual (2nd. Ed.). Toronto: National Institute on Mental Retardation 1983

World Health Organisation (WHO): International Classification of Impairments, Disabilities an Handicaps (ICIDH). Genf 1980

World Health Organisation (WHO): International Classification of Impairments, Activities and Participation (ICIDH-2). Beta-1 draft for field trials. Genf 1997

Wünsche, K.: Die Endlichkeit der pädagogischen Bewegung. In: Neue Sammlung 25 (1985), 433-449

Wulf, Ch.: Der pädagogische Diskurs der Moderne. In: Jung, Th./Scheer, K.-D./Schreiber, W. (Hrsg.): 1986, 17-33

Wulf, Ch.: Der Andere. In: Hess, R./Wulf, Ch. (Hrsg.): 1999, 13-37

Wulf, Ch./Kamper, D./Gumbrecht, H. U. (Hrsg.): Ethik der Ästhetik. Berlin 1994

Wulf, Ch./Göhlich, M.Zirfas, J. (Hrsg.): Grundlagen des Performativen. Eine Einführung in die Zusammenhänge von Sprache, Macht und Handeln. Weinheim 2001

Young, I. M.: Das politische Gemeinwesen und die Gruppendifferenz. Eine Kritik am Ideal des universalen Staatsbürgerstatus. In: Nagl-Docekal, H., Pauer-Studer, H. (Hrsg.): 1993, 267-304

Young, I. M.: Fünf Formen der Unterdrückung. In: Nagl-Docekal, H., Pauer-Studer, H. (Hrsg.): 1996, 99-139

Zahlmann, Ch. (Hrsg.): Kommunitarismus in der Diskussion. Eine streitbare Einführung. Berlin 1992

ZEITdokument: Der Streit um den Menschen. 2/99

Zieger, A.: Neue Forschungsergebnisse und Überlegungen im Umgang mit Wachkoma-Patienten. In: Rehabilitation 37 (1998), 167-176

Zerres, K./Rüdel, R.: Selbsthilfegruppen und Humangenetiker im Dialog. Erwartungen und Befürchtungen. Stuttgart 1993

Zemp, A.: Stellungnahme der Beobachterin. In: Hagmann, Th. (Hrsg.): 1995, 353-356

Ziehe, T.: Wie die Körper »moderner« geworden sind. In: Neue Sammlung 81 (1991), 39-47

Zimmermann, M. u. R./Loewenich von, V.: Die Behandlungspraxis bei schwerstgeschädigten Neugeborenen und Frühgeborenen an deutschen Kliniken. In: Ethik in der Medizin 9 (1997), 56-77

Zirfas, J.: Die Normativität des Humanen. Zur Theorie der Behinderung aus der Sicht von pädagogischer Anthropologie und Ethik. In: Eberwein, H./Sasse, A. (Hrsg.): 1998, 96-119

Zirfas, J.: Die Lehre der Ethik. Zur moralischen Begründung Pädagogischen Denkens und Handelns. Weinheim 1999

Zirfas, J.: Dem Anderen gerecht werden. Das Performative und die Dekonstruktion bei Jacques Derrida. In: Wulf, Ch. u.a. (Hrsg.): 2001, 75-100

Zirfas, J./Wulf, Ch.: Integration im Ritual. Performative Prozesse und kulturelle Differenzen. In: Zeitschrift für Erziehungswissenschaft 4 (2001), 191-208

Ethik und Gerechtigkeit

Stefan Liebig, Holger Lengfeld (Hg.)
Interdisziplinäre Gerechtigkeitsforschung
Zur Verknüpfung empirischer
und normativer Perspektiven
2002. 314 Seiten
ISBN 3-593-37012-3

Wie könnte eine gerechte Verteilung von Gütern und Lasten aussehen? Der Band beleuchtet die Debatten der normativen und der empirischen Gerechtigkeitsforschung. Dazu werden Grundlagen und Erträge der interdisziplinären Zusammenarbeit von Philosophie, Soziologie und Politikwissenschaft umrissen.

Angela Kallhoff
Prinzipien der Pflanzenethik
Die Bewertung pflanzlichen Lebens
in Biologie und Philosophie
2002. Ca. 180 Seiten
ISBN 3-593-37041-7

In der philosophischen Ethik finden Pflanzen wegen ihrer Andersartigkeit gegenüber anderen Lebensformen bisher kaum Beachtung. Trotzdem sind sie ein schützenswertes Gut. Angela Kallhoff erklärt ihre Lebensweise und diskutiert aus Sicht der Ethik deren Fähigkeit zu einem »guten Leben«.

Gerne schicken wir Ihnen unsere aktuellen Prospekte:
Campus Verlag · Kurfürstenstr. 49 · 60486 Frankfurt/M.
Tel.: 069/97 65 16-0 · Fax -78 · www.campus.de